DAS GROSSE BUCH DER
WELTGESCHICHTE

DAS GROSSE BUCH DER
WELTGESCHICHTE

Eine illustrierte Chronik der Menschheit

wbg Theiss

VORWORT

Das römische Kaiserreich von Augustus bis Marc Aurel bescherte der Mittelmeerwelt und Europa eine lange Friedenszeit sowie eine wirtschaftliche und kulturelle Blüte. Welche Dynastie regierte eigentlich in dieser Zeit in China? Und was passierte dort? Gab es schon die Große Mauer und die Seidenstraße?

Jeder weiß, dass die Kreuzfahrer gegen Sultan Saladin kämpften. Aber wie sah die arabisch-islamische Welt des Mittelalters „hinter" den Kreuzfahrerstaaten aus? Und was genau ist ein „Sultan"? Und ein „Kalif"? Wann begannen die Maya ihre Tempel zu bauen, und woher kamen die Azteken? Was geschah in Russland, als Luther die Reformation ins Rollen brachte, und wie und wann verleibten die Engländer Indien ihrem Kolonialreich ein?

Wir leben heute in einer globalisierten Welt, ja in einem „globalen Dorf", doch es fällt uns schwer, einen einzigen chinesischen Kaiser mit Namen zu nennen. Aber die Sache wird anschaulich und überaus interessant, wenn wir die eigene, deutsche und europäische Geschichte betrachten und erfahren, was gleichzeitig „in der Welt los war". Diesen Überblick möchte dieses Buch geben.

Natürlich kann man nicht alle Ereignisse der Weltgeschichte auf 352 Seiten zwischen zwei Buchdeckel pressen. Allein über Cäsar, Bismarck, Richelieu gibt es mehrbändige Biografien.

Es gibt 120-seitige Werke zur „Geschichte Chinas" (die über 5000 Jahre währte) genauso wie es 1000-seitige Werke über den Ersten Weltkrieg gibt (der nur vier Jahre lang dauerte).

Es gab einmal eine Zeit, da waren Geschichtsbücher mehr oder weniger „Chroniken". In diesem Buch möchte ich zwar keineswegs auf die aus der Schule gefürchteten Jahreszahlen verzichten – Geschichte ist sozusagen von Natur aus chronologisch –, aber Zahlen sind eben sehr abstrakt und dienen immer nur als Gerüst. Ich gehe lieber vom einzelnen Begriff oder Schlagwort aus. Welches konkrete historische Geschehen verbindet sich mit einem Wort wie „Canossa" oder „Gegenreformation" oder „Mogul-Reich"? Seit wann spricht man in Tibet vom „Dalai Lama"? Die Stichworte bilden Themen, die man leicht überschauen kann. Und wenn es auf der „Zeitachse" in einer anderen Weltgegend interessant wird, wechselt eben der Schauplatz. Weil man es in einem Buch nur auf hintereinander folgenden Seiten darstellen kann, ergeben sich dadurch manchmal kleinere zeitliche Vor- und Rücksprünge.

Gleichwohl lässt sich die Weltgeschichte auf diese Weise leichter im globalen Überblick erfassen. Und so werden weltgeschichtliche Zusammenhänge verständlich, die man bisher kaum so gesehen hat. Denn Dschingis Khan richtete mit seinem Mongolensturm weit mehr an, als ein paar polnische und russische Ritter in Aufruhr zu versetzen. Und dass Iran heute ein schiitisch-fundamentalistischer „Gottesstaat" ist, hat weit zurückliegende, aber ganz konkrete Gründe in der Geschichte Persiens. Und auch die jüngsten, globalen Krisen sind nicht vom Himmel gefallen.

WS

INHALT

MIT STEINEN FING ALLES AN

METALL VERÄNDERT DIE WELT

DER BEGINN DER GESCHICHTE

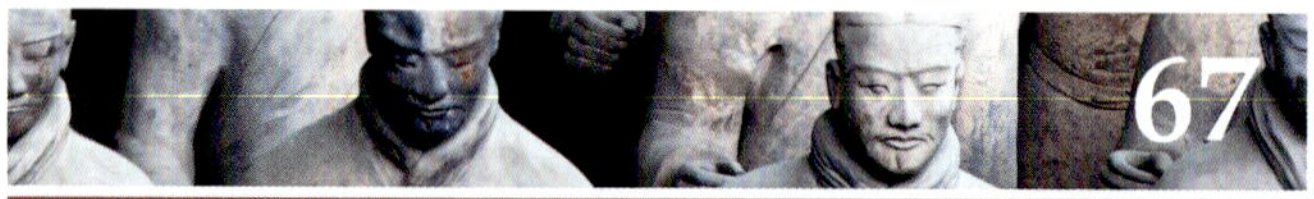

DIE GESCHICHTE DER ANTIKE

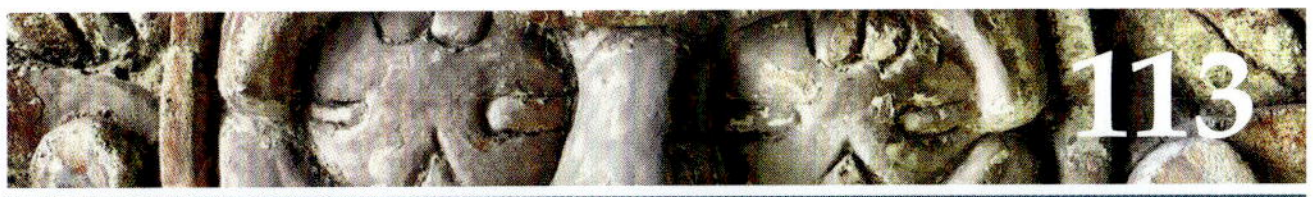

NEUE WELTMÄCHTE – NEUE ZEITRECHNUNGEN

PAPST, KAISER – MITTELALTER

WELT IM UMBRUCH

ZWISCHEN RELIGIONSKRIEGEN UND REVOLUTION: ABSOLUTISMUS

REVOLUTION UND BÜRGERLICHKEIT

MODERNE

WELTGESCHICHTE DER GEGENWART

MIT STEINEN FING ALLES AN

ca. 2,7 Millionen bis 2600 v. Chr.

Eiszeit und Steinzeit

Als der dänische Historiker Christian Jürgensen Thomsen (1788–1865) die Leitung des Dänischen Nationalmuseums übernahm und die Sammlungen neu ordnete, fiel ihm etwas auf: Die Fundgegenstände waren überwiegend aus Stein, Bronze und Eisen gefertigt und in genau dieser zeitlichen Abfolge entstanden. Die Einteilung der frühen Menschheitsgeschichte (in erster Linie Europas) in Steinzeit, Bronzezeit und Eisenzeit stammt daher von Thomsen.

Eiszeit

Der Gedanke, die Alpengletscher könnten früher einmal eine viel größere Ausdehnung gehabt haben, entstand um 1820 unter Schweizer Naturgelehrten. Der badische Privatgelehrte Karl Friedrich Schimper (1803–1867) entwickelte daraus um 1835 in seinen Münchner Vorträgen über *Weltsommer* und *Weltwinter* eine Theorie der Klimaschwankungen – damals eine außerordentlich kühne Idee.

Schimper hatte glatte Schleifspuren und Findlinge, also Gesteinsbrocken, die offensichtlich nicht aus der Gegend stammten, in der sie lagen, im Schweizer Jura untersucht. 1837 verfasste er eine Ode (!) mit dem Titel *Über die Eiszeit*. Dies ist die Taufurkunde des Wortes „Eiszeit". Schimper schrieb nie ein systematisches Werk über seine Entdeckungen und blieb daher weitgehend unbeachtet. Ein befreundeter Kollege, der Schweizer Louis Agassiz, verstand seine Ideen am besten und propagierte sie mit mehr Erfolg. In den USA gilt Agassiz als Entdecker der Eiszeiten. Er war vor allem der unermüdlichste Propagandist dieser damals völlig neuen, grundstürzenden Erkenntnis. Die Menschen gingen ja immer noch davon aus, dass Gott die Erde so geschaffen habe, wie man sie im 19. Jahrhundert vorfand. Von einer Hunderte von Millionen Jahren alten Erdgeschichte hatte man damals keine Vorstellung. Noch der sehr an geologischen Fragen interessierte Goethe formulierte im Faust in Bezug auf die vor allem in norddeutschen Landschaften erratisch herumliegenden Findlinge ratlos: „Noch starrt das Land von fremden Zentnermassen / Wer gibt Erklärung solcher Schleudermacht? / Der Philosph, er weiß es nicht zu fassen / Da liegt der Fels, man muss ihn liegen lassen."

Pleistozän {2,7 Millionen v. Chr.}

Es brauchte noch einmal weitere fünfzig Jahre, bis die Vorstellung von den Eiszeiten akzeptiert war und bis man herausfand, dass die Vergletscherungen vor allem auf der Nordhalbkugel sehr umfassend waren und in mehreren Phasen verliefen. Das, was heute jedes Schulkind über Günz-, Mindel-, Riß- und Würm-Kaltzeit lernt, wurde kurz nach 1900 erstmals publiziert. Die Ursachen jener landschaftsprägenden Vereisungen sind bis heute ungeklärt. Es könnte mit Schwankungen der Erdachse in Zusammenhang stehen.

Klar ist nur, dass die Klimaschwankungen vor etwa 2,7 Millionen Jahren einsetzten und sich das Klima seitdem in Zeiträumen von einigen zehntausend bis zu hunderttausend Jahren stark ändert. Von „der" Eiszeit im Rahmen der neueren Erdgeschichte zu sprechen, wäre also irreführend. Heute weiß man, dass es innerhalb dieser 2, 5 Millionen Jahre sechs stärkere Vereisungsphasen gab, immer wieder unterbrochen von Warmzeiten. Die ganze Epoche bezeichnet man als „Pleistozän" (= neuester erdgeschichtlicher Abschnitt). In der letzten Phase, von ca. 100 000 bis 10 000 v. Chr., waren die Klimaschwankungen geradezu dramatisch. Vor 20 000 Jahren reichte das Eis bis 50 Kilometer südlich von Berlin. Nach 5000 Jahren war „Berlin" wieder eisfrei, noch einmal vier- bis fünftausend Jahre später auch die Ostseeküste.

Altsteinzeit {2,5 Millionen v. Chr.}

Zufall oder Notwendigkeit? Das Eiszeiten-Zeitalter Pleistozän deckt sich ungefähr mit dem Zeitraum der Entwicklungsgeschichte von den frühen Hominiden bis zum *Homo sapiens*. Die Altsteinzeit datiert man auf etwa 2,5 Millionen Jahre, seitdem frühe Hominiden wie *Homo habilis* und *Homo ergaster* in

Afrika erste Steinwerkzeuge herstellten. Der systematische Gebrauch von Steinwerkzeugen und Feuer gilt als wichtigstes Abgrenzungskriterium zwischen frühen Hominiden und Menschenaffen bzw. Vormenschen wie den Australopithecina, zu denen etwa „Lucy" (3,2 Millionen Jahre) mit ihrem halbwegs aufrechten Gang zählt.

Die Altsteinzeit von den frühen „Faustkeil"-Hominiden über die ersten Homo sapiens (seit ca. 300 000 v. Chr.) dauerte bis zum Sesshaftwerden der Jäger und Sammler in der Jungsteinzeit vor 10 000 bis 12 000 Jahren. Sesshaftigkeit und damit der Beginn zivilisatorischen Lebens, also selbst die ältesten Kulturen, sind demnach menschheitsgeschichtlich „ganz neu".

Neandertaler {500 000 – 30 000 v. Chr.}

Der Mensch aus dem Neandertal bei Düsseldorf stammt etwa aus der Zeit um 42 000 v. Chr. Er ist also nach Neandertaler-Maßstäben schon beinahe einer der letzten seiner Art. Seine Knochenreste entdeckte 1856 der Elberfelder Lehrer Carl Fuhltrott, der ihn sofort als „Urmensch"-Typus erkannte, was die damalige „Fachwelt" jedoch zunächst nicht akzeptierte.

Im sogenannten mittleren Pleistozän schweiften die Neandertaler durch riesige Gebiete von Südrussland, Ostanatolien und dem Nahen Osten bis nach Portugal. Trotz dieses enormen Verbreitungsgebietes lebten wohl immer nur höchstens 10 000 Neandertaler gleichzeitig. Und sie lebten natürlich nur in den südlichen Breiten Europas – südlich des 50. Breitengrades (Mainlinie). Nördlich davon war ja alles vergletschert. So ist das Neandertal eine der nördlichsten Fundstellen überhaupt.

Die ältesten Funde sind rund 125 000 Jahre alt; man schätzt das Alter dieses Homo aber wesentlich höher ein – auf bis zu 500 000 Jahre. Neandertaler beherrschten den Umgang mit dem Feuer, sie fertigten Speere und Faustkeile und wechselten häufig den Lagerplatz, um die natürlichen Ressourcen optimal zu nutzen. Mittlerweile kennt man Hunderte von Neandertaler-Lagerplätzen „im Freien". Die Vorstellung, sie hätten ebenso wie die ihnen folgenden Cro-Magnon-Menschen in Höhlen gehaust, entstand, weil sich die Fundrelikte in Höhlen wesentlich besser erhalten haben.

Homo sapiens am Djebel Irhoud

{ab ca. 300 000 v. Chr.}

Alle Hominiden-Arten haben sich in Afrika entwickelt. Es gab dort viele verschiedene Arten; manche entwickelten sich über Hunderttausende von Jahren, starben aber dann wieder aus. Sinnbildlich gibt es also keinen Stammbaum des Menschen, sondern nur ein vielästiges Gebüsch. Auch frühe Hominiden wie *Homo habilis* und *Homo ergaster* wanderten schon aus Afrika aus und besiedelten den eurasischen Kontinent wie dann auch der Neandertaler und schließlich der moderne Mensch.

Bislang datierte man die Entstehung des modernen Menschen auf vor gut 200 000 Jahren. Das „Alter" des modernen Menschen hängt aber auch immer von der Fundlage ab. Spuren von ältesten bisher bekannten *Homo sapiens* hat man 2017 in Marokko gefunden. Sie werden mit modernsten Methoden auf 300 000 Jahre datiert. Es handelt sich eindeutig um Homo sapiens, also moderne Menschen, nicht um Neandertaler. Der Fund bedeutet wohl auch das Ende der Annahme, *Homo sapiens* hätten sich nur in Ostafrika entwickelt. Es gibt also ein breiteres geografisches Spektrum für die „Wiege der Menschheit". Allerdings war das Klima in der Sahara immer sehr veränderlich; es gab dort wohl auch ein „grünes" Savannenklima wie heute in Ostafrika, und es war eine sehr wildreiche Gegend.

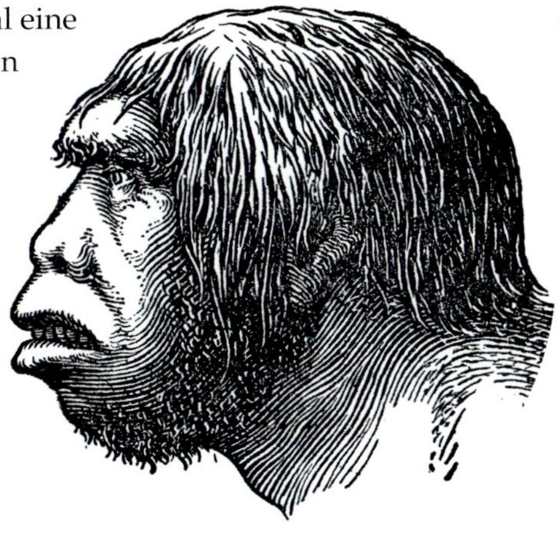

So wie in dieser wissenschaftlichen Illustration stellte man sich im 19. Jahrhundert den Kopf eines Neandertalers vor.

➡ ***Was danach geschah:*** *Homo sapiens* existierten also schon vor gut 200 000 Jahren in Afrika. Vor etwa 70 000 bis 60 000 Jahren begannen sie „auszuwandern“. *Homo sapiens* ist nach heutigem Erkenntnisstand in zwei großen Wellen aus Afrika ausgewandert. Nicht alle natürlich, aber doch signifikante Gruppen. Auslöser war vielleicht ein katastrophales Ereignis, das das Klima veränderte. „Ziel“ dieser ersten Auswanderungswelle war Australien. So kann man es natürlich nur reichlich ungenau aus heutiger Sicht formulieren, weil man heute weiß, dass die australischen Ureinwohner alle von dieser ersten Auswanderungswelle abstammen. In Wirklichkeit wanderten diese *Homo-sapiens*-Gruppen einfach an den Südküsten des eurasischen Kontinents entlang.

In der zweiten Auswanderungswelle, die vor ungefähr 50 000 Jahren einsetzte, wanderten Afrikaner nach Eurasien, auch in die Landmasse der Kontinente hinein. Die Europäer, die Asiaten und auch die Ureinwohner Amerikas stammen von ihnen ab. Sie traten also – während der Würmeiszeit! – „in die Fußstapfen“ der hier bereits seit ungefähr 200 000 Jahren lebenden Neandertaler und Denisovas. Seit etwa 40 000 Jahren gibt es Menschen in Europa, die sogenannten Cro-Magnon.

Die Steinzeitmenschen und ihre Kunst

Die Ureinwohner Australiens

{um 60 000 v. Chr.}

Wegen der starken Vereisungen der Würm-Eiszeit auf der Nordhalbkugel war sehr viel Wasser in Gletschern gebunden und der Meeresspiegel lag tiefer. „Australien“ hatte also ganz andere Umrisse und bildete mit Neuguinea eine größere Landmasse, das Sunda-Land. Von den indonesischen Inseln im Indischen Ozean aus war dieser Vorkontinent Australiens über schmalere und seichtere Meerwasserstraßen viel leichter zu erreichen als heute.

Die australischen Ureinwohner verbreiteten sich innerhalb kurzer Zeit über den gesamten Kontinent und rotteten den weitaus größten Teil der dort vorhandenen Großwildarten aus. Die Aborigines waren noch bis zur Entdeckung Australiens durch James Cook 1770 auf der Stufe der Jäger und Sammler verblieben, so wie sie damals aus Afrika ausgewandert waren.

Wie die Cro-Magnon mit ihren berühmten Höhlenmalereien schufen auch die Aborigines Kunstwerke; die ältesten erhaltenen Felsmalereien und Steinritzungen mit Tierdarstellungen und ornamentalen Figuren sind ungefähr 40 000 Jahre alt.

Cro-Magnon {40 000 – 30 000 v. Chr.}

Cro-Magnon ist der Name eines Fundortes in der französischen Dordogne. Hier entdeckten Archäologen 1868 in einer Höhle im Vézère-Tal Siedlungsreste und fünf Skelette eines etwa 30 000 Jahre alten Homo-Typus.

Die Archäologie teilt die mittlere Steinzeit in mehrere Perioden, die alle nach Fundorten in Südwestfrankreich benannt sind. Die älteste ist das Moustérien (ca. 120 000 – 40 000 v. Chr). Es fällt erdgeschichtlich in die letzte, die Würm-Eiszeit. Möglicherweise gab es in dieser Periode einige Tausend Jahre lang ein Nebeneinander von Neandertaler und Cro-Magnon-Mensch. Die Cro-Magnon gehören in das Aurignacien (40 000 – 30 000 v. Chr.).

Der Cro-Magnon gilt als früher *Homo sapiens sapiens*. Er lebte zunächst in arktischer Kälte in einer weitgehend baumlosen Tundra. Viel zu ernten gab es da nicht, deshalb jagte Cro-Magnon vor allem Tiere. Wie man aus den berühmten Höhlenmalereien weiß, spielten dabei Jagdzauber, also quasi-religiöse Vorstellungen eine Rolle. Cro-Magnon war perfekt an das Klima angepasst und ein hervorragender Handwerker-Künstler, der Stein, Knochen, Elfenbein, Kleidung und Schmuck bearbeitete, mit Kochsteinen kochte und Nahrungsmittel konservierte. Pfeil und Bogen sowie Tierfallen sind wohl Cro-Magnon-Erfindungen.

Die ältesten Kunstwerke {35 000 v. Chr.}

Aus der Vogelherdhöhle im Lonetal auf der Schwäbischen Alb wurde 2006 das bislang älteste bekannte Kunstwerk der Menschheit geborgen, eine 30 Zentimeter große Figur aus Mammut-Elfenbein. Das Alter der leicht verzierten menschlichen Figur mit einem Löwenhaupt schätzt man auf annähernd 35 000 Jahre. Ebenfalls auf der Schwäbischen Alb, bei Blaubeuren, fand sich in der Höhle von Geißenklösterle eine steinzeitliche Lagerstätte mit Besiedlungsspuren aus der Zeit zwischen 36 000 und 32 000 v. Chr. Geißenklösterle ist für seine Flöten aus Vogelknochen berühmt, die als älteste Musikinstrumente der Welt gelten. In der benachbarten Höhle „Hohle Fels" lag eine „Venus"-Figurine (um 35 000 v. Chr.). Alle Kunstwerke aus den schwäbischen Höhlen sind älter als die Höhlenmalereien in den südfranzösischen Grotten.

Der „Louvre" der Eiszeit {ca. 33 000 v. Chr.}

Eine Sensation war 1994 die Entdeckung einer Grotte im südfranzösischen Ardèche-Tal durch Jean-Marie Chauvet. Sie gilt als „Louvre" oder „Kathedrale" der Eiszeit, denn sie enthält eine Fülle von erstaunlich gut erhaltenen, überraschend naturgetreuen Höhlenmalereien aus der Zeit um 33 000 bis 30 000 v. Chr. Auf rund 300 Wandbildern sind mehr als 400 Tiere in der Grotte Chauvet dargestellt. Etwas jünger sind die Wandmalereien in der Cosquer-Höhle an der Mittelmeerküste bei Marseille, die 1991 von Henri Cosquer „ertaucht" wurde, weil sich ihr Eingang heute unterhalb des Meeresspiegels befindet. Wegen der Eiszeit lag auch hier am Mittelmeer der Meeresspiegel damals tiefer. In der Cosquer-Höhle, die vor Kurzem für Besucher naturgetreu nachgebaut wurde, gibt es auch Darstellungen von Meerestieren und Vögeln.

Venus von Willendorf {25 000 v. Chr.}

Lange galt die weltberühmte Venus von Willendorf als das älteste Kunstwerk der Altsteinzeit. Die 1908 in Willendorf in der österreichischen Wachau gefundene elf Zentimeter hohe Frauenstatuette mit breitem Becken und üppigen Brüsten aus Kalkstein dürfte 25 000 Jahre alt sein. Mittlerweile wurden zwischen Europa und Sibirien rund 200 weitere ähnliche Venusse gefunden, die allerdings nicht so gut erhalten sind. Man kann davon ausgehen, dass die Figur ein kultisches Idol war, vermutlich im Zusammenhang mit einem Fruchtbarkeitsritus. Über das riesige Gebiet verbreitet gab es also so etwas wie eine einheitliche „religiöse" Vorstellung.

Die etwa 6 cm hohe „Venus vom Hohle Fels" wurde 2008 in einer Höhle auf der Schwäbischen Alb gefunden. Die etwa 40 000 Jahre alte Frauenfigurine wurde kunstvoll aus Mammutelfenbein geschnitzt.

➡ ***Was danach geschah:*** Die Venusse stammen aus einer Zeit der Klimaverschlechterung vor dem Höhepunkt der letzten Eiszeit, dem Gravettien. Von damals kennt man Bestattungen in großer Zahl, auch mit Grabbeigaben wie Waffen und Schmuck. Spuren der nachfolgenden Solutréen-Menschen fanden die Archäologen vor allem in Spanien. Die Kälte und die Vereisung jener Eiszeit waren so extrem, dass alle *Homo sapiens* Europa verließen – oder ausstarben. Die neuen Besiedler Europas fertigten danach keine Venusse mehr, verbreiteten sich aber in Europa relativ schnell, unter anderem in

Altamira und Lascaux {ca. 16 000 v. Chr.}

Die jüngsten, zugleich nach wie vor berühmtesten Höhlen mit Steinzeitmalereien sind die von Altamira in den nordspanischen

Pyrenäen und Lascaux im Vézère-Tal (Dordogne). Altamira wurde bereits 1868 entdeckt, die Malereien allerdings erst 1879, als die achtjährige Tochter des Grundbesitzers zufällig „Rinderbilder" an der Höhlendecke erkannte. Lascaux entdeckte man 1940.

Die Wandbilder von Lascaux und Altamira werden auf 17000 bis 15000 v. Chr. datiert und gehören zum Magdalénien (ab 22000 v. Chr.). Es ist die Blütezeit der Großwildjäger. Die – stellenweise immer wieder übermalten – Tierdarstellungen werden als Ausdruck einer magischen Religion interpretiert, bei der schamanenartige Zauberer die Beute- und Jagdtiere wie Hirsch, Wildpferd und Ren zu beschwören versuchten. Die Magdaléniens jagten raffinierter, nutzten zum Beispiel Harpunen mit Widerhaken, kochten in Erdlöchern, fertigten Schmuckgegenstände, kannten religiöse Riten und Jenseitsvorstellungen. Es gibt Anzeichen, wonach die Lascaux-Leute bereits über astronomisches Wissen verfügten, da einzelne markante Punkte in der Höhle auf den damaligen Wintersonnenwendepunkt ausgerichtet sind.

Chauvet, Lascaux und Altamira sind lediglich die bekanntesten Bilderhöhlen. Allein in Frankreich hat man bisher rund 150 Plätze mit Felsmalereien entdeckt.

Holozän {ab 13000 v. Chr.}

bedeutet so viel wie „das allerneueste, das jüngste" Zeitalter und umfasst erdgeschichtlich die auf das Pleistozän folgende Periode. Die Erwärmung war nun so stark, dass es in Europa vor etwa 7000 Jahren überhaupt kein Eis mehr gab! Die Menschen waren auf der Nordhalbkugel längst sesshaft geworden, in den Flusstälern Chinas, Ägyptens und Mesopotamiens bildeten sich die Anfänge der ersten Hochkulturen. Gletscher entstanden erst wieder gut 1000 Jahre später. Auch wir leben noch im Holozän.

Jäger und Sammler {ca. 12000/10000 v. Chr.}

Mit dem Schmelzen des Eises war die Steinzeit keineswegs zu Ende. Die Menschen blieben dieselben, suchten noch immer in Höhlen Zuflucht, bauten sich allenfalls Strohhütten oder zeltartige Unterschlupfe, bei denen Felle und Tierhäute zum Schutz

Die Bisonzeichnungen stammen aus der Höhle von Altamira, einem Höhlenkomplex in der Nähe der historischen Stadt Santillana del Mar in Kantabrien, Spanien.

Die Technik der Steinzeit

Feuer – ist zwar kein Werkzeug im engeren Sinn, aber der bewusste Umgang mit Feuer gilt seit jeher als eines jener Merkmale für die Menschwerdung der afrikanischen Homo. Im griechischen Mythos bringt der Titanensohn Prometheus den Menschen entgegen dem Verbot des Zeus die Glut vom Olymp – und wird dafür hart bestraft. Aber die Götter müssen erkennen, dass sie diese Tat nicht mehr rückgängig machen können.

Faustkeile
{Vor- und Frühmenschen bis Neandertaler} meist birnenfömig aus Stein geschlagen sind die ältesten Werkzeuge. Seit ungefähr 1,75 Mio. Jahren schon von frühen Homo-Arten zum Schneiden und Schaben verwendet. Nach diesem Leitwerkzeug ist die Steinzeit benannt.

Die älteren Homo-Arten, die auch schon aus Afrika auswanderten, verbreiteten Faustkeile in ganz Eurasien. Die ältesten Funde im europäischen Mittelmeerraum sind etwa 900 000 Jahre alt; nördlich der Alpen etwa 600 000 Jahre (in Südengland).

Auch die Neandertaler verwendeten Faustkeile. Erst beim modernen Menschen *Homo sapiens* kommen sie allmählich außer Gebrauch.

Speere /Lanzen {mindestens 300 000 Jahre}
Speere sind zugespitzte oder mit Stein- oder Geweihspitzen versehene Holzschäfte zum Werfen; Lanzen behält man beim Stoß in der Hand. Die weltweit ältesten bekannten Funde sind die Schöninger Speere aus einer archäologischen Ausgrabung in Niedersachsen. Sie sind rund 300 000 Jahre alt und wurden hier schon von *Homo habilis* zur Großwildjagd verwendet – also noch vor dem Auftreten der Neandertaler.

Flöße {etwa 50 000 Jahre}
Dass sie (Bambus-)Flöße mit Pflanzenfasern zusammengebunden haben, ist zwar nicht nachweisbar, muss für die frühen *Homo sapiens* aber unumgänglich gewesen sein, um von Südasien nach Australien zu gelangen.

Nadeln {mindestens 45 000 Jahre}
sind wahrscheinlich die erste wichtige Erfindung des *Homo sapiens*. Neandertaler kannten sie noch nicht. Nadeln haben ein Nadelöhr, um einen Faden durchzuziehen. Die ältesten sind aus Knochen oder Elfenbein; Fundstücke stammen aus dem zentralasiatischen Altai-Gebirge aus der Zeit um 45 000 v. Chr. Das ist die Zeit der ersten Ausbreitung von *Homo sapiens* in Eurasien.

Die auf dem Bild gezeigten Nadeln wurden aus Knochen gefertigt und in Frankreich entdeckt. Ihr Alter wird auf ca. 15 000 Jahre geschätzt.

gegen die Witterung über einige Stangen gelegt wurden wie bei den indianischen Tipis oder den Jurten sibirischer und mongolischer Nomaden.

Es gab kleine Verbesserungen der Steinwerkzeuge, erste Boote, Schlitten, Töpferwaren, Haustiere (Hund) sowie erste Anzeichen von vorübergehender Sesshaftigkeit und Ackerbau. Die Verarbeitung von Metall war aber nach wie vor völlig unbekannt.

Amerika – Die Besiedlung

Cro-Magnon der zweiten Auswanderungswelle „out of Africa" seit etwa 50 000 Jahren werden im Verlauf von 30 000 Jahren immer weiter nach Nordosten vorgedrungen sein, bis nach Sibirien und ins heutige China. Auf dem letzten Kältehöhepunkt der letzten Eiszeit vor etwa 20 000 Jahren „überwinterten" sie dann in Südsibirien, was wiederum ein paar Jahrtausende dauerte. Von dort aus zogen sie noch einmal sehr viel später in der Jungsteinzeit (um 13 000 – 12 000 v. Chr.) über die damals trockene Landmasse „Beringia", die heute vom Meer überflutete Beringstraße. Möglicherweise war dies nur während eines engen Zeitfensters von 2000 bis 3000 Jahren geschehen, als „Beringia" erstmals eisfrei, aber noch „trocken" war, weil längst nicht alles Eis geschmolzen und der Meeresspiegel noch relativ niedrig war. So besagt es die herkömmliche Theorie. Andere Besiedlungswege entlang der Küsten sind denkbar, auch über den Nordatlantik entlang der Gletschergrenze. Aufgrund von Funden bis hinunter in die Süd-Anden, die mit bis zu 20 000 Jahren wesentlich älter sind als die Beringia-Einwanderer, muss man heute davon ausgehen, dass es also schon damals Menschengruppen in den beiden Amerikas gab, aber wohl eben keine nennenswerte Einwanderung.

➡ ***Was danach geschah:*** In den Amerikas endete die Steinzeitphase nicht flächendeckend wie in Europa, sondern nur punktuell, mit den ersten sesshaften Ackerbau- und Keramikkulturen um 1000 v. Chr. (Süden Nordamerikas, Mittelamerika, wo es schon eit langem den Maisanbau gab). Ansonsten blieben die Ureinwohner Nord- wie Südamerikas noch sehr lange mehr oder weniger nomadisierende Jäger und Sammler und selbst in den „mittelalterlichen" Hochkulturen (Maya, Inka, Azteken u. a.) stets auf vorbronzezeitlichem Niveau, also ohne Metallverarbeitung. Diese Zivilisationen blieben also fast bis in die Neuzeit seit der Einwanderung tausende von Jahren kaum verändert. Ähnlich wie australischen Aborigines.

Zum Vergleich: Um das Jahr 1000 v. Chr. hatte das Alte Ägypten den Höhepunkt seiner Bedeutung überschritten, Alt-Babylon, die Minoer, Mykene und die Hethiter waren untergegangen, die indogermanischen Ackerbaugesellschaften nördlich der Alpen längst sesshaft geworden. Dort gab es schon lange keine Jäger und Sammler mehr. Den wesentlichen Unterschied im „Zivilisationsniveau" machte zuerst der Ackerbau („Neolithische Revolution") seit dem Ende der Eiszeit und dann die Metallverarbeitung („Bronzezeit").

Neolithische Revolution – Jungsteinzeit

In der Jungsteinzeit ab 11 500 v. Chr. wurden die Menschen erstmals sesshaft, bildeten erste dauerhafte Siedlungen und eine rudimentär arbeitsteilige Gesellschaft. Keine andere Veränderung in der „gesellschaftlichen" Verhaltensweise der Menschen ist als so einschneidend betrachtet worden wie dieser Übergang vom Jäger und Sammler zum Bauern und Hirten. Mit der Jungsteinzeit beginnt also etwas grundlegend Neues in der Menschheitsgeschichte. Der Begriff ist nur deswegen noch an die alte Steinzeit gebunden, weil es in der Jung„stein"zeit zunächst noch für viele tausend Jahre keine Metallwerkzeuge oder Metallwaffen gab.

Fruchtbarer Halbmond {11 000 v. Chr.}

Natürlich stiegen die Steinzeitmenschen nicht auf die Barrikaden und riefen unisono die „Neolithische Revolution" aus. Der Begriff wurde erst 1936 von dem australischen Wissenschaftler Vere Gordon Childe nach dem Vorbild der „Industriellen Revolution" geprägt. Die Neolithische Revolution vollzog sich in verschiedenen Gegenden zu unterschiedlichen Zeiten. Am frühesten „fortschrittlich" war der heute sogenannte Nahe Osten vom Niltal über den Jordan bis hinauf zu den Euphrat- und Tigrisquellen und diese beiden Ströme hinunter bis an den Persischen Golf. Auf einer Karte bilden diese groben Umrisslinien in etwa die Form eines Halbmondes. Zur damaligen Zeit (ab ca. 11 000 v. Chr.) war das Gebiet klimatisch außerordentlich begünstigt, insgesamt viel grüner und feuchter als jetzt, selbst bis in die Sahara hinein, aber eben auch schon warm – paradiesische Zustände. Die Menschen ließen sich in dauerhaften Siedlungen nieder, betrieben systematisch den Anbau von Wildgräsern und Viehzucht und legten erstmals Vorräte an. Lehmziegel zum Bau von Häusern waren ebenso neu wie die dadurch mögliche rechteckige Bauweise. Bis dahin waren alle „Hütten" rund gewesen. Die Verwendung der Töpferscheibe ist ebenfalls eine „Erfindung" aus dieser frühen Phase menschlicher Kultur.

Die ältesten Städte {ab ca. 9500 v. Chr.}

Die ältesten Stadt- und Tempelanlagen der Welt befinden sich in diesem Gebiet des Fruchtbaren Halbmondes und stammen nach neueren Ausgrabungen schon aus der frühesten Zeit der Neolithischen Revolution.

Die Tempelanlage von Göbekli Tepe (um 9500 v. Chr.) ist 6000 Jahre älter als die Pyra-

Die in der Türkei gelegene prähistorische Tempelanlage von Göbekli Tepe gilt als die älteste der Welt.

miden, und diese erstaunlichen Steinbauten waren bereits errichtet, als sich die ersten Siedler in Jericho niederließen. Die Bedeutung der Anlage ist erst seit 1994 bekannt. Sie ragt wie ein Monument der älteren Steinzeit in die Jungsteinzeit hinein. Hier finden sich meterhohe, aus einem Stück gemeißelte Kalksteinpfeiler mit querliegenden Steinblöcken obenauf, die teilweise kreisförmig angeordnet sind. Davon wurden bisher 40 freigelegt, weitere 150 vermuten die Archäologen noch unter dem Geröllberg Göbekli Tepe. Die Errichtung dieser Anlage setzte eine entsprechende Baustellenorganisation und umfassende Lebensmittelversorgung voraus. Das hatte man Jägern und Sammlern bisher nicht zugetraut.

In einer anderen Gegend Anatoliens, nahe der Derwisch-Stadt Konya, befindet sich eine weitere, erst in jüngerer Zeit freigelegte archäologische Anlage: Çatal Höyük, die älteste bekannte Siedlungsanlage der Welt. Sie war seit etwa 7400 v. Chr. über 1000 Jahre lang von bis zu 10 000 Menschen bewohnt. Auffällig ist, dass es kein Tempel- oder Palastzentrum gibt, aber Wandmalereien mit Tierdarstellungen, die offenbar kultischen Zwecken dienten. Auch Çatal Höyük erscheint heute als faszinierende Ausnahme, weil es über Jahrtausende danach weit und breit keine vergleichbare stadtähnliche Siedlungsweise gab. Die Entwicklung von Städten mit Steinbauten und arbeitsteiliger Struktur, die über wirklich lange Zeiträume kontinuierlich bewohnt wurden, setzt erst um 5000 in einer ganz anderen Gegend, im Süden Mesopotamiens ein.

Das typische Siedlungsbild der Jungsteinzeit in Mesopotamien sind die Tell-Siedlungen der sogenannten Obed-Kultur, auf der die sumerische Kultur im buchstäblichen Sinn aufbaute. Die Tell-Siedlungen beherbergten zwischen 7000 und 4000 v. Chr. teils Tausende von Menschen, die in gleichförmig gebauten Häusern aus Lehmziegeln lebten. Da solche Behausungen nicht ewig hielten, wurden die Siedlungen im Lauf dieser Jahrtausende aus dem Schutt verfallener Häuser immer wieder aufgebaut und ausgebaut, bis sie zu regelrechten Hügeln wuchsen. Daher die Bezeichung Tell (arabisch: „Hügel"), was sich im Namen „Tel Aviv" wiederfindet.

Ein bekanntes Beispiel ist der Tell Halaf im Norden Mesopotamiens, wo die Menschen handwerklich anspruchsvolle, dünnwandige Keramiken wie Teller und Schalen töpferten und mit außerordentlich ästhetischen Mustern verzierten.

Ab etwa 5300 v. Chr. dominierten die Obed genannten Tell-Kulturen den ganzen Bereich zwischen Euphrat und Tigris. Ihr bedeutendster Ort war die Küstenstadt Eridu. Nicht nur nach dem babylonischen Mythos gilt der Hafen am Persischen Golf als erste Stadt der Weltgeschichte. Der Befund wurde durch Ausgrabungen bestätigt. In der sumerischen Metropole Eridu fand man einen Tempel, dessen Fundamente bis in die Obed-Zeit zurückreichen, vermutlich verbunden mit dem Wasser- und Weisheitsgott Enki. Die Städte der Sumerer wurden immer um einen Tempel herum gebaut. Eridu ist heute eine Ausgrabungsstätte. Die älteste kontinuierlich besiedelte Stadt der Welt aber ist Jericho.

Die Mauern von Jericho {8000/7000 v. Chr.}

Eine sesshafte Bevölkerung in „Städten" – darin sieht man den Beginn menschlichen Kulturlebens. Als älteste bekannte, ununterbrochen bewohnte und mit Mauern umgebene Siedlungsstätte gilt Jericho. Die heute mit hebräischem Namen *j'richo* („duftender Ort") genannte Stadt war in der – sehr viel späteren – Antike bekannt für ihre Palmen- und Balsamstauden. In der Jungsteinzeit war das Siedlungsgebiet eine wasserreiche, ausgedehnte Oase. Jericho blühte auch deshalb auf, weil es an einem wichtigen Verbindungsweg zwischen dem Niltal und dem Zweistromland lag. Hier entstand um 8000 v. Chr. der älteste Steinturm der Welt, um 7000 eine Stadtmauer, die ein 24 000 Quadratmeter großes Areal umgab. Die ersten neolithischen Siedler hielten bereits domestizierte Tiere wie Ziegen, Schafe und Schweine, sie schnitten Gräser. Sie hatten Steinwerkzeuge und Steingefäße, aber noch keine Keramik.

➥ ***Was danach geschah:*** Nach einer biblischen Legende wurden die Stadtmauern sehr viel später allein durch Posaunenstöße zum Einsturz gebracht. Damals eroberten die Israeliten die von Jebusitern bewohnte Stadt. Das mag um 1500 v. Chr. gewesen sein. Waren die Mauern nach mehreren Tausend Jahren baufällig geworden? Zwischen den archäologisch nachgewiesenen ersten und den biblischen Mauern von Jericho liegen 6000 Jahre Geschichte, rund doppelt so viel wie zwischen dem Ereignis und unserer Zeit.

Keramik und Megalith

Jungsteinzeitliche Kulturen in Europa werden aufgrund ihrer auffälligsten archäologischen Funde nach gemeinsamen Merkmalen geordnet und datiert. Das sind Keramiken, von Menschen herstellte Gefäße aus Ton, einem besonders haltbaren Material. Alles andere, was diese Menschen bearbeiteten – Holz für Häuser und Boote oder Textilien als Bekleidung –, war zu vergänglich. Steinbauten zum Wohnen hatten sie nicht errichtet. Auch die Metallverarbeitung (Kupfer) kam erst allmählich auf und veränderte die jungsteinzeitlichen Gesellschaftsstrukturen zunächst nicht (anders später die Bronze).

Die Technik, Ton zu haltbaren Gefäßen zu brennen, und der Gedanke, sie vor allem für die Aufbewahrung von Nahrungsmitteln zu verwenden, stammt aus der Zeit um 6500 v. Chr. aus dem Vorderen Orient. Sie verbreitete sich sehr schnell, auch entlang der Donau, nördlich der Alpen. Zuerst waren die Keramiken sehr schlicht, doch das änderte sich ebenfalls rasch. Sie wurden immer formschöner und formenreicher. Ihre Formen und Verzierungen erlauben den Fachleuten heute ungefähre Datierungen und Aussagen über die Verbreitung einzelner jungsteinzeitlicher Menschengruppen.

Bandkeramiker {5500 v. Chr.}

Mit in den noch weichen Ton eingedrückten Bändern verzierte Tongefäße sind das Charakteristikum der ältesten sesshaften jungsteinzeitlichen Keramik-Kultur in Europa. Die Anfänge der Bandkeramiker liegen vor

5000, vermutlich sogar schon um 5500 v. Chr. im Donaubecken des Balkans. Ihre Ausdehnung reicht donauaufwärts über den Main bis an die Oder und die böhmische Elbe und über den Rhein bis ins Pariser Becken, aber sie waren keine Küstenbewohner. Fachleute können aufgrund von Verzierungsmerkmalen eine Vielzahl kleinerer lokaler Untergruppen der Bandkeramiker identifizieren. Insgesamt gesehen war diese Kultur aber von bemerkenswerter Einheitlichkeit.

Bedeutende Fundorte gibt es in Niederbayern, Rheinhessen und im Rheinland. Die Bandkeramiker lebten als Bauern und Viehhirten in befestigten Dörfern mit Langhäusern. Die in einem Haus zusammengefasste Großfamilie bildete eine möglichst autarke wirtschaftliche Einheit, die den urbar gemachten Boden erstmals als „Eigentum" betrachtete. Ausschlaggebend für Ansehen und „Reichtum" war, wie viele Arbeitskräfte eine Sippe mobilisieren konnte.

Alle bandkeramischen Dörfer haben einen Friedhof, und alle Toten wurden mit angezogenen Beinen in der sogenannten Hockerstellung auf der linken Seite liegend bestattet. Persönliche Gegenstände, Schmuck, Waffen, Nahrung gab man ihnen für die Jenseitsreise mit. Die Bandkeramiker verschwanden dann ohne erkennbaren Grund völlig von der Bildfläche. Sie wirken wie ausgestorben.

Goseck {5000 v. Chr.}

Die Kreisgrabenanlage von Goseck in Sachsen-Anhalt wurde 1991 zufällig auf einem Plateau oberhalb der Saale aus der Luft entdeckt. Goseck wurde vermutlich schon von Bandkeramikern errichtet, die mithin über Kenntnisse der Gestirne verfügten, lange bevor die „babylonische" astronomische Überlieferung einsetzte, die für unsere Kultur durch die antike und biblische Tradition so prägend wurde. Zwei „Tore" sind auf den Sonnenaufgang und Sonnenuntergang am Tag der Wintersonnenwende um 4800 v. Chr. ausgerichtet. Die Kreisgrabenanlage ist also 2000 Jahre älter als Stonehenge, allerdings gab es in Goseck keine Steinbauten, sondern nur Palisadenzäune aus Holz.

Trichterbecherkeramiker {ab 4800 v. Chr.}

Die ältesten „Bauwerke" der Jungsteinzeit im westlichen Mittelmeer und an den Küsten Westeuropas stammen aus der Megalith-Kultur, genauer: aus den Megalith-Kulturen, denn sie waren keineswegs einheitlich. Schon 1867 einigte man sich darauf, unbehauene Steine als Megalithen zu bezeichnen (griechisch *megalith*, „großer Stein"). Die Erbauer der Megalith-Anlagen sind die Trichterbecherkeramiker.

Die Trichterbecherkulturen entfalteten sich über einen langen Zeitraum von etwa 4200 bis 2800 v. Chr. Sie siedelten an den Küsten von Nord- und Ostsee samt Hinterland, im Alpenbogen und in Osteuropa am Schwarzen Meer.

Die aus Keramik bestehenden Trichterbecher gaben der Kultur ihren Namen.

Auch die Trichterbecherleute waren sesshafte Ackerbauern rund um die Meeresküsten von Nordsee und Atlantik. Im gesamten west- und nordeuropäischen Bereich entstanden zwischen 3600 und 3200 v. Chr. etwa 30 000 Megalith-Gräber, eine regelrechte Explosion, ein mächtiger kultureller Impuls. Auf deutschem Boden sind von geschätzten 5000 Gräbern rund 900 erhalten. Sie dienten Kollektivbestattungen, oft über lange Zeiträume hinweg. Die Trichterbecherleute begruben die Toten nicht in Hockerstellung, sondern in gestreckter Rückenlage. Die charakteristischen und namengebenden Trichterbecher waren wohl vor allem Grabbeigaben; zum praktischen Gebrauch sind die unten spitz zulaufenden Gefäße weniger geeignet.

Carnac und Stonehenge {seit 4500 v. Chr.}

Die Megalithanlagen hatten, da ist man sich sicher, einen konkreten Ursprungsort, nämlich Nordwestfrankreich, heute Bretagne und Normandie. Von hier verbreitete sich die „Kultur" rund um die Nordsee, entlang der ganzen europäischen Atlantikküste und ins westliche Mittelmeer einschließlich Sizilien und Tunesien. Der bretonische Ausgangsort muss ein weit ausstrahlendes rituelles und politisches Zentrum gewesen sein. Funde bis nach Ostwestfalen und Nordhessen sind mit Anlagen in der Normandie direkt vergleichbar.

Der Zweck all dieser Bauwerke bleibt rätselhaft. Sicher ist, dass es kultische Orte waren, denn das Aufrichten tonnenschwerer Steine und das Ausrichten in geometrischen Linien geschah nicht zum Zeitvertreib. Der größte Menhir wiegt 350 Tonnen. Sehr wahrscheinlich handelte es sich zumindest auch oder seinem Ursprung nach um eine Form von Ahnenkult. Alle Megalith-Stätten sind zudem Begräbnisorte.

Die älteste Anlage ist Carnac mit seinen geraden Steinreihen (ca. 4500 v. Chr.). In Stonehenge begann die Baugeschichte nach heutigem Kenntnisstand mit einem Erdwall um 3100 v. Chr., also vor den Pharaonen. Die heute noch sichtbaren Steinkreise entstanden zwischen 2500 und 2000 v. Chr., etwa in der Zeit der großen Pyramiden. Die in Norddeutschland und Südskandinavien ebenfalls sehr verbreiteten Hünengräber gab es über mehrere Jahrhunderte hinweg zwischen 3500 und 2800 v. Chr.

Pfahlbauten {3500 – 2500 v. Chr.}

In der Frühzeit der Hochkulturen, als die Sumerer anfingen, mithilfe der Keilschrift die Lagerhaltung zu kontrollieren, die Ägypter frühe Hieroglyphen meißelten und erste Baupläne für Pyramiden entwarfen und die ältesten Trojaner Ost-West-Handel betrieben, siedelten Zeitgenossen der Trichterbecherkeramiker in Pfahlbauten im Alpenraum. Sie alle lebten zur selben Zeit in dem Jahrtausend zwischen 3500 und 2500 v. Chr.

Die Pfyner Gruppe im schweizerischen Thurgau (3900 – 3500 v. Chr.) und die Mondsee-Gruppe (3600 – 3300 v. Chr.) im Salzkammergut zählen zu den ältesten bekannten Pfahlbausiedlungen. In den Alpen war damals die Kupferverarbeitung schon bekannt. Das Kupferbeil, das „Ötzi" bei sich trug, ähnelte sehr vergleichbaren Stücken aus Pfyn. Viele dieser Siedlungen wurden irgendwann wieder aufgegeben, aber Pfahlbauten gab es in Europa bis in die Eisenzeit.

Immer noch rätselhaft: Um die in Südengland gelegene Megalithanlage von Stonehenge ranken sich zahlreiche Mythen und Legenden.

Keramik-Kulturen und Kupferzeit

Die ältesten Kupferabbaustätten in Europa befinden sich auf dem Balkan. Sie stammen aus der Zeit um 4500 v. Chr. Betreiber der Minen waren vermutlich Führungsschichten einer bandkeramischen Kultur des Balkans namens Vinča. Man lebte in vergleichsweise dicht besiedelten Dörfern und betrieb auf ausgesprochen fruchtbaren Böden intensiv Ackerbau. Dazu gehörte eine differenzierte Sozialstruktur mit einer immer reicher werdenden Oberschicht. Die Grabbeigaben eines Gräberfeldes am bulgarischen Warnasee enthalten neben hervorragend gearbeiteten Keramiken und Kupfergegenständen auch die ersten Goldschmiedearbeiten weltweit, vor allem Schmuck, Beschläge und reliefartige Tierfiguren.

Das früheste in Mitteleuropa gefundene Kupferbeil ist dagegen rund 1000 Jahre jünger (um 3500 v. Chr.) und stammt aus einer Fundstätte bei Altheim in Niederbayern.

Glockenbecherkeramiker {2600 v. Chr.}

Glockenförmige Tonbecher sind das „Leitfossil" sonst wenig fassbarer Gruppen, die sich von Südspanien her hauptsächlich entlang der Küsten bis nach Mitteleuropa ausbreiteten; möglicherweise kamen sie aber auch aus dem Donauraum und zogen durch ganz Europa. Glockenbecherleute, deren Auftreten um 2600 v. Chr. erstmals belegt ist, kannten bereits die Kupferverarbeitung. Auch ihre Bestattungsrituale waren typisch: Die Toten wurden nach Geschlechtern unterschiedlich stets in Hockerstellung und mit dem Gesicht nach Osten beigesetzt.

Schnurkeramiker (Streitaxtleute) {2800 v. Chr.}

Die Schnurkeramiker verzierten Gefäße durch in den weichen Ton eingedrückte Schnüre. Sie überschneiden sich zeitlich mit den Glockenbecherkeramikern, bestatteten Tote in Hockerstellung, aber immer mit dem Gesicht nach Süden, Frauen linksseitig, Männer rechtsseitig. Letztere bekamen Waffen und Streitäxte ins Grab gelegt. Diese charakteristischen Streitäxte, nach denen sie auch benannt sind, waren keine Kampfwaffen, sondern Statussymbole.

Die Schnurkeramiker / Streitaxtleute tauchten vergleichsweise plötzlich auf („wie aus dem Nichts") und verbreiteten sich sehr schnell. Ob sich hier eine kulturelle „Revolution" abspielte oder eine „Invasion", ist schwer zu sagen. Die Schnurkeramikkulturen waren von Zentralrussland bis in die Schweiz und nach Holland verbreitet – ein riesiges Gebiet, in dem die Bestattungsgewohnheiten und die Kunst„normen" der Keramikverzierungen noch einheitlicher waren als bei den Bandkeramikern. Sehr umstritten ist übrigens, ob die Schnurkeramiker / Streitaxtleute bereits die ersten Indoeuropäer waren, also die ersten Gruppen, aus denen in Europa Germanen, Kelten und Slawen hervorgingen.

Die Schnurkeramiker waren die letzte Jungsteinzeitkultur auf europäischem Boden. Die relativ sesshaften Bauern kannten das Rad und Zugtiere und konnten Kupfer verarbeiten. In der Spätphase der Schnurkeramiker und Glockenbecherkeramiker kommt um 2200 v. Chr. die Kenntnis der Bronzeverarbeitung nach Europa.

➡ ***Was danach geschah:*** Knapp 1000 Jahre später, kurz vor Beginn der Eisenzeit, erscheint eine letzte Neuerung in Europa, die Urnenfelderkultur. Wie der Name sagt, werden in der Urnenfelderkultur die Toten verbrannt und in Urnen bestattet – ein signifikanter, flächendeckender Wandel. Von der Urnenfelderkultur geht ab 1200 v. Chr. der Vorstoß der indoeuropäischen Völker nach Italien aus, möglicherweise auch der Verwüstungszug über den Balkan, die Ägäis und Anatolien („Zerstörung Trojas"); später dann auch die keltische Hallstatt-Kultur.

3761: Beginn der jüdischen Zeitrechnung

Auf dieses Jahr legte der jüdische Patriarch Hillel um 360 n. Chr. die Schöpfung der Welt fest und begründete so in der Spät-

Ötzi {3000 v. Chr.}

Das relativ leicht zu schmelzende und zu bearbeitende Kupfer kommt in Anatolien um 8000, in Mitteleuropa um 4300 v. Chr. auf. Gut 1000 Jahre später trug der mittlerweile bekannteste Vertreter der späten Jungsteinzeit ein Kupferbeil bei sich: Die Gletschermumie Ötzi gibt ein anschauliches Bild eines 5300 Jahre alten Menschen aus unserem geografischen Raum in der Zeit der ersten großen Keramik-Kulturen. Mit seinen grasgepolsterten Schuhen, seiner Bekleidung, seinen leichten Jagdwaffen und seinem „Rucksack" erinnert er am ehesten an das Bild, das man sich von einem „Indianer" macht. Hier tritt uns ein Mensch aus dem Übergang zwischen Jungsteinzeit und Metallzeit gegenüber. Ötzi ist ein typischer Vertreter der halbwegs sesshaften, Ackerbau und Viehzucht betreibenden vorindogermanischen Siedlerkultur der Keramik-Zeit. Das bisschen Metallverarbeitung, das er und seine Zeitgenossen beherrschten, hat die jungsteinzeitlichen Lebensstrukturen nicht tiefgreifend verändert.

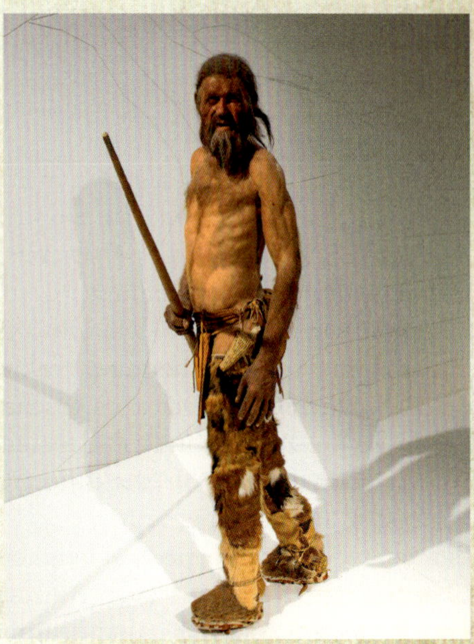

Diese Rekonstruktion des Gletschermannes befindet sich im Südtiroler Archäologiemuseum in Bozen.

phase der römischen Kaiserzeit die heute gültige Zeitrechnung nach dem jüdischen Kalender. Hillel orientierte sich an den „Zeitangaben" im Alten Testament, zum Beispiel an der Lebenszeit der Patriarchen. Demgemäß entspricht das Jahr 2009/2010 unseres Gregorianischen Kalenders dem Jahr 5770 des jüdischen Kalenders. Dieses Weltschöpfungsdatum hat nichts mit modernen archäologischen Datierungen zu tun. Dennoch entsprechen die fast 6000 Jahre ungefähr der menschlichen Geschichte seit dem Ende der Steinzeit und dem Beginn der Metallzeitalter.

Altorientalische Kulturen der Bronzezeit

Im Fruchtbaren Halbmond im Vorderen Orient waren die Menschen als Ackerbauern in Tell-Kulturen früher sesshaft geworden (ab 8000 v. Chr.) als im europäischen Raum (ab 5500 v. Chr.). Während in Europa reetgedeckte Pfahlbaudörfer der Bandkeramiker und Trichterbecherkeramiker entstanden und man am Warnasee schon sehr hübsch Gold schmieden konnte, lebten auch die Menschen in den großen Flussoasen an Tigris, Euphrat und Nil in dörflichen Gemeinschaften. Auch sie töpferten, webten, benutzten Steinwerkzeuge und bearbeiteten Kupfer. Schon vor 3000 v. Chr. verbreitete sich die neue Technologie der Bronzeherstellung im Alten Orient, ab 2200 dann auch in Europa.

Sumerer {vor 3500 v. Chr.}

Das älteste Kulturvolk im Orient hat seinen Namen von der unmittelbar nachfolgenden Kultur: Die Akkader nannten sie *šumeru*. Allerdings waren die Sumerer kein semitisches Volk wie die Akkader. Ihre Herkunft ist unbekannt. In der Frühzeit ihrer Geschichte siedelten sie in mehreren Dutzend Städten, die auf Hügeln gebaut und von Mauern umgeben waren. Jede fasste nahezu 50 000 Einwohner. Einzelne Stadtviertel gruppierten sich um den Tempel einer lokalen Gottheit, der Tempel des wichtigsten Wohnviertels beherbergte die Stadtgottheit. Zunächst bearbeiteten die Sumerer nur das Land in der Umgebung, selbst die Ackerbauflächen der Aristokratie umfassten nur wenige Hektar.

Ansonsten lag zwischen den Städten unwirtliches Ödland. Erst die Entwicklung der Bewässerungstechnik ermöglichte allmählich die Ausweitung der Territorien. Wo diese aneinanderstießen, ergaben sich erbitterte Kämpfe um die Vorherrschaft, ein Hauptzug der sumerischen Geschichte, die im Detail nicht rekonstruierbar ist. Zentren der Sumerer waren Städte wie Ur, Uruk, Nippur, Lagasch im Süden des heutigen Irak, nahe des Persischen Golfs. Das alles geschah ungefähr zu der Zeit, als in Pfahlbausiedlungen am Mondsee und in Pfyn die ersten Kupfergegenstände auftauchten.

Die Städte der Zikkurats: Ur und Uruk {ca. 3500 v. Chr.}

Spätestens ab Mitte des 4. Jahrhunderts waren Ur und Uruk neben der ursprünglichen Obed-Stadt Eridu die ältesten sumerischen Stadtstaaten. Eine Zeitlang war das damals direkt am Euphrat gelegene Ur die dominierende Metropole. Hauptgötter der Sumerer waren der Himmelsgott An, für den schon vor 3000 v. Chr. ein hoher Tempel errichtet wurde, sowie die Inanna / Ischtar, die „Venusgöttin". Die hochragenden Stufentempel (akkadisch *Zikkurat* = „Götterberg") lassen sich seit 3500 v. Chr. archäologisch nachweisen; man kennt ungefähr 25 davon. Diese bemerkenswerte bautechnische Leistung erscheint auch im Alten Testament der Bibel „chronologisch" früh, nämlich bereits in der Genesis, im ersten Buch Mose im Zusammenhang mit der „Sprachverwirrung" der am Hochbau beteiligten „Völker". Mangels exakter historischer Kenntnis der Frühgeschichte nannte ihn die Bibel „Turm von Babel". Die Zikkurat-Tempelpyramiden sind aber sumerischen Ursprungs. Babylon entstand erst später.

In der Hochblüte der sumerischen Kultur mit Keilschrift und Tempelpyramiden entwickelte sich Jahrhunderte später Uruk zur ersten Großstadt der Welt, in der über 100 000 Menschen wohnten. Uruk ist das biblische Erech. Die Errichtung einer zehn Kilometer langen Stadtmauer um 2500 v. Chr. wird König Gilgamesch zugeschrieben. Die Königsdynastien der Sumerer sind erst ab etwa 2500 aus „Königslisten" fassbar und geben vage Anhaltspunkte für historische Abläufe. Die Funde von Waffen und Schmuck aus den Königsgräbern zeugen vom hohen Stand der Metallurgie. Typisch für sumerische Menschendarstellungen in Statuen und auf Reliefs sind die Augen mit den „Augenringen".

Keilschrift {3200 v. Chr.}

entwickelte sich genau wie die Hieroglyphen und wie unser Alphabet aus der Abstrahierung von Piktogrammen. Die ältesten Zeichen waren Bilder mit entsprechender

Die wiederaufgebaute Zikkurat von Ur im heutigen Irak wurde zu Ehren des sumerischen Mondgottes Nanna errichtet.

Sumerische Keilschrifttafel (etwa 2350 v. Chr.). In den noch weichen Ton wurden Angaben über die Anzahl von Ziegen und Schafen eingeritzt.

Bedeutung: Essschale = Essen; drei Berggipfel = Gebirge. Im Lauf der Zeit wurden komplexere Begriffe aus mehreren Zeichen zusammengesetzt, und der Lautwert spielte eine wichtige Rolle, genau wie bei der Entwicklung des Alphabets. Die Keilschrift wurde nicht mit groben Keilen, sondern mit kleinen Griffeln aus Holz oder Rohr in weichen Ton eingedrückt. Wenn der Ton trocknete, blieb die „Schrift" erhalten.

Gelehrten des 19. Jahrhunderts n. Chr. ist es gelungen, die überlieferten Keilschrifttafeln zu entziffern. Dabei stellte sich heraus, dass es sich hauptsächlich um Vorratslisten, Rechnungen und Verträge handelte: Sobald die Gesellschaften arbeitsteiliger wurden, musste man den Warenstrom dokumentieren und die Vorratswirtschaft für die Tempel und Paläste organisieren: Buchhaltung war die erste Form der „Literatur", keine mythischen Urworte. Die ältesten, noch sehr bildhaften Keilschrifttafeln datieren von 3300 v. Chr., also aus der Ötzi-Zeit, doch erst um 2700 entwickelte sich daraus die abstraktere Keilschrift. Diese konnte dann von den Hethitern für ihre ganz andere, nämlich indogermanische Sprache verwendet werden.

Bei Ausgrabungen in Ninive im heutigen Irak freigelegter Kupferkopf des akkadischen Herrschers Sargon

Unsere Kenntnis der Sumerer ist noch recht jung. Weder in der griechisch-römischen Antike und nicht einmal in der Goethe-Zeit hatte man einen Begriff und eine Vorstellung von „sumerisch". Man hielt die Akkader, von denen die Bibel berichtet, für das älteste Volk des Orients.

Sintflut und Gilgamesch {2700 v. Chr.}

In Eridu im heutigen Irak, der Stadt mit der ältesten sumerischen Kulttradition (5. bis 4. Jahrhundert v. Chr.), haben sich Königslisten erhalten, die in Abschnitte „vor der Flut" und „nach der Flut" unterteilt sind. „Vor der Flut" werden nur mythische Könige mit jahrtausendelanger Regierungszeit genannt. Möglicherweise lag dazwischen in vor- oder frühsumerischer Zeit eine lang anhaltende Wetterverschlechterung mit verheerenden Regenfällen und Überschwemmungen, die so einschneidend war, dass sie sich den Menschen tief ins Gedächtnis eingegraben hatte.

Die Erinnerung an eine „große Flut" findet sich auch im ältesten bekannten Epos der Menschheit, im sumerisch-akkadischen Gilgamesch. Wie in der Bibel gehört dort das Bild einer Arche zur Sintflut. Tontafelfunde berichten von einem König Ziusudra, der im Zusammenwirken mit dem Weisheitsgott Enki eine Arche baute, um die Flut zu überstehen.

Sehr kurz gesagt ist die Gilgamesch-Sage die Geschichte eines legendären riesenhaften sumerischen Königs, der vielleicht zur Pyramidenzeit lebte und, oftmals in Begleitung seines Freundes und Dieners Enkidu, durch Kriegszüge und Abenteuer Ruhm und Unsterblichkeit gewinnen wollte. Das Kraut der Unsterblichkeit konnte er aber nicht erlangen. Gilgamesch verlor seinen geliebten Freund Enkidu wegen des Zorns der Ischtar. Denn die Menschen, so die Kernaussage des Mythos, sind gegen den Willen der Götter machtlos.

Das erste Weltreich: Akkad

{ca. 2500 v. Chr.}

Auf die Sumerer folgten die Akkader, die erstmals über andere Völker als das eigene auf einem großen Territorium herrschten. Die alte Geschichtsschreibung sah in diesem ersten akkadischen Territorialreich die Weltherrschaftsidee „alle Völker unter einem Zepter" verwirklicht. Im Mittelalter spielte diese Vorstellung eine große Rolle.

Niemand weiß, wo die Hauptstadt Akkad wirklich lag. Jedenfalls nicht im

Süden am Persischen Golf wie die sumerischen Stadtstaaten, sondern in Mittelmesopotamien, vermutlich in der Umgebung des späteren Babylon. Der Gründer von Stadt und Reich der Akkader und deren erfolgreichster Herrscher war Sargon. Die Akkader waren ein semitisches Volk und aus dem später arabisch genannten Raum zugewandert. Sie übernahmen wesentliche Teile der sumerischen Kultur, insbesondere die Keilschrift und den Götterhimmel.

Assur {ca. 2000 v. Chr.}

Das älteste assyrische Reich entstand im mesopotamischen Norden und ist nach dem Hauptgott Assur benannt: ein Fruchtbarkeits- und Berggott, kein „Herr im Himmel". Die Assyrer waren Semiten und sind bis heute die Namensgeber für „Syrien". Assur war zunächst ein Stadtstaat am Oberlauf des Tigris auf der Höhe des heutigen Mossul, der von dem lebhaften Handel zwischen dem rohstoffarmen Mesopotamien und Anatolien und dem iranischen Hochland profitierte und sich zum Flächenstaat ausdehnte. Hier lag die Keimzelle der späteren assyrischen Weltmacht. Zuvor begann in Mesopotamien die ebenso reale wie legendäre Geschichte Babylons.

Ägypten – das Alte Reich

Ägypten ist „das schwarze Land". Das griechische Wort *aigyptos* für „dunkel" bezieht sich auf die „schwarze Erde" des Nilschlamms, der alljährlich den Boden überschwemmte und damit die Lebensgrundlage der antiken Hochkultur schuf. Die pharaonischen Ägypter selbst nannten ihr Land genauso, nur eben in ihrer Sprache: *chem* oder *keme*. Unser Wort „Chemie" geht übrigens darauf zurück. Anders als in Mesopotamien gab es keine „Stadtkultur". Ägypten blieb immer ländlich. Quasi-städtische Zentren entwickelten sich lediglich

ENTDECKUNGEN UND ERFINDUNGEN

Keramik {mindestens 13 000 v. Chr.}

Das Brennen von Ton zu Behältern, Gefäßen oder Figuren wurde in der (Jung-) Steinzeit gewiss an mehreren verschiedenen Orten und auch zeitlich versetzt „erfunden". Die allerältesten Tongefäße stammen aus Sibirien, die älteste Keramik-Kultur ist die archaische Jomon im heutigen Japan, die noch eine Jäger- und Sammler-Kultur war; sehr alte Funde auch in Ostasien (China, Korea), alles lange vor der Sesshaftwerdung und dem Ackerbau. In Afrika (Mali) ab etwa 10 000 v. Chr.; in Europa erstmals um 6000 v. Chr. in der heutige Ukraine.

Durch den Ackerbau und die damit verbundene Vorratshaltung zuerst im Vorderen Orient gewinnt die Töpferei überragende Bedeutung und wird zur Leittechnik der Jungsteinzeit (Neolithikum); mit Figuren auch zu kultischen Zwecken.

Steinarchitektur/Ziegelbauten {ab ca. 7500 v. Chr.}

Çatal Höyük in der heutigen Südtürkei ist die älteste bekannte Siedlung. Erste Steinbauten wie Tempel, Paläste, Wallanlagen entstehen in der sumerischen Kultur um 3000 v. Chr. Die ältesten erhaltenen Steinbauten sind die Pyramiden (ab 2650 v. Chr.).

Beile und Äxte {mindestens 6000 v. Chr.}

Beim Beil war eine Steinklinge mit Pflanzenfasern und vielleicht etwas Birkenpech mit einem Stiel verbunden. Bei einer Axt steckt der Stiel in einem Schaftloch der Klinge. Die etwas leichteren Äxte eigneten sich auch als Hacken zum Bearbeiten des Bodens. Sie kamen in Gebrauch, als sich nach dem Abklingen der Eiszeit die Wälder ausbreiteten, in Mitteleuropa und auf dem Balkan um 6000 v. Chr., zu Beginn der Pfahlbauweise.

Segelschiffe {ab 5000 v. Chr.}

(um 5000 v. Chr. in Ägypten; um 3000 v. Chr. in Polynesien; um 2000 v. Chr. in China). Für den Schiffsverkehr nilaufwärts nach Süden erfanden die alten Ägypter das Segel. Das Mindestalter 5000 v. Chr. kann man anhand einer Darstellung auf einer Felsritzung angeben. Schon seit der Pyramidenzeit gab es auch seetüchtige Schiffe. Die Barken spielten im Totenkult eine herausragende Rolle. In den Gräbern gibt es zahllose Darstellungen altägyptischer Schiffe.

Rad und Töpferscheibe {mindestens 5000 v. Chr.}

stehen ganz am Ende der jungsteinzeitlichen Kulturen; zu der Zeit also neueste Technik wie heute die fortgeschrittenste Digital- oder Raumfahrttechnik. Die ersten unendlich um eine Achse rotierenden Räder waren Töpferscheiben der Indus-Kulturen. Wagenräder gibt es seit etwa 4000 v. Chr. ausgehend von südrussischen Steppengebieten. Diese Scheibenräder verbreiten sich in den Keramikkulturen Asiens, des Mittelmeers und Europas. In der anschließenden Bronzezeit wurden um 2000 v. Chr. im Orient die leichteren Speichenräder erfunden. In Australien und in den beiden Amerikas gab es bis zur Neuzeit keine Radnutzung.

um die Pharaonenresidenzen und einige bedeutende Tempel (Memphis, Theben, Heliopolis).

Sonnenkalender {vor 3000 v. Chr.}

Man kann die Entstehung oder „Erfindung" des ägyptischen Kalenders nicht genau festlegen, doch vermutlich geschah dies am Beginn der ägyptischen Kultur, noch vor den Hieroglyphen. Auch unser heutiges System geht auf den ägyptischen Kalender zurück, weil Julius Cäsar ihn für das Römische Reich übernahm. Im Gegensatz zu fast allen anderen alten Kulturen, die Mondkalender hatten, richteten sich die Ägypter nach einem Sonnenkalender. Die eigentlich „ägyptische" Erfindung ist das Prinzip der Monatseinteilung zu rund 30 Tagen und der Schalttage, die die Ägypter am Jahresende einfügten. Aufgrund der kulturellen Dominanz der Europäer in der Kolonialzeit wurde der über 5000 Jahre alte ägyptische Kalender der „Weltkalender."

Hieroglyphen {um 3000 v. Chr.}

entstanden schon vor der 1. Dynastie, also vor 3000 v. Chr. Das Wort dafür kommt aus dem Griechischen, denn die Griechen übersetzten den pharaonischen Ausdruck „Schrift der Gottesworte" mit „heilige Zeichen" aus *hieros* („heilig") und *glypho* („in Stein ritzen"). Die Entzifferung der Hieroglyphen gelang 1822 dem Franzosen François Champollion nach mehr als zehnjähriger Arbeit dank des 1799 von napoleonischen Soldaten gefundenen „Steins von Rosette". Durch diese bahnbrechende Entdeckung erschloss sich die ägyptische Kultur in einzigartiger Weise.

Papyrus {2900 v. Chr.}

Auch „Papier" und „Karte" gehen auf altägyptische Wörter zurück. *Per-aa* war der altägyptische Vorläufer des griechischen Wortes für „Papyrus". Es ist eine Zusammensetzung und bedeutet „Besitz des Pharao", was die enorme praktische und wirtschaftliche Bedeutung des Beschreibmaterials unterstreicht, nicht zuletzt als begehrtes Exportgut in die gesamte Mittelmeerwelt. Alle antiken Schriftrollen waren auf Papyrus geschrieben, das man aus dem Stängelmark der Papyrusstaude gewann.

Per-aa war bei den Ägyptern nur das Wort für die Pflanze, nicht für das Schreibmaterial. Das uns unbekannte ägyptische

Originalwort dafür nahmen die Griechen als *chártos* in ihren Wortschatz auf. Daraus wurde beispielsweise im Deutschen „Karte" und in weiteren Abwandlungen: „Karton", „Charta", „chartern", „Kartell" (eine Vereinbarung, die auf eine Karte geschrieben wird) oder „Skat". Die erste Papyrusbeschriftung gab es schon am Anfang der ägyptischen Kultur. Aufgrund der Ähnlichkeit von Aussehen und Funktion ging das Wort „Papyrus" später auf das ganz anders (nämlich aus Hadern) hergestellte „Papier" über.

Pharao {um 2900 v. Chr.}

In Ägyptens Frühzeit gab es im Niltal nur eine große Anzahl kleiner Stämme, die um 300 v. Chr. zu einem Reich zusammenwuchsen, der Legende nach unter dem Pharao Menes. Ihr König galt den Ägyptern als heilige Person, als Verkörperung von Gottheiten. Sein Name war tabu, auch ein Wort wie „König" durfte nicht ausgesprochen werden. Deswegen wich man auf einen unverfänglichen Namen aus: Altägyptisch *per-o* („großes Haus") meinte den Königspalast. Dessen Hauptbewohner war der: Pharao.

Die erste Pyramide {um 2600 v. Chr.}

Erfinder des ägyptischen Pyramidenbaus ist der Arzt, Architekt, Universalgelehrte und Pharao-Berater Imhotep. Das verbürgen Inschriften auf der Stufenpyramide Sakkara, die Imhotep um 2650 v. Chr. für Pharao Djoser baute. Sakkara ist der erste Steinbau Altägyptens und etwas über 60 Meter hoch, gerade mal die Hälfte der Cheops-Pyramide. Djoser war der erste Pharao der 3. Dynastie, mit der die Phase des sogenannten Alten Reiches begann.

Imhotep wurde in Ägypten nie vergessen und später sogar als Gott der Heilkunst verehrt. Die Erbauer der großen Pyramiden Snofru, Cheops, Chefren und Mykerinos gehören der nachfolgenden 4. Dynastie von etwa 2590 bis 2470 v. Chr. an.

Übrigens: Tempel bauten die Ägypter im Alten Reich noch nicht aus Stein, allenfalls kleine Kulthäuser aus Ziegeln, Lehm und Matten. Erst ab etwa 1550 v. Chr. entstanden steinerne Tempel für die Götter – allen voran die riesige Anlage für Amun in Karnak.

Die Pyramiden von Gizeh sind das Wahrzeichen des Alten Reiches in Ägypten. Sie gehören zu den ältesten Bauwerken der Menschheit.

Frühzeit in Asien und Amerika

Die filigrane Bronzeskulptur eines tanzenden Mädchens stammt aus der Zeit zwischen 2300 und 1750 v. Chr. Sie wurde während der Harappa-Kultur angefertigt und in Mohenjo-Daro im heutigen Pakistan entdeckt.

Amerika – Valdivia-Kultur {ca. 3500 v. Chr.}

In den beiden Amerikas bleiben die Menschen viel länger Jäger und Sammler. Die älteste bekannte sesshafte jungsteinzeitliche Bauernkultur findet sich im heutigen Ecuador (ca. 3500–1500 v. Chr.). Die Siedler in den Flusstälern an der Küste betrieben Getreideanbau und Fischerei. Bemerkenswert sind Venusfigurinen von der Art, wie sie schon in der europäischen Altsteinzeit vorkamen.

China – Hemudu {5000–4000 v. Chr.}

Auf chinesischem Boden finden sich archäologische Spuren verschiedener, lokal begrenzter Bauern- und Keramikkulturen, die rund 7000 Jahre bis in die Jungsteinzeit zurückreichen. Die Menschen lebten an den großen Flüssen Huang-ho und Jangtsekiang, kannten Reisanbau, Wasserbüffel-, Schweine- und Seidenraupenzucht und fertigten neben Tongefäßen auch Holzschalen mit Lacküberzug. Datierungen zufolge bestand die Hemudu-Kultur jahrtausendelang mit einem Höhepunkt zwischen 5000 und 4000 v. Chr., also zur Zeit der mesopotamischen Obed-Kultur. Am Huang-ho kennt man aus der gleichen Zeit die Yangshao-Kultur.

China – Longshan {3200 v. Chr.}

Aufbauend auf der früheren Yangshao-Kultur verwendeten ab 3200 v. Chr., etwa zur Ötzi-Zeit, erstmals die Chinesen der Longshan-Kultur eine Töpferscheibe. Sie stellten Keramiken her, deren Wände so dünn wie Eierschalen waren. Besonders charakteristisch für die Longshan-Keramik sind Gefäße mit glänzender schwarzer oder grauer Oberfläche und einer Ästhetik wie aus einem reinen europäischen Klassizismus. Die Kultur ist nach dem „Drachenberg" Long-shan benannt, der auch durch die taoistischen Höhlenheiligtümer aus dem chinesischen Mittelalter berühmt ist.

Indus-Kulturen – Harappa und Mohenjo-Daro {2600–1900 v. Chr.}

Erst durch archäologische Ausgrabungen nach 1922 im Industal hat man überhaupt eine Kenntnis von der hochstehenden Harappa- oder Indus-Kultur. Ihr Gebiet liegt überwiegend im heutigen Pakistan, das seinerzeit üppig bewaldet und sehr viel grüner gewesen war als heute. Die Indus-Kultur blühte um 2600 v. Chr. sehr rasch auf. Sie kannte eine Schrift und ein verfeinertes Handwerk. Die erstaunlichste zivilisatorische Leistung war die planvolle, streng geometrische Anlage großer Städte mit Wasserversorgung und Kanalisation. Die Ausgrabungsstätten von Harappa und Mohenjo-Daro gelten als die bekanntesten.

Die flächenmäßige Ausdehnung der Indus-Kultur war größer als die von Ägypten und Mesopotamien zusammen. Die Herkunft ihrer Träger ist nicht bekannt. Möglicherweise entstand sie sehr rasch aus der eingesessenen Bevölkerung. Um 1800 v. Chr. setzte ein Niedergang ein, der zum vollständigen Verlöschen führte. Obwohl ein gewisser Handelsaustausch mit den sumerischen Stadtstaaten bestand, erhielten sich in Mesopotamien und erst recht in der jüngeren Antike keine Hinweise oder Erinnerungen an die Indus-Kultur.

Amerika – Caral {2600 v. Chr.}

Die heute als älteste Stadt Amerikas bezeichnete Siedlung in Peru wurde 1996 entdeckt. In Caral gibt es rätselhafte Monolithen aus Granit sowie sechs Pyramiden in etwa aus der Zeit der ägyptischen Bauwerke um 2600 v. Chr. Die höchste von ihnen ist sogar höher als die Cheops-Pyramide. Die Bewohner von Caral hatten topografische, mathematische und astronomische Kenntnisse. Die Besiedlung der Stadt dauerte rund 1000 Jahre, wobei ein Höhepunkt in die letzte Phase ab 1800 v. Chr. fällt, als die dort bis dahin unbekannte Töpferkunst aufkam.

METALL VERÄNDERT DIE WELT

ca. 2600 bis 1200 v. Chr.

Bronzezeit in der Ägäis

Die ältesten Siedlungsschichten des berühmten Hügels von Hisarlik in der Westtürkei, den man für Troja hält, stammen aus der Zeit kurz nach 3000 v. Chr. („Troja I"). Da es damals noch keine Griechen in Griechenland gab, siedelten dort, wie im ganzen Ägäis-Raum, sogenannte altmediterrane Völker, die keine Indoeuropäer waren. Es waren Ackerbauern und natürlich auch Seefahrer, denn ihre Kultur stand im Austausch mit der gleichzeitigen minoischen Kultur auf Kreta. Beispielsweise ähnelten sich die Wandmalereien. In der Ägäis spricht man von „Kykladen-Kultur". Erst durch die Zuwanderung frühgriechischer Stämme wurden die altmediterranen Völker überlagert. Zu den Frühgriechen gehörten auch die Troer, nach denen fortan die Landschaft Troas an den Dardanellen benannt ist.

Kykladen-Kultur {ab ca. 2600 v. Chr.}

Etwa zur Gilgamesch-Zeit, also ab 2600 v. Chr., blühte in den küstennahen Landschaften auf der heute türkischen wie griechischen Seite der Ägäis und insbesondere auf den Kykladen-Inseln die bronzezeitliche Kykladen-Kultur auf, die auch Helladische Kultur genannt wird. Zu den Kykladen zählen die beliebten Ferieninseln Naxos, Paros, Mykonos, die wie ein Ring (griechisch: *kyklos*) rund um die „heilige" Insel Delos liegen. Beeindruckend schlichte, aber dennoch ausdrucksstarke Menschenfiguren, die „Idole", sind das typische und verbreitetste Kunstwerk der Kykladen-Kultur. Es sind kleine Figürchen, keine großen Statuen. Aber sie wirken wegen ihrer Schlichtheit gleichwohl monumental. Mit der Zuwanderung frühgriechischer Stämme auch auf die Inseln ab 1600 v. Chr. endete die Anfertigung solcher Idole schlagartig. Durch Herodot sind einige Namen dieser altmediterranen Völker aus dem Umfeld der Kykladen-Kulturen überliefert: Pelasger, Leleger oder Karer. Sie sind teilweise bis heute als Landschaftsnamen greifbar, zum Beispiel „Karien" in der Westtürkei. Möglicherweise sind auch die Etrusker, die später vermutlich von hier nach Italien auswanderten, solch ein altmediterranes Volk.

Altmediterrane Sprachen

{vor 2500 v. Chr.}

Die Griechen nahmen zahlreiche Wörter aus den altmediterranen Sprachen auf. Etwa die Pflanzennamen *Kümmel*, *Minze*, *Narzisse* und

Auf dem Stahlstich aus dem Jahr 1857 ist eine alte Karte von Griechenland dargestellt. Die Kykladen-Inseln sind gut zu erkennen.

Zypresse. Auch *Athen, Korinth, Larisa, Theben* sowie *Olymp* und *Parnass* und viele andere Ortsnamen sowohl auf dem Festland wie auf den Inseln wie in Ionien (Westtürkei) sind keineswegs griechische Wörter. Aus welchen der altmediterranen Idiome sie stammen, verliert sich allerdings im Dunkel der Frühgeschichte. Man kann sie zu Gruppen zusammenfassen wie *Parnassos, Halikarnassos, Knossos, Kolossos, Narzissos, Zypressos* oder *Mykene, Priene, Athene, Irene* („Frieden"). Fremdwörter waren für die Griechen *métallon* („Metall"), *síderos* („Eisen") und *týrannos* („Tyrann"), was ursprünglich „Burgherr" bedeutete. Auch die Namen zahlreicher bekannter Sagengestalten sind nicht originär griechisch, sondern wurden von den Einheimischen übernommen: *Achilleus, Odysseus, Theseus, Nereus, Aiakos* (Ajax) und Frauennamen wie *Sapphó*. Als ob das nicht schon erstaunlich genug wäre, ist zudem eine lange Reihe bedeutsamer Götternamen altmittelmeerischen, nicht-griechischen Ursprungs: *Apollon, Aphrodite, Artemis, Athene, Hephaistos, Hera, Hermes, Leto*.

Die vier Großmächte der Bronzezeit

Während sich nördlich des Alpenbogens die verschiedenen Schnurkeramiker und Glockenbecherkeramiker ausbreiteten, Megalithanlagen aufrichteten und das Siedeln in Pfahlbaudörfern immer noch gang und gäbe war, existierten zwischen Ägäis und Persischem Golf vier kulturelle und politische Zentren: Babylon und Ägypten, die jeweils schon auf eine tausendjährige relativ einheitliche kulturelle Tradition zurückblickten, die nicht-indoeuropäische minoische „Seemacht" Kreta und die indogermanischen Hethiter. Neuankömmlinge im ägäischen Raum waren die frühgriechischen Stämme, vor allem die Achäer; ihr bekanntestes Zentrum war Mykene.

Babylon/Babel {1800 v. Chr.}

ist in unserem geschichtlichen Gedächtnis die älteste Großstadt der Welt, Inbegriff einer vielsprachigen Zivilisationsmetropole, Brennpunkt der Geschichte. Weder Rom noch Jerusalem sind so sprichwörtlich und symbolträchtig geworden wie der Turmbau zu Babel, die babylonische Sprachverwirrung, die babylonische Gefangenschaft oder das Sündenbabel.

Aber Babylon ist nicht gleich Babylon. Im Lauf der Geschichte wurde die strategisch günstig am Euphrat gelegene, aber auch nicht weit vom Tigris entfernte Stadt immer wieder zerstört und immer wieder aufgebaut. Von hier aus regierten viele verschiedene Dynastien. Die sehr alte „Turmbau"-Überlieferung bezieht sich auf eine ganz andere, nämlich die sumerische Kultur mit ihren Zikkurats. Rund zweieinhalbtausend Jahre liegen zwischen der Zikkurat-Zeit und der neubabylonischen Glanzzeit unter dem Chaldäer Nebukadnezar II. (604–562 v. Chr.), als das Ischtar-Tor (Pergamon-Museum, Berlin) gebaut und die Juden in die Gefangenschaft verschleppt wurden. Natürlich gab es auch unter Nebukadnezar eine hochragende Tempelanlage. Wo ist sie geblieben? Schließlich stehen die Pyramiden auch noch. Alexander der Große ließ sie abreißen.

Hammurapi {ca. 1750 v. Chr.}

Eines der kleineren Reiche im Stadtstaatenverbund der Sumerer bildeten die Amurriter oder Amoriter, ein semitisches Volk am Euphrat, aus sumerisch-akkadischer Sicht ein unzivilisiertes Kriegervolk. Diese Amoriter gewannen um 1800 v. Chr. die Vorherrschaft im mittleren Mesopotamien und gelten als die Gründer Babylons. Hammurapi war der sechste König ihrer Dynastie, und er war der bedeutendste und machtvollste. In seiner über vierzigjährigen Regierungszeit von etwa 1790 bis 1750 v. Chr. entwickelte er Babylon vom Stadtstaat zum Flächenstaat. Mit ihm beginnt die sehr beträchtliche Wirkung des „Geschichtsbegriffs Babylon".

Die berühmte Stele mit dem Codex Hammurapi befindet sich im Louvre in Paris: König Hammurapi (links) steht vor Šamaš, dem Sonnengott und Gott der Gerechtigkeit.

Codex Hammurapi

In Keilschrift verfasst ist der älteste bekannte Gesetzestext aus der Zeit um 1750 v. Chr. Der Codex Hammurapi war nicht die erste Gesetzessammlung der Alt-Antike, aber er ist der einzige vollständig erhaltene. Die „Erstausgabe", eine 1902 gefundene Steinstele mit Autorenbild, ist im Louvre zu besichtigen (Kopie im Pergamon-Museum in Berlin). Der schwarze Diorit-Block ist 2,25 Meter hoch und enthält 282 „Paragrafen" über Strafrecht, bürgerliches Recht und Handelsrecht. Ein Viertel beschäftigt sich mit der Regelung von Besitzverhältnissen, also Grundbesitz, Hauseigentum und bewegliche Sachen. Das berühmte „Auge-um-Auge"-Prinzip ist im Codex verankert. Ein Rechtsfortschritt: Vorher zerstörte man für ein verletztes Auge gleich drei oder mehrere andere. Hammurapis Innenpolitik war vergleichsweise „sozial", denn er wusste, dass eine prosperierende Wirtschaft ohne einen verbindlichen Rechtsrahmen nicht möglich war. Die Bauern sollten von unnötigen Härten verschont und die Veteranen mit Land versorgt werden.

➥ ***Was danach geschah:*** Unter Hammurapis Nachfolgern schwand die Macht seiner Dynastie. Es war das Schicksal Mesopotamiens, von immer neuen Völkern erobert und innerhalb wechselnder Grenzen beherrscht zu werden – bis in die Gegenwart. Das altbabylonische Reich endete 1530 v. Chr. mit der kurzzeitigen Eroberung seiner Hauptstadt durch den Hethiterkönig Muršili. Dessen Großmacht verfügte zu jener Zeit bereits über ein Monopol in der Eisengewinnung und -verarbeitung – und Eisen durchschlägt Bronze. Unmittelbar darauf herrschten im Gebiet Babylons bis 1160 v. Chr. die iranischen Kassiten, ein halbnomadisches, kriegerisches Bergvolk, das mangels Zeugnissen keiner Sprachfamilie zuzuordnen ist. Ihre vierhundertjährige Herrschaft bedeutete einen kulturellen und wirtschaftlichen Rückschritt für Babylon, auch wenn die Kassiten-Könige im 14. Jahrhundert v. Chr. Beziehungen zu Ägypten unterhalten hatten.

Sieben-Tage-Woche

Sumer, Akkad, Assur und Babylon unter Hammurapi werden manchmal etwas pauschal unter der Bezeichnung „Alt-Babylon" zusammengefasst. Die „altbabylonische Zeitrechnung" ist das älteste Kulturgut, das auf uns gekommen ist. Zu den heute noch präsenten Kalendervorstellungen der Alt-Babylonier zählen etliche Sternbilder, der Tierkreis, die Sieben-Tage-Woche sowie der Sabbat, aus dem in spätantiker Zeit der sonntägliche Ruhetag wurde.

Ganz zu Anfang zählte man die Woche zu fünf Tagen nach den Fingern an einer Hand. Dann beobachtete man, dass die auffälligste rhythmische Erscheinung, der Mondzyklus, sich (annähernd) in vier Viertel zu je sieben Tagen unterteilen ließ. Die Altbabylonier, vermutlich schon die Sumerer, verknüpften die Tage mit den sieben Wandelsternen einschließlich Sonne und Mond, die allesamt mit bloßem Auge am Himmel zu sehen sind. Diese „Planeten" wurden für Götter gehalten und mit Götternamen benannt. Die Wochentage hießen nach den Planetengöttern, ganz wie in dem uns vertrauten Kalender: *Sonntag, Montag* …

Bezeichnenderweise steht die Zeitmessung auch am Anfang des biblischen Schöpfungsberichts: „Es war Abend und es ward Morgen: erster Tag" (Genesis 1, 5). Hier wird die Nacht gezählt, was typisch ist für die „Mondkalender" in den älteren Kulturen. Das „Sieben-Tage-Werk", der Bericht von der Schöpfung der Welt in der Genesis, beruht also auf bereits fest etablierten Kalendervorstellungen, die überall im Nahen Osten aus Mesopotamien mit seiner großen kulturellen Ausstrahlungskraft übernommen wurden.

Übrigens: Die sonst so schlauen Griechen hatten erstaunlicherweise ein sehr umständliches Kalenderwesen, das nichts zur weiteren Entwicklung beitrug. Und das deutsche Wort „Woche" ist verwandt mit „Wechsel".

Sabbat

Wort und Brauch *Schabbaton* sind babylonischen Ursprungs; an diesem „Vollmondtag", den man für einen Unglückstag hielt, sollte die Arbeit ruhen, da sie nicht unter guten „Vorzeichen" stand. Das schwingt noch im englischen *Saturday* mit, da Saturn ein eher düsterer Gott der Melancholie war. Im christlichen Zusammenhang ist der Ruhepausentag natürlich nicht identisch mit dem jüdischen Sabbat, sondern man nimmt den darauffolgenden als „Tag des Herrn" (französisch *dimanche*, spanisch *domingo*). Diese Bezeichnung wird erst im 4. Jahrhundert im Römischen Reich offiziell. Das deutsche und englische *Sonntag* und *Sunday* (lateinisch *sol invictus*-Tag) ist schon vorher entstanden.

Hexagesimalsystem

Schon die Babylonier konnten Zahlen mit sehr reduzierten Zeichen schreiben und hatten bereits einen ähnlichen Begriff von deren Stellenwert wie die moderne Mathematik. Allerdings benutzten sie nicht das Dezimalsystem, sondern das Hexagesimalsystem, das auf der Grundlage der Zahl 60 beruht. Unsere Einteilung des Kreises in 360 Grad und die Stundeneinteilung in 60 Minuten zu 60 Sekunden gehen auf dieses babylonische System zurück.

Der babylonische Tierkreis

In enger Analogie zum Monatskreis steht der Tierkreis. Die Babylonier unterteilten die Sonnenbahn in zwölf etwa gleich lange Abschnitte. Diese belegten sie mit Sternbildernamen. Ob Mythenhelden, Götter oder Kulttiere, man sah darin immer göttliche Wesen. Dieser Himmel war sehr lebendig und voller Bedeutungen. Alle Tierkreiszeichen außer „Skorpion" und „Fische" haben ein babylonisches Vorbild.

Abraham {ca. 1800/1700 v. Chr.}

Für Abraham war die polytheistische Welt mit ihren vergöttlichten Planeten und Sternbildern, ihren Feld,- Wald-, Wiesen- und Tiergottheiten oder ihren lokalen Götterstandbildern oberflächlich und austauschbar. Für ihn waren diese Götter tot. Er postulierte den Glauben an ein einziges, einheitliches göttliches Prinzip: an einen Gott, dem der Mensch Gehorsam schuldete.

Farbenprächtige Darstellung des babylonischen Tierkreises in der Tübinger Handschrift, einem Kalenderbuch aus dem 15. Jh.

Der biblische Urvater Abraham ist natürlich keine historische Persönlichkeit, genauso wenig wie König Artus, aber als literarische Gestalt lässt er sich einem bestimmten Umfeld zuordnen. Man sieht ihn in etwa als „Zeitgenossen" Hammurapis. Nach den Schilderungen der Bibel kann man sich ihn als eine Art Nomadenfürsten oder Scheich vorstellen, der aus Ur stammte und an der Seite seines Vaters nach Haran im heutigen Syrien gekommen war. In späten Jahren wies ihn sein Gott Jahwe an, mit seinem Nomadentross nach Kanaan zu ziehen. Als er nach einem langen Umweg über Ägypten und den Negev dort eintraf, schloss Jahwe mit Abraham einen Bund und versprach ihm: „Ich will deine Nachkommenschaft zahlreich machen wie den Staub der Erde." (Genesis 13, 16). Auf dieser Verheißung beruht der Name Abraham, was wörtlich „Vater der Vielen", „Vater der Völker" bedeutet. Doch Abraham hatte nur einen Sohn, den Isaak (den er beinahe opferte). Das Versprechen erfüllte sich erst mit seinen Urenkeln, den zwölf Söhnen Jakobs.

So wird eine historisch sicher ganz anders verlaufene Geschichte vom Zusammenwachsen mehrerer Nomadenclans zu einem „Volk" als geradlinige Abstammungsgeschichte erzählt. Geschichte als Familiengeschichte kann man sich leichter merken. Den Juden gilt Abraham als Urvater. Die von ihm ebenfalls auf Gottes Geheiß vorgenommene Beschneidung der Knaben ist das Zeichen der Zugehörigkeit zu seinem Volk.

Wegen ihrer gemeinsamen „Abstammung" aus der monotheistischen biblischen Tradition werden alle – Judentum, Christentum und Islam – auch „abrahamitische" Religionen genannt. Die Namensversion auf Arabisch lautet „Ibrahim".

Hethiter {ab ca. 2000 v. Chr.}

Neben Babyloniern, Assyrern, der minoisch-kretischen Kultur und Ägypten gab es im Vorderen Orient ab etwa 2000 v. Chr. noch das Großreich der Hethiter. Es umfasste einen Teil der heutigen anatolischen Türkei. Bereits bei den Griechen der klassischen Antike war das Hethiter-Reich gründlichst in Vergessenheit geraten. Erst im späten 19. Jahrhundert wurde es von Archäologen und Sprachforschern wiederentdeckt, und man erkannte sehr schnell, dass es sich um ein Volk mit indoeuropäischer Sprache handelte.

Die Hethiter nannten ihr Reich „Hatti". Die Ägypter, mit denen sie in diplomatischem und zuweilen auch feindlichem Kontakt standen, nannten sie *Ht'*, die hebräische Version lautet *Hittim*. Die Hauptstadt Hattusa (gesprochen: *hattusch*) ist noch immer nicht vollständig ausgegraben. Sie hatte unter anderem ein „Löwentor" und vermutlich auch Königsgräber.

Die Hethiter schufen ausgedehnte Steinbauten, besaßen ein hochstehendes Kunsthandwerk und schrieben ihre Sprache in Keilschrift. Hauptsächlich über die benachbarten Assyrer trieben sie Handel mit ganz Mesopotamien. Ihr Regierungssystem war eine Art Feudalsystem mit einem König an der Spitze. Sie gehörten zu den Rrsten, die Eisen verarbeiten konnten, was ihnen im Konzert der vier Großmächte der Bronzezeit eine herausragende Stellung verlieh. König Muršili plünderte Babylon 1530 v. Chr. und besiegelte damit das Ende der Dynastie Hammurapis. Die berühmteste Verbindung aber bestand zu einem Ort, den die Hethiter „Wilusa" nannten. Es könnte ein Vasallenstaat, ein bronzezeitliches Kleinkönigtum oder ein Handelspartner gewesen sein. Womöglich handelte es sich bei diesem „Wilusa" um das griechische *Wilios/Ilios/Ilion*, den Namensgeber für die *Ilias*, zu Deutsch: Es handelte sich um Troja.

Der Schatz des Priamos {ca. 2500 v. Chr.}

Auf oder eher in (!) einem Hügel beim heutigen westtürkischen Hisarlik entdeckte Heinrich Schliemann (1822–1890) auf der Suche nach dem Troja der *Ilias* eine eindrucksvolle Ruinenstadt. Gleich zu Beginn der Ausgrabungen 1871 war klar: Es waren mehrere Siedlungsschichten, die von der Antike über die Bronzezeit bis hinunter in die Jungsteinzeit übereinandergelagert waren.

Die ältesten fünf Schichten der Stadt stammen nach den gegenwärtigen archäologischen Befunden aus der Zeit nach

Sophia Schliemann, die zweite Ehefrau des Archäologen Heinrich Schliemann. Das Foto aus dem Jahr 1873 zeigt sie mit üppigem Goldschmuck aus dem von ihrem Ehemann entdeckten „Schatz des Priamos".

3000 v. Chr. Der sogenannte „Schatz des Priamos" gehört eindeutig zur Schicht Troja II (2600–2300 v. Chr.). Damit ist er rund 1000 Jahre älter als die Schicht, die man mit dem legendären Untergang der Stadt im Trojanischen Krieg in Verbindung bringt. Diesen ordnet man der von offensichtlich starken Zerstörungen gekennzeichneten Schicht VIIb zu, also einer wesentlich jüngeren – falls der homerische Krieg um Troja tatsächlich vor dem Hisarlik-Hügel stattfand.

Auf jeden Fall aber war Troja II ein frühbronzezeitlicher Nachbar von Hattusa. Der aus rund 8000 Edelmetall-Stücken bestehende Schatz ist ein eindrucksvoller Beleg für die Bedeutung und den Reichtum der Stadt. Sie lag schon damals strategisch günstig an wichtigen Fernhandelswegen genau gegenüber der Meerenge der Dardanellen. Über sie sollten noch viele Einwanderungs- und Eroberungswellen hinweggehen.

Übrigens: Der am 31. Mai 1873 gefundene „Schatz des Priamos" befand sich bis 1945 in Berlin und wurde als Kriegsbeute nach Russland verschleppt. Noch immer befindet er sich in den Gewölben des Puschkin-Museums in Moskau.

Der älteste Friedensvertrag: Kadesch {1274–1260 v. Chr.}

Nach dem frühen Tod des später weltberühmt gewordenen ägyptischen Pharaos Tutenchamun schickte dessen Witwe eine Gesandtschaft nach Hattusa und machte dem hethitischen König Schuppiluliuma I. einen Vorschlag. Sie wolle einen seiner Söhne heiraten und ihn zum Pharao machen. Die Nachricht über den diplomatischen Austausch hat sich erhalten und zeigt, dass sich Hatti und Ägypten als gleichrangig betrachteten.

Schuppiluliuma hatte Nordsyrien erobert. Das ägyptische Großreich war bereits seit 100 Jahren im benachbarten Libanon präsent. Wenige Generationen später kam es zur ersten welthistorischen Auseinandersetzung zweier Großmächte: Hatti und Ägypten rangen um die Vorherrschaft in der Levante.

Der hethitische König Muwatalli trat um 1280/1270 v. Chr. weiteren Expansions-

ENTDECKUNGEN UND ERFINDUNGEN

Bronzeguss {ab 3000 v. Chr.}

Die Legierung aus Kupfer und Zinn lässt sich leichter gießen als Kupfer, und das Metall ist wesentlich härter: Bessere Werkzeuge, bessere Waffen und Rüstungen. Die Kombination wurde vor 3000 v. Chr. im Karpaten-Kaukasus-Steppengebiet entdeckt oder erfunden. Um 2500 v. Chr., seit der Bronzezeit, begann die kontinuierliche Produktion von Bronzegegenständen in China, am Indus und in Mesopotamien.

Problematisch war die Beschaffung des seltenen Zinns. Der dafür entwickelte großräumige Handelsverkehr revolutionierte die eher egalitären Bauernkulturen: Zinnhändler wurden reiche und mächtige Herren und Herrscher, vor allem in Europa.

Sonnenkalender {etwa 3000 v. Chr.}

Der ägyptische Sonnenkalender war bereits seit der Reichseinigung durch den eher mythischen Pharao Menes in Gebrauch, also seit dem Beginn der ägyptischen Kultur. Die Ägypter teilten das Jahr in 12 Monate zu je 30 Tagen plus fünf Schalttage am Jahresende. Seine Weltgeltung bis heute hat der ägyptische Sonnenkalender wegen der Übernahme dieses Systems durch die Römer auf Anordnung von Julius Cäsar und die spätere Verbreitung durch die Europäer in der Kolonialzeit.

Papyrus {nach 3000 v. Chr.}

Der Beschreibstoff, von dem aus sich unser Wort Papier herleitet, wird aus dem Stengelmark hochwachsender Zypergräser (Cyperus papyrus) gewonnen, das in Ägypten üppig wächst. Längliche Streifen des Marks werden neben- und quer übereinandergelegt und verleimt. So entstanden Blätter bzw. die in der gesamten Antike gebräuchlichen Schriftrollen.

Zum flüssigen Schreiben erfanden die alten Ägypter gleichzeitig eine schwarze Tinte: Dazu wurde das klebrige Baumharz Gummi arabicum in Wasser gelöst und mit Ruß versetzt. Auch die Chinesen erfanden um 2500 Rußtinten.

Lastwagen {nach 2800 v. Chr.}

Zweiachsige, vierrädrige Karren aus Holz mit Scheibenrädern, die von Ochsen oder Pferden gezogen wurden, waren seit 2800 v. Chr. in Sumer in Gebrauch.

Zweirädrige (Streit-)Wagen {ab ca. 2000 v. Chr.}

Die Kombination von einachsigem Wagen mit einem Zugtier ist eine Erfindung der eurasischen Steppe. Die ältesten Funde stammen aus Gräbern der Sintaschta-Kultur im Südural; sehr wahrscheinlich das oder ein indoeuropäisches „Urvolk". Dort gab es Kupfervorkommen und Bronzemetallurgie. Diese frühen Indoeuropäer produzierten auch schon die leichteren Speichenräder im Gegensatz zu Scheibenrädern.

Richtig kampfgeeignet waren diese Wagen allerdings nicht, auch nicht bei den alten Ägyptern, wo sie oft dargestellt wurden. Sie dienten eher als repräsentative Dienstfahrzeuge für Herrscher und Generäle.

bestrebungen der Ägypter unter Ramses II. entgegen. Im heutigen syrisch-libanesischen Grenzgebiet, nahe der Festung Kadesch, boten beide Seiten die für damalige Verhältnisse ungeheure Anzahl von 20 000 Kämpfern für eine Schlacht auf. Die pharaonische Propaganda feierte einen großen Sieg. Ramses' Tempelbauten, zumal in Abu Simbel, sind bedeckt mit Darstellungen des kämpfenden Pharao – dabei musste er froh sein, dass die Schlacht unentschieden ausgegangen war und Muwatalli nicht weiter vordrang. Um 1260 v. Chr. schlossen der neue hethitische König Hattusili III. und Ramses den ältesten schriftlichen Friedensvertrag der Welt. „Kopien" des Ägyptisch-Hethitischen Vertrages von Kadesch in akkadischer Keilschrift für die Hethiter und als Hieroglyphen-Text vom Tempel in Karnak befinden sich heute im UNO-Gebäude in New York.

Kreta, Minos und die Minoische Kultur {3000/2000 v. Chr.}

Die Anfänge der kretischen Zivilisation gehen zurück bis in die sumerisch-akkadische Zeit und die ersten Dynastien in Ägypten um 3000 v. Chr. Sie ist nicht griechisch und kennt keine Zeus-Religion. Im Mittelpunkt der religiösen Vorstellungen der Kreter stand offenbar ein Stierkult. Die einzige bekannte Figur ist „König Minos", der legendäre Erbauer des ebenso legendären Labyrinths, in dem der stierköpfige Minotaurus hauste. „Minos" war aber eher ein Königstitel und nicht der Name einer historischen Person. Die „Minosse" kann man etwas großzügig als Zeitgenossen Hammurapis bezeichnen. Sie beendeten irgendwann in der langen Zeitspanne zwischen 3000 und 2000 v. Chr. im Ostmittelmeer das Piratenwesen und ermöglichten so einen sicheren Handel in der Region. Schon damals bestanden enge Handels- und Kulturkontakte zu den Kykladen, zur hethitisch-phönizischen Levante und zu Ägypten.

Um 2000 v. Chr. begann der Palastbau auf Kreta. Der britische Archäologe Sir Arthur Evans (1851–1941) entdeckte und ergrub 1900 bis 1903 die Paläste von Knossos (minoisch *ku-nŭ-ša*). Er verband sie mit dem

Der Palast von Knossos gehört zu den größten minoischen Palästen auf Kreta.

aus der Sage bekannten Königsnamen und bezeichnete die kretische als „minoische" Kultur.

Der Palast von Knossos {2100–1700 v. Chr.}

Etwa gleichzeitig mit Hammurapi und der 12. Dynastie in Ägypten setzte die „Palastkultur" in Kreta ein. Wie im Alten Orient und später in Mykene war der „Palast" (oder ein Tempel) Herrschafts- und Wirtschaftszentrum zugleich. Knossos stieg zur stärksten Macht Kretas auf. Sein Palast mag als Vorbild für das sagenhafte Labyrinth des Minotaurus gedient haben. In der – griechischen – Sage liegt der Ursprung von Redewendungen wie der vom Ariadnefaden (der sprichwörtliche „rote Faden") und vom Flug des Ikarus, bei dem abstürzt, wer leichtsinnig zu hoch hinaus will. Die Hochblüte der minoischen Kultur setzte um 2000 v. Chr. dramatisch schnell ein, da ihr die Bronzeverarbeitung einen enormen technisch-wirtschaftlichen Schub verlieh.

In den Palästen gab es jede denkbare Art von Wohnluxus, komplett mit Toilette, Badewanne, Balkon und Kühlräumen. Höhepunkte der minoischen Kunst waren Wandmalereien von schlanken jungen Männern, die über Stiere springen, und jungen Frauen mit bemerkenswert schmaler Taille sowie von Delfinen aus dem ebenfalls zum minoischen Kulturbereich gehörenden Santorin.

Die höfische Kultur in den minoischen Palästen war die erste urbane Zivilisation auf europäischem Boden. Um 1700 v. Chr. wurde sie durch eine Naturkatastrophe, womöglich die vulkanische Explosion der Insel Thera (Santorin) oder ein Erdbeben, vorübergehend zerstört.

➡ ***Was danach geschah:*** Der Wiederaufbau erfolgte rasch. In den beiden Jahrhunderten um 1600 v. Chr. erlebte Kreta eine zweite, noch glanzvollere Blütezeit mit diplomatischen Beziehungen zu den Hyksos in Ägypten; minoische Handwerker bauten sogar Paläste für die Hyksos. In einem Erdbeben und nachfolgender Flutwelle ging die Flotte und damit die Vorherrschaft auf See verloren. Diese übernahmen fortan die griechischsprachigen Achäer. Tontafelzeugnisse weisen darauf hin, dass seit etwa 1450 v. Chr. achäische Griechen aus Mykene die herrschende Schicht in Kreta bildeten. Beide Kulturen beeinflussten sich gegenseitig, und es entstand eine mykenisch-minoische Mischkultur, kurz bevor die Seevölker gerade in der Ägäis besonders zerstörerisch wirkten. Mykene, Knossos, Troja – alles ging unter.

Die ersten Griechen und ihre Götter

Hellenen hießen die Gefolgsleute des Achilleus aus Thessalien, bevor Hesiod um 700 v. Chr. alle Griechen so nannte. Noch Homer verwendet nur einzelne Stammesnamen: Achäer, Danaer, Argiver, genauso wie man in der Frühzeit der deutschen Geschichte nie von „Deutschland", sondern von Franken, Sachsen, Baiern sprach. Die Ionier, Achäer, Äolier, Dorer sind die ersten indoeuropäischen Griechen, die seit 2000 v. Chr. auf die Halbinsel einwandern, hier endgültig sesshaft und die Träger der griechischen Kultur werden. Die Invasion muss sehr gewaltsam verlaufen sein. Bei Ausgrabungen findet sich zwischen der helladischen und der archaischen griechischen Schicht sehr viel Asche.

Zeus

ist der Hauptgott, den die hellenischen Stämme mitbringen. Andere wie Apollon, Athene, Artemis sind orientalischen oder altmediterranen Ursprungs.

Der bei uns geläufige indogermanische Name des griechischen Hochgottes ist wortgeschichtlich identisch mit griechisch *theós* und lateinisch *deus* oder *jovis*; („Jupiter" ist eine Zusammensetzung aus *jovis* und *pater* und heißt nichts anderes als „Vater der Götter"). Die Grundbedeutung von *deus* ist „der strahlende Himmel". Das Wort ist eng verwandt mit lateinisch *dies* für „Tag", womit klar ist, dass Zeus den lichten Tag regierte und im Himmel „wohnte". Er „erschien" oft in Form einer Wolke und, ähnlich wie der germanische Wotan, mit Blitzen. Die Parallelen zwischen den beiden wichtigsten uns vertrauten vorchristlichen Götterfiguren Zeus und Wotan als Himmelskönige verweisen eindeutig auf einen gemeinsamen Ursprung. Nur bei den Germanen wurde der „Vater der Götter" durch Wotan „den Wütenden" ersetzt.

Mykene {um 1600 v. Chr.}

Auf dem Boden einer bis dahin unspektakulären frühbronzezeitlichen Bauernkultur entstand um 1600 v. Chr. schnell eine Hochkultur mit eindrucksvollen Palastburgen auf Berggipfeln, „Löwentor", „Schatzhaus des Atreus", „Goldmaske des Agamemnon", Zyklopenmauern und aufwendigen Grabanlagen. Weitere Orte der „mykenischen" Kultur waren etwa Tyrnis und Pylos. Früher nahm man unbekannte Einwanderer aus dem Norden an. Möglich ist aber auch, dass sich die Oberschicht dieser Frühhellenen durch ihre Handelskontakte mit Hochkulturen im Osten (Hethiter, Kreter, Ägypter) inspirieren ließ.

Nach ihrer größten Burganlage wird die neue Kultur „mykenisch" genannt. Anders als viele bekannte griechische Ortsnamen, die vorgriechisch und damit älter sind (etwa Athen und Korinth), ist „Mykene" ein griechisches Wort. In der Legende wird es mit dem Medusa-Bezwinger Perseus verknüpft, der an jenem „Pilzort" frisches Wasser in einem Pilzhut schöpfte. Mykenes erster Ausgräber Schliemann und die ältere Archäologie hielten den Agamemnon der *Ilias* für einen mykenischen Herrscher.

In ihrer Anfangsphase (seit etwa 1600 v. Chr.) war die Kultur Mykenes von der überlegenen minoischen Kultur in Kreta abhängig. Später kehrten sich die Verhältnisse um, und Mykene beherrschte Kreta auch politisch. Mykene wie Kreta gingen um 1200/1100 v. Chr. unter, wahrscheinlich in den katastrophalen Umwälzungen der eisenzeitlichen Wanderung. Die Sage vom Trojanischen Krieg hält man für einen fernen Widerhall dieser rätselhaften Ereignisse. Kurz vor ihrem Untergang erreichte die mykenische Kultur ihren Höhepunkt.

Die Totenmaske des Agamemnon

Die mykenischen Schachtgräber sind bis zu vier Meter tief in den weichen Fels gegraben. Sie enthielten eine Fülle von kostbaren Grabbeigaben, neben Waffen und Goldschmuck auch Bernstein von der Ostsee und Straußeneier aus Afrika, was auf weitreichende Handelsbeziehungen schließen lässt. Der bekannteste Fund ist die goldene „Totenmaske des Agamemnon".

Die 1876 in Mykene entdeckte Maske aus purem Gold wurde von Heinrich Schliemann mit dem sagenhaften König Agamemnon, einer der Hauptfiguren des Trojanischen Krieges, in Verbindung gebracht.

Löwentor und Schatzhaus des Atreus

Die beiden berühmtesten Baukunstwerke der mykenischen Kultur stammen aus der Spätphase um 1250 v. Chr., kurz nachdem die Ägypter und Hethiter den Friedensvertrag von Kadesch schlossen. Das Löwentor, Teil einer Zyklopenmauer um die Burganlage von Mykene, besteht aus vier tonnenschweren Monolithen und zeigt das Relief zweier aufrecht stehender Löwen vor einer Säule. Die Anlage wurde 1841 n. Chr. entdeckt und freigelegt.

Das sogenannte Schatzhaus ist ein Königsgrab, das man wegen der reichen

Beigaben zunächst für eine Schatzkammer hielt. Es handelt sich um ein Kuppelgrab, dessen Kuppelwölbung ein Vorbild aus dem minoischen Kreta hat. In solcher Größe und Vollendung wurde diese anspruchsvolle Technik erst wieder von den Römern beim Bau des Pantheon erreicht.

Der Fluch der Atriden

Als Denver Clan der Antike könnte man das rein fiktive, fluchbeladene mykenische Herrschergeschlecht der „Atriden" bezeichnen. Söhne des Stammvaters Atreus waren demnach Agamemnon und Menelaos, die die Schwestern Helena und Klytemnästra ehelichten. Klytemnästra ermordete ihren Gatten Agamemnon nach der Rückkehr aus Troja. Ihr Sohn Orest rächte die Tat und erstach die Mutter, angestiftet von seiner Schwester Elektra, während Iphigenie, eine weitere Schwester, beinahe vom Vater Agamemnon geopfert worden wäre. Und so weiter und so weiter und so weiter ... Homer, Aischylos, Drama und Oper webten daraus serienweise spannende Dramen.

„1177"

In diesem Jahr schlug Pharao Ramses III. eine wichtige Schlacht gegen die Ägypten bedrohenden „Seevölker". Es könnte auch das Jahr des Untergangs von Troja sein. Diese legendäre Sage, die erst viel später entstand, könnte ein Widerhall, eine ferne Erinnerung an den katastrophalen Zusammenbruch jener altbronzezeitlichen Welt der Ägäis und des Ostmittelmeers sein, der sich in der Zeit um 1200 bis 1150 v. Chr. vollzog. Das Hethiterreich wurde regelrecht ausgelöscht und verschwand bis ins 19. Jahrhundert komplett aus dem historischen Gedächtnis der Europäer. Auch die mykenisch-minoische Kultur brach zusammen. Hisralik / Troja erlebte in dieser Zeit nach genauen archäologischen Befunden eine verheerende Zerstörung. Der assyrisch-babylonische Bereich wurde stark erschüttert. Ägypten überlebte äußerlich intakt, aber innerlich stark geschwächt. Es konnte sich gegen Übergriffe von außen nicht mehr wehren und wurde im letzten Jahrtausend seiner Existenz oft von fremden Pharaonen, Persern, Griechen, Römern beherrscht. Die Welt der vier bronzezeitlichen Großmächte war damit untergegangen. Der Seevölkersturm war das einschneidendste Ereignis der altantiken Geschichte.

Über die Identität und Herkunft der „Seevölker" gibt es nach wie vor kein gesichertes Wissen. Ob es sich um ganze Völkerschaften oder um Piratenbanden handelte, die die Küsten verheerten wie später die Wikinger die Nordseeanrainer im Frühmittelalter, ist nicht bekannt. Aber diese grundstürzenden Ereignisse stehen in einem größeren Zusammenhang einer eisenzeitlichen Wanderung, in deren Verlauf nicht nur die dorischen Griechen vom Nordbalkan in das Ägaisgebiet wanderten (Dorische Wanderung), sondern auch elbgermanische Stämme wie die Latiner, Umbrer, Falisker auf offenbar friedlichem Weg in die Appenin-Halbinsel einsickerten, die bis dahin von altmediterranen Völkern wie den Sikulern oder Ligurern bewohnt waren. In diesen zeitlichen Zusammenhang gehört auch die Einwanderung der Philister nach Palästina und fast gleichzeitig die Wanderung israelitischer Stämme in das „Gelobte Land" Kanaan, eine durchaus aggressive Landnahme, die sich in der Moses-Legende widerspiegelt. Insgesamt waren diese Jahrzehnte um 1200 v. Chr. eine Phase meist gewaltsamer Umbrüche und Wanderungen. Durch die Angriffe der Seevölker hatte sich an der Ostküste des Mittelmeers, in der Levante, der Zugriff der assyrischen Zentralmacht gelockert, was zu einem Aufblühen der phönizischen Städte an den Küsten führte.

Phönizier I {1800 v. Chr.}

Das später von den Griechen so genannte Phönizien (heute: Libanon, Westsyrien, Südtürkei) war eine zersplitterte politische Landschaft reiner Stadtstaaten: Tyros, Sidon, Byblos, Ugarit oder das kürzlich wiederentdeckte Qatna und einige andere. Die „Phönizier" kannten kein „Nationalbewusstsein", sondern identifizierten sich mit ihrer jeweiligen Heimatstadt. Deswegen gab es auch nie ein „phönizisches Reich". Die Stadtstaaten gerieten fortwährend in wechselnde Tributabhängigkeiten von den umgebenden hethitischen oder ägyptischen Großmächten. Nach der eisenzeitlichen Wanderung wurde das Gebiet politisch meist von den Assyrern dominiert.

In der klimatisch sehr begünstigten Gegend gab es viel Gartenbau, vielleicht stammt der Wein sogar dorther. Und wegen der zentralen geografischen Lage betrieben die Phönizier seit jeher Handel nach allen Richtungen. Von einem ihrer Exportschlager entlehnten später die Griechen den Namen des Volkes: Mit dem Saft der Purpurschnecke *phoinix* färbten die Phönizier ein begehrtes Luxusgut: purpurfarbenes Tuch. Ihr einzigartiges kulturelles Vermächtnis an die Welt ist die Entwicklung des phönizischen Alphabets.

Ägypten im Mittleren und Neuen Reich

Nach dem Ende der Pyramidenzeit war die Zentralmacht des Pharaos geschwächt und die Gaufürsten die eigentlichen – lokalen – Herrscher. Im Grunde versank das Land am Nil um 2200 v. Chr. im Chaos. Die Bemerkung des ptolemäischen Historikers

Die Entstehung des Alphabets

Um 1750 v. Chr., kurz bevor die älteren minoischen Paläste durch Erdbeben einstürzten, begann in der phönizischen Welt bis hinunter zum Sinai eine Entwicklung in der Geschichte der Schrift, die etwa 500 Jahre andauerte und an deren Ende das phönizische Alphabet stand, dessen direkten Nachfolger der Leser hier unmittelbar vor Augen hat.

Das phönizische ist die Mutter aller Alphabete. Die hebräischen, arabischen, griechischen und lateinischen Buchstaben sind daraus hervorgegangen, natürlich auch die kyrillischen.

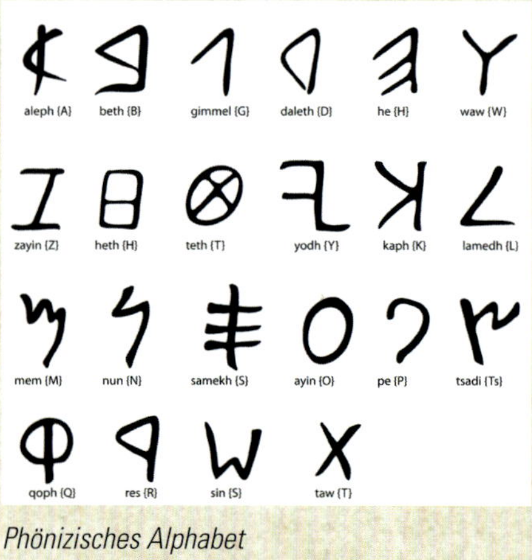

Phönizisches Alphabet

Die durch fruchtbaren Ackerbau und ausgedehnte Handelsbeziehungen im gesamten damaligen Orient vernetzten phönizischen Stadtstaaten waren kulturelle Schmelztiegel. Man kannte und beherrschte die Schriftsysteme der Nachbarn (Keilschrift, ägyptische Hieroglyphen, die kretische Hieroglyphenschrift Linear-A). Da muss der Gedanke an Vereinheitlichung und Vereinfachung aufgekommen sein, ebenso wie die geniale Idee, Zeichen nur noch als Symbol für einen Laut zu benutzen und nicht länger als Chiffre für eine Silbe oder ein Wort. Bei den Phöniziern lehnten sich viele Zeichen in ihrer äußeren Gestalt an ägyptische und kretische an, doch die Formen der „Buchstaben" wurden im Lauf der Jahrhunderte immer einfacher, damit man immer flüssiger schreiben konnte.

Diese Entwicklung war kein Geistesblitz eines Einzelnen, sondern ein Prozess. Im Vergleich mit den vorhergehenden rund anderthalbtausend Jahren erscheint es im Nachhinein als beachtlicher Durchbruch. Gerade in der Anfangsphase gab es viele lokale nordsemitische und südsemitische (im Sinaigebiet) Varianten. Die für die Weltkultur entscheidende Entwicklung vollzog sich jedoch ab 1750 v. Chr. im nordpalästinensisch-syrischen Raum bei den Phöniziern und ist um 1250 v. Chr. abgeschlossen. Die Griechen übernehmen dieses Alphabet etwa 100 bis 200 Jahre später. Bevor es dazu kam, mussten sie aber erst einmal in die Ägäis einwandern.

Phönizischer Alphabet-Stein im Museum von Byblos, Libanon

Manetho, der sehr viel später die Einteilung in Dynastien vornahm, in der 7. Dynastie hätten 70 Könige in 70 Tagen regiert, lässt ahnen, wie es zugegangen sein muss. Jene zweihundertjährige Periode von etwa 2200 bis 2000 v. Chr. wird als „Erste Zwischenzeit" bezeichnet. Doch dann, als im Süden der Balkanhalbinsel die ersten Hellenen in das Ägäisgebiet einsickerten, auf Kreta die ersten minoischen Palastanlagen entstanden und Mesopotamien von Assur aus regiert wurde, dehnten in Ägypten die Herrscher der 11. und 12. Dynastie von Theben (Karnak) ihre Macht über das ganze Niltal aus.

Amun

Mit dem Beginn des Mittleren Reiches brachte die 12. Dynastie um 2000 v. Chr. ihren Lokalgott Amun (Ammon) ganz groß raus. Amun, dessen Name „der Unsichtbare, der Verborgene" bedeutet, war bereits aus frühen Lokalkulten in sehr verschiedenen Tiergestalten bekannt. In Widdergestalt trat Amun als Fruchtbarkeitsgott auf. Als etablierter Hauptgott wurde er meist in Form eines Phallus dargestellt, auch als blauer Mensch oder als Gans. Amun verschmolz mit dem Sonnengott Re aus dem Alten Reich zum ägyptischen Reichshauptgott Amun-Re. Aufgrund dieser starken Potenz wird er im Nachhinein auch als Schöpfergott angesehen. Im Grunde blieb also Re, nun in Gestalt des Amun, der Hauptgott. Sein Tempel in Karnak war der reichste und mächtigste im Lande.

Am Amuntempel in Karnak bauten auch spätere Pharaonen, vor allem im Neuen Reich, immer weiter. Er wurde sozusagen zum Petersdom der Ägypter. Der Tempel ist eine Staatsinstitution, es gibt ja keine gesonderte „Kirche". Der Pharao ist sein höchster Priester.

Hyksos {1650 – 1550 v. Chr.}

Nach dem Ende der 12. Dynastie war die ägyptische Zentralmacht durch Intrigen und Probleme am Pharaonenhof wieder einmal so geschwächt, dass das Land seit etwa 1700 v. Chr. sukzessive und ohne besondere

Am Eingang zum Tempel von Karnak befindet sich die sogenannte Widderallee – ein Vorplatz, der zu beiden Seiten mit widderköpfigen Sphinxen gesäumt ist. Sie symbolisieren den Gott Amun.

kriegerische Auseinandersetzung an eine von Norden anrückende, vermutlich semitische Einwanderungsgruppe fiel, die die Ägypter Hyksos nannten. *Heka-chasut* bedeutete: „Fürsten der Fremdländer".

Die Hyksos dominierten Ägypten von ihrer Hauptstadt Avaris im Nildelta aus, waren aber zunächst im Land wenig präsent. Erst als sie um 1650 v. Chr. für gut 100 Jahre die Herrschaft über das Reich der Pharaonen übernahmen, kam es zu Zerstörungen.

Die ägyptische Aristokratie arrangierte sich mit ihnen, und die Hyksos brachten ihnen Pfeil und Bogen, Pferd und Streitwagen. Dann riefen die Pharaonen Kamose und Ahmose zum Unabhängigkeitskampf auf, aus dem die ägyptische Armee nicht nur siegreich, sondern auch gestählt und motiviert hervorging. Das war die Voraussetzung für die nun folgenden Eroberungen und den Aufstieg Ägyptens zum Weltreich.

Neues Reich {ab 1550 v. Chr.}

Der Abzug der Hyksos Richtung Kanaan erinnert in mancher Hinsicht an den biblisch-mythischen Auszug der Israeliten aus Ägypten. Seit Ahmose, dem Begründer der 18. Dynastie, datiert man die vierhundertjährige Epoche des Neuen Reiches von 1550 bis 1070 v. Chr. Ahmoses' Enkel Thutmosis I.

leitete zwischen 1500 und 1485 v. Chr. mit Eroberungen im nubischen Süden (heute Sudan) und in Syrien und Palästina Ägyptens Aufstieg zur Großmacht ein. Er begann mit dem Ausbau des Tempels von Karnak zu einer riesigen Anlage, was Amun als oberstem Reichsgott neue Geltung verschaffte. Eine seiner Töchter war die einzige regierende Pharaonin Hatschepsut. Thutmosis ließ sich als erster Pharao im Tal der Könige bestatten.

Armaggedon/Meggido {ca. 1460 v. Chr.}

Armaggedon ist in der Bibel der Begriff für die apokalyptische Endzeitschlacht zwischen Gut und Böse (Offenbarung 16, 16). Der heute in Israel gelegene Ort Meggido wird in der Bibel mehrmals als Kriegsschauplatz erwähnt. Meggido lag an der uralten Handels- und Kriegsstraße zwischen Ägypten und Mesopotamien. Die wichtigste aller Schlachten von Meggido fällt in die Frühzeit der Herrschaft von Thutmosis III. (ca. 1480–1425). Der Pharao schlug einen Aufstand kanaäischer Fürsten und phönizischer Stadtstaaten nieder und belagerte deren geschlagene Armee monatelang in der Festung Meggido, wohin sie sich geflüchtet und verschanzt hatten. Mit diesem Sieg festigte Thutmosis die Vormachtstellung der Ägypter im Nahen Osten. Während seiner über 50 Jahre währenden Herrschaft errichtete er eine effiziente Reichsverwaltung, und die Macht der Aristokratie wurde endgültig gebrochen. Gesandtschaften aus Babylon und Hattusa brachten mit Geschenken ihre „diplomatische Aberkennung“ zum Ausdruck.

Die weltberühmte Büste der Nofretete. Sie war die Ehefrau von Pharao Echnaton.

➡ ***Was danach geschah.*** Unter den Pharaonen der 18. Dynastie und besonders unter Amenophis III. erlebte Ägypten ein goldenes Zeitalter des Friedens, des Wohlstandes und der wohlgeordneten Verwaltung. Memphis war formell Regierungssitz, Theben die bevölkerungsreichste Stadt. Bereits Amenophis III. plante eine Entmachtung der Amun-Priesterschaft in Theben. Sein Sohn Amenophis IV., der sich später Echnaton nannte, setzte diese in aller politischen und spirituellen Radikalität um.

Echnaton {ca. 1350–1330 v. Chr.}

Der Urenkel von Thutmosis III. wurde als Amenophis IV. inthronisiert und regierte in der sogenannten Amarna-Zeit von etwa 1350 bis 1330 v. Chr. Nach der von ihm durchgesetzten Religionsreform nannte er sich Echnaton, das bedeutet: der dem Gott Aton dient.

Durch die imperiale Ausdehnung unter Thutmosis I. und Thutmosis III. war Ägypten erstmals in intensiven Kontakt mit anderen Ländern und Völkern gekommen – und mit ganz anderen Kulten. Darunter gab es auch die eine oder andere Sonnengottheit. Klugen Ägyptern mag das zu denken gegeben haben. Darüber hinaus wurden die jahrzehntelangen Kriege in Vorderasien von den thutmosischen Soldaten auch von der alten Hauptstadt Memphis im Norden aus geführt, in deren Nähe sich das ursprüngliche Re-Heiligtum der „Sonnenstadt“ Heliopolis befand. Im Vergleich zu den düsteren Kammern des „Verborgenen“ Amun muteten die Tempel des Re oder Aton licht und luftig an.

Die Bevorzugung des Sonnenkultes, des Aton-Kultes, war schon von Echnatons Vater und Großvater vorbereitet worden, auch als ein politisches Gegengewicht gegen die Amun-Priesterschaft in Theben. Unter ihnen wurde Aton noch in Menschengestalt mit Falkenkopf, manchmal hinterfangen von einer Sonnenscheibe dargestellt. In der Amarna-Kunst war Aton dann die reine Sonnenscheibe, ein abstraktes Symbol. Das lässt auf eine spirituelle Vertiefung des religiösen Denkens schließen, die mit dem Pharao Echnaton persönlich in Verbindung gebracht wird. Die „gestaltlosen“ Ausdrucksformen der Aton-Religion verweisen auf die intellektuell anspruchsvolle Verehrung eines einzigen göttlichen Grundprinzips wie in der strukturell ähnlichen Jahwe-Religion, die etwa gleichzeitig entstand.

In der Amarna-Zeit waren die traditionellen Kulte keineswegs verboten, sie wurden nur nicht mehr am Pharaonen-Hof bevorzugt. Das ägyptische Volk aber konnte dem Pharao auf seinen spirituellen Höhenflügen nicht folgen, sondern tanzte weiter lieber um seine goldenen Kälber, Stiere, Widder

Tutenchamun {1333–1323 v. Chr.}

Unter Echnatons Sohn Tutenchamun (er regierte 1333 bis 1323 v. Chr.) wurde der traditionelle Reichskult des Amun-Re umgehend wiedergestellt. Sein Name bedeutet: „Lebendes Abbild des Amun". Da Tutenchamun bei seiner Thronbesteigung noch ein Kind war, hatte die traditionelle Amun-Priesterschaft diesbezüglich leichtes Spiel.

Die Auffindung seines beinahe unversehrten Grabes 1922 mit Grabbeigaben wie der goldenen Totenmaske (rechts) durch Howard Carter – eine archäologische Sensation – machte den eigentlich unbedeutenden, jung verstorbenen König zu einer der berühmtesten Gestalten der ägyptischen Geschichte neben Cheops, Hatschepsut und Ramses. Kurz nach Tutenchamun endete die 18. Dynastie.

und Schakale. Umstritten ist, ob Echnaton als „Ketzerkönig" jene Andersgläubigen verfolgen und die Tempel schließen ließ.

Nofretete in Amarna

Echnaton strebte nicht nur einen neuen Kult, sondern eine umfassende Reichsreform an, bei der der Erbadel zugunsten eines Dienstadels entmachtet werden sollte. Um dem Einfluss Thebens zu entgehen, ließ er in wenigen Jahren Bauzeit eine riesige Residenzstadt aus dem Wüstenboden stampfen. Amarna, heute: Tell-el-Amarna, lag auf halbem Weg zwischen Theben und Memphis. Die Stadt hieß eigentlich *Achet-Aton* („Horizont des Aton").

Die Amarna-Kunst von Achet-Aton ist weniger statisch-idealisierend als die sonstige ägyptische Kunst. Berühmte Reliefs zeigen das Pharaonenpaar in hauchdünne Gewänder gehüllt beim Spiel mit den eigenen Kindern. Echnatons Gattin Nofretete („die Schöne ist gekommen") spielte eine herausragende Rolle in der Regentschaft.

Nofretetes Kalksteinbüste wird in Berlin aufbewahrt, nunmehr im wiederaufgebauten Neuen Museum. Gefunden wurde die Büste 1912 bei Ausgrabungen der Deutschen Orient-Gesellschaft im Schutt eines Lehmziegelhauses in Amarna. Nicht zuletzt wegen dieser Büste ist Nofretete eine der berühmtesten Frauen der Weltgeschichte – und eine der schönsten.

➡ ***Was danach geschah:*** Nach dem Ende der Herrschaft Echnatons und Nofretetes übernahm die Amun-Priesterschaft wieder das Regiment und verlegte die Hauptstadt zurück nach Theben. Jegliche Erinnerung an Echnaton wurde getilgt, sein Name in Inschriften gelöscht. Trotz dieser Zerstörungen ist Amarna heute eine der besterhaltenen altägyptischen Städte, eben weil sie in Vergessenheit geriet. Sie wurde erst durch die napoleonischen Truppen wiederentdeckt.

Ramsessiden {ab 1300 v. Chr.}

Mit Ramses I. beginnt um 1300 v. Chr. die 19. Dynastie und damit der letzte Höhepunkt des pharaonischen Ägypten. Die meisten Pharaonen tragen nun den Namen Ramses, ägyptisch *Ramesesu* („Re hat ihn geboren"). Innenpolitisch sind Ramses I. und Sethos I. vor allem noch damit beschäftigt, die Erinnerung an Echnaton auszulöschen. In die Herrschaftszeit von Sethos I. fällt der Bau der großen Säulenhalle im Tempel von Karnak und sein gewaltiger Totentempel in Abydos. Sethos war der Vater von Ramses II. Etwa die Hälfte aller erhaltenen altägyptischen Bauwerke stammt aus der Zeit dieser beiden Pharaonen.

Ramses II. herrschte ungefähr von 1290 bis 1220 v. Chr. Gleich zu Beginn seiner langen Regierungszeit bestritt er um 1275 v. Chr. die Schlacht von Kadesch gegen die Hethiter, in der die Ägypter nur knapp einer Niederlage entgingen. Daraufhin schwenkte Ramses bewusst auf eine Friedenspolitik ein und ließ auf allen größeren Tempeln Darstellungen anbringen, wie er die übermächtigen Feinde besiegte. „Kadesch" war in Ägypten allgegenwärtig, und Ramses präsentierte sich als Hüter und Verteidiger der Weltordnung. Das berühmteste Bauwerk jener Epoche ist der Felsentempel von Abu Simbel (altägyptisch *Ibschek*), der in den Sechzigerjahren des 20. Jahrhunderts wegen des Baus des Assuan-Staudamms 64 Meter höher gelegt wurde.

Bereits zur nachfolgenden 20. Dynastie gehörte Ramses III. (ca. 1190–1150 v. Chr.). In dessen Regierungszeit fielen die Seevölker in den gesamten Ostmittelmeerraum ein, was letztlich für Ägypten den Verlust seiner Großmachtstellung bedeutete.

➡ ***Was danach geschah:*** Im letzten Jahrtausend vor der Zeitenwende dämmerte Ägypten – geschwächt, wenngleich äußerlich unangetastet – nur noch vor sich hin. 662 v. Chr. eroberten die Neu-Babylonier unter Nebukadnezar kurzzeitig das Land, bevor um 550 v. Chr. eine letzte Selbstständigkeit und ein reger Austausch mit den Griechen und Ioniern folgte. Die Griechen, damals relative Neuankömmlinge in der Ostmittelmeerwelt, bewunderten die jahrtausendealte ägyptische Kultur, die aber nichts mehr als eine sterbende Hülle war. 525 v. Chr. machten die Perser das Nilland zu ihrer Provinz. Persien selbst wurde 333/332 v. Chr. durch Alexander überwunden, der im Nildelta Alexandria gründete, den geistigen Mittelpunkt der hellenistischen Welt. Als seine Nachfolger regierten die makedonischen Ptolemäer Ägypten noch 300 Jahre lang erfolgreich als „Pharaonen", mit anderen Worten: Sie passten sich der ägyptischen Kultur an. Die letzte ptolemäische Königin war Kleopatra.

Bronzezeit im Norden

Während sich in Mesopotamien (Assyrer), Ägypten, Anatolien (Hethiter), auf Kreta und rund um die Ägäis zwischen 2500 und 1200 v. Chr. die großen Kulturen entfalteten, war das Gebiet nördlich der Alpen keineswegs eine Kulturwüste. Im Gegensatz zu den orientalischen sind die bronzezeitlichen Kulturen im Norden jedoch alle schriftlos, und es wurden auch keine bleibenden Bauwerke aus Stein errichtet. Sich eine Vorstellung von den Leistungen der Menschen diesseits der Alpen zu machen, fällt also schwer.

Bereits aus der Frühbronzezeit kennt man gewaltige Fürstengräber mit Goldgrabbeigaben (Leubinger Fürstengrab, Thüringen) oder die Straubinger Kultur, die am Nordrand der Alpen entlang bis in die Schweiz reichte. Mangels Fundstücken sind diese aber nur schwer abgrenzbar und nicht konkreter bestimmbar. Umso mehr zeigt der sensationelle Fund von Nebra, welches Niveau hier durchaus bestanden hat.

Die Himmelsscheibe von Nebra

{ca. 2000 v. Chr.}

gilt als älteste bekannte „Sternkarte" überhaupt. Sie wurde am 4. Juli 1999 nahe Nebra in Sachsen-Anhalt, rund 20 Kilometer von der gut 2500 bis 3000 Jahre älteren Kreisanlage von Goseck entdeckt. Das verwendete Metall stammt nachweislich aus den Ostalpen, das Gold vermutlich aus Siebenbürgen (Rumänien). Die Scheibe wurde um 1600 v. Chr. vergraben, sie kann aber mehrere hundert Jahre früher gefertigt worden sein. Die Darstellung auf der Himmelsscheibe setzt, ebenso wie die Anlage in Goseck, gefestigte astronomische Kenntnisse voraus.

Leubinger Fürstengrab {1940 v. Chr.}

Vermutlich wurde die Nebra-Scheibe von Menschen der sogenannten Aunjetitzer-Kultur (ca. 2300–1600 v. Chr.) verwendet. Sie hatte ihren Schwerpunkt im heutigen Böhmen. Im nahen Erzgebirge konnten sowohl Kupfer als auch Zinn für die Bronzeschmelze

gewonnen werden. Ihren bemerkenswerten Reichtum verdankten die Aunjetitzer der Salzgewinnung und einem schwunghaften Salzhandel. Sie hatten sogar Kontakt zur kretisch-minoischen Kultur.

Die Aunjetitzer werden mit dem Leubinger Fürstengrab (bei Erfurt) in Verbindung gebracht. Mit acht Metern ist der gewaltige Grabhügel um zwei Meter höher als das 1500 Jahre jüngere Fürstengrab in Hochdorf – und gilt sozusagen als die Pyramide Thüringens. Das ziemlich genau auf 1940 v. Chr. datierbare Grab war kostbar ausgestattet und gibt einen Eindruck von der Bedeutung der Führungsschicht jener Zeit, die wie moderne Unternehmer den Abbau von Bodenschätzen und den Fernhandel organisierten, ganz ähnlich wie die späteren Keltenfürsten in der Hallstatt- und Latène-Zeit. Zu diesen Bodenschätzen zählte auch Salz.

➡ ***Was danach geschah:*** In der mittleren Bronzezeit ab ca. 1600 v. Chr. waren solche prunkvollen Fürstengräber viel seltener. Vor allem anhand von Frauentrachten lässt sich eine stärkere Regionalisierung lokaler Gruppen („Stämme") beobachten, was auf einen sozialen Wandel hindeutet.

Sonnenwagen von Trundholm

{ca. 1400 v. Chr.}

Mehrere Jahrhunderte jünger (ca. 1400 v. Chr.) als die Himmelsscheibe von Nebra ist der Sonnenwagen von Trundholm. Das berühmte, 1902 n. Chr. entdeckte Kunstwerk aus der Zeit um 1400 v. Chr. erforderte eine komplizierte Gusstechnik und beweist die überragende handwerkliche Qualität in Bronzeguss, Bronzeschmiede und Goldschmiedetechnik auch im Norden. Der Sonnenwagen zeigt die erste Darstellung eines Pferdes. Er fällt in dasselbe Jahrhundert wie der Aton-Kult Echnatons und das Tutenchamun-Grab in Ägypten.

Die in Sachsen-Anhalt gefundene kreisrunde Himmelsscheibe von Nebra gilt als die älteste bislang bekannte konkrete Darstellung des Sternenhimmels.

Goldhüte {um 1300 v. Chr.}

Um 1300 v. Chr. kommen im Bereich der mitteleuropäischen Urnenfelder-Kultur eindeutig neue religiöse Vorstellungen auf. Kunsthandwerklich überragend sind die sogenannten Goldhüte, die aus papierdünnem Goldblech hergestellt wurden und sicherlich zeremonialen Zwecken dienten. Sie sind mit Kreismustern verziert, vielleicht Sonnensymbole. Die systematische Abfolge der Verzierungen ist als eine Art Kalender gedeutet worden. Es gibt vier dieser Hüte: den Schifferstadter Hut aus der Nähe von Speyer, aus Etzelsdorf nahe Nürnberg, einen aus Avanton bei Tours in Frankreich und den sogenannten Berliner Hut (Berliner Museum für Vor- und Frühgeschichte), dessen Fundort man nicht kennt. Die Forschung sieht Nebra-Scheibe, Sonnenwagen und Goldhüte allesamt in einem Zusammenhang mit einem Sonnenkult, in dem auch Darstellungen von Vögeln und Stieren eine deutlich wahrnehmbare Rolle spielen.

➡ ***Was danach geschah:*** Die Goldhüte gehören in die letzte Phase der „reinen" Bronzezeit-Kulturen, die dann einen vermutlich klimabedingten Niedergang erleben. Nach 1300 v. Chr. tritt eine Klimaverschlechterung (nass und kalt) ein, die zum definitiven Ende der Pfahlbaudörfer führt, auch zu einem deutlichen Rückgang des Bergbaus in den Alpen.Gleichwohl entwickelt sich ab 1200 v. Chr. die Kenntnis der Eisenverhüttung. Damit beginnt um 1000 v. Chr. die letzte Phase der vorhistorischen Zeit, die in Mitteleuropa vor allem durch die eisenzeitliche keltische Hallstatt-Kultur repräsentiert wird.

Bronzezeitlicher Zeremonialhut aus Gold (Berliner Hut)

Urnenfelderkultur {um 1300 v. Chr.}

Um 1300 v. Chr. verändern sich im bronzezeitlichen Norden einige Dinge radikal. Das wird am deutlichsten fassbar bei den Bestattungssitten. Anders als in den Hügelgräberkulturen werden bei den Urnenfeldleuten die Toten auf Holzstößen („Scheiterhaufen") verbrannt und in Urnen beigesetzt. Das ist das Leitcharakteristikum dieser Kulturen, deren „Heimat" und Zentrum deutlich im Alpen-Donauraum liegt und die sich in einem weiten Umkreis um den gesamten Alpenbogen ausdehnen. Sogar entlang der Rhône bis zu den Pyrenäen und nördlich von der Scheldemündung bis an die Oder sind sie zu finden.

Auch Keramiken werden fortan anders verziert und sind deutlich qualitätvoller; ebenso die Bronzegegenstände. Wie die späteren Kelten betrieben die Urnenfeldleute Kupferbergbau und Salzabbau, vor allem in den Alpen (Kitzbühel, Hallein). Die Urnenfeldleute lernen oder entwickeln in einer etwas späteren Phase die Verhüttung von Eisen. Das macht sie militärisch überlegen. Es sind indogermanisch sprechende Urnenfeldleute, die nach 1200 v. Chr. von den Alpen in den Süden ziehen, bis nach Italien (Triest, Präneste, Segesta) und nach Palästina. In Mitteleuropa geht dann um 800 v. Chr. die keltische Hallstatt-Kultur direkt daraus hervor.

China und Indien

Drei Dynastien {ab ca. 2000 v. Chr.}

Die Kenntnisse über die Anfänge der „fünftausendjährigen", „ältesten Kultur der Welt" um 2000 v. Chr. sind ähnlich „konkret" wie unser „Wissen" über die gleichzeitigen Akkader, die Umstände, wie die Himmelsscheibe von Nebra entstanden ist, oder die Legenden um die israelitischen Könige David und Salomo. Die rund 2000 Jahre Frühgeschichte, bevor verschiedene Reiche auf chinesischem Territorium 221 v. Chr. zum Kaiserreich China wurden, ist die Zeit der „Drei Dynastien". Hsia und Shang herrschten gleichzeitig mit den bronzezeitlichen altorientalischen Großmächten. Als in Europa die Kelten, die Griechen und die Römer ganz allmählich ihre Kulturen ausprägten, herrschte in China die „Chou"-Dynastie.

Hsia, Shang und Chou sind Namen lokaler Herrschaftsgebiete und ihrer Dynastien. Sie beherrschten im chinesischen Altertum immer nur Teile des heutigen China, vor allem an den Flüssen Huang-ho und Jangtse.

Der Gelbe Kaiser {ca. 2000 – 1600 v. Chr.}

Genau wie in anderen prähistorischen Kulturen ist in der Frühgeschichte Chinas schwer zwischen Fakt und Fiktion zu unterscheiden. Obwohl China ohnehin die längste ununterbrochene Tradition aufweist, verlängerten auch dort die Chronisten ihre Kaiserlisten gerne nach hinten und fügten noch ein paar kulturheroische Kaiserfiguren hinzu. Dieses Verfahren der Herrschaftslegitimation durch hohes Alter ist aus den sumerischen Königslisten oder den hundertjährigen Lebenszeiten der biblischen Patriarchen bekannt, die noch mit neunzig Kinder bekamen. So ist die traditionelle Datierung des Beginns der Hsia-Dynastie auf 2200 v. Chr. archäologisch

Huangdi, der Gelbe Kaiser, ist einer der mythischen Urkaiser Chinas und soll Mitte des 3. Jahrtausends regiert haben. Der Überlieferung nach ist er der gemeinsame Vorfahre aller Chinesen.

nicht haltbar. Hsia entwickelte sich zwischen 2000 und 1600 v. Chr. am Gelben Fluss, dem Huang-ho, als weit fortgeschrittene neolithische Kultur mit Getreideanbau, Viehhaltung und Töpferwaren. Hsia war das erste chinesische Reichsgebilde.

Die chinesische Legende stellt den „Gelben Kaiser“ Huangdi als Kulturschöpfer an den Anfang der chinesischen Geschichte. Spätere Epochen stellen ihn als eine Art Halbgott dar, dessen Mutter von Blitzen geschwängert wurde und der von Geburt an sprechen konnte. Huangdi gilt als Stifter der chinesischen Medizin. Ähnlich legendär sind Urkaiser wie Fu-Hi, „Erfinder“ von Musik, Fischernetzen und Schnüren zum Messen von Entfernungen, Shen-nung, „Erfinder“ des Ackerbaus einschließlich Teezubereitung und einige andere.

Wie immer die Hsia-Periode konkret beschaffen war, offenbar bildeten sich damals Grundzüge der chinesischen Kultur aus, die nicht mehr unterbrochen wurden, weswegen diese Tradition so altehrwürdig ist.

Shang-Dynastie {1600–1045 v. Chr.}

Die Zeit der Shang-Dynastie ab 1600 v. Chr. ist „die“ Bronzezeit in China. Ebenfalls eine Huang-ho-Kultur, baut Shang insbesondere auf der jungsteinzeitlichen Longshan-Kultur auf und ist die erste, die größere Gebiete in China umfasst, also über jungsteinzeitliche, rein lokale Kulturen hinausgeht. Shang war als eine Art Feudalstaat mit Vasallen organisiert – auch wenn es sich bei dem „Staatsgebiet“ nur um einen Bruchteil des späteren Reichs der Mitte oder gar der heutigen Volksrepublik handelte. Allerdings blieb die Bronzeherstellung auf Werkstätten im Umkreis der hauptstädtischen Königsresidenz beschränkt. Die praktisch versklavten Bauern lebten in Erdlöchern.

Chinesische Schriftzeichen

{vor 1600 v. Chr.}

Weil man aus der Shang-Zeit Hunderttausende von Orakelknochen gefunden hat, kann man ermessen, wie vorzeichengläubig diese Gesellschaft war. Rinderschulterblätter oder Schildkrötenbauchplatten wurden erhitzt, und die „Kaiser“ deutelten dann anhand der Sprungstellen hauptsächlich gute und schlechte Omen. Die Beherrschung dieser Kunst scheint ihnen viel Autorität verliehen zu haben. Die Weissagungen wurden mit Datum auf den Knochen eingeritzt und „zu den Akten gelegt“. Anhand dieser „Dokumente“ konnte man erkennen, dass die chinesische Schrift schon damals ausgebildet war.

Dreibeiniges, aus Bronze gefertigtes rituelles Gefäß aus der Shang-Dynastie

➡ ***Was danach geschah:*** In der anschließenden sehr bewegten Chou-Zeit (1045 bis 256 v. Chr.) lebten Konfuzius und Laotse. Chou zerfiel dann völlig in die „Streitenden Reiche“, denen der erste (gesamt-) chinesische Kaiser Ch‘in ein Ende bereitete (221 v. Chr).

Arier {um 1500 v. Chr.}

Arya („Edle“, „Adlige“) war die Selbstbezeichnung von Reiternomaden, die um 1500 v. Chr. von Norden her in Indien einbrachen und dank der Streitwagen, über die sie verfügten, den nördlichen Teil des Subkontinents rasch unterwerfen konnten. Ob sie zum Untergang der Indus-Kulturen beitrugen, ist nicht geklärt.

Die wahrscheinlich bekannteste hinduistische Gottheit Shiva verkörpert das zerstörerische Prinzip. Er gilt auch als Meister des Tanzes.

Sanskrit {vor 1500 v. Chr.}

war nie eine Volkssprache, sondern die Hoch- und Gelehrtensprache Indiens und darüber hinaus eine der ältesten und wichtigsten indoeuropäischen Sprachen, verwandt mit dem Lateinischen, Griechischen, Altpersischen und den germanischen Sprachen. Die eingesessene Bevölkerung Indiens sprach kein Sanskrit, es war die Sprache der heiligen Schriften. Die Inder sprachen – und sprechen bis heute – viele verschiedene Idiome. Eine gemeinsame Sprache „Indisch" gibt es bekanntlich nicht.

Veden {vor 1500 v. Chr.}

In die Übergangsperiode von der Bronzezur Eisenzeit in Europa und im Orient fällt in Indien die Entstehung der ältesten religiösen Texte der Menschheit, der Veden. Das Wort ist eng verwandt mit lateinisch *videre* („sehen" im Sinne von „erkennen", „Wissen", „Einsicht"). Die Veden, in einer Vorläuferform des Sanskrit geschrieben, entstanden über einen langen Zeitraum hinweg, von etwa 1750 bis 1200 v. Chr. Ziemlich genau zur selben Zeit entwickelte sich unser Alphabet in Phönizien.

Die Rigveda sind in erster Linie hymnische Liedtexte, in denen bereits von den Kasten (*Varna*) die Rede ist, die noch heute für die indische Gesellschaft eine große Bedeutung haben. Ursprünglich gab es vier Kasten, die weiße, die rote, die gelbe und die schwarze. So bedeutet auch *Varna* so viel wie „Farbe". Die jüngsten Veden, die Upanishaden (700–550 v. Chr.), sind Sammlungen religiös-philosophischer Schriften des Hinduismus. Hierin spielen Begriffe wie Brahman und Atman eine zentrale Rolle.

Jahrhunderte-, wenn nicht jahrtausendelang wurden die Veden nur mündlich weitergegeben. Aufgeschrieben wurden sie erstmals um 500 n. Chr.

Brahmanen {nach 1500 v. Chr.}

sind heute die oberste Kaste der Hindugesellschaft in Indien, waren aber ursprünglich einmal ein Volk am oberen Ganges. Von dort breiteten sie sich früh über den ganzen Subkontinent aus. Bei den Brahmanen entwickelte sich die auf der vedischen Überlieferung beruhende Religion zum Brahmanismus und daraus wiederum der Hinduismus. Der höchste Rang in der Brahmanen-Kaste kommt den Gelehrten zu, den Pandit. Sie genießen unabhängig von ihrer finanziellen Situation die größte Hochachtung und den höchsten sozialen Rang. Die niederrangigeren Priester praktizieren Opferhandlungen und Leichenverbrennungen. Viele Brahmanen sind auch als Richter, Beamte, Kaufleute oder Politiker tätig. (Auch der erste Premierminister nach der Unabhängigkeit Jawaharlal Nehru, der das Land von 1947 bis 1964 regierte, stammte aus einer Brahmanenfamilie.) Es schadet einem Brahmanen für sein hohes Ansehen nichts, reich zu sein, aber er braucht es nicht.

DER BEGINN DER GESCHICHTE

ca. 1200 bis 500 v. Chr.

Welt der Antike

Durch den Seevölkersturm in den Jahrzehnten um 1177 v. Chr. war die bronzezeitliche Hochkulturphase im gesamten östlichen Mittelmeer zu Ende: Das Hethiter-Reich und die inzwischen mykenisch-minoische Mischkultur verschwanden vollständig, in Babylonien gewannen die Assyrer die Vorherrschaft. Ägypten blieb intakt, mehr aber nicht. Auf die Bronzezeit folgt die Eisenzeit. Im nordalpinen Europa ist das vor allem die Epoche der Kelten und der Germanen. In den Jahrhunderten von 1200–500 v. Chr. bildete sich dann die Mittelmeerwelt der Antike: Ägypter, Griechen, Römer, Assyrer und Perser, Israel. Mit den ersten gesicherten Daten beginnt nun die bekannte Weltgeschichte.

Der Trojanische Krieg {ca. 1177 v. Chr.}

Die gewaltigen Donnerschläge aus den Jahrzehnten um 1177 v. Chr. mit unüberhörbarem Nachhall bis in die Sprache der Gegenwart werden für unser historisches Gedächtnis durch den Untergang Trojas markiert – falls die Annahme stimmt, dass die archäologisch gesicherte Zerstörung von Troja VII den „historischen Hintergrund" für Homers *Ilias* abgibt.

Ilion lautet der Name der sagenhaften Stadt, gegen die die Griechen in der *Ilias* in einen zehnjährigen Krieg ziehen. Die erste epische Dichtung des Abendlandes hat ihren Namen von dieser Bezeichnung für „Troja". Nach der sensationellen Auffindung und Ausgrabung „Trojas" durch Schliemann seit 1871 glaubte man sich gewiss, nun tatsächlich den Ort des Trojanischen Krieges gefunden zu haben. Immerhin scheint wenigstens für

Die Ruinen der legendären antiken Stadt Troja in der Nähe von Canakkale (Türkei)

den Hisarlik-Hügel der Name *Ilion* (hethitisch *Wilusa*) durch einen Tontafel-Vertrag aus der Zeit um 1300 v. Chr. gesichert zu sein. Möglicherweise war Wilusa ein vom mächtigen Hethiter-Reich abhängiger Vasallenstaat.

Doch beim weiteren Forschen und Graben stellte sich schnell heraus, dass es mehrere „Troja" gab. Immer wieder war der strategisch zweifellos günstig in Sichtweite der Dardanellen gelegene Siedlungshügel erobert, gebrandschatzt, durch Erdbeben zerstört oder verlassen und immer wieder neu aufgebaut worden.

Wilusa muss also nicht „Troja" gewesen sein. Denn es gibt auf dem Hisarlik-Hügel nur eine nachweislich mit starken Zerstörungen verbundene Schicht VIIb, die auf ungefähr 1200 v. Chr. datiert wird. Wer jenes „Troja" VIIb zerstört haben könnte, ist damit noch nicht gesagt. War es eine panhellenische Streitmacht, waren es brandschatzende eisenzeitliche Indogermanen aus Ostmitteleuropa oder wandernde Volksstämme vom Balkan oder räuberische Expeditionen in Wikinger-Manier unbekannter Herkunft? Wer weiß.

Dorische Wanderung {ca. 1100 v. Chr.}

Seit etwa 1100 v. Chr. wanderten aus dem nördlichen Balkan erneut griechisch sprechende Stämme nach Griechenland ein. Sie werden etwas pauschal als „Dorer" bezeichnet. Das ist die zweite – und letzte – große griechische Einwanderungswelle in die Ägäis nach jenen Hellenen, die mehr als 500 Jahre zuvor die „mykenische" Palastkultur aufgebaut hatten. Die etwas herben eisenzeitlichen Dorer sahen allerdings nur noch deren rauchende Trümmer.

Sie verdrängten ortsansässige Frühgriechen aus vielen Regionen auf die Kykladen-Inseln und auf die andere Seite der Ägäis, die Westküste der heutigen Türkei. Durch eine dieser Gruppen erhält diese Küste die Bezeichnung „Ionien".

Etrusker I {um 900 v. Chr.}

Die Etrusker erschienen um 900 v. Chr. in Italien. Ihre Herkunft ist ungeklärt, obwohl schon die Antike sie als aus Kleinasien stammend bezeichnete. Sie vermittelten eigene sowie Kulturelemente der archaischen Griechen auf italischem Boden, am nachhaltigsten natürlich das (west-)griechische Alphabet.

Italiker {1000 – 900 v. Chr.}

Gleichzeitig mit der riesigen indoeuropäischen Wanderung am Beginn der Eisenzeit und der Dorischen Wanderung der Griechen über den Balkan sickerten die Italiker (Latiner, Falisker, Umbrer, Osker, Samniten) auf die Apennin-Halbinsel ein und stießen hier auf eine nicht-indoeuropäische Vorbevölkerung (Ligurer, Sikanen).

Die Italiker stammten definitiv aus der nordalpinen Urnenfelderkultur, vermutlich aus mitteleuropäischen Siedlungsräumen an Elbe, Oder, Weichsel. Ihre Sprachen, vor allem das später so wichtige Latein, sind germanischen und möglicherweise auch keltischen Sprachen näher verwandt als dem Griechischen. Der Stamm der Latiner drang bis an den Unterlauf des Tiber vor und wurde auf sieben Hügeln über einer sumpfigen Flusssenke sesshaft. Dort wurden sie Nachbarn eines etruskischen Familienclans, der die Gegend beherrschte. Diese neuen Nachbarn waren die Rumlinna. Von ihnen hat Rom seinen Namen.

Polis {900 v. Chr.}

Da Griechenland sehr gebirgig ist und keine großen zusammenhängenden Flusssysteme hat, wäre hier eine Reichsbildung schwierig gewesen und sie hat bekanntlich auch nicht stattgefunden. Die Hellenen bildeten keine politische, sondern nur eine sprachliche und kulturelle Einheit mit den panhellenischen Kultzentren in Delphi und Olympia.

Die neu zugewanderten dorischen Griechen knüpften in nichts an die Kultur ihrer mykenischen Vorgänger an. Die Mykener hatten eine Palastkultur, wo der Fürstenpalast eine Art markt- und landbeherrschendes Großunternehmen war. Ganz anders die dorischen Griechen. Sie entwickelten schon kurz nach ihrer Einwanderung eine Art Selbstverwaltung der öffentlichen Angelegenheiten, das Polis-System.

Es gab Hunderte solcher Landgemeinden, größere oder kleinere, wo die Grundeigentümer das umliegende Land bebauten und ihre Angelegenheiten selbst regelten. Grundbesitz und ausreichend finanzielle Mittel, um sich wenigstens seine Hopliten-(Soldaten-)Ausrüstung leisten zu können, waren für den *demos* (die freien Grundbauern) die Voraussetzung, um als Gemeindebürger dazuzugehören. Die Landgemeinden waren im Prinzip alle unabhängig. Von „Stadtstaaten" kann man bei den meisten nicht sprechen, denn dafür waren sie einfach zu klein. Städte mit größerem Umland wie Athen und Sparta waren die Ausnahme. Fast jede Polis hatte eine Akropolis und eine Agora. Die gleichberechtigte Teilnahme aller Vollbürger an der Politik wurde aber erst in der Attischen Demokratie um 500 v. Chr. verwirklicht.

Alphabet II {ca. 1000–900 v. Chr.}

Α	Β	Χ	Δ
Ε	Η	Γ	Ι
Κ	Λ	Μ	Ν
Ω	Ο	Φ	Π
Ψ	Ρ	Σ	Τ
Θ	Υ	Ξ	Ζ

Das griechische Alphabet umfasst 24 Buchstaben und stammt vom phönizischen Alphabet ab.

Die älteste bisher gefundene griechische Inschrift findet sich auf einer Vase um 900 v. Chr. Demnach kannten die Griechen das phönizische Alphabet bereits, vielleicht schon seit der Zeit um 1000 v. Chr. Mit der Welt des Vorderen Orients, zumal mit den Stadtstaaten der Kleinasien am nächsten gelegenen phönizischen Küste bestand sicher ein Handels- und Kulturaustausch. Die phönizischen Stadtstaaten standen seit Jahrhunderten in voller Blüte; verglichen damit waren die hellenischen Landgemeinden Entwicklungsgebiet. Die Griechen haben sich dieses Kulturimports nie geschämt und die altorientalischen Kulturen, auch Ägypten, immer mit Hochachtung bewundert.

Das für die Weltkulturgeschichte wichtigste Ergebnis des kulturellen Austauschs ist die Übernahme des Alphabets von den Phöniziern und die Anpassung der Vokale. Wie bei vielen frühen Schriftsystemen wurden im phönizischen Alphabet nur Konsonanten wiedergegeben. So war es auch bei den Hieroglyphen, weswegen man zum Beispiel nicht weiß, wie die Pharaonensprache ausgesprochen wurde. Im Phönizischen gab es einige Laute, für die die Griechen keine Verwendung hatten. (So wie es im Deutschen kein englisches *th* oder keine französischen Nasale gibt). Diese „freien" Zeichen verwendeten die Griechen dazu, Vokallaute darzustellen und vervollständigten damit das Alphabet zu der Form, an die wir heute noch gewöhnt sind.

Da es weder Wörterbücher noch Rechtschreibkommissionen gab, waren mehrere voneinander abweichende Varianten in Umlauf. In den Kolonien in Sizilien und Unteritalien war es das westgriechische Alphabet, von dem das lateinische Alphabet abstammt, das Sie gerade lesen. Es wurde durch die nachfolgende geschichtliche Entwicklung (Römisches Reich, römisch-lateinische Kirche, weltweite Kolonisation der Europäer) zum wichtigsten und weltweit erfolgreichsten Schriftsystem überhaupt.

Biblische Geschichte

Die Kanaaniter waren gewissermaßen die Urbevölkerung des Nahen Ostens. Ethnisch handelte es sich um niemand anderes als die Handel treibenden, größere und kleinere Stadtstaaten bewohnenden Phönizier. Seit dem Seevölkersturm und dem Niedergang der ägyptischen Vormachtstellung am Ende der Ramsessiden-Zeit, also seit etwa 1200 v. Chr., bestand in Phönizien – oder Kanaan – ein Machtvakuum. Das Hethiter-Reich war untergegangen, auch Assyrien war geschwächt. Die phönizisch-kanaäischen Stadtstaaten, bisher eine Randkultur, blühten auf. Jetzt wanderten im Süden Kanaans die Philister ein (heute Gaza-Streifen und Umgebung). Es gab ferner (halb-)nomadische Stämme wie Ammon, Edon, Moab. Etwa gleichzeitig rückte von Osten, von der Wüste her, der beduinenhafte Stammesverband der Israeliten in das kanaäische Machtvakuum ein. Für unser historisches Gedächtnis verbindet sich diese Landnahme mit der Geschichte des legendären israelitischen Anführers, Gesetzgebers und Religionsstifters Moses im Buch Exodus.

Exodus – eine Völkerwanderung

Mehr als zwei Jahrtausende lang haben gläubige Juden und Christen den dramatischen Bericht vom Auszug (lat. *exodus*) des Volkes Israel aus Ägypten wie einen Tatsachenbericht gelesen. Problematisch daran ist, dass es weder in archäologischen Funden noch in der ägyptischen Kunst irgendeinen Hinweis, geschweige denn einen Nachweis über den Aufenthalt nennenswerter israelitischer Gruppen in Ägypten in der Niedergangszeit der späten Ramsessiden nach dem Seevölkersturm gibt. Und auch nichts über einen Exodus, also eine kleine Völkerwanderung durch den Sinai Richtung Norden unter Moses – nach angeblichen Sieben Plagen und komplett mit Trockenlegung des Roten Meeres, Sinaibesteigung zwecks Gesetzestafel-Übergabe und Tanz ums Goldene Kalb.

Unbestritten ist hingegen, dass die (nomadischen) Stämme, die später das Volk Israel bildeten, um 1200 v. Chr. in Kanaan einwanderten – keineswegs so friedlich wie die Bibel Glauben machen will. Man weiß nur nicht genau, woher sie tatsächlich kamen. Die erste bekannte Erwähnung des Namens „Israel" findet sich auf der ägyptischen Stele des Merenptah (ca. 1220 v. Chr.), eines Sohnes von Ramses II.

Laut dem Bericht der Bibel hat Moses das von Jahwe dem Volk Israel verheißene Land noch von Ferne gesehen, aber nicht mehr selbst betreten.

Das gelobte Land: Kanaan

{ca. 1200 v. Chr.}

Die Phönizier oder Kanaaniter verehrten Lokalgottheiten namens Baal, El und Moloch, oft in Bäumen, Brunnen, hölzernen oder steinernen Kultsäulen. Ihr zivilisatorisches Niveau war höher als das der einwandernden nomadischen Israeliten. Aber durch die ägyptische Herrschaft und die ewigen Kriege zwischen den altorientalischen Großmächten zermürbt, leisteten sie diesen kaum Widerstand. Die Israeliten wiederum nahmen Teile der kanaanitischen Kultur auf. Beide Gruppen waren sprachverwandt, auch die durchaus ähnlichen Kulte bestanden nebeneinander. Die Israeliten waren seinerzeit noch keineswegs so streng monotheistisch. Hinweise auf andere Götter wurden erst bei den viel späteren Bibelredaktionen getilgt. Der strenge Monotheismus und die Messias-Vorstellung bildeten sich erst im Zusammenhang mit dem Babylonischen Exil (kurz nach 600 v. Chr.) heraus.

Der deutsche Maler Julius Schnorr von Carolsfeld (1794 bis 1872) schuf 1860 dieses beeindruckende Bild: Gott zeigt Moses das gelobte Land (kolorierter Holzstich).

David gegen Goliath

Ungefähr gleichzeitig waren die Philister über See ins Land gekommen. Der Name Palästina (hebräisch *pilishtim*) leitet sich direkt von den Philistern ab. Womöglich stammten sie aus dem Ostseeraum und hatten bei ihrem Zug über die Alpen die damals neu entwickelte Eisenverarbeitung kennengelernt. Vermutlich waren sie den bronzezeitlichen ortsansässigen Nomadenvölkern wie den Israeliten durch ihr Eisenmonopol rüstungstechnisch überlegen.

Sie siedelten im Süden Palästinas hauptsächlich in den von Fürsten regierten Stadtstaaten Aschdod, Askalon, Ekron, Akkaron, Gath und Gaza, die einen lockeren Verbund bildeten. Mit dem Niedergang des ägyptischen Einflusses erlangten die Philister für rund 200 Jahre die Vormacht in diesem Raum. Sie verfügten über Expeditionstrupps, mit denen sie unbotmäßige Nachbarn einschüchterten. Möglicherweise schilderte die biblische Geschichte von David und Goliath eine Auseinandersetzung mit solch einem Expeditionskorps. In der Erzählung vom Kampf des Hirtenjungen David gegen den Riesen Goliath werden die Israeliten als arme kleine Hirten mit Steinschleudern verniedlicht.

➡ ***Was danach geschah:*** Möglicherweise versuchte der aus der Bibel, aber sonst nicht bekannte König Saul die israelitischen Stämme in Galiläa und um Jerusalem zu einen, um sich gegen die Philister zu behaupten; der Versuch einer ersten jüdischen Reichsbildung (ca. 1050–1000 v. Chr.). Erst König David, dem Anführer des Südreiches Juda, gelang es, die Vormachtstellung der Philister einzudämmen. Spätestens mit der Eroberung aller Länder an der Ostküste des Mittelmeers durch die Assyrer um 730 v. Chr. verloren auch die Philister ihre Selbstständigkeit.

Salomonischer Tempel {950 v. Chr.}

Seine Glanzzeit erlebte Jerusalem unter Davids Sohn, dem weisen König Salomon. Dieser erbaute den nach ihm benannten Tempel für das Hauptheiligtum der Israeliten, die Bundeslade. Schon David hatte diese aus der alten kanaanitischen Königsstadt Hebron herbeischaffen lassen. Salomon führte dabei lediglich die Bauaufsicht, denn der Tempel wurde ohnehin nach Jahwes Bauplan errichtet, der in der Bibel ausführlich beschrieben ist.

Das Fresko zeigt den israelitischen König Salomo mit dem Tempel in der einen und dem Zepter in der anderen Hand.

Salomon ist wegen mangelnder Trennschärfe zwischen Legende und Historie genauso wenig verbürgt wie David. In der verklärenden Erinnerung an jene friedliche Königs-Epoche eines geeinten Reiches entwickelten die Israeliten spätestens während der für sie traumatischen babylonischen Gefangenschaft um 550 v. Chr. die sehnsüchtige Vorstellung von der Rückkehr eines rettenden gesalbten Königs. „Der Gesalbte" heißt auf Hebräisch *Messias*, auf Griechisch *Christos*. Salomons Name ist direkt verknüpft mit dem hebräischen Wort *schalom* für „Frieden". *Übrigens:* Auf den Bau des Salomonischen Tempels führen die Freimaurer ihre Traditionen zurück.

➡ ***Was danach geschah:*** Samaria wurde 722 v. Chr. von den Assyrern erobert, die, wie sie es immer taten, Zehntausende Menschen umsiedelten. Auch Juda war bedroht. Dort wurde 622 v. Chr. die „Zweite Gesetzgebung" (Deuteronomium) erlassen. Der fromme König Joshua erlaubte unter anderem den Jahwe-Kult einzig im Tempel von Jerusalem, was bei einer monotheistisch angelegten Religion durchaus naheliegt.

Mit dem Untergang Assyriens (625 v. Chr.) setzten die Neubabylonier deren Großmachtpolitik im Nahen Osten fort. 597 eroberten sie Juda, obwohl das Land von den Ägyptern unterstützt wurde. Im zweiten Anlauf nahmen sie 586 v. Chr. Jerusalem ein und verschleppten die Oberschicht nach Babylon.

Phönizier II {um 950 v. Chr.}

Ein Zeitgenosse König Davids und König Salomons war um 950 v. Chr. König Hiram I. von Tyros, dem nunmehr mächtigsten der phönizischen Stadtstaaten (und Mutterstadt des 150 Jahre später gegründeten Karthago). Hiram pflegte auch Handelsbeziehungen mit den Königen in Jerusalem. Andere bedeutende phönizische Zentren waren Byblos, Sidon sowie das nordsyrische Ugarit. Dieses war schon in den Schlägen des Seevölkersturms kurz nach 1200 v. Chr. untergegangen, der archäologische Platz ist jedoch wegen der dort gefundenen Keilschrifttafeln für die Geschichtsschreibung aufschlussreich. Ugarit war in seiner Blütezeit zwar den Hethitern tributpflichtig, ansonsten aber unabhängig. Es gab dort ein mykenisches Stadtviertel, und die Stadt unterhielt intensive Handelsbeziehungen zu den Hyksos-Königen in Ägypten und selbstverständlich nach Mesopotamien. Ugarit war das Musterbeispiel einer für damalige Zeiten kosmopolitischen Stadt und Handelsdrehscheibe. Bei der allmählichen

Herausbildung des phönizischen Alphabets hatten Ugarit und Byblos eine führende Rolle gespielt. Die kulturelle Eigenständigkeit der Phönizier endete mit der Eingliederung der Küstenstädte in das Reich Alexanders des Großen im Jahr 332 v. Chr. und des Nachfolgestaates der Seleukiden, der dann im Römischen Reich aufging.

Die letzten babylonischen Reiche

Assur war bereits um 2000 v. Chr. ein vage definierter eigenständiger Machtbereich am Oberlauf des Tigris. Nach dem Zusammenbruch der hethitischen Großmacht und dem Ende der Kassiten-Dynastie in Babylon (ca. 1150 v. Chr.) dominierten die Assyrer ganz Mesopotamien mit beispielloser Brutalität. Hauptsächlich durch sie hat sich der Weltgeschichte das Bild vom grausamen orientalischen Despoten eingeprägt. Unterworfene Völker wurden verschleppt, die Armee terrorisierte die Nachbarvölker, die Strafen waren barbarisch, Zwangsarbeit zum Ausbau der Riesenpaläste und Städte standen auf der Tagesordnung.

Assyrisches Reich {ab 1100 v. Chr.}

Seit König Tiglatpileser III. (745–727 v. Chr.) dehnte sich das Assyrische Reich nochmals weit aus, vor allem Richtung Mittelmeer nach Palästina und Phönizien. Wegen der großen kultischen und sicher auch kulturellen und wirtschaftlichen Bedeutung der Stadt machte Tiglatpileser Babylon wieder zur Hauptstadt. Angesichts dieser Vormacht war es kein Wunder, dass sich die Israeliten in jenen Jahrhunderten ständig von „Babylon“ bedroht sahen.

Drei Nachfolger Tiglatpilesers III. (Sargon II. 721–705 v. Chr., Sanherib 704 bis 681 v. Chr., Asharraddon 680–670 v. Chr.) dehnten das neuassyrische Reich immer weiter aus, das nun vor allem die phönizischen Stadtstaaten tributabhängig machte sowie Palästina beherrschte. Im dortigen Süden berührten sich die Machtsphären der Ägypter und Assyrer.

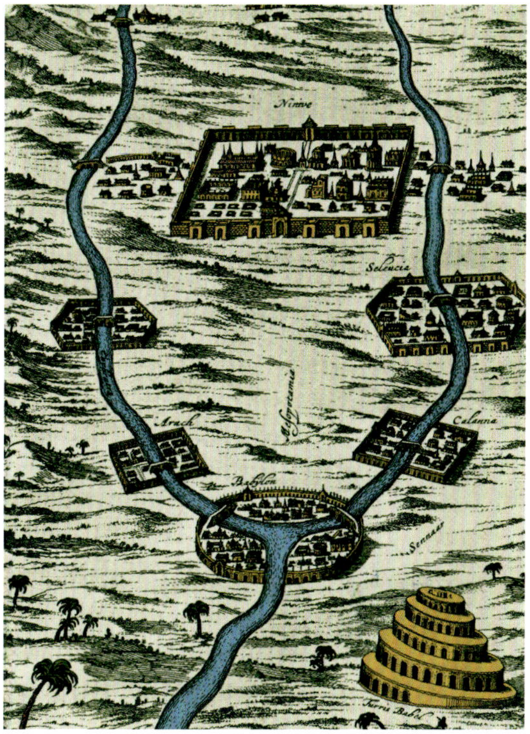

Auf der Karte aus dem 17. Jahrhundert ist der Verlauf der Flüsse Euphrat (links) und Tigris (rechts) dargestellt. Am Zusammenfluss der beiden Ströme ist Babylon zu sehen, oben in der Mitte Ninive und unten rechts der Turm von Babel.

Die Bibliothek von Ninive

{um 650 v. Chr.}

Unter Assurbanipal eroberten die Assyrer um 650 v. Chr. die Pharaonenhauptstadt Theben mit dem Tempel von Karnak für etwa zehn Jahre. Dies war die größte Ausdehnung des Reiches. Assurbanipal, der letzte neuassyrische Herrscher, war nicht nur ein geübter Kriegsherr und Stratege. Er war kein Analphabet, sondern beherrschte die Schreib- und Rechenkunst. Um überliefertes Wissen zu bewahren, ließ er Keilschrifttafeln sammeln und in Ninive, am Oberlauf des Tigris (heute Nord-Irak), in einer eigens eingerichteten „Bibliothek“ aufbewahren. Diese berühmte Bibliothek von Ninive ist mit ihren rund 25 000 Keilschrifttafeln einer der bedeutendsten Funde der modernen Archäologie. Ihr verdankt man ein immenses Wissen über die mesopotamische Kultur und Geschichte. Assurbanipal hatte viele Abschriften älterer „Texte“ anfertigen lassen, die ansonsten für immer verloren wären.

Neu-Babylon und das Ischtar-Tor {600 v. Chr.}

Nabopolassar II. regierte von 604 bis 562 v. Chr. Der biblische Nebukadnezar setzte die Großmachtpolitik dieses nunmehr „neubabylonischen" Reiches unter der Herrschaft der nicht-assyrischen kaldäischen Dynastie fort. Er ließ Babylon weiter ausbauen und den legendären Turm von Babel wiedererrichten – höher denn je. Wie eindrucksvoll die Stadtmauern damals waren, davon hat jeder Besucher des Pergamon-Museums in Berlin eine Vorstellung, wenn er dort die Prozessionsstraße mit den blau lasierten Ziegeln und symbolischen Tierdarstellungen entlanggeht und das Ischtar-Tor durchschreitet.

Das Ischtar-Tor, eines der Stadttore von Babylon, wurde 575 v. Chr. erbaut. Diese Rekonstruktion des prächtigen Tores überwiegend aus Originalteilen befindet sich im Pergamon-Museum in Berlin.

Die Hängenden Gärten der Semiramis {nach 600 v. Chr.}

Die Kunde von den Hängenden Gärten geht auf mehrere Autoren der Spätantike zurück und fällt je nach Autor etwas anders aus. Es gibt weder zeitgenössische Berichte noch eindeutige archäologische Funde. Auch in der Bibel, die so viel aus Babylon zu berichten weiß, werden sie nicht erwähnt. Ob die Hängenden Gärten in Zusammenhang mit terrassierten Hochbauten stehen, ob die Festungskrone der Stadtmauern bepflanzt war oder ob es sich um einen verschlossenen Parkbezirk innerhalb des Königspalastes handelte, lässt sich nicht verlässlich sagen. Auch der oft verwendete Zusatz Hängende Gärten „der Semiramis" erlaubt keine zeitliche oder örtliche Zuordnung. Über ähnlich klingende assyrisch-babylonische Königinnen-Namen wie Šammuramat kann man nur Vermutungen anstellen.

➡ ***Was danach geschah:*** Unter Nebukadnezar (im Opern-Italienisch: *Nabucco*) wurde auch Jerusalem erobert und die Juden in die Babylonische Gefangenschaft (586 bis 538 v. Chr.) verschleppt. Die letzte kaldäisch-babylonische Herrschaft fand kurz darauf 539 v. Chr. durch die Perser ein Ende; eben jene Perser, die dann 60 Jahre später 490 v. Chr. in der griechischen Küstenebene von Marathon auftauchten.

Asien und Amerika

China unter der Chou-Dynastie {800–230 v. Chr.}

Zu der Zeit, als die vielen kleinen *Poleis* der dorischen Griechen so prosperierten, dass man dort alsbald über Auswanderung wegen Bevölkerungsüberschuss nachdenken musste und sich auch die Israeliten in ihrem vereinigten Königreich eingerichtet hatten, kam in China im Kernland am Gelben Fluss Huangho die neue Chou-Dynastie an die Macht. Der Himmel, so hieß es, habe das

Herrschermandat an die Chou weitergegeben, weil die vorangehende Shang-Dynastie dekadent und degeneriert sei. Eine solche Geschichte war bei den häufigen Dynastiewechseln in China noch öfter zu hören. Bei dieser Art von chinesischer *Translatio imperii* gab es in der Regel keine Brüche in der Kultur oder der Gesellschaft.

Die ersten drei Chou-Könige errichteten einen typischen Feudalstaat mit der Vergabe von Lehen an ihre Familienangehörigen und enge Gefolgsleute. Später, in konfuzianischer Zeit im 5. Jahrhundert, wurde ihre Herrschaft zu einem Goldenen Zeitalter verklärt.

Der Aufstand gegen den tyrannisch herrschenden König Li 814 v. Chr. gilt als erstes gesichertes Datum der chinesischen Geschichte. Eine Generation später teilte sich Chou in Ost-Chou und West-Chou, danach gewannen einzelne Vasallenstaaten als Fürstentümer Souveränität. Diese Fürsten verwendeten erstmals systematisch Dienstleute oder „Beamte" zur Verwaltung statt des Kriegeradels. In jener etwas verworrenen Zeit der „Streitenden Reiche", in der auch Konfuzius lebte, liegt der Ursprung der späteren chinesischen Reichsbeamtenschaft der Mandarine.

Mittelamerika – Olmeken

{1500–400 v. Chr.}

Die Olmeken waren die erste Hochkultur in Mittelamerika und damit in Amerika überhaupt. Das Wort „Olmeken" ist aztekisch, die wissenschaftliche Bezeichnung lautet La-Venta-Kultur nach einem bedeutenden Pyramiden- und Tempelfundort, dessen Blütezeit von 1200 bis 400 v. Chr. währte. Besonders charakteristisch sind die tonnenschweren, gedrungenen Kolossalköpfe, die „körperlos" auf einem Steinfundament auf dem Boden sitzen. Manche sind fast drei Meter hoch.

Über diese Kultur ist wenig bekannt: Man weiß nichts über die Herkunft der Olmeken, wie sie sich nannten und welche Sprache sie sprachen. Auch ihre Mythen kennt man nicht.

Dennoch gelten die Olmeken als Mutterkultur der mittelamerikanischen Hochkulturen, insbesondere der Maya. Steinbearbeitung, Schriftgebrauch, Kalender, Tempelpyramidenbau und Ritualballspiel werden auf sie zurückgeführt. Die Kultur verschwand schlagartig um 400 v. Chr. Aufgrund von mutwilligen Zerstörungen an den Großköpfen ihrer Tempelanlagen kann man kriegerische Einwirkungen vermuten.

Diese Kolossalköpfe stehen am Catemaco-See in Mexiko. Ihre Funktion ist nicht ganz geklärt – man vermutet aber, dass es sich um Porträts von bedeutenden Persönlichkeiten der Olmeken handelt.

Die für Eurasien geltenden Einteilungen in Steinzeit, Bronzezeit, Eisenzeit sind auf Amerika nicht übertragbar. Hier existierten Jäger und Sammler, Ackerbauern und Nomaden bis in die europäische Neuzeit parallel. Es gab keine Metall-Zeitalter. Die wirtschaftliche Grundlage war der jeweils lokal betriebene Ackerbau. Die präkolumbianischen amerikanischen Kulturen kannten kein Rad, keine Töpferscheibe, verarbeiteten außer Gold und Silber keine Metalle, vor allem keine Bronze und kein Eisen.

Gründerjahre im Norden

Während die Griechen in ihren Polis-Städten in den Ebenen sesshaft wurden, ihre Vasen im geometrischen Stil bemalten und auch schon das phönizische Alphabet gelernt hatten, entfaltete sich in Mittelitalien die etruskische und nördlich der Alpen die keltische Hallstatt-Kultur.

Kelten {900 v. Chr.}

„Die Kelten" waren trotz mancher sprachlicher und kultischer Gemeinsamkeiten alles andere als eine völlig homogene Kultur oder gar ein einheitliches Volk. Sie bildeten nie und nirgendwo eine Einheit, ein einheitliches Reich, übrigens genauso wenig wie die Germanen; ihre Stämme waren stets zu sehr auf Unabhängigkeit bedacht. Gleichzeitig gab es enge Verknüpfungen mit der griechischen Kultur, sowohl sprachlich als auch wirtschaftlich durch den Handel von Luxusgütern, im künstlerischen Austausch und in den teilweise ähnlichen Gesellschaftsstrukturen.

Grob gesagt siedelten die Germanen in der Norddeutschen Tiefebene und an den Nord- und Ostseeküsten, die Kelten südlich davon im Mittelgebirgsraum bis in die Alpen und später weit nach Westeuropa hinein bis an die Atlantik- und Ärmelkanalküste. Die Kelten waren über ganz Westeuropa verbreitet, in Spanien als sogenannte Keltiberer teils unter der Herrschaft der Karthager und später der Römer. Auf der britischen Hauptinsel gerieten die Kelten ebenfalls unter römische Herrschaft. In Irland ist sogar die moderne Staatssprache Gälisch eine keltische. Gewaltige keltische Menschenmassen wanderten nach Osten, nach Böhmen und ins Donaugebiet. Eine Gruppe stieß bis nach Kleinasien vor und wurde dort als „Galater" ansässig, an die der Apostel Paulus Missionsbriefe richtete. In Oberitalien gründeten sie um 600 v. Chr. Mailand, übernahmen das etruskische Bologna und Verona. Erstmals deutlich fassbar in Mitteleuropa wurde die keltische Zivilisation aber in der

Die fast vollständig erhaltene keltische Statue aus rötlichem Sandstein stammt aus dem 5. Jahrhundert. v. Chr. und ist nach ihrem Fundort im hessischen Glauburg-Glauberg als „Keltenfürst vom Glauberg" bekannt.

Hallstatt-Kultur {800 v. Chr.}

Die Kultur ist benannt nach einem bedeutenden Fundort im österreichischen Salzkammergut. 1846 wurde hier ein großes Gräberfeld mit über 1000 Gräbern entdeckt, darin die ersten Eisenwaffen und -werkzeuge Mitteleuropas. (Natürlich wurden auch von den Kelten weiterhin Bronzegegenstände angefertigt, sie waren sogar große Meister dieser Kunst.) Die Hallstatt-Kultur ging bruchlos aus der Urnenfelder-Kultur hervor, daher reichen die Anfänge der Kelten auch sicher weiter zurück als das „um 800", was man als Beginn der Hallstatt-Kultur anzugeben pflegt. Nun aber gab es einen wesentlich intensiveren Handels- und Kulturaustausch mit den Griechen der Ägäis, vor allem auch mit den Etruskern und den Kolonial-Griechen im Rhône-Tal.

Gleichzeitig mit der Hallstatt-Kultur entfaltet sich die etruskische Kultur.

Fürstensitze

Die einzelnen keltischen Stämme standen unter der Führung eines Häuptlings oder „Fürsten", in deren Händen der Abbau von Salz und Erzen und die dazugehörigen weiträumigen Handelskontakte lagen. Anders ist deren Reichtum nicht zu erklären. Anscheinend war die keltische Gesellschaft recht deutlich geschichtet, möglicherweise bis hin zu einer Art Kastenwesen, weil es keine „sozialen Aufstiegsmöglichkeiten" gab. Die auf einem Bergsporn gelegene Heuneburg in Oberschwaben, den Hohenasperg in Württemberg und den Glauberg in der hessischen Wetterau hält man für Herrschaftszentren derartiger keltischer „Fürsten".

Fürstengräber {um 500 v. Chr.}

In der Spätphase der Hallstatt-Kultur um 500 v. Chr., kurz bevor die Griechen den Persern bei Marathon die Stirn boten und den Bau des Parthenons begannen, entstanden die berühmten „Fürstengräber". Sie befanden sich stets unter Grabhügeln, deren Aufschichtung einen gewaltigen Aufwand erforderte. Allein das sowie der Reichtum der Beigaben einiger glücklicherweise unberaubter Grabkammern (zum Beispiel im württembergischen Hochdorf) lässt auf die herausragende Stellung der bestatteten Persönlichkeiten schließen. Das wäre in den Urnenfelder-Kulturen mit ihren egalitären Urnengräbern ohne nennenswerte Beigaben undenkbar gewesen. Allerdings fällt die Deutung schwer, ob die aufwendigst gearbeiteten Trinkhörner, Kessel, Bronzewagen „kultischen“ Zwecken dienten oder reine Luxusgegenstände waren. Zumindest die Kessel scheinen auch eine religiöse Bedeutung gehabt zu haben. Im Grab der Fürstin von Vix in Burgund (500 v. Chr.) wurde 1953 der bislang größte bekannte Kessel gefunden. Der Krater von Vix, ein über 1000 Liter fassendes Bronzeprunkgefäß, stammt aus einer süditalienischen Werkstatt und wurde von dort an die Seine „exportiert“.

Druiden

Eine gewisse Einheitlichkeit der keltischen Kulturen ergab sich durch die religiösen Kulte. Priesterliche Funktionen hatten die recht aristokratischen Druiden, die offenbar umfassend gebildet und ausgebildet wurden und vielleicht eine Klasse für sich darstellten, ähnlich den Brahmanen in Indien. Der Weitergabe von Wissen in schriftlicher Form verschloss man sich in diesen Kreisen ausdrücklich. „Geheimes Wissen“ wurde nur mündlich tradiert, was der Nachwelt Raum für allerlei Spekulationen ließ. Cäsar erwähnte das Schriftverbot ausdrücklich. Gerade deshalb weiß man aber auch fast nichts Konkretes über die Druiden, ihre Kulte und ihre religiösen Vorstellungen.

Gründerjahre der Antike

Nicht nur die Hellenen, auch andere Völker erschienen nach dem Zusammenbruch des Hethiter-Reiches in Kleinasien und an der Ägäis-Küste. Sie hinterließen ihre Spuren im Gedächtnis der Geschichte und spielten eine wichtige Rolle bei der Vermittlung altorientalischer Kultur nach Europa.

Etrusker II {800–500 v. Chr.}

Von den Etruskern, die sich selbst *Rasenna* nannten, hat die heutige Toskana, ihr Hauptsiedlungsgebiet in Mittelitalien zwischen Arno und Tiber, ihren Namen: *Etrusci* wurde zu *Tusci* und dann zu *Toskana*.

Sie sind ein nicht-indoeuropäisches altmediterranes Volk vermutlich aus dem Umkreis der minoischen Kultur in Westanatolien, die dem Druck der eisenzeitlichen Wanderung auswichen. Wahrscheinlich überlagerte ein kleiner „etruskischer“, kulturell überlegener Stamm die eingesessene Villanova-Kultur in Mittelitalien. Die Etrusker waren Händler, Seefahrer und Seeräuber mit Handelsbeziehungen in der ganzen Mittelmeerwelt, zu Griechen, phönizischen Karthagern und den Hallstatt-Kelten.

Politisch organisierten sich die Etrusker in unabhängigen Städten, nicht in einem

Ein typischer keltischer Grabhügel in Baden-Württemberg

„Reich“. Etruskische Gründungen sind Arezzo, Perugia, Volterra, Cortona, Orvieto und einige andere heute nicht mehr besonders bedeutende, damals aber wichtige Orte wie Vulci oder Veji.

Oberste Gottheit war ein später bei den Römern Vertumnus genannter Vegetationsgott, der ein ziemliches Ungeheuer gewesen sein muss. Die Etrusker fühlten sich sehr abhängig vom Willen ihrer Götter, deswegen verwendeten sie viel Zeit und Mühe darauf, diesen zu erforschen. Die von den Auguren betriebene Eingeweideschau und ähnliche divinatorische Praktiken zur Vorhersage des Schicksals vererbten sie den Römern.

Die bedeutendsten erhaltenen Bauwerke der Etrusker befinden sich nicht über, sondern unter der Erde. Es sind die ausgedehnten Nekropolen mit ihren verzweigten und geradezu wohnlich ausgestatteten Grabkammern.

Phrygien und der Gordische Knoten {800 v. Chr.}

Die Phryger waren ein indogermanisches Volk, das im 2. Jahrhundert v. Chr. auf dem Balkan vermutlich in der Nachbarschaft von hellenischen und makedonischen Stämmen siedelte. Etwa parallel mit den Dorern wanderten sie bis nach Kleinasien ein und waren an der Zerstörung Trojas beteiligt.

Voller Stolz zeigt Krösus einem Besucher seine sagenhaften Schätze.

Um 800 v. Chr. entsteht ein phrygisches Reich mit der Hauptstadt Gordion. Der mythische Reichsgründungskönig Gordios war Herrscher geworden, weil eine phrygische Orakeldelegation auf die Frage, wer Staatschef sein solle, in Delphi die Antwort bekam: Der Erste, der euch bei der Heimkehr auf einem Streitwagen begegnet. Das war Gordios. Joch und Deichsel eines Streitwagens waren mit dem sehr verschlungenen Gordischen Knoten verbunden, der von den Göttern geknüpft war. Kein Wunder, dass Gordios den Streitwagen im Zeus-Tempel als Kultobjekt aufstellte. Dort blieb er jahrhundertelang. Bis Alexander der Große kam.

Midas

Gordios und Midas sind durch die Legende personifizierte Figuren. Eigentlich sind es phrygische Königsbezeichnungen wie früher auf Kreta „Minos“ oder in Ägypten „Pharao“. Dementsprechend wird Midas immer als „Sohn“ des Gordios bezeichnet. Dabei ist er einfach einer seiner Nachfolger – ob Sohn oder nicht. Midas ist ebenso legendär wie sein „Vater“: Alles, was er anfasste, verwandelte sich in Gold. Die Legende vom Gold-Midas deutet auf den Reichtum des phrygischen Reiches in der heutigen West-Türkei zwischen Ägäis und Schwarzem Meer hin.

Inbegriff von Wohlstand: Krösus {550 v. Chr.}

Gyges oder Krösus, der bekannteste König des benachbarten Lydien, war auch sehr reich. Er regierte von 556 bis 541 v. Chr. Nach einem Einfall des nomadischen Reitervolkes der Kimmerer aus den Steppen nördlich des Schwarzen Meeres hatte Lydien die Phryger als westanatolische Vormacht abgelöst. Es war vermutlich Krösus' Vater Alyattes (Regierungszeit ca. 610–560 v. Chr.), der diese wieder vertrieb. Die Lyder waren keine zugewanderte, sondern eine alteingesessene Bevölkerung. Deren altindogermanische Sprache war dem Hethitischen viel näher als dem Griechischen oder Phrygischen.

Lydien deckte sich territorial teilweise mit dem früheren Phrygien. Die ionischen

Erfindung des Geldes

Ein bis zwei Generationen vor Krösus kamen die Lyder auf die epochale Idee, kleine Edelmetallstücke von einem bestimmten Gewicht und daher auch einem bestimmten Wert mit einem Königssiegel zu bedrucken. Das war die Erfindung der Geldmünzen. Bis auf den heutigen Tag erinnert der Name mancher Währungen („Pfund") an diesen Ursprung des Geldes. Dass die Erfindung gerade in Lydien gemacht wurde, lässt auf die Intensität des Handels in diesem Gebiet schließen. Münzen erleichtern den Warentausch erheblich.

Da die lydischen Münzen mit dem Königssiegel des Alyattes und seines Sohnes schnell in der ganzen damals bekannten Welt in Umlauf kamen, hielt man Krösus für einen sagenhaft reichen Mann. Die neue Erfindung verbreitete sich wie ein Lauffeuer. Vor allem die Griechen erwiesen sich als sehr fix im Geld drucken, zuerst ab 570 v. Chr. in Ägina; Korinth und Athen folgten schnell.

Der lydische König Alyattes II., Vater des Krösus, ließ vermutlich die ersten Münzen der Weltgeschichte prägen. Sie trugen den Löwenkopf als Prägung.

Griechen und die kleinasiatischen Reiche waren sehr eng benachbart. Die lydische Hauptstadt Sardes lag nur einen Tagesritt von Ephesos entfernt. Auch die Lyder befragten das delphische Orakel. Die Festlandgriechen beneideten Krösus um die großzügigen Weihegeschenke, die er Delphi stiftete. Gleichwohl lag man im Dauerstreit, weil die Lyder die Griechenstädte an der Küste Milet, Ephesus, Smyrna und Magnesia beherrschen wollten. Die Landschaften waren fruchtbar, vor allem in den Flusstälern. Zu den Flüssen gehörte der wegen seines sehr gewundenen Laufes sprichwörtlich gewordene Mäander. Weiterer Wohlstand kam aus dem regen Ägäis-Orient-Handel und aus den Goldvorkommen im Fluss Paktolos, die schon den Midas reich gemacht hatten.

➥ ***Was danach geschah:*** Krösus war der letzte lydische König. Er unterwarf letztlich die griechischen Städte an der kleinasiatischen Ägäis-Küste außer Milet und machte sie tributpflichtig. Während seiner Regierungszeit war das babylonische Reich jenseits des Grenzflusses Halys bereits von den Persern unterworfen. Diese gedachte er herauszufordern und befragte deswegen das Orakel von Delphi. Es beschied ihn mit dem berühmten doppeldeutigen Spruch: „Wenn du den Halys überschreitest, wirst du ein großes Reich zerstören." Frohgemut setzte er über den Fluss – und wurde von den Persern besiegt: Er hatte sein eigenes „großes" Reich zerstört – auch wenn das der Perser natürlich um vieles größer war. Kleinasien wurde daraufhin das Aufmarschgebiet für den Vorstoß der Perser nach Griechenland.

Griechische Kolonien {750 v. Chr.}

Nach der Dorischen Wanderung und der Konsolidierung der griechischen Stadtstaaten rund um die Ägäis waren diese um 750 v. Chr. kraftvoll und „überbevölkert" genug: An den Küsten des Mittelmeeres und des Schwarzen Meeres wurden nahezu 150 neue Städte gegründet – nicht gerechnet die Dunkelziffer der gescheiterten Expeditionen, die hoch gewesen sein muss. Die Anführer dieser Auswanderungsgruppen waren oftmals gescheiterte Existenzen aus Adelsfamilien, die sich bei Handelsgeschäften verspekuliert hatten, bei Wahlen durchgefallen waren oder sonstwie in ihren Heimatgemeinden nicht mehr auf Ruhm und Reichtum nach alter Väter Sitte hoffen durften. Gier nach Reichtum war ein wesentliches Antriebselement, wie später bei den Condottieri der Renaissance und den Konquistadoren in Südamerika. Sich als Söldnerführer oder Pirat hervorzutun, galt nicht als anrüchig. Beute machen war schon ein Zeitvertreib der frühen Aristokratie gewesen. Nun schlossen sich ihnen verarmte Bauern und ähnliche zu kurz Gekommene an. Fast alle griechischen Landgemeinden, auch auf den Inseln, beteiligten sich an der Kolonisationsbewegung, Sparta und Athen jedoch kaum. Es kam zu neuen Polisgründungen, meist nach dem Vorbild der Heimatgemeinde, von denen sich einige als erfolgreicher erwiesen als ihre Mutterstädte.

Zu den bekanntesten griechischen Gründungen zählt Cumae (griechisch *Kyme*) bei Neapel; sie war 734 v. Chr. die erste griechische Kolonie. Syrakus auf Sizilien wurde 733 gegründet, dessen Mutterstadt war Korinth. Die Halbinsel am Hafen von Syrakus gilt als das „Manhattan" der Antike, die Stadt selbst als eine der schönsten überhaupt. Aischylos, Pindar, Platon und Archimedes lebten eine Zeitlang dort. Massalia, das heutige Marseille, entstanden um 600 v. Chr., und Neapolis, „Neustadt", das heutige Neapel, waren Metropolen der Antike und des Mittelalters. Sie sind bis in die Gegenwart bedeutende Großstädte geblieben. Sybaris, gegründet um 720 v. Chr. in Unteritalien, wurde wegen seines Reichtums und Luxus zum Inbegriff für übersättigtes Wohlleben. Nicht nur die Griechen, auch die Phönizier gründeten Kolonien. Die berühmteste und erfolgreichste wurde Karthago.

Karthago {750 v. Chr.}
hieß phönikisch *Qart-hadascht* und bedeutet so viel wie „Neustadt". Angeblich gab es Karthago schon 814 v. Chr., aber vermutlich doch erst kurz nach 750 v. Chr. Die Mutterstadt ist Tyros im heutigen Libanon. Mit seiner Gründung ist die Sage von Dido verknüpft. Auf der Flucht vor ihrem Bruder gelangte die tyrische Prinzessin Dido an die nordafrikanische Küste und durfte sich hier so viel Land aneignen, wie eine Kuhhaut umspannte. Dido schnitt die Kuhhaut in dünne Streifen, legte sie aneinander und gewann dadurch ein großes Stück Land. Laut Vergils *Aeneis*, dem kaiserzeitlichen Gründungsepos Roms, schaute auch der Trojaner-Prinz Äneas bei seiner Flucht aus Karthago bei Dido vorbei. Sie verliebten sich heftig, Äneas wäre gern geblieben, aber er hatte noch einen Termin, denn er sollte auf Geheiß von Jupiter Rom gründen. Der englische Barockkomponist Henry Purcell komponierte in seiner Vetonung der Liebestragödie die ergreifendste Abschiedsarie der Opernliteratur *Remember me*.

Während die Griechen eher Unteritalien und die ligurische und südfranzösische Küste kolonisierten, waren die Karthager vorzugsweise an der nordafrikanischen Küste, auf den großen Inseln Sardinien und

Das Griechische Theater von Syrakus in Sizilien war eines der größten der Antike. Es fasste etwa 15 000 Zuschauer.

Korsika, den Balearen und im Süden der Iberischen Halbinsel aktiv. Sie gründeten ihrerseits Cádiz (*Gades*), Lissabon (*Alis ubbo*), Malaga (*Malaka*) und Barcelona.

➥ ***Was danach geschah:*** Nachdem Tyros 568 v. Chr. Teil des persischen Reiches geworden war, wurde Karthago vollkommen unabhängig und im 4. und 3. Jahrhundert v. Chr. zur reichsten Stadt im Mittelmeer mit rund einer halben Million Einwohnern. Aufgrund der Rivalität um die Vorherrschaft in Sizilien und Sardinien kam es im 3. Jahrhundert v. Chr. zu Auseinandersetzungen mit dem aufstrebenden Rom, die in den drei Punischen Kriegen mündeten. *Poeni* (deutsch „Punier") ist das lateinische Wort für „Phönizier".

Rom

Die Latiner gehörten neben den Umbrern, Oskern, Picenern, Sabinern zu den vielen anderen indoeuropäischen Stämmen, die nach 1200 v. Chr. von Norden auf die Apennin-Halbinsel einströmten. Das Stammgebiet dieser kleinen Völkerschaften war der Ostseeraum zwischen Elbe, Oder, Weichsel. Die Latiner siedelten in einer hügeligen Gegend am Unterlauf des Tiber in denkbar bescheidenen Schilfhütten, wo nach 700 v. Chr. zunächst einmal die Etrusker die Vorherrschaft ausübten. Diese siedelten hauptsächlich in der Toskana und hatten einen eindeutig höheren Zivilisationsstandard.

Um 650 v. Chr. erwarb die etruskische Familie Rumlenne oder Rumlinna (lateinisch *Romilii*) den meisten Grundbesitz am Unterlauf des Tibers und organisierte die dörflichen Siedlungen auf den sieben Hügeln über dem Tibersumpf zu einer städtischen Gemeinde. Fortan war diese Gegend die Romilii-Gegend, kurz: Rom.

Wesentliche Elemente der römischen Religion und des römischen Staatszeremoniells sind etruskisch. Die Etrusker vermittelten den Latinern auch das (west-)griechische Alphabet – und aus diesem entwickelte sich das lateinische Alphabet, das wir gerade vor uns sehen –, das mit Abstand erfolgreichste Alphabet überhaupt: Auf den Flughäfen in China und Japan, in Doha und Israel und in Russland, Bulgarien und Griechenland sind alle wichtigen Angaben neben dem jeweiligen Landesalphabet auch noch einmal in lateinischer Schrift verfasst (und meistens auf Englisch).

ENTDECKUNGEN UND ERFINDUNGEN

Bibliothek {um 650 v. Chr.}

Der assyrische König Assurbanipal (reg. ca. 670 – 630) ließ in seiner prachtvollen Residenzstadt Ninive eine Keilschrifttafel-Sammlung einrichten (über 25 000 Tafeln erhalten): astronomische Daten, Kalenderwissen, Heilkunde, Rechtstexte, Verwaltungstexte, literarische und religiöse Texte, auch aus altbabylonischer Zeit (Gilgamesch). Schon die Griechen und Araber nutzten dieses Wissen, auch die moderne Wissenschaft. Die Keilschrifttafeln aus Ninive befinden sich heute im Britischen Museum.

Olympische Spiele {ab 776 v. Chr.}

Die religiösen Weihespiele zu Ehren des Zeus-Orakels in Olympia gehen viele Jahrhunderte weiter in die Vergangenheit zurück. Seit 776 v. Chr. kennt man die Siegerlisten. Es gab sportliche und Dichtergesangs-Wettbewerbe. Die Olympischen Spiele waren während der Antike die bedeutendsten; weitere in Delphi, Nemea und Korinth. Sie wurden rund 1000 Jahre lang abgehalten bis zum Verbot aller heidnischen Kulte durch die christlichen oströmischen Kaiser um 400 n. Chr.

Die Säulen des Herakles

hießen ursprünglich „Säulen des Melkart" nach einem phönizischen Schifffahrtsgott. Die Phönizier hatten um 900 v. Chr. die Straße von Gibraltar, das westliche Ende des Mittelmeers, erreicht und wohl auch als erste mittelmeerische Seefahrer den Atlantik befahren; eine der ersten nautischen Entdeckungsfahrten. Mit den Säulen sind der Felsen von Gibraltar und der gegenüber in Afrika gelegene Dschebel Musa gemeint. Legendär ist auch die von Herodot berichtete Erstumsegelung Afrikas vom Roten Meer bis zu den Säulen des Herakles durch phönizische Seeleute auf Veranlassung des ägyptischen Pharaos Necho II. in den Jahren 596 bis 594 v. Chr.

Galeeren {ab 1250 v. Chr.}

Die Kombination von Ruderschiff und Segelschiff kam schon in Ägypten zur Ramses-Zeit vor. Die Griechen und Phönizier machten diese besonders wendigen Fahrzeuge zum Standardkriegsschiff – sie konnten auch „rückwärts" fahren! Die wichtigste Bordwaffe war der Rammsporn. In dieses Umfeld gehört auch das erste namentlich erwähnte Schiff, die *Argo* aus der Argonautensage um die Jagd nach dem Goldenen Vlies.

Der Tempel des Herkules Victor ist der älteste erhaltene Marmorbau in Rom. Die Form des römischen Rundtempels im Bereich des Forum Boarium nahe des Tiberufers soll sich von den ersten Wohnhütten auf den sieben Hügeln ableiten.

Ab urbe condita

bedeutet „seit der Gründung der Stadt" und ist der Titel eines Geschichtsbuches von Titus Livius (ca. 60 v. Chr. – 17 n. Chr.). Dieser gehörte zum Literatenkreis um Maecenas (dem Ur-Mäzen!); auch Kaiser Augustus sponserte den Geschichtsschreiber Livius persönlich. Im Rahmen der Reichspropaganda und sicherlich auf „Anregung" des Kaisers ging es Livius darum, *Exempla maiorum*, die Taten der tugendhaften römischen Vorfahren, in Erinnerung zu rufen – als Kontrastprogramm zu den sittlich verlotterten und politisch zerrütteten Verhältnissen nach fast 100 Jahren Bürgerkrieg in Rom.

Eingeführt worden war die Zeitrechnung *ab urbe condita* erst eine Generation zuvor durch den Universalgelehrten und Staatsmann Varro (116 – 27 v. Chr.), eine Art Goethe der ganz frühen römischen Kaiserzeit. Die fixe Geschichtsidee der Römer war, von den Trojanern abzustammen: Sie stellten sich vor, die überlebenden Trojaner seien unter Führung des Äneas in die Gegend von Rom ausgewandert und hätten sich hier neu angesiedelt. Wie die meisten Römer seiner Zeit hielt Varro das Jahr 1193 v. Chr. für das Jahr der Eroberung Trojas. Gemäß den damaligen astrologischen Vorstellungen betrug die Spanne bis zu einer Wiedergeburt 440 Jahre. Daher legte Varro den Zeitpunkt des Beginns der Geschichte Roms auf 753 v. Chr. fest – also eine rein symbolische Zahl.

Die historisch auch nicht ganz zuverlässige, aber in der römischen Republik praktizierte Zeitrechnung war die Liste der jährlich wechselnden Konsuln seit dem Sturz der etruskischen Stadtherren angeblich im Jahr 510 v. Chr. Schon seit pharaonischer und akkadischer Zeit war diese Art von Zeitzählung die einzig bekannte: „Im sechsten Jahr der Regierung des Königs / Pharao …" Demnach läge der Beginn der römischen Republik etwa in der Zeit, als in Kleinasien die ionischen Städte den Aufstand probten und den Marsch der Perser gegen Griechenland provozierten, der 490 und 480 v. Chr. in Marathon und Salamis endete. Diese Zeitangabe dürfte eher der historischen Realtität entsprechen als *ab urbe condita*.

Übrigens: Als reine Fantasy erscheint hingegen der Gründungsmythos um die beiden von der kapitolinischen Wölfin gesäugten Zwillinge Romulus und Remus. Zumal überhaupt nicht klar ist, auf welche Symbolik, welchen Hintergrund sich die Kombi von Wölfin und Zwillingen bezieht.

Die Juden in Babylon

In den Jahrhunderten der archaischen und homerischen Epoche (ca. 850–650 v. Chr.) in Griechenland waren die Assyrer mit ihren despotischen Herrschern im Osten die Herren der Welt. Sie hatten sogar um 650 v. Chr. zeitweise Ägypten erobert. Die phönizisch-kanaäischen, die israelitischen und alle übrigen Gebiete des Nahen Ostens waren seit 720 v. Chr. fest in assyrischer Hand. Das blieb 100 Jahre lang so. Dann eroberten die südmesopotamischen Chaldäer 625 v. Chr. dieses Weltreich, zerstörten alle assyrischen Städte, machten Babylon größer denn je zur Hauptstadt, komplett mit Ischtar-Tor, neuem Babel-Turm und vielleicht auch mit Hängenden Gärten.

Chaldäer {600 v. Chr.}

Die historischen Griechen lernten eigentlich nur diese Chaldäer als Bewohner Babyloniens kennen. Da die Geschichtswissenschaft und das Geschichtsbewusstsein damals noch nicht so exakt waren wie heute, nahmen sie einfach an, alles Mesopotamische und Babylonische sei „chaldäisch". Damals versachlichte sich auch die altbabylonische Himmelsbeobachtung. Die über lange Zeiträume gesammelten empirischen Daten über Himmelserscheinungen wie Sonnen- und Mondfinsternisse, Planetenbewegungen und dergleichen dienten nun nicht nur der überkommenen Wahrsagung, sondern auch präzisen Voraussagen. Das fanden die aufgeweckten Griechen natürlich sehr faszinierend. Die Voraussage einer Sonnenfinsternis durch den Griechen Thales für den 23. Mai 585 war sicher nur aufgrund der chaldäischen Gelehrsamkeit möglich.

Die Griechen haben vom Namen der regierenden Dynastie „Kaldäer", dieser allerletzten babylonischen Dynastie, den Allgemeinbegriff für die gelehrten Sternendeuter „Chaldäer" abgeleitet. Auch die drei Weisen *magoi* aus dem Morgenland, die dem Stern von Bethlehem folgten, werden deswegen als „chaldäisch" bezeichnet.

Babylonische Gefangenschaft

{587–540 v. Chr.}

Nebukadnezar II. war von 604 v. Chr. bis 562 v. Chr. der bedeutendste Feldherr und Staatsmann seiner Epoche (übrigens der *Nabucco* der bekannten Verdi-Oper). Sein Herrschaftsbereich umfasste den gesamten Nahen Osten von der Euphrat-Mündung bis zum Mittelmeer. Jährliche Feldzüge in aufständische Regionen waren an der Tagesordnung, um vor allem die Randgebiete unter Kontrolle zu halten. So eroberte Nebukadnezar 587/586 v. Chr. nach zweijähriger Belagerung Jerusalem, nachdem der von ihm selbst eingesetzte jüdische Vasallenkönig Zedekia eine antibabylonische Koalition zu schmieden versucht hatte. Zedekia wurde geblendet und 40 Jahre lang in Gefangenschaft gehalten. Nebukadnezar zerstörte den Tempel Salomons, raubte die Tempelschätze und nahm die Angehörigen der jüdischen Oberschicht als Geiseln mit, eine damals gängige politische Praxis. Von dieser Babylonischen Gefangenschaft des Volkes Israel berichtet die Bibel ausführlich im „Buch Daniel".

Der Verlust des Jahwe-Tempels war für die Juden wie das Auslöschen ihrer Religion. Kein Tempel, kein Kult – ihre Antwort

Bei einem vom babylonischen König Belsazar veranstalteten Festmahl, von dem das Alte Testament berichtet, erscheint plötzlich das berühmte Menetekel an der Wand, das den Untergang seines Reiches vorhersagt (Gemälde von Rembrandt, 1635)

war die Wandlung von der Kultreligion zur Buchreligion. In Babylon begannen sie die jüdische Überlieferung aufzuschreiben. Daraus entstand in einem jahrhundertelangen Prozess der intellektuellen Verarbeitung und Verinnerlichung das Alte Testament – die Manifestierung des Monotheismus. Bis in die Gegenwart ist das Alte Testament Grundlage für Judentum, Christentum und Islam, und damit für die rund 4 Milliarden Menschen der monotheistischen Religionen.

Das Gastmahl des Belsazar

{ca. 540 v. Chr.}

Die bekannteste Episode jener Jahre ist die vom Gastmahl des Belsazar. Dabei war der Sohn Nebukadnezars schon so betrunken, dass er befahl, jüdische Kultgeräte aus der Tempelbeute herbeizuschaffen, um daraus weiterzutrinken. Da erschien das Menetekel, das berühmte Zeichen an der Wand: *Mene, mene tekel u-parsim*. Keiner der babylonischen Magier und Zauberer vermochte die Worte zu deuten. Nur der jüdische Prophet übersetzte: „Gezählt, gewogen und geteilt." Heute sagt man: „Gezählt, gewogen und zu leicht befunden." Die Prophezeiung war eindeutig: Die Tage des Königs waren gezählt. Er wurde gewogen und zu leicht befunden. Belsazars Reich wurde geteilt zwischen den Medern und den Persern – es wird von ihnen erobert.

Perser {um 540 v. Chr.}

Ungefähr im Todesjahr Zarathustras hatte Kyros II. (persisch *Kurusch*; um 585 bis 529 v. Chr.) die zeitweilige Vorherrschaft der Meder abgeschüttelt und Persien und Medien vereinigt. 542/541 v. Chr. eroberte Kyros das kleinasiatische Reich des Krösus („Wenn du den Halys überschreitest, wirst du ein großes Reich zerstören") und stand damit an der ionischen Küste der Ägäis. Wenig später eroberte der Perserkönig Babylon und entließ die Juden in ihre Heimat. (Viele der Geiseln waren allerdings mittlerweile sehr erfolgreiche Kaufleute und kehrten aus ihrer Babylonischen Gefangenschaft gar nicht zurück. So blieb Babylon bis ins Mittelalter, also für rund 1500 Jahre, ein blühendes Zentrum jüdischer Kultur.) Der Rückkehr der Juden in ihre Heimat folgte 515 v. Chr. der Bau des zweiten Tempels in Jerusalem mit Genehmigung von Kyros' Nachfolger Dareios I. Es war dieser zweite Tempel, den dann die Römer im Jahr 70 n. Chr. zerstörten.

Die Perser herrschten mit einer völlig anderen Mentalität als die grausamen assyrisch-babylonischen Unterdrücker, die ganze Völker verschleppten und Kulte zerstörten, wobei die Babylonische Gefangenschaft nur das bekannteste Beispiel ist. Kyros nahm nach der Eroberung Babylons sogleich die Stellung und Zeremonien der dortigen Könige ein und huldigte deren Göttern. Die unterjochten Völker erhielten ihre Götterstatuen zurück, die Juden ihre Tempelgeräte.

Wer waren jene Perser? Ursprünglich bezog sich ihr Name auf einen einzigen indoarischen Stamm aus der Landschaft Persis im iranischen Hochland oberhalb des Persischen Golfes. Etwa um die Zeit, als die Dorer in Griechenland einwanderten, waren die Perser in den assyrischen Raum eingedrungen und hatten zeitweilig unter der Vorherrschaft der Meder gestanden. Kyros und seine Nachfolger, die das erste persische Weltreich beherrschten, gehörten zur Dynastie der Achämeniden.

➡ ***Was danach geschah:*** Mit genau diesen Persern mussten sich die Griechen bei Marathon und Salamis 70 Jahre nach der Befreiung der Juden aus der Babylonischen Gefangenschaft auseinandersetzen.

DIE GESCHICHTE DER ANTIKE

ca. 500 v. Chr. bis 300 n. Chr.

Neues Denken

Wegen des ungefähr gleichzeitigen Auftretens von Konfuzius, Laotse, Buddha und den griechischen Naturphilosophen in der (großzügig gerechneten) Zeit um 500 v. Chr. sprach der Philosoph Karl Jaspers (1883–1969) in seinem 1949 erschienenen Buch *Vom Ursprung und Ziel der Geschichte* von einer „Achsenzeit der Weltgeschichte". Was will er damit sagen?

Der Sage nach ritt der legendäre chinesische Philosoph Laotse (6. Jahrhundert v. Chr.) auf einem Stier nach Westen in die Emigration.

Achsenzeit

In den bis dahin am weitesten entwickelten vier Kulturkreisen China, Indien, Orient und rund um die Ägäis traten die Vordenker auf, die die bis heute gültigen geistigen Grundlagen ihrer Kulturkreise formuliert haben. Diese Männer sorgten dafür, dass die Menschen das Nachdenken lernten und das religiöse Erleben verinnerlichten. Sie verharrten nicht mehr in einem mythischen und magischen Naturdenken, das sich in Aberglaube, Zauberei, Vielgötterei und legendenhaften kosmischen Weltentstehungssagen äußerte. Diese Traumwelt wurde nachhaltig erschüttert. Mit Konfuzius, Buddha, Zarathustra, den Vorsokratikern und den biblischen Propheten erlangten die Menschen ein Selbst-Bewusstsein, das es ihnen ermöglichte, Naturerscheinungen zu berechnen, ethische Normen aus der Rücksichtnahme auf andere zu entwickeln, die politische Gemeinschaft nach frei und selbst geschaffenen Gesetzen zu organisieren und das Göttliche nicht mehr als Teil der diesseitigen materiellen Welt, sondern als jenseitiges, immaterielles Gegenüber zu begreifen.

Natürlich verwandelte sich die Welt damit nicht schlagartig. Aber in China, Athen, Rom entstanden nun Konzepte, um das Gemeinwesen zu organisieren, mit klaren Zuständigkeiten, Machtverteilungen und Machtbegrenzungen. Beamte wurden fortan in Rom und Athen nur noch für einen bestimmten Zeitraum gewählt, in China mussten sie ihren Amtsbereich nach einer bestimmten Zeit wechseln. Auch wenn diese Gesetze abertausendfach unterlaufen wurden – so etwas hatte es vorher nicht gegeben. Machtfragen hatte man bisher nur mit Gewalt gelöst. Und obwohl der Aberglaube bis heute nicht aus unserem Denken verschwunden ist – seit damals gab es eine neue Option.

Laotse {6. Jahrhundert v. Chr.}

Wie der „Gelbe Kaiser" Huang-ti soll Laotse von einem Licht- oder Blitzstrahl gezeugt und gleich bei seiner Geburt der Sprache mächtig gewesen sein. Beide sind legendenhafte Gestalten, keine realen Personen der Geschichte. Laotse, der „alte Meister", gilt als der bedeutendste philosophische Denker des Tao („Weg"), einer umfassenden, tiefgründigen, weltabgewandten Welterkenntnislehre. Er betrachtete das Tao, eine lebendige Lebenskraft und zugleich eine Art „Urvernunft", als etwas, das man erfahren muss und nicht beschreiben, geschweige denn in einem Buch festhalten kann. Rechtgeleitetes Handeln in vollendetem Pflichtbewusstsein ohne die eitle Erwartung von Reichtum und Ruhm steht im Mittelpunkt der anspruchsvoll-asketischen Ethik. Erst als Laotse gegen sein Lebensende in die Emigration ging, soll er seine Gedanken auf Bitten eines Grenzwächters in einem Buch in aphoristischer Form niedergelegt haben. Das Tao-te-king ist auch im Westen eines der bekanntesten Werke der chinesischen Literatur und Philosophie. In den folgenden Jahrhunderten nahm der Taoismus in China religiös-kultische Züge an – bis hin zu Aberglaube und Alchimie.

Konfuzius {ca. 550–480 v. Chr.}

Kung-fu-tse („Meister Kung") ist der bedeutendste praktische Philosoph und Staatsdenker Chinas. Konfuzius ist die latinisierte Form seines Namens. Er stammte aus dem Fürstentum Lu (heute in der Provinz Shandong) am Unterlauf des Gelben Flusses, einem der ältesten Zentren der chinesischen Kultur. Die Kungs waren ein altes Adelsgeschlecht; Nachfahren der Familie und von Konfuzius selbst leben noch heute. Als junger

Mann hatte er niedrige Amtsstellen inne. Wegen politischer Wirren musste Kung zweimal emigrieren. So führte er ein Wanderleben durch eine ganze Reihe von kleineren Feudal-Fürstentümern. Um 500 v. Chr. machte Konfuzius eine Karriere in hohen Staatsämtern. Sein Lebensende fällt in die Periode der „Streitenden Reiche“ (480–221 v. Chr.).

Konfuzius war wenig an metaphysischen Problemen oder abstrakten Ideen interessiert, vielmehr am Verhalten der Menschen. Seine Schüler überlieferten seine Lehre, die ganz auf Harmonie gestimmt ist: Harmonie in der Familie und Harmonie im Staat spiegeln die Harmonie des Weltganzen. Erreicht wird dies durch eine aristokratische Ethik der permanenten Selbsterziehung und Charakterbildung, die den in sich ausgewogenen, human gesinnten, aufrichtigen Menschen in den Mittelpunkt stellt. Dieses Ideal prägte die chinesische Kultur. Ethik und Etikette spielten in der zutiefst konfuzianisch geprägten chinesischen Gesellschaft, in der das Kollektive vor dem Individualprinzip rangiert, immer eine herausragende Rolle.

Streitende Reiche {vor 221 v. Chr.}

Auch damals war das Gesamtgebiet Chinas noch nie wirklich einheitlich regiert worden. Das große, ethnisch sehr vielfältige Land kannte nur verschiedene Königreiche und Fürstentümer mit wechselnden Hauptstädten. Die geschichtliche Epoche von der Zeit nach Konfuzius’ Tod bis zur ersten Reichseinigung 221 v. Chr. nennt man „Streitende Reiche“. Zu Beginn dieser Periode gab es ungefähr 16 „Reiche“, um 300 v. Chr. noch sieben. Erst dann einte der erste Kaiser China.

Also sprach Zoroaster

Dem Zoroaster (oder Zarathustra) war der Gott Ahura Mazda, der „weise Herr“, erschienen, der ihm ein heiliges Buch der Weisheit und des Wissens aushändigte, das *Avesta*. Diese Offenbarung erinnert an Moses auf dem Sinai oder an die Erleuchtung Buddhas. Ahura Mazda war ein „guter Gott“, sein Gegenspieler Ahriman der Geist des Bösen und der Finsternis.

Zoroasters Lehre war historisch die erste, die eine Gottesidee als abstraktes, rein geistiges Prinzip formulierte. Sie stellt dem Menschen frei, zwischen Gut und Böse zu wählen. Durch gute Gedanken, gute Worte und gute Taten kann dieser das Paradies erlangen. Zoroaster gelang es, den damaligen Herrscher für seine Religion zu gewinnen. Der Zoroastrismus wurde unter den Königen Kyros und Dareios I. die persische Staatsreligion.

Der zoroastrische Gut-Böse-Dualismus hat die jüdische Religion und religiöse Lehren wie den Manichäismus (gegründet von Mani 241 v. Chr.) und die Gnosis tief beeinflusst. Diese Lehren wurden zwar von den christlichen Kirchenvätern erbittert bekämpft, aber da der Kirchenvater Augustinus in seiner Jugend selbst stark unter dem Einfluss des Manichäismus stand, finden sich davon auch Züge in der christlichen Religion, zum Beispiel im Verhältnis Gott – Satan.

Moderne Darstellung des chinesischen Philosophen, Politikers und Weisheitslehrers Konfuzius

➥ *Was danach geschah:* Heute noch lebende und praktizierende Anhänger des Zoroastrismus sind die Parsen, eine kleine, überwiegend wohlhabende Minderheit vor allem in Indien. Bekannte Parsen unserer Zeit sind der inzwischen verstorbene Leadsänger von Queen, Freddie Mercury, der Dirigent Zubin Metha und der Ehemann von Indira Gandhi.

Buddha {ca. 560 – 480 v. Chr.}

Der legendäre oder historische indische Prinz Siddhartha Gautama (etwa 560 bis 480 v. Chr.) stiftete eine Erlösungsreligion, die als einzige in ganz Asien Verbreitung findet, allerdings kaum in Indien.

Die heute bekannteste Ausprägung der von Buddha, dem „Erweckten" und „Erleuchteten", begründeten Lehre ist der tibetische Lamaismus. Ähnlich wie bei Jesus gibt es bei Buddha weder historische Dokumente seiner Existenz noch verbürgte direkte Äußerungen oder Berichte von echten zeitgenössischen Augenzeugen. Die legendenhafte Überlieferung setzte, ähnlich wie bei den Evangelien, etwas später ein. Danach war Prinz Gautama, geboren um 560 v. Chr., der Sohn des Radschas von Kapilavastu, einem kleinen Reich am Fuße des Himalaja (heute im indisch-nepalesischen Grenzgebiet). Nachdem ihm die existenzielle Unausweichlichkeit von Alter, Krankheit, Leiden und Tod klar geworden war, wandte sich Gautama vom Luxusleben ab, fastete sich fast zu Tode – und erkannte, dass in der Askese kein Erlösungsweg aus dem irdischen Leiden liegt. Im Schatten eines Baumes sitzend kam ihm folgender Gedanke: Der Grund für den ewigen Kreislauf des Lebens mit seinen immer neuen Wiedergeburten liegt in der Begierde. Gelingt es, diese zu überwinden, kann man den Kreislauf durchbrechen, und zwar über den achtfachen heiligen Pfad: rechter Glaube, rechtes Denken, rechtes Handeln, rechtes Leben, rechtes Streben, rechtes Gedenken, rechtes Sich-versenken. Diese Erkenntnis verkündete Gautama für den Rest seines Lebens als Wanderprediger in Nordindien.

In Antike, Mittelalter und Frühneuzeit hatte man in Europa keinerlei Kenntnis vom Buddhismus. Die erste Kunde davon kam in der Hochzeit der Entdeckungsgeschichte im 18. Jahrhundert. Auch ein vielseitig interessierter und kenntnisreicher Mann wie Goethe hatte vom Buddhismus keine Ahnung. Die ersten Übersetzungen buddhistischer Texte in eine europäische Sprache, und zwar ins Deutsche, durch den Wiener Karl Eugen Neumann erschienen nach 1890!

Thales und die ionischen Naturphilosophen {ca. 625 – 525 v. Chr.}

Um 600 v. Chr. waren Milet und Ephesos sowie die anderen Griechenstädte an der ionischen Westküste Kleinasiens schon seit Jahrhunderten in den intensiven Ost-West-Handels- und Kulturaustausch mit dem Orient eingebunden. Im eng benachbarten Lydien regierten der „Münzerfinder" Alyattes II. (um 610 – 550 v. Chr.) und der Perserherausforderer Krösus (555 bis 541 v. Chr.). Athen erlebte um 550 v. Chr. eine erste Blütezeit unter dem „Tyrannen" (Alleinherrscher) Peisistratos.

Die rosa Lotusblüte gilt im Buddhismus als der heiligste Lotus. Sie steht symbolhaft für den Weg zur Erleuchtung.

Thales (625–547 v. Chr.) sagte angeblich eine Sonnenfinsternis für den 23. Mai 585 voraus. Dieses Datum ist in zweierlei Hinsicht besonders markant für die Kulturgeschichte Europas. Erstens handelt es sich um eines der ganz wenigen zuverlässig datierbaren Ereignisse aus der Zeit vor 500 v. Chr.. Zweitens wurde ein Naturereignis erstmals nicht mythologisch-religiös aus göttlichen Wirkkräften, sondern rational erklärt. Thales war auch Mathematiker (Satz des Thales) und berechnete die Höhe der Pyramiden anhand von deren Schatten.

Als Kaufmann der Handelsmetropole Milet war der vielseitige Thales weit gereist; seine mathematischen und astronomischen Kenntnisse hatte er sicher im babylonisch-phönizischen „Nahen Osten" erworben. Das Wasser hielt er für den Urstoff allen Lebens. Philosophisch daran ist der Versuch, ein Urprinzip, eine grundlegende Erkenntnis oder „Wahrheit" über das Leben zu suchen – und zwar in der Natur, nicht in mythischer Überlieferung.

Thales war nicht der einzige Naturdenker im Ionien jener Zeit. Ebenfalls in Milet lebten seine Schüler und Nachfolger Anaximander (610–546 v. Chr) und Anaximenes (575 bis 525 v. Chr.).

Anaximander schuf die erste Weltkarte der Griechen, auf der die damals bekannte Welt mit Europa, Asien und Libyen (Afrika) rund um das Mittelmeer angeordnet ist, umflossen vom Ozean. Nach seiner Vorstellung schwebte die Erde frei im Weltraum und der Mond empfing sein Licht von der Sonne. Thales und Anaximander versuchten sich an Erklärungen der Weltentstehung und der Grundelemente der Natur ohne göttlichen Schöpfungsakt.

Weitere bedeutende Impulse des Naturdenkens der Zeit um 500 v. Chr. gingen vom Mathematiker Pythagoras (580–496 v. Chr.) aus, der neben seinem berühmten Lehrsatz die mathematischen Grundlagen der Musik, die Intervalle, entdeckte und in Unteritalien eine für die Antike ungewöhnliche Seelenwanderungslehre verkündete. Pythagoras stammte von der unmittelbar vor Ephesus gelegenen Insel Samos und wich nach Unteritalien aus, als die Perser den Druck auf die ionischen Städte verstärkten. Die Pythagoreer wussten um die Kugelgestalt der Erde.

Heraklit: „Alles fließt" {544–483 v. Chr.}

Ähnlich bedeutend wie Milet war das benachbarte Ephesus, jahrhundertelang eine Weltstadt der Antike. Aus einer Familie des ephesischen Priesteradels stammte Heraklit (544–483 v. Chr.), von dem nur Fragmente überliefert sind. Den politisch-historischen Hintergrund seines Lebens bildete die voll entbrannte griechisch-persische Auseinandersetzung, die in Marathon 490 und Salamis 480 v. Chr. ihren Höhepunkt erreichte. Von Heraklit stammt der berühmte Satz „Der Streit ist der Vater aller Dinge", was allerdings nicht auf die politische Situation gemünzt war. Heraklit gilt bis in die Gegenwart als „tiefer" Denker, der ein Urprinzip der Welt im Werden und Vergehen, in den überall zutage tretenden Gegensätzen erkennen wollte. „Alles fließt" – philosophisch und modern gesprochen ein dialektisches und nicht zuletzt auch ein evolutionäres Prinzip. Er sah im Feuer ein Urbild des Kosmos. Mythologische Vielgötterei lehnte er ab.

Wasser, Erde, Feuer, Luft {um 450 v. Chr.}

Empedokles (495–435 v. Chr.) aus Agrigent (Sizilien) fasste die verschiedenen Theorien über die „Urelemente" zusammen zu der später sogenannten Vier-Elemente-Lehre: Aus Wasser, Erde, Feuer und Luft sollte sich alles zusammensetzen. Der jüngste der vorsokratischen Naturphilosophen und Universalgelehrten, Demokrit (460–371 v. Chr.) wiederum nahm an, die Materie bestehe aus kleinsten, unteilbaren Teilchen, die schon sein Lehrer Leukipp „Atome" genannt hatte (griechisch *atomos*, „unteilbar"). Demokrit stellte sich vor, dass auch die Seele aus besonders feinen Seelenatomen bestand. Das ist also schon eine recht „materialistische" Naturanschauung. Die Vier-Elemente-Lehre wurde schließlich von Aristoteles „kanonisiert". Seither begnügte man sich auch noch im Europa der frühen Neuzeit mit dieser

Der antike griechische Naturwissenschaftler Thales von Milet sagte der Überlieferung zufolge bereits im 6. Jahrhundert v. Chr. eine Sonnenfinsternis voraus.

„Erklärung" der Zusammensetzung der materiellen Welt und hielt es nicht weiter für nötig, über Erscheinungen der Natur nachzudenken oder sie gar systematisch zu erforschen.

ENTDECKUNGEN UND ERFINDUNGEN

Die Erde ist eine Kugel {um 500 v. Chr.}
Jeder kennt den Lehrsatz des Pythagoras. Dieser legendäre griechische Naturgelehrte und Mathematiker postulierte die Kugelgestalt der Erde. Sein Gedanke: Weil der Kosmos Abbild einer perfekten göttlichen Schöpfung sei, müssen auch Sterne und Planeten „vollkommen" sein – und die vollkommenste geometrische Form ist ein Kreis bzw. die Kugel. Seit der Antike gingen alle Naturgelehrten davon aus, dass die Erde eine Kugel ist. Auch im Mittelalter, wie man am Weltsymbol des Reichsapfels sehen kann.

Archimedisches Prinzip {um 250 v. Chr.}
Archimedes (287 – 212 v. Chr.) gilt als einer der bedeutendsten theoretischen Mathematiker und praktischen Erfinder der Antike. Er lebte in einer von den Griechen kulturell geprägten Welt auf Sizilien, noch bevor die Insel von den Römern erobert wurde. Der von ihm entdeckte Zusammenhang von Gewicht und Auftrieb ist Gegenstand vieler populärer Darstellungen, wie der Gelehrte aus der Badewanne springt und „Heureka!" ruft („Ich hab's gefunden").

Berechnung des Erdumfangs {um 240 v Chr.}
Mithilfe von genauen Messungen der Schattenlängen von Sonnenuhren an zwei weit entfernten Orten in Ägypten, Alexandria und Assuan, gelang dem griechischen Gelehrten Erathostenes um 240 v. Chr. eine bemerkenswert genaue Berechnung des Erdumfangs. Dies gilt als eine der größten wissenschaftlichen Leistungen der Antike, die bis heute Bestand hat.

Festlegung eines Null-Meridians {um 150 n. Chr.}
Neben dem damaligen Bibliotheksleiter von Alexandria Erathostenes gilt der 400 Jahre später lebende Klaudius Ptolemäus als der bedeutendste Gelehrte jener berühmten Bibliothek. Er war ein lebenslanger Sammler von geografischen und astronomischen Daten und erstellte ungeheure Kataloge davon. Sie waren bis ins Mittelalter die wichtigste Quelle geografischen Wissens. Sein wichtigster Beitrag ist das Koordinatennetz von Längen- und Breitengraden. Weil Ptolemäus den schon früher als westlichen Rand der Welt festgelegten Ferro-Meridian als Null-Meridian für dieses Koordinatennetz übernahm, blieb er bis heute als Null-Meridian für alle Weltkarten erhalten. Die nach der kanarischen Insel Ferro (heute: Hierro) benannte Linie entspricht in etwa dem späteren Greenwich-Meridian, der heutigen Null-Linie.

Israel nach der Babylonischen Gefangenschaft

Das oftmals in Ekstase vorgebrachte Wahrsagen oder Weissagen war im Alten Orient weit verbreitet. Orientalische Sternendeuterei, Orakeltum und dergleichen war aber gerade nicht die Sache der jüdischen Propheten. Sie verkündeten und offenbarten JHWH, Sein Wort und Seinen Willen. Seine Gesetze und Seine Gebote waren zu befolgen, damit Sein Heil erlangt wurde. Es ging den Propheten darum, nur IHM und keinen anderen „Götzen" wie den Baal, El und Moloch der phönizisch und babylonisch geprägten Umgebung zu folgen. Sie prangerten Fruchtbarkeitskulte und Sexualriten an, aber auch soziale Missstände und obrigkeitliche Missbräuche innerhalb des Judentums.

Propheten
Im Alten Testament nehmen die „Prophetenbücher" breiten Raum ein. In ihnen spiegelt sich die Entwicklung der jüdischen Religion in den Jahrhunderten von etwa 800 bis 200 v. Chr. wider. Bekannte Propheten sind Elias (9. Jahrhundert im nördlichen Nachfolgereich nach Salomon), Jesaja (8. Jahrhundert, die Zeit der akuten Bedrohung Israels durch die Assyrer unter Tiglatpileser III.), Jeremias (7. Jahrhundert), Ezechiel (6. Jahrhundert, bereits in Babylon). Die biblischen Propheten waren es, die den monotheistischen Glauben bei den Israeliten durchsetzten, die Abkehr von den naturreligiösen Kulten des Alten Orients. Deswegen zählt man auch sie zu den geistigen Erneuerern der Achsenzeit.

Nicht alle „Propheten" sind historische Personen und nicht alle ihnen zugeschriebenen Aussagen stammen von ihnen. Es sind eher legendäre Gestalten, ähnlich wie „Homer". Ihre biblischen Texte wurden teilweise erst Jahrhunderte später schriftlich fixiert und redigiert. Die Quellenlage ist sehr komplex und in der Wissenschaft teilweise umstritten.

Die Bibel

Die Niederschrift der Bibel begann in der Babylonischen Gefangenschaft und wurde dann jahrhundertelang fortgesetzt. Das von den Christen sogenannte Alte Testament war erst gegen 200 v. Chr. fertig – 100 Jahre nach Alexander dem Großen. (Zur Alexanderzeit lagen die Endfassungen der homerischen Epen in Alexandria bereits vor.)

Die Abbildung zeigt die Handschriftenrolle mit dem Buch Esther aus der Hebräischen Bibel der Juden, dem *Tanach*.

Die Hebräische Bibel der Juden heißt natürlich nicht Altes Testament, sondern *Tanach*. Das ist ein Akronym aus *Tora* („Lehre", „Fünf Bücher Mose"), *Neviim* („Propheten"), *Ketuvim* („Schriften"). Die griechische Bezeichnung für Tora ist *Pentateuch*; das heißt wörtlich „fünf Gefäße", weil die Schriftrollen in Tongefäßen aufbewahrt wurden. Das Fassungsvermögen der Tonkrüge bestimmte im Übrigen auch den Umfang der Schriftrollen („Bücher").

Pharisäer

In den antiken Religionen stand der rituelle Kult als „Gottesdienst" viel stärker im Vordergrund des religiösen Lebens als der „Glaube". Gerade in der monotheistischen Jahwe-Religion bildete der Jerusalemer Tempel mit der Bundeslade den Mittelpunkt: der einzige Ort, wo JHWE gegenwärtig war. Für die Juden hatte sich daher nach der Tempelzerstörung Nebukadnezars 587 v. Chr. die Frage gestellt, wie die Religion ohne Tempel, also ohne Gottesdienst, weiterexistieren konnte. Die Antwort der Pharisäer lautete: Durch Gehorsam gegenüber Jahwe und das Einhalten der biblischen Ritualvorschriften, die den jüdischen Alltag außerhalb des Tempeldienstes regelten. Diese Form von Gottesgehorsam – von der Sabbatruhe bis zu den Essensvorschriften – konnte jeder Einzelne leisten. Die Pharisäer waren volkstümliche Fromme und beschäftigten sich viel mit der heiligen Schrift, daher auch die Bezeichnung „Schriftgelehrte". Das Wort „Pharisäer" (hebräisch *peruschim*) bedeutet „die Abgesonderten", weil sich diese priesterlichen Schriftgelehrten durch besonders aufmerksame Einhaltung der Ritualvorschriften absonderten.

Nach dem Ende der Babylonischen Gefangenschaft bauten die Juden ab 515 v. Chr. mit persischer Genehmigung einen neuen Tempel in Jerusalem. Diese Periode in der jüdischen Geschichte bis zu dessen völliger Zerstörung durch die Römer 70 n. Chr. ist die Zeit des „Zweiten Tempels". Der Jahwe-Kult konnte von den Hohepriestern fortgeführt werden. Aber auch die Tradition der frommen Pharisäer blieb bestehen. Aus ihren Reihen gingen später die Rabbis („Lehrer") hervor. Jesus von Nazareth regte sich 500 Jahre später über diejenigen Pharisäer auf, die die Religionsgebote nur rein äußerlich, mit frömmlerischem Getue befolgten, aber nichts davon verinnerlicht hatten.

Griechen und Perser

Alt-Athen

Sklaverei gehörte zum Alltag überall in der Antike. Sklavenhandel war ein normaler Erwerbszweig. Der „Markt" rekrutierte sich seit jeher aus Kriegsgefangenen, Beutesklaven (Piraterie und Plünderei) und weiträumigem Sklavenhandel.

Ein weiterer verbreiteter Grund für das Absinken auf den Status eines Unfreien war die Schuldknechtschaft ehemals freier Bauern. Es war ein permanentes Problem der antiken Wirtschaft, dass kleinbäuerliche Betriebe wegen der fortgesetzten Erbteilung zu klein und damit unrentabel wurden – ganz abgesehen von den Folgen von Misswirtschaft oder Missernte. Weil es keinerlei entwickelte Finanzwirtschaft, also keine „Banken“ und kein geordnetes Kreditwesen gab, wurde Geld nur direkt in Münzen und dann zu Wucherzinsen ausgeliehen. Das wurde fatal, wenn ein Bauer seine Schulden nicht mehr bezahlen konnte. Er war persönlich haftbar: Der Gläubiger konnte den Schuldner in die Sklaverei verkaufen. Gerade in Attika waren die Dinge so weit gediehen, dass durch diesen Schuldnerverkauf der Kleinbauern sogar der Heeresbestand an Soldaten und damit die Wehrfähigkeit des Gemeinwesens bedroht war. Dies war der soziale und politische Zündstoff der Solon-Zeit.

Solons Reform {594 v. Chr.}

Der von allen Seiten als Schlichter anerkannte Staatsweise Solon (640–560 v. Chr.) verfügte eine allgemeine Schuldentilgung und die Abschaffung der Schuldknechtschaft. Auf dieser gesünderen wirtschaftlichen Grundlage gliederte er die Bürgerschaft nach ihren Ernteerträgen (modern gesprochen: nach ihrem Einkommen) in vier Klassen. Die Staats- und Rechtsreform stärkte auch die Rechte der Einzelnen im Sinne einer staatsbürgerlichen Gleichstellung. Selbst die Theten, die einfachen Lohnarbeiter ohne eigene Ernteerträge, erhielten nun immerhin das aktive Wahlrecht. Theoretisch stand damit auch einfachen Bauern der Zugang zu politischen Ämtern offen, sofern sie denn ausreichende Einkünfte hatten. Bis dahin war dies ein Privileg der Adelsklasse gewesen.

Der athenische Staatsmann Solon, der tiefgreifende Reformen durchführte, diktiert einen Gesetzestext (Illustration aus dem Jahr 1894).

Damit nahm Athen eine andere Entwicklung als Sparta, wo eine kleine Oberschicht von den Erträgen der Masse der Untertanen, der Heloten, lebte, deren allfällige Aufstände stets im Keim erstickt wurden. „Helot“ („der Eroberte“, „der Gefangene“) bezeichnete die Beutesklaven. Das war die eingesessene Bevölkerung, die die Spartaner bei ihrer Landnahme in die Knechtschaft gezwungen hatten.

Solons Gesetze wurden auf Tafeln öffentlich ausgestellt, und jeder Bürger erhielt ein Klagerecht. Die Einklagbarkeit von Rechten wird somit schon früh als Teilaspekt des demokratischen Prinzips sichtbar.

➥ ***Was danach geschah:*** Noch zu Lebzeiten Solons riss der Adelige Peisistratos um 560 v. Chr. unter nicht ganz klar überlieferten Umständen die Alleinherrschaft (*tyrannis*) über Athen an sich. Athen erlebte eine wirtschaftliche und kulturelle Blüte. Peisistratos führte das Münzwesen ein (die Münzen mit Athena und der Eule) und stiftete 566 v. Chr. das Panathenäen-Fest, dessen Umzug auf den berühmten Elgin-Reliefs des späteren Parthenon dargestellt ist, sowie die Dionysien, aus denen die antike Tragödie hervorging. Seine Regierungszeit galt als Goldenes Zeitalter. Die Söhne Hippias und Hipparch konnten sich 527 bis 510 v. Chr. als Tyrannen halten. Letzterer wurde im Zusammenhang mit einer höchst pikanten homoerotischen Affäre schon 514 v. Chr. ermordet. Hipparch wollte eine Männerbeziehung auseinanderbringen, einen der beiden Lebensgefährten ausspannen und für sich gewinnen. Die beiden Freunde erschlugen den Hipparch und wurden als „Tyrannenmörder“ in einer Doppelstatue in klassisch-griechischer Nacktheit auf der Agora verewigt.

Die Tyrannis der Peisistriden fand um 510 v. Chr. mithilfe Spartas in rochadenreichen Aktionen durch den zweiten großen athenischen Reformer Kleisthenes ein Ende. Sogar das delphische Orakel wurde durch Schmiergeld von Kleisthenes in seine Bestrebungen, die Macht in Athen zu gewinnen, verwickelt: Er erwirkte einen Spruch, der dem spartanischen König die Pflicht auferlegte, die Tyrannis in Athen zu stürzen. Nur zehn Jahre nach der Reform des Kleisthenes (510 v. Chr.) kam es zum Ionischen Aufstand und danach zu den Perserkriegen. Kleisthenes stammte aus der Aristokratenfamilie der Alkmeoniden. Der spätere Staatsmann Perikles war übrigens sein Neffe.
Übrigens: Etwa zur selben Zeit schüttelte Rom die etruskische Königsherrschaft ab und wurde Republik.

Die attische Demokratie {510 v. Chr.}

Nach seiner Rückkehr aus dem Exil und der Vertreibung des Hippias unterteilte Kleisthenes (ca. 570–507 v. Chr.) das attische (athenische) Staatsgebiet in Stadtgebiet, Küstenland und Binnenland; diese bestanden aus jeweils zehn Selbstverwaltungsgemeinden. Durch Los wurde jeweils eine der Gemeinden mit zwei anderen aus den anderen beiden Gebieten zu einer „Phyle" zusammengeschlossen. Das ergab zehn Phylen. So wurde die Bevölkerung staatsrechtlich neu gemischt und alten Oberschichten der Einfluss genommen. Jede Phyle entsandte 50 Abgeordnete in den Rat der 500. Dieser repräsentierte die Bürgerschaft, den *demos*. Bei seiner Reform war es Kleisthenes keineswegs um ein idealistisches Verfassungskonzept mit der Leitidee größerer Bürgerbeteiligung gegangen. Er suchte lediglich die Unterstützung des *demos*, um selbst mehr Einfluss zu gewinnen. Er verstarb bald nach seiner Reform auf einer Reise.

Satrapen {520 v. Chr.}

Wie im „Menetekel" vorausgesagt, überwanden die Perser die babylonischen Chaldäer. Die Perserarmee war besonders gut im Pfeil- und Bogenschießen gedrillt, den wichtigsten Fernwaffen der Zeit. Die Gegner gingen im Pfeilhagel unter.

Der Herrscher des Persischen Großreiches konnte nicht überall gleichzeitig sein. Daher setzte Dareios I. (ca. 550–486 v. Chr.) in einer Reichsreform die Satrapen ein.

Satrapen waren, mittelalterlich gesprochen, Vögte oder, modern gesprochen, Präfekten: oberste Verwaltungsbeamte eines bestimmten Distrikts mit relativ großer Selbstständigkeit. Wie Landesherren waren sie mit eigenen Truppen und eigenem

Blick von der Pnyx – einem Hügel, wo die Volksversammlungen der attischen Demokratie stattfanden – auf die Akropolis in Athen.

Münzrecht ausgestattet, doch letztlich dem Perserkönig unterworfen. Bei den riesigen Entfernungen des Weltreichs – und weil es damals noch kein Handy gab – mussten die Satrapen zwangsläufig einigermaßen unabhängig sein.

Marathon und Salamis {490/480 v. Chr.}

Die griechischen Städte empfanden die persische Herrschaft zunehmend als unerträglich und lehnten sich schließlich dagegen auf. 499 v. Chr. wurde der Satrapensitz Sardes, die alte lydische Hauptstadt von Krösus, kurzfristig von den Ioniern erobert. Das wiederum konnten sich die Perser nicht gefallen lassen. Sie mussten auf diesen – aus ihrer Sicht – „Zwergenaufstand" reagieren.

Weil die Athener die ionischen Städte gegen die Perser unterstützten, wollte ihnen der persische Großkönig Dareios eine Lektion erteilen und schickte ein Expeditionsheer. Mithilfe des von Kleisthenes vertriebenen Hippias sollte Athen zu einer persischen Satrapie werden. Das wurde aber durch den als epochal bewerteten Sieg bei Marathon verhindert.

Zehn Jahre später leitete Xerxes, der Sohn des inzwischen verstorbenen Dareios, die persischen Operationen. Dieses Mal sollte es ein Großangriff des gesamten Reichsheeres sein. Der griechische Feldherr Themistokles erkannte, dass die Athener dieser Übermacht nicht gewachsen waren. Den delphischen Orakelspruch „Sucht Schutz hinter hölzernen Mauern" interpretierte er so, dass die Entscheidung diesmal auf dem Wasser fallen musste. Themistokles verstand unter den „hölzernen Mauern" Schiffswände und ließ eine Flotte bauen, auf der alle Männer Athens als Ruderer dienen mussten – eine wesentliche Voraussetzung für das spätere demokratische „Wir-Gefühl" in Athen. Athen und Attika wurden den Persern preisgegeben, Frauen und Kinder auf die vorgelagerte Insel Salamis evakuiert. Als die persische Flotte in die enge Bucht von Salamis einfahren wollte, konnten sich deren Schiffe wegen Platzmangels nicht richtig entfalten. Sie wurden von den Griechen an den Flanken angegriffen und versenkt. Der Großangriff auf ganz Griechenland war gescheitert. Die Perser versuchten es nie wieder.

Wanderer kommst du nach Sparta

Die Perser waren auch mit einem gewaltigen Landheer über eigens gebaute Brücken über den Bosporus gezogen und Richtung Attika vorgerückt. Ein winziger Trupp von Spartanern nebst Hilfstruppen unter König Leonidas konnte sie an der engsten Stelle, dem

Bei der Seeschlacht von Salamis, einer Insel in der Nähe von Athen, besiegten die Griechen unter ihrem Feldherrn Themistokles im Jahr 480 v. Chr. die persische Flotte unter ihrem Herrscher Xerxes I. (Ölgemälde von Wilhelm von Kaulbach, 1804 bis 1874).

Thermopylen-Pass, nur kurz aufhalten. Die Stellung der Spartaner wurde durch Verrat hintergangen, fast alle fielen – und der spartanische Militärruhm, niemals von der Stelle zu weichen, war begründet. Eine Gedenktafel erinnert daran (in Friedrich Schillers Übersetzung): „Wanderer kommst du nach Sparta, so verkündige dorten, du habest uns hier liegen gesehen, wie das Gesetz es befahl."

Die Spartaner verschafften den Athenern die nötige Atempause, um ihre Stadt zu evakuieren. Das persische Landheer zerstörte die Stadt und die Akropolis, die gleich nach den Kriegen im Stil der griechischen Hochklassik wiederaufgebaut wurde. Die Perserkriege bedeuteten einen tiefen Einschnitt in der athenischen Geschichte. Und weil in diesen Jahrzehnten in Athen so ungeheuer viel Neues entstand, was die abendländische Geschichte beeinflusste, ist diese Entwicklung auch welthistorisch bedeutsam.

Durch die übermächtige persische Bedrohung und ihre erfolgreiche Abwehr entwickelten die ewig uneinigen Griechen erstmals eine Art panhellenisches Bewusstsein und, was noch folgenreicher war, das Bewusstsein eines Unterschiedes zwischen Orient und Okzident, zwischen Asien und Europa, zwischen Ost und West.

Delisch-attischer Seebund {478 v. Chr.}

Ziel des unmittelbar nach Salamis zwischen Athen und einer Vielzahl von Poleis in der Ägäis 478 v. Chr. geschaffenen Bundes war es, die Perser fern, die Spartaner mit ihrem peloponnesischen Festlandsbund in Schach und Athen mit zahlreichen Handelsvorteilen an der Spitze zu halten.

Klassisches Griechenland

Nach dem Sieg über die Perser begannen in Athen die 50 bis 60 Jahre der griechischen Klassik. Es war das Perikleische Zeitalter.

Perikles {450–430 v. Chr.}

Der Aristokrat, Offizier und Staatsmann Perikles (ca. 500–429 v. Chr.) aus der gleichen Familie der Alkmeoniden wie Kleisthenes, wurde seit 443 jährlich als Stratege wiedergewählt. Dadurch und dank seiner berühmten rhetorischen Qualitäten leitete er 15 Jahre lang die Geschicke Athens, festigte aber auch die demokratischen Institutionen. Die Vormachtstellung im Delisch-attischen Seebund machte Athen zur reichsten, mächtigsten und politisch fortschrittlichsten („demokratischsten") Stadt Griechenlands.

Während Perikles' „Regierungszeit" gewann die Athener Akropolis durch den Bau der Propyläen und des Parthenons wesentlich ihre heutige Gestalt. Bauleiter war der Bildhauer Phidias (500–432 v. Chr.), der später die Zeus-Statue in Olympia schuf, eines der sieben Weltwunder.

Peloponnesischer Krieg {431–404 v. Chr.}

Noch zu Perikles' Lebzeiten brach 431 v. Chr. der Peloponnesische Krieg zwischen Athen und Sparta aus. So wie Athen als griechische Vor- und Seemacht dem Delisch-attischen Bund vorstand, stand Sparta an der Spitze seines Peloponnesischen Bundes, ein Zusammenschluss einiger Landgemeinden auf dem Festland. In den Krieg wurden auch andere griechische, kleinasiatische und unteritalische Staaten verwickelt. Sogar die Perser griffen ein und unterstützten Sparta. Hauptfigur war Alkibiades.

Das Ergebnis nach einer nahezu dreißigjährigen Abfolge von Feldzügen und Waffenstillständen war 404 v. Chr. die endgültige Niederlage der Athener und ein vordergründiger Sieg Spartas. So endeten das klassische Zeitalter und die attische Demokratie. Beide Seiten waren regelrecht ausgeblutet, sodass auch Sparta seine neue Vormachtstellung nicht lange halten konnte. Die gegenseitige Schwächung ermöglichte den Aufstieg des makedonischen Königreichs im Norden unter König Philipp II. (ca. 380–336 v. Chr.). In diese Zeit der Selbstzerfleischung der griechischen Poliswelt fällt die Blüte der athenischen Philosophenschulen.

Sokratisches Denken {ab ca. 470 v. Chr.}

Der Philosoph Sokrates

Sokrates (ca. 470–400 v. Chr.) betrieb Philosophie, indem er auf der Agora umherging und die Leute mit hartnäckigen Fragen nervte. Der gelernte Steinmetz hielt sich tagsüber auf dem Marktplatz auf, stellte sich unwissend („Ich weiß, dass ich nichts weiß") und forderte die Passanten dazu auf, ihm zu erklären, was Tugend, Tapferkeit oder Gerechtigkeit seien. Das waren seine Hauptthemen. Sokrates gab sich nicht mit vorgefertigten Antworten aus der Mythologie zufrieden. Ihm war wichtig, dass der Mensch mit seinem eigenen Verstand Kriterien entwickelte, anhand derer er das Gute erkennt, um sich in jeder Lebenssituation dafür entscheiden zu können.

Kennzeichnend für Sokrates' Denkmethode ist daher der Dialog, die Erörterung des Für und Wider, die Dialektik. Dies steht deutlich im Gegensatz zu den Monologen, den flammenden Reden der damals beliebten Rhetoriklehrer und Sophisten.

Die vielen bohrenden Fragen, die er auf der Agora stellte, wurden Sokrates letztlich zum Verhängnis. Er ging damit so vielen eitlen Besserwissern auf die Nerven, dass er nach einer Verleumdungskampagne zum Tod durch den Schierlingsbecher verurteilt wurde. Sokrates gilt als das Musterbeispiel eines Philosophen im abendländischen Sinn, eines kritischen Denkers und wortwörtlichen Hinterfragers.

Idealistisches Denken {ab ca. 430 v. Chr.}

Sokrates' bedeutendster Schüler war Platon (ca. 430–350 v. Chr.). Er verallgemeinerte dessen Fragestellungen und erörterte das Problem: Wie erlangt man gesichertes Wissen, und wie kann man es von bloßen Meinungen unterscheiden? Nach Platon ist das Denken immer auch von Sinneseindrücken beeinflusst, und nur die reinen Ideen sind absolut real und wahr. Diese hält er für Urbilder, die zeitlos und ewig existieren. Er meint, der Mensch würde „sich strebend stets bemühen", deren Kenntnis zu erlangen. Diese Liebe zur Weisheit heißt auf Griechisch *philosophia*.

Beim Tod seines „vielgeliebten" Lehrers Sokrates war Platon Ende zwanzig. Nach dem Ende des Peloponnesischen Krieges herrschten in Athen bürgerkriegsähnliche Zustände mit ständig wechselnden Regimen. Auch Platon wurde angefeindet. Er hielt es in Athen nicht mehr aus und reiste jahrelang umher. Als er nach Athen zurückkam, erwarb er um 387 v. Chr. am nordwestlichen Rand der Stadt ein Grundstück in einem Olivenhain, wo man die angebliche Grabstätte des athenischen Sagenhelden Akademos verehrte. Dort versammelte Platon seine Schüler, und damit war die erste Akademie eröffnet.

Das Streben nach Glück {ab ca. 384 v. Chr.}

Der makedonische König Philipp II. gewann den nordgriechischen Arztsohn Aristoteles (384–322 v. Chr.) als Prinzenerzieher für seinen dreizehnjährigen Sohn Alexander, alsbald Alexander „der Große". Aristoteles hatte als junger Mann Platons Akademie besucht und verehrte seinen Lehrer, stimmte aber bei Weitem nicht in allem mit ihm überein. Der Universalgelehrte war viel praktischer orientiert, sah er sich auch als Naturforscher und betrieb systematische Tier- und Pflanzenkunde, auch wenn nicht alle seine „Erkenntnisse" korrekt waren. So hielt er einem uralten Vorurteil folgend das Herz für das zentrale Geistesorgan des Menschen und nahm an, das Gehirn sei nur zur Kühlung des Blutes da.

Waren Aristoteles' naturkundliche Theorien also alles andere als korrekt, so waren die philosophischen Folgerungen, die er aus seiner Forschung zog, durchaus interessant. So erkennt er in den Organismen von Pflanzen und Tieren deren Zweckmäßigkeit. Diese in der Natur zu beobachtende Sinnhaftigkeit sieht er als allgemeingültiges „teleologisches" (auf ein Ziel ausgerichtetes) Prinzip, das er auch auf andere Bereiche (Seele, Kunst, Ethik) überträgt. Als Sinn und

Zweck des menschlichen Strebens erklärt Aristoteles das Erreichen der Glückseligkeit durch Selbstverwirklichung – die Entfaltung dessen, was im Menschen angelegt ist.

In der Neuzeit wurde dieser aristotelische Gedanke in der Formulierung *pursuit of happiness* („Das Streben nach Glück") in die Präambel der amerikanischen Verfassung als Staatsziel aufgenommen: die freie Entfaltung der Persönlichkeit. Aristoteles ging selbstverständlich davon aus, dass das Gute in jedem Menschen angelegt ist, und dass er sich bei der Selbstverwirklichung davon leiten lässt. Der Gedanke, der Mensch sei grundsätzlich schlecht und verworfen (Erbsünde) und müsse von außen erlöst werden, wäre ihm fremd gewesen.

Seit dem Eintritt von Aristoteles in die Akademie festigte Philipp II. von Makedonien seine königliche Position gegenüber dem Adel und dehnte seine Herrschaft in Nordgriechenland aus. In der Schlacht von Chaironeia am 2. August 338 v. Chr. besiegte er die griechischen Städte im Süden. An dieser Schlacht nahm bereits der junge Aristoteles-Schüler Alexander als Reiterführer teil. Zwei Jahre danach wurde dessen Vater Philipp ermordet.

Antikes Rom

Etruskische Könige, zuletzt aus der Dynastie der Tarquinier, hatten Rom mehrere Generationen lang regiert und der Stadt ihren Stempel aufgedrückt. Forum, Senatsgebäude (Curia Hostilia), Circus Maximus (damals noch mit Holztribünen), Jupitertempel, Janustempel (Tür offen: Krieg, Tür zu: Frieden) Cloaca Maxima, Tiberbrücke nach Trastevere (auch aus Holz), keusche Vestalinnen zum Hüten der ewigen Flamme, Augurenwesen (Orakelpriester), Gladiatorenkämpfe – all das stammt noch aus der Zeit der etruskischen Herrscher. Der letzte Tarquinier Lucius mit dem Beinamen Superbus („übermütig", wegen seiner Willkürherrschaft) wurde vertrieben. Anlass soll der Legende nach die Vergewaltigung der tugendhaften Lukrezia durch Tarquinius' Sohn gewesen sein, die sich lieber selbst tötete, als mit der Schande zu leben.

Republik

Wann genau die Römer die Tarquinier vertrieben, ist nicht historisch gesichert. Römischen Geschichtsschreibern folgend wird

Das berühmte Fresko *Die Schule von Athen* (1510/11) des italienischen Malers Raffael zeigt in idealisierter Form eine Versammlung von Persönlichkeiten der klassischen Wissenschaft und Philosophie. In der Bildmitte sind Platon und Aristoteles (rechts) zu sehen.

dafür die Zeit um 500 v. Chr. angenommen. Es könnte aber auch rund 100 Jahre später gewesen sein.

Fortan jedenfalls kümmerten sich die Römer selbst um ihre „öffentlichen Angelegenheiten“, die *res publica*. Dieser Begriff steht gerade in der Moderne ganz oben auf der politischen Tages- und Grundordnung moderner Staaten. Die offizielle Staatsbezeichnung Roms lautete: SPQR – *Senatus populusque Romanorum* („Senat und Volk der Römer“).

Patrizier/Plebejer {ca. 500–300 v. Chr.}

Ähnlich wie in Sparta gab es im alten Rom im Wesentlichen zwei Klassen von Bürgern: den Land besitzenden, aus alten latinischen Einwandererfamilien gebildeten Adel sowie die Unterschicht von Kleinbauern und Ureinwohnern. Das war die große Masse des Volkes, und so nannte man sie auch: *plebs* („die Menge“). Anders als die praktisch wie Sklaven gehaltenen spartanischen Heloten waren die Plebejer nicht vollkommen rechtlos. Sie durften Steuern zahlen, Soldaten stellen und in der Volksversammlung abstimmen – etwa bei der Wahl der Konsuln, der letztgültigen Abstimmung über Gesetze und bei der Entscheidung über Krieg und Frieden.

Aber die Plebejer waren nicht zu Staatsämtern zugelassen – genauso wenig wie die attischen Bauern, der *demos* vor der Kleisthenes-Reform. Rom hatte nie eine derartige „demokratische“ Reform. Hier regierte man nach alter Väter Sitte (*mores maiorum*) und war stolz darauf. Um die *res publica* kümmerten sich die Patrizier, die *patres* (lateinisch *pater*, „Vater und Haushaltsvorstand“). Bis zum Auftreten der Tribunen machten diese die Staatsangelegenheiten im alten Rom unter sich aus. Die frühe römische Geschichte von 500 bis 300 v. Chr. ist hauptsächlich eine Geschichte von Klassenkämpfen – der immer wieder auflodernden Aufstände der Plebejer gegen die Herrschaft der Patrizier.

Auf diesem Holzstich (1879) ist dargestellt, wie ein römischer Herr von seinen Sklaven auf einer Sänfte durch einen Garten getragen wird.

Senat

bedeutet „Ältestenrat" und stammt von dem lateinischen Wort *senex* für „Greis“. Auch „senil“ gehört zu diesem unmittelbaren Wortumfeld, doch natürlich brauchte man nicht senil im heutigen Sinne zu sein, um Senator zu werden. Auch junge Oberhäupter von Patrizierfamilien gehörten diesem obersten Gremium an. Der Senat war eine Adelsversammlung mit anfänglich etwa 100, dann 300, in der Kaiserzeit sogar 600 Mitgliedern. Rom war eine Adelsrepublik, in der der Senat die Grundzüge der Politik bestimmte und die Gesetze erließ. Nur Senatoren durften die Toga mit dem breiten Purpurstreifen tragen. Bewerber um Staatsämter trugen eine weiße *toga candida*, daher das Wort „Kandidat“.

Auch in der Gegenwart werden bedeutende Verfassungsinstitutionen als Senat bezeichnet: Das Oberhaus in den Parlamenten der USA, Italiens, Frankreichs, in Deutschland der Senat von Berlin, Hamburg, Bremen.

Konsul

bedeutet „der, der Rat gibt“. Die Konsuln lenkten die Geschicke der Stadt und des wachsenden Reiches in der Tagespolitik. Sie waren neben einigen anderen sehr angesehenen Ämtern (Ädilen, Quästoren, Prätoren, Auguren, Pontifex Maximus) die obersten Exekutivbeamten, also die gewählten Könige. Die republikanischen Römer waren,

In einer Senatssitzung am 21. Oktober 63 v. Chr. hält der römische Konsul Cicero eine Rede gegen den isoliert sitzenden Catilina, einen römischen Senator, der einen Umsturzversuch gegen die Römische Republik geplant hatte (Fresko von Cesare Maccari,1889).

wie die klassischen Athener, sehr skeptisch, einem Einzelnen zu viel Macht zu überlassen. Deswegen gab es immer zwei Konsuln zur gegenseitigen Kontrolle. Auch die Amtsdauer war, wie in Athen, zeitlich streng begrenzt. In der ungeschriebenen römischen Verfassung gab es eine gewisse Machtbalance zwischen Konsuln und Senat. Senator war man auf Lebenszeit, zum Konsul wurde man für ein Jahr gewählt. Eine unmittelbare Wiederwahl war nicht erlaubt.

Tribun und Tribut {ab 494 v. Chr.}

Die Interessen der Plebejer vertraten seit 494 v. Chr. die (Volks-)Tribunen im Senat. Seit alters her war die römische Bürgerschaft in *tribus* („Stamm, Bezirk") eingeteilt. Sie bildeten die Grundlage für die Besteuerung, den „Tribut" – eine Vermögenssteuer, die nur im Kriegsfall erhoben wurde. Laufende jährliche Abgaben kannte man nicht. Wie in Athen und auch sonst in der Antike waren das Konsulat und alle öffentlichen Ämter Ehrenämter ohne Bezahlung. Deswegen konnten es sich nur „die Reichen" leisten, in den Staatsdienst zu gehen. Auch öffentliche Ausgaben (für Tempel oder Wasserleitung) wurden aus dem Privatvermögen Wohlhabender bezahlt. Heute würde man sagen, es waren Stiftungen. Wer nach einem politischen Amt strebte, hielt die plebejischen Massen in der Hauptstadt mit „Brot und Spielen" bei Laune.

Forum Romanum {ab ca. 490 v. Chr.}

Was einer griechischen Polis und insbesondere Athen ihre Agora war, Markt- und Versammlungsplatz der Bürger, war in Rom das Forum, der Mittelpunkt des städtischen Lebens. In Rom war das Forum darüber hinaus kultisches Zentrum und im späteren römischen Weltreich so etwas wie der Nabel der Welt. Die sumpfige Talsenke zwischen Kapitolshügel und Palatin diente in der Frühzeit den Siedlern auf den umliegenden Hügeln als Friedhof. In seiner ursprünglichen Bedeutung bezeichnet *forum* auch nichts anderes als eine mit Holzplanken oder Zäunen abgeteilte Begräbnisstätte.

Zunächst entwässerten die Römer oder eher die etruskischen Stadtoberhäupter den Sumpf durch die Anlage der Cloaca Maxima. Um 650 v. Chr. wurde das Forum erstmals gepflastert, um 490 entstanden die ersten

Tempel für eine Vielzahl altlatinischer Götter wie den Ackergott Saturn, die Ernte- und Fruchtbarkeitsgöttin Ops Consiva oder die Herdgöttin Vesta. Die schlichte runde Form des Vesta-Tempels erinnert an die einfachen Behausungen, als die latinischen Stämme noch in Hütten auf den Hügeln lebten. Die ursprüngliche Religion der Römer war sehr „agrarisch" geprägt und viel eigenständiger, als die spätere Übernahme des griechischen Götterhimmels suggeriert.

Das Forum diente auch als Marktplatz. Erst als Rom zur Vormacht in Italien aufgestiegen war, wurden der Hühner-, Fisch- und Gemüsehandel und ähnlich profane Geschäfte vom Forum verbannt und weitere repräsentative Bauten hochgezogen. Natürlich war das Forum das Zentrum von Politik und Rechtsprechung. Hier hielt Cicero seine großen Reden. Hier endeten die Triumphzüge. Die Triumphbögen stammen aus der Kaiserzeit. Im Frühmittelalter verfiel das Forum Romanum allmählich. Die Marmorplatten wurden zum Kalkbrennen verwendet. Das mittelalterliche Rom entstand als eng bebaute Stadt im Tiberbogen. Einige Forumsbauten wurden zu Kirchen umfunktioniert. Die Natur überwucherte die Ruinenlandschaft, und auf Barockgemälden sieht man das Forum als idyllisch-romantische Ziegen- und Kuhweide.

➥ ***Was danach geschah:*** Erst in den Jahrzehnten vor 300 v. Chr., während der Alexanderzeit in Griechenland, wandte sich die römische Politik auch nach außen. Die

Das Forum Romanum war Mittelpunkt des Stadtlebens im alten Rom.

Römer unterwarfen die umliegenden Stämme in Mittelitalien. Um 280 v. Chr. griffen sie erstmals in das Geschehen im griechisch besiedelten Unteritalien ein. Das ist verbunden mit dem Namen Pyrrhus.

Kelten – Latène-Kultur

Während Rom sich noch in altrepublikanischen Verfassungsbräuchen übte und sich Griechenland in Rivalitäten zwischen den Stadtstaaten selbst ruinierte, breitete sich an den Oberläufen von Donau und Rhein die keltische Latène-Kultur aus.

War die Hallstatt-Kultur noch gemischt bronzezeitlich-eisenzeitlich, so sind in der Latène alle Werkzeuge und Waffen aus Eisen. Dies war der Höhepunkt der eisenzeitlichen Kelten-Kultur in ganz Europa.

In La Tène, am Neuenburger See in der Westschweiz gelegen, entdeckten Archäologen 1857 einen der bis heute reichsten keltischen Fundorte. Man zog dort innerhalb einer Stunde 40 Eisenwaffen aus dem schlammigen Ufergelände. Dann tauchten im Zuge einer „Gewässerkorrektur“ Siedlungsreste auf. Der Ort lag im eigentlichen Zentrum der Latène-Kultur im Donau-Oberrhein-Gebiet. Gemeint ist mit dem Begriff aber die gesamte Epoche der späten Kelten-Kultur, die von Spanien und Britannien über ganz Frankreich, Süddeutschland, Böhmen und die Alpenländer die Donau entlang bis ans Schwarze Meer reichte.
Die Kelten pflegten einen noch viel intensiveren Kulturaustausch mit der Mittelmeerwelt und siedelten auch südlich der Alpen in Oberitalien.

Es war diese europaweite, höchst lebendige, in viele Stämme zersplitterte, aber vermutlich religiös einigermaßen einheitliche keltische Kultur, die Cäsar später in Gallien antraf – und vernichtete.

Vae victis! {387 v. Chr.}

Die Römer bekamen die Kampfeskraft der Kelten schon früh zu spüren. Sie wurden von ihnen 387 v. Chr. in der Schlacht an der Allia, nur zehn Kilometer nördlich von Rom, besiegt. Anschließend nahmen die Kelten unter ihrem Heerführer Brennus die Stadt ein, belagerten sieben Monate lang das Kapitol, wo sich die Römer verschanzt hatten, und zogen erst nach der Zahlung eines enormen Lösegeldes wieder ab. Als sich die Römer beim Abwiegen des Lösegeldes beklagten, die Kelten hätten nun genug bekommen, soll Brennus mit dem Ruf *Vae victis!* („Wehe den Besiegten!") zusätzlich sein Schwert in die Waagschale geworfen haben, um noch mehr Beute zu erhalten. Danach musste Rom praktisch neu aufgebaut werden, dieses Mal mit einer Mauer um die sieben Hügel.

➥ ***Was danach geschah:*** Erst in ihrer letzten Phase gelangten die Kelten mit ihren stadtartigen, befestigten Siedlungen, den Oppida, an den Rand einer Hochkultur. Bekannte Oppida sind Alesia und Bibracte in Frankreich, Manching in Niederbayern, die Heuneburg auf der Schwäbischen Alb, Bregenz am Bodensee, die Leopoldsburg oberhalb Wiens und viele andere.

Durch die Eroberungen der Römer und die Migrationszüge der Germanen kam es um die Zeitenwende zum völligen Zusammenbruch der keltischen Kultur. Auch wenn die Schauplätze der Auseinandersetzungen in Gallien lagen, verschwanden die Kelten offenbar auch in Süddeutschland, Böhmen und Mähren still und lautlos aus der Weltgeschichte. Wir kennen außer Vercingetorix keinen Namen, keine Herrschergestalt, keine authentischen Ereignisse, es gibt keine Aufzeichnungen, keine literarischen Hinterlassenschaften, keine architektonischen Zeugnisse. Allerdings gilt dies auch für die nördlich an die Keltenkulturen angrenzenden Germanenkulturen jener vorchristlichen Jahrhunderte.

Der keltische Heerführer Brennus wirft sein Schwert auf die Waage, um für den Abzug der siegreichen Kelten aus Rom noch mehr Lösegeld in Form von Gold zu erhalten.

Hellenismus

Alexander gelangte so jung auf den makedonischen Thron, weil sein Vater Philipp mit Mitte fünfzig Opfer eines Attentats wurde. Vielleicht war daran Alexanders Mutter Olympias beteiligt, um ihrem Sohn die Thronfolge zu sichern. Denn Philipp hatte sich anderen Frauen zugewandt.

Alexander verwirklichte umgehend den schon vom Vater geplanten Rachefeldzug gegen die Perser – Rache für deren Invasion in Griechenland. Alexander wusste immer, was er wollte, handelte schnell und kurz entschlossen. Sein Bild mit dem wilden Haarwirbel auf der Stirn, wie es auf Münzen und Büsten überliefert ist, betont sein jugendliches Ungestüm. Auf derart offiziellen Bildmedien wurde nichts dem Zufall überlassen, sie waren Teil einer wohldurchdachten Propaganda.

Alexander der Große {356–323 v. Chr.}

Mit 30000 Makedonen überquerte Alexander 334 v. Chr. die Dardanellen und schleuderte seinen Speer an den kleinasiatischen Strand zum Zeichen der Besitzergreifung Asiens. Die griechischen Städte in Ionien und die phönizischen Städte in der Levante begrüßten ihn als Befreier vom persischen Joch. Zwei Schlachten gegen das riesige persische Reichsheer unter Führung des Kaisers

Dareios II. gewann Alexander als taktisch überlegener Feldherr. Die Schlacht bei Issos 333 v. Chr. öffnete den Weg in die Levante, Gaugamela 334 besiegelte den Untergang der über zweihundertjährigen persischen Achämeniden-Dynastie.

Der Rest, die Besetzung der persischen Königsstädte bis ins Hochland von Iran, war ein Spaziergang. Als Erstes erfolgte in Weihrauchwolken der Einzug in Babylon durch das Ischtar-Tor. Der Palast in Persepolis wurde zu der Ruine niedergebrannt, die sie heute noch ist. Der immense Thronschatz, Tausende von Tonnen Gold und Silber, wurde eingeschmolzen und zu Münzen – natürlich mit Alexanders Profil: der Beginn einer Weltwirtschaft.

Wirklich strapaziös und allein Alexanders Weltherrschaftsidee geschuldet war die Unterwerfung Ostpersiens, der widerspenstigen Berg- und Steppenvölker am Hindukusch. Erst 326 v. Chr. wurde über Kabul und den Khaiber-Pass das Indus-Tal erreicht. Erst hier bekamen Alexander und seine Makedonen eine Ahnung von Himalaja und Ganges – darauf hatte sie kein griechisches Weltbild vorbereitet. Nach 18 000 Kilometern weigerten sich die Soldaten weiterzuziehen. Alexander kehrte um und starb nach seiner Rückkunft in seinem 32. Lebensjahr am 13. Juni 323 v. Chr. an einer akuten fiebrigen Erkrankung in Babylon.

Diadochenkämpfe {nach 323 v. Chr.}

Nach dem Tod Alexanders kämpften mehrere seiner Generäle in mehreren Kriegen um die Nachfolge und die Alleinherrschaft. „Diadochen“ heißt: „Nachfolger“. Im Ergebnis konnten sich die Ptolemäer in Ägypten, die Seleukiden im Nahen Osten sowie in Persien und die Antigoniden in Makedonien behaupten. Vor allem die Ptolemäer und die Seleukiden verschleuderten die gewaltige politische und ökonomische Macht des Alexanderreiches in immer neuen Rivalitätskämpfen um die Vorherrschaft in Syrien und Palästina – nach dem Muster der ägyptisch-assyrischen Auseinandersetzungen während des Neuen Reiches, damals, in der Bronzezeit.

➡ ***Was danach geschah:*** Ungefähr im Jahr 200 v. Chr. gewannen die Seleukiden von den Ptolemäern die Oberherrschaft über Judäa, einen von Hohepriestern gelenkter Kleinstaat. Sie versuchten hier den kulturellen griechischen Einfluss zu verstärken, wogegen sich die Juden mit einem Aufstand zur Wehr setzten. Das Ptolemäer-Reich am Nil wurde unter der letzten Pharaonenkönigin Kleopatra (VII.) durch Cäsar und Augustus in einem dramatischen (Shakespeare), opernhaften (Händel) und filmreifen (Elizabeth Taylor) Finale dem römischen Weltreich eingegliedert.

Die Bibliothek von Alexandria

{nach 320 v. Chr.}

Durch den Alexanderzug verbreiteten sich griechisches Denken und griechische Sprache im gesamten Nahen Osten. Berichte und Erkenntnisse strömten nun zurück nach Griechenland und nach Alexandria, wo Kultur und Wissenschaft blühten.

Auf dieser Silbermünze (ca. 300 v. Chr.) ist der wilde Haarwirbel Alexanders des Großen gut zu erkennen.

Die Ptolemäer herrschten ganz nach Art der Pharaonen, um in dem Land am Nil als Herrscher akzeptiert zu werden. Sie ließen ägyptische Tempel bauen, wie etwa den Isis-Tempel auf der Nil-Insel Philae, und vollzogen die Zeremonien der ägyptischen Kulte. Das reiche Nilland verwalteten sie vorbildlich. Ihre Residenz Alexandria, Weltkultur- und Welthandelshauptstadt wie heute New York, wurde zu einem hochbedeutenden Wissenschaftsstandort ausgebaut. Wegen seiner legendären Bibliothek war Alexandria das geistige Zentrum des Hellenismus auch noch Jahrhunderte nach der Zeitenwende.

Das wichtigste welthistorisch-zivilisatorische Ergebnis des Alexanderzuges war die Verbreitung der griechischen Sprache als Handels- und Gelehrtensprache im gesamten Osten, im ägyptischen Alexandria, im syrischen Antiochia, in Jerusalem (und später auch in Rom). Das Christentum entstand inmitten dieser hellenistischen, kosmopolitischen Kultur, das Neue Testament wurde auf Griechisch geschrieben. Das griechische Schrifttum pflegten insbesondere die Araber bis weit ins Mittelalter hinein. Auf diesem Umweg gelangte die griechische

Gelehrsamkeit im Spätmittelalter und in der Renaissance wieder nach Europa zurück.

Pergamon {ab 280 v. Chr.}

in der heutigen Westtürkei war ein kleines, aber kulturell bedeutendes Reich während des Hellenismus. Hier entstanden herausragende Kunstwerke wie der Pergamon-Altar, die Laokoon-Gruppe, der Sterbende Gallier und der Barberinische Faun. In Pergamon befand sich nach der alexandrinischen die zweitgrößte Bibliothek jener Zeit.

Pergamon wurde von 281 bis 133 v. Chr. von der Attaliden-Dynastie regiert. Der erste Herrscher Philetairos wurde von dem makedonischen Diadochen Antigonos zum Burghauptmann von Pergamon ernannt, unter seinen Nachfolgern wurde Pergamon immer unabhängiger und größer und ein verlässlicher Verbündeter Roms, das im 2. Jahrhundert im benachbarten Griechenland Fuß zu fassen begann. Der letzte Herrscher, Attalos III., vererbte sein Reich 133 v. Chr. testamentarisch an Rom.

Seidenstraße I {um 120 v. Chr.}

Etwa 140 v. Chr. nahmen die Parther, ein Teilstamm der Skythen, den Seleukiden das Kerngebiet zwischen Euphrat und Tigris ab. Mithridates I. war der König, dem dies gelang. Er nannte sich sowohl „Freund der Griechen" und ließ sich auf Münzen in typisch griechischer Haar- und Barttracht abbilden als auch „Schah-in-Schah", anknüpfend an die Tradition der persischen Großkönige. Unter dem Partherherrscher Mithridates II. (124–88 v. Chr.) wurde die schon länger bestehende Ost-West-Karawanenroute durch Mittelasien intensiver genutzt als je zuvor. Eine Delegation des chinesischen Han-Kaisers Wu-ti (140 bis 87 v. Chr.) erschien 120 sogar bei Mithridates. Wu-ti hatte die Hunnen besiegt und deren Blockade der Karawanenstraße beseitigt. So erweiterte er den chinesischen Einflussbereich nach Westen und machte den Weg frei für einen Austausch der Kulturen.

Seide war schon im Rom jener Zeit bekannt, allerdings hatte man dort keine Vorstellung von ihrer Herkunft. Den Begriff „Seidenstraße" prägte erst der deutsche Geograf und Forscher Ferdinand von Richthofen (1833–1905) nach einer ausgedehnten China-Reise. Die so benannte Route aber verlief schon zu Partherzeiten ungefähr von der alten chinesischen Hauptstadt Sian auf vielen verschiedenen Wegen nördlich um den Himalaja herum, mit Samarkand als wichtiger Etappe. Von dort aus ging es durch das heutige Afghanistan, Persien, den heutigen Irak und Syrien bis ans Mittelmeer.

➡ ***Was danach geschah:*** Auch 300 Jahre später kamen chinesische Kaiserdelegationen in den Westen, dann sogar bis nach Rom zu Kaiser Marc Aurel. Die Parther blieben bis weit in die römische Kaiserzeit die gefürchtete Großmacht im Osten. In den fortwährenden Auseinandersetzungen mit ihnen verloren die Römer nach der Zeitenwende wertvolle Ressourcen, die ihnen im Kampf gegen die germanische Völkerwanderung fehlten.

Weihrauchstraße I

ist eine uralte Handelsroute im Westen der Arabischen Halbinsel parallel zum Roten Meer. Nur im Süden Arabiens, heute noch vor allem in Oman, gedeiht der Weihrauchbaum *Boswellia sacra*, dessen Harz zu den begehrtesten Handelsgütern der antiken Welt zählte. Mit diesem Duftrauch wurde in allen antiken Tempeln des Nahen Ostens mindestens so eifrig hantiert wie heute noch in katholischen und orthodoxen Kirchen. Man schrieb ihm desinfizierende und reinigende Wirkung zu, denn alles Heilige musste ja immer „rein" und „unbefleckt" sein. Die Weihrauchstraße war schon seit der Mitte des 2. Jahrtausends in Betrieb, seit man Dromedare als Karawanentiere domestiziert hatte. Andere wichtige Handelsgüter waren Gewürze und Edelsteine sowie Baumwolle aus Indien. In der Gegenrichtung wurde Öl und Wein transportiert. Die Weihrauchstraße war auch später das Herzstück des kaiserzeitlichen römisch-indischen Fernhandels.

Kaiser in China und Indien

China – Der erste Kaiser {221 v. Chr.}

8000 Terrakotta-Krieger bewachen die letzte Ruhestätte des ersten Kaisers von China. Diese legendäre Armee, die mittlerweile überall auf der Welt bekannt ist, wurde erst 1974 zufällig von Bauern entdeckt. Der eigentliche Mausoleums-Hügel von Kaiser Ch'in ist noch unangetastet.

Shao Sheng (geboren 259 v. Chr.) nannte sich als Kaiser Ch'in Shi Huang ti. Der Namensteil Ch'in ist von seinem Herkunftsland Ch'in abgeleitet. Ch'in war eines von den sieben Streitenden Reichen, die damals auf chinesischem Boden existierten, und es war das größte und wohlhabendste. Ab 230 v. Chr. unterwarf Shao Sheng innerhalb von neun Jahren alle Nachbarreiche. 221 v. Chr. war „alles unter dem Himmel" unter seiner Herrschaft vereint. Dieses erste gesamtchinesische Ch'in-Reich umfasste aber bei Weitem nicht das ganze heutige China, sondern lediglich das nördliche Kernland rund um den Gelben Fluss und südlich etwa bis zum Jangtsekiang. Shao Sheng nahm den Titel „Erster erhabener Gottkaiser von Ch'in" an und regierte bis zu seinem Tod 210 v. Chr. Mit einem „Mandat des Himmels" legitimierten die chinesischen Kaiser ihre Herrschaft, ähnlich wie die europäischen Kaiser und Könige „von Gottes Gnaden" regierten.

Den großen Mausoleumsbau gab Kaiser Ch'in gleich nach seiner Thronbesteigung in Auftrag, als er selbst erst 40 Jahre alt war. Natürlich wurde an der Langen Mauer gearbeitet, alles verbunden mit Zwangsrekrutierungen und Umsiedlungen in den eroberten Gebieten. Ohne Gewaltpolitik wäre eine solche Reichseinigung nicht möglich gewesen. Dazu gehörte auch eine groß angelegte Bücherverbrennung, um einen kulturellen Neuanfang, eine Art Kulturrevolution, zu markieren. Kaiser Ch'in wollte das kulturelle Gedächtnis der Unterworfenen auslöschen und sich keine gelehrte Kritik mit Begründungen aus der Vergangenheit anhören.

➡ ***Was danach geschah:*** Ch'in begründete die 2311-jährige Kaisertradition in China, die erst mit der Abdankung von Pu Yi, des letzten Kaisers, 1912 endete. Die Chinesen selbst nennen ihr Land allerdings nicht China, sondern *Dschung-guo*, Reich der Mitte. Seine eigene Dynastie überdauerte Ch'in nur zehn Jahre lang. Dann blühte das Land in der vierhundertjährigen Han-Dynastie in Frieden und prosperierender Wirtschaft auf wie das teilweise gleichzeitige Römische Reich.

Indien – Das Löwenkapitell im Staatswappen {um 250 v. Chr.}

In Indien fasste Kaiser Aschoka (300 bis 232 v. Chr.) erstmals den Subkontinent unter einer Herrschaft zusammen. Der zum Buddhismus bekehrte Kaiser regierte nach seinen Eroberungen ausgesprochen friedfertig und „sozial". Er schickte Gesandtschaften zu den

Auch heute noch findet man im Riesenreich China Landschaften mit nahezu unberührter Natur.

Die Terrakotta-Armee: Das Grabmal des ersten Kaisers {500–300 v. Chr.}

Die Zeit um 220 v. Chr. kennt zwei herausragende historische Ereignisse auf dem eurasischen Kontinent: In mehreren „Punischen Kriegen" (seit 264 v. Chr.) besiegten die Römer die Karthager und gewannen dadurch die Vorherrschaft im Mittelmeergebiet (Cannae: 216 v. Chr.; Zama: 202 v. Chr.). Damit schufen sie die Grundlage für ihr Weltreich, in dem die damals bekannten europäischen und orientalischen Kulturen rund ums Mittelmeer unter römischer Herrschaft zusammengefasst wurden.

Etwa gleichzeitig eroberte der Herrscher des chinesischen Königreiches Ch'in seit 230 v. Chr. sämtliche umliegenden Fürstentümer am Gelben Fluss und vereinigte sie zu einem Reich. 221 v. Chr. ernannte er sich selbst zum ersten Kaiser von China.

Unmittelbar nach seiner Thronbesteigung gab er den Bau des gewaltigen Grabhügels mit seiner staunenswerten Armee von Terrakotta-Kriegern in der Nähe der damaligen Hauptstadt Xi'an im Herzen Chinas in Auftrag: Tausende von ganz individuell gestalteten Soldatenfiguren (Bild rechts) nebst vielen anderen Figuren von Pferden, Wagen etc. Anders als die schon in der Antike berühmten (und ausgeraubten) pharaonischen Grabmäler der Pyramiden wurde die Terrakotta-Armee erst 1974 zufällig von Bauern entdeckt. Bis heute ist erst ein Viertel der gesamten Grabanlage freiglegt.

hellenistischen Nachfolgereichen Alexanders (Seleukiden, Ptolemäer, Antigoniden).

Die ausgesprochen „ethische" Herrschaft Aschokas gilt in Indien bis heute als vorbildlich. Aschoka ließ in seinem ganzen Reich und weit darüber hinaus auf Säulen, Felsen und Höhlenwänden 33 Edikte einmeißeln zur Umsetzung religiöser Überzeugungen in die praktische Politik. Sie waren in verschiedenen Sprachen Indiens verfasst, aber auch in Griechisch und Aramäisch, den beiden damaligen Weltsprachen des Vorderen Orients.

Das Kapitell der Aschoka-Säule in Sarnath ist heute Hauptbestandteil des Staatswappens von Indien. Sarnath ist der Ort, wo Buddha nach seiner Erleuchtung zum ersten Mal predigte: der Gründungsort des Buddhismus.

➥ ***Was danach geschah:*** Nach Aschokas Tod zerfiel sein Großreich bald wieder. Über die indische Geschichte während der folgenden fünfhundert Jahre gibt es kein gesichertes Wissen. Das nächste bedeutende politische Gebilde auf indischem Boden war dann das Gupta-Reich (ab 320 n. Chr.) im Ganges-Tal.

Der Aufstieg Roms

Als Alexanders Vater, Philipp von Makedonien, sein Land zur Vormacht in Griechenland führte, griffen auch die Römer erstmals wirklich in das Geschehen ein, und zwar bei ihren griechischen Nachbarn in Unteritalien. Dadurch kamen sie Karthago in die Quere, der unbestrittenen Seemacht im Mittelmeer.

Pyrrhussieg {280 v. Chr.}

Im Jahr 283 v. Chr. ereilte der Hilferuf einiger Dörfer in der Nähe der wohlhabenden griechischen Stadt Tarent, im Stiefelabsatz gelegen, die mittlerweile in Mittelitalien mächtig und selbstbewusst gewordenen Römer. Das Gesuch der armen unterdrückten Landitaliker um Beistand gegen die griechischen Kolonialherren wurde in Rom gern vernommen. Endlich hatte man einen Anlass, sich einzumischen.

Rom war vorbereitet. 282 v. Chr. blockierte ein Geschwader den Hafen von Tarent. Umgehend baten die Tarenter den König Pyrrhus von Epirus um militärische Unterstützung.

Epirus lag auf der anderen Seite der Adria, ungefähr im heutigen Albanien. Dort, auf dem Westbalkan, war Pyrrhus bereits ein mächtiger Herrscher und machte sich Hoffnungen, seinen Einfluss ausdehnen zu können. In drei Schlachten war sein Sieg jedesmal zum Greifen nahe.

Doch in der ersten Schlacht gerieten Pyrrhus' Kriegselefanten in Panik. (Die pomphafte und auf den ersten Blick furchteinflößende Taktik, Elefanten militärisch einzusetzen, geht auf Alexanders Asienfeldzug zurück. Alexanders Nachfolger in Asien, Seleukos, hatte dessen Provinzen am Indus dann gegen 500 Tiere eingetauscht. Diese Art von Panzerdivisionen verbreitete sich schnell im Mittelmeer. Selbst Hannibal führte bekanntlich bei seiner transalpinen Italieninvasion Elefanten mit sich.) In der zweiten Schlacht erlitt Pyrrhus hohe Verluste. Außerdem fand der erhoffte Aufstand gegen die Römer in Italien doch nicht statt. Daraufhin soll König Pyrrhus gesagt haben: „Noch so ein Sieg, und ich bin verloren." Die dritte Schlacht ging unentschieden aus, Pyrrhus musste sich aus Unteritalien zurückziehen. Damit war für die Römer der Weg nach Süditalien frei. Ihr Aufstieg zur Großmacht begann.

Punische Kriege {ab 264 v. Chr.}

Wieder kam ein „Hilferuf" – diesmal aus Messina. Die großen Inseln Sizilien, Sardinien und Korsika gehörten den phönizischen Karthagern. Spätestens seit der Vorherrschaft der Makedonen in Griechenland war Karthago die maritime Großmacht im Mittelmeer. Die Römer forderten die Phönizier, die *Poeni*, heraus (die im Deutschen als „Punier" bezeichnet werden – daher „Punische Kriege").

Als Ergebnis des ersten Punischen Krieges (264–241 v. Chr.) musste Hamilkar Barkas, der Vater von Hannibal, Sizilien, Sardinien und Korsika an Rom abtreten. Im zweiten Punischen Krieg (218–202 v. Chr.) gelang Hannibal von Spanien her die spektakuläre Überquerung der Alpen mit den Elefanten , und in der Umfassungsschlacht von Cannae (216 v. Chr.) vernichtete er ein doppelt so starkes römisches Heer. Noch aber wandte er sich nicht gegen Rom selbst, sondern suchte Verbündete in Unteritalien. Als es 212 v. Chr. darum ging, das verbündete Capua zu retten, unternahm Hannibal einen Scheinangriff auf Rom.

➡ ***Was danach geschah:*** Der berühmte Ausspruch *Hannibal ante portas* („Hannibal vor den Toren") entstammt aber keineswegs dieser Zeit, sondern dem Munde Ciceros (106–43 v. Chr.). Cicero hatte erkannt, dass Cäsar und Marc Anton darauf aus waren, die Republik abzuschaffen. Deshalb griff er Marc Anton in mehreren Senatsreden massiv an und verglich ihn mit dem römischen Erzfeind Hannibal. Daraufhin wurde Marc Anton per Senatsbeschluss zum Staatsfeind erklärt. Doch seine Häscher griffen Cicero am 7. Dezember 43 v. Chr. in dessen Landhaus auf. Ciceros Kopf und Hände wurden auf dem Forum Romanum öffentlich zur Schau gestellt.

Ceterum censeo {149–146 v. Chr.}

Trotz des Scheinangriffs auf Rom konnte Hannibal die Stadt Capua nicht retten. Das war die Wende im zweiten Punischen Krieg. Hannibal wurde 202 v. Chr. auf afrikanischem Boden bei Zama geschlagen. Dabei hätten die Römer es bewenden lassen können.

Auf die unerbittlichen Mahnungen des erzkonservativen und einflussreichen Senators Cato (234–149 v. Chr.) hin, der am Schluss jeder seiner Senatsreden, egal zu welchem Thema, jedesmal sagte „*Ceterum censeo Carthaginem esse delendam*" – „Und im Übrigen bin ich der Meinung, dass Karthago zerstört werden muss", zogen die Römer in den dritten Punischen Krieg (149–146 v. Chr.). Ziel und Ergebnis war die völlige Zerstörung der Stadt und die Versklavung der letzten 50 000 von einstmals 500 000 Bewohnern.

➡ ***Was danach geschah:*** Durch die Niederlage Karthagos übernahmen die Römer dessen Vormachtstellung zur See. Mit Hispania und der Provincia transalpina (Provence) gewannen sie ihre ersten Reichsteile außer-

In der Schlacht bei Heraclea 280 v. Chr. kämpften die Griechen unter König Pyrrhus von Epirus mit Kriegselefanten gegen die Römer.

Achtarmige Chanukka-Leuchter sind ein zentraler Bestandteil des jüdischen Chanukka-Lichterfests, das an den Makkabäer-Aufstand erinnert.

halb Italiens. Nun folgte zügig die „Osterweiterung" durch die Eroberung Makedoniens und Restgriechenlands. Pergamon und vier andere Kleinkönigreiche in der heutigen Türkei fielen testamentarisch an Rom. Im Ostmittelmeer fehlten nur noch Syrien, Palästina und Ägypten.

Die Juden unter den Griechen

Die Septuaginta, die Übersetzung des Alten Testaments ins Griechische, entstand um 200 v. Chr. Das lateinische Wort bedeutet „siebzig", weil die Übersetzung von 70 Gelehrten in 70 Tagen erstellt worden sein soll – natürlich im hellenistischen Gelehrtenzentrum Alexandria. Es war die erste Übersetzung der Heiligen Schrift der Israeliten in eine andere Sprache.

Die Makkabäer proben den Aufstand {166 v. Chr.}

Das Problem der Selbstbehauptung in einer feindlich gesinnten Umwelt verschärfte sich für die Juden erneut, als der unter römischer Oberhoheit stehende Seleukidenherrscher Antiochos IV. Judäa zwangsweise hellenisieren wollte. Strenge Gesetze zwangen die Juden, Opfer nach den Riten der römischen Religion zu vollziehen. Im Jahr 167 v. Chr. nahm Antiochos Jerusalem ein, plünderte den Tempelschatz und entweihte den Tempel, indem er darin einen Zeus-Altar errichten ließ.

Dagegen erhoben sich die Makkabäer von 166 bis 165 v. Chr. unter der Führung von Judas, Spross der Priesterfamilie der Hasmonäer, mit dem Beinamen Makkabäus (aramäisch: „der Hammer"). Antiochos wurde vertrieben.

Chanukka {164 v. Chr.}

Zur Erinnerung an die Neueinweihung des Tempels 164 v. Chr. begehen die Juden das Chanukka-Lichterfest im Dezember. Chanukka bedeutet „Einweihung". Ein zentraler Kultgegenstand im jüdischen Ritus ist die Menora, der siebenarmige Leuchter, der im Tempel immer brennen muss. Plötzlich war zur Einweihung nicht mehr genügend Öl vorhanden. Die Menge genügte eigentlich nur noch für einen Tag, zur Herstellung neuen geweihten Öles bedurfte es aber acht Tage. Trotzdem reichte das Öl in der Menora so lange. Zur Erinnerung an dieses „Lichtwunder" zünden die Juden jeden Abend zu Hause ein weiteres Licht an dem achtarmigen Chanukka-Leuchter an.

Die Schriftrollen von Qumran

Chassidim (hebräisch: „die Frommen") waren schon in der Zeit des Zweiten Tempels so fromm, dass sie am Sabbat, wo den Juden jegliche Betätigung verboten ist, keinerlei Widerstand leisteten, trotz der Repressalien unter den Seleukiden. Lieber zogen die Chassidim in die Wüste, als sich gegen ihren Glauben verbiegen zu lassen.

Außerhalb religionsgelehrter Kreise würde kaum jemand etwas von der asketischen, strenggläubigen jüdischen Sekte der Essener („die Heiligen") gehört haben, wenn in der Nähe ihrer „Kloster"siedlung Qumran 1947 nicht antike Schriftrollen gefunden worden wären. Sie erregten deswegen so großes Aufsehen, weil sie die ältesten Schriftzeugnisse der jüdischen Bibel sind. Alle anderen überlieferten Bibeltexte sind spätere Abschriften.

Chassidim und Essener nahmen das religiöse Leben ausgesprochen ernst und lebten in der endzeitlichen Erwartung der unmittelbar bevorstehenden Ankunft des Messias, wo es darauf ankam, „rein" zu sein.

China unter der Han-Dynastie

Im Ch'in-Reich des ersten Kaisers war die Grenze weit nach Norden vorgeschoben worden in einige der besten Weidegründe der Reiternomaden. Deren Reaktion auf diese Beschneidung ihrer Existenzgrundlage ließ nicht lange auf sich warten.

Die Hunnen {vor 230 v. Chr.}

Seit dem 3. Jahrhundert v. Chr. gibt es in chinesischen Chroniken Berichte über Reiternomadenstämme, die sich im Gebiet der heutigen Mongolei am Fluss Orchon zu einem Großreich zusammenschlossen. Das war die hunnische Antwort auf die chinesische Expansion.

Die „Hunnen" oder chinesisch *Hsiung-nu* werden auch in der Spätantike von dem Geografen Ptolemäus in Alexandria erwähnt. Man weiß nicht, wer diese „Hunnen" waren, aber man geht davon aus, dass es sich um Turkvölker (und nicht etwa um Mongolen) handelte. Sie waren auch kein ethnisch einheitliches Volk, sondern wechselnde Zusammenschlüsse verwandter oder benachbarter nomadischer Stämme und Völkerschaften.

Chinesische Mauer {215 v. Chr.}

Da nun die Hsiung-nu verstärkt in China einfielen, begann 215 v. Chr. unter dem ersten chinesischen Kaiser Ch'in der Bau dieses zunächst antihunnischen, im Mittelalter dann antimongolischen Schutzwalls.

Die chinesische Bezeichnung lautet *Wanli Changcheng*, was „zehntausend *Li* lange Mauer" bedeutet. Im Chinesischen spricht man also von der „Langen Mauer", im Endausbau fast 9000 Kilometer. Allein die

Liu Xiu rief sich 25 n. Chr. zum Kaiser Guangwu von Han aus. Damit begründete er die Östliche Han-Dynastie – die Fortsetzung der Han-Dynastie, die einige Jahre unterbrochen worden war.

Hauptmauer ist 2500 Kilometer lang, das entspricht der Entfernung von der Ostsee bis Sizilien.

Die permanente Bedrohung durch die Reiternomadenvölker aus dem Norden war „die" Konstante der chinesischen Außenpolitik. Schon knapp 100 Kilometer nördlich von Peking ziehen sich wesentliche Teile der Chinesischen Mauer durch die Hügellandschaft, und wiederum nördlich davon lagen die Gebiete und Weidegründe der Hsiung-nu. Auch die moderne Mongolei grenzt nordwestlich an China. Die erste große Bauphase der Langen Mauer fand unter den Han-Kaisern statt, die dafür Hunderttausende von Menschen – Soldaten, Bauern,

ENTDECKUNGEN UND ERFINDUNGEN

Gläser {ab 200 v. Chr.}

als Hohlgläser im Sinne etwa von Trinkgläsern mit der Glasmacherpfeife hergestellt, ist eine seit etwa 200 v. Chr. im Nahen Osten entwickelte Fertigungstechnik; zunächst im Gebiet des heutigen Libanon. Noch vor der Zeitenwende wurde diese Landschaft ins Römische Reich einverleibt.

Glasprodukte aus Glasschmelzverfahren gab es schon seit der Bronzezeit ab etwa 1500 v. Chr. Mundgeblasene Gläser und Fläschchen werden dann in der römischen Kaiserzeit ein begehrtes Luxusprodukt.

Porzellan {100–200 n. Chr.}

Ebenfalls in den beiden Jahrhunderten um die Zeitenwende wurde in Südchina die Porzellanherstellung erfunden, eine sehr hochwertige, meist glasierte Art von weißer (oder zumindest heller) Keramik. Über die näheren Umstände ist nichts bekannt. Voraussetzung waren aber die reichen Kaolin-Vorkommen rund um die Stadt Changanshen.

Strafgefangene – rekrutierten. Alle frühen Dynastien begnügten sich mit Erdwällen und Holzpalisaden. Den imposanten Endausbau in Stein, wie man ihn heute sieht, führten erst die Ming-Kaiser im 15. und 16. Jahrhundert durch.

Han-Dynastie I {ab ca. 206 v. Chr.}

Die Reichseinigung der Ch'in-Dynastie und die Konsolidierung unter der nachfolgenden Han-Dynastie haben für China den Stellenwert, den die Zusammenfassung der Mittelmeer-Welt samt Westeuropa unter den römischen Kaisern für das Abendland bedeutete: lang anhaltender Friede, wirtschaftliche und kulturelle Blüte, hohes zivilisatorisches Niveau. Han war das erste der Streitenden Reiche gewesen, die Kaiser Ch'in unterworfen hatte. Die 400 Jahre der Han-Herrschaft (206 v. Chr. – 220 n. Chr.) prägten China nachhaltig, vor allem durch den für das Land typischen Aufbau eines Beamtenapparates, der auf den Konfuzianismus verpflichtet wurde.

Die Grabfigur stammt aus der Zeit der Han-Herrschaft.

Noch der erste Han-Kaiser, Kao-tsu, musste den Hunnen jährlich Lebensmittel und Stoffe liefern gegen deren Zugeständnis, den chinesischen Norden von ihren Plünderungen zu verschonen. Doch dann erlebte China unter den Han eine wirtschaftliche und kulturelle Blüte. In jene Zeit fällt unter anderem die erste große Gesetzeskodifizierung Chinas, die durch später beigefügte Entscheidungen einen kolossalen Umfang von über 25 000 Paragrafen annahm und im Prinzip bis ins 20. Jahrhundert in Kraft blieb. Auch der Handel auf der Seidenstraße florierte.

Ebenfalls in der Han-Zeit kam der Buddhismus mit indischen Fernkaufleuten nach China. Auf ihren jahrelangen Reisen wollten die indischen Händler geistlichen Beistand nicht entbehren, aber indische Brahmanenpriester durften das Land nicht verlassen. Daher nahmen sie buddhistische Priester mit. Das Eindringen des Buddhismus brachte die Chinesen erstmals in Kontakt mit einer „ausländischen“, in ihren Augen „westlichen“, aber ebenfalls hochstehenden Kultur. Bis dahin hatten sie nur Nomadenstämme kennengelernt und alle anderen außerhalb ihres Gesichtskreises für Barbaren gehalten. Bis heute nennt sich das Staatsvolk der Chinesen „Han-Chinesen“. Dabei sind die Han-Chinesen keine ethnisch völlig einheitliche Gruppe im modernen Sinn. Ihnen wurden im Lauf der Zeit auch andere Völker auf dem Gebiet des heutigen China zugerechnet, die sich in Dialekten, Siedlungsformen, Kleidung und Ernährungsgewohnheiten unterscheiden.

Das Ende der Römischen Republik

Zu viele römische Kleinbauern waren nach den Punischen Kriegen den Anforderungen des Militärdienstes nicht mehr gewachsen. Die Situation war dramatisch und die Wehrfähigkeit massiv beeinträchtigt.

Agrarreform der Gracchen {133 – 121 v. Chr.}

Als Soldaten mussten die Bauern ihre Ausrüstung aus eigenen Mitteln aufbringen. In diesem Volksheer gab es keine staatlichen Rüstkammern und keinen Sold. Zudem konnten sie während der Feldzüge ihre Äcker nicht mehr bewirtschaften, während sich die vermögenden Adligen die inzwischen eroberten Territorien, eigentlich römischer Staatsbesitz (*ager publicus*), durch billigen Kauf unter den Nagel gerissen hatten – so ähnlich wie die russischen und sonstigen postsowjetischen Oligarchen die „volkeigenen“ Industriebetriebe der Sowjetzeit in den jeweiligen Nachfolgestaaten.

Zwei Brüder aus der Familie der Gracchen versuchten als Tribunen durch Agrarreformen und andere Maßnahmen die Verarmung und Verschuldung der Kleinbauern zu verbessern und ein politisches Gegengewicht zum Senat zu schaffen. Die beiden Gracchen waren Adelige. Ihre berühmte Mutter Cornelia stammte direkt aus der Familie der Scipionen, der Hannibal-Bezwinger.

Amerika – Nazca-Kultur

Zu der Zeit, als die römische Republik in ihre finale Krise geriet, begann die Blütezeit der Nazca-Kultur. Nazca ist ein Flussname. Die Nazca-Kultur in den Anden auf dem Gebiet der heutigen Staaten Peru und Kolumbien war eine Stammeskultur auf jungsteinzeitlicher Stufe ohne städtische Zentren und demzufolge ohne Steinbauten und sichtbare religiöse Zentren. Die Menschen lebten dörflich in Holz- und Schilfhütten und ernährten sich in dem fast wüstentrockenen Gebiet mühsam von Feldanbau.

Berühmt ist diese Kultur durch riesige Scharrbilder: kilometerlange Linien, die geometrische und spiralförmige Muster, aber auch Menschen- und Tiergestalten ergeben. Sie entstanden durch das Abtragen von dunklem Kies auf der Oberfläche, sodass der weiße Untergrund zum Vorschein kam. Die „Bilder" sind riesig, weshalb man sie eigentlich nur aus der Luft erkennen kann. Es gibt ungefähr 50 dieser Figuren und 1000 Linien. Einige sind 20 Kilometer lang. Ihre Bedeutung ist nicht bekannt.

Von oben sind die berühmten Scharrbilder in der Wüstengegend bei Nazca in Peru gut zu erkennen.

Die Kämpfe um die beabsichtigte Reform der Bodenbesitzverhältnisse bestanden aus einem Hin und Her von Volksbeschlüssen, Senatsbeschlüssen, Anträgen, Wahlmanövern. Das republikanische Rom geriet in eine Verfassungskrise. Dahinter standen handfeste Machtinteressen Einzelner und das letztlich obsiegende Beharrungsvermögen des Senats, der die Großgrundbesitzer- und Finanziersinteressen vorläufig wahren konnte.

Der ältere Gracche Tiberius wurde 133 v. Chr. von der Senatsopposition erschlagen, außerdem ungefähr 300 seiner Anhänger. Sein elf Jahre jüngerer Bruder Gaius, der Tiberius unterstützt und nach dessen Tod sein politisches Erbe übernommen hatte, beging 121 v. Chr. bei einem Aufruhr in auswegloser Situation Selbstmord.

➥ ***Was danach geschah:*** Die Probleme konnten mit den Instrumenten der altrepublikanischen Verfassung nicht gelöst werden. Dennoch waren die Gracchen den Beharrungskräften im Senat buchstäblich zum Opfer gefallen. Das Volk brauchte doch den starken Führer. Es setzte zunächst auf den Heeresreformer Marius. Oder umgekehrt: Dieser setzte auf das Volk, um die Macht zu gewinnen. (Cäsar machte es dann genauso.)

Legionär {107 v. Chr.}

Gaius Marius (156–86 v. Chr.) war ein ausgezeichneter Soldat und hatte als Nicht-Adeliger eine beispiellose Ämterlaufbahn absolviert. Neben seinen militärischen Erfolgen war die Heeresreform seine wichtigste politische Unternehmung. Erst durch ihn wurde um 107 v. Chr. das römische Heer von einer Volksarmee in ein Berufsheer umgewandelt, und erst durch diese Professionalisierung erhielten die römischen Legionen ihre Schlagkraft, die zum Zusammenhalt des Imperiums notwendig war. Die Legionäre aber waren auf ihre jeweiligen Feldherrn eingeschworen, spielten also als Machtinstrument in der Innenpolitik eine wesentliche Rolle. Das war während des alsbald anhebenden Bürgerkrieges so und setzte sich bis in die späte Kaiserzeit fort, als Heerführer von ihren Truppen zu Kaisern ausgerufen wurden.

Furor teutonicus {113–101 v. Chr.}

Seit 113 v. Chr. zitterte Rom angesichts der Nachricht, dass ein römisches Heer von Kimbern und Teutonen geschlagen worden war, kurz bevor diese italischen Boden erreichten. Die römischen Gemüter beruhigten sich keineswegs, als die Legionäre 105 v. Chr.

bei Arausio (Orange) in der Provence eine Niederlage erlitten. Erst Marius schlug die Teutonen 102 bei Aix-en-Provence, die Kimbern 101 v. Chr. beim norditalischen Vercelli.

Seit dem Keltenangriff 387 v. Chr. unter Führung des Brennus (*Vae victis!*) fuhr den Römern bei solchen Invasionsversuchen sofort der Schrecken in die Glieder. Die Kimbern und Teutonen waren vermutlich wegen einer Klima- und Ernteverschlechterung von der Nordsee oderaufwärts bis an die Alpen gezogen. Sie waren die ersten Germanen, die die Römer zu Gesicht bekamen.

Deren blindwütige, berserkerhafte Kampfweise muss bei den Römern einen nachhaltigen Eindruck hinterlassen haben. Etwa 150 Jahre später sprach der römische Historiker Lukan (39–65 n. Chr.) in Erinnerung daran vom *furor*, dem Rasen und Wüten der Teutonen. „Teutonen" ist dabei ganz konkret als Stammesname gemeint. Eine sprachliche Verbindung zu dem Wort „deutsch" gibt es nicht. Diese Begriffsausdehnung fand erst in der Neuzeit statt. Zum geflügelten Wort wurde *Furor teutonicus* aber bereits im Mittelalter wegen der grimmigen Kampfesweise der Ordensritter in den slawischen Gebieten.

Der römische Oberbefehlshaber Sulla führte seine Soldaten 86 v. Chr. in der siegreichen Schlacht von Orchomenos (im heutigen Mittelgriechenland) gegen die Truppen des pontischen Königs Mithridates.

Römischer Bürgerkrieg {um 88 v. Chr.}

Der folgenreiche römische Bürgerkrieg hatte einen außenpolitischen Anlass: Mithridates, König von Pontos am Schwarzen Meer, hatte die in Kleinasien seit jeher siedelnden Griechen aufgewiegelt, Steuer- und Tributzahlungen an die Römer zu verweigern. Im Jahr 88 v. Chr. wurden 80000 Römer gleich welchen Alters oder Geschlechts in Ephesus an einem Tag ermordet. Das war ein gewaltiges Blutbad. Vom Senat (den „Optimaten") wurde der in seiner Jugend verarmte Adlige Sulla (ca. 138–74 v. Chr.), der 88 v. Chr. Konsul war, mit dem Oberbefehl über die Truppen gegen Mithridates betraut und beinahe gleichzeitig vom Volk (den „Popularen") der Teutonenbezwinger Marius. Damit offenbarte sich ein innenpolitischer Konflikt zwischen diesen beiden „Parteien", der äußerst blutig ausgetragen wurde. Mal hatten die Optimaten, mal die Popularen Oberwasser. Jede Partei rächte sich grausam an der anderen.

Proskriptionslisten

Nach jedem Machtwechsel und bis in die Zeit der ebenfalls bürgerkriegsähnlichen Auseinandersetzungen zwischen Octavian (dem späteren Augustus) und Marc Anton 43 v. Chr. wurden die Köpfe der prominenten Ermordeten vor den Rednertribünen auf dem Forum aufgespießt, Leichen lagen unbestattet herum, die Häuser samt der Hausangestellten wurden geschändet, das Vermögen eingezogen, die Kinder und Enkel der Geächteten ermordet. Insbesondere Sulla bediente sich in den ersten beiden Jahren seiner Diktatur dieser „Reichsacht". Die Geächteten waren nicht nur vogelfrei, sie wurden regelrecht gejagt, weil man Belohnungen für sie aussetzte. Das Mittel der Politik war der gegenseitige Totschlag. So wurden die Proskriptionslisten zum Symbol für die gnadenlose Härte des römischen Bürgerkrieges. Manche gerieten nur aus Verdacht oder wegen der Habgier ihrer Nachbarn auf die Listen.

Auch der junge Cäsar, der Hocharistokrat, der seine Karriere später aber auf dem Ticket der Popularen machte, wurde von Sulla verfolgt – aber durch Interventionen Dritter gerettet. Die Tragödie des römischen Bürgerkrieges und der geradezu zwangsläufige Untergang der Republik bestand darin, dass der Senat, die republikanische Institution schlechthin, zur reinen Interessenvertretung der Aristokratie verkommen war. Der geldgierige Adel verfolgte mithilfe der Staatsinstitutionen nur seine eigenen finanziellen Interessen ohne Rücksicht auf das Volk. Der Versuch der Gracchen, den Kleinbauern nach dem Aderlass der Punischen Kriege eine wirtschaftliche Existenzgrundlage und die politischen Mitwirkungsrechte zu erhalten, war bereits im Vorfeld des Bürgerkrieges gescheitert. Die reformunfähige, modern gesprochen reaktionäre Partei der Optimaten mobilisierte in der Person Sullas alle Machtmittel der Unterdrückung, einschließlich Mord und Militär. Die senatorische Oberschicht wollte weiterhin nach Willkür herrschen und ungehindert ihren Reichtum mehren. Die Ironie der Geschichte: Nur zwei skrupellose Hocharistokraten höchsten staatsmännischen Zuschnitts – Cäsar und Augustus – waren in der Lage, die Pattsituation als Anführer der Popularen in zähem Ringen zu überwinden, damit der Staat die öffentliche Sicherheit wieder gewährleisten konnte.

Cäsar {100/102 – 44 v. Chr.}
stammte aus verarmtem römischem Hochadel. Sein früher leicht zu merkendes Geburtsjahr 100 v. Chr. wurde schon im 19. Jahrhundert auf 102 v. Chr. korrigiert. Mit ihm stand zum ersten Mal in Europa ein einziger Mann an der Spitze eines Weltreiches. Von seinem Namen leitet sich das deutsche Wort „Kaiser“ her. Cäsar gilt als Realpolitiker par excellence. Er hatte keine politische Vision, außer, wie er selbst sagte, „der Erste und der Beste zu sein“. Das setzte er konsequent in die Tat um, unter Einsatz aller sich bietenden Machtmittel.

In Rom war der Staat zu Cäsars Zeit nicht nur durch den Bürgerkrieg erschüttert, sondern bereits seit längerer Zeit durch und durch korrumpiert. Vor allem die Provinzen, die von den Statthaltern rücksichtslos ausgepresst wurden, waren eine Beute einiger Adeliger und Neureicher, die sich die Pfründe gegenseitig zuschoben. Die maximale Bereicherung war das einzige Ziel und erfolgte mit einer Brutalität, gegen die die Banker der Finanzkrise von 2008/2009 wie Erdnussfarmer wirken.

In diesem Milieu bewegte sich Cäsar völlig ungezwungen. Schon bevor er überhaupt ein Amt innehatte, hatte er sein Privatvermögen aufgebraucht und Millionenschulden zur Ämtergewinnung aufgehäuft. Seine Gläubiger waren ihm nach seinem Konsulat im Jahr 59 v. Chr. so hart auf den Fersen, dass sie ihn zunächst nicht nach Spanien zu seiner Statthalterschaft abreisen lassen wollten. Doch als er von dort nach knapp anderthalb Jahren zurückkehrte, beglich er seine Millionenschulden, überwies einen stattlichen Betrag an den Fiskus und machte erneut immense Schulden, um sich auf allen Seiten Wohlwollen zu erkaufen. Im Gallischen Krieg (58 – 51 v. Chr.) sanierte sich Cäsar – und seine Soldaten – erneut. Die Plünderung der keltischen Heiligtümer führte zu einer geradezu deflationären Abwertung des Goldpreises in Italien: Viel zu schnell wurden die Massen goldener Weihegaben eingeschmolzen und im wortwörtlichen Sinne umgemünzt.

In der Schlussphase seiner Machtergreifung am Rubikon setzte sich Cäsar über alle rechtlichen Bedenken hinweg, um in Rom alleiniger Konsul zu werden – was ihm auch gelang. Seinen letzten Gegner Pompejus verfolgte er im Herbst des Jahres 48 v. Chr. bis nach Ägypten. Anschließend genoss er das Zusammensein mit Kleopatra auf Kreuzfahrten mit prunkvollen Königsbarken auf dem Nil.

Während der verbleibenden zwei Jahre seiner Alleinherrschaft in Rom, nach der Rückkehr aus Ägypten, führte Julius Cäsar im Jahr 45 v. Chr. den bis heute gültigen

Diese prachtvolle Marmorbüste von Cäsar steht im „Room of the Guards“ in Schloss Vaux-le-Vicomte in Frankreich.

Julianischen Kalender ein. Der altrömische Mondkalender war völlig durcheinandergeraten, und in Ägypten hatte er das bessere Modell kennengelernt. Cäsar war nun Alleinherrscher (griechisch *monárchos*), musste sich aber hüten, einen dementsprechenden Titel anzunehmen, genauso wie sein Nachfolger Augustus.

Augustus {63 v. Chr. – 14 n. Chr.}

Gaius Octavianus, wie er zunächst hieß, war von eher schmächtiger Gestalt und vermutlich kaum größer als 1,65 Meter. Das Bild, das er der Mit- und Nachwelt von sich überlieferte, ist aber um vieles größer. Octavian / Augustus war ein hervorragender Propagandist und setzte die künstlerischen Mittel seiner Zeit, von der Statue bis zu den Dichtungen des Vergil und Horaz, dafür ein, sich zum Friedensfürsten zu stilisieren – der er dann auch tatsächlich war. Sein Beiname Augustus („der Erhabene") wurde ihm im Jahr 27 v. Chr. verliehen. Er wurde zum Markenzeichen seiner persönlichen Regentschaft.

Augustus wollte den Frieden; das Römische Reich erlebte unter ihm als *Princeps* eine Phase beispielloser äußerer Sicherheit, wirtschaftlicher und kultureller Blüte. Die von ihm erdachte Verfassung des römischen Staates hatte über 200 Jahre Bestand. Seine Person zeigte zwei Gesichter: Das friedensfürstliche war das eine, die gnadenlose Brutalität und Härte, mit der er 14 Jahre lang als sehr junger Mann um diese Position kämpfen musste, war das andere.

Der starke Mann in Rom unmittelbar nach Cäsars Tod war zunächst dessen Mitkonsul des Jahres 44 v. Chr. Marc Anton. Er konfiszierte Cäsars Vermögen. Augustus setzte als Cäsar-Erbe dessen Prestige und ungeheure – geliehene – Bestechungsgelder ein, um Cäsars Veteranen für sich zu gewinnen. Bevor er wirklich gegen Marc Anton vorgehen konnte, musste er allerdings mit ihm ein Zweckbündnis schließen, das zweite Triumvirat, um Cäsars Mörder auszuschalten, die republikanisch gesinnte Adelspartei im Senat. Augustus musste die pekuniären Versprechungen an seine Soldaten einlösen. Erneut wurden Proskriptionslisten aufgelegt. Willkürlich und brutal wie einst Marius und Sulla ging er gegen die Senatoren und reichen Römer vor. 300 Angehörige des Senatsadels und 2000 reiche Römer und Ritter wurden ermordet und ihr Vermögen konfisziert, selbst das von Kindern, Frauen und Tempeln. Im Jahr 42 v. Chr. besiegte Marc Anton bei Philippi in Makedonien das noch verbliebene Republikanerheer der Cäsar-Mörder Brutus und Cassius.

Ungefähr zehn Jahre lang ließ Augustus den Mark Anton darauf im Osten gewähren. Dort hatte jener inzwischen mit Kleopatra drei Kinder und die östliche Reichshälfte praktisch schon an seine „Dynastie" vergeben. Augustus organisierte einen Feldzug gegen die orientalische „Despotin" und seinen Rivalen. In der Seeschlacht bei Actium vor Alexandria im Jahr 31 v. Chr. gingen Marc Anton und Kleopatra unter. Sie setzte ihrem Leben in dieser ausweglosen Lage angeblich mit dem berühmten Schlangenbiss ein Ende. Damit war Ägypten endgültig römische Provinz und Augustus Alleinherrscher.

Statue des ersten römischen Kaisers Augustus in Augsburg

Nach den jahrzehntelangen Turbulenzen, Feindschaften bis aufs Blut und mannigfachen Aderlässen war der Senat nicht mehr in der Lage, das römische Staatswesen als Adelsrepublik (*urbs*) mit einem Weltreich (*orbs*) zu regieren. In diesem noblen Gremium saßen längst keine noblen Familienoberhäupter mehr, die sich aus der Erfahrung von Generationen mit den ungeschriebenen Gesetzen der Staatskunst auskannten.

Augustus gelang es, gegen die Neureichen und Neuadeligen republikanische Ämter und Befugnisse in seiner Person zu bündeln, sich ein Interventionsrecht bei nachgeordneten Ämtern vorzubehalten, die ansonsten wie gewohnt weiter funktionierten. Nach außen spielte er diese Machtanhäufung geschickt herunter und bezeichnete sich selbst lediglich als *princeps* – als Erster unter Gleichen.

Die politischen Unsicherheiten und die Willkür der vergangenen Jahrzehnte, die unermessliche Korruption und die multikultisch-religiöse Desorientierung hatten in Rom wie in anderen Teilen der römischen Welt das verbreitete Bedürfnis nach einer Restauration und nach verlässlichen Lebensformen entstehen lassen. In der hellenistischen Welt war zu jener Zeit unter orientalischem Einfluss die Vorstellung eines gottbegnadeten Herrschertums, ja eines Weltenrettertums (griech. *soter* = Erlöser) völlig geläufig. All das gab Augustus dem Römischen Reich mit seiner *pax romana*.

Die Juden unter den Römern

Seit Pompejus' Polizeiaktion zur Beseitigung des Seeräuberunwesens im östlichen Mittelmeer gehörten Kleinasien und Syrien zum Römischen Reich. Pompejus hatte 65 v. Chr. den letzten Seleukidenherrscher abgesetzt und 63 v. Chr. Jerusalem erobert. Damit war auch Palästina ins Römische Reich eingegliedert. Wie in anderen Provinzen Roms amtierten in Judäa römische Statthalter (Präfekten).

Die Buchmalerei aus dem 15. Jahrhundert zeigt, wie die „Drei Weisen aus dem Morgenland" dem neugeborenen Jesuskind huldigen.

Herodes {73–4 v. Chr.}

37 v. Chr. wurde Herodes der Große von den Römern als König in ganz Palästina (Judäa, Galiläa, Samaria) eingesetzt: Er rottete die Hasmonäer aus, die den erfolgreichen Makkabäer-Aufstand angeführt hatten, und schaffte mit römischer Militärhilfe ein verhältnismäßig selbstständiges Staatsgebilde. Der römische Präfekt erweiterte den Tempel von Jerusalem so beträchtlich, dass dieser auch Tempel des Herodes genannt wird. Unter seiner Herrschaft erlebte Judäa eine glanzvolle Blüte mit dementsprechenden Dekadenzerscheinungen. Dieser Herodes der Große war ein skrupelloser Gewaltherrscher, von Juden wie später von den Christen gleichermaßen verabscheut. Aber der angebliche Kindermord im Neuen Testament ist nur im Matthäus-Evangelium erwähnt, sonst nicht historisch verbürgt.

Die Weisen aus dem Morgenland

Die Weisen suchten nach dem Bericht des Evangeliums zunächst in Jerusalem nach dem „neugeborenen König der Juden", denn sie hatten eine ungewöhnliche Himmelserscheinung beobachtet. Ob es sich dabei um den Halleyschen Kometen (12/11 v. Chr.) oder einen in chinesischen Chroniken für das Jahr 5/4 v. Chr. verzeichneten Kometen oder eine Nova oder um die dreimalige enge Jupiter/Saturn-Konstellation des Jahres 7/6 v. Chr. handelte, wird man kaum mehr exakt ermitteln können.

Die orientalischen Gelehrten waren jedenfalls seit Jahrtausenden daran gewöhnt, das Geschick der Welt aus den Sternen zu lesen. In Jerusalem erfuhren sie nun allerdings, dass man dort solche Dinge der prophetischen Überlieferung entnahm: Die heiligen Männer verkündeten bei den Juden die Worte und den Willen des Gottes. Im Beisein des Herodes verwiesen die jüdischen Schriftgelehrten ihre morgenländischen Kollegen daher nach Bethlehem. In der Stadt Davids erwartete man nach der prophetischen Überlieferung die Ankunft des Messias.

Jesus von Nazareth

Jesus von Nazareth hatte, offenbar als erwachsener, ungefähr dreißigjähriger Mann, ein religiöses Erweckungserlebnis im Umfeld eines möglicherweise entfernt verwandten, etwa gleichaltrigen Wanderpredigers, Johannes: ein asketischer Reinheitsapostel, der eremitenhaft in der Wildnis am Ufer des Jordan lebte, zu Umkehr und Buße aufrief, um die Menschen angesichts der bedrückenden sozialen und spirituellen Situation ihrer Zeit zu wahrer Gläubigkeit und Frömmigkeit aufzurütteln. Ein Mann wie Johannes stand in der langen jüdischen Tradition der Propheten. Viele fühlten angesichts der hanebüchenen Zustände, unter denen sie lebten, das Ende der Welt nahen, eine Idee, die von gewissen Glaubensvorstellungen des Judentums genährt wurde: Ein Retter und Erlöser würde als Gesalbter Gottes (hebräisch: *messias*) die vergangene Pracht und Herrlichkeit wiederherstellen. Die Salbung war der zentrale Bestandteil der jüdischen Königsweihe. Das Reich jenes Königs stellte man sich zunächst auch ganz irdisch vor; es verflüchtigte sich aber – erst recht nach der Niederwerfung des Jüdischen Aufstandes durch die Römer im Jahr 70 n. Chr. – zunehmend ins Jenseits.

Jesus blieb nicht wie Johannes als Eremit in der Wüste, sondern trug seine Ideen von

Neue Kulturen in Afrika und Amerika

Afrika – Bantu-Wanderung

Die Bantu-Sprachfamilie in Afrika hat ihren Ursprung wahrscheinlich im westafrikanischen Hochland (heute Kamerun, Nigeria) und dehnte sich schon im 2. Jahrtausend aus. In den Jahrhunderten um die Zeitenwende gab es eine zweite, schnellere Verbreitung fast über ganz Afrika südlich der Sahara. Die Bantu kannten die Eisengewinnung und -verarbeitung seit etwa 1000 v. Chr. Die Bantusprachen sind die heute verbreitetsten Sprachen, eine Art *lingua franca* des afrikanischen Kontinents, sofern man sich nicht der europäischen Kolonialsprachen bedient. Die bekannteste und mit Abstand bedeutendste Bantusprache ist Suaheli. Aber auch Shona (in Sambia und Simbabwe), Zulu (südliches Afrika), Kikuyu (Kenia), Xhosa, Ganda, Ruanda und Rundi sind Bantusprachen und tauchen in manchen Ländernamen auf.

Amerika – Anazasi

Seit den Jahren oder Jahrzehnten der christlichen Zeitenwende setzt man den Beginn der Anazasi-Kulturtraditionen an. Es waren auf dem nordamerikanischen Kontinent die ersten bekannten sesshaften Kulturen an der heute zu Kalifornien hin gelegenen Grenze zwischen den Vereinigten Staaten und Mexiko (die US-Bundesstaaten Arizona, Utah, Colorado, Neu-Mexiko). Die Anazasi-„Indianer" schufen außergewöhnliche Baudenkmäler im amerikanischen Südwesten und bildeten die Grundlage für die Pueblo-Kulturen seit 750.

Felsbehausungen der Anazasi im Mesa Verde Nationalpark in Colorado, USA

der Glaubensreinheit unter die Menschen in den Dörfern und Stadtgemeinden.

Einige dünne historische Andeutungen belegen in der Tat, dass Jesus, von der jüdischen Priesterschaft als Sektierer, von den Römern als hochverräterischer Aufwiegler angesehen, um das Jahr 30 n. Chr. mit der demütigenden, immer als Abschreckung gedachten, römischen Folterstrafe der Kreuzigung hingerichtet wurde. Von der Hinrichtung des Jesus von Nazareth in dieser ausgesprochenen Unruheprovinz berichten außer dem Lukas-Evangelium auch Tacitus und Josephus Flavius. Pontius Pilatus war der fünfte Statthalter Roms in Judäa. Er amtierte unter Kaiser Tiberius 26 bis 36 n. Chr. Wenn es so war, handelte es sich zunächst um ein rein lokales Ereignis, von dem die Welt damals weiter keine Notiz nahm. Die Evangelien bezeugen nicht das Leben, umso mehr aber das Nachleben Jesu. Eine Biografie Jesu hätte kaum die christliche Religion begründet.

... seit Christi Geburt

„Jetzt ist die letzte Zeit gekommen, es beginnt von neuem der Zeiten geordnete Folge. Jetzt kehrt wieder die Jungfrau. Jetzt steigt nieder ein neues Geschlecht aus himmlischen Höhen. Blick auf des Knaben Geburt welcher der Welt den Anfang der goldenen Zeit bringt, den Frieden." Was hier ziemlich weihnachtlich tönt, stammt aus der Feder des römischen Staatsdichters Vergil aus dem Jahr 40 vor (!) Christus. Ein anderer römischer Poet dichtete: „Ihr meine Völker freuet euch! Ein goldenes Zeitalter mit Frieden wird wieder geboren. Seht ihr, wie hell schon der Himmel erstrahlet, ein Komet in sanftem Lichte leuchtend sich zeiget? … Ein Gott gab zu singen uns diese Verse. Sie wollen wir künden, auf der Hirtenflöte sie spielen." Das stammt ungefähr aus dem Jahr 50 nach Christus, und dieser bukolische Hymnus verherrlichte Kaiser Nero.

Beide Gedichtzitate, die in ihren literarischen Zutaten an die Weihnachtslegende des Lukas-Evangeliums erinnern, spiegeln etwas von der Friedenssehnsucht jener Epoche wider, nicht nur im unruhigen Palästina, sondern generell im Römischen Reich. Umgekehrt bedienten sich die Evangelisten, gerade auch Lukas, solcher konventioneller literarischer Versatzstücke, um ihre „Frohe Botschaft" unter das Volk zu bringen.
Die Auffassung von einer neuen „christlichen Ära" wird erst im Mittelalter bei Männern wie dem Friesen-Apostel Willibrord und dem Gelehrten Beda Venerabilis (in seiner Kirchengeschichte) fassbar, die Zeitgenossen von Karl Martell waren, dem Großvater Karls des Großen, am Ende des 7. Jahrhunderts. Der römische Mönch Dionysos Exigius soll sie auf seiner Ostertafel 532 erstmals in einem kalendarischen Sinne angewandt haben. Diese Gelehrten des frühen Mittelalters sehen in Christus den Weltenherrscher, dessen Herrschaft über die Menschheit im Jahr seiner Geburt begann und bis zum Jüngsten Tag dauern soll. Erst seit dieser Zeit bildete sich ein Begriff von christlicher Zeitrechnung seit der Geburt Jesu.

Der christlichen Legende nach wurden die „Weisen aus dem Morgenland" von einem Stern nach Bethlehem geführt. Dabei könnte es sich um einen Kometen gehandelt haben.

Rom in der Kaiserzeit

Nach dem Jahrhundert des römischen Bürgerkrieges vereinigte Augustus die höchsten Amtsbefugnisse *tribunicium* und *imperium* in seiner Hand und hob die übliche Beschränkung der Amtszeit auf ein Jahr auf. Das Bedürfnis nach Frieden stand obenan, und Augustus bescherte dies der Stadt und ihrem Weltreich. Im Großen und Ganzen hielt der Friede Roms, der *Pax romana*, auch eine Zeit der wirtschaftlichen Prosperität und der zivilisatorischen Entwicklung, rund 200 Jahre. Vor allem die durch Cäsar eroberten und seitdem romanisierten Gebiete Galliens und Westgermaniens profitierten davon und fanden Anschluss an den Lebensstandard des Mittelmeerraumes.

Zeloten

Einzige politische Störfaktoren in diesem friedlichen Reich waren der Unruheherd des Judenstaates im Nahen Osten und die aus römischer Sicht abgelegenen Provinzen am Rhein. Wegen der ungeschickten römischen Besatzungspolitik vor allem im Zusammenhang mit der Durchsetzung des Kaiserkultes formierte sich der Widerstand der jüdischen Glaubenseiferer. Ein griechisches Wort dafür ist „Zeloten". Als solche werden sie bereits im 4. Buch Mose erwähnt. Schon zur Jugendzeit Jesu schürten die Zeloten den Aufruhr, vor allem gegen die Vermögensschätzung, verübten Attentate und terroristische Überfälle gegen römische Amtsträger. Damit provozierten sie das harte Durchgreifen der Römer unter Titus.

Diaspora

Der spätere Kaiser Titus eroberte im Jahr 70 n. Chr. nach langer Belagerung Jerusalem und 73 n. Chr. die letzte zelotische Widerstandsfestung Masada am Toten Meer. Unmittelbar vor der Erstürmung der schwer einnehmbaren Bergfestung begingen alle 900 jüdischen Kämpfer Selbstmord.

Titus' Eroberung von Jerusalem ist für die jüdische Geschichte ein epochaler Einschnitt. Der letzte Mauerrest des zerstörten Tempels des Herodes ist heute die Klagemauer. Die überlebenden Juden zerstreuten sich über die ganze Mittelmeerwelt. Viele flüchteten nach Babylon, wo nach der Befreiung durch die Perser eine große, blühende jüdische Gemeinde zurückgeblieben war. Größere Gruppen gingen nach Kleinasien, vor allem nach Ephesos, nach Spanien, von wo sie nach der Eroberung Granadas durch die Katholischen Könige und Kolumbus-Sponsoren Isabella und Ferdinand 1492 erneut vertrieben wurden. Manche siedelten sich auch in den Römerstädten am Rhein an. Diese Diaspora (griechisch: „Zerstreuung") ist die Ursache für die starken jüdischen Minderheiten in Spanien und Westdeutschland im Mittelalter und in der ganzen Welt bis in die Gegenwart.

➥ ***Was danach geschah:*** Die Eroberung Jerusalems und die Zerstörung des Zweiten Tempels bedeutete das endgültige Ende des jüdischen Staatswesens, bis unter ganz anderen Voraussetzungen mit einem Mandat der UNO 1948 der moderne Staat Israel in Palästina neu begründet wurde. Das aufkommende Christentum war in den ersten beiden Jahrhunderten nach Christus aus römischer Sicht noch kein Thema, die kurzzeitige Christenverfolgung unter Nero, der auch Petrus und Paulus zum Opfer fielen, eher ein stadtrömisches, also lokales Problem.

Der Ausbruch des Vesuv {79}

79 n. Chr. kam es zu einem katastrophalen Ausbruch des Vesuvs. Die wohlhabenden Villenstädte Pompeji und Herkulaneum wurden binnen kürzester Zeit verschüttet und mit einer Asche- und Schlammschicht bedeckt. Um 1750 begann deren Wiederentdeckung und Ausgrabung, die bis heute nicht abgeschlossen ist. Trotz des tragischen Ereignisses geben uns keine anderen Bauwerke ein authentischeres Bild einer Stadt der antiken römischen Zivilisation. Erhalten

Diese Darstellung der Eroberung Jerusalems durch Titus befindet sich auf dem Flügelaltar der St.-Bavo-Kathedrale in der belgischen Stadt Gent.

Der Hadrianswall war eine der beeindruckendsten von den Römern errichteten Grenzbefestigungen, um das Römische Reich gegen Einfälle von außen zu schützen. Noch heute markiert der Wall die Grenze zwischen England und Schottland.

haben sich neben den Tempeln, Amtsgebäuden, Theatern und Thermen auch die mit Wandmalereien, Mosaiken und Skulpturen geschmückten Villen sowie die Handwerksbetriebe und Läden mit ihren Gerätschaften bis hin zu den Gemeinschaftslatrinen. Eindrucksvoll und erschütternd gleichzeitig sind die mit Gips ausgegossenen Gestalten von Mensch und Tier im Augenblick des Untergangs.

Limes {ab ca. 80}

bedeutet „Grenze". Seit etwa 80 n. Chr. wurde der antigermanische Wall zum Schutz der Rhein-Donau-Grenze errichtet.

Nach neuen archäologischen Funden gab es aber auch jenseits des Limes-Walles schon florierende römische Gutshöfe und damit schon eine stärkere Durchmischung mit der eingesessenen keltischen oder germanischen Bevölkerung. Diese wurde also nicht nur hinter dem Limes „romanisiert": Die Übernahme der römisch-mediterranen Zivilisation lässt sich an einer Fülle entlehnter Alltagswörter erkennen, die mit den dementsprechenden Alltagsgegenständen in den Norden kamen: „Mauer" (*murus*; die Germanen kannten keine Steinmauern, nur Holzfachwerk, Palisaden oder Erdwälle), „Straße" (*via strata*, „gepflasterter Weg"), „Mühle" (*molina*) und sehr viele Wörter aus dem Obst- und Gemüseanbau: „Pflanze" (*planta*), „Frucht" (*fructum*), „Wein" (*vinum*) und die Namen vieler neu eingeführter Pflanzenarten.

Hadrianswall {um 120}

Die Römer hatten unter Cäsar erstmals englischen Boden betreten, aber erst 100 Jahre später unter dem vierten Kaiser Claudius wurden Teile der Britischen Insel auch Teil des Römischen Reiches.

Die historische Trennlinie zwischen England und Schottland wurde um 120 unter Kaiser Hadrian zum Schutz gegen die Pikten errichtet. Diese waren keine Schotten, sondern vermutlich eine vorindogermanische Bevölkerung, die bis zur Ankunft der Römer bereits keltisch beeinflusst war. Ihr Name (lateinisch *Picti* = „Bemalte") kommt von der verbreiteten Sitte, sich zu tätowieren. Der Hadrianswall war als Steinmauer wesentlich stärker befestigt als der Limes.

Die frühen Christen

Damaskuserlebnis

Saul (lateinisch *Saulus*) war ein hellenistisch (griechisch) gebildeter Jude aus der kleinasiatischen Stadt Tarsus nahe der Grenze zu Syrien. Als strenggläubiger Pharisäer fühlte er sich dazu berufen, die in seinen Augen vom wahren Judentum abtrünnige christliche Sekte zu verfolgen. Die sprichwörtliche Wandlung vom Saulus zum Paulus vollzog sich um 40 n. Chr. Der Legende in der Apostelgeschichte nach hatte Saul noch kurz zuvor an der Hinrichtung des Stephanus in

Jerusalem „Wohlgefallen gefunden". Anschließend wurde er als offenbar tatkräftiger Christenverfolger von den Hohepriestern in ähnlicher Mission nach Damaskus geschickt. Kurz vor Erreichen der Stadt hatte er eine Christus-Vision. Er wurde geblendet, fiel vom Pferd und hörte eine Stimme, die ihn fragte: „Warum verfolgst du mich?" Seinen inneren Wandel symbolisiert die Namensänderung zum Paulus.

Mission

Nach diesem Bekehrungserlebnis stellte Paulus sein Leben und seine Arbeit in den Dienst des von ihm als wahr erkannten christlichen Gottes. Er begründete in mehreren Reisen rund um die Ägäis zwischen den Jahren 45 bis 64 die christliche Mission und hielt in Briefen Kontakt zu den Gemeinden, die er besucht hatte. In den Weltstädten wie Korinth, Ephesus und Thessaloniki, in Antiochia in Syrien und Alexandria in Ägypten blühten schnell christliche Gemeinden auf. Paulus' Briefe aus den Vierziger- und Fünfzigerjahren sind die älteste christliche Literatur (alle Evangelien sind jüngeren Datums). Darin legt er die Grundlage der christlichen Theologie und erhebt die jüdische Sekte zur Weltreligion. Auch viele der unmittelbaren Jünger Christi sollen sich in dieser Weise missionarisch betätigt haben.

Einige Jahre vor 50 (das genaue Datum ist nicht zu ermitteln) reiste Paulus nach Jerusalem, um sich mit Mitgliedern der christlichen Urgemeinde zu treffen. Hierbei wurde die Taufe als Aufnahmeritual beschlossen, der Verzicht auf die (jüdische) Beschneidung sowie die Heidenmission. Dadurch wurde die christliche Urgemeinde aus überwiegend jüdischen Messias-Bekennern für Nichtjuden geöffnet. Der erste Schritt zur Weltreligion war getan.

Auf seiner zweiten Missionsreise besucht Paulus auch Athen, wo er auf dem Aeropaghügel eine vielbeachtete Rede hält.

Frohe Botschaft

ist die exakte deutsche Übersetzung des Wortes „Evangelium". Verbürgte Originaltexte des Jesus von Nazareth sind bekanntlich nicht überliefert. In der Zeit ihrer vermuteten erstmaligen Abfassung, in den Jahrzehnten vor und um das Jahr 100, waren bei verschiedenen „christlichen" Gruppen und Sekten viele Evangelien in Umlauf. Die vier kanonischen Evangelien des Markus, Lukas, Matthäus und Johannes entstanden in den Jahren zwischen 70 und 110. Die Idee, Berichte über das Leben und die Lehre Jesu von Nazareth aufzuschreiben, scheint von Paulus zu stammen. Sie sollten vor dem Vergessen bewahrt werden und als Grundlage für die Verkündung des Glaubens in der Mission dienen.

Bereits um 125 hatte es in Ephesus eine Glaubensversammlung gegeben, die die vier Evangelien als Berichte über das Leben und Sterben Jesu zur Grundlage der Religion und des Gottesdienstes machte, vor allem des gemeinsamen Abendmahls (Kommunion). Schon damals galt es nämlich, häretische Lehren in Schach zu halten. Die Gemeinde in Ephesus hielt die (auf Griechisch geschriebenen) Evangelien für göttlich inspirierte Texte, eine Vorstellung, die auf zahllosen Darstellungen der vier Evangelienschreiber im Mittelalter ihren Niederschlag fand. Die kritische moderne Bibel- und Literaturwissenschaft kennt heute die Problematik dieser Urheberfrage.

➥ ***Was danach geschah:*** Das Zentrum der Verkündung der Frohen Botschaft in den allerersten Jahrzehnten nach Jesu Tod war nicht Jerusalem, vielleicht weil für die Juden

dort der Tempel zu nahe, die Macht der Hohepriester zu groß war. Jedenfalls wurden die zum Christusglauben konvertierten Juden in Jerusalem niedergehalten, Stephanus gesteinigt und Petrus ins Gefängnis geworfen, dem er aber entkam. Die Jerusalemer Judenchristen verließen größtenteils die Stadt. Mit deren Zerstörung durch die Römer trennten sich die Wege von Judentum und Christentum. Zu dieser Zeit predigten die Apostel bereits in den Metropolen des Nahen Ostens und gelangten bis nach Rom. Den Weg bahnten ihnen die dort ebenfalls bereits vorhandenen jüdischen Gemeinden, verkündet wurde die christliche Frohe Botschaft zunächst in deren Synagogen. Aber dann erfasste diese Botschaft zunehmend die nicht-jüdische „heidnische" Bevölkerung.

Märtyrer

Gemäß der Apostelgeschichte, einem Teil des Neuen Testaments, war Stephanus, ein Mitglied der Jerusalemer Urgemeinde, der erste christliche Märtyrer. Er wurde gesteinigt, weil er ähnlich wie Johannes der Täufer und Jesus von Nazareth die Juden zur Umkehr und inneren Einkehr aufrief.

Das griechische Wort *martys* bedeutet wörtlich „Zeuge"; *martyrion* ist demzufolge „Zeugnis, Beweis", also im Grunde ein juristischer Begriff. Im antiken und mittelalterlichen Gerichtsverfahren hatten Zeugenbeweise einen ungleich höheren Stellenwert als heutzutage, wo Sachbeweise und Schriftstücke im Vordergrund stehen und Zeugenaussagen von Richtern vorsichtig und kritisch beurteilt werden. Früher galt das gesprochene und vor allem das beschworene Wort als wahr, fast heilig. Vor diesem Hintergrund gewinnt das Wort „Märtyrer" – in der Barockzeit eingedeutscht zu „Blutzeuge" oder „Bekenner" – seine besondere Dimension. Hinzu kommt, dass vor allem in der Frühzeit des Christentums das Leiden für den Glauben große Anerkennung gerade in den intellektuell anspruchsvollen Schichten fand. Fast alle frühen Päpste waren Märtyrer.

Die Grabnische befindet sich in den nach Calixtus I, der von 217–222 Bischof von Rom war, benannten Katakomben.

Katakomben

Im Süden Roms, in der Nähe der *Via Appia Antica* befindet sich ein Tuffsteingelände, das mit dem griechischen Wort *kata kymbas* („in den Höhlen") bezeichnet wurde. In die weichen, aber stabilen Tuffmassen ließen sich leicht Stollen und Kammern graben. Manche dieser Höhlensysteme sind sehr ausgedehnt und teilweise mit Stuck und Fresken ausgeschmückt wie Kirchenräume. Von Beginn an wurden diese Höhlen als Grabkammern genutzt, sehr früh schon von den ersten römischen Christen. Ihren Ruf als Zuflucht verfolgter Christen haben die Katakomben vermutlich, weil im 3. Jahrhundert die Gebeine der Apostel Petrus und Paulus hierher gebracht wurden, um sie vor Entweihung zu schützen.

Die Katakomben waren aber weniger Zuflucht als reguläre Versammlungsräume, in denen sicherlich auch Abendmahlsfeiern stattfanden. Es gab zu jener Zeit nämlich noch keine einzige Kirche. Trotz der Gräber und des fehlenden Tageslichtes haben die Höhlen nichts Schauriges. Auch die mittelalterlichen und barocken Kirchen sind „Friedhöfe", oft mit einer Fülle von Denkmälern. Religion beschäftigt sich eben sehr mit dem Leben „im Jenseits".

Chinesisches Kaiserreich

Bei den Griechen war das naturkundliche Denken zum einen durch den Kontakt mit den für sie vollkommen neuen und faszinierenden Wissensschätzen des Orients und Ägyptens ausgelöst, zum anderen durch die Bedürfnisse der seefahrenden Kaufleute vorangetrieben worden. Sehr viele „wissenschaftliche Erkenntnisse" bezogen sich auf geografische Dinge im weiteren Sinn. Ganz anders in China, wo in der kulturellen Blüte der Han-Dynastie (ca. 0–200) ebenfalls Handel und Seefahrt florierten. Doch als sich auch Ansätze naturwissenschaftlichen Denkens zeigten, wurden diese von dem Beamtenadel unterdrückt, ähnlich wie es die christliche Kirche am Anfang der Neuzeit in Europa versuchte. Die Motive waren in beiden Fällen die gleichen: Die unausweichliche Kritik am Althergebrachten und Überlieferten – sowohl des Wissens wie der Gesellschaftsformen – hätte der herrschenden Schicht die Legitimationsgrundlage entzogen. Durch diese Weichenstellung in der Han-Zeit gab es keine systematische Naturforschung in China und damit auch keinerlei „moderne" Entwicklung. Deswegen und aufgrund seiner natürlichen Isolierung, später der bewussten Abschottung, verharrte das Reich der Mitte in einem konservativen Zustand. Gleichwohl gab es in China eine Menge praktisch-technischer Erfindungen.

Papier {um 105}

Die Herstellung von Papier aus zerstampften und zerkochten Pflanzenfasern in einem Sieb ist seit dem Beginn der Han-Dynastie im 2. Jahrhundert v. Chr. nachgewiesen. Das Verfahren oder vielmehr das Rezept wurde aber erst um 105 n. Chr. von dem Eunuchen und Minister Tsai Lun detailliert aufgeschrieben. Obwohl er sich dabei sicher nicht die langen Fingernägel abgebrochen hat, gilt der Nicht-Handwerker Tsai Lun als „Erfinder" des Papiers.

Im Prinzip wird dieses Verfahren bis heute verwendet. Papier und Papierherstellung

Auf der Abbildung sind verschiedene Stadien der Papierherstellung im antiken China dargestellt. Erst Jahrhunderte später gelangte das Wissen um die Papierherstellung erst in die arabische Welt und schließlich nach Europa.

waren wie Porzellan, Seide und Tee eines der großen chinesischen Geschäftsgeheimnisse und ein dementsprechender Exportschlager. Die Seidenherstellung außerhalb Chinas begann schon in spätrömischer Zeit in Konstantinopel; das Papiermonopol wurde in der Frühzeit des islamischen Weltreichs unterlaufen. Chinesische Kriegsgefangene in Samarkand gaben das Geheimnis um 750 an die Perser und Araber weiter. Durch sie verbreitete sich die Kenntnis seit dem Hochmittelalter in Europa. Eine von dem Stauferkaiser Friedrich II. 1228 ausgestellte Urkunde ist hier eines der frühesten Papierdokumente. In Europa wurde der Name des altägyptischen Beschreibstoffes aus dem Mark der Papyrusstaude, der ganz anders gewonnen wird, aber auf den ersten Blick ähnlich aussieht, auf das neue Beschreibmaterial übertragen.

Porzellan {um 100–200}

heißt auf Chinesisch *tzu*. Das für Chinas Kunsthandwerk charakteristischste Material wurde wahrscheinlich während der Han-Zeit erfunden. Den genauen Zeitpunkt, Ort und Erfinder kennt man nicht – es entstand um 100 bis 200 n. Chr. im Zuge ähnlichen „alchimistischen" Herumexperimentierens wie sehr viel später (1707 n. Chr.) bei der europäischen Neuerfindung in Meißen.

Ausgangspunkt war die chinesische Stadt Changanshen in der Provinz Kiangsi, südlich des Jangtsekiang mit ihrem reichlichen Kaolin-Vorkommen. Kaolin ist eine Tonart, die sich besonders gut zur Porzellanherstellung eignet. Die erste chinesische Porzellanvase gelangte angeblich 1338 als Geschenk des letzten Monogolen-Kaisers an Papst Benedikt XII. nach Europa.

Bis zur Porzellanerfindung in Meißen wussten die Chinesen das Geheimnis der Porzellanherstellung zu wahren; es wurde zu einem der begehrtesten Exportartikel des Reichs der Mitte, im Mittelalter vor allem in die arabischen und persischen Länder, als Gebrauchsgut nach Asien und als Luxusartikel seit der Renaissance auch nach Europa.

Wegen des anderthalbtausendjährigen Monopols wurde Porzellan zu einem Leitprodukt chinesischer Kunst und Kultur, und die Chinesen entwickelten unübertroffen schöne Formen und Dekore.

Han-Dynastie II

220 dankte der letzte Kaiser der Han-Dynastie ab. Es gab zu große Unterschiede zwischen Arm und Reich, es gab dynastische Probleme (viele Kaiser starben zu jung und hinterließen minderjährige Thronfolger), und es gab den Druck der wiedererstarkten Hunnen aus dem Norden. Die Reichseinheit zerfiel. Damit ging die von der Geschichtsschreibung sogenannte chinesische Antike zu Ende, ebenso wie sich die griechisch-römische Antike und vor allem das weströmische Reich ihrem Ende zuneigten. Der Grund war in beiden Fällen derselbe: Westrom kollabierte nach der von den turkmongolischen Hunnen angestoßenen Völkerwanderung. Am anderen Ende Eurasiens stießen die Hsiungnu-Hunnen nach China vor; sie bildeten später eines der Drei Reiche (Wei).

Drei Reiche {220–265}

heißt die Periode, die von 220 bis 265 auf das Ende der Han-Dynastie folgte. Es sind die drei Nachfolge-Königreiche Wei (nördlich des Jangtsekiang), Wu (südlich des Jangtsekiang) und Shu (im alten Kerngebiet der Han). Anschließend folgte eine recht verworrene Zeit, in der China hauptsächlich in Nord- und Südreiche geteilt war. Zu einer Wiedervereinigung kam es erst 560 unter der Sui-Dynastie – also etwa zu der Zeit, als Kaiser Justinian in Konstantinopel die Hagia Sophia einweihte.

Spätzeit in Rom

Wenn die Römer um 220 nach Osten blickten, ahnten sie nicht, was ihnen aus dem Fernen Osten noch bevorstehen sollte. Viel näher lag den Römern die Euphratgrenze zum Partherreich. Dort hatte es 224 einen bedeutenden Dynastiewechsel gegeben, und nun regierten die Sassaniden.

Chinesischer Porzellankrug aus der Han-Dynastie

Das Triumphrelief im heutigen Süd-Iran zeigt den Sassanidenherrscher Schapur I. auf dem Pferd mit den gefangenen römischen Kaisern Philippus Arabs (knieend) und Valerian.

Sassaniden I {um 250}

Nach einem Aufstand, bei dem der letzte Partherkönig getötet wurde, übernahmen die Sassaniden die parthische Hauptstadt Ktesiphon am Tigris und bauten sie zur prächtigen Residenz aus. In vieler Hinsicht ähnelte ihre neue Dynastie der Rittergesellschaft des Hochmittelalters mit einer Vorliebe für Turniere und höfischen Prunk. Auch ihr Staatsaufbau war ein Feudalsystem.

Die Sassaniden, die erst dem Ansturm des Islam erlagen, gaben ihrer Herrschaft ein eigenes, betont neupersisches Gepräge, indem sie bewusst an die Achämeniden, die alten Gegner der Griechen anknüpften und dem Zoroastrismus als Staatsreligion besondere Geltung verschafften.

In der späten Kaiserzeit akzeptierten die Römer dieses neupersische Sassaniden-Reich als ebenbürtige Zivilisation – im Unterschied zu den germanischen Barbaren an ihrer unruhigen Nordgrenze am Rhein. Die Rivalität am Euphrat band erhebliche militärische Kräfte, die den Römern bald an Rhein und Donau fehlten. Die Sassaniden ihrerseits mussten sich an ihrer Nordostgrenze zur Steppe und zum Hindukusch hin während des 3. und 4. Jahrhunderts gegen die Einfälle von Reiternomaden wehren. Es waren Völker ungeklärter Herkunft, aber keine Hunnen. Zur Zeit der Machtübernahme durch die Sassaniden begann um 250 der Druck der germanischen Völkerwanderung auf die römische Nordwestgrenze, zunächst durch die Alemannen und Goten. Im Vergleich zur hoch entwickelten Panzerreiterei der Sassaniden waren die germanischen Stämme aber militärisch gesehen primitiv und konnten von den Römern in Schach gehalten werden. Vorläufig.

Völkerwanderung I – Alemannen und Goten {um 250}

Weder die Alemannen noch die Goten waren ein einheitliches „Volk“ oder ein einheitlicher Stamm, sondern eine Stammesföderation, die sich erst im Laufe ihrer Wanderung herausbildete.

Die alemannischen Vorläufer saßen ursprünglich an der mittleren und unteren

Elbe. Diese elbgermanischen Sippen verließen ihre angestammten Siedlungsplätze, formten sich auf ihrem relativ kurzen Weg von Nord- nach Süd„germanien“ zur Stammesföderation der Alemannen, durchbrachen um 250 die Grenzbefestigungen der Römer im Gebiet des Mains und wurden im Rhein-Neckar-Raum angesiedelt. Die erste zuverlässig verbürgte Erwähnung der Alemannen datiert auf 289.

Den Ursprung der Goten lokalisierte man früher auf der Ostseeinsel Gotland, was sich aber nicht beweisen lässt. Die ostgermanischen Goten waren Ostseeanrainer in der Umgebung der Weichselmündung (nahe des heutigen Danzig). Sie zogen zunächst langsam weichselaufwärts Richtung Karpaten.

Christenverfolgung {seit 300}

In Rom starb 192 Kaiser Marc Aurels Sohn Commodus. Darauf folgten 100 Jahre lang eine Vielzahl von Kaisern und Gegenkaisern, zuerst aus der Dynastie der Severer, dann die sogenannten Soldatenkaiser. Der einzige kraftvolle Herrscher, der vor Konstantin noch einmal alle Autorität auf sich vereinigen konnte, war Diokletian. Unter ihm kam es zu den ersten harten Christenverfolgungen.

In seiner Regierungszeit von 284 bis 305 führte Diokletian eine umfassende Reichsreform durch, auch im Herrschaftssystem: Er ernannte offizielle Mitkaiser, 285/286 führte er einen zweiten Augustus für die Westhälfte des Reiches ein sowie in jedem der beiden Reichsteile noch zwei Caesarii als Stellvertreter. Diese vier waren die *Tetrarchen*. Einer von ihnen, Galerius im Osten, war stets in Abwehrkämpfe gegen die Sassaniden verwickelt – und die treibende Kraft hinter den Christenverfolgungen seit 303.

Erst 272 war der Sonnenkult des *Sol Invictus* als Staatsreligion in Rom eingeführt worden. Es waren dieser Kult und seine Riten, gegen die sich die Christen wandten. Der Kult des „unbesiegbaren Sonnengottes“ hatte eine lange Tradition, teils in der altrömischen Religion, teils im Orient, und wurde nun in der Spätphase Roms mit dem Kaiser verknüpft. Die Kaiser ließen sich schon seit längerer Zeit „vergöttlichen“. Die Christen verstanden derartig religiös verbrämte Bekundungen staatsbürgerlicher Gesinnung als Götzendienst.

Auf seinem Sterbebett erließ Galerius, inzwischen zum Augustus befördert, 311 das erste Toleranzedikt, das es den Christen erlaubte, sich friedlich zu versammeln.

Die Konstantinische Wende

Einige Jahre nach Diokletians Tod rangen Konstantin, (Mit-)Kaiser seit 306, und sein Rivale Maxentius, Sohn von Diokletians Mitkaiser Maximian, um die Vorherrschaft im Reich. Dieser Streit wurde im engsten Umfeld der tetrarchischen Herrschaftsspitze ausgetragen. In der Schlacht an der Milvischen Brücke, der unmittelbar am nördlichen Stadteingang von Rom gelegenen Tiberbrücke, siegte Konstantin 312. Maxentius fiel. Auf dem Marsch zur Brücke soll dem Kaiser und seinem Heer eine kreuzförmige Lichterscheinung aufgefallen sein. Und in der Nacht vor der Schlacht sei Jesus Christus dem Kaiser im Traum erschienen und habe ihm – in bestem Lateinisch – gesagt: „*In hoc signo vinces*“ – „In diesem Zeichen wirst du siegen“. Konstantin vertraute dem

Abbildung von Konstantin I., auch bekannt als Konstantin der Große, auf einem Mosaik in der Hagia Sophia in Istanbul

Christengott, lautet die Botschaft dieser Legende. Konstantin, nunmehr Alleinherrscher, leitete sogleich eine grundlegende religionspolitische Wende zugunsten des Christentums ein.

Toleranzedikt von Mailand {313}

Im Jahr darauf bestätigte der Kaiser in Mailand 313 das Toleranzedikt. Dadurch wurden die Christen nicht nur anerkannt und nicht mehr verfolgt, sondern in der gleichen Weise begünstigt, wie es seit jeher für die heidnischen Priester galt: Der christliche Klerus war nun von Steuerabgaben und vom Militärdienst befreit. Konstantin förderte aktiv den Aufstieg des Christentums bis hin zum epochalen Konzil von Nikäa 325.

➥ ***Was danach geschah:*** 380 nahm Kaiser Gratian die Priester außerdem aus der weltlichen Jurisdiktion heraus und unterstellte sie den bischöflichen Gerichten. Dank dieser kaiserlichen Maßnahmen wurde die Kirche reich und unantastbar.

Sonntag – Weihnachtstag

Konstantin bestimmte den bisherigen ersten Wochentag, den „Sonnentag", zum „Tag des Herrn". Den Wintersonnenwendtag am 25. Dezember, den höchsten Feiertag sowohl des heidnischen Mithras-Kultes wie des Sonnenkultes um den *Sol Invictus* (die „Wiedergeburt des Lichts") machte er zum Tag der Geburt des Christengottes. So wurde auch der Kalender „christianisiert". Praktisch alles, was die Kirche an weltlicher Macht erhielt und später selbst eroberte, verdankt sie Konstantin, der sich angeblich erst auf dem Sterbebett taufen ließ.

Lateran

Sitz des Papstes in Rom war seit der Antike und während des gesamten Mittelalters nicht der Vatikan mit dem Petersdom, sondern die etwas am Rande des antiken und erst recht des mittelalterlichen Roms gelegene Basilika *S. Giovanni in Laterano*, St. Johannes im Lateran, kurz „Lateran" genannt. Der Name geht zurück auf die ursprünglichen Eigentümer, die römische Familie der Laterani. Die dort gelegenen Grundstücke gelangten in den persönlichen Besitz der Familie Kaiser Konstantins. 314 stiftete dieser die Lateran-Basilika. St. Johann ist somit die älteste christliche Basilika und heute noch die Bischofskirche des Bischofs von Rom.

Da die ebenfalls von Konstantin gestiftete Basilika von St. Peter jenseits des Tibers und außerhalb der Stadtmauern lag, wurde der Lateran Sitz des Papstes. Der „Umzug" der Päpste in den Vatikan fand erst viel später nach der Rückkehr aus Avignon 1377 statt. Noch bis ins 19. Jahrhundert wurden die Päpste im Lateran gekrönt.

Basilika

Bis zur Zeit Konstantins (etwa 312) gab es gar keine „Kirchen" oder „christlichen Basiliken", ja überhaupt keine „christliche Architektur" und kaum „christliche Kunst". Die Lateran-Kirche ist die erste große Basilika der Christenheit. Das Wort leitet sich ab von *basilike stoa* („königliche Halle" oder einfach „große Halle"). Der Name ist griechischen Ursprungs, das Baumuster hingegen römisch. Es geht auf die römischen Markt- und Gerichtshallen zurück. Diese wiederum waren keine „Hallen" im modernen Sinn, also einräumig, sondern dreischiffige Gebäude mit Fensteröffnungen im Obergaden des Mittelschiffs: das typische Merkmal einer „Basilika".

Das Konzil von Nikäa {325}

Das Glaubensbekenntnis, das heute noch in allen christlichen Kirchen – ob katholisch, protestantisch oder orthodox – gebetet wird, bekennt sich zur Wesenseinheit von Gott Vater und Sohn im Gegensatz zur Wesensähnlichkeit. Darüber war zuvor zwischen den Vertretern der athanasischen und der arianischen Lehre aufs Heftigste gestritten worden. Auf dem ersten ökumenischen Konzil in Nikäa 325 beschlossen und verkündeten die Beschöfe dann das Dogma „eines Wesens mit dem Vater". Die arianische Lehre wurde fortan als „häretisch" verdammt. Nikäa, das heutige türkische Iznik, liegt nicht weit von

Konstantins neu gegründeter Hauptstadt Konstantinopel. Treibende Kraft hinter der Einberufung des Konzils war der Kaiser selbst, und er nahm an dessen Fortgang lebhaften Anteil. Den letztlich ausschlaggebenden Begriff *homoousios* („wesensgleich", „wesenseins") hatte er selbst vorgeschlagen.

Ob aus staatspolitischem Kalkül oder aus persönlichen Motiven: Konstantin hatte klar erkannt, dass die Religionen der Antike ihre gemeinschaftsbildende Kraft durch den Kultur- und Kultpluralismus im Römischen Reich längst verloren hatten. Die antiken Kulte waren zum sinnentleerten Ritual erstarrt und hatten keine Botschaft; sie boten keine Antwort, keinen Trost für die Bedürfnisse der Menschen. Etwas lebendig Religiöses hatte sich aus all diesen Ansätzen seit langer, langer Zeit nicht mehr entwickelt. Deshalb war das Ringen um die Einheitlichkeit der Kirche so wichtig. Wenn es nur einen Gott gab, konnte es auch nur einen Glauben, einen Kult geben. Diese Haltung bestimmt seit Nikäa das Handeln der Kirche bis in die Gegenwart.

Häretiker

In Nikäa wurden nicht nur die entscheidenden religiösen Grundlagen gelegt, hier trat auch erstmals die außerordentliche Kampfbereitschaft der christlichen Kirche zutage, sich in endlosen ideologischen Konflikten mit anderen Strömungen und „Lehren" abzugrenzen, durchzusetzen und zu behaupten. In den ersten Jahrhunderten musste sich die Kirche mit Arianern, Gnostikern und Manichäern auseinandersetzen, die an dem ursprünglich zoroastrischen Gedanken einer Zweigeteiltheit der Welt in ein Reich des Lichtes und der Finsternis festhielten. Im Mittelalter waren es dann die Katharer und andere „Sekten".

Konstantinopel, die neue Hauptstadt {330}

Die kleine griechische Siedlung Byzantion lag strategisch günstig am Bosporus, am engsten Übergang von Europa nach Asien, von der Donau wie vom Euphrat etwa gleich weit entfernt. Diesen Flecken ließ Konstantin in fünfjähriger Planungs- und Bauzeit zur Kaiserresidenz ausbauen. Am 11. Mai 330 weihte er die neue Hauptstadt ein, deren oströmische Kaiserpaläste sich in unmittelbarer Umgebung des Hippodroms, teilweise auf dem Gelände der heutigen Blauen Moschee, befanden. In griechischer Tradition wurde die prächtige Metropole nach ihrem Gründer und Erbauer benannt: So wie Alexandria nach Alexander hieß nun Konstantinopel nach Konstantin. Die Verlegung der Hauptstadt war praktisch und folgerichtig. Der wirtschaftliche Schwerpunkt des Reiches lag im Osten. Auch das Christentum war im gesamten Osten bis nach Ägypten und Nordafrika bereits viel stärker verwurzelt. Alle diese Länder gehörten zu Ostrom.

Die Basilika Santa Maria Assunta auf der kleinen Insel Torcello bei Venedig besitzt typische Merkmale römischer Basiliken: ein lang gestrecktes dreischiffiges Gebäude mit Fensteröffnungen im Obergaden und einer Apsis, wo der Gerichtsherr oder sonstige Stadtoberen thronten.

Das Ende der Antike {329}

Theodosius I. war von 379 bis 395 der siebte Nachfolger Konstantins. Er hatte sich keineswegs nach dem Kaiseramt gedrängt, aber zu seiner Lebens- und Regierungszeit überschlugen sich die Ereignisse nach einer verheerenden Niederlage für die Römer durch die Westgoten im Jahr 378. Theodosius (347–395) stammte aus einer Familie hochrangiger Offiziere aus Hispanien und war

Die „Pferde von San Marco", vier lebensgroße vergoldete Bronzeplastiken, ließ Kaiser Konstantin im Hippodrom in Konstantinopel aufstellen. Im vierten Kreuzzug gelangten sie als Kriegsbeute nach Venedig.

überzeugter Katholik. Völlig anders als der ungetaufte Kirchenförderer Konstantin am Anfang des Jahrhunderts wuchs Theodosius bereits innerhalb der eigenen Familie in eine gefestigte Institution hinein. Schon sein Vater, ebenfalls Offizier, war überzeugter Nicäaner. Als Kaiser nahm Theodosius erstmals nicht mehr den Titel *Pontifex maximus* an. Das wurde fortan dem Papst überlassen.

392 erließ Theodosius ein Dekret, das die Ausübung aller heidnischen Kulte und die Schließung aller Tempel verfügte. Dazu zählten übrigens auch die Olympischen Spiele und die platonische Akademie in Athen. Damit ging die teilweise mehrtausendjährige religiöse Tradition der Antike endgültig zu Ende. Mithras, Astarte, Zeus, Jupiter, Isis und Osiris wurden sämtlich in den Ruhestand geschickt. Von Hunderten von Religionen und Kulten, die jahrtausendelang von Menschen ausgeübt worden waren, hat man nie mehr etwas gehört. Theodosius war kein Eiferer. Doch sein Dekret markiert den tiefsten Einschnitt in die geistig-kulturelle Welt der Antike, auch wenn es nicht sofort überall und konsequent umgesetzt wurde.

Weihrauchstraße II

Bereits seit der Alexanderzeit hatte es in der antiken Mittelmeerwelt einen realistischen Begriff von Indien gegeben, und die Handelskontakte wurden stetig intensiviert. Während der gesamten römischen Kaiserzeit war dieser Handel lebhaft. Teils zu Land über die alte Weihrauchstraße, teils durch das Rote Meer. Am liebsten hätten römische Kaiser, vor allem Trajan um das Jahr 100, auch damals schon einen Suezkanal gebaut, doch solche Projekte wurden nie verwirklicht. Neben den traditionellen indischen Gütern Gewürze (vor allem Pfeffer), Edelsteine und Baumwolle lieferte der Subkontinent auf Nachfrage in Rom auch Teppiche, Perlen, Ingwer, Duftstoffe, Pfauen; Zucker war schon seit der Alexanderzeit ein wichtiges Gut im Ost-West-Handel. Auch die Mittelmeerwelt hatte nach wie vor mit Öl, aber auch Glaswaren und Metallprodukten begehrte Artikel im Angebot.

Es gab auch diplomatische Kontakte, also Gesandtenreisen in beide Richtungen zu indischen Fürstentümern von der Koromandelküste in Südwestindien bis hinauf zum Hindukusch (Baktrien – heute Afghanistan). Der wichtigste Umschlag- und Stapelplatz mit Meeranschluss war Alexandria am Nildelta, aber auch die großartige Wüstenstadt Palmyra im heutige Syrien, ein Weltkulturerbe, das seit 2015 durch Kämpfer des Islamischen Staates (IS) besetzt und durch mutwillige Zerstörungen schwer in Mitleidenschaft gezogen wurde.

Das goldene Zeitalter Indiens

Die Herrschaft der Gupta

Etwas kleiner als das Aschoka-Reich, aber immer noch riesig war das Gupta-Reich (320–470). Es ging als das Goldene Zeitalter Indiens in die Geschichte ein. Gupta umfasste das ganze Nordindien vom heutigen Burma bis an die Grenze Persiens, mit Afghanistan, Pakistan, Nordindien und Bangladesh. Die Vereinigung der vielen kleinen Königreiche Nordindiens ging von dem Königreich Magadha aus. Magadha lag rund um den Unterlauf des Ganges mit Benares und Kalkutta. Magadha war auch die Heimat Buddhas.

Unter den Gupta erlebte dieses weit gefasste Nordindien eine wirtschaftliche und kulturelle Blütezeit. In wirtschaftlicher Hinsicht kann man von einem weitgehend steuerfreien Liberalismus sprechen, die Städte genossen eine Art Selbstverwaltung durch Handwerker- und Händlergilden wie im europäischen Mittelalter, die Kaufleute verdienten exorbitant am Fernhandel zwischen Mittelmeer und China.

Der Hinduismus erlebte eine Renaissance, indem der Buddhismus selbst aus seinem „Heimatland“ zurückgedrängt wurde. Danach konnte sich der Buddhismus in Indien nie mehr gegen den Hinduismus durchsetzen.

Hochkulturen in Amerika

Maya I: Tikal

Tikal im Hochland von Guatemala ist eine der ersten Städte am Anfang der Maya-Kultur. Hier wurde die erste zuverlässig datierbare Maya-Stele gefunden, die aus dem Jahr 292 n. Chr. stammt. Damals war die Stadt bereits seit 1000 Jahren ein Siedlungsplatz, nun begann hier auf jungsteinzeitlich-dörflicher Grundlage die Entwicklung zu einer städtischen Struktur mit Tempel- und Palastbauten aus Stein. Bis zum 5. Jahrhundert wurde aus dem Stadtstaat einer der mächtigsten Flächenstaaten der Maya.

Obwohl die Maya eine ganz andere Sprache sprachen und nur am Rande der

Ruinen in der alten Maya-Stadt Tikal im heutigen Guatemala. Das Zentrum der einst blühenden Stadt bildete der hier abgebildete „Große Platz“.

Olmeken-Kultur lebten, führten sie einige von deren kulturellen Errungenschaften fort, insbesondere die Schrift.

Teotihuacán {100–650}

Seit Jahrhunderten besiedelt, war die etwa 50 Kilometer nördlich von Mexiko City gelegene heutige Ruinenstadt von 100 bis 650 das politische und religiöse Zentrum einer mittelamerikanischen Kultur. Die Großbauten der nach einem ausgefeilten, schachbrettartigen Grundriss angelegten Riesenstadt mit ca. 150 000 Einwohnern entstanden zwischen dem 3. und dem 7. Jahrhundert. Am bekanntesten ist die aus ca. drei Millionen Tonnen Steinen errichtete, 75 Meter hohe, stufenförmige Sonnenpyramide, eines der größten Bauwerke der Erde. Am Tag der Sommersonnenwende geht die Sonne genau auf dieser Achse unter.

Teotihuacán war nicht mit Mauern befestigt. Wie andere Städte mittelamerikanischer Kulturen auch hält man Teotihuacán für ein religiöses Zentrum, Wohnort der Priesterschaft und der Kriegerkaste. Teotihuacán bedeutet „Ort, wo man zum Gott wird", aber das ist nicht der ursprüngliche Stadtname, sondern eine Bezeichnung in der Nahuatl-Sprache aus späterer Zeit. Wer die Erbauer waren, weiß man nicht.

Die Gründe für den späteren rapiden Untergang der Stadt und ihrer Kultur sind ebenfalls unbekannt. Teotihuacán war offenbar ein für ganz Mittelamerika bedeutendes, „internationales" Kult- und Pilgerzentrum mit großer Ausstrahlung, vor allem auf die gleichzeitige Maya-Kultur. Eine der Hauptgottheiten war Quetzalcoatl, dem vermutlich Menschenopfer dargebracht wurden. Eine andere wichtige Gottheit war Tlaloc, der Regengott.

Quetzalcoatl I

Die „gefiederte Schlange" war für mehrere mesoamerikanische Kulturen die Hauptgottheit. Quetzalcoatl ist ein Schöpfergott, Vegetationsgott (Pflanzen und Ackerbau), der Erde und dem Wasser verbunden, Beschützer der Priester und Handwerker, Stifter des Kalenders. Spätere Gottkönige nahmen das Wort als Titel an. Die mythologische Vorstellung, Quetzalcoatl habe sich nach Yucatan zurückgezogen und würde als eine Art Erlöser aus dem Osten zurückkehren, soll von den Azteken auf den Konquistador Hernan Cortez bezogen worden sein.

Darstellung des Gottes Quetzalcoatl als Kopf der gefiederten Schlange in Teotihuacán

NEUE WELTMÄCHTE – NEUE ZEITRECHNUNGEN

ca. 300 bis 650

Die frühchristliche Kirche im spätantiken Römerreich

Während nördlich der Alpen vor allem östlich der Elbe ansässige germanische Völkergruppen zu wandern begannen und in den Gebieten sesshaft wurden, die heute noch ihren Namen tragen, veränderten sich die Machtgefüge und der Alltag in Südeuropa und im römisch-hellenistischen Nahen Osten wenig. Syrien, Palästina, Ägypten wurden zunehmend christianisiert. Es bildeten sich neue Formen des religiösen Lebens. In Rom etablierte sich das Papsttum als politischer Faktor.

Eremiten und Säulenheilige {ca. 300}

Urvater aller Mönche ist der heilige Antonius (ca. 250–356), der fast sein ganzes langes Leben am Rande der ägyptischen Wüste verbrachte. Ägypten war in der Spätantike eine Hochburg des jungen Christentums. Moralisch anspruchsvolle Männer wandten sich von den überfeinerten und vielleicht auch etwas lasterhaften Zivilisationen ihrer Zeit ab und suchten wie Antonius ihr Heil in einem radikal einfachen Leben, in Askese und Hinwendung zu Gott. Da sie „in der Wüste" (altgriechisch *eremos*) lebten, hießen sie „Eremiten". Da sie allein (griechisch *mono*) lebten, nannte man sie auch „Mönche". Ein ähnlich eremitenhaftes Dasein führten die Säulenheiligen in Syrien in der Zeit um 450. Sie verbrachten zuweilen Jahrzehnte allein auf einer Säulenplatte – Sonne, Wind und Regen schutzlos ausgesetzt. Die Volksmassen waren fasziniert von den „heiligen Männern". Man erwartete von ihnen Wunder, (göttlichen) Rat und Heilung.

Die beiden Säulenheiligen Symeon Stylites der Ältere (links) und Symeon Stylites der Jüngere – Mönche wie diese verbrachten teilweise viele Jahre in strenger Askese allein auf Säulenplatten.

Heilige und Märtyrer {ca. 300}

Für das Bekenntnis zum Christentum den Märtyrertod zu sterben, galt und gilt in der Kirche als heilig. Fast alle frühen Päpste starben diesen Tod. Zu den ersten Heiligen, die keine Märtyrer waren, zählen der heilige Nikolaus (um 280–350) und der heilige Martin (um 320–400).

Der aus wohlhabendem Haus stammende Nikolaus war zunächst Klosterabt, dann Bischof in Myra an der damals hauptsächlich von Griechen besiedelten Südküste der heutigen Türkei. In der bekanntesten der vielen Legenden, die sich um ihn ranken, warf er drei Jungfrauen Goldklumpen durchs offene Fenster zu, damit sie von ihrem Vater nicht mangels Mitgift als Prostituierte oder Sklavinnen verkauft wurden, was in der Antike durchaus üblich war. (Der Brauch, am Nikolaus-Tag Kinder zu beschenken, geht auf diese Geschichte zurück, auch wenn es heute nicht mehr darum geht, sie vor der Sklaverei zu bewahren.)

Als Offizier im Dienst des römischen Heeres durchschnitt Martin seinen Mantelumhang, die *cappa*, und schenkte eine Hälfte aus Barmherzigkeit einem frierenden Bettler. Martin stammte aus Pannonien (Ungarn) und war wegen der Kämpfe gegen die Alemannen nach Gallien gelangt. Er quittierte später den Militärdienst, gründete 361 das erste Kloster Galliens und wurde Bischof

Der florentinische Maler Neri di Bicci (1418–1492) hat auf seinem Gemälde die Szene festgehalten, in welcher der Heilige Nikolaus von Myra drei mittellosen Töchtern Goldkugeln für ihre Aussteuer zuwirft.

von Tours. Die *cappa* wurde zur bedeutendsten Reliquie des Frankenreiches. Zu ihrer Aufbewahrung ließen die merowingischen Könige die erste „Kapelle" bauen.

Die Lebensgeschichten dieser beiden bis heute höchst populären Heiligen, die sich von Anatolien bis Italien spannt (das Nikolaus-Grab befindet sich heute im süditalienischen Bari) und vom heutigen Ungarn bis ins Herz Galliens (Frankreichs), spiegelt die damals immer noch existierende politische und kulturelle Einheit des spätrömischen Reiches wider.

Vom Pontifex maximus zum Papst {400}

Das Papsttum und die katholische Kirche zählen – genauso wie die orthodoxe Kirche – zu den wenigen Institutionen, die eine ununterbrochene, lebendige Kontinuität aus der Antike bis in die Gegenwart bewahrt haben. Die Liturgie orientiert sich an römischen Staats- und Weihezeremonien, die Messgewänder der katholischen (und orthodoxen) Priester gleichen den Gewändern hoher römischer Beamter, der Krummstab der Bischöfe, der *lituus*, diente bereits etruskischen Auguren zur Bezeichnung eines *templum* („heiliger Bezirk"). Auch die lateinische Sprache führt die römische Tradition direkt fort. (Und das lateinische Alphabet ist mittlerweile sogar global geworden – auch für nichtliturgische Zwecke.)

Pontifex maximus war ein hohes republikanisches Staatsamt ebenfalls aus etruskischer Zeit für den Oberaufseher über die Priester (der aber selbst kein „Priester" war!). Auch Cäsar und alle Kaiser hatten dieses Amt inne. Erst Kaiser Theodosius überließ während seiner Regierungszeit von 379 bis 395 diesen Titel dem Bischof von Rom.

Um 400 besannen sich die Bischöfe von Rom darauf, dass sie Herren über das Grab des Apostels Petrus auf dem Vatikanhügel waren, den Christus zu seinem Nachfolger eingesetzt hatte. Auf diese direkte, ununterbrochene Apostelnachfolge begründeten die Bischöfe schon damals – und unmissverständlich bis heute – ihre Vorrangstellung gegenüber anderen Patriarchen („Erzväter"), beispielsweise in Alexandria, Antiochia, Jerusalem und natürlich in Konstantinopel. Siricius war der Erste, der sich *papa* nannte. Er regierte kurz vor 400.

Heiliger Stuhl {460}

Denkbar wäre gewesen, die höchste Autorität in der Kirche einem Konzil zuzuerkennen, in dem der Patriarch von Rom nur der Erste unter Gleichen war. Indes fasste

Die von dem italienischen Architekten und Bildhauer Arnolfo di Cambio um 1300 geschaffene Bronzestatue aus dem Petersdom in Rom zeigt den heiligen Petrus auf dem Heiligen Stuhl. In der linken Hand hält er die Himmelsschlüssel.

der siebte Nachfolger von Siricius, Leo der Große (440–461), die Sache von der juristischen Seite an. Er fasste Jesu Ernennung des Simon zum Petrus und damit zum „Felsen" seiner Gemeinde als offizielle Stellvertretung auf, auch symbolisiert in der Übergabe der Schlüssel des Himmelreichs: „Was du auf Erden bindest ..." (Mt 16,19). Im römischen Sachenrecht ist solch eine Schlüsselgewalt mit einer unumschränkten Alleinherrschaft verbunden. Die Schlüssel sind deswegen das Symbol Petri und des Papstwappens.

Thron des Papstes ist der Heilige Stuhl direkt über dem Petrus-Grab, die *cathedra Petri*. Das Recht zu sitzen, während alle anderen standen, gebührte in der Antike und im Mittelalter nur dem Herrscher. Deswegen ist in Staatsangelegenheiten ein „Stuhl" immer ein Thron. Auch in der bildlichen Darstellung.

Im Übrigen ist der Heilige Stuhl, unabhängig vom jeweils regierenden Papst, ein anerkanntes Völkerrechtssubjekt und ein sehr altehrwürdiges zumal. Die korrekte Anrede im diplomatischen Verkehr lautet nicht etwa „Benedetto!", sondern „Heiliger Vater", eine Anrede, die sich der Papst allerdings mit dem Dalai Lama teilen muss.

Kirchenväter {ca. 400}

Zwei Generationen nach dem Konzil von Nicäa 325 tobte noch immer der theologische Abwehrkampf gegen die arianische und manichäische „Häresie". Doch gerade in dieser Auseinandersetzung festigte sich in der zweiten Hälfte des Jahrhunderts neben der institutionellen auch die theologische Stellung der Kirche, besonders durch das Wirken der „Kirchenväter". Die herausragendsten jener Zeit sind alle um 350 geboren: Hieronymus, Augustinus, Ambrosius. Hieronymus (347–419) zog sich nach seiner Dienstzeit als Sekretär von Papst Damasus in ein Kloster in Bethlehem zurück und fertigte dort die erste vollständige Übersetzung der Bibel aus dem Griechischen und Hebräischen ins Lateinische an. Sie wird „Vulgata" genannt, weil sie später „allgemein" in Gebrauch kam.

Augustinus (354–430) wurde nach einer wildbewegten Jugendzeit als Bischof von Hippo in Nordafrika der christliche Fundamentaltheologe schlechthin. In seiner Lehre von der Erbsünde führte er die Existenz des Bösen und des Todes auf die Fleischeslust zurück, die Verführung Evas und die Begierden Adams, nachdem sie entgegen Gottes Gebot vom Baum der Erkenntnis genascht hatten. Das war die Ursünde. Da nach der damaligen Vorstellung alle Menschen von Adam abstammten, hatte sich diese Sünde „vererbt". Nur durch Gottes Gnade, meint Augustinus, könne der Mensch von dieser Sünde erlöst werden. Und die Gnade wiederum erlange man nur durch den unbedingten Gehorsam gegenüber der Kirche.

Im Kloster: *Ora et labora*

Monte Cassino wurde zum Ausgangspunkt der für das Mittelalter so überaus prägenden Klöster. Sie waren Mittelpunkt des religiösen Lebens, aber auch des technischen Fortschritts, durchorganisierte Wirtschaftseinheiten und somit Schrittmacher der Zivilisation im nördlichen Europa. Nicht zuletzt waren sie Hort der Gelehrsamkeit, wovon die prachtvollen Klosterbibliotheken zeugen.

Klöster hatte es in der antiken Welt nirgendwo gegeben. Sie sind eine Erfindung des Benedikt von Nursia (ca. 480–547). Ähnlich wie vor ihm der Eremit Antonius in Ägypten, auch der Kirchenvater Hieronymus in Bethlehem oder der Kirchenvater Augustinus suchte der junge Gutsbesitzersohn Benedikt bewusst nach alternativen Lebensformen und zog sich mit einigen Gefährten in die abgeschiedene Bergwelt Kampaniens zuerst nach Subiaco in der Umgebung von Rom und dann nach Monte Cassino zwischen Neapel und Rom zurück.

Ora et labora – „Bete und arbeite", steht zwar nirgendwo ausdrücklich in der *Regula Benedicti*, der Ordensregel, die der von ihm gegründeten Klostergemeinschaft auf dem Monte Cassino zwischen Neapel und Rom ihren Namen gegeben hat, aber sie fasst deren Leitgedanken treffend zusammen.

Die Regel verlangt vom Mönch Einfachheit, Schlichtheit, Verzicht. Natürlich müssen Mönche unverheiratet sein, die Mahlzeiten sind asketisch und karg, die Zeiten für Gebet, Lesung, Arbeit und Schlaf genau vorgeschrieben. Völlig neu und ohne Beispiel ist indes Benedikts Forderung an die Brüder zu arbeiten – in einer Gesellschaft wie der spätantiken und der darauffolgenden mittelalterlichen, wo Arbeit ausschließlich eine Angelegenheit der Unterschichten war.

Klosterbibliothek {540}

Die Bibliothek, neben Kirche und Kreuzgang das Herzstück jedes Klosters und Quelle aller abendländischen Gelehrsamkeit, war eine Erfindung des römischen Staatsmannes und Gelehrten Cassiodor, der unter dem Langobardenkönig Theoderich dem Großen wichtige Staatsämter innehatte. Er zog sich 540 in das von ihm gegründete Kloster Vivarium in Kalabrien zurück und beauftragte seine Mönche mit dem Sammeln und Abschreiben antiker Manuskripte. Die großen berühmten Bibliotheken der Spätantike waren untergegangen oder zerstört worden: Alexandria, Pergamon, Augustus' Palastbibliothek in Rom, die Celsus-Bibliothek in Ephesos. Die Gründe dafür waren vielfältig: Brand, Raub, Verrottung von Papyri. Außerdem säuberten die Christen in der Kirchenväter-Zeit die

Das von Benedikt von Nursia 529 gegründete Benediktinerkloster Montecassino liegt zwischen Rom und Neapel.

Bibliotheken besonders gründlich von „heidnischen" Schriften. Schätzungsweise hat nur ein, maximal zehn Prozent des gesamten antiken Schrifttums überlebt.

Aus der Zeit bis zur Kaiserkrönung Karls des Großen sind etwa 1800 Manuskripte in lateinischer Sprache überliefert. Auf ihnen beruht ein Großteil dessen, was uns aus dem Altertum direkt überliefert ist.

Kirchenstaat {600}

Papst Gregor (reg. 590–604) stammte aus altem römischem Senatsadel und war der erste Mönch auf dem Papstthron, aber er war zuvor auch schon Stadtpräfekt („Bürgermeister") von Rom gewesen. Der als Intellektueller, Musenfreund, Theologe, Administrator und Herrscher vielseitig begabte Patrizier ordnete die Ländereien der Päpste völlig neu und schuf damit die Grundlage des späteren Kirchenstaats. Da sich die oströmischen Kaiser nicht mehr um die Bevölkerung kümmerten, nahm Gregor aus den gestrafft organisierten Erträgen der päpstlichen Güter die für die ärmeren Schichten wichtige Getreideversorgung in die Hand. Schon seit Längerem nahmen die Päpste aufgrund solcher und ähnlicher Aufgaben die politische Führungsfunktion in der Stadt wahr.

Papst Gregor der Große (hier mit einem Schreiber in einer Buchmalerei aus dem 11. Jahrhundert) gilt als einer der bedeutendsten Päpste.

Eurasisches Ereignis – der Hunnensturm

Nach dem Ende der Han-Dynastie um 200 n. Chr. zerfiel die Einheit Chinas. Im Norden beherrschten die Hunnen einen der Nachfolgestaaten, das Teilreich Wei.

Hunnen II {ca. 220}

Hunne ist nicht gleich Hunne. Die Herkunft und die ethnische Identität der Attila-Hunnen ist nicht genau bekannt. Aller Wahrscheinlichkeit nach sind es nomadische Turkstämme aus der zentralasiatischen, heute kirgisisch-mongolischen Steppe. Mit den Hunnen in China sind sie nicht identisch, auch wenn dies früher angenommen wurde. Anscheinend übertrugen die Turkvölker die offenbar prestigeträchtige Bezeichnung „Hunnen" untereinander weiter. Auch derjenige Stammesverband, der sich – aus unbekannten Gründen – um 220 bis 250 gen Westen wandte, war vermutlich solch ein gemischt-ethnischer „hunnischer" Stammesverband.

Westgoten {300}

Die „Goten" zogen von ihren Stammsitzen an der Ostsee seit dem 1. Jahrhundert weichselaufwärts, östlich am Karpatenbogen vorbei und weiter den Dnjepr hinab Richtung Schwarzes Meer (heutige Ukraine). Dort waren sie seit etwa 250 ansässig, bis sie sich um 290 – auf komplizierten Wegen – in Visigothi („gute" oder „edle" Goten) und Ostrogothi („glänzende Goten") teilten. Mit Ost und West hatte das nichts zu tun, auch wenn wir heute von Ostgoten und Westgoten sprechen.

Letztere sickerten um 300 in Dakien, nördlich der Donau (Rumänien) ein. Die Gegend war uraltes Kulturland, landwirtschaftlich fruchtbar und reich an Bodenschätzen, aber spätestens seit den Markomannenkriegen im 2. Jahrhundert zu unruhig und zu aufwendig zu verteidigen. Den Römern war der Boden zu heiß geworden. Sie zogen sich um 270 zurück, nicht ohne zuvor die gewaltige Trajansbrücke, die längste Brücke der antiken Welt, zu zerstören.

Ostgoten {375}

Während Wulfila in Dakien bei den Westgoten missionierte, überquerten die Hunnen im Jahr 374 die Wolga und unterwarfen zunächst die Alanen. Auch dem Ostgoten-König Ermanarich gelang es in mehreren Schlachten nicht, die Hunnen aufzuhalten, und er beging Selbstmord. Daraufhin unterwarfen sich die Ostgoten der hunnischen Herrschaft. Der größte Teil von ihnen schloss sich dem Zug der Hunnen Richtung Westen an.

Der Hunnen-Tross muss um 400 in der Donautiefebene Pannoniens, also im heutigen Ungarn, angelangt sein. Zu Ostrom wie zu Westrom unterhielten sie gute diplomatische Beziehungen. Attila muss um diese Zeit geboren worden sein.

Schlacht von Adrianopel {376/378}

Mit Genehmigung des oströmischen Kaisers Valens sollten die Westgoten 376 die Donau überschreiten und sich am Südufer ansiedeln. Es war das erste Mal, dass einer germanischen Völkergruppe diese Erlaubnis erteilt wurde.

Die Westgoten, in höchster Not auf der Flucht vor den Hunnen, überschritten den Fluss, wurden aber von der völlig inkompetenten römischen Verwaltung nicht wie vorgesehen entwaffnet und ausreichend versorgt. Zehntausende Goten, Frauen und Kinder inbegriffen, wussten sich nicht anders zu helfen, als zu plündern und zu marodieren. Valens persönlich rückte mit seinen Elitesoldaten aus und traf bei Adrianopel am 9. August 378 auf die westgotischen Krieger, deren Kampfkraft die Römer völlig unterschätzten. Die Schlacht war für die Römer die schlimmste Niederlage seit Cannae. Das Heer wurde aufgerieben, Valens fiel, und allen Beteiligten war klar: Rom war nicht mehr in der Lage, sich gegen die Germanen zu behaupten. Die Goten erhielten daraufhin einen Föderatenvertrag und ein Ansiedlungsrecht am Westrand des Schwarzen Meeres im heutigen Bulgarien. Im Jahr nach der Schlacht, 379, wurde Theodosius zum Kaiser ernannt, und es gelang ihm, das Reich zu konsolidieren.

Westrom – Ostrom {395}

Nach seinem Tod 395, so hatte es Theodosius bestimmt, wurde das Römische Reich endgültig in Westrom und Ostrom aufgeteilt. Die Grenzlinie begann an der östlichen Adria etwa zwischen Kroatien und Serbien. Die Aufteilung des Balkans in einen katholisch-lateinischen Kulturkreis mit Kroatien und Slowenien und orthodox geprägte Länder wie Serbien, Bulgarien und Griechenland ist heute noch deutlich spürbar.

Ostrom hielt sich noch gut 1000 Jahre lang in Konstantinopel/Byzanz und bildete ein Bollwerk gegen die islamische, später türkische Expansion, in dessen Schutz sich das fragile Abendland entfalten konnte.

Westrom ging nicht einmal 100 Jahre nach der Reichsteilung im Hunnensturm unter. Was danach geschah: Das weströmische Kaisertum wurde dann im Jahr 800 unter völlig anderen Voraussetzungen im Zusammenwirken mit dem Papst von germanisch-fränkischen Königen erneuert.

Gotenzug {um 400}

Die Westgoten blieben nicht lange am Schwarzen Meer, sondern zogen unter ihrem König Alarich den ganzen Balkan hinunter und an der Adriaküste wieder hinauf. Bei Theodosius' Tod 395 standen sie noch in Dalmatien. Um 400 erreichten sie schon den Norden Italiens. Das löste in Rom Alarm aus. Britannien wurde preisgegeben, die Legionen zur Verstärkung der Gotenabwehr nach Italien zurückgerufen. Auch die Rheingrenze brach zusammen. In der Neujahrsnacht 406/407 überschritten Wandalen, Sueben und Alanen den zugefrorenen Rhein zwischen Mainz und Worms. Die weströmische Kaiserresidenz wurde von Mailand in das uneinnehmbare Ravenna verlegt. 408 stand Alarich vor Rom, das die Westgoten 410

ENTDECKUNGEN UND ERFINDUNGEN

Buch {ab 300 n. Chr.}

In der gesamten Antike bis in die römische Kaiserzeit war die Schriftrolle aus Papyrus das gängige „Buch", das in einer Bibliothek aufbewahrt und dort gelesen wurde. Seit etwa 250 begann man, einzelne Papyrusblätter zu heften bzw. zusammenzubinden und mit einem Deckel zu versehen. So entstanden Bücher in unserem Sinn. Die ältesten bekannten derartigen Bücher sind die Nag-Hammadi-Schriften: Evangelien-Texte, die 1945 in Ägypten entdeckt wurden.

Gegen Ende der römischen Kaiserzeit wurde dann Papyrus zunehmend durch Pergament ersetzt. Der in den Klöstern produzierte kostbare Pergament-Kodex ist die für das Mittelalter typische Buchform. Manche Exemplare wurden mit aufwendigen Prachteinbänden versehen, teils mit Edelsteinen besetzt.

Seit dem Spätmittelalter wird das Pergament dann durch Papier ersetzt und mit Gutenberg die handschriftliche Ausführung durch den Buchdruck.

Wulfila {ca. 350}

attu unsar thu in himina / weihnai namo thein – so lautet der Beginn des Vaterunsers auf Gotisch in Bischof Wulfilas (311 – 383) Bibelübersetzung. Wulfila („kleiner Wolf") missionierte um 350 als „Apostel der Goten", die schon früh zum christlichen (arianischen) Glauben übertraten. Ein unschätzbar kostbares Exemplar seiner Wulfila-Bibel ist das älteste erhaltene germanische Sprachdenkmal. Dieser *Codex Argenteus* („Silberkodex") ist auf vollständig mit Purpur eingefärbten Seiten in goldenen und silbernen Lettern geschrieben. Ein königliches Exemplar, für die Sprachforschung ist der Text mit Teilen des Neuen Testaments von ungeheurem Wert.

Die Abbildung zeigt eine Seite aus dem Codex Argenteus, der ersten germanischen Bibelübersetzung in gotischer Sprache von Bischof Wulfila aus dem 4. Jh.

eroberten und plünderten. Ein tiefer Schock für die Römer: die ewige Stadt in der Hand von Germanen!

Die Burgunden und die Nibelungensage {413 – 436}

Wie die Goten waren die Burgunden ehemals Ostseeanrainer, etwa zwischen Oder und Weichsel. Um 300 drangen sie zum Rhein vor, den sie gut 100 Jahre später überschritten. Sie begründen um 413 zwischen Mainz und Worms ein kurzlebiges Reich.

Damals war der Heermeister Aëtius (390 bis 454) der fähigste Stratege und mächtigste Mann im weströmischen Reich. Als junger Mann war er als Geisel sowohl bei den Westgoten wie bei den Hunnen, wo er offenbar gute Kontakte aufbaute. In der Hochphase des Völkerwanderungssturms um 430 behauptete er die Stellung des weströmischen Reiches in Gallien gegen die Franken im Norden und die Westgoten im Süden. Mithilfe seiner hunnischen Freunde zerschlug er 436 das burgundische Reich in Worms. Das ist der historische Kern der Nibelungensage. Attila / Etzel war dabei noch nicht mit von der Partie. Seine welthistorische Stunde schlug kurz darauf, und auch dabei spielte Aëtius wieder eine ausschlaggebende Rolle.

Attila, der Hunnenkönig {um 444}

Nachdem er seinen älteren Bruder und Mitregenten Bleda im Jahr 444 beseitigt hatte, herrschte Attila über ein diffuses Vielvölkerreich, das von der Wolga bis zu seiner Residenz am Donau-Nebenfluss Theiß reichte. Um sich die Hunnen fernzuhalten, entrichtete Ostrom zunächst Tribute an sie, stellte die Zahlungen aber um 444 ein. Attila, dessen gotischer Name „Väterchen" bedeutet, plünderte daraufhin den Balkan. Dann wandte er sich nach Westen und drang bis nach Gallien vor.

In aller Eile gelang es angesichts dieser Bedrohung Attilas altem Freund Aëtius, eine anti-hunnische Koalition aus römischen Legionen, Franken, Westgoten, Burgunden und Alanen zu schmieden. Auf den sagenumwobenen Katalaunischen Feldern, vermutlich in der Nähe von Troyes in der Champagne, konnte diese römisch-germanische Koalition die Hunnen zurückschlagen. Aëtius ließ Attila abziehen.

Dieser stand im Jahr darauf mit seinen Hunnen vor Rom. Einer berühmten Legende zufolge konnte er von dem charismatischen Papst Leo dem Großen zum Abzug bewogen werden. Im Jahr darauf, 453, starb Attila, und sein Hunnenreich zerfiel. Das Ende der Hunnen in Europa nahm schlagartig den Druck von Ostrom wie von den Ostgoten. Sie blieben zunächst unter oströmischer Oberherrschaft an der Donau. Der Ostgoten-Prinz Theoderich verbrachte zehn Jahre als Geisel in Konstantinopel und wurde dort am Kaiserhof erzogen.

In Rom war das Kaisertum inzwischen nur noch ein Spielball intriganter Hofcliquen, die zuletzt den kindhaften Romulus Augustulus als reine Marionette auf den Thron setzten, worauf der römische Offizier Odoaker die Dreistigkeit beging, diesen alsbald wieder abzusetzen und die Kaiserinsignien nach Ostrom zu schicken, so ungefähr mit der Bemerkung, sie würden nicht mehr gebraucht. Von seinen Soldaten ließ er sich zum „Rex Italiae" ausrufen.

Theoderich der Große {ca. 453–526}

In Konstantinopel konnte man sich die Absetzung des Westkaisers durch einen x-beliebigen Offizier natürlich nicht so ohne Weiteres gefallen lassen. Der oströmische Kaiser beauftragte daher den jungen Theoderich (ca. 453–526), mitsamt seinen Ostgoten Richtung Italien zu ziehen. Odoaker verschanzte sich 493 in Ravenna, bis er nach zweieinhalb Jahren Belagerung aufgeben musste.

Beim „Friedensmahl" ermordete Theoderich den Odoaker eigenhändig. Damit war er Alleinherrscher in Italien. Die Oberhoheit des oströmischen Kaisers erkannte er formal an.

Bis zur Ankunft der Langobarden erlebte Italien nun eine Friedenszeit und am Hof des hochkultivierten Theoderichs des Großen eine letzte kulturelle Spätblüte der Antike. Seinen berühmtesten Berater, den Universalgelehrten und Staatsmann Boethius, ließ er allerdings wegen angeblichen Hochverrats hinrichten. Von den Ambitionen und Leistungen Theoderichs zeugt sein monumentales Grabmal in Ravenna. Die mosaikgeschmückten Kirchen der Stadt zeigen die enge Verknüpfung mit der spätantiken Hochkultur in Byzanz.

Die jungen germanischen Reiche

Zu Theoderichs Zeit um 500 gab es auf ehemals weströmischem Gebiet fast nur noch germanisch beherrschte Reiche und Völker: Theoderichs Ostgoten regierten als dünne Oberschicht ganz Italien bis in die Provence. In Gallien südlich der Loire bis weit nach Hispanien waren die Westgoten kurzzeitig eine europäische Großmacht. An der Rhône saßen die Burgunden, zwischen Rhône und Oberrhein der lose, aber mächtige Stammes-

Die Begegnung des Hunnenkönigs Attila mit Papst Leo dem Großen vor den Toren von Rom, hier in einer Darstellung des italienischen Malers Raffael

verband der Alemannen. Diese standen bereits unter Oberherrschaft der Franken, die sich von Rhein, Mosel, Maas und Schelde ausgebreitet hatten. Die nördlichen Nachbarn der Franken an der Nordseeküste waren die Friesen. Zwischen Elbe, Werra und Donau gab es ein kurzlebiges Thüringisches Reich mit Schwerpunkt an der Saale. Westlich der Thüringer, zwischen Elbe und Weser, saßen die Sachsen, nördlich von ihnen, meerumschlungen von Nord- und Ostsee, die Angeln, Dänen und Jüten.

Sachsen und Angeln {ab 450}

Nach dem Abzug der Römer um 400 sahen sich die Britannier von einer Invasion der Pikten und Skoten aus dem Norden bedroht. Einem britannischen Hilferuf folgend zogen die Angeln und Sachsen, germanische Nordseeanrainer, um 450 auf die Insel. Zunächst fuhren Söldner, dann kam es zum Familiennachzug. Schließlich verdrängten die Angeln und Sachsen die eingesessenen keltischen Britannier und gründeten eigene Kleinkönigreiche. Der Begriff „angelsächsisch", Grafschaftsnamen wie „Anglia" für Siedlungsgebiete der Angeln, „Wessex", „Sussex", „Essex" für Siedlungsgebiete der Sachsen erinnern noch heute daran. Auch „England" ist wortgeschichtlich natürlich nichts anderes als „Land der Angeln".

Die Nebel von Avalon

Die Britannier hatten den Teufel mit Beelzebub ausgetrieben. Statt der gefürchteten Skoten und Pikten machten sich nun Germanen als Herrscher breit. Der Kampf gegen die Angeln und Sachsen bildet den Hintergrund der Artus-Sage. Da Artus die Schlacht nicht gewinnen kann, wird er in das mystische Nebelreich Avalon entrückt, von wo er dereinst wiederkehren soll. Um diesen Kern der Artus-Legende rankten sich im Mittelalter weitere Sagenstoffe, vor allem die vom Gral. Die Tafelrunde der Ritter um König Artus war in ganz Europa das glanzvoll verklärte Idealbild der höfischen Kultur der Troubadour-Zeit. Nicht zufällig versammelte Artus seine erlesene Ritterschar in Camelot um einen runden Tisch: So ließen sich Rangstreitigkeiten vermeiden, die in der auf Ehre bedachten Adelsgesellschaft des Mittelalters stets Anlass für Unfrieden boten.

Die langhaarigen Merowinger {ca. 450}

An der Nordseeküste siedelten neben den Angeln und Sachsen die Friesen und ihre Nachbarn, die Franken. Angestoßen von der Wanderung der Angeln und Sachsen schoben sich die Franken nun entlang der Küste nach Süden vor. Um 450 überschritten fränkische Siedler Rhein und Schelde.

Die Nachkommen des legendären Merowech bildeten in der Gegend des heutigen Ostbelgien / Nordfrankreich ein germanisches Kleinkönigreich. Merowech, der erste Salfranken-Häuptling, soll aus der Verbindung der Königin mit einem stierköpfigen Seeungeheuer hervorgegangen sein, das sehr an den Minotaurus erinnert. „Merowinger" ist also der Name dieser fränkischen Königs-

Das prächtige Wandmosaik befindet sich in der Basilika Sant'Apollinare Nuovo in Ravenna. Die Kunstwerke in der auf Geheiß von Theoderich dem Großen errichteten Basilika zeugen heute noch von der engen Verknüpfung mit der spätantiken Hochkultur in Byzanz.

dynastie. Sie trugen besonders lange Haare; diese galten als Ausdruck ihrer übernatürlichen Königsmacht, berichtet der frühmittelalterliche Verfasser der Franken-Chronik Gregor von Tours. Den Schwerpunkt vermutet man zu jener Zeit in der Umgebung von Tournai. Dort wurde 1653 das prunkvolle Grab des Königs Childerich gefunden. Auf seinem Siegelring steht *Childerici Regis*, dem „König Childerich" gehörend. Er war der Vater von Chlodwig, dem eigentlichen Begründer des Abendlandes.

Die Taufe in Reims {497}

Chlodwig besiegte den letzten römischen Herrscher in Nord- und Mittelgallien, ließ fränkische Siedler nachrücken und konsolidierte auf diese Weise erfolgreich seine Herrschaft. Später wurde sogar die Hauptstadt nach Nordgallien verlegt: nach Paris.

Der entscheidende Moment aber war die Schlacht gegen die Alemannen bei Zülpich in der Eifel (496). Sie wurde für Chlodwig zum Schlüsselerlebnis. „In diesem Zeichen wirst du siegen", prophezeite ihm eine Erscheinung des christlichen Kreuzes. Der heidnische Heerführer gelobte, dem Christengott zu vertrauen, errang den Sieg und unterwarf die mächtigen Alemannen. Als Dank für den göttlichen Beistand ließ sich Chlodwig nach der Schlacht mitsamt seinem Kriegeradel, angeblich 3000 Männer, in einer in den Chroniken bewegend geschilderten Zeremonie in Reims taufen: Eine Taube flog in letzter Sekunde mit der Salböl-Ampulle im Schnabel in die Kathedrale ein.

Das für die weitere Geschichte Entscheidende war die Taufe nach katholischem Ritus. Die anderen Germanenvölker waren Arianer. Da Chlodwig Katholik wurde, erhielt der von den arianischen Goten bedrängte, schwache Papst einen neuen Schutzherrn. Als Gegenleistung salbte und krönte er Chlodwig zum König. Die Taufe in Reims war die Geburtsstunde des Abendlandes. Bei dieser Ausrichtung aller westeuropäischen Königreiche auf Rom blieb es. Die Franzosen sehen in dieser Zeremonie den Beginn ihrer Nationalgeschichte – was ein bisschen verfrüht ist. Die Kathedrale von Reims blieb immer die Krönungskathedrale der französischen Könige.

Bis zu seinem Tod brachte Chlodwig noch das inzwischen von den stammesverwandten ripuarischen Franken besiedelte Gebiet rheinaufwärts und mainaufwärts unter seine Herrschaft; „Franken" und „Frankfurt", das später auch ein Kerngebiet des karolingischen und deutschen Kaisertums wurde, erinnern daran.

Römisches Recht {530}

Nach dem Ende des Ostengotenreiches von Theoderich in Italien machte sich Kaiser Justinian I. sogleich an die Rückeroberung der Region sowie weiterer Reichsteile. Justinian, der von 527 bis 565 regierte, verließ Konstantinopel selten, aber dank seiner herausragenden Feldherren gelang ihm eine Wiederherstellung des Oströmischen Reiches zumindest im ganzen Ostmittelmeerraum, also von der Levanteküste bis nach Nordafrika, Italien und Sizilien.

Am Weihnachtstag des Jahres 507 wird der Merowingerkönig Chlodwig von Bischof Remigius im französischen Reims getauft – die Geburtsstunde des Abendlandes.

Nach der gelungenen militärischen Wiederherstellung des (Ost-)Römischen Reiches unter christlichen Vorzeichen wollte Justinian das Reich auch auf eine gesicherte rechtliche Grundlage stellen. Er veranlasste um 530 die Sammlung des gesamten römischen Rechts, das innerhalb weniger Jahre als *Corpus iuris civilis* zusammengetragen wurde. Dies war der wichtigste fundamentale Beitrag der Römer zum modernen Europa: Im Hochmittelalter durch Gelehrte vor allem an der Universität von Bologna wiederentdeckt, wurde es als sogenanntes „Gemeines Recht" Grundlage der kontinentalen Jurisdiktion und der großen Gesetzeswerke vom *Code Napoleon* (*Code civil*) in Frankreich bis zum *Bürgerlichen Gesetzbuch* in Deutschland. So gesehen ist römisches Recht auch heute geltendes Recht.

„Salomo, ich habe dich übertroffen!" {537}

Das bedeutendste Bauwerk von Byzanz wurde auf Justinians Veranlassung in nur fünf Jahren Bauzeit errichtet. Bei der Einweihung 537 soll er ausgerufen haben: „Salomo, ich habe dich übertroffen!"

Mit dem zentralen Kuppelbau orientierten sich die Baumeister bewusst am legendären Vorbild des Tempels in Jerusalem. Die Hagia Sophia wurde ihrerseits zum Vorbild für die gesamte Architektur der griechisch-orthodoxen und russisch-orthodoxen Gotteshäuser, ebenso für die islamische Baukunst der Moscheen. Jahrhundertelang blickte die benachbarte islamische Welt auf dieses „achte Weltwunder" mit seinen – heute leider übertünchten – schimmernden Mosaiken.

Polo und Schach – Sassaniden II

{ab 531}

Justinian und der von 531 bis 579 herrschende Perserkönig Chosrau I. aus der Dynastie der Sassaniden waren ebenbürtige Gegenspieler. Chosrau führte den Titel Schah und knüpfte damit bewusst an die persische Tradition der Achämeniden an, die 800 Jahre zuvor von Alexander besiegt worden waren. Das sassanidische Perserreich mit seiner (toleranten) zoroastrischen Staatsreligion war eine hochkultivierte Rittergesellschaft, Panzerreiter in Turbanen und Pluderhosen sozusagen. Am märchenhaft prächtigen Sassanidenhof pflegte man Jagd und Polo. Das „königliche" Schachspiel, vermutlich aus Indien übernommen, wurde durch sie nach Europa weitervermittelt („Schach": persisch *Shah*; persisch *sha mat* = der König ist tot).

Chosrau förderte den Ost-West-Austausch. Über die Seidenstraße wurde der Fernhandel nach China intensiviert. Er nahm griechische Philosophen nach der Schließung der platonischen Akademie durch Justinian auf, ließ philosophische Texte der Griechen ins Persische übersetzen ebenso wie indische Märchen, deren Stoffe später den Arabern bekannt wurden. Das Sassanidenreich vom Euphrat bis zum Indus ist neben Byzanz das letzte große spätantike Reich, bevor der gesamte Nahe und Mittlere Osten unter die Herrschaft des Islam gerät. Der Sassaniden-Hof wurde zum Vorbild des mittelalterlichen Bagdad. Chosrau selbst wurde zur legendären Figur in *Tausendundeine Nacht*.

➡ ***Was danach geschah:*** Justinian hatte fast 40 Jahre lang regiert (527–565). Unter ihm umfasste das Oströmische Reich zum letzten Mal die gesamte östliche Mittelmeerwelt: Balkan, Kleinasien, Ägypten, Nordafrika,

Sizilien und ganz Italien. Kurz nach seinem Tod ging als erstes Italien an die Langobarden verloren.

Aus Ostrom wird Byzanz

In Konstantinopel kam durch Heraklios I. (575–641) eine neue Dynastie auf den Thron, die sich in dramatischen Kämpfen gegen die Sassaniden behaupten musste. 614 eroberten die Sassaniden Jerusalem, entführten das Heilige Kreuz und standen vor den Mauern von Konstantinopel. Als letzten Ausweg startete Heraklios eine Gegenoffensive, drang bis in die Hauptstadt der Perser vor und entriss ihnen 629 die Kreuzesreliquie. Er führte sie im Triumph nach Konstantinopel und brachte sie anschließend persönlich nach Jerusalem zurück. Heraklios verzichtete auf den römischen Kaisertitel Imperator und nahm 629 den griechischen Titel *Basileus* an – ein Symbol für den Übergang vom Oströmischen Reich zum griechisch-byzantinischen Kaisertum des Mittelalters. Griechisch wurde Amtssprache. In der römischen Cäsarentradition stand der byzantinische Kaiser hoch über allen Menschen und galt als „heilige Person". In der christlich-orthodoxen Tradition war er „Stellvertreter Gottes" und Oberhaupt der Kirche (und nicht etwa der Patriarch). Dermaßen entrückt näherte man sich ihm nur sehr unterwürfig, was ein kompliziertes Hofprotokoll hervorbrachte. Im byzantinischen Mittelalter entwickelte sich auch kein Lehensstaat mit „Reichstagen", sondern es wurde direkt, von der Zentrale aus regiert. Byzanz blieb bis in die Renaissance die mit Abstand kultivierteste und bevölkerungsreichste Großstadt Europas, eine Drehscheibe des Ost-West-Handels. Die Sitte, mit der Gabel zu essen, gelangte im Hochmittelalter durch byzantinische Prinzessinnen nach Europa. Messer hatten die Barbaren seit jeher benutzt.

➥ ***Was danach geschah:*** Auch Heraklios konnte die bald einsetzende arabische Expansion nicht aufhalten. Ägypten war den Byzantinern bereits gegen die Sassaniden verloren gegangen. Mit der Schlacht am Yarmuk 636, nur sieben Jahre nach dem byzantinischen Kreuz-Triumph gegen die Sassaniden, wurde der ganze Nahe und Mittlere Osten innerhalb weniger Jahre arabisch-islamisch: Tausend Jahre lang, seit den Tagen Alexanders des Großen, war der ganze Nahe Osten kulturell griechisch geprägt und über 500 Jahre lang politisch Teil des Römischen Reiches. Da die Römer und nach ihnen die Oströmer im Nahen Osten als Fremdherrscher ziemlich autoritär regiert hatten, wurden die Araber teilweise wie Befreier begrüßt.

Detail aus einem Mosaik in der Basilika Sant'Apollinare Nuovo in Ravenna. Es zeigt den römischen Kaiser Justinian, der beinahe 40 Jahre lang die Geschicke seines Reiches gelenkt hatte.

China – Shaolin und Sui-Dynastie

Am Fuße des Berges Shaoshi in der chinesischen Provinz Henan, im alten chinesischen Kernland am Huangho, liegt das ursprünglich taoistische Kloster Shaolin. Dorthin gelangte um 520 der aus Indien stammende Königssohn Bodhidharma (ca. 440–528), eine ebenso halb historische, halb legendäre Gestalt wie Benedikt von Nursia. Bodhidharma gilt als Begründer des Zen-Buddhismus. Hauptziel des Zen ist die innere Selbstbefreiung, die Abstinenz von allen äußerlichen Ablenkungen. In China verschmolz diese geistige Übung mit taoistischen Traditionen. Bodhidharma war auch in der höfischen Kampfkunst der Brahmanen ausgebildet, die im Shaolin-Kloster weiterentwickelt wurde. Der Zen-Buddhismus wurde die wesentliche geistige Grundlage der mittelalterlich-ritterlichen Samurai-Kultur in Japan bis hin zu Teezeremonie, Nô-Theater und Ikebana.

Nach jahrhundertelangen Wirren wurde China unter der (türkisch-„stämmigen") Sui-Dynastie (560–618) wiedervereinigt. Zu ihr gehörten nur vier Kaiser. Sie trugen aber viel zur inneren Wiedervereinigung des vor allem zwischen Nord und Süd zerfallenen Landes bei und schufen durch Verwaltungsreformen die Grundlage für die nachfolgende, sehr bedeutende Tang-Dynastie.

Ein neuer Prophet

Mit dem Propheten Mohammed („der Vielgelobte") aus Mekka erschien im arabischen Raum eine neue monotheistische Religion, die auch einen neuen Gottesnamen verbreitete: Allah. *Alaha* war das Wort der syrischen Christen für „Gott", und natürlich war „Allah" kein „neuer Gott" (wie vielleicht die Römer in Mithras einen „neuen Gott" kennengelernt hatten). So etwas kann es in einer universalen, monotheistischen Religion nämlich nicht geben: Gott war schon immer und wird immer sein und ist für alle Menschen da, im Christentum wie im Islam.

Mohammed {um 570–632}

Als jüngster unter den großen Religionsstiftern ist Mohammed (um 570–632) mit Sicherheit eine historische Person. Er stammte aus dem Clan der Koreischiten, die zur Oberschicht der Stadt Mekka zählten. Durch seine Heirat mit der 15 Jahre älteren Kaufmannswitwe Chadidscha wurde er wohlhabend. Als Karawanenunternehmer lernte er die Welt des Nahen Ostens bis hinauf nach Syrien kennen. Mit Chadidscha hatte er eine Tochter, Fatima, die Stammmutter aller Nachfahren des Propheten.

Mohammed verabscheute die polytheistischen Kulte seiner Heimat, erkannte nur das uralte Kaaba-Heiligtum in Mekka an und verkündete die Lehre vom einen einzigen Gott. Nach dem Tod Chadidschas hatte er in Mekka nicht mehr genügend einflussreiche Beschützer und floh 622 ins benachbarte Medina. Diese „Hedschra" ist der Beginn der islamischen Zeitrechnung (nach dem Mondkalender). Aktuell (2023) leben wir im Jahr 1444/45 des islamischen Kalenders.

In Medina schwang sich Mohammed zum politischen Führer der Stadt auf und nannte sich nun „Prophet" und „Gesandter Gottes". Als politischer, militärischer und geistlicher Führer kehrte er 630 nach Mekka zurück.

Die Stadt wurde ohne viel Blutvergießen erobert. Von hier aus leitete Mohammed als geistliches und weltliches Oberhaupt die Expansion seiner Herrschaft wie seiner Religion. Bei seinem Tod beherrschte er schon Arabien.

Islam

bedeutet „Unterwerfung" im Sinne von „Gehorsam gegenüber Gottes Willen" und ist das oberste Gebot Gottes, wie es Mohammed offenbart wurde. Konkret bezieht es sich auf Abrahams Gehorsam gegenüber Gottes Befehl, seinen Sohn Isaak zu opfern. Von Abrahamas unbedingtem Gottesgehorsam zutiefst beeindruckt machte Mohammed dies zum Ausgangspunkt seiner Gottesvorstellung.

Im Gegensatz zum Christentum sieht die islamische Religion den Menschen nicht als von der Erbsünde belastet und daher von Grund auf verdorben an. Der Mensch bedarf also auch keiner Erlösung oder eines Aktes der Befreiung von allen Sünden, wie ihn der christliche Gott mit dem Kreuzestod vollzog – das Opfer, an das täglich in der Messe erinnert wird. Der Islam sieht kein prinzipielles Hindernis für den Menschen, in die Seligkeit Gottes einzugehen, sofern er sich an die Gebote des Korans hält.

Koran

Das ursprünglich syrische Wort für die Heilige Schrift des Islam bedeutet „Lesung, rezitierender Vortrag". Wie alle Religionsstifter hinterließ Mohammed keine eigenhändigen Schriften. Die Texte sind nach islamischem Glauben Gottesworte, dem Propheten durch den Erzengel Gabriel eingegeben. Sie dürften aber aus unterschiedlichen Quellen stammen, wurden gesammelt, „redigiert" und ungefähr 20 Jahre nach Mohammeds Tod unter dem dritten Kalifen Osman in kanonischer Form herausgegeben. Der Koran besteht aus 114 Suren in arabischer Sprache. Er enthält historische Teile, Glaubensgrundsätze, Vorschriften und Rechtsgrundsätze.

Araber

Bis zu ihrer Islamisierung hatten die semitischen Beduinen der Arabischen Halbinsel nur eine bescheidene, lokale Rolle gespielt. „Araber" ist verwandt mit dem hebräischen Wort *ereb*, „gemischte Menge". Die Araber überrannten und verwandelten die gesamte südliche Mittelmeerwelt und den Osten zunächst bis ins Hochland von Iran. Das Arabische wurde die Handels-, Verwaltungs- und Gelehrtensprache bei Aramäern, Persern, Ägyptern und es ist natürlich die heilige Sprache des Koran. Die Araber verwandelten als erobernde neue Oberschicht zwar das äußere Erscheinungsbild der orientalischen Zivilisationen, nicht aber die jahrtausendealten kulturellen Traditionen und die gewachsene, in sich ruhende, hochentwickelte Zivilisation dieser Länder und Völker. Da auch keine Zwangsbekehrungen stattfanden, funktionierten diese bruchlos weiter. Treibende Kraft der islamischen Expansion zu einer Großmacht waren die Nachfolger des Propheten, die sogenannten Kalifen. Der zweite Kalif Omar (592–644) rang den Byzantinern den Nahen Osten ab und brachte das persische Reich der Sassaniden ganz unter islamischen Einfluss.

Koreischiten

Mohammed und Abu Bakr (573–634) – er war der erste Kalif, Freund und Schwiegervater des Propheten – gehörten beide zum Stamm der Koreischiten, einem Clan von Fernhändlern, der die Kontrolle über die Stadt Mekka und das Kaaba-Heiligtum innehatte. Das waren keine nomadischen Beduinen, sondern städtische Aristokraten, die sich in den syrischen, mesopotamischen und persischen Metropolen auch sogleich wie zu Hause fühlten. Nur ihre Krieger rekrutierten sich aus den Wüstennomaden und übertrafen wie alle Nomadenvölker die sesshaften

Das Foto vom Ende des 19. Jahrhunderts zeigt Pilger vor der Kaaba in Mekka.

Scharia und Dschihad

Scharia
Diejenigen Passagen des Korans, die sich mit den Verhaltensweisen der Menschen beschäftigen, sind Grundlage der Scharia, des islamischen Rechts. Ausdrücklich verboten sind: Diebstahl, Unzucht, Unzucht zwischen Männern, Verleumdung wegen angeblicher Unzucht und Alkohol. Als göttliches Recht ist das islamische Recht unveränderbar.

Dschihad
ist ein vieldeutiger Begriff, bedeutet wörtlich „Anstrengung", „Kampf" und daher nicht nur „Heiliger Krieg". Gemeint ist vielmehr das moralische Gebot, Gutes zu tun, und die innere Anstrengung, sich tugendhaft zu verhalten.

Buchseiten aus einer Prachtausgabe des Koran

Bauernkulturen und gewachsenen Stadtzivilisationen an Kampfgeist.

Die Zugehörigkeit zum Koreischiten-Stamm gilt bis heute in der islamischen Welt als sehr prestigeträchtig. Dazu gehören als Teilzweig beispielsweise auch die Haschemiten, das heutige jordanische Königshaus, aber auch der in von einem Pakistaner abstammende englische Schriftsteller Hanif Kureishi (*Mein wunderbarer Waschsalon*). Auch die erste richtige arabische Dynastie, die das Kalifenamt in Familienerbfolge weitergab, die Umaijaden, stammte noch aus diesem Umfeld der mekkanischen Aristokratie und bestand ursprünglich aus Koreischiten.

Arabische Expansion {634}

Abu Bakrs Nachfolger war der Koreischite Omar, der von 634 bis 644 regierte. Omar hatte das Kriegshandwerk gelernt und war ein erfahrener Kaufmann. Unter Omars Führung und der seiner Gefährten, alles Freunde des Propheten aus dem Stamm der Koreischiten, eroberten die Araber 634 Palästina, 635 Syrien, 636 Irak, 638 Jerusalem und 639 bis 642 Ägypten. Die persischen Sassaniden wurden 642 endgültig bezwungen. Die Expansion wurde aber nicht immer durch Kriege und Schlachten erreicht, sondern auch durch Verhandlungen und Verträge. All das innerhalb der ersten zehn Jahre nach Mohammeds Tod!

Die arabische Expansion verlief auch deswegen so schnell und relativ unblutig, weil die Araber in den von ihnen eroberten Gebieten nicht, wie die Byzantiner oder die Sassaniden, als Fremdherrscher empfunden wurden. Die Araber erwiesen sich als religiös tolerant. Sie zwangen den Völkern den Islam nicht auf, allerdings wurde den Menschen der Übertritt durch das Steuersystem erleichtert: Nicht-Muslime mussten eine Kopfsteuer entrichten, Muslime nicht. Ansonsten ließ man die Andersgläubigen in Ruhe. Omar war es, der die heute gültige islamische Zeitrechnung im Jahr der Hedschra 622 beginnen ließ. Er wurde 644 ermordet.

Schiiten {656}

Die Zeit des dritten Kalifen, des Koreischiten Osman, von 644 bis 656 war von Streitigkeiten innerhalb des arabischen Führungskerns gekennzeichnet, an denen sich auch Aischa, die zweite Frau und Witwe des Propheten beteiligte. Es ging um die Verteilung der Beute, um Statthalter- und Heerführerposten. 24 Jahre nach Mohammeds Tod kam es zur Spaltung des Islam. Osman wurde von seinen Gegnern ermordet.

Schon bei dessen Wahl hatte sich Ali, der Schwiegersohn des Propheten, übergangen gefühlt. Er hatte Fatima, die Tochter Mohammeds, geheiratet und war überhaupt der treueste aller Gefährten. Es ist nicht klar, ob Ali an dem Mordkomplott gegen Osman beteiligt war, nun aber wurde er zum vierten Kalifen gewählt.

Ali nahm den Titel nicht an, sondern nannte sich nur „Emir" („Anführer", „Befehlshaber" der Gläubigen). Noch im selben Jahr 656 kam es zur Kamelschlacht bei Basra (einem der Hauptkampforte im letzten Golfkrieg der Amerikaner im Irak). Ali siegte, wurde aber dennoch nicht vom koreischitischen Wortführer Muawiya anerkannt. Noch einmal spaltete sich eine Glaubensgruppe ab (die Charidschiten). Diejenigen, die Ali als einzigen wahren Nachfolger des Propheten akzeptieren, werden *Shi'at Ali* genannt, Anhänger Alis, oder „Schiiten".

Ali wurde 661 von einem Charidschiten ermordet, sein Grab wird in Nadschaf im Irak verehrt und ist bis heute ein Wallfahrtsort der Schiiten.

Nun wurde Muawiya fünfter Kalif und vereinbarte mit dem älteren Sohn Alis, Hassan, einen Verzicht auf dessen Ansprüche. Doch weil Muawiya entgegen der Vereinbarung seinen eigenen Sohn Yazid zum Nachfolger machen wollte, nahm der jüngere Sohn Alis, Hussein, den Kampf wieder auf. Die Brüder Hassan und Hussein waren durch ihre Mutter Fatima immerhin Enkel des Propheten. Hussein wurde 680 in der Schlacht bei Kerbala von Yazid getötet. Er gilt den Schiiten als Märtyrer. Sein Grab wird in Kerbala verehrt, wo die Schiiten das alljährliche Gedenken beim Aschura-Fest mit Prozessionen, Bußritualen und Selbstgeißelungen begehen. Aufgrund dieser Tradition sind Iran und Teile des Irak traditionell schiitisch.

Omaijaden {660}

Muawiya hatte als junger Mann dem Propheten als Sekretär gedient. Im Zuge der arabischen Expansion war er Statthalter in Syrien mit Sitz in Damaskus geworden und der Anführer des omaijadischen Familienzweigs der Koreischiten. Ali erkannte er nicht an, weil er ihn für mitbeteiligt an der Ermordung Osmans hielt. Durch Muawiyas Wahl zum fünften Kalifen wurde Damaskus nun das Zentrum der islamischen Welt, und das Kalifenamt wurde fortan bis 750 innerhalb der Omaijaden-Familie weitergegeben. Sie bildeten also eine Dynastie.

Der sechste Omaijaden-Kalif al-Walid regierte von 705 bis 715. Er errichtete den größten und bedeutendsten frühislamischen Sakralbau, die Moschee in Damaskus – nach dem Vorbild der Hagia Sophia. Al-Walid trieb auch die zweite große Expansionswelle voran, diesmal nach Westen bis nach *al-Andalus*.

➡ ***Was danach geschah:*** Die Omaijaden werden 750 von den Abbasiden abgelöst, die umgehend Bagdad gründen. Ein Omaijaden-Spross errichtet das Emirat von Córdoba. Beide Städte werden die blühenden Zentren der arabischen Gelehrsamkeit im Mittelalter.

China – Tang-Dynastie

Trotz bürgerkriegsähnlicher Wirren und des regelmäßig wiederkehrenden Zerfalls in einzelne Staaten wurden die Dynastiewechsel in China erstaunlich oft sozusagen ordnungsgemäß durchgeführt. Dies war auch so beim Übergang von der Sui- zur Tang-Dynastie, obwohl es sich um einen Umsturz handelte und der vorletzte Sui-Kaiser Yangdi von seinen eigenen Beamten erdrosselt worden war. Dessen Enkel bot dem Begründer der Tang-Dynastie nach altem Ritual dreimal die Herrscherinsignien an, die dieser stets ablehnte, bevor er annahm. Dann wartete man noch sechs Tage einen neuen Mondzyklus ab, bevor der erste Tang-Kaiser den Thron bestieg. Unter den Tang erreichte das alte China seine größte Ausdehnung.

Während der Tang-Dynastie erlebte China eine Zeit der kulturellen Blüte, die zahlreiche Kunstwerke hervorbrachte – wie diese Figur einer sitzenden Frau aus unglasierter Keramik.

Gegen die sich rasch ausbreitende Macht der Araber fiel China die Stellung einer Schutz- und Großmacht in Zentralasien zu. Sowohl eine Gesandtschaft aus Byzanz (643) wie eine des Kalifen Osman (651) sind in den Hofannalen vermerkt. Es gab regen Handelsaustausch zwischen Südchina und dem Persischen Golf sowohl auf chinesischen Dschunken wie auf arabischen Dhaus. Auf dem Landweg gelangten Missionare persischer Christen (Nestorianer) und iranische Manichäer ins Reich der Mitte. Den größten dauerhaften Einfluss gewann der Islam. Heute gibt es 20 bis 30 Millionen chinesische Muslime.

Trotz der zwischenzeitlichen „Schreckensherrschaft" der Kaiserin Wu (660–705) und trotz blutiger Palastintrigen und Aufstände erlebte China vor allem nach 700 eine kulturelle Hochblüte und eine Phase äußerer Expansion nach Westen Richtung Hindukusch. Die wurde erst von den Arabern am Talas gestoppt.

Amerika – Maya II

Selbst in ihrer Hochkulturphase von etwa 600 bis 900 bildeten die Maya nie ein „Reich" unter einer Dynastie. Die Maya-Kultur glich immer einem Commonwealth unabhängiger Stadtstaaten mit jeweils eigenen Herrschern. Einige ihrer Städte, die teilweise durch Prozessionsstraßen miteinander verbunden waren, hatten bis zu 10 000 Einwohner: Tikal, Copán, Palenque im Tiefland der Halbinsel Yucatan. Politisch waren sie und einige andere teils Rivalen, teils Verbündete. Nach 700 war Tikal führend, eine Stadt mit über Tausenden von Tempelanlagen und Palästen, Opferschreinen, Observatorien, Ballspielplätzen und Wohngebäuden.

Auch die Maya kannten kein Rad, keinen Pflug, keine Töpferscheibe, keine Hartmetallverarbeitung. Die Samenkörner für Mais und andere Anbaupflanzen wurden einzeln in den Boden eingegraben.

Maya-Kalender

Die Maya haben ihren berühmten, sehr genauen Sonnenkalender nicht selbst erfunden, sondern von der Olmeken-Kultur übernommen. Dieser Kalender ist deswegen berühmt, weil die meisten alten Gesellschaften, außer den Ägyptern, mit dem Mondkalender hantierten. Die Maya teilten die 365 Tage des Sonnenjahrs in 18 Abschnitte

Steintafel eines Kalenders, der von der Maya-Kultur in Guatemala und Mexiko verwendet wurde

zu je 20 Tagen ein. Die überzähligen fünf wurden angehängt. So astronomisch ausgefeilt der Maya-Kalender und einige damit im Zusammenhang stehende, kompliziert zu berechnende Zyklen waren, praktischen Zwecken diente er kaum, sondern lediglich kultischen Zwecken wie dem Bestimmen eines günstigen Tages für Kriegszüge. Daher lag das Kalenderwissen in den Händen der Maya-Priesterschaft.

Nach 900 ging die Maya-Kultur binnen kurzer Zeit in einem Teufelskreis von Raubbau, Überbevölkerung, Hunger, damit einhergehendem Kontrollverlust und Anarchie unter. Die genauen Gründe sind nicht bekannt. Denkbar sind äußere Einflüsse, eventuell durch die Tolteken.

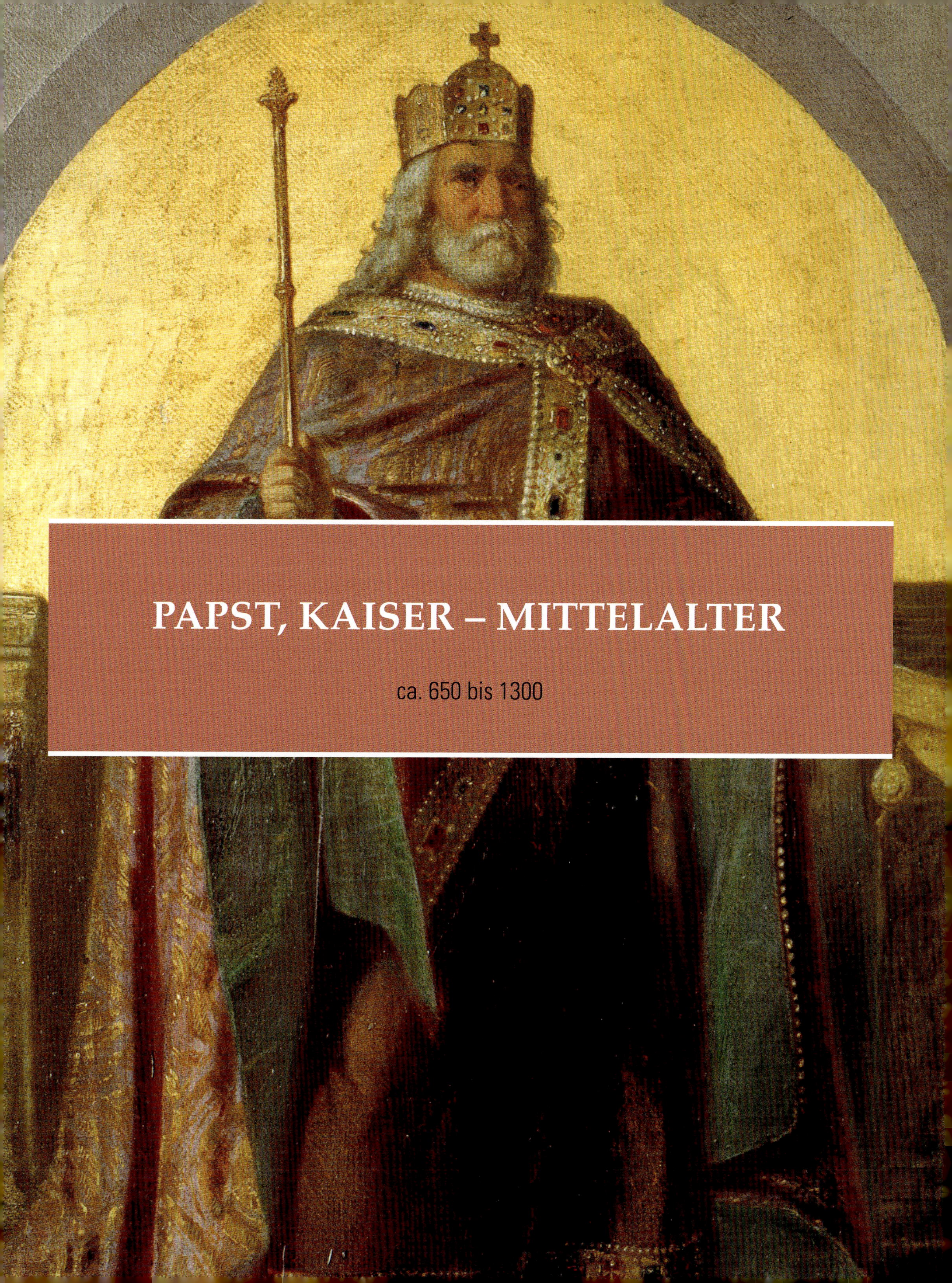

PAPST, KAISER – MITTELALTER

ca. 650 bis 1300

Merowinger und Karolinger

Um 500 gab es in Westeuropa zwei Großmächte: das Gotenreich Theoderichs in Italien und das Frankenreich des Merowingers Chlodwig. Nach Theoderichs Tod verfiel das Ostgotenreich, und ab 560 rückten in Italien die Langobarden ein. Nun gab es nur noch eine europäische Großmacht: das Frankenreich der Merowinger.

Chlodwig hatte Paris zur Hauptstadt des Frankenreiches bestimmt. Die wichtigsten Reichsteile wurden damals „Neustrien" (Champagne, Paris, Westfrankreich), „Austrien" (Belgien, Lothringen, Rhein- und Maingebiet) und „Aquitanien" (Südwestfrankreich) genannt. Nach salfränkischem Erbrecht fiel jeglicher Besitz immer zu gleichen Teilen an die Söhne. Und zwar nur an die Söhne, nicht an die Töchter. (Das hatte sogar noch Auswirkungen bei der Thronfolge Maria Theresias!) Dieser germanische Rechtsgrundsatz galt natürlich auch bei der Thronfolge der Merowinger: Weil die Söhne nach salischem Gesetz zu gleichen Teilen erbten, kam es immer wieder zu Reichsteilungen und mannigfachem Zwist. Die Zwistigkeiten und Machtverluste innerhalb der Königsdynastie ermöglichten den Aufstieg der „Hausmeier": Im 7. Jahrhundert gelangten die direkten Vorfahren Karls des Großen so an die Spitze des Frankenreiches. Karls Vorfahren, der ältere Pippin und Bischof Arnulf von Metz, waren die einflussreichsten Männer im Umkreis des letzten bedeutenden Merowingers Dagobert I.; Pippin bereits als Hausmeier oder „Haushofmeister", was einem Regierungschef gleichkam.

Zur Zeit ihrer größten Machtfülle herrschten die Merowinger über große Gebiete Europas. Die Karte zeigt die germanischen Länder am Ende der Merowingerherrschaft im Jahr 752.

Feudalismus {613}

Einen Höhepunkt innermerowingischer Auseinandersetzungen bildeten die Reichsteilungen nach dem Tod König Chlotars I., des jüngsten Sohnes von Reichsgründer Chlodwig, im Jahr 561. Da Chlotar der jüngste war, hatte er mehrere ältere Halbbrüder, die in ihren Teilreichen auch bereits Könige waren. Mal schlossen sich zwei zusammen und bekriegten einen dritten Bruder oder einer schloss ein Bündnis mit fremden Mächten, etwa den Burgunden, und befehdete die anderen. Es herrschte reines Machtchaos. Die Merowinger schreckten vor Verwandtenmorden nicht zurück.

Um das Frankenreich nach jahrzehntelangem Bürger- und Bruderkrieg wiederzuvereinigen, musste Chlotars Neffe, Chlotar II., ein Enkel des Reichsgründers aus der dritten Königsgeneration, dem fränkischen Adel etliche Zugeständnisse machen. Im *Edictum Chlotarii* verzichtete der König auf das Recht, Grafen nach seinem Gutdünken mal da, mal dort einzusetzen. Sie mussten von nun an aus der Region stammen, in der sie amtierten. Das war eine wesentliche Grundlage für die Entstehung des mittelalterlichen Feudalismus. Jetzt konnten die Adeligen eine Hausmacht aufbauen, Besitz anhäufen und ihre politische Stellung innerhalb der Familie weitergeben. Wesentliche Autoren dieses Edikts waren Pippin und Arnulf.

Im Mittelalter sprach man nicht von „Feudalismus". Das ist ein neuzeitlicher Begriff, den Karl Marx zwar nicht erfunden, aber in Umlauf gebracht hat. Im Mittelalter sprach man von „Vasall", dem „unfreien Diener", später Gefolgsmann, der ein Treuegelübde abgelegt hatte. Dieses persönliche Schutz- und Trutzversprechen zwischen Herr und Vasall bildete den Kern der mittelalterlichen Herrschaftssysteme.

Seit karolingischer Zeit erhielten die Vasallen ein Lehen (etwas „Geliehenes"). Diese Güter, meist Grundbesitz, wurden erblich und als Hoheitsgebiete auch mit Hoheitsrechten verbunden. So entstand das feudale Herrschaftssystem.

„Schottisch"-irische Mission {ab 650}

Bis in die Jahre 650/700 war das rechtsrheinische Austrien, also die Gebiete von Köln bis zum Bodensee und von der Weser bis an den Inn, noch stockheidnisch. Zustände wie in Gallien, wo sich das Christentum schon seit 250 ausbreitete und ein römischer Offizier wie der heilige Martin 372 Bischof von Tours wurde, waren dort undenkbar. Nun kamen aus England und Irland, wo das Christentum tiefe Wurzeln geschlagen hatte, Wanderprediger ins Fränkische Reich.

Columban gründete um 590 ein Kloster in den Vogesen. Sein Gefährte Gallus missionierte im Bodenseeraum. Der Westfranke Emmeram wurde erster Bischof in Regensburg. Im Auftrag von Karl Martell, dem Großvater Karls des Großen, wanderte der Ire oder Westfranke Pirmin durch Bodenseeraum, Schwarzwald und Elsass, während Willibrord (ca. 660–739) als „Friesenapostel" schon vor Bonifatius bei den wirklich widerspenstigen Friesen missionierte.

Obwohl kein einziges dieser Klöster von einem Schotten gegründet wurde, fasst man sie unter dem Begriff „Schottenklöster" zusammen, denn Irland hieß im Mittelalter auf Lateinisch *Scotia maior*. Die Iren waren also dem Namen nach „Schotten". Die Wandermönche hegten übrigens die Vorstellung, je weiter sie sich von ihrer lieblichen irischen oder westfränkischen Heimat in damals unbekannte und fremde germanische Territorien vorwagten, desto näher seien sie dem Himmelreich. Ihre Erwartung erfüllte sich: Fast alle endeten als Märtyrer.

Apostel der Deutschen {ca. 720–750}

Der bekannteste Wandermönch war weder „Schotte" noch Ire, sondern ein Angelsachse aus Wessex: Bonifatius (ca. 675–754). Er predigte seit 716 zunächst vergeblich in Friesland. 719 pilgerte er nach Rom und erhielt vom Papst persönlich seinen Ehrennamen (Bonifatius, „der Wohltäter") zusammen mit dem Auftrag, bei den christlich noch ungefestigten Mainfranken, Thüringern und Baiern zu missionieren. Berühmt ist die Episode, wie Bonifatius eine von den Chatten als heilig verehrte Eiche fällte („Donar-Eiche") und nach diesem „Frevel" nicht sogleich vom Blitz des Donnergottes erschlagen wurde. Fortan glaubten auch die Chatten an den mächtigeren Zauber des Christengottes.

722 vom Papst zum Bischof ernannt, gründete oder reorganisierte Bonifatius die Bistümer Passau, Salzburg, Freising, Regensburg, Eichstätt, Würzburg, Erfurt, Fritzlar. Seine wichtigste Klostergründung ist Fulda.

Das von dem Wandermönch Pirmin im Auftrag des Hausmeiers Karl Martell im Jahr 724 gegründete Kloster Mittelzell befindet sich auf der Insel Reichenau im Bodensee.

in Zentralasien ein wichtiger Rivale des Tang-Reiches wurde. Nach einem Feldzug gegen China stimmte Kaiser Taizong einer Heirat Songtsen Gampos mit einer chinesischen Prinzessin zu, um den Frieden zu erhalten. Songtsen Gampo hatte bereits eine nepalesische und eine westtibetische Prinzessin geheiratet – das war Teil seiner Großmachtpolitik. Bis dahin gab es in Tibet, traditionell ein Nomadenvolk, keine feste Residenz, aber nun wurde für ihn und seine Gemahlinnen die Stadt Lhasa gegründet. Diese Königsresidenz bildete dann den Kern des Potala-Palastes, der im 17. Jahrhundert ausgebaut wurde. Durch die chinesischen und nepalesischen Gemahlinnen des Herrschers wurde der Buddhismus in Tibet bekannt und vom ihm gefördert.

Tibet – Padmasambhava {770/780}

Sehr heilig ist den Tibetern bis heute der „Lotusgeborene": Padmasambhava, auch Guru Rinpoche genannt. Diese historisch wenig gesicherte, legendäre Gestalt soll auf einem Lotus in einem See erschienen sein (selbst eine Jungfrauengeburt wäre noch als zu „menschlich" erschienen). Er soll übernatürliche Kräfte besessen haben und eine Art Buddha-Inkarnation gewesen sein. Jedenfalls stammte er nicht aus Tibet, auch nicht aus Indien, war aber von dort zugewandert. Auf seinen Einfluss wird die Errichtung des ersten buddhistischen Klosters Samye um 770 durch den tibetischen König Trisong Detsen zurückgeführt. Dieser veranlasste auch die ersten Übersetzungen buddhistischer Schriften aus dem Sanskrit ins Tibetische. Tibetisch und Chinesisch gehören zur gleichen Sprachfamilie, sind aber sehr verschieden und werden in vollkommen unterschiedlichen Schriften geschrieben.

➡ ***Was danach geschah:*** Das erste tibetische Königtum blockierte für lange Zeit den Zugang Chinas zur Seidenstraße und seine Ausdehnung im Südwesten. Es endete mit der Ermordung des antibuddhistischen Königs Glang-dar-ma 842.

Japan – Nara {ca. 730–750}

In dieser Periode in der Geschichte Japans (710 –794) orientierte sich das Inselreich unter dem Tenno Shomu (reg. ca. 725–750) kulturell sehr intensiv an China. Die neue Hauptstadt Nara wurde nach dem Muster der chinesischen Hauptstadt Changsha

sprach man von „Vasall", dem „unfreien Diener", später Gefolgsmann, der ein Treuegelübde abgelegt hatte. Dieses persönliche Schutz- und Trutzversprechen zwischen Herr und Vasall bildete den Kern der mittelalterlichen Herrschaftssysteme.

Seit karolingischer Zeit erhielten die Vasallen ein Lehen (etwas „Geliehenes"). Diese Güter, meist Grundbesitz, wurden erblich und als Hoheitsgebiete auch mit Hoheitsrechten verbunden. So entstand das feudale Herrschaftssystem.

„Schottisch"-irische Mission {ab 650}

Bis in die Jahre 650/700 war das rechtsrheinische Austrien, also die Gebiete von Köln bis zum Bodensee und von der Weser bis an den Inn, noch stockheidnisch. Zustände wie in Gallien, wo sich das Christentum schon seit 250 ausbreitete und ein römischer Offizier wie der heilige Martin 372 Bischof von Tours wurde, waren dort undenkbar. Nun kamen aus England und Irland, wo das Christentum tiefe Wurzeln geschlagen hatte, Wanderprediger ins Fränkische Reich.

Columban gründete um 590 ein Kloster in den Vogesen. Sein Gefährte Gallus missionierte im Bodenseeraum. Der Westfranke Emmeram wurde erster Bischof in Regensburg. Im Auftrag von Karl Martell, dem Großvater Karls des Großen, wanderte der Ire oder Westfranke Pirmin durch Bodenseeraum, Schwarzwald und Elsass, während Willibrord (ca. 660–739) als „Friesenapostel" schon vor Bonifatius bei den wirklich widerspenstigen Friesen missionierte.

Obwohl kein einziges dieser Klöster von einem Schotten gegründet wurde, fasst man sie unter dem Begriff „Schottenklöster" zusammen, denn Irland hieß im Mittelalter auf Lateinisch *Scotia maior*. Die Iren waren also dem Namen nach „Schotten". Die Wandermönche hegten übrigens die Vorstellung, je weiter sie sich von ihrer lieblichen irischen oder westfränkischen Heimat in damals unbekannte und fremde germanische Territorien vorwagten, desto näher seien sie dem Himmelreich. Ihre Erwartung erfüllte sich: Fast alle endeten als Märtyrer.

Apostel der Deutschen {ca. 720–750}

Der bekannteste Wandermönch war weder „Schotte" noch Ire, sondern ein Angelsachse aus Wessex: Bonifatius (ca. 675–754). Er predigte seit 716 zunächst vergeblich in Friesland. 719 pilgerte er nach Rom und erhielt vom Papst persönlich seinen Ehrennamen (Bonifatius, „der Wohltäter") zusammen mit dem Auftrag, bei den christlich noch ungefestigten Mainfranken, Thüringern und Baiern zu missionieren. Berühmt ist die Episode, wie Bonifatius eine von den Chatten als heilig verehrte Eiche fällte („Donar-Eiche") und nach diesem „Frevel" nicht sogleich vom Blitz des Donnergottes erschlagen wurde. Fortan glaubten auch die Chatten an den mächtigeren Zauber des Christengottes.

722 vom Papst zum Bischof ernannt, gründete oder reorganisierte Bonifatius die Bistümer Passau, Salzburg, Freising, Regensburg, Eichstätt, Würzburg, Erfurt, Fritzlar. Seine wichtigste Klostergründung ist Fulda.

Das von dem Wandermönch Pirmin im Auftrag des Hausmeiers Karl Martell im Jahr 724 gegründete Kloster Mittelzell befindet sich auf der Insel Reichenau im Bodensee.

Der christliche Missionar Bonifatius, auch als „Apostel der Deutschen" bezeichnet, starb den Märtyrertod. Sein Denkmal steht direkt vor dem Mainzer Dom.

Von dort brach er im hohen Alter zu seiner letzten Mission bei den Friesen auf, wo er erschlagen wurde.

„Retter des Abendlandes" {740/750}

Der bekannteste Hausmeier aller Zeiten ist Karl Martell (688–741), der Großvater Karls des Großen. Karl Martells epochale Leistung ist der Sieg über die Araber in der siebentägigen Schlacht bei Poitiers in Südwestfrankreich. Vom westlichsten Teil des umaijadischen Kalifatreichs, von Al-Andalus aus, versuchten die Araber in jener Zeit immer wieder in die fränkisch-merowingischen Gebiete nördlich der Pyrenäen vorzudringen. Nach jener Schlacht stoppte hier die arabische Westexpansion.

Karl Martell regierte, wie sein Vater Pippin der Mittlere, bereits ohne jede Rücksichtnahme auf die jeweiligen völlig unbedeutenden merowingischen Könige. Sein Beiname „Martell" (altfranzösisch) bedeutet: „der Hammer". Unter ihm erlebte das Frankenreich nach der rund zweihundertjährigen Phase der erbrechtsbedingten Zersplitterung und des Niedergangs der merowingischen Königsdynastie den Aufstieg zur einzigen europäischen Großmacht. Martells Sohn, Pippin III., verbannte schließlich den letzten Merowinger Childerich III. ins Kloster Prüm in der Eifel und ließ sich nun im Jahr 751, in der späten Bonifatius-Zeit, selbst zum König wählen und salben. Die Salbung erfolgte aber nicht, wie manche Legenden behaupten, durch Bonifatius, sondern durch den damaligen Papst Zacharias – und dies, wie immer, nicht ohne Gegenleistung.

Pippinsche Schenkung/Konstantinische Schenkung {754}

754 übereignete Pippin III. das von ihm kurz zuvor eroberte Exarchat Ravenna dem Papst. Bis dahin war Ravenna die letzte Bastion von Byzanz auf der italienischen Halbinsel gewesen und Ostrom die Schutzmacht des Papsttums. Der Heilige Stuhl hatte wenig eigenen Landbesitz und keine eigenen Divisionen. Die Päpste fühlten sich schon seit Längerem von den mächtigen Langobarden umzingelt und bedroht. Vor allem deswegen gewährte man dem aufstrebenden Pippin die Königssalbung und damit die „diplomatische Anerkennung". Dieser revanchierte sich mit der Überlassung Ravennas.

Um Pippin zu dieser Geste zu motivieren, war um 750 am päpstlichen Hof eine Urkunde gefälscht worden. Die sogenannte „Konstantinische Schenkung" sollte nachweisen, dass dem Papst bereits vom ersten römisch-christlichen Kaiser Konstantin ein Gebiet rund um Rom überlassen worden war. Pippin war gebührend beeindruckt und fand es nur ziemlich, es als angehender fränkischer König dem großen römischen Kaiser nachzutun. Das Exarchat bildete nun den Kern des späteren Kirchenstaats. Praktischerweise schob sich das Territorium von der Adria bis ans Tyrrhenische Meer bei Ostia wie ein Riegel quer über Mittelitalien und trennte so die langobardischen Besitzungen.

Von Gottes Gnaden

Karl der Große (747–814) war der Enkel von Karl Martell. Seit seinem Vater Pippin, seit 751, waren die nach ihm benannten Karolinger als neue fränkische Dynastie mit dem Segen des Papstes Könige aus eigenem Recht. Von 768 bis zu seinem Tod konsolidierte und erweiterte Karl dieses Reich erheblich. Zuerst nahm er die Süderweiterung ins Visier – den Angriff auf das Reich der Langobarden.

Diese hatten sich zwar um 600 zum katholischen Glauben bekehrt, ihre ständige Bedrohung des Papsttums beendete aber erst der neue Frankenkönig in den Jahren 773/774. Damit erwarb Karl die Eiserne Krone, in die ein Nagel vom Kreuz Christi geschmiedet sein soll. Diese „italienische" Krone gehörte fortan zum Bestand des deutsch-römischen Kaisertums und ist der Grund für die Herrschaft deutscher Kaiser in Italien im Mittelalter. Seit dem Erwerb der Eisernen Krone gehört (lateinisch) *gratia Dei* zur Titulatur europäischer Herrscher; in Europa sehen sich alle Herrscher als „von Gottes Gnaden" eingesetzt – aber immerhin nicht als „Stellvertreter Gottes" wie in Byzanz.

➥ ***Was danach geschah:*** Übrigens währte diese Berufung auf das Gottesgnadentum als oberste Herrschaftslegitimation bis zum Zusammenbruch der meisten europäischen Monarchien 1918. Selbst im 19. Jahrhundert haben die europäischen Monarchen nicht im Ernst daran gedacht, eine „vom Volke ausgehende Staatsgewalt" zu akzeptieren. Ganz ähnlich hielten es die chinesischen Kaiser bis 1917 mit ihrem „Mandat des Himmels". Das läuft auf das Gleiche hinaus.

Kaiserkrönung I {800}

Wieder einmal benötigte ein Papst dringend fränkischen Beistand. Bei einer Prozession im April 799 wurde Leo III. von stadtrömischen Adelscliquen überfallen. Sie warfen ihm Ehebruch vor, wollten ihn blenden und ihm die Zunge herausschneiden. Leo entkam nur mit knapper Not, floh zu Karl nach Paderborn und bat ihn um Hilfe. Dieser marschierte nach Rom und schüchterte die Stadtadelspartei mit Todesurteilen wegen Majestätsbeleidigung ein (sie wurden nicht vollstreckt). Am Weihnachtsabend 800 belohnte Leo den Frankenkönig mit der römischen Kaiserkrone. Die in Byzanz gerade regierende Kaiserin Irene verweigerte zwar zunächst die diplomatische Anerkennung eines zweiten „römischen Kaisers" in Europa, aber ihr Nachfolger gewährte sie dann.

Karolingische Renaissance

Um 800 war die gesamte lateinische Christenheit (bis auf die Britischen Inseln) unter fränkischer Herrschaft vereint. Dies ist bis heute das leuchtende Vorbild für das Europa-Projekt: eine Vereinigung und Friedensordnung für die westliche Zivilisation. Karl war sehr wohl bewusst, dass das, was er mit dem Schwert erreicht hatte, durch Bildung und geistige Fürsorge vertieft werden musste. Die mangelnde Akzeptanz des Europa-Projektes in der Gegenwart beruht ja gerade auf dem Fehlen eines gemeinsamen kulturellen Bewusstseins.

Karl schob ein großes Kulturprogramm an, das sich unter seinen Nachfolgern, vor allem unter Kaiser Ludwig dem Frommen, voll entfalten sollte. Die karolingische Renaissance erreichte ihren Höhepunkt, als die politische Einheit des Reiches durch die Erbteilung nach dem salischen Gesetz schon wieder zerbrach. In Aachen entstand die

Auf dem Gemälde von Jean Fouquet (um 1460) ist der Moment der Krönung des Frankenkönigs Karls des Großen zum römischen Kaiser durch Papst Leo III. am Abend des 25. Dezember 800 in Rom festgehalten.

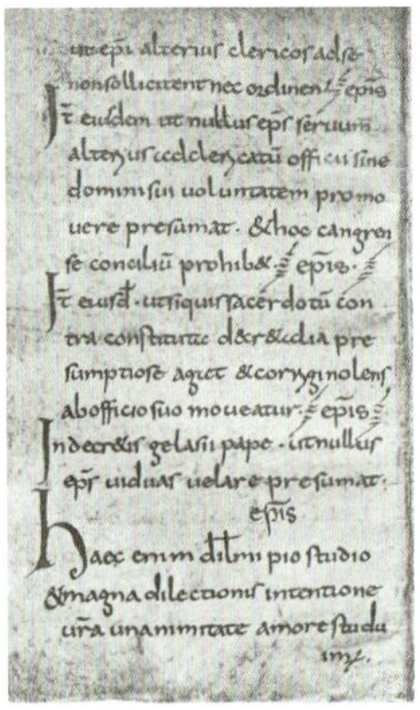
ut epi alterius clericos ad se
non sollicitent nec ordinent epis
It eiusdem ut nullus eps servum
alterius ecclesiasticum officium sine
domini sui voluntatem promo
vere presumat. Et hoc cangren
se concilium prohibet epis
It eiusd. ut si quis sacerdotum con
tra constituta decreta pre
sumptiose agit et corrigi nolens
ab officio suo moveatur epis
In decretis gelasii pape. ut nullus
eps viduas velare presumat.
epis
Haec enim dilmi pio studio
et magna dilectionis intentione
vestra unanimitate amore studu
imus.

Die karolingische Minuskel (hier ein Beispiel für ein Schriftstück aus der Stiftsbibliothek in St. Gallen) verbreitete sich unter Karl dem Großen in ganz Europa.

Pfalzkapelle nach dem Vorbild der spätantiken Achteck-Kirche S. Vitale in Ravenna. Leiter der Aachener Hofschule war seit 782 der Angelsachse Alkuin, ein typischer Universalgelehrter, dessen Interessen von der Theologie bis zur Astronomie reichten. Die Männer um Alkuin knüpften bewusst an die römisch-antike Tradition an, unter ihnen Hrabanus Maurus, später Abt von Fulda, im Alter noch Erzbischof von Mainz und Vertrauter des Karls-Sohnes Kaiser Ludwigs des Frommen.

In den Klöstern schrieb man antike Texte auf Pergament. Nur durch sie ist der winzige Bruchteil dessen, was wir von der Antike überhaupt noch kennen, erhalten. Mit der karolingischen Minuskel wurde eine sehr leicht lesbare, vereinfachte Schrift entwickelt, aus der unsere Kleinbuchstaben entstanden. Es war die Blütezeit der karolingischen Buchmalerei. Das Utrechter Psalter, das Lorscher Evangeliar und der „Hortulus“ zählen zu den schönsten Büchern der Weltgeschichte.

Bilderstreit {ca. 800}

In Byzanz wurde derweil der seit etwa 730 heftig tobende Bilderstreit um die Verehrung von Ikonen zugunsten der Bilder entschieden. Der Streit hatte sich entzündet, als der byzantinische Kaiser Leo III. eine Christus-Ikone am Tor seines Palastes abnehmen ließ, wogegen das Volk Sturm lief. Leo meinte, im Sinne des biblischen Gebotes zu handeln, wonach sich die Gläubigen von Gott kein Bild machen dürfen.

Wegen der damals noch bestehenden Einheit der Kirche betraf das Thema auch den Westen. 794 befasste sich eine von Karl einberufene Synode damit. Die letztendliche Entscheidung „für die Bilder“ sowohl am byzantinischen wie am fränkischen Kaiserhof um 800 ist eine oft übersehene fundamentale Weichenstellung in der abendländischen Kunst zugunsten der Personendarstellung und der realistischen Naturwiedergabe, wie sie in der Antike bestand und wie sie dann in der Renaissancekunst ihren ersten Höhepunkt erreichte. Wäre die Entscheidung

Der „Bilderstreit“ um den Gebrauch und die Verehrung von Ikonen (Bild rechts oben) wurde schließlich zugunsten der Bilder beigelegt.

damals anders ausgefallen, hätte sich auch in Europa nur eine Ornamentalkunst ähnlich der jüdischen und islamischen entwickelt.

Straßburger Eide {842}

Die Straßburger Eide vom 14. Februar 842 sind kurz, bestehen lediglich aus der feierlich formulierten Aussage, sich gegenseitig beizustehen und keine Bündnisse gegen den anderen zu schließen – aber sie haben enorme politische wie sprachgeschichtliche Bedeutung. Beschworen wurden sie von Karls Enkeln Karl aus Westfranken und Ludwig aus Ostfranken.

Karl sprach seinen Eid vor Ludwigs Vasallen in althochdeutsch-rheinfränkischer Sprache, und Ludwig „der Deutsche“ leistete ihn vor Karls Vasallen auf Altfranzösisch. Die erhaltenen Eidestexte sind die ältesten Dokumente in beiden Volkssprachen und der erste Beleg für das kulturelle Auseinanderdriften der beiden Reichsteile Austrien und Neustrien.

Die Eide besiegelten eine Erbauseinandersetzung, in der sich Karl und Ludwig gegen ihren ältesten Bruder Lothar verbündet hatten. In einer Schlacht kurz vor

Außerhalb von Karls Reich

Asturien und Kastillien {um 800}
An der südlichen Peripherie des karolingischen Frankenreiches entstanden um 800 die ersten spanischen Königreiche und die Adelsrepublik Venedig. Asturien (seit 739), Leon (seit 925) und Kastilien (als Abspaltung von Leon) waren christliche Nachfolgestaaten des Westgotenreiches, das durch die muslimische Expansion zusammengebrochen war. Die Pyrenäen wurden zum Rückzugsgebiet des ritterlichen westgotischen Adels. Dazu gehörte auch das von Basken gebildete Königreich Navarra.

Als Grenzverteidigung gegen die Araber hatte Karl der Große 801 rund um Barcelona die Spanische Mark begründet, damals „Goth-Alania" genannt, die Keimzelle des späteren Katalonien.

Markusrepublik {828}}
Die *Serenissima Republica di San Marco*, die „Erlauchteste Republik des Heiligen Markus", entstand in der Völkerwanderungszeit aus sehr bescheidenen Fischerdörfern auf nordadriatischen Laguneninseln. Seit etwa 700 wählten dort die Veneter einen Dogen (lateinisch *dux*, „Führer", „Herzog") als Oberhaupt ihrer (Adels-) Republik. Venedig ist von dieser Staatsform nie abgewichen.

In seiner Frühzeit stand die Lagunenstadt unter dem Einfluss von Byzanz. Der vielfach überkuppelte Markusdom ist dafür ein besonders gut erhaltenes Beispiel. Im Jahr 828 raubten venezianische Kaufleute die Reliquien des heiligen Markus, des Evangelisten, aus Alexandria und brachten sie in die Stadtrepublik, die sich seither „Markusrepublik" nannte.

den Straßburger Eiden war Lothar besiegt worden. Dieser erhielt aber dann doch ein Jahr später, im Vertrag von Verdun 843, den mittleren Reichsteil von der Nordsee, Rhein und Rhône entlang bis in die Provence und Italien.

Religion und Staat in Asien

China – Mandarin {nach 610}
Schon seit der Han-Zeit gab es kaiserliche Beamte, für die nach dem konfuzianischen Werte-Kanon der Erhalt von Harmonie in Staat und Gesellschaft das oberste Gebot war. Das mussten sie in einem ausgiebigen literarisch-philosophischen Gelehrtenstudium verinnerlichen. Unter den Tang-Kaisern wurde 601 für die Beamtenlaufbahn eine einheitliche „literarische" Prüfung vorgeschrieben, die im Prinzip allen Männern ohne Klassenunterschiede offenstand. Taizong, von 626 bis 649 der zweite Tang-Kaiser und einer der bedeutendsten Chinas, brachte das Prüfungssystem in seine verbindliche bis 1905 bestehende Form. Für das Jahr 657 ist eine Zahl von über 13 000 Mandarinen überliefert bei einer Gesamtbevölkerung von ungefähr 50 Millionen.

In der Praxis wurde dieses Prinzip gleicher Chancen für alle aber immer wieder unterlaufen, da vor allem der Landadel stets bestrebt war, die Beamtenstellen mit „seinen eigenen Leuten" zu besetzen und nach Möglichkeit sogar zu „vererben". Außerdem galt in der chinesischen Staatspraxis die Regel: War der Kaiser stark, konnte er sich seiner Beamtenschaft wirkungsvoll bedienen. War der Kaiser schwach, war er das Werkzeug der Mandarine, Eunuchen und Hofcliquen. Meistens waren die Kaiser schwach.

Übrigens heißen die Beamten auf Chinesisch nicht „Mandarin", sondern *guan*. Über die Entstehung des in den europäischen Sprachen verbreiteten Worts gibt es sehr verschiedene Theorien. Sehr wahrscheinlich steht das Wort für die kleine Zitrusfrucht mit der Farbe der Amtstracht der Mandarine in Verbindung.

Tibet – Songtsen Gampo {ab 617}
In Tibet, damals noch nicht buddhistisch, etablierte sich ab 617 ein kraftvolles Königtum durch Songtsen Gampo (617–649), das

in Zentralasien ein wichtiger Rivale des Tang-Reiches wurde. Nach einem Feldzug gegen China stimmte Kaiser Taizong einer Heirat Songtsen Gampos mit einer chinesischen Prinzessin zu, um den Frieden zu erhalten. Songtsen Gampo hatte bereits eine nepalesische und eine westtibetische Prinzessin geheiratet – das war Teil seiner Großmachtpolitik. Bis dahin gab es in Tibet, traditionell ein Nomadenvolk, keine feste Residenz, aber nun wurde für ihn und seine Gemahlinnen die Stadt Lhasa gegründet. Diese Königsresidenz bildete dann den Kern des Potala-Palastes, der im 17. Jahrhundert ausgebaut wurde. Durch die chinesischen und nepalesischen Gemahlinnen des Herrschers wurde der Buddhismus in Tibet bekannt und vom ihm gefördert.

Tibet – Padmasambhava {770/780}

Sehr heilig ist den Tibetern bis heute der „Lotusgeborene“: Padmasambhava, auch Guru Rinpoche genannt. Diese historisch wenig gesicherte, legendäre Gestalt soll auf einem Lotus in einem See erschienen sein (selbst eine Jungfrauengeburt wäre noch als zu „menschlich“ erschienen). Er soll übernatürliche Kräfte besessen haben und eine Art Buddha-Inkarnation gewesen sein. Jedenfalls stammte er nicht aus Tibet, auch nicht aus Indien, war aber von dort zugewandert. Auf seinen Einfluss wird die Errichtung des ersten buddhistischen Klosters Samye um 770 durch den tibetischen König Trisong Detsen zurückgeführt. Dieser veranlasste auch die ersten Übersetzungen buddhistischer Schriften aus dem Sanskrit ins Tibetische. Tibetisch und Chinesisch gehören zur gleichen Sprachfamilie, sind aber sehr verschieden und werden in vollkommen unterschiedlichen Schriften geschrieben.

➥ ***Was danach geschah:*** Das erste tibetische Königtum blockierte für lange Zeit den Zugang Chinas zur Seidenstraße und seine Ausdehnung im Südwesten. Es endete mit der Ermordung des antibuddhistischen Königs Glang-dar-ma 842.

Japan – Nara {ca. 730–750}

In dieser Periode in der Geschichte Japans (710 –794) orientierte sich das Inselreich unter dem Tenno Shomu (reg. ca. 725–750) kulturell sehr intensiv an China. Die neue Hauptstadt Nara wurde nach dem Muster der chinesischen Hauptstadt Changsha

angelegt. Die Japaner übernahmen die chinesischen Schriftzeichen und passten sie der japanischen Sprache an. Diese chinesisch-japanische Schrift heißt *Kanji*. Kaiser Shomu war selbst tiefgläubig und förderte die Verbreitung des Buddhismus, der in Japan als Zen-Buddhismus von noch größerer Bedeutung wurde als in China.

Das Goldene Zeitalter des Islam

Um 800 waren die chinesische Hauptstadt Changsha, die byzantinische Hauptstadt Konstantinopel und die neue Hauptstadt des Kalifenreiches Bagdad die mit Abstand bevölkerungsreichsten Metropolen auf dem eurasischen Kontinent. Blickt man auf die gleichzeitigen karolingischen Pfalzen, die Landstadt Rom, innerhalb deren Mauern Ackerbau betrieben wurde, oder auf die auf Pfählen errichtete Wassersiedlung am Rialto, wird klar, wie entwicklungsbedürftig Europa damals war und wie sehr es buchstäblich am Anfang stand. Um 750, zur selben Zeit als Pippin III. im Frankenreich den letzten Merowingerkönig absetzte und sich zum ersten Karolinger-König krönen ließ, kam es auch zu einem Dynastiewechsel im islamischen Kalifenreich.

Abbasiden {750}

Marwan II. war von 746 bis 750 der 14. Kalif und letzte Herrscher der Omaijaden. Bei den Persern, die sich innerhalb des Vielvölkerreichs der Kalifen zweitklassig behandelt fühlten, formierte sich der Widerstand. Sie warfen den Omaijaden Geldverschwendung und Verweltlichung vor. Thronstreitigkeiten innerhalb der Dynastie und die Ermordung des elften Kalifen 744 setzten deren Ansehen binnen kürzester Zeit rapide herab.

Abu Muslim, heute noch in Persien als Nationalheld verehrt, führte seit 747 die abbasidische Widerstandsbewegung. 749 wurde Abu al-Abbas zum Kalifen ausgerufen; er war ein Haschemit, stammte also aus einer Seitenlinie der Familie des Propheten. Abbas besiegte die Omaijaden und rottete sie mit bestialischer Grausamkeit aus (bis auf den zufällig nicht anwesenden Omaijaden-Prinzen Abd ar-Rahman, den Begründer des Emirats von Córdoba).

Der Potala-Palast in Tibet. Bei seinem Bau wurden die Überreste der von Songtsen Gampo im 7. Jahrhundert gegründeten und später zerstörten Königsresidenz integriert.

Als es zwischen dem neuen Kalifen und Abu Muslim zu Spannungen kam, wurde dieser vor den Augen von Kalif Abbas ermordet.

Da Abbas bald darauf – eines natürlichen Todes – starb, übernahm sein Bruder Al-Mansur von 754 bis 775 das Kalifat. Dieser gründete die neue Hauptstadt der Abbasiden: Bagdad. Das persische Wort bedeutet: „Von Gott gegeben", „Geschenk Gottes".

Emirat von Córdoba {756}

Die Araber hatten seit 711 die iberische Halbinsel weitgehend erobert und das Westgotenreich zerstört, sich aber in den rund 40 Jahren seither untereinander stark zerstritten. Nach dem Omaijaden-Massaker gelang Prinz Abd ar-Rahman (731–788) eine mehrjährige, abenteuerliche Flucht durch Syrien und quer durch Nordafrika bis ins heutige Marokko. Über mütterliche berberische Verwandte kam er als Offizier nach al-Andalus, stürzte mithilfe seiner Truppen den dortigen Statthalter und begründete 756 das Emirat von Córdoba. Hier entstand nach der Völkerwanderung die erste und eine der glänzendsten Kulturen Europas mit einer einzigartigen Symbiose muslimischer, jüdischer und christlicher Traditionen. Der arabische Bevölkerungsanteil betrug etwa zehn Prozent. Die Araber herrschten fast 300 Jahre lang über fast ganz Spanien. Nur in den Pyrenäen hielten sich kleine christliche Königreiche wie Asturien und Leon. Abd ar-Rahman begann auch mit dem Bau der Großen Moschee in Córdoba, der Mezquita. 929 nahm Abd ar-Rahman III. den Kalifentitel an, seitdem hieß das Staatswesen Kalifat von Córdoba.

Die Mezquita, die Große Moschee in Córdoba, vereint unterschiedliche Stilrichtungen und religiöse Elemente der westlichen Kultur sowie des Islam. Zu den beeindruckendsten Merkmalen des Bauwerks gehören die rot-weiß gestreiften Doppelbögen im Inneren.

Arabische Zahlen {825}

Das Rechnen mit den sogenannten arabischen Zahlen, das einzige Rechensystem, das sich weltweit durchgesetzt hat, verdankt die Welt dem arabischen Gelehrten Khwarizmi, arabisch Al-Chwarizmi (ca. 780–840). Er war einer der herausragenden Gelehrten Bagdads. Das Rechensystem und die Zahl Null (arabisch *sifr*) waren durch den regen Handelsaustausch von Indien nach Bagdad gelangt, wo Al-Chwarizmi es in seinem Lehrbuch *Über das Rechnen mit indischen Zahlen* (825) in schlüssiger Weise so systematisch darstellte, dass es lange als seine Erfindung galt. Deshalb spricht man heute von den „arabischen Zahlen".

Al-Chwarizmi gilt als „Vater der Algebra", denn eines seiner weiteren Werke trägt den langen Titel *Al kitab al muchtsar fi hisab al-jabr wa-l- muquabala* („Das umfassende Buch vom Rechnen durch Ergänzung und Ausgleich"). Es enthält 800 Beispiele dieser Rechenkunst. Im Hochmittelalter wurde es von Gerhard von Cremona (1114–1187) in Toledo ins Lateinische übersetzt und bis ins 17. Jahrhundert an den europäischen Universitäten als Grundlehrbuch der Mathematik verwendet. Der lateinische Titel lautet *Ludus Algebrae Almucgrabalaeque*.

Papier(-herstellung)

Während die Araber unter den Abbasiden-Kalifen nach Osten expandierten, dehnten die Tang-Kaiser gleichzeitig ihr chinesisches Reich nach Westen hin aus. 751 stießen die Armeen in Zentralasien, im landschaftlich schönen Flusstal des Talas am Fuße des Pamir-Gebirges, zu einer Schlacht zusammen. Da die Araber die Oberhand behielten, liefen auf chinesischer Seite kämpfende Krieger aus Turkvölkern zu den Arabern über.

Trotz des etwas abgelegenen Schauplatzes im heutigen Kirgisistan hatte die Schlacht zwei kulturgeschichtlich bedeutsame Konsequenzen: In der Folge nahmen die Turkvölker den islamischen Glauben an. Seither sind die Turkvölker Zentralasiens und somit auch die später nach Anatolien vorgestoßenen „Türken" muslimisch. China dehnte sich seither auch nie mehr weiter nach Westen aus.

Außerdem verbreitete sich durch chinesische Kriegsgefangene und in Samarkand ansässige Handwerker die bereits jahrhundertealte chinesische Erfindung der Papierherstellung. In Bagdad wurde eine Papiermühle errichtet. Rund 100 Papierhändler betrieben alsbald ihre Geschäfte in einem eigenen Suk. Diese kann man sich auch als frühe Form von Verlagen vorstellen, denn manche Händler waren Schriftsteller und Gelehrte aus dem Haus der Weisheit.

Der Wert von Papier erhöht sich eben, wenn es beschrieben oder bedruckt wird: als Buch, besser noch als Banknote. Auf die Idee mit dem Papiergeld waren die Chinesen bereits gekommen, sie hat sich aber erst später durchgesetzt.

Was danach geschah: Die Abbasiden herrschten über ein riesiges Weltreich vom Indus bis zum Atlantik, mit Iran, Irak, Syrien, Palästina, Ägypten und Nordafrika bis Marokko. Es war das einzige Weltreich seiner Zeit neben dem byzantinischen und das sehr viel dynamischere. In der Zeit Haruns und seiner unmittelbaren Nachfolger gab es einen Wirtschafts-, Handels-, Bank- und Bauboom ohnegleichen. Die Verstädterung nahm zu, gleichzeitig wurde die Landwirtschaft durch den Ausbau der Bewässerungssysteme enorm intensiviert und durch den

Das Haus der Weisheit {755/830}

Al-Mansurs Sohn Al Mahdi förderte die Künste und die Wissenschaften. Die Abbasiden knüpften stärker an die persische Kultur und die üppige Hofhaltung nach dem Vorbild der Sassaniden an. Al Mahdi designierte neben seinem erstgeborenen Sohn auch seinen Sohn von einer Nebenfrau namens Harun ar-Raschid zum fünften abbasidischen Kalifen. Harun ermordete seinen Vorgänger alsbald.

Harun ar-Raschid, der von 786 bis 809 regierte, wurde in Europa durch die *Märchen aus Tausendundeiner Nacht* unvergesslich. Tausendundeine Nacht, arabisch *alf waila wa-laila*, entstand aber erst mehr als 200 Jahre später. Mit seinem Zeitgenossen Karl dem Großen tauschte Harun mehrmals Gesandtschaften aus, unter anderem schenkte er ihm einen indischen Elefanten, im ganzen Orient ein Zeichen von Macht, Wertschätzung und Reichtum. Auch mit China unter den Tang-Kaisern wurden Gesandtschaften getauscht, nur gegen Byzanz führte Harun mehrmals Krieg.

Unter Haruns Sohn Al Ma'mum erlebte Bagdad seit 813 den Beginn einer lang anhaltenden kulturellen Blütezeit. Im Jahr 830 gründete er das „Haus der Weisheit", eine Akademie für die führenden Gelehrten der arabischen Welt. Sämtliche erreichbaren Schriften aus dem antiken Griechenland, von den Ärzten Hippokrates und Galen über die Philosophen Platon und Aristoteles bis zu den Mathematikern Euklid und Archimedes wurden hier gesammelt und übersetzt. Von hier aus gelangte das antike Wissen dann im Spätmittelalter und in der Renaissance durch Rückübersetzung aus dem Arabischen ins Lateinische wieder nach Europa. Ähnliche Akademien entstanden in Córdoba und Sevilla, um 1000 in Kairo und als seldschukische Neugründung 1067 die Medrese Nisamija des Seldschuken-Wesirs Nisam.

In der Illustration aus dem Jahr 1237 sieht man zahlreiche Gelehrte, die sich im „Haus der Weisheit" in Bagdad versammelt haben. Hier wurden viele Werke aus der griechischen Antike übersetzt, aber auch Schriften aus Indien und anderen umliegenden Kulturen.

Anbau besonders rentierlicher Produkte wie Baumwolle, Zuckerrohr und Orangen buchstäblich bereichert. Das Abbasiden-Reich wurde extrem zentralistisch regiert. Alles wurde in Bagdad entschieden. Unter schwächeren Kalifen brach es daher seit etwa 900 auseinander, lokale Machthaber und Dynastien erkannten den Kalifen nur noch formell an. Die politische Einheit der islamischen Welt drohte ein für allemal zu zerbrechen. In dieser Situation tauchte am Rand der islamischen Welt das Nomadenvolk der Ogusen auf, angeführt von Seldschuk.

Gründerjahre im Norden und Osten

Im 9. Jahrhundert destabilisierte sich Europa wieder. Die zerstrittenen und geschwächten karolingischen Nachfolgereiche vermochten das räuberische Vordringen der Wikinger im Norden und der Ungarn im Südosten nicht aufzuhalten.

Wikinger {793}

Etwa zu der Zeit, als sich in Bagdad und Córdoba die islamische Hochkultur entfaltete, machten sich am Nordrand Europas die Wikinger unangenehm bemerkbar. Ihre rücksichtslose Grausamkeit, Raub-, Brand- und Mordlust waren gefürchtet. Sie galten als unglaublich kampfstark. Ihr Terror zog sich von Friesland über Flandern bis nach Frankreich. Der Überfall auf die Klosterinsel Lindisfarne vor England 793 war das erste Schreckensfanal der Wikinger.

Mit Booten wie diesem führten die Wikinger ihre berüchtigten Beutezüge durch.

Der Name leitet sich ab von dem altnordischen Wort *vikingen* für die Raub- und Plünderungszüge, die die *vikingr*, die „Seeräuber", von den skandinavischen Nordseeküsten ihrer Heimat aus unternahmen. Es handelt sich demnach nicht um eine ethnische oder geografische Bezeichnung, sondern um eine soziale – im Grunde sind mit *vikingr* nur die Schiffsbesatzungen der berühmten, für die damalige Zeit überragend seetüchtigen Drachenboote gemeint, die in erster Linie gerudert wurden. Die Mannschaften rekrutierten sich aus jüngeren Angehörigen der bäuerlichen Aristokratie, für die die *vikingen* eine Lebensphase gesellschaftlicher Bewährung darstellten, in der man Ruhm und Reichtum erwarb.

Normannen {nach 814}

Zeitgenössische Berichte sprachen allerdings von „Normannen" oder „Dänen". Die Bezeichnung „Nordmanni" ist durch Einhard, den Biografen Karls des Großen, überliefert (bis heute sehr präsent in „Normandie"). Seit Lindisfarne erlitten die Nordseeküsten alljährlich *vikingen*. Nach dem Tod Karls des Großen (814) wagten sich die Normannen auch ins Innere des fränkischen Reiches. Sie zerstörten Köln, Bonn, Trier und plünderten 856/857 Paris. 881 eroberten sie Aachen und missbrauchten die Pfalzkapelle als Pferdestall.

Überall wo sie hinkamen, durchliefen die Wikinger/Normannen eine Entwicklung von Plünderern, die Beute nahmen, zu Kaufherren, die ansässig wurden, und, um ihren Handel zu schützen, Reiche gründeten, etwa in Russland, der Normandie, England oder im mittelalterlichen Sizilien. Die Normannen in der Normandie traten 912 zum Christentum über. Die Christianisierung Skandinaviens ging erst um 1000 von Hamburg und Bremen aus.

Waräger {ab 750}

Die Wikinger waren nicht nur in der Nordsee unterwegs. Von Schweden drangen sie gleichzeitig über das Baltische Meer (Ostsee) in den ostslawisch-finnischen (später „russischen") Raum vor, von wo aus sie als „Waräger" über die großen Flusssysteme, namentlich des Dnjepr, Richtung Byzanz zogen. Der Glanz und Reichtum dieser einzigen wahren europäischen Metropole ihrer Zeit hatte eine magische Anziehungskraft. Der ordnenden Hand der warägischen Oberschicht verdankte das spätere Russland seinen Namen und seine ersten Herrschaftsgebilde, insbesondere die „Kiewer Rus" im Süden in der heutigen Ukraine und die Städtegründungen der warägischen Kaufleute wie Nowgorod im Norden. Die Bezeichnung „Waräger“ (altnordisch *Vaeringjar*) kommt vermutlich von altnordisch *varar* („Eid) und meint eine Gruppe von Handelskaufleuten, die sich gegenseitig Hilfe schworen – analog und mit gleicher Wortbedeutung wie bei „Hanse“.

Kyrillisches Alphabet {862}

Kyrill war einer der beiden hochgebildeten Offizierssöhne Kyrill und Method (820–885), die als „Slawenapostel“ in die Geschichte eingingen. Ihr Missionsgebiet war das damalige Großmähren. Nachdem Karl der Große die Awaren dort in den Jahren 791 bis 796 besiegt hatte, wollten die Slawen das alte Joch weder gegen die fränkische Oberherrschaft noch gegen den Einfluss der aggressiv missionierenden Bischöfe von Passau eintauschen. Also wandte sich der mährische Fürst Rastislaw an den Kaiser in Byzanz, der ihm die beiden Brüder Kyrill und Method sandte. Deren Mission war wohlvorbereitet. Die Entwicklung der glagolitischen Schrift und die Übersetzung der liturgischen Texte durch Kyrill vor 862 gehörte dazu.

Der eigentliche Urheber der kyrillischen Schrift ist nicht bekannt, man vermutet einen Schüler des Kyrill; Kyrill von Thessaloniki (826–869) war aber so bedeutend, dass die Schrift nach ihm benannt wurde, auch wenn sie eine ganz andere war als jene älteste slawische Schrift, die Glagoliza. Das Kyrillische ist nämlich aus Großbuchstaben des griechischen Alphabets entwickelt worden, mit einigen Anleihen aus der Glagoliza. Deswegen ist sie der griechischen auch viel ähnlicher.

Kiewer Rus {ca. 900}

Kiew in der heutigen Ukraine gilt als Mutter aller russischen Städte. Hier ergriffen die Waräger die Herrschaftsinitiative und vereinten Kiew mit Nowgorod im Norden – auch wenn es in der Nestorchronik, der russischen Staatsgründungslegende, in bewegenden Szenen umgekehrt dargestellt wird. Kiew war aber wegen seiner relativen Nähe zu Byzanz sicherlich die bedeutendere Waräger-Residenz.

Allem Anschein nach bezeichneten die finno-ugrischen Völker, die damals am Nordrand des Baltischen Meeres bis tief ins Landesinnere siedelten, die Waräger als *Rus*

Das Kloster Mont Saint Michel ist ein berühmtes Wahrzeichen der Normandie und wurde in der Normannenzeit gegründet. Seine Bucht ist zudem Schauplatz der stärksten Gezeiten Europas.

Darstellung der „Taufe Russlands", durch die das Christentum zur Staatsreligion der Kiewer Rus wurde.

oder *Rhos*. Die Waräger selbst nannten sich auch so, daher „Kiewer Rus". Nach ihrer Bekehrung zum Christentum übernahmen sie die ostslawische Sprache, behielten aber diese Bezeichnung bei. Der neue Name ging auf die von ihnen beherrschten slawischen Stämme über. „Russen" und „Russ(land)" sind daher keine slawischen Wörter. Altrussland hatte keine Herrscher slawischen Ursprungs; die Fürsten waren alle Waräger aus der führenden Dynastie der Rurikiden, benannt nach dem Wikinger Rurik. Der letzte Rurikide regierte bis 1598; er war der Nachfolger Iwans des Schrecklichen.

Die Taufe Russlands {988}

Während der ersten Jahrzehnte ihrer Herrschaft in Kiew festigten die Waräger-Fürsten ihre Stellung. Sie griffen Byzanz immer wieder an, aber Byzanz war zu stark.

Fürst Wladimir (960–1015) regierte mit harter Hand und war ein ausgesprochener Götzendiener. Der gemeinsame Feind der Byzantiner und der „Rus" waren die auf dem Balkan mächtig gewordenen Bulgaren. Wladimir und Kaiser Basileus II. wurden nun sogar Verbündete: Wladimir sollte sich (und die Rus) taufen lassen und erhielt dafür im Gegenzug die Hand der Kaiserschwester Anna. Eine *Porphyrogenneta*, eine „purpurgeborene Prinzessin" heiraten zu dürfen, war die höchste diplomatische Anerkennung, die Byzanz zu vergeben hatte. (Dem deutschen Kaiser Otto II. wurde in dieser Zeit die gleiche Ehre nicht zuteil. Er bekam nur eine Nichte – Theophanu.)

Wladimirs Taufe wurde in Kiew mit großem Pomp inszeniert, einschließlich Zerschlagen der Götzenbilder und Massentaufe im Dnjepr. Dann musste er die Zwangsbekehrung der Slawen mit Feuer und Schwert durchsetzen. Damit waren die Kiewer Rus endgültig konsolidiert.

➡ ***Was danach geschah:*** Kiew blieb bis ins Hochmittelalter der bedeutendste Ort Russlands. Um 1125 stieg Susdal (nordöstlich des heutigen Moskau) unter Fürst Jurij Dolgoruki zur neuen Vormacht auf. In einem Sumpfgebiet am Rande seines Herrschaftsgebietes ließ dieser 1156 eine Festung (russisch *Kreml*) errichten. Der Fluss, der durch dieses Sumpfgebiet fließt, heißt Moskwa.

Blick vom Glockenturm auf die Klosteranlage des Kiewer Höhlenklosters (Heiliges Mariä-Himmelfahrt-Kloster), eines der ältesten orthodoxen Klöster der Kiewer Rus.

Danelag und Normandie {ab ca. 880}

Seit etwa 880 waren die „Dänen" (Normannen) auch im Westen der britischen Hauptinsel dauerhaft präsent. Zeitweilig wurden sie von dem ersten bedeutenden angelsächsischen König Alfred dem Großen (ca. 848–899) beherrscht, der erstmals „ganz England" vereinigte. Mit Danelag wurde im Mittelalter das vom wikingischen Heer besetzte Nordwestengland bezeichnet. Die „Dänen" besetzten das Gebiet nicht nur militärisch, sondern besiedelten es auch. Orte mit Namen wie Derby und Selby, wovon es Hunderte gibt, oder mit Endungen wie -ton, -thorpe und -ey sind normannische Gründungen. Die letzte normannische *vikingr*-Gruppe, die 911 unter ihrem Anführer Rollo Frankreich heimsuchte, kehrte nicht mehr in die Heimat zurück, sondern blieb in dem Gebiet um die Seine-Mündung. Rollo konvertierte zum Christentum, unterstellte sich 911/912 formell dem karolingischen Westfrankenkönig Karl und erlangte so die Anerkennung der normannischen Eroberung; sie wurde unter seinen Nachfolgern das Herzogtum Normandie.

Hauptstadt war Rouen. Sein direkter Nachfahre in der siebten Generation war Wilhelm, der Eroberer Englands. In den 150 Jahren dieser sieben Generationen übernahmen die Normannen völlig die überlegene fränkische Kultur und die französische Sprache.

Asien und Amerika

Die erste Entdeckung Amerikas

{nach 980}

Unter den klimatisch günstigen Bedingungen eines zeitweiligen Klimaoptimums erreichen normannische Auswanderer nach 980 unter Führung von Leif dem Roten Grönland, wo sie sich für einige Jahrhunderte ansiedelten. Von dort aus gelangten die Normannen noch vor der Jahrtausendwende sogar auf das gar nicht mehr so weit entfernt gelegene nordamerikanische Festland.

➥ ***Was danach geschah:*** Nach dieser Entdeckung wurde Grönland im Mittelalter auch von Normannen/Wikingern besiedelt – komplett mit Ackerbau und Viehhaltung. Möglich war dies durch das damalige Klimaoptimum. Als sich das Klima nach 1500 verschlechterte, gingen diese Siedlungen wieder zugrunde, weil die Europäer stur an ihrer Wirtschafts- und Ernährungsweise festhielten und sich nicht wie die Eskimos an das kältere Klima anpassten. Heutzutage, in der Zeit der viel beklagten Grönlandgletscherschmelze ist bemerkenswert, dass es noch vor 500 Jahren möglich war, in Grönland Getreide anzubauen.

China – Song-Dynastie {ab 960}

In etwa parallel zum Niedergang der Karolinger zerbrach die Macht der Tang-Dynastie in China. Um 880 bestand diese nur noch dem Namen nach. Es folgten die Epochen der sogenannten „Fünf Dynastien" und „Zehn Königreiche". Dies sollte die letzte Phase der politischen Zersplitterung im Reich der Mitte sein.

960 vertrieb der General Zhao Kuangyin den gegenwärtigen siebenjährigen Kaiser vom Thron, rief den Beginn der Song-Dynastie aus und regierte selbst unter dem Kaisernamen Song Taizu bis 976. In Feldzügen fasste er das Land wieder zu einem einheitlichen Reich zusammen, das Militär wurde entmachtet, die Verkehrsinfrastruktur verbessert, der Binnenhandel nahm erheblich zu, ebenso Bildung, Wissen, Verstädterung und technische Innovationen wie Buchdruck, Papiergeld und Schießpulver. Das Wirtschaftsleben und das Denken waren geradezu aufklärerisch und rational.

Die Kaiser und hohen Beamten legten sich Kunstsammlungen zu (Bilder, Drucke, Bücher, alle Arten von Antiquitäten) und erfassten sie in Katalogen. Philosophie und Literatur standen in Blüte. Die chinesische Kunst fand zwischen 1000 und 1200 ihren Ausdruck und Stil und hat sich seitdem nicht mehr wesentlich verändert.

Mittelamerika – Tolteken {nach 800}

Noch um 900 waren die Tolteken Jäger und Sammler in den nordmexikanischen Steppen. Vermutlich wegen der allgemeinen Erderwärmung zwischen 800 und 1200 – die dem mittelalterlichen Europa ein Klimaoptimum bescherte und das nordmexikanische Gebiet versteppen ließ – wanderten seit dieser Zeit immer wieder Volksstämme weiter nach Süden. Die erste Hauptstadt der Tolteken war Tollan, heute eine Ruinenstätte bei Tula im mexikanischen Hochland. *Tolteken* bedeutet in ihrer Nahuatl-Sprache „Volk von Tollan". Die Stadtkultur von Teotihuacán war inzwischen untergangen, aber die Tolteken stießen noch auf das Volk, das diese Kultur getragen hatte. Von diesen Bauern übernahmen sie landwirtschaftliche Technik und Kunst sowie deren religiöse Vorstellungen.

Toltekische Kriegerstatue auf dem Tempel des Quetzalcoatl im mexikanischen Hochland in der Ruinenstätte Teotihuacán

Mittelamerika – Quetzalcoatl II {900}

Quetzalcoatl wurde durch die Tolteken ein mesoamerikanischer Hauptgott. Kern der mit ihm als Schöpfergott verbundenen Vorstellung war, er und andere Götter hätten den Menschen aus Mais geformt und ihnen ihren Lebenssaft (Blut) geschenkt. Um die Götter für diese Tat zu versöhnen und ihrerseits „am Leben zu erhalten“, musste also viel Blut geopfert werden. Dafür nahm man in erster Linie Kriegsgefangene. Es wurden sogar Ritualkriege geführt, um an „Kriegsgefangene“ zu kommen – und diese wussten, was ihnen bevorstand. Sie lebten mit denselben Glaubensvorstellungen. Die Blutopfer wurden als Ehre aufgefasst, ähnlich wie bei den Märtyrern, und nur diejenigen, die sich dem Opfer hingaben, hatten Aussicht, nach dem Tod nicht in der Unterwelt zu verlöschen, sondern „erlöst“ zu werden. Dieser religiösen Grundstruktur lagen auch die Herzopfer der Azteken zugrunde. Bei großen Ritualen wurde Hunderten, wenn nicht Tausenden von Menschen bei lebendigem Leib die Brust geöffnet, die Herzen herausgerissen und die Körper die Stufenpyramiden hinabgeworfen.

Mittelamerika – Chichén Itzá {1000}

Um 1000 blühte im Norden von Yucatan unter dem Einfluss der Tolteken noch einmal eine maya-toltekische Mischkultur auf, vor allem in Chichén Itzá. Der Name der Stadt bedeutet „Mund der Brunnen der Itza“. Gemeint sind damit Brunnenlöcher, die mit einem verzweigten Höhlensystem in Verbindung stehen von denen eines zweifellos ein hochbedeutendes Heiligtum war angesichts der Masse von Wertgegenständen und Knochen von Menschenopfern, die darin gefunden wurden. Chichén Itzá war eine reine Residenzstadt, die etwa 500 Jahre bis kurz vor der Ankunft der Spanier bestand. Hier befindet sich neben einer Fülle eindrucksvoller Tempelruinen die bekannteste Stufenpyramide Mittelamerikas, das Observatorium und einer der besterhaltenen von den über 500 Ballspielplätzen der Maya. Das Ballspiel diente kultischen Zwecken. Möglicherweise war es eine Art Ritualkrieg.

Panorama von den Pyramiden von Teotihuacán. Im Hintergrund ist die drittgrößte Pyramide der Welt, die monumentale Sonnenpyramide zu sehen.

Neue Kaiser und Könige in Europa

In den letzten Jahren vor 900, als die Wikinger/Normannen die Seine hinaufruderten und sich dann ziemlich dauerhaft an der Seine-Mündung in der Normandie festsetzten, fielen im Osten die Ungarn im Donautiefland ein.

Ottonen {919}

Weil die ersten drei deutschen Kaiser des Mittelalters alle Otto hießen, spricht man von dieser Reichsgründungsepoche als der ottonischen. Dabei lautete der Familienname ihres sächsischen Adelsgeschlechtes Liudolfinger. Mit „sächsisch" sind in jener Zeit Gebiete gemeint, die man heute als „niedersächsisch" bezeichnet. Damals war die Elbe die Reichsgrenze; erst allmählich schob sie sich nach Osten in die Marken (Grenzländer) bis nach Meißen, Zeitz und in die Lausitz vor.

Der Sage nach befand sich Heinrich Liudolfing, Vater Ottos I. und erster deutscher König, mit seinen Kindern auf der Entenjagd, als man ihm 919 die Nachricht seiner Königswahl überbrachte. Bemerkenswert an seiner Wahl zum – damals noch ostfränkischen (!) – König war, dass sie auf einen Sachsen fiel. Denn sie waren erst knapp 100 Jahre zuvor von Karl dem Großen gewaltsam christianisiert worden. Nun übernahmen sie die Führung in einem Reich, das sich unter ihrer Herrschaft zum „Deutschen Reich" entwickelte – ein Begriff, der in der Zeit, als es existierte, nie verwendet wurde.

Schlacht auf dem Lechfeld {936–955}

Der erste deutsche Kaiser, Otto I. (912–973), war den Fürsten des Reiches schon 930 in Aachen als Thronfolger vorgestellt worden. Otto war erst achtzehn Jahre alt. Die Liudolfinger wollten unter allen Umständen verhindern, dass das ostfränkische Reich wieder geteilt wurde, und änderten in diesem Punkt das salische Gesetz: Nur der älteste Sohn sollte erben. Eine Zersplitterung der Königsmacht sollte es nicht mehr geben.

Derweil suchten die Ungarn das Donau-Alpen-Gebiet heim. Die alte Römerstadt Augsburg war wegen der häufigen Ungarneinfälle durch ihren Bischof, den heiligen Ulrich, stark befestigt. An Ulrich und an Augsburg bissen sich die Ungarn die Zähne aus, bis Otto I. in der Schlacht auf dem Lechfeld vom 8. bis 10. August 955 ein so nachhaltiger Sieg über die Ungarn gelang, dass sie nie mehr nach Deutschland vordrangen und sogar 50 Jahre später mit ottonischer Hilfe christianisiert wurden. Auf diese Ruhmestat gründet Otto seine Erneuerung des nunmehr mittelalterlichen römisch-deutschen Kaisertums.

Kaiserkrönung II {962}

Aber auch dieser Triumph reichte noch nicht für die Kaiserkrönung; auch nicht der Umstand, dass Otto seit 951 durch seine Heirat mit der langobardischen Königinwitwe Adelheid Träger der Eisernen Krone und damit außerdem „König von Italien" war. Erst als der Statthalter Ottos in Italien, Berengar, den Kirchenstaat eigenmächtig in die Zange nahm, rief Papst Johannes XII. den deutschen König zu Hilfe und stellte dafür die Kaiserkrönung in Aussicht.

Otto ließ zunächst in Aachen seinen ältesten Sohn als Otto II. zum Mitregenten wählen, damit im Fall des Falles die Kontinuität des Herrscherhauses gesichert war. Dann zog er nach Italien und wurde – gemeinsam mit seiner Gattin Adelheid – am 2. Februar 962 zu Kaiser und Kaiserin gesalbt und gekrönt.

Wenzelskrone und Stephanskrone {um 930}

Zur Zeit der Ottonen stand die Christianisierung der westslawischen Völker der Polen und Böhmen sowie der Magyaren noch am Anfang. Der böhmische Nationalheilige Herzog Wenzel (tschechisch: *Václav*) war durch seine Großmutter Ludmilla mit dem Christentum vertraut; Ludmilla hatte die Taufe von den Slawenaposteln Kyrill und Method empfangen. Politisch lehnten sich die

Auf den Abbildungen sieht man die Krone des Königsreichs Böhmen, die Wenzelskrone (links), und die Krone des ehemaligen Königsreichs Ungarn, die Stephanskrone (rechts). Merkmal der Stephanskrone ist das seitwärts schräg geneigte Kreuz.

böhmischen Fürsten aber an das Reich an. Noch zur Zeit der Ungarneinfälle unterstellte sich Wenzel um 930 der Oberherrschaft des ersten Liudolfingers König Heinrich. Das Bistum Prag gehörte bis zum Spätmittelalter zum Erzbistum Mainz. Der von seinem Bruder erschlagene Wenzel ist der Nationalheilige Tschechiens, der größte Platz in Prag ist der Wenzelsplatz.

Zwei Generationen später wurde der heilige Adalbert von Prag die zentrale Figur der christlichen Mission in allen drei Ländern. Dieser Fürstensohn hatte schon bei den Ungarn missioniert, wurde 982 Bischof in Prag und sollte ab 996 auf Bitten des polnischen Herzogs Boleslaw bei den Pruzzen im Norden des Landes das Evangelium verbreiten. Er und sein Vater Miesko hatten in der Zeit der ersten Ottonen das erste polnische Herrschaftsgebilde geschaffen – Polen war durch Miesko seit 966 katholisch; die Herzöge strebten nach Anerkennung durch das Reich. Seit gemeinsamen Tagen in Rom waren der heilige Adalbert und der junge deutsche Kaiser Otto III. enge Freunde. Nachdem Adalbert bei seiner Pruzzen-Mission erschlagen worden war, pilgerte Otto im Jahr 1000 ins polnische Gnesen und betete barfuß und in Tränen aufgelöst am Grab seines erschlagenen Freundes. Er erhob Boleslaw zum König, Gnesen wurde das erste Erzbistum Polens. Der Erzbischof ist bis heute Primas von Polen.

Im gleichen Jahr 1000 wurde auch Ungarn ein christliches Königreich. Keine 50 Jahre nach der Schlacht auf dem Lechfeld ließ sich der bereits christlich erzogene Arpadenfürst Stephan (Istvan) von Adalbert von Prag katholisch taufen und erhielt dafür im Einverständnis mit Kaiser Otto III., dem Enkel des Lechfeld-Siegers, von Papst Silvester II. die Königskrone (Stephanskrone). Papst Silvester, einer der gelehrtesten Männer seiner Zeit, war, wie der heilige Adalbert, ein Ratgeber und enger Freund Kaiser Ottos.

Stephan hatte zuvor die Herzogstochter Gisela aus der Familie der Liudolfinger geheiratet, also eine Verwandte Ottos III. Gisela, eine vom heiligen Wolfgang, Bischof von Regensburg, ausgebildete Fürstin, setzte sich tatkräftig für die Christianisierung Ungarns ein – trotz einiger Rückschläge. Die Ottonen betrieben also eine sehr auf Ausgleich bedachte Politik, und die jungen Dynastien in Ungarn, Böhmen und Polen strebten ihrerseits nach Anerkennung durch das mächtige Reich. So traten diese Völker um 1000 in den Kreis der lateinischen Christenheit und orientierten sich nach Westen – eine Art hochmittelalterliche Osterweiterung Europas.

Übrigens sind die Kronen nicht die damaligen Originale. Das ursprünglich von Papst Silvester an Stephan übersandte Diadem ging 1074 verloren. Das heute berühmte Exemplar mit dem schrägen Kreuz war ursprünglich eine byzantinische Frauenkrone, die im Hochmittelalter in mehreren Etappen umgearbeitet wurde. Sie wurde von 1555 bis 1918 immer von einem Habsburger getragen.

Die Wenzelskrone wurde erst 1347 im Auftrag von Kaiser Karl IV. für dessen Krönung geschaffen. Karl residierte in Prag. Böhmen wurde erst in staufischer Zeit ein erbliches Königtum im Heiligen Römischen Reich. Das Land war wegen seines Reichtums und seiner kulturellen Ausstrahlung sozusagen das Juwel in der deutschen Kaiserkrone, der König von Böhmen ebenfalls spätestens seit der Zeit Karls IV. der vornehmste unter den weltlichen Kurfürsten. Seit 1526 trugen die Habsburger auch die Wenzelskrone, bis 1918.

Die Kapetinger in Frankreich {987}

Ähnlich wie im Ostfrankenreich (nunmehr Deutschland) kam es 987 im Westfrankenreich (nunmehr Frankreich) zu einem Dynastiewechsel. Bis dahin hatten hier ebenfalls Nachfahren Karls des Großen regiert. Nun griff Hugo Capet nach der Macht, indem er den vorletzten Karolinger ermordete und dessen Sohn, den letzten Karolinger, beerbte, als dieser kurz darauf in jungen Jahren starb. Seinen Beinamen *Capet* verdankte er seinem Amt als Laienabt des Klosters des heiligen Martin in Tours, des wichtigsten französischen Nationalheiligtums. Dort wird der halbe Kapuzenmantel (*capet*) aufbewahrt, den der Heilige Martin mit dem Bettler teilte. Seit Hugo waren alle französischen Könige Kapetinger, bis zum letzten König Ludwig, dem der Kopf während der Französischen Revolution mit der Guillotine abgetrennt wurde.

Die Schlacht bei Hastings {1066}

Seit der Eroberung des Klosters Lindisfarne durch die Wikinger im Jahr 793 war die ohnehin nur aus kleinen Königreichen bestehende britische Insel ein Schlachtfeld. Erst mit dem angelsächsischen König von Wessex, Alfred dem Großen, kehrte eine gewisse Ruhe ein. Alfred eroberte 886 London und machte es zum Zentrum des englischen Königreiches. Der letzte Angelsachse auf dem englischen Thron war Eduard der Bekenner

Der am Ufer der Themse gelegene Tower of London wurde nach der Schlacht bei Hastings auf Befehl von Wilhelm dem Eroberer errichtet.

von 1042 bis 1066. Durch seine Mutter war er ein halber Normanne, und dieser Umstand bestimmte den weiteren Verlauf der Geschichte Britanniens.

Als Eduard im Januar 1066 kinderlos starb, gab es mehrere Anwärter auf den englischen Thron, darunter den Normannenherzog Wilhelm in der Normandie. Er sammelte Rittertruppen aus ganz Frankreich und setzte mit einer Flotte über. Bei Hastings kam es zur letzten entscheidenden Schlacht zwischen ihm und seinem einzig noch verbliebenen Gegner, dem angelsächsischen König Harald. Am Weihnachtstag wurde „Wilhelm der Eroberer" in Westminster Abbey gekrönt, wie nach ihm alle englischen Könige. William befahl den Bau des Tower of London – um seine Normannen vor den Londonern und diese wiederum vor den Normannen zu schützen. Verewigt ist die Schlacht bei Hastings auf dem fast 70 Meter langen bestickten Teppich von Bayeux.

Sizilien {1060/1130}

Auch in Unteritalien und Sizilien bildeten die Normannen eigene Reiche, 1060 formal als päpstliche Lehen. Deren Herrscher Roger II. vereinigte die verschiedenen normannischen Staaten und wurde 1130 König. Sein Enkel, der Stauferkaiser Friedrich II., sollte sehr viel später das sizilische Königreich erben.

Spanische Königreiche {1035}

Im Spannungsfeld zwischen Córdoba und dem Karolingerreich existierte ab 826 das Königreich Navarra mit der Hauptstadt Pamplona. König Sancho III. von Navarra vereinte um das Jahr 1000 Navarra mit den übrigen christlichen Königreichen auf der iberischen Halbinsel. Nach seinem Tod 1035 entstanden aus dessen Erbe Navarra, Kastilien und Aragón. Sie gewannen allmählich die Kraft zur Reconquista, deren Beginn den Kreuzzügen zeitlich etwas vorausgeht.

Byzanz unter den Makedonen

Einige Zeit nach den Wirren des Bildersturms war in Byzanz Kaiser Michael III. der letzte Kaiser der sogenannten phrygischen Dynastie. Michael war es, der die Slawenapostel Kyrill und Method um 860 mit ihrer Mission beauftragt hatte. Michael III. wurde von seinem früheren Stallknecht, dem Makedonen Basileios, 867 ermordet. Mit diesem Basileios I. übernahm eine neue Dynastie die Herrschaft in Byzanz. Die Makedonen-Herrscher führten das Reich zu hoher Blüte.

Der Bulgarentöter {976–1025}

Kaiser Basileios II. (976–1025) war der bedeutendste Feldherr auf dem byzantinischen Kaiserthron. Über das Hauptziel seiner außenpolitischen Aktivitäten sagt sein Beiname alles. Basileios ging 15 Jahre lang Jahr für Jahr mit seinen Soldaten ins Feld gegen die Bulgaren, die sich in einem Partisanenkrieg in den Bergen nicht so einfach besiegen ließen wie in einer offenen Feldschlacht. Mithilfe von Söldnertruppen gelang es Basileios, erfolgreicher gegen die Bulgaren vorzugehen und sie in einer Einkesselungsschlacht 1014 zu besiegen. Angeblich ließ er 14000 Gefangene blenden; nur jeder Hundertste behielt ein Auge, damit er eine Hundertergruppe heimführen konnte. Beim Anblick seiner rückkehrenden Soldaten soll den bulgarischen Zar der Schlag getroffen haben. Basileios dehnte durch diesen Sieg das Territorium von Byzanz im Nordwesten

Um den Widerstand der Bulgaren endgültig zu brechen, befahl Kaiser Basileios II., fast alle der Gefangenen zu blenden, was ihm den Beinamen „Bulgarentöter" eintrug (Farblithographie einer byzantinischen Buchmalerei aus einem Psalter, 11. Jahrhundert).

noch einmal erheblich aus. Es sollte die letzte Expansion des byzantinischen Reiches sein. Im Osten war die Grenze im syrisch-palästinensischen Raum gesichert, sodass Byzanz wieder eine Ausdehung wie unter Kaiser Heraklios um 600 n. Chr. hatte. Wegen dieser militärischen Erfolge und seiner Rolle als Geburtshelfer Russlands, das so viel von der byzantinischen Kultur übernahm, gilt der Bulgarentöter als einer der bedeutendsten Herrscher von Byzanz.

Makedonische Renaissance

Das sächsische Kaiserhaus der Ottonen und das byzantinische Kaiserhaus waren dynastisch miteinander verbunden, denn Otto II. hatte eine byzantinische Prinzessin geheiratet: Theophanu war nach dem frühen Tod ihres Gatten eine kraftvolle Regentin für ihren unmündigen Sohn Otto III. Eine noch stärkere Verbindung bestand zu den Kiewer Rus. Byzanz hat die russische Kultur bis heute deutlich sichtbar geprägt.

Als Mäzene der „Makedonischen Renaissance" standen das Kaiserhaus und der Hof im Kulturleben von Byzanz an vorderster Stelle. Lehrstühle wurden neu besetzt und die Professoren besser besoldet, Stipendien vergeben. Das vorhandene Wissen enzyklopädisch zu erfassen und dabei neu zu bearbeiten, war eine der wesentlichen Aufgaben. Darstellungen mit mythologischen Szenen aus der Antike, etwa die Entführung der Europa oder von Nymphen- und Nereidenreigen, waren wieder sehr beliebt und wurden gemalt oder in Elfenbein geschnitzt. Die Bewältigung technisch-gestalterischer Probleme wie die Darstellung von bildhaften Szenen in Gewölbemosaiken musste – nach Bilderstreit und Bilderverbot – erst neu gelernt werden.

Ankunft der Türken

Etwa zur Zeit der Kaiserkrönung Ottos I. eroberten die Ogusen unter der Führung der Fürsten-Dynastie der Seldschuken die alte Seidenstraßenmetropole Buchara, südöstlich des Aralsees. Die Ogusen waren ein Stammesverband von Turkvölkern aus der kasachischen Steppe, Seldschuk war um das Jahr 1000 der Häuptling eines ogusischen Stammes.

Seldschuken {um 1000}

Ebenfalls um 1000 traten Seldschuk und seine Krieger zum Islam über. Sie lösten sich aus dem Stammesverband und drangen schnell nach Süden und Westen vor. Seit der Eroberung der nordpersischen Provinz Chorasan 1034 und Bagdads 1055 beherrschten die Seldschuken die gesamte persisch-arabische islamische Welt.

Wären die Seldschuken nicht aufgetaucht, wäre die islamische Welt in Kleinstaaterei zerfallen und der Islam hätte niemals die Rolle

ENTDECKUNGEN UND ERFINDUNGEN

Alkohol-Destillation {um 900}

Das Prinzip der Destillation, der Trennung verdampfbarer Flüssigkeiten durch Erhitzen und anschließendes Abkühlen war schon in der Antike bekannt. Angeblich gelang dem persischen Arzt und Naturgelehrten ar-Razi (865–925) um 900 mithilfe eines von ihm konstruierten Alembik die Destillation von höher konzentriertem Alkohol aus Wein. Der wesentliche technische Fortschritt war der Deckel über dem Kolben mit einem Ableitrohr für das Destillat. Der Alembik wurde zum Paradegerät der Alchimisten des Mittelalters, die gern alle möglichen „Essenzen" destillierten. Auch die heutige Destillation aller hochprozentigen alkoholischen Getränke beruht auf diesem Verfahren.

Spinnrad {seit 1000}

Spinnräder zur Herstellung von Garn waren womöglich schon lange vor der Zeitenwende in Indien und China in Gebrauch – mit Sicherheit aber seit etwa 1000 im arabischen Kalifatreich. Es gelangte im 13. Jahrhundert, also im Hochmittelalter, nach Europa.

Schwarzpulver und Raketen {in China um 1000}

Die Mischung aus Salpeter (ca. 75 %), Schwefel und fein gemahlener Holzkohle, auch Böllerpulver genannt, wurde wohl während der Song-Dynastie in China erfunden. Verwendung fand sie hauptsächlich bei Begräbnisritualen, aber auch schon früh für militärische Zwecke als „Feuerpfeile" (Raketen) – in erster Linie, um Feinde zu erschrecken. Die Verbreitung erfolgte durch die mongolische Expansion im 13. Jh. in den arabischen Raum und nach Europa.

gespielt, die er damals (die Kreuzzüge standen unmittelbar bevor) und bis heute einnimmt. Der formal in Bagdad weiter amtierende Kalif war zu schwach und übertrug dem Enkel Seldschuks den Sultanstitel. Die Seldschuken zählten zu den ersten, die diesen Titel trugen, und fassten die zerfallsbedrohte islamische Zivilisation wieder unter einer einheitlichen politischen Führung zusammen.

Übrigens: Sultane und Sultanate gab es im Verlauf der Geschichte der islamischen Reiche von Afrika über den Nahen und Mittleren Osten bis hin nach Indien und Indonesien sehr viele. Heute tragen noch zwei Souveräne diesen Titel: der Sultan von Brunei und der Sultan von Oman.

Nach der Eroberung Bagdads dehnten die Seldschuken ihren Machtbereich bis nach Armenien aus und wurden so stark, dass sich Byzanz vom zweiten Seldschuken-Sultan Alp Arslan, einem Neffen des ersten, bedroht fühlte. Kaiser Romanos zog den Türken entgegen, und nach einigen Vorgeplänkeln kam es zur

Schlacht bei Manzikert {1071}

Der Sieg der Türken unter Alp Arslan am 26. August 1071 war vollkommen. Kaiser Romanos IV. geriet in Gefangenschaft, der Weg zur sehr schnellen türkischen Besiedlung Anatoliens war geebnet. Tausend Jahre lang war das griechisch geprägte Kleinasien Teil des Römischen beziehungsweise Oströmischen Reiches gewesen. Nach Manzikert konnte Byzanz nur noch kleinasiatische Küstenregionen an der Ägäis halten. Anatolien ging für immer verloren. Es war eine weltgeschichtliche Wende, denn ohne diesen seldschukischen Sieg bei Manzikert gäbe es keine Türken in der Türkei und auch keine osmanische Eroberung von Konstantinopel 400 Jahre später. Byzanz überdauerte diese Zeitspanne noch bis zum Ende seines Daseins.

Nach seiner Freilassung gegen Lösegeld wurde Romanos von der gegnerischen Dukas-Familie gefangen genommen und mit glühendem Eisen geblendet. Wenige Tage später starb er an den Verletzungen.

➥ ***Was danach geschah:*** Alp Arslan starb im Jahr darauf, sein Sohn Malik Schah vollendete die Eroberung Anatoliens und erweiterte den seldschukischen Machtbereich um Syrien und Palästina. Er regierte seit 1072, bis ihn seine Ehefrau 1092 vergiftete. Nun zerfiel die Seldschuken-Herrschaft in untereinander zerstrittene Nachfolgereiche. Das war ein Hauptgrund für den Erfolg des

Bei der Schlacht bei Manzikert unterlag das Heer des byzantinischen Kaisers Romanos den Seldschuken unter Alp Arslan. Nach dieser Schlacht begann sehr rasch die türkische Besiedlung Anatoliens.

Ersten Kreuzzugs. Im Jahr 1300 begann dann von türkisch-anatolischem Boden aus der Aufstieg des kleinen Fürstentums Osman zum Weltreich. Auch die moderne Türkei ist ethnisch, sprachlich und kulturell Erbe der ursprünglich seldschukisch regierten Ogusen.

Das Benediktinerkloster von Cluny in Burgund war Mittelpunkt der bedeutendsten Reformbewegung des Christentums im Mittelalter.

Papst und Kaiser

Die Cluniazensische Reform war das große abendländische Projekt um die Jahrtausendwende. Von Cluny, der größten Kirche der Christenheit im Mittelalter, ist nicht viel geblieben, was man heute noch besichtigen könnte. Während der Französischen Revolution wurde die um 1090 im romanischen Stil erbaute Kirche gesprengt und wie ein Steinbruch für den Bau eines Pferdegestüts abgetragen. In Deutschland geben Kloster Hamersleben (Bistum Magdeburg) oder Münster Schwarzach (Erzbistum Freiburg) natürlich nur im „kleineren Format" eine Vorstellung vom Baustil von Cluny. Im Mittelalter aber war Cluny eine geistige und wirtschaftliche Großmacht, ein effizient verwaltetes Mönchsimperium.

Cluniazensische Reform {ab 910}

Priesterkonkubinen und -bastarde waren weder in der Bibel verboten worden noch Gegenstand der kirchlichen Dogmatik. Im orthodoxen Bereich ist die Priesterehe alltäglich. Doch nun beschädigten Auswüchse das Ansehen der Kirche. Verheiratete Kleriker vergriffen sich an Kirchengütern und vererbten diese an ihre Kinder weiter. Das alles war den strengen cluniazensischen Klerikern ein Dorn im Auge. Die Kirchendiener sollten sich dem Zölibat unterwerfen, rein und unbefleckt vor den Altar treten.

Das Benediktinerkloster war 910 in Burgund gegründet worden, 100 Jahre nach dem Tod Karls des Großen und einige Jahrzehnte, bevor in Frankreich die Kapetinger und in Deutschland die Ottonen die Throne bestiegen. Trotz aller kulturellen Blüte mit ihrer klösterlichen Gelehrsamkeit und herrlichen Buchmalereien aus den Schreibstuben der Benediktiner war die späte Karolingerzeit eine Verfallszeit. Klöster und Pfarreien waren käuflich, die Geistlichen zu den sprichwörtlichen „Pfaffen" herabgesunken. Cluny trat nun an, eine Bresche für eine Reform zu schlagen und zum strengen Klosterleben gemäß dem benediktinischen *Ora et labora* zurückzufinden.

Sein Stifter Herzog Wilhelm III. von Aquitanien machte das Kloster unabhängig von jeglichen weltlichen Einflüssen; Cluny wurde direkt dem Papst unterstellt und stieg zur geistlichen Weltmacht Europas auf.

Cluny gründete unzählige Tochterklöster, andere schlossen sich der Reformbewegung an. Schließlich gehörten 1000 Klöster mit über 20 000 Mönchen zum Imperium. Cluny unterstützte die Kreuzzüge und die spanische Reconquista sowie die Ansprüche von Wilhelm dem Eroberer auf den englischen Thron. Man war hervorragend organisiert und vernetzt; die auf Reform und Steigerung ihrer Macht gegenüber den weltlichen Herren gesinnten Päpste holten sich Fachleute aus Cluny.

Cluny setzte auch Herrschern neue Ziele, indem es Befriedung, Schutz der Armen, allgemeine Wohlfahrt und die Verbreitung des Evangeliums propagierte. Im Bereich des Klosterlebens intensivierte Cluny die Frömmigkeit der Mönche durch ausgiebige Psalmengebete, lange Gottesdienste und neue, besonders feierliche liturgische Formen wie prachtvolle Prozessionen, Chorumgänge, liturgische Gesänge. Auf diesen Grundlagen konnte die Kirche im nunmehr beginnenden Hochmittelalter ihre bedeutende Stellung in Europa festigen und ausbauen.

Synode von Sutri {1046}

Um 1045 war das cluniazensische Denken aber noch nicht bis nach Rom vorgedrungen. Seit 15 Jahren war Papst Benedikt IX. im Amt, ein bei seiner Wahl minderjähriger römischer Adelsspross, der wegen seines ausschweifenden Lebenswandels und seiner Gewalttätigkeit selbst bei den Römern verhasst war. Deswegen wurde 1045 mit Silvester III. das Mitglied einer konkurrierenden Adelsfamilie auf den Stuhl Petri gesetzt, gleichzeitig verkaufte Benedikt sein Amt an einen gewissen Pierleoni (Preis: 1000 Pfund Silber), der als Gregor VI. zu amtieren versuchte. Derartige Possen beschädigten das Ansehen des Papsttums zutiefst. Seit karolingischer Zeit war der Papstthron in dieser oder ähnlicher Weise ein Spielball italienischer Feudalherren.

Kaiser Heinrich III. übergibt den *Codex Aureus*, ein prächtig gestaltetes Evangeliar, an die Kirchenpatronin von Speyer, die heilige Maria. Kaiserin Agnes erkennt man rechts im Bild.

Herbeigerufen wurde der deutsche König, um dem Spuk ein Ende zu bereiten, und er erschien in der Person des Saliers Heinrichs III. Dieser setzte auf einem Konzil im mittelitalienischen Sutri die drei Prätendenten ab. Neuer Papst wurde für knapp zwei Jahre der Deutsche Suitger von Bamberg als Clemens II. Er krönte sogleich Heinrich III. und dessen Gemahlin Agnes zu Kaiser und Kaiserin. Agnes von Poitou stammte aus der Familie des Cluny-Gründers Wilhelm. Das Kaiserpaar war streng religiös im Sinne der Reform. Auch die drei unmittelbaren Nachfolger Clemens' auf dem Papstthron waren Deutsche, die den cluniazensischen Reformgeist in Rom umsetzten. Der bedeutendste unter ihnen war der elsässische Adelssohn Bruno von Egisheim, ein Verwandter des salischen Kaiserhauses. Als Leo IX. regierte er von 1049 bis 1054. Er war derjenige, der die Orthodoxen exkommunizierte und das führte zum:

Schisma {1054}

1054 „spaltete" sich die bis dahin noch einheitliche Christenheit auf. Die Westkirche (in Rom) und die Ostkirche (in Konstantinopel) „trennten" sich (griechisch *schizeín*). Das war das sogenannte „Morgenländische Schisma" – der Höhepunkt eines jahrhundertelangen Prozesses, in dessen Verlauf sich die (lateinisch sprechende, abendländische) Westkirche und die (griechisch sprechende, morgenländische) Ostkirche immer weiter entfremdet hatten.

Der Anlass war vergleichsweise banal. Wegen einer eher tagespolitischen Streitfrage um theologische Gepflogenheiten im neuerdings von den Normannen eroberten, ehemals byzantinischen Unteritalien wurde eine päpstliche Gesandtschaft nach Konstantinopel geschickt. In einem Anfall von Zorn legte der hitzige Kardinal Humbert, der die Verhandlungen provozierend führte, auf dem Altar der Hagia Sophia eine vom Papst unterzeichnete Urkunde nieder, in der dieser den Patriarchen exkommunizierte. Der Patriarch exkommunizierte seinerseits den Kardinal, der von der Bevölkerung beinahe gelyncht worden wäre. Damit war der Bruch zwischen Rom und Byzanz vollzogen.

Papstwahl {1059}

Erst durch die von Cluny angestoßene Reform wird die Wahl des Papstes durch die Kardinäle eingeführt. Bis dahin war das eher eine Angelegenheit des römischen Stadtadels. Formell ausschlaggebend war ein Dekret von Papst Nikolaus II. (1058–1061) im Zusammenhang mit dem Dritten Laterankonzil von 1059. Das Konzil übertrug die Prinzipien der Cluniazensischen Reform auf die Kirche insgesamt: Verbot der Laieninvestitur, Einführung des Zölibats für alle Priester und eben der Beschluss zur Papstwahl durch die Kardinäle.

Motor der Reformen in Rom war der Radikalreformer, „heiliger Satan", „Zuchtrute Gottes" (so die Zeitgenossen), der toskanische Adelige und ehemalige Mönch Hildebrand Aldobrandeschi, nunmehr Papst Gregor VII. (1073–1085); daher Gregorianische Reformen. In Deutschland wurde die Cluny-Reformbewegung als „Hirsauer Reform" bekannt. Papst Gregor VII. gilt als Symbolfigur für den unbeugsamen Machtwillen der Päpste im Hochmittelalter.

Investiturstreit {1075}

Im Mittelalter gab es keine Trennung von Kirche und Staat wie in der Moderne. Im Gegenteil – geistliche und weltliche Herrschaft waren machtpolitisch und institutionell aufs Engste miteinander verzahnt. Die Besetzung geistlicher Ämter wie Bischöfe und Äbte war als Machtfaktor für die Könige von allergrößtem Interesse, da sie nicht vererbbar waren, also wieder an die Krone zurückfielen. Die Reichsbischöfe und Reichsäbte waren ihrerseits bedeutende weltliche Herren mit oftmals großem Besitz und Rechtsprechungsbefugnissen. Es kam zu Missbräuchen durch Kauf, Tausch, Vererbung von Kirchenämtern: zur Simonie. Deren Bekämpfung stand ganz oben auf der Agenda der cluniazensischen Reformer. Die schärfste Kampfansage formulierte Gregor VII. 1075 in seinem *Dictatus Papae*.

Das berühmte Dokument besteht aus einem einzigen Blatt Papier mit genau 27 Sätzen, die in aller Deutlichkeit den universalen Herrschaftsanspruch des Papstes zum Ausdruck bringen: „Dass alle Fürsten nur des Papstes Füße küssen", dass nur er Bischöfe und Äbte einsetzen darf, dass es nur ihm erlaubt ist, Kaiser abzusetzen, dass nur er exkommunizieren darf, dass nur er kanonisches Recht setzt, dass er unfehlbar ist. Jeder europäische Fürst musste dies als Kampfansage an seine herrscherlichen Rechte verstehen.

Anlässlich der Neubesetzung des Erzbischofssitzes von Mailand entbrannte 1075 dann ein Streit zwischen dem deutschen Kaiser Heinrich IV. und Papst Gregor. Heinrich hatte für den Mailänder Stuhl einen anderen Kandidaten als der Papst. Beide wurden eingesetzt: Erzbischof und Gegenerzbischof.

Von einem Reichstag in Worms sandte Heinrich IV. einen Brief an Gregor, in dem er ihn „nicht mehr Papst, sondern falscher Mönch" nannte und im Befehlston aufforderte: „Verlasse den apostolischen Stuhl!", „Steige herab, steige herab!"

Umgehend setzte Gregor seinerseits den Kaiser ab, belegte ihn mit dem Kirchenbann und exkommunizierte ihn. Die deutschen Fürsten gerieten ins Wanken und drohten Heinrich ebenfalls, ihn abzusetzen, falls er sich nicht mit dem Papst aussöhnte. Diesem blieb nichts anderes übrig, als der berühmt gewordene

Gang nach Canossa {nach 1076}

Canossa war eine der Stammburgen der Markgräfin Mathilde von Toskana, die eine wichtige Vermittlerrolle bei der Aussöhnung zwischen Kaiser und Papst spielte. Mathilde hatte Gregor auf ihre Burg eingeladen, um dort den Kaiser zu erwarten. Sie war eine hochgebildete, einflussreiche Fürstin, die über große Teile der Toskana und bis hinauf in die Po-Ebene herrschte. Canossa befindet

Die Ruine der Burg Canossa unweit von Parma

Kaiser Heinrich IV. steht vor den Toren der Burg Canossa, um von Papst Gregor VII. die Aufhebung des Kirchenbanns zu erbitten.

sich am Nordrand des Appenin, unweit von Parma. Als Markgräfin der Toskana war die papsttreue Mathilde außerdem Reichsfürstin. Ebenfalls anwesend war der Abt von Cluny. Hugo war der bedeutendste Abt von Kloster Cluny, gleichzeitig ein Taufpate von Kaiser Heinrich und damit ebenfalls zu Vermittlung prädestiniert.

Durch seinen stark inszenierten Bußgang nach Canossa rettete Heinrich zwar seinen Thron im *Regnum teutonicorum*, wie der Papst zu sagen pflegte, verspielte aber durch die demütigenden Umstände das Ansehen des deutschen Kaisertums. Der Gang nach Canossa wurde in Italien, aber auch in anderen Teilen Europas als, so etwas Erschütterndes angesehen wie in der Moderne die Schlacht von Waterloo oder in unserer Zeit der 11. September 2001. Heinirich IV. wurde schließlich von seinem eigenen Sohn Heinrich V. entmachtet; die salische Kaisermacht war geschwächt. Nicht nur wegen der Kinderlosigkeit Heinrichs V. erlosch die salische Dynastie. Ihr folgten die Staufer.

Der Investiturstreit schwelte weiter. Der inzwischen bei den Römern verhasste Papst wurde gegen Ende seiner Amtszeit von Heinrich in der Engelsburg belagert. Nur mithilfe der Normannen konnte Gregor aus Rom entkommen. Erst Heinrichs Sohn und Nachfolger erzielte einen Kompromiss mit dem Papsttum, das Wormser Konkordat. Darin verzichtete Kaiser Heinrich V. 1122 auf die Investitur der Bischöfe oder Äbte mit Ring und Stab. Der Papst gestand ihm nur das Recht zu, den vom Papst nominierten kirchlichen Würdenträger gesondert mit weltlichen Rechten zu belehnen. So blieb es im Prinzip bis zum Ende des Reiches 1806.

➡ ***Was danach geschah:*** Im Übrigen traf die Kirche rund 100 Jahre später ähnliche Regelungen mit den englischen und französischen Königen, die ebenfalls auf die geistliche Investitur verzichteten – ein gewaltiger Machtzuwachs für die katholische Kirche im Mittelalter. Allerdings holten sich Engländer und Franzosen nach 1500 ihr Recht wieder zurück: Heinrich VIII. 1534, indem er sich selbst zum Oberhaupt der Kirche in England machte, und Franz I., der 1516 im Konkordat von Bologna das Recht erhielt, die französischen Kleriker selbst einzusetzen. Die Päpste und die staufischen Kaiser rieben sich bis 1250 gegenseitig auf.

Mönche und Ritter

In Europa herrschte religiöse Unruhe. Bußprediger und die Armutsbewegung kamen auf, was in der Gründung großer Bettelorden und asketischer Klöster und Orden kulminierte wie Grande Chartreuse (1084) oder Citeaux, dem Mutterkloster der Zisterzienser (1098). Die Reconquista, das Vorbild für die Kreuzzüge, nahm an Fahrt auf, und nicht zuletzt die „Ketzerbewegungen“.

Jakobsweg {seit ca. 930}

Das an einem äußersten Zipfel des südwestlichen Europa völlig entlegene Santiago de Compostela entwickelte sich im Hochmittelalter als eine Art Ersatz-Jerusalem zur wichtigsten Pilgerstätte der Christenheit nach Rom und Jerusalem. Schon bald nach 800, kurz nachdem die Araber Spanien erobert hatten, glaubte man in Nordspanien den „wahren Jakob“ gefunden zu haben. Der Leichnam des Apostels Jakobus, Oberhaupt der allerersten Jerusalemer Christengemeinde, sollte auf wundersame Weise in dem gebirgigen, nur schwer zugänglichen christlichen Rückzugsgebiet in einem Boot an der galizischen Küste angeschwemmt worden sein.

Die Jakobspilgerschaft war mit Klöstern, Herbergen, Hospitälern und Kirchen bestens organisiert, die Pilgerwege durchzogen wie ein Spinnennetz ganz Europa. Auf dem Weg dorthin oder als Sammelpunkte entstanden bedeutende Wallfahrtszentren wie Vézelay in Frankreich. Eine Pilgerwanderschaft von Köln nach Santiago dauerte bei einer Strecke von rund 1500 Kilometern mindestens zweieinhalb Monate. Wollte man an Ostern dort sein, musste man im Winter aufbrechen.

Im Spätmittelalter kamen etwa eine halbe Million Menschen pro Jahr nach Santiago.

Reconquista I {1085}

Mit Reconqusita ist Wiedereroberung gemeint, genauer gesagt die Rückeroberung des seit 711 von den Arabern („Mauren") größtenteils eroberten Spaniens durch die christlichen Königreiche von Norden her. 1085 wurde Toledo durch König Alfons VI. von Leon und Kastilien erobert, ein bedeutender Zwischenschritt. Toledo war schon unmittelbar vor der maurischen Eroberung fast 200 Jahre lang Hauptstadt des christlichen Reiches der Westgoten gewesen. Alfons machte es umgehend wieder zu seiner Residenz. Durch die Eroberung Toledos erwarb sich Alfons den Beinamen „Spaniens Schild".

„Gott will es!" {1095}

Schon der „Canossa"-Papst Gregor VII. hatte 1074 einen Kriegszug zur Befreiung des Heiligen Grabes in Jerusalem geplant, war aber dann durch den Investiturstreit zu sehr in Anspruch genommen. Nun predigte Urban II., wie Gregor ein führender Exponent der Cluny-Reform, den Kreuzzug. Auslöser war ein Hilferuf des byzantinischen Kaisers, der sich von den Seldschuken bedroht sah. Kaiser Alexios I. Komnenos machte sich Hoffnungen auf die Rückeroberung des durch die Schlacht von Manzikert 1071 verlorenen Kleinasiens / Anatoliens. Dafür bat Byzanz um die Hilfe der „Franken", wie in der Kreuzzugszeit alle abendländischen Ritter pauschal genannt wurden.

Urban hielt seine Kreuzzugspredigt am 27. November 1095 vor den Toren von Clermont-Ferrand. Alles war sorgfältig vorbereitet: Urban schilderte dramatisch die Leiden der Christen im von Muslimen besetzten Jerusalem und die Zerstörung der Grabeskirche 1009. Wie verabredet fiel der Bischof des benachbarten Le Puy auf die Knie und bat, ziehen zu dürfen. An diesem Tag fiel auch schon die oft wiederholte Losung der Kreuzzüge. Die Volksmassen reagierten fanatisiert: „*Deus lo vult!*" „*Dieu le veut!*" „Gott will es!". Von nun an erfasste der Wille, „das Kreuz zu nehmen" um Jerusalem zu befreien,

Die alte hispanische Westgotenhauptstadt Toledo thront über dem Fluss Tajo.

200 Jahre lang die europäische Ritterschaft bis hinauf zu Kaisern und Königen.

Mit dem von Papst und Kirche sorgfältig geplanten Kreuzzugsprojekt wurden viele politische Ziele gleichzeitig verfolgt. In Spanien ging es um die Eindämmung der islamischen Expansion. Urban verfolgte den Plan einer Wiedervereinigung mit der Ostkirche in Konstantinopel. Aus römischer Sicht sollten die Kreuzzüge das politisch zersplitterte Europa auf ein großes gemeinsames Ziel einschwören, natürlich unter der Führung des Papsttums. Nicht zuletzt gaben die Kreuzzüge dem vagabundierenden europäischen Jungadel – den zweiten, dritten Rittersöhnen, die nicht geerbt hatten und überall die Gegend unsicher machten – eine sinnvolle Aufgabe.

Die Kreuzzüge begannen unmittelbar nach dem Aufruf in Clermont-Ferrand 1095. Sie endeten mit dem Fall der letzten Kreuzfahrerfestung Akkon (Israel) 1291.

Zisterzienser {1098}

Einigen strengen Mönchen war selbst die cluniazensische Reform zu „üppig" geraten, denn auch Cluny war inzwischen nicht nur in geistlicher und politischer Hinsicht machtvoll, sondern auch sehr reich. Sie gründeten 1098 in einer abgelegenen Gegend von Burgund in Citeaux ein neues Kloster, wo sie strikt nach der Ordensregel des heiligen Benedikt beten und arbeiten wollten. Sie nannten sich nach dem Gründungsort Zisterzienser.

Europaweite Bedeutung erlangte die neue Frömmigkeit durch Bernhard von Clairvaux (1090–1153), der Citeaux im Jahre 1112 beitrat und zwei Jahre später erster Abt des Tochterklosters Clairvaux in der Champagne wurde. Clairvaux wurde der eigentliche Ausgangspunkt des Zisterzienserordens. Die Mönche duldeten beispielsweise in ihrer Architektur, für die es genaue Vorschriften gab, keinerlei „Verzierungen".

Bernhard war eine der geistig und politisch einflussreichsten Persönlichkeiten seiner Zeit. Er predigte außerordentlich erfolgreich den Zweiten Kreuzzug und förderte den Gedanken der christlichen Ritterschaft, der Ordensritter. Scharenweise nahm der Adel Frankreichs, Flanderns und aus dem Rheinland das Kreuz.

Auch für das eigentliche Mönchsleben im Kloster hatten die Zisterzienser enormen Zulauf, gerade aus dem Adel. Sie waren führend bei der zivilisatorischen Erschließung Europas, siedelten vorzugsweise in abgeschiedenen Gegenden und entwickelten ihre Klöster zu agrarischen und handwerklichen Musterbetrieben. Benediktinerklöster waren große Wirtschaftseinheiten, aber erst recht die Zisterzienserklöster. Sie sind in ihrer „weltlichen" Tätigkeit fast schon Prototypen moderner Unternehmen, sogar mit „internationalen" Verbindungen. Bekannteste Beispiele in Deutschland sind das Kloster Eberbach im Rheingau (heute Staatsweingut des Landes Hessen) oder das Kloster Maulbronn.

Im November 1095 ruft der französische Prediger Peter von Amiens in Gegenwart von Papst Urban II. zum Ersten Kreuzzug auf.

Kreuzfahrerstaaten {1099–1291}

Sehr zur Überraschung von Kaiser Alexios tauchten die Kreuzfahrer schon im Jahr nach der Predigt von Papst Urban unter der Führung etlicher westeuropäischer Grafen 1096 vor Konstantinopel auf. Wegen innenpolitischer Probleme waren die Seldschuken nur bedingt abwehrbereit. Deshalb gelang den Kreuzfahrern 1099 tatsächlich die Eroberung von Jerusalem. Sie errichteten in der Levante vier Kreuzfahrerstaaten, darunter das „Königreich Jerusalem".

In dieser englischen Buchmalerei (um 1340) ist der Zweikampf zwischen einem Kreuzritter (links) und einem muslimischen Kämpfer (auch gedeutet als Zweikampf zwischen dem englischen König Richard I. Löwenherz und Sultan Saladin) dargestellt.

Da die Kreuzfahrerstaaten ab 1144 durch Ägypten in Bedrängnis gerieten, predigte insbesondere Bernhard von Clairvaux den Zweiten – erfolglosen – Kreuzzug.

Seit 1171 war der kurdischstämmige Salah ad-Din oder Saladin (1138–1193) Sultan von Ägypten und vereinigte es 1174 mit Syrien. Damit waren die Kreuzfahrerstaaten eingekreist. 1187 eroberte er nach 88 Jahren fränkisch-christlicher Herrschaft Jerusalem. Die Befreiung der Heiligen Stadt war damit wiederum das Hauptziel des Dritten Kreuzzugs (1189–1192), an dem unter anderem König Philipp II. von Frankreich, Richard I. Löwenherz und Friedrich Barbarossa teilnahmen. Richard Löwenherz eroberte Akkon 1191 und schloss Frieden mit Saladin, der den christlichen Pilgern den Zugang nach Jerusalem sicherte. Aus der Bruderschaft deutscher Kreuzritter in Akkon ging 1198 der Deutsche Orden hervor. Saladin ist in Europa mehr noch als in der muslimischen Welt eine der berühmtesten und am meisten respektierten Gestalten der Geschichte. Sein „ritterliches" Verhältnis zu seinem Gegner Richard Löwenherz ist legendär.

Lateinisches Kaiserreich {1204–1261}

Der Vierte Kreuzzug endete 1204 auf halber Strecke nach dem Zug über den Balkan mit der Eroberung von Konstantinopel durch die „Franken". Zwar hatte Papst Innozenz III. den Krieg gegen Byzanz und die Belagerung der Hauptstadt zweimal ausdrücklich verboten, aber den Venezianern, Ausrüster der Kreuzfahrer und wirtschaftliche Rivalen des griechisch-byzantinischen Kaiserreichs, gelang es geschickt, das Heer nach Konstantinopel umzulenken. Die byzantinische Kaiserstadt wurde brutal geplündert, die Venezianer schafften die ursprünglich aus Rom stammende Quadriga aus dem Hippodrom von Konstantinopel nach Venedig und platzierten sie über dem Hauptportal des Markusdoms. Balduin, Graf von Flandern (1172–1205), wurde erster Kaiser eines nunmehr, im Gegensatz zu den griechischen Byzantinern, sogenannten „Lateinischen Kaiserreichs".

Im Jahr 1261 eroberte Kaiser Michael VIII. Konstantinopel im Handstreich und mit der Unterstützung der Genueser zurück. Die neue Palaiologen-Dynastie war die letzte in Byzanz, das sich von dem Schlag der Franken nicht mehr erholte.

Reconquista II {1230–1250}

Ferdinand III. der Heilige (1199–1252), König von Kastilien, vereinigte 1230 durch Erbanfall Kastilien und Leon. Dadurch legte er die Grundlage zum Aufstieg Kastiliens zur Vormacht in Spanien und zur nächsten Phase der Reconquista: 1235 wurden den Arabern die Balearen abgenommen, 1236 Córdoba, 1246 Jaén, 1248 Valencia und Sevilla, 1250 Cádiz. Seitdem hielt sich von der einstigen arabischen Herrschaft in Andalusien nur noch Granada.

Portugal hatte bereits 1248 die Algarve erobert, damit die Reconquista für sich abgeschlossen und damit auch als erster europäischer Staat seine bis heute gültigen Grenzen erreicht.

➥ ***Was danach geschah:*** Die Kreuzzüge hatten Europa einen intensiven Kulturkontakt mit dem „Morgenland" gebracht, aber politisch nichts erreicht. In zivilisatorischer Hinsicht wie in seiner politischen Dynamik war der Orient dem damals noch geistig schwerfälligen Okzident haushoch überlegen. Genau das sollte sich durch die „Horizonterweiterung", die die Kreuzzüge den Abendländern bescherte, allmählich ändern. Fast genau 200 Jahre nach dem Fall von Akkon (1291) setzten Europäer und eben nicht die Araber oder Türken den Fuß in die Neue Welt (1492).

Die tanzenden Derwische

Auch im „Morgenland" ergaben sich während der europäischen Kreuzfahrerzeit wichtige religiöse Reformen.

Seit ihrem kriegerischen Aufbruch von der Arabischen Halbinsel im 7. Jahrhundert hatten sich den Arabern neue Horizonte erschlossen; sie hatten Reiche und Dynastien gegründet und in der hochkultivierten Welt des Vorderen Orients eine ganz neue Stufe des Wohlstandes erreicht. Die religiöse Zucht pflegt unter solchen Umständen zu leiden. Wie im christlichen Bereich gab es daher auch in der islamischen Welt das Bedürfnis frommer Männer, sich aus dem weltlichen Treiben in die Askese zurückzuziehen.

Das geläufige und vereinfachende Bild der Sufi sind die „tanzenden Derwische", die einen wesentlichen Zug des Sufismus verdeutlichen: Die unmittelbare Gotteserfahrung durch Ekstase, durch Musikhören, Fasten, litaneiartiges Beten, Einsamkeit, Schlafentzug oder den Wirbeltanz war ihnen weit wichtiger als die rituelle Befolgung des Korans.

Der erste Sufi-Orden wurde um 1150 in Bagdad gegründet. Seine Mitglieder trafen sich einmal wöchentlich. Sie waren verheiratet, gehörten zu den Handwerkern und Händlern, und waren weit entfernt vom intellektuellen Gelehrtentum der arabischen Wissenschaft des Mittelalters. Überhaupt nahmen die arabischen Volksmassen nie am intellektuellen Diskurs der Gelehrtenzirkel teil. Dementsprechend weit verbreitet waren und sind im muslimischen Kulturkreis Aberglaube, Wunderglaube und Heiligenverehrung, gerade auch bei den Sufi.

Das Elixier der Glückseligkeit

{um 1150}

lautet der Titel eines Werkes des islamischen Theologen Al-Ghazzali (1058–1111). Er ist der Erneuerer des Islam und in der islamischen Welt so bekannt und bedeutsam wie Luther für Europa. Nach einer Zeit als Sufi

Die Postkarte (um 1905) zeigt tanzende Derwische in Konstantinopel. Sie gehören zur asketischen Ordensgemeinschaft der Sufi, die u.a. durch den Wirbeltanz zur unmittelbaren Gotteserfahrung streben.

entwickelte Al-Ghazzali in seinem Hauptwerk *Die Wiederbelebung der Wissenschaften von der Religion* aus der Verschmelzung mystischer Religionserfahrung und intellektueller Durchdringung der Lehren des Korans eine ethisch tiefgründige Auffassung seiner Religion. Er vertrat eine strikte Korangläubigkeit im Sinne eines vollkommenen Gottvertrauens. Natürlich gehören die „Pfeiler des Islam" (Glaubensbekenntnis, Gebet, Fasten, Almosen, Mekka-Pilgerschaft) zum gottgefälligen Leben.

Europäischer Machtkampf

Der Zeit der Salier in Deutschland entsprach in England in etwa die Zeit der normannischen Könige. Knapp 100 Jahre hatten die Söhne und Enkel Wilhelms des Eroberers geherrscht. Fast gleichzeitig mit dem Beginn der Staufer bekam auch England mit Heinrich II. 1154 nicht nur einen neuen König, sondern eine neue Dynastie. Die Tochter des letzten Normannenkönigs hatte 1128 in zweiter Ehe den Grafen von Anjou geheiratet; und Mathilde gelang es, die Thronfolge für ihren Sohn Heinrich aus dieser Ehe zu sichern. Der Graf von Anjou pflegte einen Ginsterzweig (lateinisch *planta genista*, englisch *plantagenet*) als Helmzier zu tragen. Die Plantagenets waren „die" englische Königsdynastie des Mittelalters.

In seiner Jugend war Heinrich nicht nur englischer Thronanwärter, sondern auch Herzog der Normandie in Frankreich. Kurz vor seiner englischen Thronbesteigung heiratete er bereits im zarten Alter von 19 Jahren seine wesentlich ältere französische Nachbarin Eleonore von Aquitanien. Diese berühmteste Frau des Mittelalters war die Erbin des reichen und kulturell strahlenden Troubadour-Herzogtums Aquitanien. Damit war Heinrich auch Herr über das heutige Westfrankreich, denn die Territorien Normandie, Anjou und Aquitanien gehörten nun zusammen. Dieser englische Kronbesitz auf französischem Boden, das „Angevinische Reich", war der Zankapfel zwischen Frankreich und England – jetzt und im Hundertjährigen Krieg ab 1340.

Staufer und Welfen {ab 1160}

Unter der Herrschaft der Staufer traten die deutschen Kaiser in Italien wieder stärker in Erscheinung: Friedrich Barbarossa regierte fast 40 Jahre von 1152 bis 1190 und versuchte in zähem Kampf gegen die selbstbewussten Städte der Lombardei die alten Reichsrechte wieder durchzusetzen. Viele Städte, die sich nicht fügen wollten, schlossen sich zur Lombardischen Liga zusammen, allen voran Mailand, unterstützt von Papst Alexander III. Als Friedrich die Reichsrechte mit Waffengewalt durchsetzen wollte, versagte ihm sein mächtigster Vasall, der Welfenherzog Heinrich der Löwe, die Gefolgschaft. Staufer und Welfen war sich in alter Rivalität verbunden. Auf einem Reichstag in Würzburg 1180 wurde die Reichsacht über Heinrich verhängt und seine beiden Herzogtümer Sachsen und Bayern eingezogen. Damals wurden die Wittelsbacher Herzöge in Bayern. Heinrich ging ins Exil zu seinen englischen Verwandten; seine Gattin Mathilde war eine Schwester von Richard Löwenherz und Tochter des englischen Königs Heinrichs II. Die bittere Auseinandersetzung zwischen Staufern und Welfen übertrug sich nach Italien. Siena, Pisa, Arezzo und Spoleto hielten stets zum Kaiser. Sie waren „Ghibellinen", benannt nach der kleinen staufischen Stammburg Waiblingen. Bologna, Genua, Mantua gehörten zur Partei der Welfen, italienisch: Guelfen. Städte wie Mailand, Florenz und Verona wechselten ihre „Parteizugehörigkeit" mehrmals. Auch die Päpste waren meist „Guelfen", sprich: Anti-Kaiser.

Staufisch-welfische Thronwirren {ab 1190}

Barbarossa ertrank 1190 auf dem Zweiten Kreuzzug in Kleinasien im Alter von 65 Jahren in dem Fluss Saleph (in der heutigen

Südosttürkei). Sein Sohn Heinrich VI. verstarb früh, 1189, im Alter von 33 Jahren. Nun wählten im Reich zwei Fraktionen unter den Fürsten zwei deutsche Könige: Die einen entschieden sich für den Staufer Philipp, den Bruder Heinrichs VI. Der eigentliche staufische Thronfolger, Heinrichs Sohn, der spätere Kaiser Friedrich II., war erst vier Jahre alt. Die anderen wählten Otto, den Sohn des Welfen-Herzogs Heinrichs des Löwen. Das war der Höhepunkt der staufisch-welfischen Feindschaft und eine Art Teilung in Deutschland. Fast zehn Jahre lang konnte sich keiner von beiden gegen den anderen durchsetzen. Dann wurde der Staufer Philipp 1208 in Bamberg ermordet und Otto im Jahr darauf zwar zum Kaiser gekrönt, doch als er mit der Eroberung von Unteritalien und Sizilien begann, wählten deutsche Fürsten auf Betreiben des Papstes 1211 den fünfzehnjährigen, soeben volljährig gewordenen Friedrich zum Kaiser. Die Verwirrung war komplett.

Otto war während des Exils seines Vaters in der Normandie geboren worden und am englischen Hof aufgewachsen. Richard Löwenherz und Johann Ohneland waren Ottos Jugendfreunde und nur wenig ältere Onkel. In der nun unmittelbar bevorstehenden europäischen Auseinandersetzung standen die Welfen auf der Seite der Engländer.

Der Sonntag von Bouvines {1214}

Der französische König Philipp II. wollte das Angevinische Reich zerschlagen, aber das gelang ihm nicht, solange Richard Löwenherz König von England und Herr in seinen Ländern in Westfrankreich war. Nach Richards frühem Tod 1199 im Alter von 41 Jahren übernahm dessen schwächerer Bruder Johann den englischen Thron und das Angevinische Reich. Philipp hatte schon die Normandie besetzt, der aquitanische Adel wechselte auf die französische Seite.

Im Sommer 1214 hielt sich Johann in seinen französischen Kronländern auf, um

Historische Gebäude in der Braunschweiger Altstadt. Die Stadt in Niedersachsen entwickelte sich unter Heinrich dem Löwen im 12. Jahrhundert zu einer bedeutenden Handelsstadt.

Verbündete gegen Philipp II. zu sammeln. Er finanzierte nicht nur seine eigenen englischen Truppen, sondern auch flandrische Grafen, die sich Unabhängigkeit von Frankreich erhofften, und den deutschen Kaiser Otto, seinen Neffen und Freund aus Kindertagen. Ottos Herrschaft in Deutschland war angezählt, er selbst exkommuniziert, weil er in Italien Papst Innozenz III. in die Quere gekommen war. Der junge Stauferkaiser Friedrich II. zog erstmals triumphal durch Deutschland. Friedrich hielt in alter staufischer Tradition zum Kapetinger Philipp.

An der Ritterschlacht bei dem flandrischen Örtchen Bouvines am 27. Juli 1214 nahm der englische Plantagenet Johann nicht selbst teil. Kaiser Otto IV. führte Johanns Koalitionstruppen. Er wurde von Philipps Reitern so hart bedrängt, dass ihm schließlich nichts anderes übrig blieb, als den Rückzug anzutreten oder zu fliehen – je nach Interpretationsstandpunkt. Nach Anzahl der Gefallenen, Geflüchteten und Gefangenen war die Niederlage Ottos und Johanns vollständig. Philipp sandte die auf dem Feld zurückgebliebene Standarte des Reiches an Friedrich.

Der Ausgang der Schlacht stellte die Weichen für Jahrhunderte europäischer Geschichte: Die Staufer behaupteten sich im Reich gegen die Welfen, da Otto nun seinen letzten Rückhalt verlor. Der Thronfolgestreit war damit entschieden. Die deutschen Fürsten bestätigten Friedrich, der ihnen allerdings erhebliche Zugeständnisse machen musste. Damit war im Reich der Grundstein zur Ausbildung relativ selbstständiger Fürstentümer gelegt. Deutschland wurde fortan (bis 1871 natürlich) nie mehr zentral regiert.

Fast der ganze Westen Frankreichs fiel an die französische Krone, und Frankreich wurde zur Vormacht in Europa. Genau im Gegensatz zu Deutschland entwickelte sich hier ein starkes dynastisches Zentrum mit der einen Hauptstadt Paris. Philipp wurde zum bedeutendsten französischen Herrscher des Hochmittelalters; der Sieg von Bouvines brachte ihm den Beinamen Augustus ein.

Johann musste Philipps Bedingungen zur vollständigen Rückgabe seiner Länder akzeptieren und kehrte „ohne Land“ nach England zurück. Auch das hatte erhebliche Folgen.

Magna Charta {1214/1215}

Johann kehrte gedemütigt nach England heim. Damit er sich dort auf dem Thron halten konnte, trotzten ihm die englischen Barone die *Magna Charta libertatum* („Der große Freiheitsbrief“) ab.

In der in ganz Europa und der westlichen Welt als erste Freiheits- und Verfassungsurkunde betrachteten Magna Charta ließen sich die englischen Adeligen althergebrachte Lehensrechte bestätigen und gegen willkürliche Übergriffe der Krone sichern. Sie betraf aber auch den Bauernschutz, Handelsfreiheiten mit auswärtigen Kaufleuten und ein Widerstandsrecht gegen unrechtmäßige Akte der Krone. Erst als Johann die Magna Charta am 15. Juni 1215 unterschrieben hatte, erneuerten die Barone am 19. Juni ihren Treueid. Noch die Verfassung der Vereinigten Staaten (1787) bezieht sich auf dieses Dokument.

Kirche und Ketzer

Im Jahr der Magna Charta hielt Papst Innozenz III. das Vierte Lateran-Konzil ab. Kurz zuvor waren im Süden Frankreichs die Katharerkriege entbrannt, angeführt von den französischen Königen Philipp II. und seinem Sohn Ludwig VIII. als Kreuzzug gegen die „Ketzer“. Das war der große Auftakt zur Ketzerverfolgung im Spätmittelalter.

Viertes Lateran-Konzil {1215}

Sitz des Papstes in Rom war seit der Antike und während des gesamten Mittelalters nicht der Vatikan, sondern die am Rande des antiken und erst recht des mittelalterlichen Rom gelegene Basilika S. Giovanni in Laterano, St. Johannes im Lateran, kurz „Lateran“.

Dort wurden mehrere Konzilien abgehalten, das bedeutendste war das vierte Lateran-Konzil 1215 unter Innozenz III., viele seiner Beschlüsse haben heute noch ihre Wirkung. Das Konzil war mit 1200 Äbten und Bischöfen stark besucht und Innozenz III., gelernter Kirchenrechtler, war bestens vorbereitet. Siebzig Dekrete und Dogmen lagen fertig formuliert bereit zum Abnicken. Die Zahl der Sakramente wurde auf sieben festgelegt; die Heiligen- und Reliquienverehrung bedurfte jetzt der päpstlichen Kanonisation; die Ehe wurde zum Sakrament erklärt. Vor allem aber gab es nun ein verbindlich formuliertes Glaubensbekenntnis – eine wichtige Voraussetzung zur Feststellung der Abtrünnigkeit.

Katharer {1208–1229}

Der Katharerglaube war ein asketisches, ethisch strenges Christentum: Die Welt galt ihnen als „böse", weil vom Teufel beherrscht. Nur durch gutes Verhalten und Reinheit lässt sich das Gottesreich gewinnen; griechisch *katharos* bedeutet „die Reinen". Von „Katharer" ist das Wort „Ketzer" abgeleitet. Die Aufnahme in die katharische Kirche, die sich durch presbyterhafte Züge mit flachen Hierarchien auszeichnete, erfolgte durch Handauflegen: die sogenannte Geisttaufe. Bei ihnen verband sich eine als häretisch angesehene Praxis erstmals mit einer Volksbewegung.

Der südfranzösische Adel stand gegen König Philipp und hinter den Katharern. Philipp und sein Sohn Ludwig VIII. führten die Kriege mit großer Grausamkeit. In Béziers wurde die Bevölkerung 1209 massakriert. Mit der dramatischen Belagerung der letzten katharischen Bergfestung Montségur und der Ausrottung der Katharer war Südfrankreich dann fest in französischer Hand und die katharische Ketzerei für die Kirche beseitigt.

Inquisition {ca. 1230}

Natürlich waren von der Kirche erfahrene Prediger, vor allem aus dem Zisterzienserorden, zur Bekehrung der Abtrünnigen entsandt worden. Unter ihnen auch der junge Dominikus, der Begründer des Dominikanerordens, in dessen Händen von da an die Inquisition lag.

Ein Konzil in Toulouse regelte 1229 im Wesentlichen das Verfahren der *inquisitio haereticorum,* der „Untersuchung der Häretiker". Die Beschuldigten hatten durchaus Rechte im Verfahren, das auf Verhör und Zeugenbefragungen hinauslief. Es gab sogar „Freisprüche", falls die häretische Gesinnung nicht erwiesen werden konnte. Man war nicht darauf aus, alle Ketzer auf dem Scheiterhaufen zu verbrennen, meistens genügten den Inquisitoren Bußübungen. Die Mitwirkung des „weltlichen Arms" bei der Ketzerverfolgung hatte der junge Kaiser Friedrich II. schon 1220 genehmigt und die Verbrennung als Todesstrafe für hartnäckige Ketzer verfügt. Die Folter im Inquisitionsprozess wurde erst 1352 durch Papst

Die ehemalige Katharerhochburg Carcassonne in der südfranzösischen Region Languedoc. Berühmt ist vor allem die auf einem Hügel gelegene Festung *Cité de Carcassonne.*

Innozenz VI. genehmigt. Die besonders krassen Autodafés (Ketzerverbrennungen) in Spanien und der Großinquisitor wurden erst 1478 eingeführt. In Deutschland spielte die Inquisition bis zum Beginn der Hexenprozesse um 1450 kaum eine Rolle.

Die Inquisition erscheint heute so gewaltsam, weil Strafprozesse über Glaubensfragen geführt wurden; das ist wegen der Religionsfreiheit mittlerweile undenkbar. Auch die Anwendung der Folter ist natürlich nicht mehr erlaubt. Andererseits war die Inquisition prozessrechtlich gesehen insofern „modern", weil erstmals Protokolle geführt und die Untersuchungsrichter sich an ein vorgeschriebenes Verfahren („Prozess") halten mussten. Erstmals wurde „von Amts wegen" ermittelt. Bisher hatte das mittelalterliche Prinzip gegolten: Gab es keinen Kläger, dann gab es auch keinen Richter – selbst bei schweren Verbrechen.

Bettelorden {um 1204}

Um das Jahr 1000 begannen die Städte rapide zu wachsen. Könige und Fürsten förderten dies durch die Verleihung von (Steuer-)Privilegien und „Freiheiten". Innerhalb dieser für das Mittelalter vergleichsweise großen Volksmassen entstanden die Bettelorden als Alternativbewegung gegen die Oberschicht. Die beiden ersten, Franziskaner und Dominikaner, sind nach ihren Gründern, Franziskus von Assisi (1182–1226) und Dominikus (1170–1221) benannt. Giovanni Bernadone, genannt Francesco, war ein reicher Tuchhändlersohn aus Assisi mit guter Ausbildung, in seiner Jugend ein ausgesprochener Partylöwe. Eine einjährige Kriegsgefangenschaft um 1204 legte den Grundstein für seine innere Umkehr. Weil er zu viel für wohltätige Zwecke spendete und Baumaterial für eine Kirchenrenovierung sammelte, klagte sein Vater ihn vor Gericht an. Der Legende nach zog sich Francesco während des Prozesses nackt aus und machte damit seinen Protest gegen seinen Vater und die „unchristlichen Sitten" seiner Zeit deutlich. Fortan zog er als Wanderprediger

Auf dem Stahlstich aus dem 19. Jahrhundert ist dargestellt, wie man sich eine Ketzerverbrennung durch die spanische Inquisition vorstellte.

in der Nachfolge Christi durch die Toskana. Eine typische Protestbewegung gegen das Gebaren der Kirche, Höfe und Städte.

Der rasche Erfolg solcher Erweckungsbewegungen wie der franziskanischen zeigt, wie grotesk die Verweltlichung des Klerus empfunden wurde. Innerhalb weniger Jahre breiteten sie sich als Volksbewegungen in ganz Europa aus. Auch die Armen- und Krankenpflege der heiligen Elisabeth von Thüringen (1207–1231) ist ein typisch „franziskanischer" Vorgang. Anders als bei der katharischen Ketzerei gelang der Kirche hier die Integration – sowohl spirituell als auch organisatorisch. Schließlich beäugte sie alles sehr skeptisch, was mit Glaubensdingen zu tun hatte, was sie aber nicht direkt kontrollieren konnte. Francesco stand nahe daran, als Ketzer angeklagt zu werden.

Außerhalb Europas

Südsee – Rapa Nui {vor 1100}

Die räumlich am weitesten von allen umgebenden Kulturen entfernte Gesellschaft entstand vor 1100 auf der in der südlichen Südsee zwischen Australien und Chile gelegenen Osterinsel. 1947 wollte der norwegische Völkerkundler Thor Heyerdahl mit seiner Kon-Tiki-Expedition zeigen, dass die Inseln von Südamerika her besiedelt wurden. Aber alles deutet darauf hin, dass die am Ostertag 1722 von einem Holländer entdeckte Insel zum polynesischen Kulturkreis gehört: Rapa Nui.

Die als *Moai* bezeichneten kolossalen Ahnenfiguren verhalfen der Osterinsel zu ihrer Bekanntheit.

Weltbekannt sind die bis zu zehn Meter hohen sorgfältig bearbeiteten Megalith-Figuren ohne Beine mit den im Vergleich zum Körper übergroßen Köpfen. Sie wirkten durch mit farbigem Kalk ausgefüllte Augen und eventuell auch durch Bemalung ursprünglich sicherlich lebendiger. Obwohl sie auf den ersten Blick gleichförmig zu sein scheinen, sind sie individuell gearbeitet, stellen also bestimmte Personen dar. Mit großer Wahrscheinlichkeit handelt es sich um Ahnenfiguren von Stammeshäuptlingen. Die „Moai" genannten Figuren „bewachen" Grabstätten und dienten als Bindeglied zur Jenseitswelt. Bei ihrer Entdeckung war die Osterinsel bereits entvölkert. Ab dem 13. Jahrhundert setzte ein Teufelskreis aus Überbevölkerung, Entwaldung, landwirtschaftlicher Übernutzung, Bodenerosion, Zunahme von Stammeskriegen und Dezimierung der Bevölkerung ein.

➥ ***Was sonst noch geschah***: Die Besiedlung der Osterinsel erfolgte im Zusammenhang mit der allgemeinen Besiedlung der Inseln des gesamten riesigen pazifischen Raumes (u. a. Fidschi, Tonga, Samoa einschließlich Hawaii und Neuseeland) durch polynesisch sprechende Gruppen aus dem Raum des heutigen Indonesien / Neuguinea. Diese sogenannte polynesische Expansion wohl hauptsächlich mit Katamaran-Booten zählt zu den größten Navigationsleistungen der Menschheit. Es gab neben dieser Ostexpansion in den gesamten pazifischen Inselraum auch eine Westexpansion in Richtung Afrika. So wurde Madagaskar nie von Afrika aus besiedelt, sondern erst vor rund 1000 Jahren aus dem indo-pazifischen Raum. Bis heute ist die in Madagaskar gesprochene einheimische Sprache eine polynesische, keine afrikanische.

Hinterindien – Angkor Wat {1150}

Unbehelligt vom großen chinesischen Nachbarn im Norden konnte sich in der Zeit der Ottonen und frühen Kapetinger auf dem Subkontinent Hinterindiens das Khmer-Reich der Könige von Angkor entfalten. Angkor war die Hauptstadt, und „Angkor" bedeutet in der Khmer-Sprache als ein vom Sanskrit abgeleitetes Wort nichts anderes als „Stadt". Der Bau von Bewässerungsanlagen für den Reisanbau, was mehrmalige Ernten im Jahr ermöglichte, schuf die wirtschaftliche Grundlage für die Ausdehnung des Khmer-Reiches (*Kambuja*, eingedeutscht: Kambodscha).

Kultur und Religion waren von Indien her zunächst hinduistisch, dann buddhistisch beeinflusst. Angkor Wat wurde als Vishnu-Tempel errichtet. Es handelt sich um die größte sakrale Anlage der Welt und das zweitgrößte Bauwerk der Erde nach der Chinesischen Mauer. Erbauer der prächtigen Anlage war der Khmer-Herrscher Suryavarman, der die Anlage in 37 Jahren Bauzeit errichten und, laut einem chinesischen Gesandten, die Türme mit Gold überziehen ließ. Suryavarman regierte über ganz Südindochina.

➥ ***Was danach geschah:*** Das Khmer-Reich erlag ab ungefähr 1200 der Invasion der Thai-Völker, die es mit eigenen Staatenbildungen überlagerten. Die Thai-Völker kamen aus dem gebirgigen Norden Indochinas und wichen in einer Art hinterindischer Völkerwanderung dem Druck der Chinesen und Vietnamesen aus. Sie übernahmen im Süden weitgehend die Kultur der Khmer. Seit etwa 1500 wurden die Tempelanlagen von Angkor Wat nicht mehr genutzt und vom Dschungel überwuchert. In Europa wurden sie erst durch die Entdeckungsreisen des Franzosen Henri Mouhot (1826–1861) bekannt.

Die Thai (= Siamesen) bildeten dann während der europäischen Renaissance- und Barockzeit ganz Hinterindien dominierende Königreiche, vor allem Ayutthaya.

Indien – Sultanat von Delhi

{1206–1398}

Während in Europa vom 3. bis zum 6. Jahrhundert die Völker wanderten, hatte Indien sein goldenes Zeitalter des Gupta-Reiches und eine erste Ausbreitung des Buddhismus erlebt. Im 6. Jahrhundert wurde nun vor allem in Nordindien der Druck der hunnischen Expansion deutlich spürbar – eine Heimsuchung. Die Hunnen hinterließen verbrannte Erde und ein zersplittertes, stagnierendes Land. Kein einziger der zahlreichen regionalen Herrscher konnte sich durchsetzen, die Bauern wurden ausgepresst. Das war noch vor der islamischen Expansion nach Mittelasien. Seit dem Jahr 1000 stand Nordindien unter der lockeren Oberherrschaft einer türkischen Dynastie, der Ghasnawiden. Im europäischen Hochmittelalter, während der Staufer-Zeit, brach deren Herrschaft unter seldschukischem Druck auseinander.

Das Sultanat war die erste dauerhafte islamische Staatsbildung auf indischem Boden. Einer der Generäle aus dem Umfeld der Ghasnawiden, der an der Eroberung Nordindiens beteiligt war, machte sich in Delhi als unabhängiger Herrscher selbstständig. Trotz einer einzigen Abfolge von Thronkämpfen und Dynastie-Wechseln expandierte das Sultanat erfolgreich, sodass es

Die Tempelanlage von Angkor Wat im heutigen Kambodscha

im 14. Jahrhundert praktisch den gesamten Subkontinent beherrschte, bis es von Timur Lenk 1398 vernichtet wurde.

Japan – Heian

war das riesige Kaiserpalast-Areal in Kyoto, das in der Heian-Zeit (794–1185) Hauptstadt wurde und es bis 1868 blieb. Es war die klassische Kulturperiode Japans. Zwei Hofdamen der Kaiserin verfassten um 1000 japanische Werke der Weltliteratur, das *Kopfkissenbuch*, eine Art Tagebuch, und den Roman *Die Geschichte des Prinzen Genji*. So kultiviert der Hof aber auch war, so schwach waren die Kaiser, die sich ständige Machtkämpfe mit rivalisierenden Adelsclans und nicht erbberechtigten Nachkommen, den „Genji", lieferten. Ein Angehöriger solch eines Genji, des Clans der Minamoto, wurde der erste Shogun.

Japan – Shogun {1192}

Minamoto Yoritomo war von 1192 bis 1199 der erste „kaiserliche Feldherr", der erste Shogun. Noch in der Heian-Zeit hatte das Militär dem Tenno gedient. Jetzt war das Machtverhältnis umgekehrt. Von nun an regierten die Shogune 800 Jahre lang in mehreren Dynastien unter den nur noch bei zeremoniellen Anlässen agierenden, machtlosen Kaisern das japanische Inselreich bis 1868. Das Shogunat war nichts anderes als eine Militärregierung, wenn nicht eine Militärdiktatur. Die erste Shogunat-Periode war das Kamakura-Shogunat (1185–1333).

Drei Samurai-Krieger in ihren Rüstungen auf einer Abbildung des 19. Jahrhunderts

Japan – Samurai

Ihre Macht stützten die Shogune auf die Samurai, den Kriegeradel Japans, der sich während der Heian-Zeit aus Palastwachen des Kaisers und der Genji gebildet hatte. Aus dieser Leibgarde bildete sich im Lauf der Jahrhunderte eine erbliche Adelsklasse, entfernt vergleichbar den europäischen Rittern. Der Samurai war in der Regel von einem Lehensherrn, dem *daimyo*, materiell abhängig. Fiel er in Ungnade, waren der Samurai und seine Familie von wirtschaftlichem Abstieg bedroht. Es gab etwa 260 dieser *daimyo*-Kleinstfürsten. Da sie meistens nicht viel zu verteilen hatten, führten die Samurai eine eher bescheidene Existenz. Sie wurden nicht nur zum Kampf ausgebildet, sondern erhielten auch eine höfische, musische Bildung (Schreibkunst, Dichtung, Musik). Der Buddhismus war für viele Samurai ein spirituelles Gegengewicht zu dem rauen, asketischen, auf strengen Ehrbegriffen und Pflichterfüllung ausgerichteten Alltag. Viele Samurai zogen sich gegen Ende ihres Lebens in die Stille buddhistischer Klöster zurück.

➡ ***Was danach geschah:*** In der langen Friedenszeit des Tokugawa-Shogunats ab 1603 gab es keine Kämpfe mehr. Aus den Krieger-Samurai wurden die tüchtigen und unbestechlichen Träger der lokalen Verwaltung. An ihren Vorrechten, zwei Schwerter zu tragen, zu Pferd zu reiten und besondere Kleidung zu tragen, hielten sie eisern fest. Auf der Straße durften sie gegenüber Nicht-Samurai den Vortritt erzwingen.

Afrika – Gana, Mali, Benin {1076}

Im Inneren Westafrikas, in der südwestlichen Sahara-Zone, gibt es mächtige Flüsse. Vor allem im Bereich des Bogenscheitels des Nigers bestanden während des gesamten Mittelalters afrikanische Reiche. Von 500 bis nach 1000 kontrollierte eine afrikanische Herrscherdynastie die Territorien und den

Handel im sogenannten Reich von Gana (das nichts mit dem modernen Staat Ghana zu tun hat). Es wurde 1076 von muslimischen Berbern zerstört, die von Mauretanien und Marokko aus nicht nur die ganze Westsahara nach der Art von Reiternomaden unter ihre Herrschaft brachten, sondern auch das südspanische Al-Andalus. Ohne Verwaltungsunterbau war die almoravidische Macht in Westafrika aber nicht von Dauer. Hier entstand ab etwa 1300 das Mali-Reich in der gesamten Südwest-Sahara, dessen ethnisch afrikanische Herrscher bereits Muslime waren. Zentren waren Timbuktu und Djenné.

Am Unterlauf des Niger bestand annähernd 1500 Jahre lang das von verschiedenen Dynastien regierte schwarzafrikanische Königreich Benin, das durch sein hochstehendes Kunsthandwerk berühmt ist. Benin wurde von seinen Königen mit starker Hand sozusagen absolutistisch regiert und entwickelte sich nach 1500 zu einem der Hauptumschlagplätze für den Sklavenhandel.

Afrika – Groß-Simbabwe

Die Mauern von Groß-Simbabwe sind nach den ägyptischen Pyramiden der größte Steinbau Alt-Afrikas und die älteste bekannte Ruinenstätte südlich der Sahara. Die sogenannte Große Mauer besteht aus exakt behauenen Granitblöcken, die ohne Mörtel verfugt sind; sie ist fast 250 Meter lang.

Die große Einfriedung wurde vermutlich von einem Bantu-Volk um 1250 errichtet. Ob als heiliger Bezirk oder als „Stadt", ist nicht klar. Die Grundlinien der Mauern erinnern sehr an einen Kraal. Groß-Simbabwe gehörte vermutlich zu dem Munhumutapa oder auch Karanga genannten Reich. Hauptquelle des Wohlstands war der Metallhandel. Als die Portugiesen im 16. Jahrhundert als erste Europäer hier ankamen, trafen sie noch auf Zerfallsherrschaften dieses Reiches.

Simbabwe ist der Namensgeber für den modernen Staat, das ehemalige Süd-Rhodesien, seit 1980 vierzig Jahre lang regiert von dem sozialistischen Diktator Robert Mugabe, der das einst blühende Kolonialland zu einem Armenhaus heruntergewirtschaftet hat.

Die Ruinenstadt Groß-Simbabwe befindet sich auf einem hochgelegenen Plateau und besteht aus vielen Steinbauten. Blickfang ist die Große Mauer aus Granitblöcken.

Handel und Wandel

Unterhalb der machtpolitischen Ebene der staufisch-welfisch-englisch-französischen und päpstlichen Politik bildete sich als völlig neue Gesellschaftsschicht in Europa das Bürgertum in den aufstrebenden und rasch nach Selbstverwaltung strebenden Städten. Die Bildung und die Ausbildung einer internationalen europäischen Wissenselite verlagerte sich von den Klosterschulen auf dem Lande in die Kathedralschulen der Städte und ab der Mitte des 12. Jahrhundert bildeten sich dort auch die ersten unabhängigen Universitäten. Die Geldwirtschaft kam auf, Banken wurden gegründet. Der Kaufmann trat im europäischen Wirtschaftsleben erstmals in Erscheinung.

Bronze-Maske aus dem Königreich Benin, das für sein Kunsthandwerk berühmt war

burgi {ca. 1000}

Vor der Jahrtausendwende lebten die Europäer fast ausschließlich unter grundherrlichen Rechtsverhältnissen auf dem Land. Elementare handwerkliche Tätigkeiten (Schmieden, Weben, Töpfern, Gerben) waren eng mit der jeweiligen Gutsherrschaft verknüpft. Seit der spätkarolingischen Zeit jedoch siedelten sich zunehmend Handwerker und auch der eine oder andere Kauffahrer nahe einer befestigten Grafenburg, einem

Alter Stahlstich (um 1850) mit der Stadtansicht von Freiburg in der Schweiz (Freiburg im Üechtland). Die Stadt wurde Mitte des 12. Jahrhunderts von Herzog Berthold IV. von Zähringen auf einem Felsvorsprung errichtet.

Kloster oder in den eventuell noch bestehenden *civitates* aus der Römerzeit an. Diese Landgemeinden muss man sich in ihren Anfängen denkbar klein vorstellen. In Deutschland verstand man bis weit ins Mittelalter hinein unter solch einer *burg* in erster Linie die dazugehörige Handwerkersiedlung und nicht die befestigte Residenz eines Stadtherren, sei es der Bischof, ein Graf oder sonst ein Fürst. So ist die Namensgebung von Hamburg, Magdeburg, Naumburg, Würzburg, Regensburg oder Freiburg zu verstehen: Gemeint ist die Siedlung. Im Deutschen wie im Französischen erinnert „Bürger" oder *bourgeois* an diesen Zusammenhang.

Stadtluft macht frei {ab 1050}

„Stadtluft macht frei nach Jahr und Tag" war ein Rechtsgrundsatz des Mittelalters, wonach Leibeigene, die sich ein Jahr in einer Stadt aufhielten, ohne von ihrem Grundherren zurückgefordert zu werden, die Freiheit erlangten. Die Bauern unterstanden dem „Landrecht" des Grundherrn, manchmal bis hin zum Leibeigentum. Die Stadt mit ihrem Stadtrecht war eine Rechtszone, die davon befreit war. Könige, Fürsten, Stadtherren förderten die urbane Entwicklung und statteten die *burgi* mit allerlei Privilegien, Rechten und Freiheiten aus. Marktrechte, Stapelrechte, Zollrechte wurden verliehen, damit sich der Handel entfalten konnte. Auch für den Einzelnen gab es konkrete Freiheiten, etwa beim Erbrecht oder Veräußerungsrecht (von Grundstücken, Häusern). Im grundherrlichen Landrecht war so etwas zustimmungspflichtig; die Stadtbürger waren davon „befreit". Zur autonomen Rechtspflege wurden eigene Gerichtsbarkeiten und Selbstverwaltungsorgane gewährt.

Freie Reichsstadt {ab 1150}

Eine Freie Reichsstadt war „reichsunmittelbar", sie unterstand nur dem Kaiser, nicht dem Landesfürsten, in dessen Territorium sie lag. Machtpolitisch schufen die Kaiser damit bewusst von ihnen direkt abhängige „reichsunmittelbare" Bereiche wie Inseln innerhalb der Grundherrschaften des Feudaladels. Die meisten Reichsstädte hatten auch etwas Landbesitz in ihrer unmittelbaren Umgebung, hauptsächlich für die Nahversorgung der Bevölkerung mit Lebensmitteln; das Reichsstadtterritorium endete also nicht an der Stadtmauer. Die Reichsstadt mit dem größten eigenen Territorium war Bern. In den Stadtrepubliken des Hoch- und Spätmittelalters, sowohl in den italienischen Kommunen wie in den freien Reichsstädten im Reich, gehörten dann Steuerhoheit, Münzhoheit, Gerichtshoheit, ein eigenes Heeresaufgebot, also ein großes Maß an „Souveränität", dazu. Andererseits mussten die reichsunmittelbaren Städte Heerfolge leisten.

Die Staufer gründeten besonders eifrig Städte wie Memmingen, Ravensburg, Wimpfen, Dinkelsbühl oder Schwäbisch Hall. Geriet der Kaiser (oder ein großer Fürst) in Finanznot, konnte es passieren, dass er eine ganze Stadt an den jeweiligen Territorialherrn verpfändete; wenn er seine Schulden nicht bezahlen konnte, fiel die Stadt an den Landesherrn. So geschehen in Eger (an Böhmen 1322).

Dem Zähringer Gründungseifer verdanken Freiburg, Offenburg, Bern und das schweizerische Freiburg ihre Existenz. München wurde 1175 durch den Welfen Heinrich den Löwen gegründet, um dem Bischof von Freising, der mit der Freisinger

Brücke den einzigen Isar-Übergang weit und breit besaß, eins auszuwischen. Heinrich ließ kurzerhand eine eigene Isarbrücke errichten (heute unmittelbar vor dem Deutschen Museum), gründete die Stadt „bei den Mönchen" neben dem Kleinkloster von St. Peter zu deren Schutz und ließ den Brückenzoll entfallen. Dank dieses geldwerten Vorteils lief der Salzhandel zwischen Salzburg und Augsburg nun über München.

In Italien entwickelten viele Kommunen eine teilweise noch größere Autonomie als Stadtrepubliken (Mailand, Florenz, Siena, aber auch viele kleinere). Innerhalb des Reiches entwickelten sich die Freien Reichsstädte zu einem eigenen „Stand" neben den Kurfürsten und den Reichsfürsten im Reichstag. Nach dem Ende des Alten Reiches 1803 blieben als souveräne Stadtstaaten noch Bremen, Hamburg, Lübeck und Frankfurt.

Banken und Bankrott {ab 1100}

Wegen der führenden Stellung der Lombardei im internationalen Warenhandel wurde *lombardi* ein europaweiter Begriff für den Geldwechsler, den Bankier. Verfügte der *banchiere* (nach *banca*, dem Tisch für die Geldwechsler) über viel Geld, war es sinnvoll, einen Teil davon als Kredit zu verleihen. Grundzüge und Grundfunktionen des modernen Bankenwesens haben sich seit 1100 in den oberitalienischen Städten entwickelt. Die vielen noch heute geläufigen italienischen Begriffe zeugen davon: Konto, Giro oder Skonto.

Konnte ein Geldwechsler seinen Verpflichtungen nicht nachkommen, wurde sein Tisch zerschlagen (italienisch: *banca rottare*). Der erste historisch bedeutende Bankrott der Buonsignori 1298 bedeutete das Ende der Vorherrschaft sienesischer Bankhäuser. Danach vollzog sich der Aufstieg der Florentiner Banken wie Bardi oder Peruzzi, und der von Florenz zur absolut dominierenden Kulturhauptstadt Europas.

Gotik {1137}

Nur selten kommt es in der Architektur vor, dass etwas wirklich völlig Neues entsteht und noch dazu wie hier aus einem Guss: weg von dem Aufschichten von Steinen in der Horizontale, dafür das Aufstreben in die Vertikale. Abt Suger (1084–1151), ein vielseitiger Mann, verwirklichte den neuen „gotischen" Stil zuerst im Chorneubau von St. Denis nördlich von Paris, dessen Abt er war. St. Denis war nicht irgendein Kloster. Es ist die Grablege fast aller französischen Könige. Baubeginn war 1137, Chorweihe am 11. Juni 1144.

Die Gotik ist ein ausgesprochen städtischer Stil, man findet ihn anfangs ausschließlich in den Bischofskirchen der aufstrebenden Städte. Die vorhergehende Romanik findet man dagegen überall, auch in zum Teil „abgelegenen" ländlichen Gegenden mit ihren gleichwohl bedeutenden Klöstern.

Die Kathedralen lösten die Klöster als Leitarchitektur ab; die Kathedralschulen bestimmten fortan das geistige Leben. Es gab eine regelrechte Bildungsexplosion.

Der Chorumgang der Abteikirche Saint-Denis bei Paris gilt als Gründungsbau der Gotik.

Übrigens: Die Bezeichnung „gotischer Stil" stammt nicht aus dem Mittelalter, sondern aus der Renaissance. Die ersten gotischen Bauten auf deutschem Boden entstanden in Magdeburg (1209), Trier (Liebfrauenkirche, 1230) und Marburg (Elisabethkirche, 1235). Baubeginn des Chors des Kölner Doms war 1248.

Hanse {1160}

Seit der Zeit um 950 pendelten die ersten Kaufleute als Wanderhändler in Karawanen zwischen den Städten. Ganz zu Beginn waren diese „Hansen" einfach Fahrgemeinschaften, zu denen man sich für die Reise zusammenschloss, dann auch Schutzgemeinschaften vor Ort. Als Beginn der Kaufmannshanse gilt der Erwerb des Stalhofes am Nordufer der Themse durch kölnische Kaufleute. Hauptexportgut der Kölner nach London war zunächst Wein. Die Kölner erhielten 1157 vom englischen König Heinrich II. Privilegien und Schutzbriefe, um Handel treiben zu dürfen. In den späteren Hochzeiten der Hanse waren im Stalhof auch andere, etwa sächsische, livische oder preußische Kaufleute vertreten. Das Porträt des Danziger Kaufmanns Georg Giese in seinem Kontor von 1532 durch Hans Holbein ist der Inbegriff eines solchen „Hanseaten".

Aus diesen Kaufmannshansen entwickelte sich die Städtehanse. Bis in die Zeit um 1250 standen die Kaufleute zumindest formal unter dem Schutz des Kaisers. Als dieser nach dem faktischen Ende des staufischen Kaisertums nicht mehr gegeben war, begannen die Städte die Sicherung der Handelswege und Privilegien selbst zu organisieren. Daraus entwickelte sich eine dauerhafte Zusammenarbeit, die beispielsweise durch einen Vertrag zwischen Hamburg und Lübeck 1241 zu einem sogenannten Städtebund wurde. Dem folgte der Wendische Städtebund (Lübeck, Kiel, Wismar, Rostock, Stralsund), eine Keimzelle der Städtehanse, die 1294 in Lübeck gegründet wurde. Lübeck blieb auch das Zentrum der Hanse während ihrer Blütezeit bis etwa 1400. Von London bis Nowgorod entwickelte sich eine regelrechte Handelsgroßmacht, die über ihre ökonomischen Interessen auch politischen Einfluss nahm.

Mongolen in China und Europa

Dschingis Khan {um 1206}

Nach einem romanhaft abenteuerlichen Leben einigte der Clanführersohn Temüdschin seit 1190 mit geschickter Diplomatie die mongolischen Nomadensippen. Durch eine Art Heeresreform ersetzte er die bisherige Struktur von Stammes- oder Clanverbänden samt ihrer adeligen – intriganten – Führungsschicht durch einen auf militärische Disziplin

Die Truppen des Dschingis Khan zogen auf ihrem Weg nach China südwärts durch die Wüste Gobi.

gegründeten Absolutismus. Im Grunde schuf er dadurch erst das „Volk" der Mongolen. Im Alter von etwa 45 Jahren – 1206, mitten in der Zeit der staufisch-welfischen Thronwirren – wurde er zum Großkhan der Mongolen mit dem Titel „Ozeangleicher Herrscher", mongolisch *Dschingis Khan*, gewählt.

Dschingis Khan, sein Sohn Ödogei und seine Enkel Kublai Khan und Batu Khan schufen innerhalb von 30 Jahren das flächenmäßig mit Abstand größte und bevölkerungsreichste Weltreich. Zunächst unterwarf er benachbarte Steppenvölker, insbesondere die turksprachigen Tataren. 1215 eroberte er Peking. Gegen die Mongolen hatte die Chinesische Mauer also nicht standgehalten. In Peking war damit der Boden für die baldige Ablösung der dort herrschenden Chin-Dynastie durch die mongolische Yüan-Dynastie mit Ödogei und Kublai auf dem Himmelsthron 1234 bereitet. Um 1260 wurde die Mongolenresidenz aus der Steppenhauptstadt Karakorum südlich des Baikalsees nach Peking verlegt. An der Westeroberung der Mongolen nahm Dschingis Khan nicht teil. Sie begann erst nach seinem Tod 1227 unter seinem Enkel Batu Khan.

Kublai Khan {1234–1368}

Der Dschingis-Sohn Ödogei wurde 1229 Großkhan der Mongolen. Zwischen 1231 und 1234 führte er erneut eine mongolische Armee nach Peking und war seitdem auch Kaiser von China, jedenfalls im Norden. Sein Sohn und Nachfolger Kublai Khan, der von 1260 bis 1294 regierte, überwältigte dann die noch im Süden regierenden Sung und vereinigte auf diese Weise ganz China. Dies gilt den Chinesen als wichtiges Ereignis in ihrer Geschichte, und sie sehen Kublai als bedeutenden Herrscher. Kublai selbst sah sich eher als chinesischer Kaiser denn als mongolischer Großkhan. Wie sein Großvater Dschingis Khan zeichnete er sich durch religiöse Toleranz und Aufgeschlossenheit für „Wissenschaften" und Gelehrsamkeit gleich welchen Ursprungs aus. In China konvertierten die Mongolen von ihrem angestammten Schamanismus zum buddhistisch-tibetischen Lamaismus. Kublai fand, die buddhistischen Priester mit ihren pompösen Liturgien besäßen mehr Zauberkraft als alle anderen Schamanen und Priester.

Darstellung des Mongolenherrschers Dschingis Khan (Bildnis aus dem 14. Jahrhundert)

Kamikaze {1274/1281}

ist ein japanisches Wort, das erst Jahrhunderte später zum Weltbegriff wurde. Es bedeutet „Göttlicher Wind". Kublai Khan versuchte zweimal, 1274 und 1281, das japanische Inselreich zu erobern, scheiterte aber beide Male am Kamikaze, an dem vom Göttlichen Wind aufgepeitschten stürmischen Meer. Die Japaner verstanden das als göttliche Vorsehung. Japan wurde in der Tat nie von Chinesen erobert, allerdings von der chinesischen Kultur tief beeinflusst.

Seitdem war Japan nie mehr von einer Invasion bedroht. Die japanischen

ENTDECKUNGEN UND ERFINDUNGEN

Römisches Recht {nach 1100}

Im Mittelalter tauchte in Italien zu einem nicht genau bestimmbaren Zeitpunkt eine lange verschollene, über 900-seitige Pergamenthandschrift auf: eine nahezu vollständige Sammlung des römischen Rechts, das *Corpus iuris civilis* (CIC). Die Handschrift stammt aus der Zeit Kaiser Justinians, des Erbauers der Hagia Sophia. Zuerst im mittelalterlichen Bologna um 1100 wurde sie zur Grundlage der Rechtswissenschaft. Studenten aus ganz Europa pilgerten zum Jurastudium an die dortige älteste Universität. Das CIC ist die Grundlage des bis heute geltenden Zivilrechts in Europa vom *Code Napoléon* bis zum *BGB* sowie des kanonischen Rechts der katholischen Kirche.

Brille {1280}

Erste Lesebrillen, im Grunde konvex geschliffene Halbedelsteine mit Vergrößerungseffekt wie eine Lupe in einem Rahmen ohne Bügel kamen um das Jahr 1280 in Norditalien auf. Weil man klare Halbedelsteine damals pauschal „Beryll" nannte, leitet sich die deutsche Bezeichnung Brille davon ab. Seit etwa 1300 war die Brillenherstellung aus Glas auch bereits in Murano in der Lagune von Venedig etabliert.

Kamikaze-Piloten, die während des Zweiten Weltkrieges mit ihren Flugzeugen amerikanische Schiffe angriffen, gaben sich in Erinnerung an die gescheiterte chinesisch-mongolische Bedrohung diese Bezeichnung.

Marco Polo über Chatey und Zipango

Es ist diese mongolisch-chinesische Yüan-Dynastie des Kublai Khan, über deren Glanz am Hofe der venezianische Chinareisende Marco Polo am Ende des Jahrhunderts mit seinem Bericht *Il milione* (1298) die europäische Öffentlichkeit in Erstaunen versetzte. China wurde im Spätmittelalter und noch lange danach in den auf rein legendären Vorstellungen beruhenden Kartenwerken „Chatey" genannt. Das noch legendärere Japan hieß „Zipango".

Marco Polo hielt sich nach eigenen Angaben von 1275 bis 1291 am Hof und im Reich des mongolischen Großkhans und Kaisers Kublai Khan auf, nachdem bereits sein Vater und Onkel auf einer Reise 1266 bis 1269 dorthin gelangt waren. Sein Bericht – ob wahr, teilweise wahr oder unwahr – dürfte der berühmteste Reisebericht der Welt sein. Jahrhundertelang prägte er die Vorstellungen, die man sich in Europa vom Fernen Osten machte. Die von angeblich mit Gold und Edelsteinen gepflasterten Straßen angeregte europäische Fantasie war so nachhaltig berührt, dass noch Christoph Kolumbus 200 Jahre später sich von tiefem Verlangen nach den Schätzen Chateys getrieben in westlicher Richtung auf den unbekannten Ozean hinauswagte. Marco Polos Buch führte er auf der *Santa Maria* mit sich.

Seidenstraße II

Die Tatsache, dass sowohl Marco Polos Vater wie auch er selbst und kurz zuvor bereits zwei Franziskanermissionare wohlbehalten in die Mongolei und nach China und wieder zurück reisen konnten, verdankt sich der *Pax mongolica*. Die Mongolen hielten die Seidenstraße offen. Aufgrund der stabilen politischen Verhältnisse und geringer Zölle während der eurasischen Herrschaft der Mongolen vom Chinesischen Meer bis zum Schwarzen Meer, also bis vor die Tore von Konstantinopel und Europas, florierte die Seidenstraße wie nie zuvor. Mit dieser Berührung und den ersten tastenden Versuchen, Kenntnisse über den Fernen Osten zu erlangen, begann die systematische Erforschung der Erde. Nichts hatte die Europäer darauf vorbereitet. Es gab keinerlei „Vorkenntnisse" aus der Antike. Die Neugier, ferne Länder, Völker und Reichtümer zu erkunden, war auch getrieben von der Absicht, das Wissen wirtschaftlich nutzbar zu machen. Die Europäer verfügten mittlerweile über genügend Unternehmungsgeist, Expansionsstreben, geistige und räumliche Mobilität, diese Herausforderung anzunehmen. Das war der Beginn der Globalisierung.

Mongolensturm {1238–1242}

Für die mongolischen Reiterkrieger war die Aussicht auf reiche Beute das mächtigste Motiv. Dschingis Khan wandte sich nach der Eroberung Pekings nach Westen. Von

1219 bis 1223, innerhalb von nur vier Jahren, bewegte er sich durch das heute afghanische, pakistanische und iranische Hochland. Die Seidenstraßen-Städte Buchara und Samarkand wurden zerstört. In der heutigen Ukraine kam es zu einer ersten militärischen Auseinandersetzung mit den Russen, die diese trotz dreifacher zahlenmäßiger Überlegenheit verloren. Doch die Mongolen zogen sich zunächst wieder zurück. Dschingis Khan starb 1227 an den Folgen eines Reitunfalls.

Die Ursache für die unglaublich rasche und erfolgreiche Ausdehnung der Mongolen war neben Disziplin, Schnelligkeit, Ausdauer und meisterhafter Logistik die Schwäche und Zerstrittenheit aller sie umgebenden Fürsten- und Königtümer und der sesshaften und trägen Ackerbaugesellschaften von China über Iran bis Russland und Polen. Überall trafen die Mongolen auf ein Machtvakuum und veraltete Militärstrategien. Dabei folgte Dschingis Khan keinem Welteroberungsplan, sondern reagierte meist auf lokale Herausforderungen, selbst bei der Eroberung Pekings.

Mongolische Reiterkrieger beim Angriff auf eine chinesische Stadt zu Beginn des 13. Jahrhunderts (indische Miniaturmalerei)

Goldene Horde {1235}

Mit Dschingis Khans Tod war der Mongolensturm für Europa nicht vorbei. Er setzte eigentlich jetzt erst ein. 1235 wurde in der von Dschingis gegründeten Hauptstadt Karakorum der Westfeldzug der Goldenen Horde beschlossen. Deren Anführer war der Dschingis-Enkel Batu Khan (1205–1255). „Goldene Horde" ist der Name von Batus mongolischem Teilreich in der südrussischen Steppe mit Schwerpunkt an der Wolga und bedeutet im Mongolischen soviel wie „Palast des Herrschers", wobei mit „Palast" kein Gebäude, sondern ein prunkvolles Palastzelt gemeint ist.

1237 wurde Moskau erobert. Die Goldene Horde stand 1241 / 1242 vor Breslau und Krakau. Die Mongolen schlugen ein polnisches Ritterheer bei Liegnitz. Sie standen vor Wien und erreichten die Adria, kehrten aber wegen des Todes ihres Großkhans, Batus Onkel Ödogei, um. Die meisten Krieger Batu Khans waren indessen keine Mongolen mehr, sondern rekrutierten sich aus den benachbarten, ebenfalls nomadischen Turkvölkern. So gerieten die russischen Teilfürstentümer nun fast 250 Jahre lang von 1240 bis 1480 unter die tributpflichtige Oberherrschaft der „Tataren" der Goldenen Horde.

Ursprünglich der Name eines mongolischen Stammes, war *Ta-ta* bei den Chinesen ein Pauschalbegriff für „die Mongolen". Die Russen empfanden die mongolischen Oberhoheit als bittere Fremdherrschaft, als „Tatarenjoch". Diese verlangten das Übliche: Steuern, Tribute, Truppen, Zersplitterung in kleinere Herrschaften. Parierten die russischen Fürsten nicht, wurden sie von kriegerischen Horden gezüchtigt. Durch die Fixierung auf die Mongolen verlor Russland den Anschluss an die europäische Entwicklung im Spätmittelalter. Die von den Bürgern getragene Entfaltung der städtischen Gesellschaften und des Bildungswesens fand hier nicht statt.

Bagdads Ende

Seit 1251 regierte der Dschingis-Enkel Möngke als vierter Großkhan. Er beauftragte seinen Bruder Hülegü mit der Süderweiterung des Mongolenreichs, die dieser mit schrecklicher Durchschlagskraft ausführte. Zuerst beendete er die Herrschaft der Seldschuken in Anatolien. Seine Absicht, die syrisch-palästinensische Levante zu erobern, vereitelten die Mameluken aus Ägypten. Sie konnten Syrien halten (und beherrschten den Nahen Osten anschließend jahrhundertelang). Hülegü wandte sich daraufhin nach Osten und nahm im Handstreich die „uneinnehmbare" persische Assassinen-Festung Alamut ein.

Das wirtschaftlich und innenpolitisch längst geschwächte Bagdad war wehrlos, aber der Abbasiden-Kalif verweigerte hochmütig die Unterwerfung. So wurde das mittelalterliche Bagdad, neben Konstantinopel die zweitgrößte Stadt der alten Welt, 1258 durch den Mongolensturm völlig zerstört, ja entvölkert. Hülegüs Truppen erschlugen 250 000 Menschen, die Bibliothek des Hauses der Weisheit wurde in den Tigris geworfen. Die Mongolen vernichteten das jahrtausendealte Bewässerungssystem im Zweistromland. Dies war der Beginn der Ver-Wüstung Mesopotamiens. Auch unter den Osmanen war Bagdad ab 1534 nie mehr als eine Provinzhauptstadt. Ein gewisser Aufschwung kam dann erst wieder im 19. Jahrhundert.

Unter der Oberhoheit des Großkhans errichtete Hülegü in den von ihm eroberten Gebieten das Reich der Ilchane (1256–1335). Obwohl das Ilchan-Reich politisch schnell instabil wurde, blühten im persischen Kernland Wirtschaft, Fernhandel, Kunsthandwerk (Architektur, Buchmalerei) und Kultur.

Mameluken {1250}

Ursprünglich waren Mameluken gekaufte Sklaven. Schon seit der Zeit der Abbasiden wurden sie in Bagdad als Elitesoldaten eingesetzt. Auch Saladins Leibgarde bestand aus Mameluken. Saladins Familie, die kurdischen Ajjubiden, beherrschte seit der Zeit des Zweiten Kreuzzugs Ägypten und den Nahen Osten. Nach dem Tod des letzten Ajjubiden-Sultans heiratete der Mameluken-General Aybak dessen Witwe und übernahm die Macht in Ägypten. Nach der Eroberung Bagdads durch Hülegü 1258 zog der nunmehr machtlose Abbasiden-Kalif nach Kairo um – ein beträchtlicher Prestigegewinn für die Mameluken in der islamischen Welt.

➡ ***Was danach geschah:*** Von den Ajjubiden Saladins übernahmen die Mameluken also die Herrschaft in Ägypten und die Vorherrschaft in Palästina und Syrien. Sie verbündeten sich sogar mit den Kreuzfahrern, um Syrien gegen die Mongolen zu behaupten. 1517 mussten sich die Mameluken der osmanischen Oberherrschaft beugen, de facto aber regierten sie in ihrem angestammten Gebiet weiter. Um 1680 schüttelten die Mameluken die Osmanen wieder ab und regierten Ägypten und den Nahen Osten – während der europäischen Barock- und Aufklärungszeit sogar Irak – bis weit ins 19. Jahrhundert hinein. Im Grunde also verharrt seit dem Spätmittelalter der heute so explosive Nahe Osten spannungslos, friedlich und selbstzufrieden im orientalischen Gleichmaß seiner Tage unter der mamelukischen oder osmanischen Glocke, allerdings auch ohne sich seither in irgendeiner Weise zu entwickeln.

WELT IM UMBRUCH

ca. 1300 bis 1500

Herbst des Mittelalters in Europa

In den 150 Jahren zwischen 1300 und dem Fall von Konstantinopel 1453 wirkt Europa besonders janusköpfig. Offenbar hatte vor allem die kulturelle Berühung mit dem Orient in der Kreuzzugszeit wie ein Erweckungskuss gewirkt.

Im Orient hatte man erstmals Windmühlen gesehen, man hatte das indisch-arabische Zahlenrechnen übernommen, verfeinerte Textil- und Waffenverarbeitung sowie – ganz wichtig! – die Papierherstellung kennengelernt. Die an raues Klima gewöhnten West- und Mitteleuropäer sahen ganz neue Anbaupflanzen wie Reis und Zuckerrohr. Bereits die Kreuzfahrerstaaten finanzierten sich im Wesentlichen durch den von den Arabern abgeschauten Zuckerrohranbau. Diese hatten ihn im Frühmittelalter aus Indien übernommen.

Auch der Orient war im Umbruch: Durch den Mongolensturm war die Einheit des Kalifatreichs endgültig zersplittert. Der Nahe Osten wird von Kairo aus durch die Mameluken regiert, der Mittlere Osten bis auf Weiteres durch die mongolisch-stämmigen Ilchane; in Westanatolien beginnt der Aufstieg der türkischen Osmanen, und in China wird die „Fremdherrschaft“ der mongolischen Yüan 1368 durch die einheimische Ming-Dynastie ersetzt.

Viele Kreuzfahrer hatten es mit eigenen Augen gesehen: Es gibt auch noch andere Kulturen, andere Landschaften, Klimaten, sogar andere Tiere und Früchte, also ganz andere Lebenswelten als im rückständigen feudalen Europa. Sie waren wie Provinzler, die nach jahrhundertelangem Dornröschenschlaf unter ihren Burg- und Kirchtürmen auf dem Land erstmals in eine quirlige Großstadt kommen.

Im Sinne des Wortes war Neugier geweckt. Das brachte Unruhe mit sich. Man hatte noch keine konkrete Vorstellung von neuen Lebens-, Kultur- oder gar Staatsformen, aber man begann danach zu suchen.

Die etablierten Kräfte spürten womöglich die unterschwellige Erosion. Noch hatte sich das „moderne“ Europa der Renaissance nicht gefunden. Man verharrte noch in den aufs Höchste verfeinerten ritterlichen, spätgotischen Lebens- und Kunstformen. Aber man arbeitete daran. Außerdem erschütterten die Pest-Krisen jene Zeit des Umbruchs.

Im Laufe dieser 150 Jahre wird Italien zum kulturellen Impulsgeber Nummer eins in Europa: Literatur, Architektur, Malerei, Bildhauerei, Philosophie und nicht zuletzt Musik. Alles wird in Italien neu erdacht und neu erfunden und vor allem auch immer wieder weiterentwickelt.

Seit dem Spätmittelalter reisen die Scholaren und erst recht seit der Renaissance-Zeit auch die jungen Adeligen, Gelehrten und wohlhabende Bürger aus ganz Europa nach Italien, um Bildung im europäischen Sinn zu erwerben: Die *Grand Tour*; am Ende auch Goethes Vater und Goethe selbst. Im 19. und bis weit ins 20. Jahrhundert folgten ihnen die Studienräte.

Ablasshandel und Jubeljahr – Erstes „Heiliges Jahr“ {1300}

Unter Papst Bonifaz VIII. (1294–1303) stand die Kirche auf dem Gipfelpunkt ihrer weltlichen Macht. Keine wesentliche politische Entscheidung in Europa wurde ohne den

Papst Bonifaz VIII. verkündet das „Heilige Jahr“ 1300 (Fresko des italienischen Malers Giotto).

Segen des Papstes getroffen. Bonifaz legte das in einer Bulle ausdrücklich fest. Doch Hochmut kommt vor dem Fall. Fünf Jahre nach Erlass der Bulle zwang der französische König die Päpste ins französische Exil nach Avignon.

Um der Kirche eine neue Einnahmequelle zu erschließen, verkündete Papst Bonifaz VIII. 1300 erstmals ein „Heiliges Jahr“: Allen Christen wurde ein Sündenablass in Aussicht gestellt, wenn sie nach Rom pilgerten. Der Erfolg war überwältigend. Das Gedränge auf der Engelsbrücke von der Altstadt zum Vatikan war so groß, dass man Linksverkehr einführen musste. Der schwunghafte Ablasshandel verbesserte nachhaltig die Lage der päpstlichen Finanzkassen. Schon im alten Israel hatte es die Tradition gegeben, in jedem fünfzigsten Jahr einen Schuldenerlass durchzuführen, angekündigt durch das Blasen des Schofars, eines Kultinstrumentes aus Widderhorn. „Widderhorn“ heißt auf Hebräisch *jovel*. Die Verbindung von Jubel und Ablass ist also seit biblischen Zeiten sehr eng. Mit dem Ablasshandel betrieb die Kirche in den folgenden 200 Jahren einen derartigen Missbrauch, dass Martin Luther, davon angewidert, über Maßnahmen zu einer tiefgreifenden Reform der Kirche nachsann. Nachdem er sie per Thesenanschlag veröffentlicht hatte, entwickelte sich daraus die Reformation.

Unam sanctam {1302}

ist der Titel einer der berühmtesten Papstbullen. 1302 verkündete Bonifaz VIII. die Doktrin von der übergeordneten Stellung des Papsttums über alle weltlichen Gewalten. Anlass war ein jahrelanger Streit um eine Kleriker-Steuer mit dem französischen König Philipp IV., genannt der Schöne, der von 1285 bis 1314 regierte. Philipp IV. verhinderte den Transfer des Geldes nach Rom. Daraufhin exkommunizierte Bonifaz den König.

Aus dem triumphalen Veranstaltungserfolg des Heiligen Jahres folgerte Bonifaz, die ganze Christenheit läge ihm zu Füßen. Er hatte sich verschätzt. Die Bulle diente dazu, die Exkommunikation Philipps und seine Vorladung nach Rom theoretisch zu untermauern. Aus Bibelstellen wird sodann der weltliche Machtanspruch der Kirche mit dem Hinweis begründet, dass alle Menschen Sünder seien, auch die Könige, und folglich der Papst über allen stehe und alle ihm zu Gehorsam verpflichtet sind.

Mit dieser Auffassung hatte noch Papst Gregor VII. (*Dictatus Papae*) den deutschen Kaiser Heinrich IV. in Canossa auf die Knie zwingen können, mittlerweile wurde das als eine Einschränkung der Souveränität des französischen Königs empfunden. Philipp berief, erstmals in der Geschichte Frankreichs, im April 1302 eine Nationalversammlung ein, die „allgemeine Versammlung der Stände“ (*Etats généraux*). Dadurch versicherte sich erstmals ein Monarch der Unterstützung der öffentlichen Meinung. Philipps persönliche Frömmigkeit war über jeden Zweifel erhaben. Im Canossa-Konflikt war noch der Papst der moralisch Stärkere gewesen.

Im Jahr darauf ließ Philipp IV. den Papst seine tatsächliche Macht spüren. Französische Söldner plünderten den Papstpalast. Der Achtzigjährige bekam drei Tage lang nichts zu essen und zu trinken. Guillaume de Nogaret, der französische Gesandte, ohrfeigte den Papst und verlangte dessen Abdankung. Bonifaz weigerte sich. Da die Franzosen den Papst nicht töten wollten, zogen sie nach drei Tagen wieder ab. Bonifaz starb nach diesem Schock im folgenden Monat.

Die Illustration aus dem 19. Jahrhundert stellt das blühende Geschäft der katholischen Kirche mit dem Ablasshandel dar.

Blick auf den Papstpalast in Avignon mit der Brücke von Avignon im Vordergrund

„Babylonische Gefangenschaft" der Päpste {1309}

Der unmittelbare Nachfolger von Bonifaz war nach kurzem Pontifikat verstorben. Nun beugte sich das Konklave dem Willen des damals mächtigsten Herrschers in Europa und wählte 1305 dessen verlängerten Arm in Rom, den französischen Kardinal Clemens V. zum Papst.

Clemens verlegte 1309 den Sitz des Papstes nach Avignon, ringsherum von französischem Territorium umgeben. Die Päpste waren dort praktisch Gefangene des französischen Königs. Damit war der universelle Anspruch des Papsttums den nationalen Interessen eines Monarchen untergeordnet, ein herber Ansehensverlust und ein Signal für das Ende des Mittelalters. Die Päpste blieben fast 80 Jahre, bis 1376, in der provenzalischen Stadt. Nach dem Triumph des Jubelfestes von 1300 war wenige Jahre später die mittelalterliche Vorherrschaft der Päpste unwiderruflich gebrochen.

Clemens begünstigte in schamloser Weise seine Verwandten und französischen Freunde, indem er sie zu Kardinälen ernannte. Avignon wurde in ganz Europa ein Inbegriff des Luxus, des Lasters und der Verschwendung, der Papsthof als „klementinischer Jahrmarkt" verspottet. Das Spätmittelalter schwankt extrem zwischen tiefster Frömmigkeit und Abgründen der Dekadenz.

Der Schatz der Templer

Papst Clemens erwies sich auch als willfähriges Instrument bei der Zerschlagung des Templerordens. Der Finanzbedarf, man kann auch sagen die Geldgier, des französischen Königs war ungeheuer. Er manipulierte nicht nur die Währung durch Münzverschlechterung und belastete die Juden außerordentlich, sondern besteuerte auch den Klerus, was bis dahin im Mittelalter noch nie vorgekommen war. Der Templerorden – von Steuern befreit – hatte ein großes Vermögen angehäuft. Seine Zentrale, der Temple von Paris, war so etwas wie eine Bank, wo bedeutende Vermögenstransaktionen abgewickelt wurden, auch für die französische Krone. In dieser stark befestigten Burg wurde ein Teil des französischen Kronschatzes verwahrt, neben den Geldern der Templer. Zumindest das war der Schatz der Templer. Philipp befand sich in einer gewissen Abhängigkeit vom Templer-Orden, der in Frankreich so etwas wie einen Staat im Staate bildete.

Die Vorwürfe gegen die Templer lauteten auf Teufelsanbetung und „Sodomie" (damals meinte man damit Homosexualität). Obwohl ein Konzil 1311 festgestellt hatte, dass die Vorwürfe der Ketzerei und Gotteslästerung unhaltbar seien, hob Clemens V. den Orden auf. Guillaume de Nogaret sorgte für die erbarmungslose Verfolgung der Tempelritter. Sein bester Komplize muss Papst Clemens gewesen sein. Mit seinen letzten Worten auf dem Scheiterhaufen verfluchte Jacques de Molnay, der letzte Großmeister des Ordens, „Papst Clemens! Ritter Guillaume de Nogaret! König Philipp! ... bis ins dreizehnte Glied!"

Was danach geschah: In Frankreich wurde im 13. Jahrhundert das Territorium erweitert und die Zentralmacht des Königtums gestärkt: durch den Sieger von Bouvines, Philipp II., seinen Sohn Ludwig VIII., der den „Kreuzzug" gegen die Katharer beendete, Ludwig IX., den „Friedensfürsten", der dem Königtum einen beinahe sakralen Nimbus verlieh und den Papst-Bezwinger und Templer-Vernichter Philipp IV. Gleichzeitig vollzog sich in England im Anschluss an die Magna Charta eine andere Entwicklung des Königtums. Hier traten Vorformen des Parlaments neben den König.

Parlament {1237}

Erstmals im Jahr 1237 ist in England von einem *parliamentum* die Rede, damals eine Art Adelsversammlung aus Bischöfen und Grafen um König Heinrich III., Sohn von Johann Ohneland. Mehrmals musste er die Magna Charta bestätigen und dem Adel weitere Rechte einräumen. Einer Vereinbarung von 1258 zufolge sollten die Entscheidungen des Königs fortan von einem kleineren Kronrat gebilligt und dem *parliamentum* vorgelegt werden, das dreimal im Jahr tagte. Als Heinrich sich weigerte, war die Opposition gegen ihn so stark, dass es 1264 bei Lewes zu einer Schlacht kam, bei der die königliche Familie in Gefangenschaft geriet.

House of Commons {1264}

Um sein Königsamt weiter ausüben zu können, musste Heinrich erneut Zugeständnisse machen. 1264 und 1265 wurden erstmals Abgeordnete aus dem einfachen Ritteradel und Bürger aus den Städten zu den *parliamentum*-Versammlungen zugelassen. Diese Gruppe bezeichnete man als *Commons* („die gewöhnlichen, die einfachen Leute"). 1295 konstituierten sich die *Commons* als „dritter Stand" im englischen Königreich. Das war kein Parlament im Sinn der Neuzeit, aber hier liegen die Anfänge dafür.

Westminster {1295}

In einer sumpfigen Gegend nahe der Themse und westlich der City of London gab es schon seit angelsächsischer Zeit, also noch vor den Normannen, eine Königsresidenz. König Heinrich ließ diesen Palast im gotischen Stil ausbauen. 1295 tagte in der größten Versammlungshalle, in Westminster Hall, das *Model Parliament*, was man als Beginn der Parlamentsgeschichte in England bezeichnet. Im prachtvollen gotischen Neubau von Westminster wurden aber auch eine Hofkanzlei, ein Schatzamt und ein Königsgericht eingerichtet. Allmählich bildete sich aus diesen Verwaltungsinstitutionen „die Krone", also Körperschaften, die unabhängig vom jeweiligen König immer funktionierten. Das Amt konnte nun überdauern, auch wenn die Person des Königs schwach war.

Im selben Jahr kam in Frankreich der dritte Sohn Philipps des Schönen zur Welt, der letzte Kapetinger. Karl IV. von Frankreich regierte 1322 bis 1328. Dann starb er im Alter von 33 Jahren ohne männlichen Erben.

Pest-Zeit

Mitte des 14. Jahrhunderts wütete in Europa die Pest. Der Begriff „Schwarzer Tod" wurde damals nicht verwendet; er entstand erst um 1830. In Deutschland sprach man eher von „Pestilenz", damit eng verknüpft ist der sprichwörtliche „pestilenzialische Gestank". Dessen Bekämpfung mit Räucherwerk war denn auch eine der typischen hilflosen „ärztlichen" Maßnahmen der Zeit.

Die Pest wurde aus Asien wahrscheinlich mit Schiffen über das Schwarze Meer eingeschleppt. Konstantinopel mit seinen katastrophalen hygienischen Verhältnissen blieb einer der Hauptherde. Entlang der Schifffahrtsrouten breitete sich die Seuche demzufolge am schnellsten und am intensivsten aus. Teile Italiens und Südfrankreichs sowie Norddeutschland waren daher immer wieder stärker betroffen. In Florenz, wo die

Dieses Kreuz war das Zeichen des Templerordens.

Der flämische Maler Pieter Bruegel der Ältere stellt auf seinem um 1562 entstandenen Gemälde „Der Triumph des Todes" dar, wie der Tod über die Menschen siegt.

Das goldene Siegel Karls IV. zeigt den thronenden Kaiser mit Reichsapfel in der einen und Zepter in der anderen Hand.

Pest besonders heftig wütete, starben mehr als drei Viertel der Bewohner. Insgesamt tötete die Pest ein Drittel der europäischen Bevölkerung, rund 20 bis 25 Millionen Menschen, in Deutschland schätzungsweise zehn Prozent.

Totentanz – Geißlerzüge – Brunnenvergifter {ca. 1350}

Begleiterscheinung der Pest war ein übersteigertes Büßer- und Geißlertum, in der Kunst dargestellt als „Totentanz", in Frankreich als *Danse macabre*. Die Geißler- oder Flagellantenzüge hatten sich, ausgehend von Italien, blitzartig in ganz Europa verbreitet. Bis ins 19. Jahrhundert hielt man Krankheiten oft für eine „Strafe Gottes", so kam es zu dieser „religiösen" Bekämpfung der Seuche. Eine andere Begleiterscheinung waren teilweise massive Pogrome gegen Juden. In Deutschland fielen ihnen Tausende zum Opfer, noch mehr wurden vertrieben. Die Beschuldigung lautete meistens, Juden hätten Gift in die Brunnen geträufelt. Papst Clemens VI., der so willfährig nach Avignon übergesiedelt war, sah allerdings keinen Zusammenhang, da die Pest auch dort wütete, wo keine Juden lebten, und beschützte sie in seinem Machtbereich.

Goldene Bulle {1356}

Prag war einer der Orte, der von der großen Pestepidemie verschont blieb. Der spätere Kaiser Karl IV. aus dem Hause Luxemburg wurde 1316 hier geboren und ursprünglich auf den böhmischen Namen Wenzel getauft. Er wuchs am französischen Hof auf und war als junger Mann lange durch Italien gereist; der sehr gebildete junge Prinz sprach fünf Sprachen. In der Nachfolge seines Vaters wurde Wenzel als Karl IV. 1347 böhmischer König und 1349 deutscher Kaiser. Kurz nach seinem Regierungsantritt gründete er 1348 in Prag die erste Universität nördlich der Alpen. Er machte Prag zu einem Zentrum der spätmittelalterlichen Kultur. Mit der Goldenen Bulle erließ er eines der wichtigsten Grundgesetze, eine Art Verfasssung, für das Heilige Römische Reich.

Bullen waren die aus Wachs oder Blei bestehenden Siegel, mit denen man die Echtheit wichtiger Urkunden verbriefte. Sie sind der Vorläufer des Amtsstempels auf Führerschein, Baugenehmigung und dergleichen. Man bezeichnete aber auch das gesamte Dokument – hauptsächlich die Urkunden der Päpste – als Bulle. Im deutschsprachigen Raum bezieht sich „Goldene Bulle" eigentlich immer nur auf die von Karl IV. erlassene Bulle von 1356. Sie blieb bis zum Ende des Heiligen Römischen Reiches (1806) in Kraft, regelte endgültig die Wahl des „römischen" Kaisers und bestätigte vor allem die sieben Kurfürsten, die sich bis dahin herausgebildet hatten, in ihrem (alleinigen) Wahlrecht.

Die Goldene Bulle schuf im Wesentlichen kein neues Recht, sondern schrieb eine überkommene Praxis für die Zukunft fest. Neu war allerdings, dass die Berechtigung zum Führen des Kaisertitels nicht mehr von der Zustimmung des Papstes abhing. Endgültig seit der Goldenen Bulle war damit der deutsche König auch automatisch „römischer Kaiser". Dementsprechend verloren die Papstkrönungen an Bedeutung. Der letzte deutsche König, der von einem Papst gekrönt wurde, war Karl V.

Der Bau der Frauenkirche am Hauptmarkt in der Nürnberger Altstadt wurde von Karl IV. Mitte des 14. Jahrhunderts in Auftrag gegeben.

Heiliges Römisches Reich deutscher Nation

Bis in die Zeit der Ottonen sprach man nur vom *Regnum Francorum* oder vom *Regnum Teutonicum*. Während der Zeit der Salier wird erstmals die Bezeichnung *Imperium Romanum* aktenkundig (1034). Im Zusammenhang mit den um das Jahr 1000 umlaufenden apokalyptischen Weltuntergangsszenarien gab es eine mittelalterliche Geschichts„theorie", die auf einer Bibelstelle im Buch Daniel beruhte und eine Abfolge von Weltreichen – Babylon, Perser, Alexander, Rom – postulierte. Durch die Übertragung der Kaiserwürde an Karl den Großen sei die römische Kaiserwürde bei den fränkischen Herrschern und letztlich bei den Deutschen angekommen. So wurde das *Regnum Francorum* begrifflich gesehen zum *Imperium Romanum*.

Als sich Friedrich Barbarossa in Italien in der Auseinandersetzung mit dem Lombardischen Bund und der *Sancta Ecclesia* des Papstes zu behaupten versuchte, überhöhte sein Kanzler das *Imperium Romanum* zum *Sacrum Imperium Romanum* (Heiliges Römisches Reich). Wesentlicher Bestandteil dieses Propagandafeldzuges war übrigens die Übertragung der Reliquien der Heiligen Drei Könige (Könige!) aus dem besiegten Mailand nach Köln. Für deren Aufbewahrung wurde der prächtige Dreikönigsschrein in Auftrag gegeben. Außerdem veranlasste die Reichskanzlei die Heiligsprechung Karls des Großen einschließlich einer feierlichen Umbettung von dessen Gebeinen. Bei dieser Zeremonie spielte Barbarossa die zentrale Rolle. So wurde das Kaisertum sakralisiert, „heilig" gemacht. Ähnliches hatte sich kurz danach in Frankreich vollzogen, wo man König Ludwig IX. (reg. 1226–1270) im Jahr 1297 heiligsprechen ließ (Saint Louis) und damit das französische Königtum sakral überhöhte. Unter Karl IV. trat bei der Ausfertigung der Goldenen Bulle ausdrücklich der Zusatz hinzu, dass es „deutsche Nationen", deutschsprachige Fürsten waren, die den „römischen" Kaiser wählten: das Heilige Römische Reich deutscher Nation.

Abendländisches Schisma {1378–1417}

1376 erschien die heilige Katharina von Siena persönlich in Avignon, um den dort amtierenden Papst Gregor XI. zur Rückkehr nach Italien zu bewegen, denn dort und im Kirchenstaat waren die Verhältnisse mittlerweile völlig außer Kontrolle geraten. Inzwischen gab es zwei Päpste. Frankreich erkannte natürlich den Papst aus Avignon an, das Reich stand hinter dem Papst in Rom.

Gregor XI. starb 1378. Nachfolger wurden Urban V. auf der einen (römischen) Seite und Clemens VII. auf der Seite Avignons. Beiden fehlten Macht und Wille, die bürgerkriegsähnlichen Zustände in Italien zu beenden – im Gegenteil, man schürte sie teilweise noch. Das Schisma spaltete ganz Europa. Die Gegenpäpste aus Avignon hatten natürlich kein Interesse, es zu beenden. Der Papst aus Avignon wurde von den iberischen Königreichen Kastilien, Aragón, Portugal und von Neapel-Sizilien anerkannt. Hinter dem römischen Papst standen das Reich, England, Ungarn und Polen. Das Abendländische Schisma wurde erst auf dem Konzil von Konstanz (1414–1418) beigelegt. Inzwischen hatte man auch in Frankreich eingesehen, dass die Spaltung des Papsttums auf die Dauer nicht aufrechterhalten werden konnte und den deutschen König und späteren Kaiser Karl IV. um Vermittlung gebeten. Dessen Bruder, König Sigismund, war auf dem Konzil die treibende Kraft zum Ausgleich. Im Konstanzer „Konzilsgebäude" wurde 1417 Martin V. als von allen anerkannter Papst gewählt. Der einigte sich 1429 mit dem letzten Gegenpapst über dessen Rücktritt.

Gutenberg-Denkmal in Straßburg, wo Johannes Gutenberg mehrere Jahre lebte

Hussiten {ca. 1415}

In Konstanz wurden auch die als ketzerisch verurteilten Lehren des Engländers John Wyclif (der bereits gestorben war) und des Böhmen Jan Hus verurteilt. Hus (1370–1415) hatte in seinen Schriften Wyclif ausgiebig zitiert. Auch kritisierte er, was später Luther gegen die Amtsträger der Kirche aufbrachte: „Die Priester predigen wohl gegen unsere Unzucht und unsere Laster, aber von den ihrigen sagen sie nichts." Priester und Mönche galten als Inbegriff der Heuchelei. In Böhmen war Hus sehr populär, er predigte auf Tschechisch und beflügelte das Nationalbewusstsein der Tschechen, die sich von der deutschen Oberschicht diskriminiert fühlten. (Prag war damals Residenz der Kaiser.) Hus war 1415 gegen die Zusage von freiem Geleit nach Konstanz gekommen, wurde aber festgenommen und als Ketzer verbrannt. Nach seinem Tod wurde die Hussiten-Bewegung eine bürgerkriegsähnliche Bedrohung von Brandenburg über Sachsen, Böhmen und Bayern bis Ungarn und Polen. Das Zentrum der hussitischen „Ketzer" blieb Böhmen. Die Truppen von Kaiser Sigismund wurden bei ihren „Kreuzzügen" regelmäßig von den hussitischen geschlagen, bis sich die Hussiten spalteten. Die Mischung aus „Religionskrieg" und tschechischem Nationalaufstand war ein Vorspiel des Dreißigjährigen Krieges.

Buchdruck {ca. 1450}

Nach den schlimmsten Wellen der Pest im auslaufenden Spätmittelalter und fast schon an der Schwelle zur Renaissance auch nördlich der Alpen gelingt Johannes

Druckmaschinen wie diese sorgten dafür, dass man Bücher nun schnell, günstig und in großen Mengen produzieren konnte.

Gutenberg (ca. 1397–1468) zunächst in etwas mühsamer handwerklicher Erfinderarbeit, aber letztlich erfolgreich, die epochale Innovation des Buchdrucks. Jahrhundertelang hatte es keinen vergleichbaren technischen Fortschritt gegeben und es sollte lange dauern, bis eine ebenbürtige Neuerung folgte. Die kulturellen Folgen dieser technischen Erfindung können gar nicht überschätzt werden. 1962 pägte der einflussreiche kanadische Medientheoretiker Marshall McLuhan, der auch das Schlagwort „Globales Dorf" erfunden hat, das Wort von der Gutenberg-Galaxis für das seither in schriftlicher Form leicht zu vervielfältigenden Weltwissen.

Die gesamte Technik des Buchdrucks besteht nicht nur aus dem einzigen Vorgang des Pressens, deshalb ist die oft anzutreffende Bezeichnung Johannes Gutenbergs als „Erfinder der Druckerpresse" nicht besonders genau. Das Druckverfahren besteht aus mehreren Einzelschritten vom Herstellen bzw. Gießen der Lettern über das Einschwärzen mit Druckerfarbe bis zum Pressen. Gutenberg hat für alle Produktionsstufen entscheidende Verbesserungen vorgenommen. Bis dahin wurde auch schon gedruckt – Holzschnitte zum Beispiel –, aber auf umgebauten Most- oder Weinpressen. Das Entscheidende war die Kombination von in beliebiger Anzahl herstellbaren, „beweglichen" Lettern, die mit der Presse in einen Winkelrahmen "gesetzt" wurden.

Das Verfahren hatte unglaublichen Erfolg. Zwischen 1470 und 1490 erhöhte sich die Zahl der Druckorte in Europa von 17 auf 204. Die wichtigsten Druckwerke waren zunächst Ablassbriefe und Kalender. Man hat die schnelle Verbreitung der Reformation mit dem „neuen Medium" in Verbindung gebracht. Auch die Alphabetisierung der Bevölkerung in den nachfolgenden Jahrhunderten wäre ohne massenweise gedruckte Bücher nicht denkbar. Der Buchdruck ist das erste „industrielle" Herstellungsverfahren eines Produkts, das mehrmals vervielfältigt wird.

Mit seinem Hauptwerk, der 42-zeiligen Gutenberg-Bibel, einer lateinischen

ENTDECKUNGEN UND ERFINDUNGEN

Kompass {um 1300}
Die Eigenschaft der Magnetsteine, sich nach Nord-Süd auszurichten, war schon in der Antike und im alten China bekannt. Die Chinesen nutzen seit der Zeit um 1000 Nasskompasse, bei denen die Nadel in Flüssigkeit schwimmt. Um 1200 wurden erstmals in Südfrankreich Trockenkompasse beschrieben. Soweit bekannt hat erstmals ein Seefahrer in Amalfi die Kompassnadel in einem Gehäuse mit einer unterlegten Windrose kombiniert..

Astronomische Uhren {ab 1394}
Erste, nicht erhaltene Uhren nach 1300 zeigten zunächst alle Zahlen von I bis XXIV. Seit 1375 ging man zur Zwölf-Zahlen-Einteilung über. Die Feinmechanik von Taschenuhren beherrschte man noch lange nicht, aber große Uhrwerke entstanden 1394 im Straßburger Münster, 1405/1540 die Berner Zytglogge, 1410 die astronomische Uhr am Altstädter Ring in Prag. So entstand die exakte Messung der Zeit.

Karavelle {seit 14. Jh.}
Die Portugiesen entwickelten im 14. Jh. einen neuen Schiffstyp für die Hochseeschifffahrt mit geringem Tiefgang, hohem Heckkastell, durchgehendem Deck und reichlich Laderaum. Die meist zweimastigen Karavellen waren wendiger und leichter zu bedienen. Nur dank dieses Schiffstyps gelangen die Umrundung Afrikas und die Atlantiküberquerung.

Triangulation {1464}
Der Unterfranke Johannes Müller, bekannt unter dem Namen Regiomontanus, wirkte von 1471 bis 1475 als Astronom in Nürnberg. Dann ging er nach Italien und verfasste dort sein grundlegendes Werk über die Rechenkünste der Winkelmessung in Dreiecken (1464). Diese Methode wurde zur Grundlage der Triangulation, der mathematisch exakten Landvermessung seit der Spätrenaissance.

Trigonometrie {1533}
Die klassische Methode zur Erstellung exakt vermessener Landkarten entwickelte der friesische Arzt und Kartograf Gemma Frisius (1508–1555) in einem 1533 veröffentlichten Werk. Einer seiner Schüler war der Duisburger Kartograf Gerhard Mercator. Die allererste Umsetzung einer solchen Landvermessung bewerkstelligte der Holländer Willebrord Snellius um 1615 in Südholland.

Auf der vor allem für die Seefahrt sehr geeigneten Mercator-Projektion beruhen bis heute die gängigen Darstellungen der runden Erdkugel auf zweidimensionalem Papier.

Tulpen {1533}
Hyazinthen und Flieder waren ein Geschenk des türkischen Sultans Süleyman an den flandrischen Gesandten Busbecq (1522–1592), der im Auftrag des Habsburger-Kaisers Ferdinand I. ins Osmanische Reich gereist war. Bis dahin waren sie in Europa unbekannt.

Bibelausgabe, schuf der äußerst sorgfältige Handwerker und Buchkünstler Gutenberg in Mainz nach Meinung vieler Kenner nicht nur das erste bedeutende gedruckte Buch, sondern auf Anhieb das bis heute schönste – oder wenigstens eines der schönsten.

➥ ***Was danach geschah:*** Die revolutionäre Erfindung des Buchdrucks mit beweglichen Lettern auf dem ebenfalls für Europa recht neuen Papier um 1450 sowie die Entdeckung Amerikas durch Kolumbus 1492 und schließlich die erstmalige richtige Beschreibung des kosmischen Weltbildes mit der Sonne im Mittelpunkt durch Kopernikus 1509/1543 gelten als die Wendemarken für den Eintritt in die europäische Neuzeit.

Gleich nach 1600 geht es dann Schlag auf Schlag, zunächst in der Astronomie: Galilei (Fernrohr 1609) und Kepler (Planetengesetze 1618–1621) bestätigen Kopernikus' Annahmen, und von nun an werden die exakten Naturwissenschaften zu den europäischen Leitwissenschaften in Verbindung mit der stetigen Publikation der Forschungsergebnisse.

Gleichzeitig vollzieht sich auf den Meeren die europäische Entdeckung und Kolonialisierung der Welt.

Freie Forschung, Publikation und Diskussion der Forschungsergebnisse werden zum Charakteristikum des europäischen Geisteslebens. Theologie und rein auf Buchgelehrtentum beruhendes dogmatisches Wissen – auch die aristotelische „Naturkunde" – treten zunehmend in den Hintergrund.

China unter den Ming-Kaisern

Ming-Dynastie {1368}

Erst unter der Ming-Dynastie, die seit 1368 bis 1644 die chinesischen Kaiser stellte, wurde die Große Mauer als das imposante Steinbauwerk vollendet, wie man es heute kennt. Nach der „Fremdherrschaft" der Mongolen (Yüan-Dynastie) mobilisierten die Ming-Kaiser große Ressourcen, um mit Blut, Schweiß und Tränen zwangsverpflichteter Bauern dieses Bollwerk zu errichten. Die Bedrohung aus den nördlichen Steppen, dieses jahrhundertealte Dauerthema der chinesischen Außenpolitik, sollte endgültig gebannt werden.

Die Große Mauer in China wurde in ihrer heutigen Gestalt unter der Ming-Dynastie vollendet.

Wie so oft gingen die wichtigsten Impulse und Weichenstellungen von dem ersten Kaiser und Dynastie-Begründer, dem Heerführer Chu Yüan-chang (1328 bis 1398), aus. Nach dem Tod von Kublai Khan war den Mongolen-Kaisern die Herrschaft zunehmend entglitten. Aufgrund sozialer Missstände, Korruption der Beamten und tibetischer Mönche drohte das Reich der Mitte wieder zu zerfallen. Dem Bauernsohn und ehemaligen Mönch Chu Yüan-chang gelang es, sich zum Heerführer aufzuschwingen und gegen seine Rivalen durchzusetzen. 1359 besetzte er Nanking, 1368 Peking. Der anschließende Reform- und Konsolidierungsprozess dauerte jahrzehntelang. 1368 proklamierte er sich selbst zum Kaiser unter dem Namen Hongwu.

➥ ***Was danach geschah:*** Die Ming-Dynastie regierte 276 Jahre bis 1644. Während der europäischen Reformationszeit und der anschließenden Religionskriege schwelgte China im Luxus eines unangefochtenen Reiches und einer selbstgewissen, jahrtausendealten Kultur verbunden mit dem dekadenten Übermut der herrschenden Schichten. Seit Beginn des 16. Jahrhunderts kapselte sich China durch die Zerstörung seiner Hochseeflotte und den Bau der Mauer zunehmend von der Außenwelt ab. Den chinesischen Porzellanexport besorgten die holländischen und englischen Kolonialgesellschaften. Als in Europa der Dreißigjährige Krieg zu Ende ging, wurde die reformunfähige und geschwächte Ming-Regierung von der nichtchinesischen Mandschu-Dynastie aus dem Norden überwältigt, die bis 1911 regierte.

Verbotene Stadt und Himmelstempel

„Verbotene Stadt" ist die allgemein gängige Bezeichnung für den chinesischen Kaiserpalast mitten in Peking. Diese größte Palastanlage der Welt wurde 1407 bis 1420 erbaut (Gesamtfläche: 740 000 Quadratmeter, bebaute Fläche 150 000 Quadratmeter, 9999 Räume). Herzstück ist die „Halle der Höchsten Harmonie" (*Tai He Dian*).

1403 hatte der dritte Ming-Kaiser Yongle die Hauptstadt von Nanking ins weiter nördlich gelegene Peking verlegt, hauptsächlich weil die Abwehrkämpfe gegen die Mongolen von dort aus leichter zu koordinieren waren. Yongle war einer der bedeutendsten Kaiser von China überhaupt. Auf seinen Befehl entstand in Peking auch der Himmelstempel. Die ausgedehnte Anlage mit dem kreisrunden Tempel entstand ab 1420, musste aber nach einem Brand 1890 neu errichtet werden. Der Himmelstempel war das zentrale Heiligtum der Song-, Ming- und Ching-Dynastien. Hier fand die alljährliche kaiserliche Zeremonie zur Wintersonnenwende statt. Die gesamte Anlage hat eine strenge Nord-Süd-Ausrichtung, wie übrigens bei allen chinesischen Tempeln die Eingangsfront nach Süden zeigt. So ist man beim Betreten gezwungen, nach Norden zu blicken, zum unveränderlichen Polarstern, dem Zentrum der himmlischen Harmonie.

Ming-Vase

Während der Ming-Zeit entsteht das blauweiße Dekor des chinesischen Porzellans, das ein Inbegriff für dieses äußerst begehrte Exportgut in Europa und dort vielfach „nachgeahmt" wird (Delfter Ware). Chinesisches Porzellan war nicht nur in Europa, sondern auch am späteren Mogul-Hof in Indien sehr begehrt.

Sindbad der Seefahrer

Anfang des 15. Jahrhunderts ließ der Ming-Kaiser Yongle große Flotten ausrüsten, die unter Admiral Cheng Ho (1371–1433), einem zwei Meter großen Eunuchen des kaiserlichen Hofes, erstmals über das Südchinesische Meer hinaus in den Indischen Ozean fuhren. Bei der ersten von Cheng Hos sieben Expeditionsreisen stachen 1405 62 Schiffe und 28 000 Mann Besatzung in See. Man vermutet, dass Cheng Ho muslimischer Herkunft war, er könnte das Vorbild für den legendären Sindbad aus den *Märchen aus Tausendundeiner Nacht* sein. Seine Schiffe waren beladen mit Seide, Porzellan und anderem kostbaren Handelsgut. Die Flotte

Der chinesische Admiral Cheng Ho unternahm mit seiner Flotte von der Südküste Chinas aus mehrere Expeditionen, um Schätze einzutauschen und die Macht seines Kaisers zu demonstrieren.

gelangte nach Indien, Arabien und bis an die Ostküste Afrikas.

China hatte bislang so gut wie nie Kontakt nach außen gehabt. Das Reich der Mitte hielt sich in der Tat für den Mittelpunkt der Welt. Cheng Hos Expedition erregte denn auch bald den Argwohn konservativer Hofkreise. Die Kosten der allein „staatlich" finanzierten Flotte erschienen zu hoch, die „Erträge" mager. Der Überseehandel und die Expeditionen wurden wieder eingestellt, der Vorstoß des chinesischen Admirals blieb eine Episode. 1551 wurden in China aufgrund kaiserlicher Verfügung alle Dschunken mit mehr als drei Masten zerstört – der Beginn einer erneuten außenpolitischen Isolierung des Reiches.

Azteken und Inka

Von den fünf weltweiten Zentren der Neolithischen Revolution nach dem Ende der Eiszeit und dem Beginn der Sesshaftigkeit des Menschen lagen zwei in Südamerika: eines im Hochtal von Tehuacán in Südmexiko und das andere im Anden-Hochland. In Südmexiko gelang den dort allmählich sesshaft werdenden Bauerngemeinschaften um 7000 v. Chr. mit der Züchtung der Maispflanze aus der Teosinte der vermutliche größte Züchtungserfolg der Menschheitsgeschichte. Die ersten Maiskolben waren zwei Zentimeter lang – halb so lang wie ein Streichholz. Auch das enorme Wachstum der Maiskolben ist eine enorme Züchtungsleistung. Unter den Großen Drei der Getreidepflanzen (ansonsten noch Weizen und Reis) ist der heute weltweit angebaute Mais diejenige mit dem größten Ertragspotenzial.

Den Anden-Bauernkulturen verdanken wir in erster Linie die Kartoffel. Sie ist erst seit rund 250 Jahren ein Welternährungshit. Weitere bekannte Nahrungspflanzen aus der Neuen Welt sind *tomatl* (Tomate), *ahaucatl* (Avocado), *cacauatl* (Kakao), *naná* (Ananas, die einzige essbare Bromelienpflanze), *chilli* (die recht verschiedenen Paprikasorten), die grünen Gartenbohnen, Kürbis, Sonnenblumenkerne, die Hülsenfucht

Erdnuss sowie Vanille und als pflanzliches Genussgift und ebenfalls bedeutendes Welthandelsgut der Tabak.

Bis in die Zeit von Alexander von Humboldt dachten die meisten Menschen in Europa beim Stichwort „Amerika" in erster Linie an die viel stärker und dichter bevölkerten und kulturell entwickelteren Regionen Südamerikas und der Karibik. Dort tummelten sich ja seit Kolumbus auch die meisten Europäer. Nordamerika war zur Humboldt-Zeit unbekannt und unerschlossen, die riesigen Flächen von nomadisierenden Indianerstämmen dünnst besiedelt. Die holländischen, französischen und englischen Kolonien an der Ostküste spielten bis zur industriellen Revolution im Weltbewusstsein (und im Welthandel) kaum eine Rolle.

In den Tiefen des Amazonasgebietes soll es auch heute noch Stämme geben, die als Jäger und Sammler auf Steinzeitniveau leben. Überwiegend entwickelte sich aber durch den Ackerbau eine fast unüberschaubare Zahl regionaler und lokaler Bauernkulturen, die wohl kaum je zu größeren politischen Einheiten zusammengefasst wurden und deren Geschichte nur schwer zu erforschen ist.

Die Azteken- und Inkareiche sind eine historisch sehr späte Erscheinung. Die Maya-Kultur ist schon lange vor der Ankunft der Europäer untergegangen. Andere Stämme und Kulturen wie die Muisca, Tairona, Guaraní, Aymara, Chango, Toba oder die Karibenvölker der Arawak oder Taino, denen Kolumbus zuerst begegnete, sind kaum bekannt, waren natürlich nie in irgendeiner Weise mit der Weltgeschichte verknüpft und haben wenig hinterlassen.

Auch die entwickeltsten und kulturell hochstehendsten Völker der beiden Amerikas verharrten bei aller handwerklichen und landwirtschaftlichen Kunstfertigkeit und gelegentlicher komplexer politischer Organisation stets auf dem Niveau vorbronzezeitlicher Kulturen in Eurasien. Das heißt sie sind in vielerlei Hinsicht etwa mit den Bandkeramikern und den Pfahlbaukulturen Mitteleuropas vergleichbar, also mit der Kultur der Ötzi-Zeit oder mit den altmediterranen Kulturen der Ägais vor der Ankunft der Griechen.

In den präkolumbianischen Amerikas kannte man keine Metallverarbeitung, keine Töpferscheibe, keinen Pflug, kein Rad ..., und die meisten dieser Bauernkulturen waren schriftlos.

Das ist, neben einigen anderen, ein wesentlicher Grund für die hoffnungslose Unterlegenheit der Indios und Indianer angesichts der europäischen Aggression und Expansion.

Aber auch die Reiche der Azteken und der Inka beruhten bereits auf der bemerkenswerten Aggression dieser beiden winzigen

Panorama-Aufnahme der Ruinen der alten Inka-Stadt Machu Picchu in den peruanischen Anden, die erst im 19. Jahrhundert wiederentdeckt wurde

Stämme, die jahrtausendealte Bauernkulturen unterwarfen, tributpflichtig machten und sie brutal beherrschten.

Azteken {ca. 1350}

Die Azteken nannten sich selbst *Mexica*. Das ist die Bezeichnung eines ihrer drei wichtigsten Siedlungsplätze in der Senke einer rund 2000 Meter hoch gelegenen Ebene in Mittelamerika. Das Wort *aztecatl* verweist auf ihren mythischen Herkunftsort Aztlán („Silberreiherland").

Die Azteken, ursprünglich ein kleiner nomadischer Stamm, wurden um 1200 im heutigen Mexiko sesshaft. Hauptgötter waren Quétzalcoatl (die gefiederte Schlange, Schöpfung und Vegetation), Huitzlipochtlichi (Krieg), Tlaloc (Regen), Cihuacoatl (Muttergottheit), Tezcatlipoca (Musik und Tanz). Blut galt als Symbol des Lebens, deswegen der Kult der bei lebendigem Leib herausgerissenen Herzen, denn dieses vergossene Blut stellte den Einklang mit den Göttern und den Rhythmen des Universums her.

Die beste Zuflucht vor Feinden boten den Azteken die Inseln im Texcocosee. Aus den dortigen Siedlungen entwickelten sich vor 1350 die Städte der Azteken. Das aztekische Reich war kein straff organisierter Flächenstaat, sondern die umliegenden Völker waren tributpflichtig. Die Tribute bestanden aus Nahrungsmitteln und Gebrauchsgütern, denn die Azteken bauten selbst nichts an. In der Azteken-Hauptstadt Tenochtitlán, auf einer Insel im Texcocosee erbaut, lebten ungefähr 250 000 Menschen. In Europa hatten zu der Zeit nur Konstantinopel und Neapel mehr Einwohner. Tenochtitlán befand sich am Ort des heutigen Mexiko-City. Das aztekische Großreich wird auf dem Höhepunkt seiner Entfaltung rund 150 Jahre später von dem spanischen Konquistador Hernán Cortés vernichtet.

Inka {ca. 1350}

Inka Ruq'a war der sechste Herrscher der Stadt Cusco und der erste, der seit etwa 1350 den Herrschertitel „Inka" in dem sich ausdehnenden Anden-Staat führte. „Inka" war ein Stammesname von Indianern, die aller Wahrscheinlichkeit nach aus dem Amazonasgebiet über die Anden zuwanderten. Ihr Hauptort war Cusco, wo sie ihre Herrschaft über jahrtausendealte Bauernkulturen begründeten und ihre Staatssprache Quechua durchsetzten. Aus dem Kleinstaat entwickelte der nur aus wenigen Familien bestehende Inka-Stamm ein Imperium. Sie löschten die als barbarisch erachteten Bauernkulturen systematisch aus und eroberten 1350 bis 1430 nach und nach die umliegenden Gebiete im heutigen Peru, Ecuador und Chile.

Die Inka leiteten ihre Herkunft von dem Sonnengott Inti ab; ihre Religion war ein Sonnenkult. Die entlegene Felsenstadt Machu Picchu, um 1900 wiederentdeckt, wurde erst um 1450 erbaut, zu Beginn der Blütezeit des Inka-Reiches, in dem es ein exzellentes Straßennetz gab. Für eine Hochgebirgsregion war das Reich bemerkenswert dicht bevölkert, ein straff zentralistischer, streng monarchisch ausgerichteter Staat auf vorbronzezeitlicher Entwicklungsstufe. Man kannte weder Rad noch Töpferscheibe, keine Wagen oder Gespanne, keine technischen Hilfsmittel wie Blasebalg oder Zange und keine geschriebene Schrift, aber die weltweit einzigartige „Knotenschrift" – eher eine Art Rechensystem. Nachdem die Inka ihre größte Ausdehnung erreicht hatten, blieben nur rund 100 Jahre bis zur Eroberung durch den Spanier Francisco Pizarro.

Muisca – Die Heimat des Eldorado {1200–1540}

Aller Wahrscheinlichkeit nach ist diese auch Chibcha genannte Hochkultur im Hochland von Bogotá (1200–1540) der historische Ort der Vorstellung vom Eldorado. Die Muisca-Kultur ähnelte in mancher Hinsicht der der Inka. Die Häuptlinge regierten über mehrere kleine Völker. Bei dem Hauptvolk der Chibcha wurde ein neuer König mit Fett eingerieben und sein Körper völlig mit feinem Goldstaub bedeckt. Auch der Muisca-Fürst galt, wie der Inka, als Sohn der Sonne. Dann wurde er auf einen heiligen See hinausgerudert und sprang ins Wasser, wodurch der

Das berühmte „goldene Floß von Eldorado", welches 1969 nahe der Stadt Pasca gefunden wurde, gilt als starker Hinweis auf die Herkunft der Legende vom sagenhaften Goldland Eldorado.

Goldstaub abgewaschen wurde. Das berühmteste Kunstwerk der Muisca, die Goldbarke, zeigt vermutlich diesen Vorgang. Die Muisca schufen hervorragende Goldschmiedekunst und Keramiken.

Die Türken in Europa

Dynastiegründer Osman I. hatte sein kleines westanatolisches Fürstentum südlich von Nikäa mit einer Mischung aus diplomatischem Geschick und Waffengewalt allmählich so weit vergrößert, dass er ganz Westanatolien mit Ausnahme der unmittelbaren Küstenregionen an der Ägäis beherrschte. Das gelang auch deswegen einigermaßen geräuschlos, weil er als „Beschützer" der nach wie vor überwiegend griechischen, christlich-orthodoxen Bevölkerung in diesem Gebiet auftrat. Nach ihrer Eroberung der ersten europäischen Festung Gallipoli an den Dardanellen 1354 durch den Sohn Osmans, Sultan Orhan, kreisten die Türken Konstantinopel immer mehr ein. In den folgenden 100 Jahren ging Byzanz der Balkan verloren.

Janitscharen {1330}

Orhan war auch der Gründer der als grausam gefürchteten Janitscharen, einer Elitetruppe der Osmanen und Leibwache des Sultans. „Janitscharen" geht auf das türkische Wort *Yeniçeri* („neue Truppe") zurück. Sie wurden schon als Knaben zwangsrekrutiert, lebten zölibatär und streng erzogen möglichst abgeschottet in eigenen Kasernen. Formell gesehen waren sie Sklaven. Die Janitscharen durften keine Vollbärte tragen, sondern nur Schnurrbärte. Wegen ihrer anerzogenen Loyalität konnten sie in hohe Ämter der osmanischen Reichsverwaltung aufsteigen. Einer der bekanntesten Janitscharen war der Architekt Sinan (ca. 1490–1588), der Erbauer zahlloser hochbedeutender Gebäude des Osmanischen Reiches. Sinans Moscheen prägen heute noch das Stadtbild von Istanbul.

Selbstbewusst geworden erlangten die Janitscharen ab dem 16. Jahrhundert zunehmend Einfluss im Staatsapparat, widersetzten sich Reformbestrebungen, revoltierten gegen einzelne Sultane und ermordeten sogar einige. 1826 wurde die Janitscharen-Truppe aufgelöst.

Die Schlacht auf dem Amselfeld {1398}

Nach ihrer Landung in Europa drängen die Osmanen Byzanz praktisch nur noch auf das Gebiet der Hauptstadt zusammen und wenden sich erobernd gegen die christlichen Völker auf dem Balkan. Den erbittertsten Widerstand leisten die Serben, aber auch sie werden am 15. Juni 1398 in der Schlacht auf dem Amselfeld nahe Priština besiegt.

Auf beiden Seiten waren große Ritterheere versammelt. Der serbische Fürst Lazar

Diese Darstellung von der Schlacht auf dem Amselfeld befindet sich im Skanderbeg-Museum in der Festung von Kruja in Albanien.

hatte rund 25 000 Mann aufgeboten, der türkische Sultan Murad 40 000. Beide starben in der Schlacht. Für die Serben ist „das Amselfeld" ein ungeheurer Mythos, ein epischer Kampf zwischen Gut und Böse, ritterlicher Tugend und Verrat, durchzogen von geradezu märchenhaften Legenden. In der serbisch-orthodoxen Kirche gilt Lazar als Heiliger.

Gerade das Opfer der Niederlage bewirkte aus serbischer Sicht, dass sich die Serben trotz anschließender jahrhundertelanger, als grausam empfundener osmanischer Fremdherrschaft ihren orthodoxen Glauben und ihre serbische Identität bewahrten.

Timur Lenk {1402}

Seit 1240 hielten die Goldene Horde beziehungsweise ihre Nachfolge-Khanate Russland in Schach. In Peking waren die mongolischen Khane und Kaiser um 1360 von den Chinesen vertrieben worden. Dort regierte nun die Ming-Dynastie.

Wie ein Komet erschien in der zweiten Hälfte des 14. Jahrhunderts der turkmongolische, aus Usbekistan stammende Eroberer Timur Lenk (1336–1405). Er hatte in die Familie von Dschingis-Khan eingeheiratet und schuf in kürzester Zeit wie dieser ein eigenes Weltreich. Es umfasste ganz Mittelasien mit den heutigen Ländern Afghanistan, Pakistan, Iran und Irak. Timur Lenk fiel 1398 in Indien ein und plünderte Delhi. Dies war auch das Ende des Sultanats von Delhi. Sein Urenkel Babur begründete dort 1526 das glanzvolle Mogul-Reich. Dann bedrohte Timur in buchstäblich lebensgefährlicher Weise die Osmanen in Anatolien. Sein Beiname Lenk bedeutet „ der Lahme", weil er Knochenverwachsungen auf der rechten Körperseite hatte. Timur Lenks Grausamkeit ist legendär; bei seinen Eroberungen wurden die Menschen zu Hunderttausenden abgeschlachtet. Er herrschte überwiegend von Samarkand aus. Die Stadt ließ er im persisch-islamischen Stil prachtvoll ausbauen. Wie bei Alexander überdauerte sein Reich aber kaum sein eigenes Leben.

Timur wurde im damaligen Europa schlagartig berühmt, nachdem er 1402 den Osmanen-Sultan Bajazid bei Ankara geschlagen hatte und dieser nach einigen Monaten Gefangenschaft starb. Damit war das Osmanische Reich vorübergehend staatsrechtlich ausgelöscht. Diese Nachricht schlug ein wie eine Bombe. Unter Sultan Bajazid hatte das Osmanische Reich soeben, nach der Schlacht auf dem Amselfeld, seine bisher größte Ausdehnung erreicht, und Bajazid hatte gerade mit der Belagerung von Konstantinopel begonnen. Wegen des Erscheinens von Timur Lenk musste der Sultan diese Belagerung abbrechen, um sich ihm entgegenzustemmen, verlor aber seine Armee und sein Leben. Ausgerechnet durch einen anderen turkmongolischen Eroberer schien das Abendland vor der Türkengefahr gerettet. Trotz des vernichtenden Sieges über die Osmanen zog Timur Lenk aus unbekannten Gründen wieder aus Anatolien ab. Sonst hätte vielleicht er statt der Osmanen Byzanz erobert.

Fall von Konstantinopel {1453}

Sultan Mehmed II. (1432–1481) war entschlossen, die Stadt mit allen Mitteln zu erobern. Die ultimative Belagerungsphase begann im April 1453. Extra gegossene

Am 29. Mai 1453 ziehen die Janitscharen, angeführt von Sultan Mehmed II., in das zuvor belagerte Konstantinopel ein (Historiengemälde von Fausto Zonaro, 1854–1929).

Dracula

Nach seiner epochalen Tat legte Mehmed nicht die Hände in den Schoß. Er eroberte unter anderem noch das Kaiserreich Trapezunt am kleinasiatischen Südrand des Schwarzen Meeres sowie große Territorien auf dem Balkan, in Griechenland, Serbien, Bosnien und in der Walachei des Dracula-Vorbildes Vlad III. Vlad trägt den Beinamen Tepes, „der Pfähler". Dieser Türkenhasser ließ Zehntausende türkischer Kriegsgefangener, aber auch eigene Untertanen pfählen; eine besonders grausame Tötungsart. Seinen Beinamen „Dracula" („kleiner Drache") erhielt er schon früher, weil sein Vater, Fürst Vlad II., Mitglied des von Kaiser Sigismund gegründeten katholischen Drachenordens war und sich Vlad Dracul nannte. Dracula ist die Verkleinerungsform.

Porträt von Vlad Tepes auf einer Sammlerbanknote. Er diente als historisches Vorbild für die Romanfigur Dracula.

Riesenkanonen, Tunnel unter den Mauern, eine Verlagerung der türkischen Kriegsschiffe über Land vom Marmarameer in das durch eine Kette abgesperrte Goldene Horn – nichts wurde unversucht gelassen.

Nach einer letzten ergebnislosen Verhandlung zwischen dem Sultan und dem byzantinischen Kaiser Konstantin XI. zur Übergabe der völlig eingeschlossenen Stadt befahl Mehmed den Generalangriff in den frühen Morgenstunden des 29. Mai. Nach mehrmaligem vergeblichem Anrennen soll eine kleine, unverschlossene Pforte den Janitscharen den Zutritt zur Stadt ermöglicht haben. Sie öffneten rasch die Tore, und die übermächtige osmanische Armee strömte in die Stadt. Bereits am Vormittag war Konstantinopel völlig in der Hand der Türken. Mehmed trägt den türkischen Beinamen *Fatih*: „der Eroberer".

Damit endete das tausendjährige Byzantinische Reich. Dieser direkte Nachfolger Ostroms hatte unter christlichen Vorzeichen vieles von der spätantiken und sogar der antiken Kultur das ganze Mittelalter hindurch bewahrt. Byzanz war während des gesamten Mittelalters das Bollwerk des Abendlandes gegen die Ausbreitung der Araber und der Türken. Welche mächtige Schutzfunktion die Stadt hatte, zeigt sich daran, dass die Türken nur gut 70 Jahre nach der Eroberung bereits vor den Toren Wiens standen.

Abendland – Das europäische Haus {1454}

Der Begriff und das Bewusstsein vom „Abendland" im Sinne eines gemeinsamen, christlichen Europa tauchen erstmals im Zusammenhang mit der akuten türkischen Bedrohung auf. Noch vor seinem Pontifikat als Renaissance-Papst Pius II. formulierte Enea Silvio Piccolomini, ein hochgelehrter Humanist, 1454 auf einem Reichstag in Frankfurt: „Wenn wir die Wahrheit gestehen wollen, hat die Christenheit seit vielen Jahrhunderten keine größere Schmach erlebt als jetzt. Denn in früheren Zeiten sind wir nur in Asien und Afrika, also in fremden Ländern geschlagen worden, jetzt aber wurden wir in Europa, also in unserem Vaterland, in unserem eigenen Haus, an unserem eigenen Wohnsitz aufs Schwerste getroffen." Piccolomini verwendet erstmals wieder das Wort Europa, das im Horizont der mittelalterlichen Reiche seit den Zeiten Karls des Großen aus dem Blickfeld geraten war, verbindet es mit der Christenheit und nennt es Vaterland und Europäisches Haus.

Der zweite Beleg für dieses Bewusstsein findet sich als „die Abendländer" 1529 bei dem Reformator Kaspar Hedio, der es auf Deutsch für das bis dahin gebräuchliche „Okzident" verwendet; auch er meint damit die „christlichen Abendländer". 1529 war das Jahr der kurzen, bald wieder abgebrochenen ersten Belagerung Wiens durch die

Türken unter Süleiman I. Dieses Ereignis fand europaweit Beachtung. Auch Luther schrieb darüber zwei Traktate und bezeichnete die Türken als „Gottesplage“.

➡ ***Was danach geschah:*** Mehmed war ein kultivierter Mann und fähiger Herrscher. Er baute die türkische Flotte aus, straffte die Verwaltung und erließ eine Gesetzessammlung. Gleich nach der Eroberung von Byzanz begann er mit dem Bau des Topkapi-Palastes und veranlasste die Errichtung Hunderter von Moscheen, Medresen und Bädern.

1453 war ein weltgeschichtliches Wendejahr in Eurasien, das sich nur mit 490/480 v. Chr. (Marathon/Salamis), 622 v. Chr. (Mohammeds Flucht), 1492 (Entdeckung Amerikas), 1789 (Französische Revolution) und 1989 (Mauerfall und Ende des Kalten Krieges) vergleichen lässt. In Europa war ein Bewusstsein von Abendland entstanden, durch den Fall von Konstantinopel war der internationale Fernhandel zwischen dem Mittelmeer und Asien unterbrochen. Für Venedig, Genua und all die anderen gab es nichts mehr zu verdienen. In Portugal hatte man sich schon angewöhnt, den Blick nach Westen zu wenden, auf den Atlantik und entlang der afrikanischen Küste.

Renaissance in Italien

Florenz – Hauptstadt der Renaissance

Durch die Medici und andere Gönner, Förderer und Sponsoren, die den Kultur- und Kunstbetrieb in Florenz und anderen italienischen Städten teils aus persönlichem Interesse, teils aus Prestigegründen förderten, wurde die Toskana ein einzigartiger Hotspot der „Renaissance“, des zivilisatorischen Fortschritts, der das europäische wirtschaftlich frei handelnde und selbstbestimmte Individuum hervorbrachte. Cosimo de Medici stiftete das Kloster San Marco und die Biblioteca Laurenziana in Florenz und gab den Palazzo Medici in Auftrag, förderte Brunelleschi, Donatello, Fra Angelico und den einflussreichen „neuplatonischen“ Philosophen Marsilio Ficino. Cosimos Sohn Piero war von 1464 bis 1469 praktisch Alleinherrscher von Florenz. Dessen Sohn Lorenzo, genannt il Magnifico („der Prächtige“), holte den jungen Michelangelo nach Florenz und machte Botticelli zu seinem „Hofmaler“.

Marco Polo: *Il Milione* {1298/1299}

Auch wenn viele Details aus dem Leben des Venezianers Marco Polo (1254–1324) nicht gesichert sind, steht doch fest, dass er 1271 nach China aufbrach, dort die Gunst des Kaisers Kublai Khan gewann, etwa 20 Jahre in China blieb und 1295 nach Venedig zurückkehrte. Als Marco Polo sich 1298/1299 in genuesischer Gefangenschaft befand, entstand seine Reiseerzählung *Le livre des merveilles du monde* („Das Buch von den Wundern der Welt“), bekannt als *Il milione*, ein Spitzname, der sich zunächst auf Marco Polo selbst bezog, da er in Venedig dauernd von den „Millionen“ des Großkhans sprach.

Bald wurde das Buch ins Italienische und Lateinische, dann auch in andere Sprachen übersetzt; ungefähr 150 Abschriften sind erhalten (eine ungeheure Wirkung – damals gab es noch keinen Buchdruck). Der Reisebericht des Venezianers veränderte das Weltbild der Europäer tiefgreifend. Die Schilderungen der sagenhaften Reichtümer „Catheys“ (China) und „Zipangos“ (ein nicht genau lokalisiertes „Japan“) regten die Fantasie an. Die gesamte „Indienfahrerei“ rund 200 Jahre später hat hier sozusagen ihren literarischen Ursprung.

Giotto di Bondone: Die Arena-Kapelle {ca. 1305}

Die Arena-Kapelle in Padua ist ein äußerlich schlichtes Gebäude auf dem Gelände eines ehemaligen, „Arena“ genannten römischen Amphitheaters. Sie war Teil eines Wohnpalastes, den der Bankier Scrovegni ab 1300 hier am Stadtrand von Padua errichten ließ. Mit der kompletten Ausmalung sämtlicher Innenwände beauftragte er den Fresken-

Von dem italienischen Freskenmaler Giotto di Bondone stammt das Bild „Joachim unter den Hirten". Es gehört zum Zyklus „Szenen aus dem Leben Maria und Christi" in der Arena-Kapelle in Padua, deren Wände vollständig mit einem umfangreichen Freskenzyklus dieses Wegbereiters der realistischen europäischen Malerei bemalt sind.

maler Giotto (1266–337) aus Bondone bei Florenz. In über 100 Einzeldarstellungen schuf Giotto Szenen aus dem Leben von Maria, Jesus Christus und der Passion von einer bis dahin nie gesehenen Natürlichkeit, Lebendigkeit und dramatischen Bewegtheit. Diese Malerei wirkte völlig anders als die schematischen Figuren der am byzantinischen Ikonenstil orientierten Kunst seiner Zeit. Giotto stellte die biblischen Szenen erstmals vor den Hintergrund natürlich gemalter Landschaften und Stadtansichten. Die plastische Modellierung seiner Gestalten durch Licht und Schatten bestimmte die gesamte Malkunst bis Picasso.

Dante Alighieri: Die Komödie

{ca. 1310}

Den geläufigen Titel *Die göttliche Komödie* gab ihr erst der Dante-Bewunderer Giovanni Boccaccio; er meinte damit eine „hervorragende Komödie", so wie man heute auch sagt: ein göttlicher Genuss. Dante verwendete den schlichten Titel *La Comedia* so, wie man das Wort damals in Italien (und heute noch in Hollywood) verstand: Geschichte mit Happy End. Es ist aber keine Seifenoper, sondern ein hochgelehrtes Werk über die Wanderung des Dichters durch die drei Jenseitsreiche Hölle, Fegefeuer und Paradies. Über Dantes (1265–1321) Leben ist wenig bekannt. 1302 wurde er aus seiner Heimatstadt Florenz verbannt, *Die Komödie* entstand im Exil ab 1307 auf Italienisch. Für die Italiener ist die *Komödie* Gründungs- und Hauptwerk ihrer Literatur und wegen der damaligen Vorreiterrolle Italiens auch der modernen europäischen Literatur.

Francesco Petrarca: Canzoniere

{ca. 1345}

Weil sein Vater Petracco ein papsttreuer Florentiner Notar war, kam Francesco Petrarca (1304–1374) im Alter von sieben Jahren nach Avignon. (Petrarca ist eine latinisierte Form des Vaternamens.) Er wohnte später in einem Haus in Vaucluse und bestieg 1336 den nahe gelegenen Mont Ventoux, den Paul Cézanne um 1900 so oft malen wird. Nur zum Vergnügen einen Berg zu besteigen und seine Naturempfindungen in einem Brief auszudrücken, war etwas völlig Neues. Petrarca reiste durch ganz Europa, nach Paris, in die Niederlande, an den Rhein, später wieder nach Italien, als Gesandter auch nach Prag. Er war stets auf der Suche nach antiken Manuskripten, die Beschäftigung mit der Antike war der Hauptlebensinhalt des Gelehrten. Hierin fand er „alternative" Lebensformen zu denjenigen seiner eigenen Zeit. Sein Hauptwerk sind Gedichte, die meist als *Canzoniere* („Lieder") herausgegeben werden. Auch er schrieb in der „Volkssprache" Italienisch.

Giovanni Boccaccio: Das Dekameron {ca. 1350}

besteht aus jeweils zehn Novellen, die sich die Mitglieder einer Reisegesellschaft an zehn Tagen zu ihrer Unterhaltung gegenseitig erzählen. Diese Herrschaften (sieben Damen, drei Herren) sind auf der Flucht vor der Pest von Florenz aufs Land gereist. Das Dekameron („Das Hundert-Werk") entstand um 1350 nach dem Pestjahr 1348 in Florenz. Mit all seinen Schwänken und Abenteuern ist es auch heute noch sehr vergnüglich zu lesen. Boccaccio (1313–1375) bewunderte Dante und war mit Petrarca befreundet. Auch er und andere Intellektuelle ihres Freundeskreises forschten in Bibliotheken nach Texten aus der Antike.

Es war diese Mentalität, die bewusste Suche nach neuen geistigen Inhalten, neuen geistigen und künstlerischen Ausdrucksformen und nach neuen Lebensformen, die die „Renaissance", die „Wiedergeburt" der Antike einleitete.

Medici-Bank {1393/1397}

Eigentlich waren um 1300 die großen Marktanteile in der Finanzbranche in Europa bereits vergeben. Bankhäuser in Siena oder die florentinischen Bardi besaßen Filialen zum Beispiel in Brügge. Newcomer hatten wenig Chancen.

Nach 1345 kam es zum Zusammenbruch zahlreicher älterer Bankhäuser, weil der englische König Edward III. hohe Schulden aus dem Hundertjährigen Krieg nicht beglich – praktisch ein englischer Staatsbankrott. Die Medici waren durch Tuchfabrikation und Grundbesitz wohlhabend. In die Finanzbranche stiegen sie kurz vor 1400 ein. Durch persönliche Beziehungen wurde die Medici-Bank mitten in den letzten Wirren des Abendländischen Schismas seit 1413 Bankhaus des Papstes. Unter Cosimo de Medici (1389–1464) war seine Bank um 1450 das führende Geldhaus in Florenz. Durch die Vergabe von Krediten förderte Cosimo seine Freunde und ruinierte seine Feinde, denn er spielte auch in der Regierung der Stadtrepublik eine führende Rolle. Das alles endete abrupt 1490 im Ruin, weil sich die Medici mit den Kreditvergaben übernommen hatten. 1494 folgte ihre Vertreibung aus Florenz durch den politisch einflussreichen Bußprediger Savonarola.

Innenräume und architektonische Details der von Cosimo de Medici im 15. Jahrhundert finanzierten Basilika San Lorenzo in Florenz

Auf dem Fresko von Benozzo Gozzoli (1459) ist der Zug der Heiligen Drei Könige dargestellt. Im Zug sind auch Mitglieder der Medici-Familie sowie der Künstler selbst porträtiert.

Konzil von Florenz {1439}

Nach der Beilegung des Abendländischen Schismas in Konstanz mit der Wahl des von allen Seiten anerkannten Papstes Martins V. wäre es beinahe auch zur Beilegung des Morgenländischen Schismas mit Byzanz gekommen. Nach Konstanz kam es zu einem Geplänkel von Konzilien und Gegenkonzilien in Basel, Lausanne, Ferrara und Florenz. Das Konzil in Florenz nahm eine unerwartete Wendung, als dort 1439 der byzantinische Kaiser Johannes VIII. angesichts der unmittelbar bevorstehenden Eroberung von Konstantinopel in höchster Not die Unterordnung der orthodoxen Kirche unter den Primat von Rom und damit das Ende des Schismas anbot. Darüber wurde zwar in den Verhandlungen Einigkeit erzielt, aber die orthodoxen Bischöfe erkannten das nicht an. Sie konnten die Schmach der Eroberung und Schändung durch die „fränkischen" Kreuzritter im Vierten Kreuzzug von 1204 nicht verwinden. Die Kirchenunion kam nicht zustande.

Renaissance {ca. 1440}

Die Attraktion dieser griechischen Delegation muss der rund achtzigjährige Philosoph und Kaiserberater Georgios Gemistos gewesen sein, bekannt unter dem Namen Plethon (ca. 1360–1452). Plethon hielt nicht viel von Christentum oder Islam, sondern trat mit der Erläuterung zu chaldäischen Orakeln auf und propagierte ein ethisches Neuheidentum und einen neuen Platonismus. Damit elektrisierte er die Zuhörer, darunter Cosimo de Medici und Marsilio Ficino. Sein Auftritt führte zur Gründung der platonischen Akademie in Florenz.

Weniger spektakulär, aber fast noch nachhaltiger wirkte der Erwerb von 238 griechischen Kodizes durch den Süditaliener Giovanni Aurispa (1376–1459). Dieser hatte seit 1421 zwei Jahre lang in Konstantinopel beste Kontakte zum Kaiserhof geknüpft. Er brachte griechische Texte mit, Abschriften der *Ilias* und der *Odyssee*, von Thukydides, Herodot, Aristoteles und Platon. Das waren die Anfänge der griechischen Antikenbeschäftigung in Italien. Nach dem Fall von Konstantinopel verstärkte sich diese Tendenz kolossal, weil viele Gelehrte vor den Türken aus Konstantinopel nach Italien flohen und ihr Wissen und ihre Bücher mitbrachten. Der Besuch der griechischen Delegation traf den Nerv der Zeit, denn schon Petrarca und Boccaccio suchten systematisch nach antiken Manuskripten und lasen diese Autoren auf der Suche nach alternativen Denk- und Lebensformen im Kontrast zur spätmittelalterlich erstarrten geistigen und künstlerischen Welt, in der sie lebten. Das – unter anderem – bedeutete „Renaissance" („Wiedergeburt") der Antike.

Renaissance-Kunst

Ein weiterer wichtiger Anstoß war die Wiederauffindung der *Zehn Bücher über die Architektur* des römischen Architekten Vitruv (1. Jahrhundert n. Chr.) im Jahr 1414. Es ist das einzige erhaltene architekturtheoretische Werk der Antike und wurde zur „Bibel" von Generationen von Architekten – bis in die Gegenwart.

Das von dem Maler Masaccio geschaffene Wandfresko, das unter dem Namen "Dreifaltigkeit" bekannt ist, befindet sich in der Kirche Santa Maria Novella in Florenz. Es gilt als bahnbrechendes Malereiwerk der Frührenaissance.

Filippo Brunelleschi (1377–1446) – Erfinder der Renaissancearchitektur, Erbauer der Domkuppel von Florenz und der Pazzi-Kapelle – vermaß römische Ruinen, um Erkenntnisse über antike Bauweisen und Bautechniken zu gewinnen. Mit seiner ingenieurhaften Vorgehensweise gilt er auch als Erfinder der Zentralperspektive, die ja mathematisch konstruiert werden muss. Der Maler Masaccio (1401–1428) übertrug diese Erfindung auf die Malerei. Der Höhepunkt der Antikenbegeisterung war 1506 erreicht, als man in Weinbergen auf dem Esquilin, nahe den Ruinen des Sommerpalastes des Kaisers Nero, eine Skulpturengruppe dreier ineinander verschlungener, von Schlangen umwundener Gestalten fand, die bis dahin nur aus der Literatur bekannt war. Papst Julius II. schickte Michelangelo und den Architekten Sangallo los, die bestätigten: „Das ist der Laokoon, den Plinius erwähnt." Der antike Schriftsteller Plinius, der 79 beim Ausbruch des Vesuvs umgekommen war, erwähnte das Kunstwerk in seiner *Naturalis historia*. Es stammt aus ähnlichen Werkstätten wie der Pergamonaltar in Berlin. Irgendein spätantiker Kunstkenner muss die Marmorgruppe in der Völkerwanderungszeit zum Schutz vor anrückenden Barbarenhorden in den gruftähnlichen Raum gebracht haben, wo sie bis zu ihrer Wiederentdeckung die Zeiten überdauerte. Sangallo erkannte das Kunstwerk, das er natürlich nie gesehen hatte, sofort nach der Beschreibung des Plinius.

Übrigens: Geprägt wurde der Epochenbegriff „Renaissance" erst 500 Jahre später durch den französischen Kulturhistoriker Jules Michelet und für den deutschsprachigen Raum durch den Schweizer Jacob Burckhardt und sein bekanntes Werk *Die Kultur der Renaissance in Italien* (1860).

Das Fegefeuer der Eitelkeiten {1497}

Wie anstößig das Treiben der weltlichen wie der geistlichen Oberschicht beim einfachen Volk selbst der nicht uneitlen Italiener wahrgenommen wurde, zeigt sich an dem Zulauf, den der Dominikanermönch und Bußprediger Girolamo Savonarola (1452–1498) verzeichnete. Als er 1492 das Sterbedatum von Papst Innozenz korrekt voraussagte, waren alle Dämme gebrochen. Die Woge der Volksbegeisterung für sein Wettern gegen die Reichen und Mächtigen trug ihn an die Spitze des florentinischen Stadtstaates (von 1494 bis 1498). Weder den Medici noch einem Machtpolitiker vom Kaliber Papst Alexanders VI. Borgia gelang es, dem Treiben Einhalt zu gebieten. Die Medici vertrieb Savonarola 1494.

1497 stiftete Savonarola jugendliche Banden dazu an, „nutzlosen Tand" zu beschlagnahmen. Teure Kleider und Möbel, Musikinstrumente, Spielkarten, Schmuck, Kosmetika, Spiegel, Bücher und Kunstwerke wurden gesammelt und auf einem riesigen Scheiterhaufen auf der Piazza della Signoria verbrannt. Botticelli, der Hofmaler der Medici, warf eigene Gemälde in die Flammen. 1498 schlug die Stimmung aus politischen Gründen und auf päpstlichen Druck hin um. Der Bußprediger wurde aus seinem Kloster gezerrt und vor der riesigen Volksmenge an derselben Stelle, wo er im Jahr zuvor sein „Feuer der Eitelkeiten" veranstaltet hatte, verbrannt. Spätestens nach diesen Ereignissen ging der inoffizielle Titel der Kulturhauptstadt der Renaissance von Florenz auf Rom über.

Die Hinrichtung des Bußpredigers Savonarola auf der Piazza della Signoria am 23. Mai 1498 (zeitgenössisches Gemälde). Die Stadt Florenz ist hier wunderbar zu erkennen.

Sacco di Roma {1527}

In der Periode der Hochrenaissance, als im blühenden und wohlhabenden Rom Michelangelo die Decke der Sixtinischen Kapelle bemalte (1508–1512) und Raffael den Petersdom baute, war in Deutschland die Reformation ausgebrochen (1517) und der junge Habsburger Karl V. zum römisch-deutschen Kaiser gekrönt worden (1520). Sofort führte Karl mit seinem europäischen Rivalen König Franz I. von Frankreich Krieg um die Vorherrschaft im reichen Oberitalien.

Wegen eines zeitweiligen Kriegsstillstandes zogen die sehr schlecht verpflegten und entlohnten deutschen und spanischen Landsknechtssöldner Karls nach Rom und eroberten die Stadt. Der Papst konnte sich im letzten Moment in der Engelsburg in Sicherheit bringen. Die Söldner des Kaisers brandschatzten, vergewaltigten und töteten die Hälfte der römischen Bevölkerung, erpressten die Reichen um Lösegeld und raubten aus den Kirchen und Palästen fast alle Kunstschätze. Mit dieser Plünderung, dem *Sacco di Roma*, endete die Renaissance in Italien.

Entdecker und Seefahrer

Die europäische Hochseeschifffahrt, die zum Zeitalter der Entdeckungen führte, ist nicht denkbar ohne die technische Entwicklung eines neuen Schiffstyps, der Karavelle. Vorangetrieben wurde diese Entwicklung durch den großen Administrator der portugiesischen Seefahrt, Prinz Heinrich den Seefahrer (1394–1460). Fünfzig Jahre nach der Publikation des ersten europaweit beachteten Fernreiseberichts Marco Polos wurde Portugal zur führenden Seefahrtsnation der europäischen Renaissance.

Wiederentdeckung der Kanaren {1341}

Seit der Antike waren die Kanaren aus dem Horizont der Europäer verschwunden, 1341 wurden sie wiederentdeckt: der Beginn des Zeitalters der Entdeckungen. 1419 und 1427 wurden die bereits den Phöniziern bekannten Inseln Madeira und die Azoren wiederentdeckt. Seit 1415 unternahmen die Portugiesen auf Heinrichs Initiative hin systematische Entdeckungsfahrten entlang der afrikanischen Küste. Sie befuhren den Senegal- und Gambia-Fluss und entdeckten 1456 die Kapverden.

Goldküste {1471}

Das Gold für die noch bis ins 19. Jahrhundert in Umlauf befindliche wichtigste Goldmünze Englands, die „Guinea“, stammt von der afrikanischen Westküste (aus Guinea). Hier errichteten die Portugiesen 1471 eine starke Festung – die erste der Europäer in Afrika. Die Portugiesen strebten danach, den westafrikanischen Goldhandel zu kontrollieren. Dies war der erste moderne koloniale Griff eines europäischen Landes nach einem anderen Kontinent. Durch päpstliche Bullen hatte sich Portugal bereits um 1450 das Monopol auf diesen Handel – nebst dem Sklavenhandel – sichern lassen. Die Engländer prägten ihre Münzen aus Guinea-Gold seit 1663.

Kap der Guten Hoffnung {1487/1488}

Die Südspitze Afrikas wurde von dem portugiesischen Seefahrer Bartolomeu Diaz 1488 umrundet. Auf dem geplanten Weg nach Indien zwang ihn eine Meuterei vor der ostafrikanischen Küste zur Umkehr. Da entdeckte er die südwestlichste Spitze Afrikas und nannte sie *Cabo das Tormentas* (Sturmkap). Der außenpolitisch ebenfalls sehr an der „Entdeckungspolitik“ interessierte portugiesische König Johann II. gab

Das Kap der Guten Hoffnung an der Südspitze Afrikas in einer Luftaufnahme

Die Entdeckungen von wagemutigen Seefahrern wie Christoph Kolumbus, Vasco da Gama und Bartolomeu Diaz (von oben nach unten) weitete den Blick der Europäer für bisher unbekannte Teile der Erde.

ihr nach Diaz' Rückkehr den Namen Kap der Guten Hoffnung (*Cabo de Boa Esperança*). Die Hoffnung war darauf gerichtet, bald auf dem Seeweg um Afrika herum Indien zu erreichen. Das gelang dem Portugiesen Vasco da Gama, der nach seiner eigenen Kapumsegelung im Winter 1497 am 20. Mai 1498 als erster Europäer in dem von arabischen Händlern schon seit Langem besuchten und von ihnen so genannten Kalikut im heutigen Bundesstaat Kerala in Südwestindien an Land ging.

Kolumbus {1450–1506}

Die Geschäftsidee, auf „direktem" Weg ohne Umschiffung Afrikas nach Indien zu gelangen, hatte Christoph Kolumbus (1450–1506) dem portugiesischen König Johann II. zweimal vorgetragen, 1484 und 1488. Jedes Mal war er abschlägig beschieden worden. Dass die Erde rund war, darüber herrschte längst Einigkeit. Umstritten war die Ausdehnung der Erde, die Größe der Kugel. Kolumbus ging – fälschlicherweise – von einer kleineren Kugel aus und berechnete die Fahrtdauer auf zehn bis zwölf Tage. Die portugiesischen Geografen, die ihren König berieten, gingen – richtigerweise – von einer viel größeren Erdkugel aus und erklärten das Vorhaben für undurchführbar. Johann II. setzte auf Diaz und die Afrika-Route. Es war eine Ironie der Geschichte, dass die Portugiesen nicht an das Kolumbus-Projekt glaubten und der Ruhm und Reichtum der Neuen Welt hauptsächlich den Spaniern zufiel.

Zu der Zeit, als der Genueser Kolumbus am portugiesischen Hof antichambrierte, arbeitete er in Lissabon als Kartenzeichner und hatte bereits 1482/1483 als Kapitän auf portugiesischen Afrika-Schiffen nautische Erfahrungen sammeln können. Aber auch von den spanischen Majestäten Isabella I. und Ferdinand II., bei denen er ebenfalls mehrmals vorsprach (1486, 1491), konnte er sich nicht die gewünschte Unterstützung sichern. Trotz lebhaften Interesses vertröstete man ihn auf die Zeit nach der Eroberung von Granada.

Die Hartnäckigkeit, mit der Kolumbus seine atlantische Indienfahrt betrieb, ist charakteristisch für ihn. Auch alle Schwierigkeiten der Seefahrt hat er so gemeistert: die Meutereien, die Probleme mit den havarierten Schiffen, das Navigieren in den unbekannten Gewässern der Karibik. Angesichts der epochalen Bedeutung seiner Ersttat, die erst später erkannt wurde, wird oft vergessen, dass er auf seinen weiteren drei Reisen praktisch auch die ganze übrige Karibik und Mittelamerika entdeckt (und erstmals kartografiert) hat. Seine größte Fähigkeit und Leistung ist die eines Navigators, und die eigentliche nautische Leistung von Kolumbus bestand in der sicheren Rückkehr nach Spanien. Wäre ihm das nicht gelungen, wäre ein verschollener Kolumbus sicher nur eine Fußnote der Geschichte.

In seinem ersten Vertrag mit der spanischen Krone ließ er sich klingende Titel garantieren: „Admiral des Weltmeers", „Vizekönig" und den Löwenanteil an den erhofften Einkünften. Kolumbus hatte wenig zu verlieren und viel zu gewinnen. Als junger Kapitän hatte er in Westafrika gesehen, wie bereitwillig die dortigen Eingeborenen ihre wertvollsten Güter, auch Gold, buchstäblich gegen billige Glasperlen eintauschten, die man extra zu diesem Zweck mitgenommen hatte. So stellte er sich auch Indien vor. Die westindische Wirklichkeit, das Desaster des Scheiterns der ersten Kolonie La Isabela, das Töten und Versklaven sowie der wirtschaftliche Misserfolg sahen anders aus.

Neue Welt {1492}

Ganz zu Anfang, als man wirklich noch glaubte, in Indien gelandet zu sein, sprach man von Las Indias, dann von *Nuovo Mondo*. Immerhin haben die Ureinwohner davon bis heute ihre Bezeichnung „Indianer" beziehungsweise „Indios". Der erste schriftliche Beleg für „Neue Welt" findet sich in dem Wappen, das König Ferdinand II. von Kastilien und Leon dem von seiner ersten Entdeckungsfahrt soeben heimgekehrten Kolumbus in Barcelona verlieh. Das Motto lautet: *Por Castilla y por Leon/Nuebo mundo alló Colon* („Für Kastilien und Leon fand Kolumbus eine neue Welt"). Spanien erreichte

Die Entdeckung Amerikas {12. Oktober 1492}

Abfahrt war am 3. August 1492 von Palos an der spanischen Atlantikküste mit drei Schiffen. Nach drei Tagen musste wegen Ruderbruchs der Pinta ein einmonatiger Reparaturaufenthalt auf den Kanaren in Kauf genommen werden. Die Weiterfahrt begann am 6. September. Von da an waren die Schiffe 33 Tage unterwegs – statt der von Kolumbus vorausgesagten zehn bis zwölf. Unterwegs hatte er mit Rebellion und Abweichung der Kompassnadel am Äquator zu kämpfen.

Dann kam Land in Sicht, und am 12. Oktober war die Ankunft auf einer Bahamas-Insel, von den Einheimischen Guanahani, von Kolumbus San Salvador genannt.

Bei der Weiterfahrt wurden Kuba und Hispaniola (heute Dominikanische Republik und Haiti) entdeckt, bald die Hauptorte der ersten spanischen Besiedlung. Die *Santa Maria* strandete am 25. Dezember in Hispaniola. Die Rückfahrt mit *Niña* und *Pinta* begann am 16. Januar 1493, teilweise in fürchterlichen Atlantikstürmen. Ankunft in Palos war am 15. März. Kolumbus zog im Triumphzug durch Spanien nach Barcelona zum Königspaar. Er erhielt die Bestätigung seiner Privilegien und den Auftrag für eine zweite Reise noch im gleichen Jahr (1493–1496). Die zweite Flotte bestand aus 17 Schiffen und 1500 Mann – Seeleute, Soldaten, Siedler und natürlich Missionare. Auf dieser Fahrt das Ziel ohne besondere Probleme wiederzufinden, zeugt von Kolumbus' nautischem Können. 1496 wurde an der Südküste der Insel Hispaniola die erst europäische Siedlung in Amerika mit Namen la Isabela, 1498 umbenannt in Santo Domingo, begründet.

Christoph Kolumbus betritt im Oktober 1492 auf der Bahamas-Insel Guanahani zum ersten Mal amerikanischen Boden (Illustration aus dem Jahr 1872).

umgehend die Anerkennung seiner Ansprüche durch Papst Alexander VI. Borgia, der im Jahr darauf auch die Teilung der Welt zwischen Spaniern und Portugiesen im Vertrag von Tordesillas vornahm. Spanier und Portugiesen einigten sich 1494 in Tordesillas auf eine Demarkationslinie 370 spanische Meilen (ca. 1170 Kilometer) westlich der Kapverden, die der Papst denn auch auf einer Karte mit einem Federstrich eintrug. Es war der erste derartige Federstrich auf einer Landkarte, der Welten teilte. Die Einigung besagte: Alle Gebiete östlich der Linie sind portugiesischer Einflussbereich, die Gebiete westlich davon stehen den Spaniern zu. Weil die Linie durch das damals noch unentdeckte Brasilien ging, fiel dieser Teil des südamerikanischen Kontinents an Portugal, alles andere wurde spanisch. Auch Nordamerika war jahrhundertelang spanischer Besitz.

Der Seeweg nach Indien {1498}

Vasco da Gama segelte wie Kolumbus ebenfalls mit drei Schiffen Anfang Juli 1497 von Lissabon ab. An Bord befanden sich die erfahrensten portugiesischen Seeleute in den afrikanisch-atlantischen Gewässern. Die kleine Flotte erreichte im April 1498 Mombasa, den damals arabisch dominierten Hafen am Indischen Ozean im heutigen Kenia. Die Araber waren alles andere als begeistert, aber der Sultan der benachbarten Mombasa-Konkurrentin Malindi stellte da Gama einen Lotsen für die Überquerung des Indischen Ozeans zur Verfügung. Am 20. Mai 1498 landete der Portugiese nahe Kalikut im heutigen südindischen Bundesstaat Kerala. Kalikut war längst ein Hauptzentrum des chinesisch-indisch-arabischen Handels und eine kosmopolitische Metropole an der Malabarküste, der Pfefferküste, geworden.

Da Gama belud seine Schiffe mit Pfeffer, Zimt, Ingwer, Tamarinde, Teak- und Sandelholz. Im Herbst 1499 wurde ihm in Lissabon ein triumphaler Empfang bereitet. Ab 1502 durfte er sich „Admiral des Indischen Meeres" nennen. Eine zweite Reise Da Gamas nach Indien mit 21 schwer bewaffneten Schiffen folgte in diesem Jahr. Die Portugiesen brachen den Widerstand der Araber und lokaler indischer Fürsten, bauten ein Fort und sicherten sich über 100 Jahre lang das Monopol auf den Gewürzhandel und die Seemacht in diesem Bereich. Die Kenntnis des Seewegs nach Indien war sorgsam gehütetes Know-how der Portugiesen. Erst die Niederländer brachen mit militärischen Mitteln das Wissens- und Handelsmonopol.

Es schien nicht nur so: Die Portugiesen hatten den Wettlauf nach Indien doch gewonnen. Allerdings konnte man in diesen Jahren um 1500 noch nicht ermessen, was Kolumbus gewonnen hatte. Im Jahr 1500 entdeckte die zweite portugiesische Indienflotte unter dem Kommando von Pedro Álvares Cabral Brasilien. Cabral hielt das Land zuerst für eine Insel. Auf der Weiterfahrt durch den Südatlantik gingen einige Karavellen im Sturm unter. Dabei starb auch der Entdecker des Kaps der Guten Hoffnung, Bartolomeu Diaz. 1502 bis 1504 fuhr Kolumbus zum vierten und letzten Mal nach „Indien".

Von dem deutschen Kartografen Martin Waldseemüller stammt die erste Weltkarte, auf der die Umrisse des neu entdeckten amerikanischen Kontinents zu sehen sind. Zu Ehren des Entdeckers Amerigo Vespucci nannte er die Landmasse Amerika. Die Illustration am Rand der Waldseemüller-Karte zeigt Amerigo Vespucci.

Amerika {1507}

Die Waldseemüller-Karte von 1507 zeigt erstmals Umrisse des amerikanischen Kontinents – soweit damals bekannt. Es handelt sich um Küstenlinien Mittelamerikas und Südamerikas und einen ziemlich stumpfen Stummel von Florida. Der Florentiner Amerigo Vespucci, der sich in der damals üblichen Gelehrtensprache Latein *Americus* nannte, hatte von 1499 bis 1502 an mehreren Erkundungsreisen in das von Kolumbus entdeckte Seegebiet teilgenommen und erkannt, dass es sich bei den karibischen Inseln und dem umgebenden Festland am Golf von Mexiko um einen ganzen bisher unbekannten Kontinent handelt. Deshalb trugen Matthias Ringmann und Martin Waldseemüller 1507 in Lothringen Americus' Namen auf der berühmten „Waldseemüller-Karte" ein. Sie gilt als die Taufurkunde Amerikas.

Kanada

Nicht in die Karibik, sondern über den Nordatlantik fuhr der erste französische Amerika-Entdecker Jacques Cartier (1491–1557). Er reiste mit zwei Schiffen auf Anweisung von König Franz I. und erkundete 1534 bis 1536 den St.-Lorenz-Strom. Dort traf er auf Irokesen, die ihn in ihr *canada* führten. In der Irokesen-Sprache ist damit ihr Dorf, ihre Siedlung gemeint. Cartier übertrug das Wort auf das gesamte Gebiet nördlich des St. Lorenz, und unter dieser Bezeichnung taucht es in der folgenden Zeit großflächig auf Landkarten auf.

➡ ***Was danach geschah:*** Die Entdeckung Amerikas war für alle Beteiligten auf beiden Seiten des Atlantiks ein umwälzendes Ereignis. Den Europäern brachte sie eine radikale Veränderung ihres geografischen Weltbildes. Aber nicht nur die Weltkarten wurden neu gezeichnet. Die Europäer wandten sich von nun an verstärkt allen „realen" Dingen dieser Welt zu. Das schlagartig einsetzende koloniale Zeitalter ist zugleich das erste wirklich globale Zeitalter. Die Verkehrsverdichtung auf den Seehandelsstraßen hatte eine ganz andere Qualität als auf der Seidenstraße oder sonstigen Handelswegen in Afrika, Asien und Europa. Weltweit gelangten wieder einmal ganze Völker – oder jedenfalls Bevölkerungsgruppen – auf alle Kontinente: zuerst die Sklaven aus Afrika, dann Auswanderer aus Europa. Die Entdeckung Amerikas hatte aber auch aus amerikanisch-indianischer Sicht epochale Folgen: Ihre Kulturen und einige ihrer blühendsten Reiche wurden binnen kürzester Frist ausgelöscht. Der Sturm, der über sie hinwegfegte, war viel kürzer und sicherlich um ein Vielfaches heftiger als die germanische Völkerwanderung in der Spätantike und lässt sich wohl nur mit der eisenzeitlichen Wanderung um 1200 v. Chr. vergleichen, die Kulturen wie die Minoer, Mykener und Hethiter ebenfalls auslöschte und die altorientalischen Reiche der Ägypter und Altbabylonier in den Grundfesten erschütterte.

Die neuen Herren des Orients

Weltreich wird genannt, wenn ein Reich auf mindestens zwei Kontinenten vertreten ist. Das war bei den alten Ägyptern der Fall, bei Alexander, den Römern und den Mongolen. Nach 1500 herrschten die Osmanen gleich auf drei Kontinenten: Europa, Asien und Afrika.

Alle nachstehend genannten orientalischen Herrscher regierten wirtschaftlich und kulturell blühende Reiche. Sie waren allesamt Zeitgenossen Kaiser Karls V.

Der Schah von Persien {ab ca. 1500}

Dass der schiitische Islam die vorherrschende Religion in Persien ist, geht auf die Safawiden-Dynastie zurück, die unter Ismail I. (1484–1524) die Macht übernahm. Die Dynastie ging aus einer Familie kurdischer Scheichs hervor, die seit dem 14. Jahrhundert dem Sufismus nahestand. Ismail gelang die Eroberung von Persien und Teilen des Irak bis 1507. Die Safawiden waren kurdischer, also indoeuropäischer Abstammung und knüpften bewusst an die seit den Achämeniden bestehende persische Tradition von Großkönigen (*Schah-in-Schah*) an. In der Regierungszeit Abbas I. von 1588 bis 1629 wurde Persien zur Großmacht im Mittleren Osten und erlebte eine große kulturelle Blütezeit.

Osmanisches Weltreich {ab 1512}

Das Osmanische Weltreich schuf Sultan Selim I. von 1512 bis 1520, nachdem er seinen Vater mithilfe der Janitscharen entmachtet und sämtliche Brüder und Neffen in bester osmanischer Familientradition beseitigt hatte. Dieser institutionalisierte Brudermord war bei den Osmanen üblich, um die Einheit des Reiches nicht zu gefährden. Es handelt sich um eine politische Tradition, nichts Persönliches.

Die Janitscharen hatten auf den richtigen Mann gesetzt. Nach ersten für ihn erfolgreichen Auseinandersetzungen mit den persisch-schiitischen Safawiden 1514 eroberten die Osmanen unter Selims Führung 1516/1517 Syrien und Palästina und beendeten die Mamelukenherrschaft in Ägypten. Mit der anschließenden Eroberung der gesamten arabischen Halbinsel wurde Selim auch zum Schutzherrn über die heiligen Stätten in Mekka und Medina. Er nahm den Kalifen-Titel an und ließ sich das Schwert und den grünen Umhang des Propheten übergeben. Die osmanischen Sultane behielten den Titel bis zum Ende des Osmanischen Reiches 1922 und der Abschaffung des Kalifats 1924. Das Kalifat und die (Schutz-)Herrschaft über Mekka und Medina waren natürlich gleichbedeutend mit der absoluten Vorrangstellung in der islamischen Welt. Gleichzeitig mit dem Osmanischen Weltreich rund um das östliche Mittelmeer entstand das Spanische Weltreich unter Karl V. und Philipp II.

Selim I. (hier eine Miniatur aus dem 16. Jahrhundert) regierte das Osmanische Reich, das während seiner Herrschaft zur Weltmacht aufstieg, von 1512 bis 1520.

Auf der Karte des flämischen Kartografen Abraham Ortelius ist die Ausdehnung des Osmanischen Reiches im Jahr 1570 dargestellt.

auf beiden Seiten des Atlantiks. Türken und Habsburger prallten auch alsbald aufeinander: auf dem Balkan, vor Wien (1529) und im Mittelmeer (Lepanto 1571).

Sultan

Der türkische Sultan war, wie der arabische Kalif, weltliches und geistliches Oberhaupt zugleich. In den islamischen Reichen gab es keine ständisch-feudale Ebene erblicher Lehen oder kommunaler Freiheiten, die mit eigenen Rechten ein Gegengewicht zur Oberherrschaft der Dynastie hätten bilden können und daher auch keine Machtzersplitterungen, die für die mittelalterliche und frühneuzeitliche Geschichte Europas so kennzeichnend sind. Die weltliche Macht der Sultane gründete auf Steuerstatthalterschaften, die nicht erblich waren, auf den Serail-Beamten und auf der militärischen Verfügungsgewalt über die Janitscharen. Religionsausübung, Erziehung und Rechtswesen oblagen dem islamischen Klerus, dessen Oberhaupt eben auch der Sultan war. Das Fehlen einer Adelsschicht ermöglichte eine große soziale Durchlässigkeit in der Verwaltung. Auch Untertanen aus einfachsten Verhältnissen konnten in hohe Ämter aufsteigen.

Süleiman der Prächtige {ab 1520}

Zu seinem Glück war Süleiman I. (1520 bis 1566) der einzige legitime Sohn Selims. Es blieb ihm daher erspart, etwaige Brüder umbringen zu müssen. Er gilt als der bedeutendste osmanische Herrscher und war derjenige mit der längsten Regierungszeit von 46 Jahren. Süleiman – Beiname „der Prächtige" – vergrößerte das Reich noch einmal, unter anderem mit der Einnahme Bagdads 1534.

Er war ein herausragender Bauherr und prägte das Stadtbild von *Konstatiniyyie*, wie die Stadt unter türkischer Herrschaft hieß. Die nach ihm benannte riesige Süleimanije-Camii (ab 1550) und die Rüstem-Pascha-

Camii (1561) sind zwei der bedeutendsten Moscheen der Stadt. Architekt war der Janitschare Sinan (ca. 1490–1588), der „Michelangelo der Osmanen". Sinan errichtete Hunderte von Bauwerken, davon allein über 100 große Freitags-Moscheen – natürlich nicht nur in Istanbul. In seiner langen und vielfältigen Architekten-Karriere prägte Sinan den klassischen osmanischen Baustil, das Vorbild für seine großen Moscheen war die Hagia Sophia.

Türkenbelagerung {1526 und 1529}

Gleich am Anfang seiner langen Regierungszeit besiegte Süleiman nach der Eroberung von Belgrad im gleichen Jahr 1526 die Ungarn in der Schlacht bei Mohács. Zum einen begründete sie die fast zweihundertjährige Vorherrschaft der Türken auf dem Balkan, zum anderen fiel in der Schlacht der erst zwanzigjährige ungarische König Lajos II., der natürlich noch keinen Erben hinterlassen konnte. Aufgrund eines Erbvertrages fiel die ungarische Krone an das Haus Habsburg – auch wenn die Österreicher im Moment nicht viel davon hatten, weil die Türken in der Folge den größten Teil des Landes besetzten.

Drei Jahre später, 1529, rückte Süleiman zur ersten Türkenbelagerung Wiens an und schloss die Stadt ein. Die Türken kamen bis auf Sichtweite an die Stadtmauern heran und sprengten zwei Breschen in die Mauern. In einem dramatischen Abwehrkampf gelang es den Wienern, den Türken schwere Verluste zuzufügen. Süleiman brach die Belagerung nach 19 Tagen ab. Die Auseinandersetzung mit den Türken war zweihundert Jahre lang ein Dauerthema für die österreichischen Habsburger und Türkengräuel ein Dauerthema der einschlägigen Propaganda. 1683 standen die Türken erneut vor Wien und wurden in einer ähnlich dramatischen Schlacht endgültig zurückgeschlagen.

Lepanto {1571}

Der strahlende Sieger von Lepanto war ein attraktiver junger Mann und Sohn des alten Kaisers – und der schönen Blechschmiedstochter Barbara Blomberg aus Regensburg. Karl V. hatte Don Juan d'Austria (1547–1578) als seinen Sohn anerkannt und in Spanien erziehen lassen. Sein Halbbruder König Philipp II. von Spanien führte ihn bei Hofe ein. Don Juan wurde Offizier und führte als fünfundzwanzigjähriger Oberbefehlshaber einer spanisch-italienischen Flotte zusammen mit dem römischen Admiral Colonna und Sebastiano Venier, dem Dogen von Venedig, einen entscheidenden Seesieg gegen die Türken herbei. In der Meerenge bei Korinth wurde die türkische Flotte vor Lepanto innerhalb von drei Stunden vernichtend geschlagen. Die Türken hatten unter dem Süleiman-Nachfolger Selim II. (1524 bis 1574) Zypern erobert und mussten gestellt werden. Der Sieg von Lepanto wurde in Europa sogleich wie eine Erlösung gefeiert. Die türkische Expansion war gestoppt, und die Türken galten nicht mehr als unbesiegbar.

Lepanto öffnete zwar wieder die orientalischen Handelswege, aber auch wenn die Gewürzstraße, die Weihrauchstraße und die Seidenstraße durchaus noch florierten, verlagerte sich der Welthandel durch die portugiesische Entdeckung des Seeweges nach Indien aus dem Mittelmeer auf den Atlantik. Das Mittelmeer verlor seine Stellung als Drehscheibe des eurasischen Welthandels. Mit dem wirtschaftlichen ging der politische Bedeutungsverlust der Mittelmeerstaaten Venedig, Genua, des Königreichs Neapel und selbst Spaniens einher. Alsbald wurden neue Handelsnationen in globalem Maßstab aktiv: England und die Niederlande.

Juan d'Austria befehligte die Flotte, die bei der Seeschlacht von Lepanto am 7. Oktober 1571 der türkischen Flotte eine vernichtende Niederlage beibrachte.

Mogul-Reich {1526}

Im Jahr der türkisch-ungarischen Schlacht bei Mohács begann in Indien eine völlig neue – und wie sich herausstellen sollte: glanzvolle – Phase seiner Geschichte. Der erste Großmogul Babur (der „Biber") drang vom Hindukusch auf den Subkontinent vor, besiegte 1526 den letzten Sultan von Delhi und übernahm die Herrschaft – vorerst in Nordindien, im Ganges-Tal. *Mogul* ist die persische Version des Wortes „Mongole", und genau das waren die turkmongolischen Mogul-Herrscher: Nachfahren Timur Lenks.

Kaffee – Genuss mit anregender Wirkung

Kaffee wird heute weltweit in tropischen Hochlandregionen angebaut.

Die „berauschende" Wirkung eines Aufgusses von gerösteten und gemahlenen Kaffeebohnen wurde im Mittelalter im Ursprungsgebiet der Kaffeekirsche im Hochland von Äthiopien entdeckt. Erstes Anbaugebiet war Jemen mit dem Ausfuhrhafen Mocha (= Mokka). Von dort verbreitete sich die Kaffeekultur entlang des Roten Meeres nach Kairo und dann im Osmanischen Reich. Das erste Kaffeehaus mit „Türkischem Kaffee" entstand 1554 in Konstantinopel. Die ersten europäischen Kaffeehäuser standen um 1650 in Venedig, London, Bremen. Kaffeehäuser waren damals ein völlig neues Phänomen. Hier begegneten Adlige den wohlhabenden Bürgern. Erstmals mischten sich diese Stände in zwangloser Geselligkeit. In der einsetzenden Aufklärung spielten Kaffeehäuser, wie sie sich in Wien oder als Café in Paris sehr schön erhalten haben, als schichtenübergreifender Treffpunkt eine wichtige Rolle. Für lange Zeit nur mit Herren – ohne Damen und ohne Torten, aber mit den damals ebenfalls vollkommen neuen, meist einseitig bedruckten Blättern, welche „newe Zeitungen" (= Nachrichten) verbreiteten.

Heute ist der Kaffee nach dem Erdöl das zweitwertvollste Welthandelsgut.

Babur (1483–1530) war ein Urenkel Timurs. Seine Kleinfürstenfamilie hatte ihre Machtbasis zwar in Samarkand, Babur war aber nach Kabul vertrieben worden und regierte dort. Er richtete seinen Blick vom Hindukusch über den Khaiber-Pass und überwältigte das delhische Sultanat nach osmanischem Vorbild mithilfe von Kanonen und Gewehren, was für diese Gegend und für die damalige Zeit eine ziemlich fortschrittliche Militärtechnik war. Die Hofsprache bei den Moguln war und blieb übrigens Persisch. (Der letzte, allerdings längst nur noch formell regierende Großmogul wurde erst 1858 von den Briten abgesetzt.)

Einigung Russlands

1380 schlug der Moskauer Großfürst Dimitri Donskoi erstmals die Mongolen in einer Schlacht (auf dem Schnepfenfeld). Das war der Anfang vom Ende der „Tatarenherrschaft" der Goldenen Horde über Russland. Die Goldene Horde zerfiel in die drei Khanate Kasan, Krim und Astrachan. Immerhin gelang es den Mongolen kurz darauf, Moskau noch einmal zu erobern, aber ihr Schreckensregime über die Rus war gebrochen. Donskoi hatte auch innerhalb der Rus die Einigung durch Machtpolitik vorangetrieben. Er gilt als Nationalheld und wurde 1988 (!) heiliggesprochen.

Das Dritte Rom {1480}

Großfürst Iwan III. regierte sein Großherzogtum Moskau 43 Jahre lang von 1462 bis 1505, so lange wie kein anderer russischer Herrscher. Er vergrößerte sein Fürstentum, indem er 1475 das Fürstentum Twer und 1478 Nowgorod annektierte. 1476 verweigerte er die Zahlung des jährlichen Tributs an die Goldene Horde. Tributverweigerungen hatten die Mongolen immer mit Strafexpeditionen beantwortet. Da der Mongolen-Khan zu jener Zeit noch mit Kämpfen gegen das Krim-Khanat beschäftigt war, ging er erst 1480 gegen Moskau vor. Im Herbst des Jahres standen sich die beiden Heere am Fluss Ugra gegenüber. Die Goldene Horde zog nach einigem bedeutungslosem Geplänkel kampflos ab. Das war's. Die Mongolenherrschaft über Russland war zu Ende.

Nach dem Fall von Konstantinopel waren viele orthodoxe Priester und Mönche nach

Russland emigriert, das ja bereits im Mittelalter von Byzanz aus christianisiert worden war. Iwan heiratete 1472 die Nichte des letzten byzantinischen Kaisers Konstantin XI., Sofia Palaiologos. Moskau betrachtete sich nun als das „Dritte Rom". Iwan nahm 1478 den Kaisertitel an und krönte sich selbst zum Zaren. Schon im 9. Jahrhundert hatten sich bulgarische Herrscher als „Zar" bezeichnet, in Russland ist der Zarentitel erst seit Iwan III. in Gebrauch – und blieb es bis 1917.

Kreml {1480}

Jede altrussische Stadt hatte einen *Kreml* („Burg"), so wie jede antike griechische Stadt eine *Akropolis* („Burgstadt") hatte und im Deutschen im Mittelalter mit *burg* immer auch „Stadt" gemeint war. Aber nur der Moskauer Kreml ist weltweit zum Begriff geworden, weil er seit Iwan III. Sitz der Moskowiter und später der russischen Zaren ist. Moskau wurde um 1150 gegründet, ist also im Vergleich mit anderen altehrwürdigen Städten Russlands relativ jung.

Im Spätmittelalter sah der Kreml aus wie jede mittelalterliche Stadt, denn das Gelände entspricht deren Größe. Sein heutiges Aussehen erhielt er hauptsächlich durch Iwan III. Da Iwan als „neuer byzantinischer Kaiser" eine ansehnliche Residenz wünschte, lud er – ganz auf der Höhe seiner Zeit – zahlreiche italienische Renaissance-Architekten zum Bau der Kirchen und Paläste ein. Auch die gewaltige Kremlmauer aus rötlichem Ziegelstein (ein Novum in Russland) wurde 1485 bis 1499 hochgezogen und steht seitdem im Wesentlichen unverändert.

Iwan der Schreckliche {1530–1584}

Iwan IV. Grosnyi (eigentlich „der Gestrenge"), der Enkel von Iwan III., war einer der gebildetsten Russen seiner Zeit und stärkte die Moskauer Herrschaft durch Verwaltungs- und Gesetzesreformen. Wie bereits sein Vater Wassili II. konsolidierte er sein Reich durch territoriale Expansion. Überhaupt setzt unter diesen drei Herrschern die Ausdehnung Russlands ein, die es bis heute zum größten Flächenstaat der Welt

Im Jahr 1480 stehen sich am Fluss Ugra das Heer der Goldenen Horde und das russische Heer mehrere Wochen lang gegenüber, ohne dass es zu richtigen Kampfhandlungen kommt.

macht. Iwan IV., der von 1533 bis 1584 regierte, eroberte die Khanate Kasan (1552) und Astrachan. Zur Erinnerung an den Sieg über Kasan ließ er die berühmte vielfarbige Basilius-Kathedrale am Südende des Roten Platzes außerhalb der Kremlmauern errichten. Iwan war misstrauisch bis zum Verfolgungswahn und extrem cholerisch. Sein Vater war früh verstorben, und seine Mutter, die für ihren jungen Sohn Iwan die Regentschaft führen sollte, sah sich mit den Bojaren konfrontiert. Diese niederen Adligen bildeten in den einzelnen Fürstentümern ein machtpolitisches Gegengewicht zu den regierenden Fürsten. Manche waren beinahe unabhängige Lords mit Privatarmeen und eigener Rechtsprechung. Um die Zarensouveränität zu stärken, führte Iwan IV. einen erbarmungslosen, regelrechten Terrorkrieg gegen die Bojaren. Dafür hatte er eine eigene, ihm bedingungslos ergebene Terrortruppe, die Opritschniki geschaffen. Die Massenexekutionen der Opritschniki, aber auch unübertroffen sadistische Strafen an Hunderten von vermeintlichen und tatsächlichen Gegnern, die Iwan sich selbst ausgedacht

Iwan der Schreckliche hält seinen von ihm im Jähzorn erschlagenen Sohn im Arm (Gemälde von Ilja Repin, 1885).

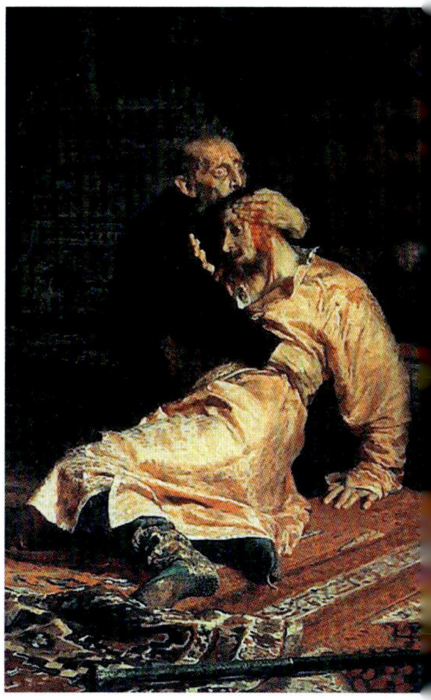

hatte, verschafften ihm schon zu Lebzeiten auch außerhalb Russlands seinen Ruf als besonders grausamer Gewaltherrscher. Seinen eigenen Sohn, den Zarewitsch, erschlug er aus nichtigem Anlass im Jähzorn.

➡ ***Was danach geschah:*** Iwans IV. schwachsinniger Sohn Fjodor stand unter der Vormundschaft von Regenten, insbesondere des durch ein Drama Puschkins und einer darauf basierenden Oper von Modest Mussorgski bekannten Boris Gudonow, der sich 1598 selbst zum Zaren machte. Russland hatte danach nur schwache und bedeutungslose Herrscher, bis mit Michael I. 1613 der erste Romanow den Thron bestieg. Auch Russland ist eine Kolonialmacht, und die Kolonialisierung setzte etwa zur gleichen Zeit ein wie die der westeuropäischen Seemächte, ausgelöst durch die Eroberungen und Gebietserweiterungen der beiden Iwane. Nur war es eine Kolonialisierung zu Lande – hauptsächlich Sibiriens.

Die Konquistadoren in Amerika und Asien

Die Konquistadoren waren in der Regel verarmte Adlige. Die Erwerbs- und Aufstiegsmöglichkeiten in der Feudalgesellschaft im Renaissance-Spanien waren gering, die Strukturen im Heimatland zu verkrustet, der Besitz verteilt. Die Kolonien hingegen waren ein *New Market*. Die Wagemutigen stürzten sich (gold-)gierig darauf. Alle Beteiligten waren Abenteurer und handelten sehr entschlossen, sonst hätten sie ihre extrem strapaziösen und brutalen Eroberungsleistungen nicht vollbringen können.

1503 wurden in Sevilla die *Casa de Contratación* und in Lissabon die *Casa de India* gegründet. Durch sie sollte der Kolonialhandel im Sinne eines königlichen Monopols, das „Privilegien" an Konquistadoren und Händler vergab, organisiert und kontrolliert werden. *Conquistador* wurde man in Spanien

Die Maria-Entschlafens-Kathedrale im Moskauer Kreml stammt aus der Zeit Iwans III. und war die Krönungs- und Weihekirche der Moskauer Patriarchen.

durch Abschluss eines Vertrages mit dieser *Casa de Contratación*, in dem sich der Konquistador zur Abgabe eines Fünftels seiner Einnahmen sowie zur Bekehrung der heidnischen Eingeborenen verpflichtete. Im Gegenzug erhielt er relativ freie Hand innerhalb „seiner Provinz“. Die spanische Kolonialverwaltung war einer der ersten Versuche der Krone, Staatsverwaltung nicht mehr durch Lehensvergabe, sondern durch eine bürokratische Verwaltung zu organisieren.

Sklavenhandel {1505}

Die ersten Begegnungen von Kolumbus mit dem Ackerbauernvolk der Taino auf Hispaniola waren zwar friedlich und erfreulich verlaufen, aber nach der Ankunft der ersten Siedler auf Kolumbus' zweiter Reise änderte sich das Bild rasch. Der Kampf um Grund und Boden führte zu Feindseligkeiten. Entgegen den ausdrücklichen Vorgaben der spanischen Könige versklavte Kolumbus weit über 1000 Taino. Erste afrikanische Sklaven gab es auf Kuba seit 1505.

Der Mönch und Bischof Bartolomé de Las Casas (1484–1566) nahm ebenfalls an der zweiten Reise teil und 1512 an der Eroberung Kubas. Dort erwarb er Grund, Minenrechte und Sklaven, die er allerdings so menschlich behandelte, dass er bald als heiligmäßig galt. Las Casas erreichte bei der spanischen Krone eine Untersuchung der Misshandlungen und der Zwangsarbeit durch viele der Konquistadoren. Die Untersuchung verlief im Sande.

1520 machte Las Casas bei einer Audienz vor Kaiser Karl V. den gut gemeinten Vorschlag, statt der empfindlichen Indianer robustere schwarze Sklaven aus Afrika für die Arbeit auf den westindischen Plantagen und in den Erzgruben heranzuziehen. Wiederum auf seine Initiative erließ die spanische Krone 1542 Schutzgesetze für die eingeborene Bevölkerung, die aber nicht durchgesetzt werden konnten.

Wo der Pfeffer wächst {1510}

1509/1510 gelang es den Portugiesen, die arabische Seeherrschaft zwischen dem Horn von Afrika, dem Süden der Arabischen Halbinsel und der Westküste Indiens zu brechen. Damit war für die Portugiesen der Weg zu den „Molukken“ genannten Gewürzinseln (Sumatra, Borneo, Java) frei. 1510 errichteten sie ihre Herrschaft über das indische Goa, die sie bis 1961 (!) behielten.

Der spanische Dominikanermönch Bartolomé de Las Casas setzte sich für die Rechte der von den Konquistadoren unterdrückten lateinamerikanischen Urbevölkerung ein.

Der zweite Gouverneur von Goa, Afonso de Albuquerque (ca. 1450–1515), ein portugiesischer Hocharistokrat, der seit 1510 sehr erfolgreich das indische Kolonialreich organisierte, hatte begriffen, dass das bevölkerungsarme Portugal keine großen Territorien erobern und halten konnte, sondern nur Stützpunkte für die Seemacht. 1511 eroberte Albuquerque das strategisch wichtige Malakka auf der Halbinsel Malaysia vom dortigen Sultan Mahmud. Bis etwa 1520 erkundeten und entdeckten die Portugiesen das ganze westpazifische Gebiet einschließlich der chinesischen Küste und Japans. Malakka (und Malaysia) blieb bis 1641 portugiesisch. Dann wurden die Portugiesen von den Holländern verdrängt.

Panama {1519}

war die erste richtige Stadt der Neuen Welt. Sie wurde 1519 von Pedro de Avila (1440–1531) gegründet, einem Konquistador, der zuvor Gouverneur im nahe gelegenen Darién war. Avilas Vorgänger in Darién war

Núñez de Balbao. Núñez hatte 1513 in einer berühmten Expedition als erster Europäer den Pazifik erblickt und den Ozean *Mar del Sur* („Südsee") genannt. Der grausame, intrigante Avila sorgte dafür, dass Núñez 1519 aufgrund falscher Anschuldigungen enthauptet wurde. Solche Intrigen waren unter all den Konquistadoren und spanischen Kronbeamten an der Tagesordnung. Die Gegend des heutigen Staates Panama war die erste auf dem zentralamerikanischen Festland, wo die Spanier Fuß fassten. Die neue Siedlung Panama wurde der Hauptumschlagspunkt für die begehrtesten Kolonialgüter Gold und Silber. Wegen der günstigen Lage an der engsten Stelle der Kontinente kamen hier die Transporte aus dem Innern Südamerikas an und wurden auf die Schiffe verladen, die nach Spanien abgingen.

Das Gold der Azteken {1519–1521}

Hernán Cortés (1485–1547) hielt sich schon seit 1504 in der Karibik auf und hatte als Verwaltungsbeamter und Richter in Kuba ein Vermögen verdient. Auf eigene Kosten und unter Aufnahme immenser Schulden rüstete er einige Schiffe aus. Nach seiner Landung an der mittelamerikanischen Küste ließ er die gesamte Flottille versenken. Cortés setzte alles auf eine Karte, schnitt sich und seinen Männern bewusst jede Rückzugsmöglichkeit ab.

Goldene Pektorale mit dem Abbild des aztekischen Gottes Xochipilli

Moctezuma II., in jungen Jahren Hohepriester und seit 1502 *tlatoani* („Fürst", „König") der Azteken, war seit der Ankunft der Spanier genau über deren Bewegungen informiert. Seine Kalenderorakelpriester konnten aber nicht entschlüsseln, was die Neuankömmlinge mit ihren furchteinflößenden Gewehren und Pferden beabsichtigten. Schließlich empfing Moctezuma II. Hernán Cortés in Tenochtitlán und unterwarf sich. Er quartierte ihn im Palast ein, wo die Spanier zufällig auf eine Schatzkammer stießen. Sie nahmen Moctezuma als Geisel, der sich den Spaniern gegenüber so willfährig zeigte, dass die Azteken den Aufstand wagten. Moctezuma wurde mit Steinwürfen von seinen Leuten getötet. Bei seinem Ausbruch aus Tenochtitlán in der darauffolgenden Nacht zum 1. Juli 1520 verlor Cortés fast zwei Drittel seiner 1200 Spanier.

Dennoch gelang es Cortés im darauffolgenden Jahr, Mexiko zu erobern. Er regierte als Statthalter bis 1528. Des Kaisers Fünftel-Anteil am Schatz der Azteken übersandte er pflichtgemäß an Karl V. Cortés' Eroberung Mexikos verdankt Karl V. die eigentliche Begründung seines überseeischen Weltreichs. Mithilfe des aztekischen Goldes und Silbers konnte Karl – damals noch am Beginn seiner kaiserlichen Laufbahn – seine teuren europäischen Kriege finanzieren.

Weltumsegelung {1519–1522}

Im gleichen Jahr, als Karl V. in Frankfurt zum römisch-deutschen König und späteren Kaiser gewählt wurde, segelten im September 1519 fünf spanische Schiffe von Sevilla aus den Guadalquivir hinab. Kommandant der Flotte, die nicht weniger zum Ziel hatte als die erste Weltumrundung, war der Portugiese Ferdinand Magellan (1480–1521). Er sollte die Expedition nicht überleben.

Magellan kannte sein Ziel bereits, denn er hatte schon als Mittzwanziger von Indien aus an der wichtigen Eroberung Malakkas teilgenommen. Dann fiel er in Portugal in Ungnade und wechselte 1517 in spanische Dienste. Eine Nachricht über eine angebliche Durchfahrt in Südamerika zum Pazifik erschien vielversprechend genug, alle Risiken auf sich zu nehmen.

Doch weder in der Bucht des Rio de Janeiro im Dezember 1519 noch in der Bucht des Rio de la Plata im Januar 1520 wurde die erhoffte Meerenge gefunden. Das Kundschaften entlang der völlig unbekannten Küsten erforderte eine Menge Zeit und Geduld. Magellan verlor zwei Schiffe, eines durch Schiffbruch und eines durch Meuterei – es war nicht die erste. Zwischen Ende Oktober und Ende November durchquerten die verbliebenen drei Schiffe die stürmische Meerenge ganz im Süden. Sie heißt heute Magellan-Straße. Am 28. November wurde schließlich der neue Ozean erreicht. Die

In der Karte des Pazifischen Ozeans von Abraham Ortelius aus dem Jahr 1570 sieht man Magellan's Schiff *Victoria* zwischen Neuguinea und Südamerika.

Stürme flauten ab. Magellan nannte ihn *Mar Pacifico*: Stiller Ozean, heute allgemein: Pazifik.

Die Fahrt durch den riesigen, fast insellosen Ozean nahm fast vier Monate in Anspruch. Schiffsratten wurden zur begehrten Delikatesse. Im März 1521 erreichte die kleine Flotte die Marianen und die Philippinen. Die Begegnungen mit lokalen islamischen Herrschern verliefen friedlich, aber nach einem gewaltsamen Bekehrungsversuch wurde Magellan beim Rückzugsgefecht tödlich verwundet.

Der Baske Juan de Elcano übernahm das Kommando für die lange Rückreise um Afrika mit zuletzt nur noch einem Schiff. Nur 18 Männer – und 26 Tonnen Gewürze – kehrten im September 1522 nach Spanien zurück. Der endgültige Beweis der Kugelgestalt der Erde war erbracht.

➡ ***Was danach geschah:*** Die Portugiesen konzentrierten sich auf den indisch-molukkischen Gewürzhandel und dessen militärische Absicherung an den Küsten und auf See. Die Erschließung des südamerikanischen Kontinents war Sache der Spanier. Auch Florida und die Karibikküsten Nordamerikas wurden von den Konquistadoren heimgesucht. Kleinere Goldfunde stachelten die Gier der Europäer immer wieder aufs Neue an, aber in der Nordkaribik blieb der große Reichtum aus. Die nach Mexiko bedeutendste Entdeckung und Eroberung war das Werk von Francisco Pizarro (ca. 1477 bis 1541), der in die pazifischen Andenländer Südamerikas vordrang. Verglichen mit der blutigen Niederringung der Azteken durch Cortés war seine Expedition ein Spaziergang. Seine Schwierigkeiten begannen erst danach.

Das Gold der Inka {1531–1533}

Francisco Pizarro verbündete sich mit dem Konquistador Diego de Almagro. Nach beinahe zehnjähriger Vorbereitungszeit, inklusive einer Rückreise nach Spanien, wo König Karl das peruanische Projekt 1529 abnickte, erschienen Pizarro und Almagro 1531 in Peru.

Der Kupferstich aus dem 16. Jahrhundert zeigt Gefangennahme und Hinrichtung des Konquistadoren Diego de Almagro durch Anhänger Francisco Pizarros.

In einem blutigen Bürgerkrieg hatte der etwa dreißigjährige Inka Atahualpa seinen Bruder vom Thron gestoßen und war erst seit Kurzem der alleinige Herrscher. Da erreicht ihn die Nachricht vom Vormarsch weißhäutiger Männer entlang der Pazifikküste. Mehr als 1000 Kilometer nördlich der Hauptstadt erwartet Atahualpa die gut 150 Spanier unter Francisco Pizarro mit Zehntausenden seiner Krieger, die rätselhafterweise unbewaffnet erscheinen. Als Pizarro den Inka unter einem Vorwand gefangen nehmen lässt, sind dessen Krieger fassungslos angesichts des Sakrilegs an ihrem gottgleichen Herrscher und sie werden in einem Überraschungsangriff niedergemetzelt. Ohne einen ausdrücklichen Befehl zum Angriff unternehmen die ihres Oberhauptes beraubten Inka nichts. Waffentechnisch wären sie ohnehin hoffnungslos unterlegen. Sie haben nur Speere, Lanzen und Steinkeulen. Mit einigen Donnerschlägen aus seinen mitgeführten kleinen Kanonen richtet Pizarro heillose Verwirrung unter den Inkas an.

Durch Zufall erfährt Atahualpa, dass er sich mit einem Lösegeld freikaufen könne, und bietet Pizarro an, den Raum, in dem er gefangen gehalten wird, mit Gold und einen angrenzenden Nebenraum zweimal mit Silber zu füllen. Monatelang transportieren Lamakarawanen die Tempelschätze, Kultgegenstände und Schmuck. Es sind Tonnen von Gold und Silber. Pizarro lässt Atahualpa trotzdem erdrosseln. Mühelos erreicht Pizarro 1533 sein Ziel, die Inka-Hauptstadt Cuzco.

Dann aber kam es zwischen Pizarro und Almagro zum Streit über die Beute und die Teilung der Herrschaft in dem großen „Neukastilien". Almagro machte sich Hoffnungen auf ein eigenes Gouvernement im südlich gelegenen Chile, das er bei einer eigenen Kampagne (1536–1537) als erster Europäer erkundete. Aber statt einer Hochkultur fand er lediglich armselige Bauerndörfer. Nach seiner Rückkehr lieferten sich seine und Pizarros Anhänger 1538 eine Schlacht, die Almagro verlor. Er wurde von Pizarros Bruder des Hochverrats beschuldigt, verurteilt und sofort hingerichtet. Almagros Anhänger rächten sich und ermordeten Pizarro.

➡ ***Was danach geschah:*** 1554 gründeten portugiesische Missionare São Paolo. 1557 erhielten die Portugiesen vom chinesischen Kaiser die Erlaubnis, sich in Macao an der südchinesischen Küste niederzulassen. Es wurde erst 1999 an China zurückgegeben. In der Mündung des Januar-Flusses wurde 1565 Rio de Janeiro gegründet, von 1763 bis 1960 Hauptstadt von Brasilien. Magellan hatte die philippinische Inselgruppe 1521 bei seiner Weltumsegelung entdeckt und formell für die spanische Krone in Besitz genommen. 1565 bis 1571 reklamierte und eroberte die spanische Krone die Philippinen für sich. Diese waren seit etwa 1380 von den benachbarten indonesischen und malaysischen Inseln aus islamisiert. Manila war 1530 als May Nilad vom Radscha von Brunei gegründet worden.

Die Reformation in Deutschland

Die Reformation war zunächst als theologische Disputatio in der deutschen Provinz angelegt. Sie wurde aber umgehend auf die politische Ebene gezogen und wurde rasch zum Machtproblem auf Reichsebene, hier schon mit vehementen militärischen Auseinandersetzungen, dann auch bald auf europäischer Ebene mit jahrzehntelangen Kriegen. Wegen der Präsenz der Europäer vor allem in den amerikanischen Kolonien wurde die Reformation schließlich auch ein globales Phänomen.

Kaiser Karl V.

1516 wird der in Gent im Jahr 1500 geborene und in Spanien aufgewachsene spanisch-burgundische Thronfolger aus dem Haus Habsburg im Alter von 16 Jahren als Carlos I. König von Spanien.

Nach dem plötzlichen Tod seines Großvaters Kaiser Maximilian 1519 lässt er sich zum römisch-deutschen König und bald darauf zum Kaiser Karl V. wählen. Franz I. – der bedeutende französische Renaissance-König und europäische Widersacher Karls – hatte sich übrigens ebenfalls um diese deutsche Amtsstelle beworben. Für seine Wahl hatte der sehr junge Karl bei den Fuggern und anderen Banken erhebliche Schulden aufgenommen, um hohe Bestechungsgelder an die deutschen Kurfürsten bezahlen zu können.

Karl ist spanischer König, Herr über den riesigen habsburgischen Hausbesitz und der mächtigste Mann in Europa. Seine Herrschaft hätte im Umfeld der italienischen und europäischen Renaissance sowie des kolonial sensationell expandierenden Spanien äußerst glanzvoll sein können – hätte es nicht in Deutschland die Reformation gegeben.

Thesenanschlag {1517}

Nach ihrer Lehre gewährt die Kirche im Namen Jesu Christi dem bußfertigen Gläubigen den Nachlass irdischer Sünden. Zeichen der Reue kann auch eine Geldspende sein. Im Spätmittelalter hatte die Kirche den Wert solcher Geldbußen als Finanzierungsinstrument entdeckt und verbriefte sie quasi als Wertpapiere: Die Ablassbriefe wurden gegen klingende Münze verkauft. Während der Hochrenaissance wurde dieser Geschäftszweig unter dem prunkliebenden Papst Leo X. Medici auf die Spitze getrieben.

Der aggressivste Ablasshändler in Deutschland war Johann Tetzel (ca. 1465 bis 1519), sein Werbeslogan: „Sobald der Gulden im Becken klingt, im huy die Seel im Himmel springt". 1516 bekam Martin Luther die von Tetzels Auftraggeber verfasste „Instruktion" zu Gesicht, wonach die eine Hälfte der Einnahmen für die Finanzierung des Neubaus von St. Peter in Rom, die andere für die Tilgung der Schulden gedacht war, die Kardinal Albrecht bei den Fuggern hatte. (Der Hohenzollern-Spross Albrecht hatte sich von dem Geld sowohl den Erzbischofsstuhl von Magdeburg 1513 sowie den von Mainz 1514 erkauft.)

Über diese „Instruktion" war der Wittenberger Universitätsprofessor Luther zutiefst empört und wollte eine akademische Disputatio über den Ablasshandel in Gang bringen. Ob der damals 34-Jährige dann am 31. Oktober 1517 tatsächlich 95 Thesen per Anschlag an dem Portal der Schlosskirche in

Martin Luther schlägt seine Thesen an die Tür der Schlosskirche in Wittenberg (Gemälde von Ferdinand Pauwels, 1872). Ob dies tatsächlich so stattgefunden hat, ist nicht verbürgt.

Wittenberg bekannt machte oder nur Handzettel verteilte, ist historisch nicht verbürgt.

Inhalt der „Thesen“ sind 95 auf Latein geschriebene Sätze, in denen Luther seinen Standpunkt für die Disputatio begründet. Seiner Auffassung nach hat „jeder Christ, der wirklich bereut, Anspruch auf völligen Erlass von Strafe und Schuld, auch ohne Ablassbrief“, und er stellt fest, dass „ein Großteil des Volkes durch jenes in Bausch und Bogen und großsprecherisch gegebene Versprechen des Straferlasses getäuscht wird“. Die Resonanz war ungeheuer und hält in ihren weltgeschichtlichen Konsequenzen bis heute an. Zuerst natürlich in Deutschland verwandelte sich Luthers Auffassung zur Buße in Verbindung mit seiner Gnadenlehre zur theologischen Grundlage der Reformation. Auf der politischen Ebene verquickten sich religiöse Motive mit handfesten Machtinteressen. Der Übergang zum Protestantismus bedeutete für die Fürsten auch größere Unabhängigkeit vom katholischen Kaiser und vom Reich.

Hier stehe ich, ich kann nicht anders {1521}

Kardinal Albrecht zeigte Luther umgehend in Rom an. Doch Kurfürst Friedrich der Weise von Sachsen hielt seine schützende Hand über den Reformator. Dieser vollzog 1521 mit der öffentlichen Verbrennung der päpstlichen Bulle in Wittenberg, welche seine Thesen verdammte, den Bruch mit Rom. Luther wurde exkommuniziert. Die gesamte Reichsleitung war inzwischen involviert.

Auf einem Reichstag in Worms Mitte April 1521 in Anwesenheit des frisch gewählten Kaisers Karl V. lehnte Luther die Forderung nach einem Widerruf in einer auf Lateinisch gehaltenen Ansprache sinngemäß mit den legendären Worten ab: „Hier stehe ich, ich kann nicht anders“. Vor dem Vollzug der daraufhin ausgesprochenen Reichsacht bewahrte ihn Kurfürst Friedrich, indem er Luther in einer Nacht-und-Nebel-Aktion auf die Wartburg bringen ließ.

Auf der Wartburg entstand im Herbst 1521 innerhalb von knapp drei Monaten Luthers Übersetzung des Neuen Testaments direkt aus dem Griechischen, also nicht, wie frühere Bibelübersetzungen, aus der lateinischen Bibelausgabe, der Vulgata. Der sprachmächtige Luther fand einen neuen, volksnahen Ton. Durch die enorme Verbreitung seiner Übersetzung wurde die Lutherbibel zu einer der maßgeblichen Grundlagen des Neuhochdeutschen.

Die Wartburg in Eisenach, wo Martin Luther unfreiwillig ein knappes Jahr verbrachte. Hier entstand seine Übersetzung des Neuen Testaments.

In Luthers theologischer Auffassung spielt gerade im Zusammenhang mit der Frage der Buße die Gewissensfreiheit eine zentrale Rolle. Wenn dem Menschen Gottes Gnade persönlich zuteil wird, ohne Vermittlung der Kirche, dann muss er sich mit seinem Gewissen persönlich vor Gott verantworten und persönlich Gottes Willen erforschen. Das kann er nur, wenn er Gottes Wort persönlich kennt. Jeder Gläubige soll in der Lage sein, die Bibel zu lesen, und nur das, was in der Bibel geschrieben steht (*sola scriptura*), gilt.

Cuius regio, eius religio {1524/1526}

Seit 1522 wurde die Reformation zu einer Volksbewegung. Luther kehrte nach Wittenberg zurück, reformierte die Gottesdienstordnung und versuchte Tumulte und Exzesse wie den Bildersturm zu mäßigen. In Sachsen verließen Mönche und Nonnen die Klöster. Luther heiratete 1525 Katharina von Bora, eine ehemalige Nonne.

Die Bauern interpretierten die lutherische „Freiheit" in ihrem Sinn und rebellierten gegen Willkür, Zwang und Abgaben der Standesherren und „Pfaffen" – auch Kirche und Klöster waren große Grundbesitzer. Die sozialen Unruhen gingen vom Bodenseegebiet aus und verbreiteten sich bis nach Thüringen. Ein primitiv ausgerüstetes Bauernheer wurde dort 1525 in der Nähe des Kyffhäusers aufgerieben. Nahezu 100 000 Bauern kamen bei der Niederschlagung der Aufstände ums Leben.

Das Ende der Bauernunruhen stellte einen Erfolg für die Fürsten dar. Diejenigen unter ihnen, die der Reformation anhingen, wollten die Reichsacht gegen Luther weiterhin nicht vollziehen, allen voran der Kurfürst von Sachsen. Auf einem Reichstag in Nürnberg 1524 entstand die Idee, dass jeder Landesherr für sein Territorium (*regio*) entscheiden solle, welche Religion dort gelte: *Cuius regio, eius religio*. Diese Kompromissformel wurde 1526 auf dem Reichstag in Speyer verabschiedet und im Jahr 1555 zur Grundlage für den Augsburger Religionsfrieden.

Protestanten {1529}

Karl V., der auf diesem und dem nachfolgenden Reichstag nicht anwesend war, akzeptierte die Formel nicht und hob den Beschluss wieder auf. Sein Bruder Ferdinand, der ihn vertrat, forderte beim zweiten Speyerer Reichstag 1529 nochmals den Vollzug der Acht gegen Luther. Die Mehrheit billigte Karls Entscheidung am 19. April. Daraufhin verließen die evangelischen Reichsstände den Saal. Das waren sechs Fürsten (Sachsen, Ansbach, Hessen, Anhalt, Lüneburg und Braunschweig) sowie 14 Reichsstädte (überwiegend aus dem deutschen Südwesten). Am 20. April überreichten sie eine „Protestationsschrift". So wurden die Anhänger der reformatorischen Bewegung „Protestanten".

Augsburger Bekenntnis und Augsburger Religionsfriede {1530/1555}

Waren bisher Worms und Speyer die Hauptschauplätze der Auseinandersetzungen zwischen Kaiser und Fürsten, wurde nun Augsburg zweimal der maßgebliche Tagungsort.

Für den Reichstag von 1530 verfasste Philipp Melanchthon (1497–1560) im Auftrag von Kurfürst Johann von Sachsen das „Augsburger Bekenntnis", in dem er die reformatorische Lehre darlegte. Luther billigte Melanchthons Erklärung, und die meisten protestantischen Reichsstände bekannten sich dazu. Kaiser Karl V. war dieses Mal anwesend, nahm die *Confessio Augustana* immerhin zur Kenntnis, bestätigte dann aber das Wormser Edikt von 1521, mit dem Luther zum Ketzer erklärt worden war. Dem wollten sich die protestantischen Fürsten und Reichsstädte nun nicht unterwerfen und schlossen sich 1531 zum Schmalkaldischen Bund zusammen. Dieser wurde in den Dreißigerjahren des Jahrhunderts sehr mächtig, und die Protestanten konsolidierten ihre Positionen. Doch die entscheidende militärische Auseinandersetzung gewann Karl V. 1547 in der Schlacht bei Mühlberg an der Elbe. Es war der erste Religionskrieg in Europa zwischen Protestanten und Katholiken.

Karl V. wurde 1530 als letzter römisch-deutscher König zum Kaiser gekrönt.

Trotz des Sieges bei Mühlberg änderten sich bald darauf die deutschen Machtverhältnisse. Karl V. wollte seinen Sohn Philipp II. von Spanien als deutschen Kaiser durchsetzen, das wollten nun viele deutsche Fürsten nicht und wechselten die Seite. Karls Bruder Ferdinand handelte 1555 wiederum in Augsburg den Kompromiss auf der Grundlage des *Cuius regio, eius religio* aus. Sie erlaubte dem Landesherrn – nicht seinen Untertanen – die Religion zu wählen und eigene Landeskirchen zu errichten. Mit diesem Reichsgrundgesetz wurde das Prinzip der Religionsfreiheit in Europa sozusagen verfassungsrechtlich anerkannt, auch wenn es nicht die individuelle Religionsfreiheit im modernen Sinn war.

Emigration

ist als geschichtliches Phänomen eine Folge der Reformation, und das Wort wird erst seit dieser Zeit gebraucht; im deutschen Sprachbereich erstmals im Zusammenhang mit der Vertreibung Salzburger Protestanten. Bereits die Vertreibung der Mauren und Juden aus Spanien am Ende der Reconquista war eine Form der Zwangsemigration aus religiösen Gründen. Aufgrund der Religionskonflikte in den nachfolgenden Jahrhunderten emigrierten auch viele protestantische Hugenotten im 17. Jahrhundert aus Frankreich in die Niederlande, die Schweiz oder nach Preußen, und Puritaner nach Amerika.

Die Reformation in Europa

Im ohnehin zersplitterten Reich wird die Religionsfrage mit dem politischen Tauziehen um die Macht zwischen Fürsten und Kaiser verquickt. Die gerade gefestigten Monarchien Frankreich und England werden durch die Glaubensspaltung erneut destabilisiert. In den skandinavischen Ländern wird die Reformation vergleichsweise problemlos eingeführt: in Schweden 1527, in Dänemark 1536. Italien, Spanien und Portugal bleiben von der Reformation unberührt.

Anglikanische Kirche {1534}

Nach dem Ende der Rosenkriege in England war Heinrich VII. aus dem Hause Tudor seit 1485 neuer König und begründete damit eine neue Dynastie. Um England gegen Frankreich außenpolitisch zu stärken, ging Heinrich VII. ein Bündnis mit Spanien ein. Es sollte durch eine Heirat zwischen dem englischen Thronfolger Arthur und der spanischen Prinzessin Katharina von Aragón besiegelt werden. Doch Arthur starb. Heinrichs VII. zweiter Sohn, der spätere Heinrich VIII., übernahm die Stelle des Prince of Wales und auch die Ehefrau seines Bruders.

Doch Katharina gebar keinen Sohn. Betört von deren ehemaliger Zofe Anne Boleyn wollte Heinrich seit etwa 1530 nun diese heiraten. Der König war mittlerweile vierzig und betrieb die Scheidung per Dispens, den der Papst nicht gewährte. Der Erzbischof und Lordkanzler Thomas Wolsey hielt zum Papst. Die meisten englischen Bischöfe erklärten schon 1531, dass sie den Papst nicht länger als Oberhaupt anerkennen wollten; dies zielte auch auf ihr Bekenntnis zur Reformation. Anne war 1533 schwanger, und Heinrich heiratete sie in der Hoffnung auf den Thronerben. Wolsey und der Erzbischof von Canterbury wurden ausgewechselt. Die Nachfolger erklärten die Ehe mit Anne für gültig und annullierten die bis dahin (!) noch bestehende Ehe mit Katharina. Hier ist schon eine englische Kirchengerichtsbarkeit zuständig. Im September gebar Anne eine Tochter, Elisabeth, die spätere Königin.

Im November 1534 ließ Heinrich vom Parlament den *Act of Supremacy* verabschieden. Per Gesetz wurde der englische König damit „Oberhaupt“ der englischen Kirche. Die englische Kirche wurde als anglikanische Staatskirche neu begründet und der römisch-katholischen Kirche völlig entzogen. Alle Geistlichen und Beamten mussten Heinrich einen Treueeid leisten. Im Zuge dessen wurden auch die Klöster aufgehoben und ihr (Grund-)Besitz eingezogen oder veräußert. Deswegen gibt es in England so viele Klosterruinen.

Auf dem Historiengemälde des britischen Malers Marcus Stone (1870) erkennt man in der Bildmitte den englischen König Heinrich VIII. und seine spätere Ehefrau Anne Boleyn. Im Hintergrund rechts beobachtet Königin Katharina von Aragón, deren Ehe mit Heinrich VIII. auf dessen Veranlassung hin annulliert wurde, die Szene.

➡ ***Was danach geschah:*** In England wurde mit der Thronbesteigung von Elisabeth I. 1558 die Reformation wiederaufgenommen, nach einer kurzen katholischen Reaktion unter Königin Mary Tudor (1553–1558). Die „Bloody Mary" war die älteste Tochter Heinrichs VIII. und seiner ersten, streng katholischen Frau Katharina von Aragón. Mary hatte 300 Protestanten hinrichten lassen.

Das protestantische Rom {1540}

Heute sind etwa 150 Millionen Menschen Calvinisten, vor allem in der Schweiz, den Niederlanden, Schottland und den USA. Der hauptsächlich in Genf wirkende Jean Calvin (1509–1564) gehört zu den einflussreichsten Denkern überhaupt. Auf der Basis der reformatorischen Lehre entwickelte Calvin eine eigene Variante, die Gott in jeder Hinsicht absolut setzte. Er wandte sich schroff gegen alles Kirchliche und Kultische wie liturgischen Gottesdienst, Sakramente, Reliquien und natürlich den Ablass. In dieser Verabsolutierung ging er so weit zu behaupten, dass Gott das Schicksal jedes Menschen zur Erlösung oder zur Verdammnis vorherbestimmt habe – die sogenannte Prädestination. Da Gottes Wille in Bezug auf den Einzelnen aber nicht zu erkennen sei, müsse sich jeder eines äußerst tugendhaften Lebenswandels befleißigen. Für Calvin hieß das: keine Zeitvergeudung, sondern lernen, beten und arbeiten, kein Luxus, keine Laster.

Seit 1540 setzte Calvin seine Ansichten über Kirchen- und Glaubenszucht in Genf mit fanatischer Härte durch. In seinem Eiferertum und der unnachgiebigen Strenge stand Calvin seinem Zeitgenossen und indirekten katholischen Widersacher Ignatius von Loyola, dem Gründer des Jesuitenordens, in nichts nach.

Calvins dauerhafteste institutionelle Leistung war 1559 die Gründung der Genfer Hochschule, an der Generationen von protestantischen Theologen und deutschen Fürstensöhnen ausgebildet wurden. Hauptsächlich wegen dieser Akademie und weil in der Stadtrepublik ein besonders strenger protestantischer Geist vorherrschte, wurde Genf als das „protestantische Rom" apostrophiert.

Bartholomäusnacht {1572}

Als Calvin um 1525 in Paris studierte, war der französische Protestantismus eher eine

Art Untergrundbewegung. Franz I. unterdrückte die Hugenotten aus Rücksicht auf den Papst, den er wegen der Auseinandersetzungen mit Karl V. nicht verärgern wollte. Franz I. starb 1547. Sein Sohn Heinrich II. heiratete Katharina von Medici (1519–1589). Nach dessen qualvollem Tod durch einen Lanzensplitter im Auge lenkte Katharina als Königinmutter für ihre drei regierungsschwachen Söhne die französische Politik. Die Protestanten wurden weiter verfolgt, und seit 1562 kam es zu drei französischen Hugenottenkriegen. Auch in Frankreich waren die Religionskriege ein Machtkampf bis aufs Blut zwischen Krone und Adel. In Frankreich griff die mächtige lothringische Herzogsfamilie Guise mit ihren Verbündeten gegen die schwachen Valois nach der Krone. Die Guise waren die Anführer der katholischen Fraktion und bekriegten die Hugenotten zehn Jahre lang in einem komplizierten Wechselspiel von Feldzügen, Gemetzeln, Attentaten und kurzlebigen Friedensschlüssen. Katharina von Medici lavierte zwischen den Parteien.

Oberhaupt der Hugenotten war neben dem Kriegshelden Admiral Coligny der junge protestantische König Heinrich aus dem südfranzösischen Navarra (Regierungszeit 1589–1610). Nach zehnjährigem Bürgerkrieg sollten die unhaltbaren Zustände in Frankreich beendet werden. Die Vermählung Heinrichs mit der Valois-Prinzessin Margarete, der Schwester des französischen Königs, sollte Ausdruck der nationalen Versöhnung sein.

Anlässlich der Hochzeit von Heinrich und Margarete am 18. August 1572 in der Kathedrale von Notre-Dame waren Tausende von Protestanten nach Paris gekommen.

Der französische Kriegsheld und Hugenottenführer Caspard II. de Coligny wurde in der Bartholomäusnacht am 24. August 1572 ebenso wie Tausende andere umgebracht. In dem Gemälde von François Dubois hängt sein Oberkörper aus dem Fenster des Gebäudes rechts im Vordergrund.

Die Feierlichkeiten dauerten tagelang. Im Einverständnis zwischen den Guise und Katharina von Medici wurden in der Nacht zum 24. August 1572 Coligny und die Hugenottenführer sowie rund 3000 Protestanten in Paris und anschließend Tausende weiterer Hugenotten in ganz Frankreich ermordet. Hier entlud sich nach Jahren höchster innenpolitischer Anspannung die Wut gegen die Protestanten. Heinrich von Navarra entkam dem Gemetzel nur mit knapper Not. Der 24. August ist nach dem Heiligenkalender dem heiligen Bartholomäus geweiht.

Paris ist eine Messe wert {1593}

Solange der letzte Sohn der Katharina von Medici, König Heinrich III., noch lebte, setzten sich die Auseinandersetzungen zwischen Protestanten und Katholiken fort. Sie waren immer durch massive Einflussnahme von außen begleitet. Die Katholiken wurden natürlich von Philipp II. von Spanien unterstützt, die Protestanten – ebenso natürlich – von Königin Elisabeth I. von England. Insofern waren die Hugenottenkriege auch ein europäischer Religionskrieg und ein Machtkampf um Einflusszonen.

Am 1. August 1589 wurde Heinrich III., der letzte Valois, ermordet. Heinrich von Navarra wurde als Heinrich IV. sein Nachfolger und konvertierte 1593 zum Katholizismus. Sein persönlicher Verzicht auf das protestantische Bekenntnis, das ihm stets als politische Klugheit angerechnet worden war, kommentierte er angeblich mit dem berühmten Satz: *Paris vaut bien une messe.* „Paris ist eine Messe wert." Durch sein Toleranzedikt von Nantes 1598 sicherte er den Hugenotten die freie Religionsausübung. In Deutschland ist er als Henri Quatre durch den Romanzyklus von Heinrich Mann bekannt.

➡ ***Was danach geschah:*** Heinrich IV. war der erste Bourbone auf dem französischen Thron. Diese Dynastie regierte Frankreich fast 200 Jahre lang bis zur Revolution. 1599 annullierte der Papst die Ehe mit Margarete von Valois, und Heinrich heiratete Maria von Medici. 1610 wurde er von einem Attentäter in Paris ermordet. Maria übernahm als Königinmutter die Regentschaft für den neunjährigen Thronfolger Ludwig XIII. Dessen Nachfolger Ludwig XIV., der Sonnenkönig, hob das Toleranzedikt 1685 auf. Daraufhin emigrierten die meisten Hugenotten.

Armada {1588}

England unter Königin Elisabeth I. (1533 bis 1603) und Spanien unter König Philipp II. (1527–1598) waren erbitterte Konkurrenten – auf den Weltmeeren und konfessionell. Englische Piraten wie (Sir) Francis Drake lieferten sich Gefechte mit spanischen Schiffen. In der Karibik störte die aufstrebende Seemacht England die etablierte Seemacht Spanien. Die protestantischen Engländer fühlten sich durch von Spanien unterstützte „Papisten" unterwandert. Das Pikante daran ist, dass Philipp als junger Mann mit der Schwester und Vorgängerin Elisabeths, der katholischen „Bloody" Maria Tudor verheiratet und durch sie König von England gewesen war. Die Ehe blieb kinderlos, und Elisabeth kam auf den Thron. Auch ihr hatte Philipp einen Heiratsantrag gemacht. Erst danach wurden England und Spanien Feinde. Die Enthauptung der katholischen schottischen Königin Maria Stuart 1587 war dann für Philipp der Anlass, eine Flotte von 130 Schiffen, die *Grande y Felicísima Armada*, gen England zu schicken. Die Armada scheiterte 1588 im Ärmelkanal an den wendigeren englischen Schiffen und am schlechten Wetter. Sie ging unter.

Elisabethanisches Zeitalter {ca. 1580}

Elisabeth I. regierte 45 Jahre lang (1558 bis 1603). Nach ihr ist die glanzvolle Epoche der englischen Renaissance-Kultur als „Elisabethanisches Zeitalter" benannt. Die bedeutendsten Schriftsteller, allen voran William Shakespeare, Christopher Marlowe und der Staatsphilosoph und Universalgelehrte Francis Bacon („Wissen ist Macht") waren ihre Zeitgenossen; ebenso überragende Komponisten wie Henry Purcell und John Dowland. Nach dem Sieg über die Armada begann Englands Aufstieg

Der englische König Heinrich IV. Von ihm stammt angeblich der Ausspruch „Paris ist eine Messe wert".

Königin Elisabeth I. von England schlägt den Weltumsegler Francis Drake im Jahr 1581 an Bord seines Schiffes *Golden Hind* zum Ritter.

zur Seemacht. Schon die Weltumsegelung von Francis Drake 1577 bis 1580 war ein Symbol für die maritime Machtergreifung. Englands Zukunft lag auf dem Wasser. Das nach dem Hundertjährigen Krieg und den Rosenkriegen ausgeblutete Land erholte sich wirtschaftlich unter Elisabeths stabiler Regierung. Vor allem die Handels- und Kulturstadt London prosperierte. Zu Elisabeths Zeit war London eine Stadt mit rund 200000 Einwohnern.

Irland {1541}

Seit dem Hochmittelalter war Irland wie England von der normannischen Oberschicht regiert worden. Da die Iren wie die Normannen streng katholisch waren, gab es keinen Anlass für Glaubenskonflikte. Dann schuf Heinrich VIII. ein Königreich Irland, machte sich natürlich selbst zu dessen Herrscher, regierte es straffer und säkularisierte – wie in England – den katholischen Kirchen- und Klosterbesitz. Seit dieser Zeit wurden systematisch englisch-anglikanische, etwas später protestantische schottische Siedler in Irland „eingepflanzt" (so der damals gebräuchliche Ausdruck). Der nordirische Bürgerkrieg im 20. Jahrhundert geht direkt auf diese englische Machtpolitik mit konfessionellem Anstrich zurück.

➡ ***Was danach geschah:*** Nachfolger der letzten Tudor-Königin Elisabeth I. von England, die als „jungfräuliche Königin" keinen eigenen Erben hatte, wurde der Sohn der hingerichteten Maria Stuart, Jakob (James) I. James war schottisch, protestantisch – und in Personalunion der erste König von Schottland und England.

Gegenreformation {seit 1535}

Die Kirche in Rom reagierte auf die Reformation nicht nur mit Inquisition und Unterstützung der katholischen Mächte auf politischer Ebene, sondern auch mit innerer Erneuerung. Eine treibende Kraft waren die Jesuiten.

Diese als „Societas Jesu" 1534 gegründete Ordensgemeinschaft geht auf den baskischen Adelsspross Ignatius von Loyola (1491–1556) zurück, der als junger Mann Offizier gewesen war. Nach einer schweren Verwundung legte er am Altar einer Klosterkirche seine Waffen nieder, führte fortan ein asketisches Leben und vertiefte seinen Glauben mit strengen Bußübungen. Der Jesuitenorden hat einige militärische Züge: Er ist straff hierarchisch organisiert, an der Spitze steht der „Ordensgeneral", die Jesuiten sind dem Papst direkt unterstellt und zu absolutem Gehorsam verpflichtet, dem sogenannten Kadavergehorsam, ein Wort, das auf Ignatius

Das Konzil von Trient tagte zwischen 1545 und 1563 in mehreren Sitzungen in der oberitalienischen Stadt. Die Abbildung zeigt eine Konzilsversammlung in der Kirche Santa Maria Maggiore.

selbst zurückgeht. Ihr ursprüngliches Ziel einer Missionierung im Heiligen Land ließ sich wegen der türkischen Expansion nicht verwirklichen, daher übernahmen sie die Aufgabe der Rekatholisierung in den protestantisch gewordenen Ländern. Hauptwaffe dieser Elitesoldaten Christi waren Bildung und geistliches Theater, von dem die Passionsspiele in Oberammergau oder der „Jedermann" bei den Salzburger Festspielen heute noch eine Ahnung vermitteln. Sie gründeten viele Gymnasien und Hochschulen, aus denen manche unserer heutigen Universitäten hervorgingen.

Ein Meilenstein der katholischen Gegenreform war das Tridentinische Konzil, das auf Einladung von Papst Paul III. von 1545 bis 1563 in der oberitalienischen Stadt Trient tagte. *Tridentum* ist der lateinische Name von Trient. Der Pfründenmissbrauch wurde eingestellt; der Ablass gegen Geldzahlungen abgeschafft. Das für die Gläubigen sichtbarste Ergebnis des Konzils ist die Messe nach dem tridentinischen Ritus, wie sie bis heute im Wesentlichen gefeiert wird. Beichtstuhl, Hochaltar und Abschaffung des Lettners, der im Mittelalter in großen Kirchen den Hochchor von den Gläubigen trennte, gehen ebenfalls auf tridentinische Beschlüsse zurück. Nach dem Tridentinum wurde die aufblühende kirchliche Barockkunst ganz in den Dienst der Glaubenspropaganda gestellt. Architektur, Malerei und Skulptur verkündeten in nie gesehener Lebendigkeit und künstlerischer Vollendung die christlichen Glaubensinhalte. Die Barockkirchen in Italien, Spanien, Süddeutschland, Österreich, Ungarn und Polen verdanken diesem Impuls ihre Entstehung – allen voran der Petersdom.

Gregorianische Kalenderreform {1582}

Quasi ein Nebenprodukt der katholischen Reformen war die Kalenderreform von Papst Gregor XIII. Bis 1582 galt der von Julius Cäsar eingeführte Julianische Kalender. Die julianische Schaltjahrregelung hatte sich im Lauf der Jahrhunderte als etwas zu grob erwiesen. Für das christliche Kalenderbewusstsein war der Ostertermin, der vom Frühlingsanfang abhing, schon immer von besonderer Bedeutung. 1582 fiel der julianische Frühlingsanfang schon auf den 11. März und nicht auf den astronomischen Frühlingsanfang am 21. März. Ein Dekret Gregors beseitigte dies und schaffte die gültige Schaltjahrregelung. Die damalige Differenz von zehn Tagen wurde im Jahr der Einführung einfach übergangen: auf den 4. Oktober folgte sofort der 15. Oktober.

ENTDECKUNGEN UND ERFINDUNGEN

1509 Sonnensystem
Der Universalgelehrte Nikolaus Kopernikus setzt in einer kleinen Broschüre die Sonne ins Zentrum unseres Planetensystems und begründet damit das heliozentrische Weltbild (1543 veröffentlichte er sein Hauptwerk dazu).

1572 Fixstern
Beobachtung einer Supernova durch Tycho Brahe: *De nova stella* – Ein neuer Fixstern.

1608 Teleskop
Erfindung des Teleskops (Fernrohr) durch den deutsch-niederländischen Brillenmacher Hans Lipperhey.

1609 Mondlandschaft
Mittels eines sogleich nachgebauten Fernrohrs entdeckt Galilei die Kraterlandschaft des Mondes.

1609 Planetenbahn
Kepler bestätigt in *Astronomia nova* seine Erkenntnis der elliptischen Planetenbahnen (Kopernikus hatte noch angenommen, sie seien kreisrund).

1610 Juipitermonde
Galilei entdeckt die ersten vier Jupitermonde.

1609/10 Fallgesetze
Fallgesetze durch Galilei (Entdeckung der mathematisch berechenbaren Beschleunigung duch die Schwerkraft).

1687 Gravitation
Allgemeines Gravitationsgesetz durch Newton in *Philosophiae Naturalis Principia Mathematica* veröffentlicht.

Die Kaiser im Osten

Während Europa einerseits Kolonien in Asien und Amerika gründete und gleichzeitig seine Kräfte in Religionsbürgerkriegen verschliss, führten bedeutende Herrscher im Osten ihre Reiche zu hoher wirtschaftlicher und kultureller Blüte. Großmogul Akbar und Schah Abbas von Persien lebten und regierten um 1600 zeitweise parallel.

Großmogul Akbar der Große {1156–1605}

Der Urururenkel von Timur Lenk weitete in den ersten 25 Jahren seiner Herrschaft (1556–1605) das Herrschaftsgebiet seines Mogul-Reiches über ganz Nordindien aus. Die Inder waren und sind größtenteils Hindus, und nicht alle waren von den neuen muslimischen Herren angetan. Akbar, ein bedeutender theologischer Denker und Prediger, gewährte religiöse Toleranz und versuchte nicht, seine Untertanen zum Islam zu bekehren. Er erlaubte Hindu-Riten an seinem Hof, Hindus selbst aus einfachsten Verhältnissen konnten hohe Staatsämter erreichen.

Schah Abbas der Große {1587–1629}

Unmittelbarer Nachbar von Akbar an der gemeinsamen Indus-Grenze war der Safawiden-Schah Abbas I. der Große von Persien. Ihm gelang während seiner Regierungszeit (1587–1629) die Konsolidierung und Wiedergewinnung der schiitischen Wallfahrtsorte Nadschaf und Kerbala westlich des Euphrat. Er betrieb eine geschickte Wirtschaftspolitik, führte sein Reich zu Wohlstand, baute die Hauptstadt Isfahan aus und förderte die Ausbildung einer spezifisch persischen Kultur. Vor allem in Isfahan blühten die Buchkunst mit Miniaturmalerei und Kalligrafie, Teppichweben, Architektur auf. Teppiche und Textilien aus Indien und Persien wurden über die Seidenstraße gehandelt. Hauptabnehmer waren Engländer und Niederländer. Schah Abbas I. war zugleich religiöses Oberhaupt, das Safawiden-Reich hatte also durchaus theokratische Züge (wie die heutige „Islamische Republik" auch).

Sultan Murad IV. {ab 1623}

Er war nach Süleimans Tod von 1623 bis 1640 der einzige kraftvolle Herrscher der Osmanen, aber auch sehr streng. Kaffee,

Das Rote Fort in der nordindischen Stadt Agra war eine bedeutende Mogul-Residenz.

Wein, Opium und Tabakgenuss waren bei Todesstrafe verboten. Mehrere Osmanen-Herrscher vor ihm waren schwach, verrückt oder standen unter der Fuchtel der Sultansmütter. Schon nach Lepanto und erst recht unter der Haremsherrschaft hatte sich eine große Schwäche des Osmanischen Reiches gezeigt: Es entwickelte sich nicht weiter. Der Buchdruck wurde vollkommen untersagt. Die Osmanen vollzogen die geistige, technische und wirtschaftliche Entwicklung Europas nicht mit und gerieten in einen Rückstand, den sie nicht mehr aufholten.

Kaiser Wan-li {ab 1572}

Ihm war in der letzten Phase der Ming-Dynastie eine vergleichsweise lange Regierungszeit von 48 Jahren (1572–1620) beschieden. Kaiser Wan-li regierte despotisch und verschwendungssüchtig auf Kosten der Bauern. Andererseits war Wan-li „außenpolitisch" erfolgreich, befriedete die Mandschurei (1583), vertrieb die Japaner aus Korea (1592), eroberte Annam (Vietnam), Burma und Siam (Thailand). Außerdem erlaubte er eine vorsichtige Öffnung zum Westen: 1601 begann der Jesuitenpater Matteo Ricci mit kaiserlicher Erlaubnis die christliche Mission in China. Ricci pflegte freundschaftliche Kontakte mit konfuzianischen Gelehrten und Dichtern (und bekehrte einige). Dank seiner überlegenen mathematischen, geografischen und astronomischen Kenntnisse beeindruckte Ricci auch den chinesischen Kaiserhof. Für Wan-li fertigte er die erste Weltkarte, auf der auch Amerika verzeichnet ist.

Das Tokugawa-Shogunat

Nach dem ersten Shogunat Kamakura (bis 1333) hatte es in Japan nur noch regionale Fürsten gegeben. Diese *daimyo* befehdeten sich untereinander, bis in den letzten drei Jahrzehnten des 16. Jahrhunderts drei Feldherren zuerst mit Waffengewalt, dann auch mit Verwaltungsmaßnahmen immer mehr *daimyo* und unabhängige Klöster mit eigenem Grundbesitz und eigenen Söldnern unter ihre Kontrolle brachten. Tokugawa Ieyasu (1543–1616) war der

Das um 1620 entstandene Gemälde zeigt den Mogul-Herrscher Jahangir (rechts) und Schah Abbas, den Herrscher über das Safawiden-Reich, bei einer innigen Umarmung.

Letzte in dieser Reihe. Er wurde schließlich zum Alleinherrscher Japans und begründete 1603 das Tokugawa-Shogunat. Ieyasu wurde Taikun genannt („Großer Gebieter"), wovon sich das weltweit verbreitete Wort *Tycoon* ableitet.

Tokugawa brachte Japan eine 250-jährige Friedenszeit, aber auch eine völlige Isolation nach außen. Edo (das heutige Tokio) wurde zur Herrschaftszentrale. Danach wird das Shogunat auch Edo-Zeit genannt. Die Bevölkerung wurde streng kontrolliert. Das neue Herrschaftssystem war letztlich ein Polizeistaat, der in radikaler, stark zentralisierter Form dem etwa gleichzeitigen Absolutismus in Europa entsprach.

Der Dalai Lama in Tibet

Sönam Gyatsho (1543–1588) war der erste Groß-Lama, ein Abt des Gelbmützen-Ordens lamaistisch-tibetischer Mönche, dem dieser Ehrentitel von einem Großkhan der Mongolen verliehen wurde. Sönam Gyatsho zählt als dritter Dalai Lama. Der Dalai Lama gilt als Reinkarnation eines Bodhisattwa, der nach dem Tod eines Dalai Lamas bei einem gleichzeitig geborenen Knaben von den Mönchen nach festgelegten Riten „gefunden" und zum neuen Dalai Lama („Ozean des Wissens") proklamiert wird. Der gegenwärtige Dalai Lama Tendzin Gyatsho ist der 14. Dalai Lama. Die korrekte Anrede lautet „Heiliger Vater" (wie beim Papst) oder im Tibetischen Kundün („Verehrungswürdige Anwesenheit").

Das siamesische Ayutthaya-Reich

Bis zu Beginn des 20. Jahrhunderts wurde das heutige Thailand von Europäern als „Siam" bezeichnet (allerdings nicht als Eigenbezeichnung). Durch die Thai-Wanderung, die um 1200 einsetzte, war die Khmer-Zivilisation (Angkor-Wat) untergegangen. Seit der Mitte des 13. Jahrhunderts dominierten nun siamesische Reiche den hinterindischen Halbkontinent, zuerst für fast zwei Jahrhunderte das stark vom Buddhismus geprägte Sukhothai, dessen Fürsten nach Art von Landesvätern regierten. Siam-Reiche waren aber nie einheitliche Machtblöcke mit festen Grenzen. Schwerpunkt war immer das fruchtbare Flusstal des Chao Pharya, an dem auch Bangkok liegt.

Schon während der Sukhothai-Zeit bildete sich ab ca. 1350 ein weiteres Machtzentrum um die Stadt Ayutthaya. Das Königreich Ayutthaya dominierte dann 400 Jahre lang Siam und große Teile Hinterindiens bis 1767. Ayutthaya selbst war eine prachtvolle Hauptstadt und Millionenstadt mit Tempeln und Palästen. Den Wohlstand sicherten die üppige Landwirtschaft und der Handel mit allen Nationen von Japan über China bis nach Indien und Persien und selbstverständlich mit den nach 1500 in Südostasien auftauchenden Portugiesen, Niederländern und Engländern. Die Blütezeit von Ayutthaya lag während der europäischen Barockzeit, vor allem unter dem von 1656 bis 1688 lange regierenden König Narai. Siam war in Europa wohlbekannt, nicht nur wegen der europäischen Handelskontakte, sondern auch umgekehrt durch eine siamesische Gesandtschaft 1608 nach Den Haag und einen berühmten siamesischen Gesandtenbesuch am französischen Hof 1686. Diese wirtschaftliche und kulturelle Blütezeit dauerte bis zur Mitte des 18. Jahrhunderts. 1767 wurde die Stadt Ayutthaya dann von einer äußerst aggressiven birmanischen Dynastie in einem regelrechten Vernichtungskrieg erobert und vollkommen zerstört. Das bedeutete auch das schlagartige Ende des Ayutthaya-Reiches.

➡ ***Was danach geschah:*** Die Birmanen dominierten fortan den hinterindischen Subkontinent, bis die Engländer sie in drei Kriegen bis 1885 vollständig unterwarfen und Birma in ihr indisches Kolonialreich eingliederten. In dieser Zeit (ab 1887) bildeten wiederum die Franzosen aus Vietnam, Laos und Kambodscha ihr Indochina-Kolonialreich.

Zentralsiam kam über einige Zwischenstufen ab dem Jahr 1782 unter die Herrschaft der bis heute noch regierenden Chakri-Dynastie.

Der Ayutthaya-Tempel Wat Ratchaburana im heutigen Thailand von oben

Kolonien der Niederländer und Engländer

Die erste Börse der Welt wurde 1409 in der flandrischen Stadt Brügge gegründet (hier eine Ansicht des mittelalterlichen Stadtbilds von Brügge mit dem Glockenturm).

Für den Ehrgeiz des spanischen Königs Philipp II., möglichst gleichzeitig alle Protestanten in Europa und außerdem noch die Türken zu bekämpfen, reichte alles Gold und Silber aus den Kolonien nicht aus. Das meiste hatte sowieso bereits sein Vater Karl V. für kostspielige Kriege in Italien gegen König Franz von Frankreich sowie gegen die deutschen Protestanten ausgegeben. Philipp belegte nun Spanien selbst mit Steuern, Zwangsanleihen und Münzverschlechterung, verkaufte Ämter und unterdrückte in seinem Land despotisch jegliche Opposition. Gleichwohl musste er 1557 den Staatsbankrott Spaniens erklären, der erste im modernen Europa. Auch 1575 und 1596 konnten keine Zahlungen mehr geleistet werden.

Börse {1531}

Schon 1409 hatte in der flandrischen Handelsstadt Brügge die Kaufmannsfamilie Burse ein Haus eigens für den Abschluss von Handelsgeschäften eröffnet. Im benachbarten Antwerpen an der Scheldemündung begann nach der Verleihung der Stadtrechte 1291 wegen des florierenden Tuchhandels und der Lage der Stadt im Zentrum der westeuropäischen Handelsströme eine Blütezeit. Im Jahr 1531 entstand hier die erste europäische Börse im modernen Sinn für den Handel mit Wertpapieren. 1556 wurde das zum Habsburgerreich gehörende Antwerpen zwar im Zuge der Reformation protestantisch, doch als die Stadt 1585 von den Spaniern erobert wurde, emigrierten viele Protestanten in den Norden. Von nun an war Amsterdam der führende Börsen- und Bankenplatz in Europa.

Aktiengesellschaft {1602}

Andeel ist das niederländische Wort, unter dem das, was wir bis heute unter Aktie verstehen, erstmals in der Geschichte auftaucht. Nach der Afrikaumsegelung Vasco da Gamas im 16. Jahrhundert hatten die Portugiesen den lukrativen „Ostindienhandel" mit seinem Hauptprofitbringer Gewürze monopolisiert. Sie hielten die Kenntnisse von den Seewegen um Afrika herum und im Indischen Ozean geheim. Ein holländischer Sekretär in portugiesischen Diensten in Goa kopierte heimlich die Karten, brachte sie 1592 nach Holland und veröffentlichte anschließend einen „Reisebericht" mit den ausführlichen Informationen.

Holländische Seekaufleute gründeten nun Kaufmanns-„Compagnien", die Bau oder Kauf und Ausrüstung von Schiffen finanzierten. Die ersten vier Schiffe kehrten 1597 nach Amsterdam zurück. Nach jeder Reise wurde Kasse gemacht und die jeweilige Compagnie wieder liquidiert. Innerhalb weniger Jahre wurden so 65 Schiffe zu 15 Flotten ausgesandt, von denen immerhin erstaunliche 50 beladen wieder zurückkamen. Das Geschäft war hochriskant. Im Indischen Ozean und im Atlantik erwartete die Schiffe das Sperrfeuer der Spanier, Portugiesen und Araber, Wetter und Piraten taten ein Übriges, und überdies bekriegten sich die „Compagnien" untereinander. Unter diesem Druck schlossen sich 1602 die

„Vorkompanien" zu einer großen nationalen Gesellschaft unter dem Namen „Vereinigte Ostindische Compagnie" (VOC) zusammen. Sie wurde bald darauf die größte Handelsgesellschaft der Welt. Die VOC und die kurz zuvor gegründete britische *East India Company* waren die ersten multinationalen Konzerne der Welt.

Entscheidend für den Erfolg der Kapitalbeschaffung war der Beschluss der Gründer, die Kapitalzeichnung für das breite Publikum zu öffnen. Entsprechend wurden (Aktien-)Anteile (*Andeel*) meist zu einem Nennwert von 3000 Gulden zügig platziert. Jeder Holländer konnte sie kaufen und auch wieder verkaufen. Auf diese Weise kam ein Aktienkapital von sage und schreibe 6424588 Gulden zusammen, eine ungeheure Summe für die damalige Zeit. In den Grundzügen funktionieren Aktiengesellschaften auf diese Weise bis heute.

Ausgestattet mit staatlichen Privilegien und Hoheitsrechten trat die VOC an den Palmenstränden der asiatischen Insel- und Küstenwelt mit allen Attributen einer Kolonialmacht auf, man kannte keinerlei Skrupel. Daheim in Holland brach das *Gouden Eeuw* (das „Goldene Zeitalter") an, welches das Bild der alten holländischen Städte und ihrer musealen Schatzkammern bis heute prägt.

In den Niederlanden selbst war die VOC eine Art „Staat im Staat". Mehr als 100 Jahre lang stieg deren Aktienkurs unaufhaltsam bis zu seinem Höhepunkt bei 1200 Prozent im Jahr 1720. Die Dividenden waren üppig im zweistelligen Bereich. Innerhalb eines solchen halbstaatlichen Trusts und *Global Players* kommt es irgendwann unweigerlich zur Misswirtschaft und Redlichkeitsdefiziten der „leitenden Angestellten". Per 31.12.1799 wurde die Gesellschaft aufgelöst. Der niederländische Staat übernahm 110 Millionen Gulden Schulden. In Holland buchstabierte man VOC fortan: *V(ergaan) O(nder) C(orruptie).*

➡ ***Was danach geschah:*** Der Aufstieg der VOC war die eigentliche Begründung des niederländischen Kolonialreiches in Südostasien. Die bis dahin dominierenden Portugiesen wurden in mehreren Seeschlachten nach und nach verdrängt. Schließlich nahmen die Niederländer den Portugiesen auch noch den Handel mit China und Japan ab. Vertreter der VOC waren seit 1641 die einzigen, die auf einer kleinen Hafeninsel vor Nagasaki mit dem hermetisch abgeriegelten Japan Handel treiben durften. Noch im 19. Jahrhundert war dies nur einzelnen Holländern erlaubt. 1600 war

Virginia

Mit dem stillschweigenden Einverständnis der englischen Königin unternahm Walter Raleigh (ca. 1553–1618) Kaperfahrten auf dem Atlantik, die sich gegen spanische Schiffe richteten. 1585 gründete er die erste englische Siedlung Roanoke auf dem nordamerikanischen Kontinent, die aber bald wieder aufgegeben wurde. Sie befand sich an einer Küste, die Raleigh Virginia nannte, zu Ehren der „jungfräulichen" Königin.

Die erste dauerhafte englische Siedlung war dort seit 1607 Jamestown. Hier landeten englische Siedler, darunter der Farmer John Rolfe. Seinen Zuchtbemühungen verdankt Virginia eine auf den englischen Geschmack abgestimmte Tabaksorte, die sich zum größten Exportschlager entwickelte. Genau dieser John Rolfe war auch der Ehegatte der anmutigen indianischen Häuptlingstochter Pocahontas, die als „Indianer-Prinzessin" 1616 sogar in London bei Hofe empfangen wurde. 1619 kamen erste afrikanische Sklaven in Jamestown an.

Porträt der Häuptlingstochter Pocahontas, die als erste Indianerin in Nordamerika einen Europäer heiratete.

Ansicht von Nieuw Amsterdam, das nach der Eroberung durch die Briten in New York umbenannt wurde

die Britische Ostindien-Kompanie durch einen Freibrief von Königin Elisabeth I. gegründet worden. Die East India Company spielte die wesentliche Vorreiterrolle bei der britischen Kolonisierung Indiens; nach 1700 gewann sie erheblichen politischen Einfluss im Mogul-Reich. Die der Company eingeräumten Rechte gingen im 19. Jahrhundert auf die englische Krone über, Indien wurde Kronkolonie und Königin Victoria später „Kaiserin von Indien".

Pilgerväter {1620}

Eine Gruppe strenggläubiger Puritaner, denen der Reformationseifer der anglikanischen Kirche nicht weit genug ging und die als „Separatisten" in England nicht wohlgelitten waren, segelte mit Frauen und Kindern vom südenglischen Hafen Plymouth 1620 mit dem Schiff *Mayflower* in die Neue Welt.

Erster Landeplatz der *Mayflower* war die äußerste Spitze von Cape Cod, der Ort Provincetown, im Indianergebiet der Massachusett – heute ein sehr beliebter Badeort. Als die Pilgerväter merkten, dass man in dieser sandigen Gegend nichts zu essen anbauen konnte, siedelten sie sich weiter landeinwärts an. Zunächst hieß die Siedlung *God's Own Country* – etwas frei übersetzt: Das Land Gottes. Auch heute ist diese Bezeichnung bei patriotischen Amerikanern – ironisch oder ernst gemeint – ein völlig gängiger Begriff. Die Pilgerväter sind die Prototypen jener weißen, angelsächsischen, protestantischen Amerikaner, die als wirtschaftlich, politisch und kulturell führende Oberschicht die späteren USA entscheidend prägten.

Manhattan {1626}

Für den Seehandel auf dem Atlantik mit Afrika und Amerika war 1621 von den Holländern die Niederländische Westindien Compagnie (WIC) gegründet worden. Nur wenige Jahre nach der Ankunft der Pilgerväter in Cape Cod gründete die WIC zwischen 1624 und 1626 eine ganze Reihe von Siedlungen, darunter Breukelen (Brooklyn) und Hoboken und an der Südspitze einer Granitfelsenhalbinsel den wichtigen Hafen *Nieuw Amsterdam*. Den Namen der Halbinsel übernahm man von der indianischen Ortsbezeichnung *Manna-hata. Manna-hata* wurde den Indianern für Naturalien im Gegenwert von 60 Gulden abgekauft.

Die WIC beanspruchte ein großes Gebiet vom St.-Lorenz-Strom bis in die Höhe des späteren Washington, das heute neun amerikanische Bundesstaaten umfasst, als Kolonie *Nieuw Nederland*. Wichtigstes Handelsprodukt waren zuerst Pelze, dann auch Tabak. 1647 kam der Friese Peter Stuyvesant als Generaldirektor der WIC und Gouverneur der Kolonie nach *Nieuw Amsterdam*. Er hatte zuvor die WIC-Kolonien Curaçao, Aruba und Bonaire in der Karibik geleitet und machte sich auf seinem neuen Posten durch herrisches Auftreten unbeliebt.

In direkter Konkurrenz zu den Niederländern betrieben die Engländer alsbald wesentlich aggressivere Kolonialpolitik als die frommen Pilgerväter. Zuerst annektierten sie 1664 das neuniederländische Gebiet in Nordamerika per Regierungsdekret: Karl II. übertrug den Landbesitz einfach seinem Bruder James. Im gleichen Jahr erschienen englische Kriegsschiffe im Hafen von *Nieuw Amsterdam*.

Afrikanische Sklaven werden gewaltsam auf ein Schiff gebracht (Stahlstich aus dem 19. Jahrhundert).

Die Niederländer wollten nicht für sich und ihren unbeliebten Gouverneur zu den Waffen greifen. Peter Stuyvesant trat *Nieuw Nederland* kampflos an die Engländer ab. Nieuw Amsterdam wurde nun nach dem neuen Landesherrn benannt. James trug zu der Zeit den Titel Herzog von York.

Dreiecksfahrten

Nach 1647 konzentrierte sich die WIC auf die karibischen Antillen (Curaçao, Aruba). Hauptsächlicher Geschäftszweck war der Sklavenhandel zwischen Afrika und Amerika, ein streng reglementiertes Transportgewerbe, für das annähernd 400 Schiffe im Einsatz waren. Auf den Zuckerrohrplantagen der Karibik wurden massenweise schwarze Arbeitskräfte benötigt. Die Ernte und Extraktion des Zucker ist eine mörderisch anstrengende Arbeit. Eine große Plage für die Europäer war die Malaria. An dieser Tropenkrankheit erkrankten bis zur völligen Erschöpfung oder starben bis weit ins 19. Jahrhundert sehr viele Weiße in den Kolonien. Westafrikaner waren dagegen weitgehend immun. Aus Europa kommende Schiffe brachten Textilien, Waffen, Alkohol und andere in Afrika gut verkäufliche Waren an die dortige Küste. Dann nahmen sie Sklavenladungen auf und transportierten sie quer über den Atlantik, zunächst hauptsächlich in die Karibik. Größere Sklavenschiffe konnten gut 500 Menschen auf engstem Raum zusammengepfercht transportieren. Auf der Rückfahrt brachten sie den Zucker und andere Kolonialwaren nach Europa. Das waren die berüchtigten Dreiecksfahrten.

Die Anregung zur „Einfuhr“ afrikanischer Sklaven hatte ausgerechnet Bartolomé de las Casas gegeben, der Beschützer der versklavten Indianer in der Frühzeit der spanischen Kolonien. Er hielt die Afrikaner für robuster. Allein der unter unmenschlichen Bedingungen durchgeführte Sklaventransport und der Sklavenhandel waren ein äußerst lukratives Geschäft. Fast alle seefahrenden europäischen Länder beteiligten sich daran. Nicht nur die Niederländer und die Engländer, auch die Skandinavier zum Beispiel. England besaß die größte Sklavenflotte. Die enormen Profite des Sklavenhandels bildeten eine wesentliche Grundlage für den Wohlstand und den Aufstieg Großbritanniens zur Weltmacht im 19. Jahrhundert.

Die Nachfrage nach Sklaven stieg bis ins 18. Jahrhundert immer weiter an, teils weil „Ersatz“ geschaffen werden musste, teils weil die landwirtschaftliche Produktion stetig ausgeweitet wurde: Baumwolle, Tabak, Kakao, Kaffee. Auch Bergwerke verlangten nach billigen Arbeitskräften. Man schätzt, dass seit der Entdeckung Amerikas bis zum Erfolg der Abolitions-Bewegung zur Abschaffung der Sklaverei im 19. Jahrhundert 10 bis 15 Millionen Menschen von Afrika nach Amerika gebracht wurden. Das ist eine der größten Völkerwanderungen überhaupt und dazu eine unfreiwillige.

Buren {1652}

Eher durch Zufall, weil ein Schiff der Vereinigten Ostindischen Compagnie vor dem südafrikanischen Kap gekentert war, wurden 1652 von Niederländern Kap-Stadt und die Kapkolonie gegründet. Sie wurde von niederländischen, aber auch deutschen und hugenottischen Auswanderern aus Frankreich besiedelt. Die Hugenotten brachten den Weinanbau ans Kap. Der Begriff „Buren“ entstand erst später, leitet sich aber von dem niederländischen Wort *boer* („Bauer") ab. Ihre niederländische Sprache entwickelte sich durch die Isolierung vom Mutterland zu einer eigenständigen Sprache, dem Afrikaans. Die Buren waren hauptsächlich Viehzüchter und zogen mit ihren Herden immer weiter ins Landesinnere.

Die mit den Viehtrieben einhergehende territoriale Ausdehnung führte unweigerlich zu kriegerischen Auseinandersetzungen mit den Bantu-Völkern im südlichen Afrika, den sogenannten Kaffernkriegen ab 1780. „Kaffer" (arabisch *Kafir*: „Ungläubiger") ist ein abwertendes Buren-Wort für die Bantu, insbesondere die Xhosa, ihre Hauptgegner.

Der Dreißigjährige Krieg

Zurück in die habsburgischen Länder: Während die atlantischen Seemächte zügig global expandierten, trieben die Habsburger mit prunkvoller Kunst und jesuitischer Bildung, aber auch mit Macht und Gewalt die Gegenreformation voran. Die Bevölkerung des Reiches war ganz überwiegend protestantisch geworden: Böhmen, Mähren, Schlesien, die habsburgischen Stammlande bis hinunter nach Kroatien; Ungarn war sogar calvinistisch.

Das Herrscherhaus der Habsburger hingegen war streng katholisch, und die Habsburger machten sich nun daran, ihre Länder zu rekatholisieren. Böhmen war ein Brennpunkt. Das ausgesprochen wohlhabende Böhmen war einerseits ein Juwel in der habsburgischen Krone, andererseits schon seit den Hussiten eine Hochburg reformatorischer Gesinnung, und das hieß zugleich: national-tschechisch und anti-habsburgisch. Auf dem Hradschin in Prag residierte der in Spanien erzogene Kaiser Rudolf II. von 1576 bis 1612, ein glühender Gegenreformator. Rekatholisierung hieß: Schließung von reformatorischen Schulen und Kirchen, Verbot von Gottesdiensten, Enteignung, Verfolgung und Schikanierung führender Protestanten. Man schickte die Bevölkerung zwangsweise in die Messe; wer das nicht wollte, konnte ja auswandern. Als einziges von allen habsburgischen Ländern verfügte Böhmen noch über eine Ständeversammlung; um sie kristallisierte sich der Widerstand.

Der Prager Fenstersturz vom 23. Mai 1618 (hier dargestellt in einem Gemälde von Václav Brožík, 1889) gilt als Auslöser für den Dreißigjährigen Krieg.

Prager Fenstersturz {23. Mai 1618}

1618 war Rudolfs Neffe Ferdinand II. schon seit einem Jahr König von Böhmen. Der strenge Katholik und Jesuitenschüler Ferdinand residierte in Wien. In Prag hielten hochrangige katholische Regierungsbeamte die Stellung.

Am Mittwoch, dem 23. Mai 1618, marschierte eine Abordnung der böhmischen Ständeversammlung auf die Prager Burg. Sie hielten eine Art improvisierte Gerichtsverhandlung über die vier anwesenden Königsstatthalter, unter diesen Jaroslav Graf von Martinitz und Wilhelm Slawata, ab. Gegenstand der Verhandlung war ein sogenannter Majestätsbrief Rudolfs II. von 1609, den ihm die böhmischen Stände in einer Situation der Schwäche abgetrotzt hatten; darin hatte er ihnen Religionsfreiheit zugestanden. Diese sahen die Standesmitglieder durch erneute Repressalien aus Wien verletzt. Anlass der böhmischen Aufgeregtheiten war die Schließung einer evangelischen Kirche in Braunau im Jahr zuvor. Dagegen hatten die Böhmen im März 1618 protestiert und sich nachdrücklich auf den Majestätsbrief berufen. Die Reaktion aus Wien war ein Verbot von Ständeversammlungen. Das brachte das Fass zum Überlaufen.

Während des erbittert geführten Streitgesprächs wurde es den Böhmen zu bunt. Einige adlige Herren packten die beiden Statthalter, zerrten sie zum Fenster und warfen sie aus dem Wladislaw-Saal der Prager Burg hinaus. Doch die Außenmauer ist an dieser Stelle nicht gerade, sondern rampenartig schräg, und die weiten Mäntel der Statthalter blähten sich wie Fallschirme. Sie gelangten, wenn auch etwas unsanft, so doch wohlbehalten zu Boden. Unter Schüssen von oben flüchteten Martinitz und Slawata ins Palais der erzkatholischen Adelsfamilie Lobcowicz. Der Fenstersturz gilt als Auslöser für den Dreißigjährigen Krieg, den ersten großen gesamteuropäischen Weltkrieg.

Tilly und Wallenstein {1618–1648}

Der Dreißigjährige Krieg heißt so, weil er vom Jahr des Prager Fenstersturzes (1618) bis zum Westfälischen Frieden (1648) gezählt wird. Die eigentlichen Kriegshandlungen hielten sich anfangs jedoch in Grenzen. Tilly schwenkte nach seinem Sieg am Weißen Berg rasch in die protestantische Pfalz und trieb

Während des Dreißigjährigen Krieges belagerte das kaiserliche Heer unter Führung von Graf Tilly die Stadt Magdeburg, bevor sie erobert und vollkommen verwüstet wurde (Kupferstich von Matthäus Merian, 1641).

dort gemeinsam mit dem habsburgisch-spanischen General Spinola, der aus den Niederlanden herbeigeeilt war, die Rekatholisierung mit Morden und Brandschatzen voran.

1623 sah es so aus, als sei der Krieg zu Ende. Der Winterkönig wurde vom Kaiser abgesetzt, seine pfälzische Kurwürde eingezogen und als – lang ersehnte – Belohnung vom katholischen Kaiser an den erzkatholischen Herzog von Bayern neu vergeben. Da Kaiser Ferdinand II. wenig Gefallen daran fand, sich dem bayerischen Herzog und neuen Kurfürsten des Heiligen Römischen Reiches Maximilian I. unterzuordnen – der nun als Haupt der Liga militärisch auf katholischer Seite führend war – heuerte er den böhmischen Kleinadligen und Geschäftemacher Wallenstein an, damit dieser eine kaiserliche Armee aufstellte.

Aber auch Wallenstein machte Krieg eher auf eigene Faust gegen die Protestanten und verwüstete Norddeutschland. 1630 musste Kaiser Ferdinand II. seinen Generalissimus auf Druck der Kurfürsten wieder entlassen. Da landete der junge schwedische König Gustav II. Adolf 1630 im pommerschen Usedom, um den Protestanten zu Hilfe zu eilen. Kardinal Richelieu hatte dieses Eingreifen diplomatisch vorbereitet. Der katholische *Premier Ministre* Frankreichs paktierte auch mit den Protestanten – Hauptsache es ging gegen Habsburg.

Tilly, nunmehr oberster Feldherr der Kaiserlichen und der Katholischen Liga, zog Gustav Adolf entgegen. Die grausame Belagerung und Zerstörung Magdeburgs durch Tilly brachte alle Protestanten auf die Seite des Schwedenkönigs. Der vernichtete 1631 die katholischen Heere bei Leipzig; Tilly konnte fliehen. Gustav Adolf zog durch Mitteldeutschland an den Rhein. Dann ging es weiter nach Süddeutschland, wo Tilly an der Donau fiel. Gustav Adolf zog kampflos in München ein. Der Kaiser musste Wallenstein kniefällig anflehen, wieder die Armeeführung zu übernehmen. Der ließ sich lange bitten, rekrutierte dann aber binnen kürzester Zeit 50000 Mann und lockte Gustav Adolf nach Sachsen. Am 16. November 1632 fiel der Schwedenkönig in der Schlacht bei Lützen. Zwar gewannen die Schweden dennoch die Schlacht und Wallenstein musste sich nach Böhmen zurückziehen, aber die protestantische Seite fand nie mehr zu einem kraftvollen Einsatz zurück. Wallenstein wurde am 25. Februar 1634 in Eger auf Veranlassung des Kaisers ermordet. Dieses zwölfjährige verheerende Kriegsgeschehen geriet nach Lützen völlig außer Kontrolle und splitterte sich in zahllose Scharmützel, Nebenkriegsschauplätze und umherziehende Heerhaufen auf, deren Wüten die gesamte Bevölkerung nachhaltig in Mitleidenschaft zog. Seit 1641 gab es ernsthafte Absichten, das Kriegsgeschehen zu beenden, 1644 machten sich die kaiserlichen Gesandten auf den Weg nach Münster und Osnabrück. Vier Jahre lang wurde verhandelt, bis der Westfälische Friede zustande kam, der eine neue Staatenordnung für Europa bedeutete.

Der Stahlstich zeigt die Ermordung von Wallenstein durch kaisertreue Offiziere.

Westfälischer Friede {1648}

Die Kriegsparteien hatten sich bereits 1641 in Hamburg auf die Orte geeinigt und wie die Beteiligten zu verteilen waren. Es wollte nämlich durchaus nicht jeder mit jedem reden. Deswegen hatte man zwei benachbarte westfälische Städte gewählt: das katholische Münster und das protestantische Osnabrück.

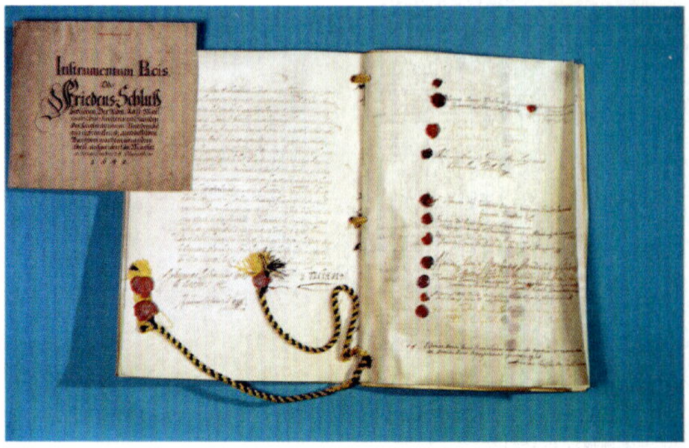

Der „Westfälische Friede“, der in Münster und Osnabrück geschlossen wurde, beendete den Dreißigjährigen Krieg. Hier das Exemplar des Kurfürsten von Sachsen.

Man vermied damit, dass Frankreich und Schweden sich in Fragen der Etikette und des Vorrangs ins Gehege kamen. Ungefähr drei Jahre lang verhandelten die Gesandten: in Osnabrück der Kaiser und das Reich mit den Schweden, in Münster die kaiserlichen Gesandten mit Frankreich. Außerdem wurde in Münster das Verhältnis zwischen Spanien und den Niederlanden geklärt.

Der „Westfälische Friede“ ist nicht ein einziges Dokument, sondern ein Bündel mehrerer Verträge. Durch die Anwesenheit von Kaiser und Reichsständen in Osnabrück wurde auch die „Verfassung“ des Reiches geändert: Die Territorien (Fürsten, Reichsstädte) erhielten die volle Souveränität (Steuern, Gesetzgebung, Rechtsprechung, sogar Bewaffnung und Bündnisrecht). Damit wurden die vielen deutschen Fürstentümer unabhängige kleine Staaten. Spanien und die anderen europäischen Staaten erkannten die Unabhängigkeit der Niederlande an. Der 80-jährige Kampf der niederländischen Republiken um ihre Unabhängigkeit von der damaligen europäischen Großmacht Spanien war die historisch erste Unabhängigkeitsbewegung überhaupt. Die Niederlande wurden ein vollkommen souveräner Staat, ebenso die Schweizer Eidgenossenschaft. Frankeich erhielt das Elsass einschließlich Breisach und die lothringischen Bistümer Metz, Toul und Verdun und war der große territoriale Gewinner des Dreißigjährigen Krieges.

ZWISCHEN RELIGIONSKRIEGEN UND REVOLUTION: ABSOLUTISMUS

ca. 1600 bis 1700

Monarchen und Parlamente in Europa

Die nunmehr souveränen deutschen Einzelstaaten waren konfessionell verschieden und folgten auch in der Außenpolitik ihren eigenen Interessen. So gab es keine Möglichkeit mehr, dass Deutschland zu einem einheitlichen Nationalstaat zusammenwuchs, wie es ringsherum ansonsten in Europa der Fall war. Die Oberhoheit des Kaisers bestand nur noch formell, Deutschland blieb ein Commonwealth der Fürstentümer und Städte, die alsbald einen bedeutenden kulturellen Aufschwung in unglaublicher Vielfalt erlebten.

Vereinigtes Königreich I {1603}

Als Königin Elisabeth I. 1603 kinderlos starb, folgte ihr Jakob (James) I. auf den Thron. Seit der Hinrichtung seiner Mutter Maria Stuart war er bereits König von Schottland. Er erbte und vereinigte in Personalunion die Kronen von Schottland und England, zu der seit Heinrich VIII. auch Irland gehörte. Damit begann in Großbritannien die Stuart-Zeit. Die staatsrechtliche Vereinigung der drei Reiche auf den britischen Inseln erfolgte 1707. ***Übrigens:*** Während seiner Herrschaft griffen die Engländer erstmals nach Nordamerika aus: 1607 wurde die erste dauerhafte englische Siedlung Jamestown gegründet; 1620 segelten die Pilgerväter nach Cape Cod.

Die ersten puritanischen Siedler, die in England ihres Glaubens wegen verfolgt und später als Pilgerväter bezeichnet wurden, kamen im Jahr 1620 mit der *Mayflower* nach Amerika (Gemälde von Antonio Gisbert, um 1864).

Absolutismus

Anlässlich der Volljährigkeit (mit vierzehn!) des französischen Thronfolgers Ludwig XIII. (Sohn von Henri Quatre) wurden in Frankreich letztmalig vor der Französischen Revolution die Generalstände einberufen. Das französische Königtum war damit auf dem Weg zum Absolutismus, was im Kern bedeutet, dass der Monarch „losgelöst von den Gesetzen" (lateinisch *legibus solutus*) und natürlich auch losgelöst von etwaigen gesetzgebenden Körperschaften regiert, absolut eben. Ludwigs Nachfolger Ludwig XIV. vollendete diesen Absolutismus in Reinkultur und Maßstäbe setzend für ganz Europa.

Puritaner {1642}

Die Puritaner wollten sich nicht von „Papisten" bevormunden lassen, sondern die Kirche aus der Reinheit (lateinisch *puritas*) von Gottes Wort begründen. Dazu benötigten sie eine Bibel in der Landessprache, weswegen James I. die Herausgabe einer englischsprachigen Bibel veranlasste, die nach ihm benannte *King James Bible*. Diese calvinistisch geprägten, bürgerlichen Puritaner waren nüchterne Leute, die wenig auf royalistischen und katholischen Klimbim und viel auf praktische Arbeit gaben. Charakteristisch für das puritanische England war die strenge Sabbat-Heiligung (Sonntagsruhe) ohne Wein, Weib, Gesang und Tanz. Davon war und ist die englische Gesellschaft (Öffnungszeiten für Pubs) tief geprägt. „Puritaner" war keine Eigenbezeichnung dieser Leute, sondern ein Spottname. Politisch gerieten die bürgerlichen, im Parlament verankerten Puritaner in Gegensatz zum absolutistischen Königtum der Stuarts.

Commonwealth {1640}

Der auf James Stuart von 1625 bis 1649 folgende König Karl I. Stuart versuchte erst ohne, dann gegen das Parlament zu regieren. Er berief es elf Jahre lang nicht ein. Nach einer ergebnislosen, nur dreiwöchigen Sitzung des Kurzen Parlaments im April/Mai 1640 trat es im November desselben Jahres erneut zusammen, da Karl Geld zur Niederschlagung eines Aufstandes in Schottland benötigte. Das alleinige Recht zur Steuerbewilligung hatten die *Commons*, das Unterhaus, der Krone schon 1407 während des Hundertjährigen Krieges abgetrotzt. Nun wurde die Umlagefinanzierung von Karls Militärausgaben zwar bewilligt, allerdings gegen die Zusage, das Parlament nicht mehr ohne seine eigene Zustimmung aufzulösen. Damit war es als zweite Regierungsmacht etabliert. Trotz des anschließenden englischen Bürgerkriegs wurde es formal bis 1660 nicht aufgelöst und heißt daher Langes Parlament.

Während einer der Auseinandersetzungen, die König Karl I. mit den Parlamentariern hatte, betrat er 1642 einmal das *House of Commons* in Begleitung seiner Leibgarde, um eine Verhaftung vorzunehmen. Das werteten die Parlamentarier als Staatsstreichversuch gegen das Parlament. Karl musste aus London fliehen. Es war der Beginn des englischen Bürgerkriegs des Königs gegen die Puritaner, die vor allem in London saßen; die königliche Armee wurde 1645 von der „Parlamentsarmee" unter Führung von Oliver Cromwell entscheidend geschlagen. Die bis dahin undenkbare Hinrichtung eines Königs „durch sein Volk" erfolgte 1649: Karl wurde enthauptet. Seither regierte Oliver Cromwell als *Lord Protector* fanatisch, intolerant und mit den Mitteln einer Militärdiktatur das als *Commonwealth* bezeichnete, nunmehr republikanische England. Das puritanische Commonwealth war den Engländern auf die Dauer dann aber doch zu reaktionär. Die Monarchie wurde 1660 wieder eingeführt („restauriert"): Karl II. bestieg den Thron und regierte von 1660 bis 1685. Er war in seinem Hof- und Regierungsstil das englische Pendant zu Ludwig XIV.

Fronde {1648–1653}

Der als „Sonnenkönig" bezeichnete Ludwig XIV. hatte 72 Jahre lang von 1643 bis 1715 den französischen Thron inne. Er wurde im Alter von vier Jahren Nachfolger seines Vaters Ludwig XIII. Solange Ludwig minderjährig war, führte seine Mutter Anne, eine gebürtige spanische Habsburgerin, gemeinsam mit ihrem *Premier Ministre* Kardinal Mazarin die Geschäfte. In dieser Zeit kam es zum letzten Mal vor der großen Revolution zu einem blutigen Aufstand von Adligen und Pariser Bürgern gegen die Krone. Diese Fronde von 1648 bis 1653 scheint Ludwig zutiefst traumatisiert zu haben. Unmittelbar nach dem Tod Mazarins erklärte er im Alter von 22 Jahren, zur Überraschung des Hofes und zum Entsetzen seiner Mutter, dass er keinen *Premier Ministre* mehr ernennen wolle, und begann seine Alleinherrschaft.

L'état c'est moi {1655}

Die vollkommene Verkörperung der Staatsidee des absolutistischen Monarchismus bildete dann Ludwig selbst. Ludwig fesselte den Adel an seinen Hof in Versailles und kontrollierte ihn über ein ausgeklügeltes Zeremoniell. Auch das Schloss selbst mit dem

Porträt König Karls I. von England (1600–1649). Von 1625 bis zu seiner Hinrichtung 1649 war er König von England, Schottland und Irland.

Die Gartenfassade von Schloss Versailles, die vom französischen Architekten Jules Hardouin-Mansart im Auftrag von Ludwig XIV. gestaltet wurde. Die Gesamtanlage einschließlich des ausgedehnten Parks gilt als Inbegriff barocker Prachtentfaltung.

Thronwechsel relativ reibungslos vonstatten, auch wenn George kaum Englisch sprach. Dem britischen Premierminister Robert Walpole gelang es während seiner langen und sehr bewegten Regierungszeit (1721–1742), die Herrschaft der Hannoveraner durchzusetzen. George II. übergab ihm das Stadtpalais in der Downing Street als Residenz.

➡ ***Was danach geschah:*** Das Haus Hannover regiert in Großbritannien bis heute. Königin Elisabeth II. und König Charles III. sind direkte Nachfahren des ersten hannoveranisch-britischen Königs George I.

Die letzten Dynastien in Indien und China

Indien blieb bis ins 19. Jahrhundert formell unter Mogul-Herrschaft. In China wechselte in den Jahren, als in Europa der Westfälische Friede ausgehandelt wurde, ein letztes Mal die Kaiser-Dynastie. Die Mandschu regierten bis 1912.

Tadsch Mahal {1631–1648}

Das vielleicht schönste Bauwerk der Welt wurde von Großmogul Shah Jahan in Agra am Ufer des Yamuna errichtet. Es ist das Grabmal seiner Lieblingsfrau Mumtaz Mahal, die 1631 bei der Geburt ihres vierzehnten Kindes starb. Shah Jahan wurde 1658 von seinem dritten Sohn Aurangzeb abgesetzt. Unter Mohammed Aurangzeb Alamgir erreichte das Mogul-Reich bis 1707 seine größte Ausdehnung. Er eroberte auch Südindien, konnte seine Herrschaft aber nicht wirklich durchsetzen. Aurangzeb war strenggläubiger Muslim. Er wich von der bisherigen toleranten Religionspolitik der Mogul-Herrscher ab und verfolgte sowohl die Hindus wie muslimische Sekten. Auf diesen Mogul-Herrscher bezieht sich die berühmte Goldschmiedearbeit *Der Hofstaat zu Delhi* im Grünen Gewölbe in Dresden.

➡ ***Was danach geschah:*** Die Oberherrschaft der Moguln blieb bis 1858 formell bestehen. Bei den Indern selbst wurde im 18. Jahrhundert die Dynastie der Marathen eine Art Großmacht. Sie herrschten über ein ganzes Konglomerat von Kleinkönigtümern und

Das Tadsch Mahal besticht durch seine einzigartige Architektur und die Harmonie seiner Proportionen.

Fürstentümern. Durch die Marathen kam in Indien der Hinduismus wieder stärker zum Tragen. Staats- und Verwaltungssprache blieb in Indien aber bis zur Übernahme der Regierung durch die Engländer das von den Moguln mitgebrachte Persisch. Den Mogul tasteten die Marathen nicht an, sie regierten quasi in seinem Namen. Während der Marathen-Zeit dehnten die Engländer durch die Ostindien-Gesellschaft ihre Macht immer weiter aus. Offizier und Staatsmann Robert Clive zementierte dann um 1760 die britische Vormacht in Bengalen (Kalkutta). Aus britischer Sicht gilt er als „Napoleon Indiens".

Mandschu-Dynastie / Ching-Dynastie {seit 1644}

Das Volk der Mandschu ist für China ungefähr das, was die Makedonen Alexanders für die Hellenen waren: Sie lebten im Norden, waren kulturell vergleichsweise rückständig, holten aber begierig auf, als sie die Macht übernommen hatten.

Die Mandschu nannten sich seit 1636 Ching, weil das chinesische Schriftzeichen „Ching" gegenüber dem Zeichen „Ming", dem Namen der bisherigen Dynastie, als überlegen gilt. Die Ming hatten es versäumt, die unter ihrer Herrschaft reich gewordenen Kaufmannsschichten in den blühenden Städten angemessen in das Steuersystem einzubeziehen. Diese Last trugen nach wie vor die Bauern. Das Ungleichgewicht destabilisierte die Ming-Herrschaft im Innern. Angesichts von Bauernaufständen und leerer Kassen konnten sie den Mandschu nicht viel entgegensetzen, als diese von Norden her auf Peking vorrückten. Die Ming wurden regelrecht vertrieben.

Unter den Mandschu-Kaisern erfreute sich China im 17. und 18. Jahrhundert einer großen wirtschaftlichen und kulturellen Blüte und zeitgemäßen Fortschritts in allen Bereichen der landwirtschaftlichen Produktion und des vorindustriell, manufakturartig betriebenen Handwerks (Porzellan, Papier, Seide). Das befriedete Staatswesen und der allgemeine Wohlstand führten in der Spätphase der Mandschu zwischen 1750 und 1850 zu einer annähernden Verdreifachung der Bevölkerung (von ca. 143 Millionen auf ca. 430 Millionen).

In der 2. Hälfte des 17. Jahrhunderts gab es intensive Kontakte mit Missionaren, vor allem Jesuiten. Durch sie drangen Nachrichten aus Europa ins Reich der Mitte. In Europa wiederum wurde China in der Barockzeit mit sehr viel Respekt als philosophisch weise geordnetes Staatswesen betrachtet. Vor allem das Mandarin-System der Vergabe öffentlicher Ämter nach einer Staatsprüfung faszinierte die bürgerlichen Schichten, die nach Alternativen zum spätfeudalen Modell Europas suchten.

Die Nachfrage nach den exklusiven chinesischen Luxusprodukten Porzellan, Seide und Tee auf dem Weltmarkt war ungeheuer. Dem entsprachen die Mandschu im 17. Jahrhundert mit einer beträchtlichen Öffnung Chinas. Die Herstellung von Porzellan war in Europa nach wie vor unbekannt. Vor allem niederländische Händler verschifften es in großen Mengen nach Europa. Seide wurde in Shanghai nach europäischem Geschmack (symmetrische Muster) hergestellt. In England und den Niederlanden waren die chinesischen Seidenstoffe Statussymbole wie heute Kleider von Prada oder Handtaschen von Louis Vuitton. So floss weltwirtschaftlich gesehen sehr viel Geld, das die Europäer in ihren amerikanischen Kolonien verdienten, via Europa nach China. Auch kulturell fand der boomende chinesische Markt in Europa seinen Niederschlag. Im 17. Jahrhundert wurden im niederländischen Delft Fayencen hergestellt, die – da man noch kein weißes Porzellan herstellen konnte – mit weißer Zinnglasur grundiert und mit Mustern nach chinesischem Vorbild blau bemalt wurden. Die China-Mode zeigte sich dekorativ an Möbeln, Lackarbeiten, Wandschirmen. Bekannte Architekturbeispiele für den orientalisierenden Stil sind Schloss Pillnitz bei Dresden, das Chinesische Teehaus im Schlosspark von Sanssouci, der Chinesische Turm im Münchner Englischen Garten oder die Pagodenburg im Nymphenburger Schlosspark.

Diese wunderbare Doppelflasche mit Blumen- und Vogelmedaillons ist ein Beispiel für die hohe Porzellankunst in der Ching-Dynastie.

Die europäischen Großmächte der Barockzeit

Seit der Schlacht von Mohács 1526, bei der Ungarn verloren ging, und der ersten Belagerung Wiens 1529, die vom Osmanen-Sultan wegen schlechten Wetters abgebrochen wurde, standen die Habsburger gegen das Osmanische Reich in Europa in vorderster Front. Nur der nordwestliche Zipfel Ungarns konnte gehalten werden. 1551 bis 1555 und 1566 bis 1568 war es zu erneuten Zusammenstößen gekommen. Venedig war im Ostmittelmeer ebenfalls an der Türkenfront engagiert und hatte 1571 Zypern verloren; 1671 musste die Lagunenstadt auch Kreta aufgeben. Und 1683 standen die Türken erneut vor Wien.

Türkenkriege

Die Stadtbefestigung war nach der ersten Türkenbelagerung 1529 mithilfe italienischer Festungsbaumeister auf den neuesten Stand gebracht worden. Die Osmanen versuchten, sie zu unterminieren, indem sie Tunnel in die Stadt gruben. In den Wiener Häusern musste immer jemand im Keller stehen und horchen, ob gegraben oder geklopft wurde.

Die Osmanen waren 1683 mit einer Streitmacht von über 150 000 Mann und mit 300 Geschützen drei Monate lang unter der militärischen Führung des Großwesirs Kara Mustafa Pascha über den Balkan angerückt. Sie schlossen Wien von drei Seiten ein. Am 14. Juli begann die Belagerung. Kaiser Leopold I. hatte die Stadt verlassen, was keinen guten Eindruck hinterließ. Der Wiener Stadtkommandant Graf Starhemberg stand mit rund 20 000 Mann den Türken gegenüber. Eine Mitte Juli geforderte Kapitulation lehnte er im Vertrauen auf die baldige Ankunft des Entsatzheeres von Kaiser Leopold ab. Die Wiener mussten zwei Monate ausharren, bis es am 11. September eintraf.

Am 12. September kam es zur Schlacht am Kahlenberg oberhalb von Wien. Die Abwehrkoalition war auf Initiative von Papst Innozenz XI. zwischen Kaiser Leopold und dem polnischen König Johann III. Sobieski zustandegekommen, wobei der Papst erheblich zur Finanzierung des Feldzuges beitrug. Den entscheidenden Beitrag lieferte aber der polnische König. Das eingeschlossene

In der historischen Zeichnung ist die Zweite Wiener Türkenbelagerung durch das Heer des Osmanischen Reichs im Jahr 1683 dargestellt. Auch dieser Versuch, Wien einzunehmen, hatte keinen Erfolg.

Wien hätte nicht mehr lange durchhalten können, als er in letzter Minute erschien. Er übernahm die Führung im Feld. Die Schlacht am Kahlenberg war sein Sieg. Der türkische Feldherr Kara Mustafa Pascha wurde später auf Befehl des Sultans erdrosselt – mit einem Seidenband.

Übrigens: Vier Jahre später, 1687, erteilte König Leopold den Auftrag für den Bau von Schloss Schönbrunn nach dem Vorbild von Versailles. Nachfolger Johanns III. auf dem polnischen Thron war 1697 der sächsische Kurfürst August der Starke.

➡ ***Was danach geschah:*** Die erfolgreiche Abwehr der Wiener Belagerung brachte für Europa die Wende im Verhältnis zu den Türken. Große Teile des Balkans wurden relativ zügig zurückerobert; zuerst Ungarn durch den Markgrafen Ludwig Wilhelm von Baden („Türkenlouis“) und den Prinzen Eugen von Savoyen. Das Osmanische Reich geriet zunehmend in die Defensive. Beginnend mit Peter dem Großen führte seit 1710 auch Russland Türkenkriege bis hin zum Krimkrieg (1853–1856). Vor allem dem späteren Expansionsdruck aus Russland hatte das immer kraftlosere Osmanische Reich immer weniger entgegenzusetzen. Mit der Wende 1683 begann auch die große kulturelle Ausstrahlung Österreichs auf den Balkan und den ganzen südosteuropäischen Raum. Für diese Gebiete wurde Wien das, was Paris und Versailles für Westeuropa waren.

Erbfolgekriege {1688–1748}

In der Hochzeit der europäischen Monarchien waren dynastische Fragen politisch hochbrisant, vor allem wenn es keinen direkten Thronerben gab. Aufgrund der komplizierten Verwandtschaftsverhältnisse der Adelshäuser machten dann „auswärtige“ Fürsten Ansprüche geltend. Alle großen Erbfolgekriege zwischen 1690 und 1750 bestimmten die europäische Politik in der Hochphase des Absolutismus, als die Feldherren in prächtigen Barockroben, mit wallenden Perücken, blitzenden Degen und kostbaren Zelten in den Krieg zogen. Wie der Dreißigjährige Krieg waren es europäische Weltkriege, in die stets sehr viele Nationen in komplizierten Bündnissen und Koalitionen involviert wurden. Vor dem Pfälzischen Erbfolgekrieg (1688–1697) hatte die pfälzische Kurfürstentochter Charlotte (Liselotte von der Pfalz) den Bruder von Ludwig XIV. geheiratet. Nach dem kinderlosen Tod des Bruders von Liselotte ließ Ludwig XIV. die Pfalz besetzen. Sie wurde von den Franzosen grausam verwüstet, das Heidelberger Schloss zerstört. Danach gehörten Straßburg und das Elsass zu Frankreich.

Der Spanische Erbfolgekrieg (1701–1714) nach dem Tod des letzten Habsburgers in Spanien fand auf zahllosen Haupt- und Nebenschauplätzen in ganz Europa statt. Das Frankreich Ludwigs XIV. wurde unterstützt von Bayern, Savoyen, Kurköln. Die Wiener Habsburger waren mit Großbritannien verbündet. Am Ende kannte der Krieg fast nur Gewinner. Ludwig konnte seinen Enkel Philipp von Bourbon auf dem spanischen Thron durchsetzen. Auch der heutige spanische König Felipe VI. ist Bourbone. Allerdings hatten sich durch die hohen Kriegskosten die Staatsschulden Frankreichs verzwanzigfacht.

Der Österreichische Erbfolgekrieg (1740–1748) ergab sich, weil einige europäische Mächte die Thronfolge der Habsburgerin Maria Theresia nicht anerkannten.

Der englische Herzog von Marlborough (auf dem Pferd sitzend) schlug am 13. August 1704 die Truppen der Franzosen in der Schlacht von Höchstädt bei Ulm (Gemälde von Robert Alexander Hillingford, 1828–1904). Dies war die erste bedeutende Auseinandersetzung im Spanischen Erbfolgekrieg.

ENTDECKUNGEN UND ERFINDUNGEN

1705 Entdeckung am Himmel

Anhand von älteren astronomischen Aufzeichnungen und von ihm entwickelten Berechnungsmethoden macht der englische Astronom Edmond Halley (1656 bis 1742) die Voraussage, dass der nächste Vorbeiflug eines immer wiederkehrenden Kometen, der später nach ihm benannt wurde (Halleyscher Komet), im Jahr 1758/1759 stattfinden würde.

So kam es auch. Halley selbst, seit 1720 Astronomer Royal in Greenwich, war lange zuvor hochbetagt verstorben.

1745/1746 Der erste Elektrospeicher

Zufällig und unabhängig voneinander entdecken der Deutsche Kleist und ein Jahr später der Niederländer Musschenbroek in Leiden das Prinzip des Kondensators zur Speicherung von elektrischer Energie, die sogenannte Leidener Flasche: Ein Glasbehälter innen und außen mit zwei verschiedenen Metallfolien belegt. Dazwischen wird Elektrizität „gespeichert".

1750 Blitzableiter

Aufgrund seiner Vermutung, dass Blitze elektrische Funken aus elektrostatisch geladenen Wolken sind, erfindet Benjamin Franklin den Blitzableiter.

1780 Frosch unter Strom

Der italienische Arzt Luigi Galvani entdeckt zufällig, dass Froschschenkel zucken, wenn sie mit zwei Drähten aus verschiedenen Metallen berührt werden, aber er verstand noch nicht, dass er damit einen Stromkreislauf hergestellt hat.

1780 Ohne Sauerstoff kein Feuer

Nach ähnlichen Experimenten etlicher englischer, schwedischer und französischer Gelehrter mit Verbrennungsvorgängen erkennt der Franzose Lavoisier, dass an jeder Art von Verbrennung (Oxidation) ein nicht weiter zerlegbares Gas beteiligt ist. Er nennt es griechisch-französisch *oxygène* = säureerzeugend = Sauerstoff, da sich bei Verbrennung nach seiner Ansicht meist säurehaltige Stoffe bilden.

Friedrich II. von Preußen marschierte in die reiche österreichische Provinz Schlesien ein, die er später behalten konnte. Maria Theresia musste Besitztümer in Italien abtreten, blieb aber auf dem Thron.

Gleichgewicht der Mächte {1714–1748}

Die Expansions- und Hegemonialpläne Ludwigs XIV. waren durch das Eingreifen Großbritanniens im Spanischen Erbfolgekrieg gestoppt. Insofern hatte Ludwig in diesem Krieg seine Ziele nicht erreicht. Der Sieger der wichtigen Schlacht von Höchstädt bei Ulm (in England Schlacht von Blenheim), John Churchill, Herzog von Marlborough, erhielt zum Dank von Queen Anne Grund, Boden und Mittel zum Bau von Blenheim Palace, dem größten und bedeutendsten Barockschloss Englands. (Hier wurde später Winston Churchill geboren.) Österreich hatte durch seine Erfolge in den Türkenkriegen nach der Befreiung Wiens (1683) und der anschließenden Eroberung Ungarns erheblich an Gewicht gewonnen und war ebenfalls seit dem Spanischen Erbfolgekrieg als europäische Großmacht etabliert.

Damit ergab sich aus den Erbfolgekriegen in Europa ein Gleichgewicht der Mächte England, Frankreich, Österreich. Auf dem Kontinent hielten sich Österreich und Frankreich gegenseitig in Schach. Assistiert wurde England von der kleinen, aber reichen und ebenfalls protestantischen Niederländischen Republik, nach der Frankreich gern den Arm ausstreckte. Fast gleichzeitig trat im Osten erstmals Russland durch Zar Peter den Großen in diesen Kreis, eine Generation danach der Aufsteiger Brandenburg-Preußen. Bei dieser Konstellation blieb es bis zum Ende des Ersten Weltkrieges.

Zar und Zimmermann {1682}

Zar Peter regierte von 1682 bis 1721 als dritter Romanow. Nach seinem Militärdienst als einfacher Soldat und anschließenden Reisen nach Westeuropa hatte sich der junge Zar ein Bild von der Rückständigkeit Russlands und der Fortschrittlichkeit der seefahrenden Nationen des Westens gemacht. In den Niederlanden absolvierte er 1697 sogar eine Ausbildung zum Schiffszimmermann.

Zar Peter reformierte Russland umfassend nach westlichem Muster. Die altrussischen Bärte mussten abrasiert werden, die Kittelhemden wurden verboten. Im Jahr 1700 führte Peter den Gregorianischen Kalender ein. Seit dem Dreißigjährigen Krieg hielt Schweden die russische Ostseeküste besetzt. Peter führte einen längeren Krieg gegen die Großmacht, bis Schweden in der Schlacht von Poltawa in der Ukraine 1709 vernichtend geschlagen wurde. Damit war für Russland der Zugang zur Ostsee frei. 1703 gründete der Zar die neue Hauptstadt Sankt Petersburg; „Sankt" deswegen, weil der Zar die Stadt keineswegs nach sich selbst, sondern nach dem Apostel Petrus benannte. Wesentlich geprägt wurde das Stadtbild aber erst unter Zarin Katharina II. (1762–1792) im italienischen Barockstil.

„Selbstherrscher aller Reußen" {1716}

„Seine Majestät ist ein selbstherrschender Monarch, der niemandem auf der Welt über seine Handlungen Rechenschaft abzulegen hat, sondern die Macht und Gewalt besitzt, seine Staaten und Länder als christlicher Herrscher nach seinem eigenen Wohlwollen und Gutdünken zu regieren", lautet die wohl eindeutigste Formulierung absolutistischen Herrscherverständnisses im „Militärstatut", das Zar Peter 1716 erließ. Den Titel „Selbstherrscher aller Reußen" führten die russischen Zaren seit 1470. Das Statut war gegen das orthodoxe Patriarchat gerichtet, die letzte Instanz in Russland, die noch kurz zuvor eigene Rechte artikulieren zu können meinte, indem sie sich darauf berief, nur Gott und Gottes Gesetz als höchste Instanz anzuerkennen. Trotz seiner proklamierten Allmacht konnten weder Zar Peter noch die ebenso absolutistische wie aufgeklärte Zarin Katharina auf religiöse Weihen verzichten.

Siebenjähriger Krieg {1756–1763}

Im Österreichischen Erbfolgekrieg (1740 bis 1748) hatte der 1740 ebenfalls frisch inthronisierte Friedrich II. von Preußen die von seinem Vater gedrillte Armee unverzüglich und ohne Skrupel eingesetzt, um angesichts der noch ungefestigten Stellung Maria Theresias in Schlesien einzumarschieren. In den Siebenjährigen Krieg waren nochmals fast alle europäischen Mächte verwickelt, auch im Hinblick auf ihre überseeischen Besitzungen. Insbesondere in Nordamerika bekriegten sich England und Frankreich. Die neue Großmacht Russland nahm ebenfalls daran teil – mit ausschlaggebenden Folgen. Der Krieg war im Verlauf der sieben Jahre von wechselnden Koalitionen, zahlreichen Schlachten und wechselndem Glück im Felde gekennzeichnet. Seinen Beinamen „der Große" erhielt Friedrich nach seinem Sieg in der Schlacht bei Roßbach im heutigen Sachsen-Anhalt 1757, einer der vielen Schlachten des Siebenjährigen Krieges. Sie dauerte nur wenige Stunden. Der Sieg war für Friedrich, wie er selbst bekannte, „ein Spaziergang". Gegner waren in erster Linie die Franzosen. Seit den Zeiten Ludwigs XIV. war die französische Armee die stärkste in Europa und galt in jeder Hinsicht als vorbildlich. Bis Roßbach galt sie als beinahe unbezwingbar. Als bekannt wurde, dass eine große französische Armee von märkischen und pommerschen Bauernsöhnen

Porträt des Zaren Peters des Großen, der Russland von 1682 bis 1721 regierte. Sein Beiname „der Große" rührt auch daher, dass er über zwei Meter groß war.

Blick auf den Schlossplatz des von Peter dem Großen gegründeten St. Petersburg. Der hier zu sehende Teil des Platzes entstand im 19. Jahrhundert unter Zar Alexander II.

besiegt worden war, rief die Mätresse des französischen Königs Ludwig XV. Madame de Pompadour (1721–1764): *Après nous le déluge!* („Nach uns die Sintflut!")

Fritzisch gesinnt {1757}

König Friedrich II. der Große (1712–1786) reorganisierte die preußische Armee und förderte die Künste und die Aufklärungsideen.

Der damals achtjährige Johann Wolfgang von Goethe (geboren 1749) war, wie er in *Dichtung und Wahrheit* sagt, „fritzisch gesinnt" und stritt sich deswegen durchaus mit seinem Vater, der als Staatsrat des Reiches eher dem Kaiser oder der Kaiserin in Wien gegenüber loyal war. Nach dem Sieg von Roßbach ging erstmals eine Welle „nationaler Begeisterung" durch Deutschland. Man sah in Friedrich den Vorkämpfer der protestantischen Sache; viele protestantische Sachsen und Württemberger liefen aus der mit den Franzosen verbündeten Reichsarmee zu den Preußen über. Außerdem stand der damals selbst erst 37 Jahre alte Friedrich, der sich gegenüber Österreich und damit gegenüber dem Reich zu behaupten versuchte, für das Neue, eine gesamtdeutsche Mentalität, wie sie sich unter preußischer Führung letztlich durchsetzen sollte.

Mirakel des Hauses Brandenburg {1759/1762}

Im nunmehr vierten Kriegsjahr des Siebenjährigen Krieges waren alle beteiligten Mächte finanziell angeschlagen und die Regimenter ausgeblutet. Preußen war eingekreist, Friedrich musste sein Kernland verteidigen. 1759 vereinigten sich russische und österreichische Heere bei Kunersdorf in der Nähe von Frankfurt an der Oder und brachten Friedrich dem Großen seine größte Niederlage bei. Der Weg nach Berlin stand offen. Erschüttert übergab Friedrich das Oberkommando seinem Bruder Heinrich. Aber aus Uneinigkeit nutzten die Österreicher die Gelegenheit nicht, sondern zogen sich zurück. In einem Brief an Heinrich schrieb Friedrich: „Ich verkündige Ihnen das Mirakel des Hauses Brandenburg." Statt nach Berlin sei „der Feind nach Müllrose und Lieberose" im Spreewald marschiert.

Friedrichs Formulierung wird oft fälschlich auf ein anderes Ereignis 1762 bezogen. Seit 1761 war die Lage für Friedrich denkbar ungünstig. Die Österreicher und die Russen hielten Ostpreußen, Sachsen und Schlesien besetzt, und Friedrich hatte keine ausreichenden Kräfte mehr für Angriffe. Da starb am 5. Januar 1762 unerwartet Zarin Elisabeth, eine Tochter Peters des Großen. Die ausgesprochen gottesfürchtige, aber durchaus aufgeklärt und fortschrittlich regierende, sehr antipreußische Zarin hatte keine eigenen Kinder. Nachfolger wurde ihr Neffe Peter III., der einen deutschen Herzog (von Holstein) zum Vater hatte und ausgesprochen fritzisch gesinnt war. Er korrespondierte eifrig mit dem glühend Verehrten. In seiner ersten Amtshandlung schloss er einen Separatfrieden mit Preußen und stellte Friedrich Truppen zur Verfügung. Die von den Generälen der Zarin eroberten Gebiete Preußens gab er zurück. Nach dieser ebenfalls „wunderbaren" Entlastung konnte Friedrich die Österreicher aus Schlesien (und Sachsen) verdrängen. Seitdem gehörte Schlesien zu Preußen und Deutschland bis zum Ende des Zweiten Weltkriegs..

Potemkinsche Dörfer

Peter III. überlebte sein erstes Regierungsjahr nicht; er wurde von Adligen, die unter Elisabeth sehr viel Einfluss hatten und wie sie sehr „russisch" gesinnt waren, zum Rücktritt gezwungen und anschließend ermordet. Nachfolgerin wurde seine Gattin, die anhaltinische Prinzessin Katharina, von 1762 bis 1796 als Zarin Katharina II. die einzige Herrscherin weltweit mit dem Beinamen „die Große".

Die kolossale Süderweiterung Russlands während ihrer Herrschaft auf Kosten des Osmanischen Reiches und der Krimtataren war im Wesentlichen das Werk ihres sehr, sehr engen Vertrauten, des nachmaligen Fürsten Potemkin. Seine Karriere vom Wachtmeister zum Oberkommandieren und Minister verdankte Potemkin seinem guten Aussehen, seiner Tüchtigkeit und natürlich der Gunst der Zarin. Bei Inspektionsreisen im neu eroberten Süden pflegte er der Herrscherin prächtig herausgeputzte Dörfer vorzuführen, die beim neidischen Petersburger Adel verschrienen Potemkinschen Dörfer.

Ancien régime

Durch den Spanischen Erbfolgekrieg hatten sich für Frankreich die Staatsschulden verzwanzigfacht. Dies trieb das Land in den Ruin und geradewegs in die Revolution, denn als wegen des bevorstehenden Staatsbankrotts – zu spät – die Generalversammlung einberufen wurde, am 5. Mai 1789, erklärte sich der Dritte Stand am 17. Juni zur Nationalversammlung und stürzte mit dieser Verfassungsänderung das „alte Regime", das *Ancien régime*.

Auch die anderen Kriege des 18. Jahrhunderts waren natürlich extrem kostspielig, vor allem der „indianische Krieg" in Nordamerika gegen England und der Siebenjährige Krieg, der Preußen an den Rand der finanziellen und staatlichen Existenz brachte. Aber Frankreich stand meist auf der Verliererseite. Das Land verfügte nicht über eine mit England vergleichbare Wirtschaftsdynamik, wodurch man die Kosten hätte auffangen können. Das Steuersystem wurde nicht reformiert, die Steuerprivilegien des Adels und des Klerus blieben unangetastet. Den Adligen war der Gelderwerb „standesgemäß" nicht erlaubt, sie lebten auf Kosten der Gemeinschaft. Welches gewaltige Potenzial hier brachlag, zeigte sich alsbald an der ungeheuren Dynamik, mit der die Revolution und Napoleon die in der Agonie des *Ancien régime* vor sich hin dämmernde Nation zur Hegemonialmacht in Europa katapultierte.

Josephinismus – Aufgeklärter Absolutismus {1741–1790}

Maria Theresias Sohn und Nachfolger Kaiser Joseph II. (1741–1790) war ein Bewunderer Friedrichs, der sich ebenso wie dieser als „erster Diener seines Staates" und „aufgeklärter Absolutist" verstand. Joseph war ein so radikaler Exponent der Aufklärung, dass sein Name zum Begriff für eine ganze Reihe beispielhaft aufklärerischer Maßnahmen wurde. Er ließ rund 700 Klöster auflösen und gewährte den Juden Religionsfreiheit, schaffte Leibeigenschaft und Todesstrafe ab, gründete das Allgemeine Krankenhaus in Wien sowie das Josephinum (als Ausbildungsstätte für Militärärzte), führte eine Grundsteuer für den Adel ein und etliches mehr. Joseph beauftragte übrigens auch den jungen Mozart mit dem ausdrücklich so gewünschten „deutschen Singspiel" *Die Entführung aus dem Serail*. Den bis dahin gesperrten Prater gab er zur allgemeinen Benutzung frei. Trotzdem und wohl vor allem wegen seiner antiklerikalen Politik war Joseph beim Volk verhasst und wurde bei seinem Tod nicht besonders beweint.

Im Gegensatz zu Frankreich, dessen Könige Ludwig XV. und Ludwig XVI. im 18. Jahrhundert starr am traditionellen Absolutismus festhielten, der längst zu einem korrupten Privilegiensystem entartet war, gab es in den deutschen Staaten neben Friedrich und Joseph eine große Anzahl „aufgeklärter Fürsten", die lebhaften Anteil am kulturellen und wissenschaftlichen Geistesleben nahmen, so etwa Leopold III. von Anhalt-Dessau, der Initiator des Wörlitzer Parks, Goethes Landesherr Carl August von Sachsen-Weimar, Karl-Friedrich von Baden, Max III. Joseph von Bayern sowie Karl Theodor, Kurfürst von der Pfalz und später auch Herzog von Bayern, unter dem Mannheim seine Blütezeit erlebte und der in München den Englischen Garten anlegen ließ.

Katharina II. von Russland war ab 1792 Kaiserin von Russland.

Das im Ortsteil Waldersee der anhaltischen Stadt Dessau-Roßlau gelegene Schlösschen gehört zum Dessau-Wörlitzer Gartenreich und geht auf Leopold III. von Anhalt-Dessau zurück.

Amerika macht sich unabhängig

Es war keineswegs ausgemacht, dass Großbritannien um 1760 die bedeutendste Macht auf dem nordamerikanischen Kontinent sein würde. Die Spanier waren viel früher da und hatten seit der Konquistadorenzeit den Kontinent vom Golf von Mexiko aus von Florida bis Kalifornien in Besitz genommen und teilweise kolonialisiert. Davon zeugen bis heute Ortsnamen wie San Francisco, Los Angeles, San Diego, Colorado oder Orlando in Florida. Auch den Franzosen gehörten große Teile des Landes. Großbritannien „besaß" als Kolonien „nur" die 13 sogenannten Neuengland-Staaten an der Ostküste von Massachusetts im Norden bis Georgia im Süden. Das war vergleichsweise wenig.

No taxation without representation {1773}

Auf dem Thron in London saß seit 1760 George III. Er sah sich lieber als absolutistischer Herrscher alten Zuschnitts denn als konstitutioneller Monarch und versuchte, die Rechte des Parlaments zu beschneiden. In den Kolonien erhob die englische Regierung Steuern, um wenigstens teilweise die Kosten zu decken, die die zum Schutz der Kolonisten vorhandene Armee verursachte (Stempelsteuer, Zuckersteuer, später ein Teeimportzoll). Den keineswegs an Steuern gewöhnten Kolonisten war das schon zu viel. Wegen des Teezolls kam es am 16. Dezember 1773 zur *Boston Tea Party*, bei der ungefähr 50 als Indianer verkleidete Weiße drei im Hafen von Boston liegende Schiffe enterten und deren Teeladung, etwa 40 Tonnen, als Zeichen des Protests ins Hafenbecken kippten. Das Kernproblem lautete: *No taxation without representation* – „Keine Besteuerung ohne Vertretung im Parlament". Darauf reagierte die englische Regierung im Sommer 1774 mit der Schließung des Hafens von Boston und weiteren Einschränkungen für die Kolonien. Die Reaktion war der erste Kontinentalkongress im Herbst 1774 in Philadelphia, der formelle Beginn der Los-von-England-Bewegung.

Der Kongress stellte eine Kontinentalarmee auf. Zu den ersten Gefechten mit den Briten kam es im April 1775 bei Lexington

Der letzte Mohikaner {um 1760}

Seit den Tagen von Jacques Cartier, der noch von König Franz I. 1535 zum kanadischen St.-Lorenz-Strom geschickt worden war, hatten die Franzosen von dort über die Großen Seen und entlang des Missouri und Mississippi ein riesiges Gebiet erworben und erobert. Dieser französische Kolonialbesitz, praktisch der gesamte Mittlere Westen einschließlich des Ostens von Kanada hieß nach Ludwig XIV. „Louisiana". *Nouvelle Orléans* (New Orleans) an der Mississippi-Mündung war 1718 gegründet worden.

Während des Siebenjährigen Krieges von 1756 bis 1763 bekämpften sich die Briten und die Franzosen auch auf dem nordamerikanischen Kontinent. Anfangs entzündete sich der Krieg vor allem um den Besitz des Ohio-Tales. Frankreich verlor 1763 die Gebiete bis zum Mississippi an Großbritannien. Dieser „indianische" Kolonialkrieg bildet den Hintergrund für den berühmten Roman von James Fenimore Cooper. Einen Indianerstamm der Mohikaner gab es allerdings nicht. Cooper bildete das Wort aus den Namen zweier tatsächlicher Indianerstämme, den *Mohegan* und den *Mahican*.

So stellte sich der deutsch-amerikanische Historienmaler Emanuel Gottlieb Leutze in seinem Gemälde von 1850 den „letzten Mohikaner" vor.

und Concord in Massachusetts. Ab Mai 1775 tagte der zweite Kontinentalkongress an wechselnden Orten und führte bereits eine eigene Währung ein. Der amerikanische Unabhängigkeitskampf war ins Rollen gekommen.

Vereinigte Staaten von Amerika {1776}

Der erste, der vorschlug, die abtrünnigen Kolonien „Vereinigte Staaten von Amerika" zu nennen, war Thomas Paine. Der gebürtige Engländer war erst 1774 nach Amerika gekommen und veröffentlichte im Januar 1776 eine Schrift mit dem Titel *Common Sense*. Darin formulierte Paine klar die Mission Amerikas, unabhängig zu werden und ein demokratisches und auf dem Prinzip der Menschenrechte gegründetes Regierungssystem einzuführen. Die Schrift hatte eine geradezu zündende Wirkung auf Thomas Jefferson, den maßgeblichen Verfasser der amerikanischen Unabhängigkeitserklärung.

Unabhängigkeitserklärung {1776}

Das Dokument wird mit dem berühmten Satz von den unveräußerlichen Menschenrechten auf Leben, Freiheit und die freie Entfaltung der Persönlichkeit eingeleitet. Dann werden die Missetaten des „Tyrannen" George III. aufgezählt. Zum Schluss folgt in einem kurzen Absatz die „feierliche Erklärung", dass die Kolonien sich nunmehr als frei und unabhängig und alle Bindungen zum „britischen Reich" als gelöst ansehen. Am 4. Juli 1776 wurde die amerikanische Unabhängigkeitserklärung verabschiedet und unterzeichnet. Diesen *Independence Day* feiern die Amerikaner jährlich als Geburtstag ihrer Nation. George Washington war von 1789 bis 1797 der erste Präsident der Vereinigten Staaten von Amerika.

Die Unabhängigkeitserklärung wurde 1782 von Großbritannien anerkannt. Ihr Verfasser war Thomas Jefferson. Eine Kommission des Kontinentalkongresses bestehend aus John Adams, Benjamin Franklin, Robert Livingston und Roger Sherman nahm kaum Änderungen daran vor. Die Genannten gelten als die Gründerväter der USA, weil sie natürlich alle schon im bisherigen Unabhängigkeitsprozess hervorgetreten waren. Thomas Jefferson war als Universalgelehrter, Südstaaten-Gentleman und Staatsmann (1743–1826) so etwas wie der Goethe Amerikas. Er wurde 1801 der dritte Präsident der USA. Ebenso wie viele führende Männer der Anfangsjahre der USA stammte Jefferson aus der aristokratischen Plantagenbesitzerschicht des Alten Südens, die damals in den Kolonien tonangebend war. Die Vorherrschaft der Industrie und damit des Nordens und Nordostens der Vereinigten Staaten entwickelte sich erst im 19. Jahrhundert. Bisher erstreckte sich die Besiedlung der englischsprachigen Weißen ja gerade erst einmal von der Atlantikküste bis an den Rand der Appalachen.

ENTDECKUNGEN UND ERFINDUNGEN

1766/1783 H_2O

Im Jahr 1783 wird aus England bekannt, dass der schrullige Adlige Henry Cavendish bereits 1766 Wasserstoff isoliert, es aber nicht als chemisches Element erkannt hat. 1781 hat er außerdem schon bemerkt, dass Wasser sich aus Wasserstoff und Sauerstoff zusammensetzt. Lavoisier vollzieht Cavendishs Experimente vor Publikum und gewinnt aus beiden Gasen Wasser. Damit wird die aristotelische Elementenlehre endgültig obsolet.

1792 Die erste Batterie

Der italienische Physiker Alessandro Volta verwendet mit Kochsalzlösung getränkte Pappe und Lederstücke, die er zwischen einer Zink- und einer Kupferplatte aufschichtet. Diese sogenannte Volta'sche Säule war die erste bedeutende Batterie.

Die für lange Zeit einzige praktische Nutzung von Elektrizität war die immerhin für die Nachrichtenübermittlung bahnbrechende Telegrafie – auch zunächst aus bescheidenen Anfängen seit 1833 durch Gauß.

1797 Narkose

Fünf Jahre später entdeckt der Brite Humphry Davy (1778–1829) die schmerzlindernde Wirkung von Lachgas, das dann als Narkosemittel eingesetzt wird, und isoliert ferner Kalium, Natrium, Magnesium, Barium, Kalzium, Strontium und Aluminium als chemische Elemente. Er experimentierte bereits sehr viel mit Elektritzität. Er erfindet die Davy-Grubenlampe als Sicherheitsleuchte für den Bergbau und macht viele weitere Entdeckungen.

Verfassung {1787/1789}

Erst zehn Jahre nach der Unabhängigkeit wurde die Verfassung der Vereinigten Staaten 1787 wiederum in Philadelphia verabschiedet. (Washington wurde erst später gebaut.) Sie trat 1789 in Kraft und ist die erste Staatsverfassung im modernen Sinn, mittlerweile die älteste der auf einer formellen Urkunde beruhenden Konstitutionen. (Auch England hat eine alte Verfassung, aber nichts Schriftliches.)

Die Verfassung der USA umfasst vier Seiten einschließlich der Unterschriften der Abgeordneten. Sie legt mustergültig die von Montesquieu entwickelte Gewaltenteilung fest: Artikel 1 behandelt die gesetzgebende Gewalt, den Kongress, Artikel 2 die vollziehende Gewalt, den Präsidenten, Artikel 3 die rechtsprechende Gewalt, die Rechtsprechung des Bundes und die Einrichtung des *Supreme Court*, Artikel 4 die Verhältnisse der Bundesstaaten untereinander und zum Bund, also die föderale Struktur. Der erste Kongress erweiterte die Verfassung um einen Grundrechtekatalog, der in den ersten Zusatzartikeln festgelegt ist. Er wurde in starker Anlehnung an die englische *Bill of Rights* (1698) entwickelt.

Louisiana Purchase {1803}

Das seit 1763 „britische Louisiana" bis zum Mississippi hatten die jungen USA nach dem Unabhängigkeitskrieg vom Mutterland übernommen. Die West-Mississippi-Gebiete, immer noch sehr viel Territorium, hatte Frankreich 1763 an die verwandte spanische Bourbonen-Dynastie in Obhut gegeben, eine formale Abtretung, um sie dem englischen Zugriff zu entziehen. Die Spanier hatten die Territorien indessen an Frankreich zurückgereicht, was ja der Plan war. 1803 machte sich der gerade in finanziellen Schwierigkeiten befindliche Napoleon keine Hoffnungen, dieses Kolonialreich wiederzubeleben. Als eine amerikanische Delegation 1803 zu ihm kam, die eigentlich nur New Orleans kaufen wollte, bot Napoleon das ganze Gebiet Louisiana an – zum Preis von 22 Millionen Dollar. Ohne Rückfrage in den USA zu halten, akzeptierten die Unterhändler das Angebot. Es war der größte Grundstücksdeal der Geschichte und für die USA der absolut günstigste. Ihre Fläche verdoppelte sich mit einem Schlag. Dieses „Louisiana" umfasste den gesamten „Mittleren Westen", die heutigen Bundesstaaten Montana, Wyoming, North Dakota, South Dakota, Colorado, Nebraska, Iowa, Kansas, Missouri, Oklahoma, Arkansas und ganz im Süden den heutigen armen kleinen Bundesstaat Louisiana rund um New Orleans.

➡ ***Was danach geschah:*** Die weitere Ausdehnung der USA in den „Wilden Westen" des riesigen, vier Zeitzonen umfassenden Kontinents bis an die Pazifikküste und der Beitritt weiterer Bundesstaaten zog sich durch das ganze 19. Jahrhundert in vielen kleinen Etappen, teilweise verbunden mit Kriegen. Unterstützt wurde die Expansion von der Siedlerbewegung, dem Eisenbahnbau und dem Kanalbau. Der 1825 eröffnete Erie-Kanal schloss den Mittleren Westen und das Große-Seen-Gebiet an den Hudson-River und damit an den Atlantik an – die Folge war der Aufstieg New Yorks zum Welthafen.

Weitere wichtige Etappen waren seit 1810 die schrittweise Übernahme Floridas von Spanien sowie der Beitritt von Texas 1845 – ein sehr großes Territorium, das bis 1836 zu Mexiko gehört hatte. Seit 1848 wurde das ebenfalls große, heute mehrere nordwestliche Bundesstaaten umfassende Oregon-Gebiet in mehreren Schritten eingegliedert. Von 1845 bis 1850 wurde Kalifornien eingegliedert, und es wurden die Südweststaaten (Arizona, Nevada, New Mexico) dazugewonnen.

REVOLUTION UND BÜRGERLICHKEIT

ca. 1700 bis 1900

Philosophie der Aufklärung

Für ein Fest auf der Themse, bei dem der Hofstaat auf Barken nach Chelsea schipperte, komponierte Georg Friedrich Händel (1685–1759) im Jahr 1717 die *Wassermusik*. Händel war, wie viele andere auch, ein Hofkünstler, der vom König und vom Adel protegiert und besoldet wurde. Aber er war auch ein rühriger Opern- und Konzertunternehmer. Anders waren die überteuerten Star-Gagen für die Kastraten und Primadonnen auch nicht aufzubringen. Im harten Musikgeschäft in London gingen Händels Firmen meist wieder bankrott. Solche Unternehmungen wären in Frankreich, wo alles vom Hof alimentiert wurde, undenkbar gewesen. Händels Zeitalter ist das Zeitalter der englischen Aufklärung.

John Locke, englischer Arzt und Philosoph, wird auch als „Vater des Liberalismus" bezeichnet.

Englische Aufklärung

Die nüchternen, puritanisch geprägten Engländer gaben wenig auf philosophische Spekulation und viel auf realistische Erfahrungswerte. Ein berühmter Zeitgenosse Händels war Isaac Newton (1643–1727). Der legte wesentliche Grundlagen für die modernen Naturwissenschaften, insbesondere für den Gedanken, dass jede physikalische Wirkung eine berechenbare Ursache hat. Männer wie Thomas Hobbes und John Locke hegten ähnliche philosophische Vorstellungen. Locke (1632–1707) machte sich wie der Franzose René Descartes („Ich denke, also bin ich") Gedanken über das menschliche Erkenntnisvermögen. Seine Schlussfolgerung lautete: Es gibt keine angeborenen (göttlichen) Ideen, sondern durch das Geistesleben (kulturell) geprägte Begriffe. Locke war der Meinung, es gäbe unveräußerliche Naturrechte des Menschen auf Leben, Freiheit und Eigentum und die Regierung bedürfe der Zustimmung der Regierten. Mit diesem Argument ließen sich die Privilegien von Monarchen, Adel und Klerus hinterfragen, die ja auch auf „göttliches Recht" bauten.

Der bedeutende französische Rechtsanwalt, Schriftsteller und politische Philosoph Montesquieu

Nach dem Tod Ludwigs XIV. (1715) begannen einige Franzosen, sich für das fortschrittliche Gesellschaftsmodell und die naturwissenschaftlichen, philosophischen und staatspolitischen Erkenntnisse ihres Nachbarvolkes zu interessieren.

Gewaltenteilung {ab 1748}

Auch Baron de la Brède et de Montesquieu (1689–1755) hatte sich drei Jahre in England aufgehalten, und er erkannte, dass dort innerhalb des parlamentarischen Regierungssystems die individuelle und die politische Freiheit am weitesten gediehen waren. Er beschäftigte sich auch mit den antiken Republiken Rom und Athen. In seiner Schrift *De l'ésprit des lois* („Über den Geist der Gesetze") prägte er den Begriff der „Trennung der staatlichen Gewalten", die sich gegenseitig ausbalancieren und kontrollieren sollten, um die größtmögliche konkrete Freiheit der Staatsbürger zu gewährleisten. Die Schriften und Gedanken dieses fern vom Hof und vom Staatsgetriebe lebenden Mannes fanden schnell Verbreitung. Noch im Erscheinungsjahr (1748) folgten 22 Auflagen sowie die deutsche Übersetzung. Montesquieus Prinzipien wurden zuerst in der amerikanischen Verfassung (1787) und danach in der französischen Verfassung von 1791 verwirklicht. Sinn der Gewaltenteilung, wie Montesquieu sie postulierte, war und ist es, den Einzelnen vor willkürlichen Übergriffen der Amtsträger zu schützen.

Denis Diderot war einer der maßgeblichen Autoren der *Encyclopédie*.

Französische Aufklärung {ab 1751}

Sehr wirkungsvoll war die von Denis Diderot gemeinsam mit einer Vielzahl bedeutender französischer Autoren seiner Zeit in Angriff genommene *Encyclopédie*. Sie erschien in 28 Bänden zwischen 1751 und 1780 und spiegelte das Weltwissen der Zeit wider. Vor allem das bürgerliche, intellektuelle Publikum konnte sich mit dem darin zum Ausdruck kommenden aufklärerischen Gedankengut identifizieren. Zustande gekommen war Diderots Enzyklopädie zunächst als Auftrag eines Pariser Verlegers, eine zweibändige englische *Cyclopedia of Arts and*

Sciences zu übersetzen. Diderot beschloss, das Werk wesentlich zu erweitern. Obwohl es von der Kirche immer wieder indiziert wurde, gelang es einflussreichen Hofkreisen um Madame de Pompadour, das Projekt dennoch voranzubringen. Auch die russische Zarin Katharina gehörte zu den Förderern Diderots. Die *Encyclopédie* war das Sammelbecken all jener französischen Schriftsteller und Intellektuellen, die daran glaubten, es bedürfe nur der Vermittlung von Wissen und Aufklärung, um der Vernunft und damit auch der allgemeinen Humanität zum Durchbruch zu verhelfen. Diderot selbst verfasste über 1000 Artikel.

Treffen der intellektuellen Gesellschaft in Salons wie in dem von Marie Thérèse Geoffrin, die als Madame Geoffrin bekannt war, spielten für die Aufklärung in Frankreich eine bedeutende Rolle (Gemälde des französischen Malers Gabriel Lemonnier).

Toleranz

Einer der bedeutendsten Enzyklopädie-Autoren war der Schriftsteller François Marie Arouet, genannt Voltaire. Voltaire hatte wie Montesquieu ebenfalls einige Zeit in England verbracht und wie dieser gegen das verkrustete *Ancien régime* Frankreichs polemisiert. Voltaire hatte man allerdings wegen seiner ungezügelten Spottlust nahe gelegt, für einige Zeit Frankreich zu verlassen. Neben der Enzyklopädie war er der hauptsächliche Verbreiter des aufklärerischen Gedankenguts. Voltaire war eine geistige und geistreiche Großmacht, berühmt in ganz Europa, zwei Jahre lang Dauergast Friedrichs des Großen in Sanssouci, im Briefkontakt mit Königen bis hin zur russischen Zarin Katharina. Voltaire war einer der ersten, der die Bedeutung und den hohen Entwicklungsstand der Kulturen Arabiens, Persiens, Indiens und Chinas erfasste. Vor allem aber wird ihm die Propagierung des Grundsatzes zugeschrieben: „Du bist anderer Meinung als ich, und ich werde dein Recht dazu bis in den Tod verteidigen" – die oft zitierte „Meinungsfreiheit".

Volonté générale {1760}

Völlig konträr zum herrschenden Absolutismus waren die Theorien des Genfer Bürgers und Uhrmachersohns Jean-Jacques Rousseau (1712–1778). Rousseau entwickelte eine sozialromantische Vorstellung vom Menschen als eines im natürlichen, „wilden" Urzustand guten Wesens, das erst durch Bildung, Gesellschaft und Kultur verdorben wird. Wie konnten die „edlen Wilden" sich in ihrer unveräußerlichen Freiheit zu einer (staatlichen) Gemeinschaft zusammentun? Sie schlossen einen Gesellschaftsvertrag (*Contrat social*) miteinander. Die Ordnung und Gesetze dieser staatlichen Gemeinschaft, durch (Mehrheits-)Abstimmungen festgestellt, repräsentieren die *Volonté générale*, den „allgemeinen Willen", dem sich jeder Einzelne zu unterwerfen hat – auch wenn er persönlich anderer Meinung ist. Diese nicht besonders realitätsnahe Konstruktion wurde durch die Französische Revolution als Prinzip der Volkssouveränität zur Grundlage der Legitimation staatlicher Herrschaft in den westlichen Demokratien.

➥ ***Was danach geschah:*** Heute heißt es im Artikel 20 Absatz 2 des deutschen Grundgesetzes: „Alle Staatsgewalt geht vom Volke aus. Sie wird vom Volke in Wahlen und Abstimmungen und durch besondere Organe der Gesetzgebung, der vollziehenden Gewalt und der Rechtsprechung ausgeübt." Die Ideen Montesquieus von der Gewaltenteilung und die Rousseausche Volkssouveränität sind hier bündig zusammengefasst. Sie bildeten die gedankliche Grundlage für

Der Philosoph Voltaire wird als einer der größten Denker der französischen Aufklärung angesehen.

Jean-Jacques Rousseau gilt als einer der einflussreichsten Schriftsteller des 18. Jahrhunderts. Er vertrat die Ansicht, der Mensch sei von Natur aus gut.

die Verfassung der Vereinigten Staaten von Amerika von 1787/1789. Durch den revolutionären Akt der französischen Nationalversammlung im Jahr 1789 wurde auch in Europa der Weg dafür frei gemacht.

Französische Revolution

Die Französische Revolution hatte viele Ursachen, aber vor allem zwei Anlässe: die schlechten Ernten der Vorjahre, die 1789 zu einem Höchststand der Getreidepreise führte, und die exorbitanten Staatsschulden.

Am 5. Mai 1789 versammelten sich die Generalstände in Versailles. Der Finanzminister wollte zur Überbrückung des Staatsdefizits eine 80-Millionen-Anleihe. Strittig zwischen Adel und Klerus auf der einen und (bürgerlichem) Dritten Stand auf der anderen Seite war der Abstimmungsmodus. Stimmte man nach Ständen ab, hätten Adel und Klerus die Mehrheit. Bei einer Abstimmung nach Köpfen war eine bürgerliche Mehrheit denkbar. Darüber wurde bis Mitte Juni keine Einigung erzielt. Der Moment der Revolution war gekommen, als sich am 17. Juni 1789 der Dritte Stand zur alleinigen Nationalversammlung erklärte. Mit dieser Erklärung, nicht mehr Vertreter eines Standes, sondern der gesamten Nation zu sein, war die „Verfassung" mit einem Schlag grundlegend verändert. Frankreich hatte einen neuen Souverän.

➡ ***Was danach geschah:*** König Ludwi g XVI. wollte weitere Zusammenkünfte des zur „Nationalversammlung" mutierten Dritten Standes verhindern, indem er den Versammlungssaal in Versailles sperren ließ. Die Abgeordneten trafen sich daraufhin im benachbarten Jeu de Paume. Die geräumige Mehrzweckhalle diente normalerweise dem Ballsport, nämlich der *Jeu de Paume* genannten Vorläuferform des Tennis. In diesem „Ballhaus" schworen die Deputierten am 20. Juni 1789, nicht mehr auseinanderzugehen, bis der Staat eine neue Verfassung hatte.

Sturm auf die Bastille {14. Juli 1789}

König Ludwig XVI. gibt zunächst nach und befiehlt Adel und Klerus, mit der Nationalversammlung zu kooperieren. Am 11. Juli entlässt er aber den beim Volk beliebten Finanzminister Necker und zieht Truppen in Versailles zusammen. Als die Nachricht am 12. Juli das überbevölkerte Paris erreicht, fürchtet die hungernde Menge eine Gegenrevolution der Aristokraten. Drei Tage lang wogt die Volksmasse zwischen Hôtel de Ville und Hôtel des Invalides hin und her, auf der Suche nach Waffen. Auch in der Bastille soll es Waffen und Schießpulver geben. Das Festungsbauwerk am Ostrand der Stadt, mitten im Arme-Leute-Viertel Faubourg St. Antoine, wurde im Hundertjährigen Krieg als Bollwerk gegen die Engländer errichtet und später als Gefängnis genutzt. Am Nachmittag des 14. Juli kann der Kommandant das Gebäude mit einer kleinen Garnison von Invaliden und 30 Schweizern kaum noch verteidigen. Eine Schießerei fordert ungefähr 100 Opfer, dann wird die Bastille von der aufgebrachten Menge zerstört. Der abgeschlagene Kopf des Kommandanten wird kurz darauf auf einem langen Spieß durch die Stadt getragen. Der Bastille-Sturm gilt als Rettung der Revolution durch das Volk von Paris; der ereignisreiche Tag ist der französische Nationalfeiertag.

➡ ***Was danach geschah:*** Beschlüsse zur Abschaffung des Adels und der feudalen Standesrechte, zur Einziehung der Kirchengüter und der Einteilung Frankreichs in 83 Departements folgten im Sommer und Herbst. Die Erklärung der Menschen- und Bürgerrechte wurde am 28. August verkündet, die formelle schriftliche Verfassung 1790 verabschiedet. Die Revolution pflanzte sich auch in der Provinz fort, die Aristokraten verließen scharenweise Frankreich. Die Staatsverfassung, zunächst als konstitutionelle Monarchie geplant, wurde nach der vereitelten Flucht der königlichen Familie von 1791 im Jahr darauf in eine Republik umgewandelt. Ludwig XVI. war abgesetzt. Er und seine Frau Marie Antoinette wurden noch 1792 zum Tod verurteilt und 1793 unter der Guillotine hingerichtet.

Die Rechten und die Linken {1792}

Die Entscheidung im französischen Nationalkonvent von 1792, die Jakobiner aus der Sicht der Rednertribüne links und die Girondisten rechts zu platzieren, ergab in den Staaten mit parlamentarischen Demokratien eine nachhaltige und wirksame Möglichkeit zur politischen Orientierung. Die Girondisten, die „Rechten", repräsentierten die gemäßigten Republikaner, die Jakobiner, die „Linken", hingegen die Radikaldemokraten, die in der Folgezeit (1793–1794) die Schreckensherrschaft in Frankreich errichteten. Der „politische Klub" der Jakobiner, der die Interessen der kleinen Leute vertrat, hieß nach seinem Versammlungsort, dem ehemaligen Kloster St. Jacques in Paris. Der Kern der gemäßigten Girondisten stammte aus der Gegend von Bordeaux (Gironde).

Die heute weit verbreitete Anordnung der Abgeordnetensitzplätze wie in einem Amphitheater hat historische, symbolische und praktische Gründe. Das erste moderne republikanische Parlament, der französische Nationalkonvent, tagte im Theatersaal des (1882 abgebrochenen) Tuilerien-Palastes in Paris. Das Parlament sollte die Einheit der Nation und des Volkes, das es repräsentierte, zum Ausdruck bringen, was in der Halbkreisform besser deutlich wird, als wenn sich die Abgeordneten gegenübersitzen – wie im Parlament von Westminster.

➡ ***Was danach geschah:*** Maximilien de Robespierre, seit Juli 1793 Mitglied des „Wohlfahrtsausschusses" des Nationalkonvents, exekutierte die denunziatorische und radikale jakobinische Politik mit gnadenloser Härte. Er war von der Idee besessen, der „tugendhaften" Rousseauschen *Volonté générale* zum Durchbruch zu verhelfen. Robespierres Schreckensherrschaft war eine reine Willkürherrschaft. Jeder konnte denunziert – und geköpft – werden. Im Juli schlossen sich seine Gegner und Rivalen zusammen, Robespierre wurde verhaftet und am 28. Juli 1794 seinerseits guillotiniert. Damit war der Terror beendet. Insgesamt sind den verschiedenen Hinrichtungswellen der Französischen Revolution etwa 20 000 Menschen zum Opfer gefallen.

Robespierres einjährige Terrorherrschaft war ein düsteres Vorspiel der Gewaltherrschaft der faschistischen und kommunistischen Diktaturen im 20. Jahrhundert und aller Terrorregime bis in die Gegenwart.

Auf dem Historiengemälde von Jean-Baptiste Lallemand ist die Erstürmung der Bastille, dem damaligen Staatsgefängnis, durch das aufgebrachte Volk am 14. Juli 1789 in Paris anschaulich dargestellt.

Der geniale Feldherr und Stratege Napoleon Bonaparte krönte sich 1804 zum Kaiser von Frankreich. Seine Reformen haben die staatlichen Strukturen Frankreichs bis in die heutige Zeit hinein geprägt.

Das Gemälde von François Gérard zeigt den siegreichen Napoleon bei der Schlacht von Austerlitz am 2. Dezember 1805, wo er über eine Koalition von russischen und österreichischen Truppen triumphierte.

Vive l'empereur! {1799}

Wegen der Französischen Revolution befand sich Frankreich seit 1792 im Krieg mit den Monarchien in ganz Europa. Erfolgreichster General auf französischer Seite war der Korse Napoleon Bonaparte (1769–1821), der sich auf den italienischen Schlachtfeldern gegen Österreich auszeichnete.

Die Revolution hatte binnen kürzester Frist eine neureiche Klasse von Spekulanten, Armeelieferanten, Kanonengießern und Finanziers hervorgebracht, die sich bereits wieder auf luxuriösen Bällen vergnügten und mit einigen versprengten Adligen ins Bett gingen. Die Finanziers erhielten für ihre dringend benötigten Kredite Staatsvermögen, was ihnen enorme Gewinne bescherte.

Bekanntester Repräsentant dieser Parvenü-Schicht war Napoleon. Als das jakobinische, sozialrevolutionäre Element in der französischen Politik wieder stärker hervortrat, machte sich Napoleon in einem Staatsstreich am 18. Brumaire im Jahre VIII des französischen Revolutionskalenders (9. November 1799) zum „Ersten Konsul". Seitdem regierte er Frankreich faktisch alleine, schuf dessen straffes, zentralistisches Verwaltungssystem und mit dem *Code civil* das erste Bürgerliche Gesetzbuch. Am 2. Dezember 1804 krönte er sich zum Kaiser.

Austerlitz – Trafalgar – Leipzig – Waterloo {1805–1815}

Nach seiner Kaiserkrönung begann Napoleon mit der zügigen Eroberung Europas, die ihm auf dem gesamten Kontinent für rund zehn Jahre die Vorherrschaft brachte und dessen Landkarte umwälzte. Diese Epoche wird markiert von den Namen dreier Schlachtorte: Austerlitz (1805), Trafalgar (1805) und Waterloo (1815). Austerlitz wurde als Ort der „Dreikaiserschlacht" berühmt, auch wenn nur Zar Alexander I. (Regierungszeit 1801–1825) und Napoleon selbst anwesend waren. Die Schlacht fand auf dem Territorium des mit dem Zaren verbündeten österreichischen Kaisers Franz II. statt (Austerlitz liegt in der Nähe von Brünn in Mähren). Preußen war nicht beteiligt, wurde aber im Jahr darauf bei Jena und Auerstedt vernichtend geschlagen. Am 26. Juni 1806 zog Napoleon durch das Brandenburger Tor in Berlin ein und war nun der Herr Europas.

Ganz Europas? Nein, ein Inselvolk im äußersten Westen leistete hartnäckigen Widerstand. Napoleon plante auch eine Invasion Englands. Nach einer Verfolgungsfahrt quer über den Atlantik in die Karibik und wieder zurück stellte eine englische Flotte unter dem Kommando von Admiral Nelson

die Franzosen vor Trafalgar beim südspanischen Cadiz. Nelson starb in dieser Schlacht, aber die Engländer versenkten die französische Flotte ohne selbst ein einziges Schiff zu verlieren. Seit Trafalgar hatte Großbritannien keinen Gegner mehr auf See. Damit begann der Aufstieg des Vereinigten Königreichs zur Weltmacht des 19. Jahrhunderts.

Über England verhängte Napoleon anschließend eine Handelsblockade, die Kontinentalsperre. Beim Marsch seiner *Grande Armée* (fast 700 000 Mann) auf Moskau im Sommer 1812 erlitt er dann eine seiner verlustreichsten Schlachten. Als Napoleon endlich in Moskau einzog, steckten die Moskauer ihre Stadt selbst in Brand. Der Zar bot keine Verhandlungen an, der Kaiser musste den Rückzug antreten. Nur noch 18 000 Franzosen überschritten im Dezember 1812 die preußische Grenze an der Memel.

Preußen schmiedete nun eine Koalition, um eine erneute Invasion Napoleons in Deutschland abzuwehren. In der dreitägigen Völkerschlacht bei Leipzig vom 16. bis 19. Oktober 1813 wurde er gestoppt. Die Uniformfarben des Lützowschen Freikorps Schwarz, Rot und Gold wurden später die Symbolfarben der nationalen, republikanischen und demokratischen Bewegung in Deutschland und die Nationalfarben der drei deutschen Republiken.

Nach Leipzig verlor Napoleon den Rückhalt seiner Armee, dankte 1814 ab und wurde nach Elba verbannt. Von dort kehrte er noch einmal für 100 Tage nach Frankreich zurück, und es gelang ihm noch einmal, eine Armee auszuheben. Die bereits in Wien zum Kongress versammelten europäischen Großmächte beschlossen sogleich den militärischen Widerstand. Bei Waterloo griff Napoleon eine englische Armee unter Feldmarschall Wellington an, der die Stellung halten konnte, bis die Preußen unter Blücher auf dem Kampfplatz erschienen. (Wellington: „Ich wollte, es wäre Nacht oder die Preußen kämen.") Danach war Napoleon endgültig besiegt und wurde auf die Insel St. Helena im Südatlantik verbannt, wo er 1821 starb.

ENTDECKUNGEN UND ERFINDUNGEN

1783 Luftfahrt

Luftfahrt im Ballon der Brüder Mongolfier am 21. November 1783. Die ersten Luftfahrer waren der junge Physiker Rozier zusammen mit dem Offizier D'Arlandes. Sie gingen damals ein großes Wagnis ein. Luftfahrt wird dann aber erst im 20. Jahrhundert wieder ein großes Thema.

1783 Seefahrt

Das erste voll funktionsfähige Dampfschiff hat der Franzose C. F. Jouffroy d'Abbans gebaut, einen Raddampfer. Eine wichtige Weiterentwicklung lieferte der Amerikaner Robert Fulton 1807.

Raddampfer wurden im späteren 19. Jh. nicht nur als Ausflugsboote oder auf dem Mississippi eingesetzt, sondern auch auf hoher See.

1796 Impfung

Pockenschutzimpfung („Blattern") durch den englischen Arzt Edward Jenner. Vakzinationen haben eine längere Vorgeschichte, auch im alten China und im 18. Jahrhundert in Europa. Mit Jenner beginnen systematische, nachweislich wirksame Impfungen. Die erste landesweite Impfpflicht wird 1807 in Bayern eingeführt.

1812/1814 Zeitungen

Eine Revolution der Drucktechnik waren die von F. Koenig und A. Bauer konstruierten Zylindermaschinen, die Rotationspressen, vor allem für den schnellen Zeitungsdruck. Diese technische Innovation beflügelte auch den Aufstieg der Zeitungen als bedeutsames Medium im 19. Jh. Die erste so gedruckte Zeitung war die Ausgabe von *The Times* am 29. November 1814. Koenig & Bauer in Würzburg ist heute noch einer der führenden Anbieter von Druckmaschinen – wegen des Internets allerdings nicht mehr von Zeitungsdruckmaschinen.

Reform und Restauration

Nach der Niederlage von Jena und Auerstedt war Preußen im Frieden von Tilsit 1807 nur knapp der Liquidation durch Napoleon entgangen. Als Reaktion darauf kam es zu längst überfälligen, umfassenden Reformen.

Stein-Hardenbergische Reformen {ab 1807}

Spätestens nach dem Tod Friedrichs II. (1790) war Preußen gesellschaftlich, wirtschaftlich und politisch in spätabsolutistische Starre verfallen. Hier hielt sich das *Ancien Régime* anscheinend unbeeindruckt von den Ereignissen in Frankreich, während die Franzosen sich inzwischen als souveränes Volk und mündige Staatsbürger begriffen.

Die Reformen wurden unter König Wilhelm III. gleich nach dem Frieden von Tilsit von den Ministern Stein und Hardenberg zügig umgesetzt: Der alte preußische Ständestaat wurde abgeschafft. Die wichtigsten Ergebnisse der Reformen waren: Aufhebung der Leibeigenschaft der Gutsbauern (1807), Gewerbefreiheit ohne Zunftzwang (1810), kommunale Selbstverwaltung (1808), die Gründung der heutigen Humboldt-Universität. An der damals „Berliner Universität" genannten Hochschule verwirklichte ihr Gründer Wilhelm von Humboldt sein Ideal einer *universitas litterarum*, nach der alle Wissenschaften sowie Forschung und Lehre unter einem Dach vereint sein sollten. Seit dem Mittelalter hatten die Professoren nur reines Bücherwissen an ihre Studenten weitergegeben. Das Kleben an überkommenen Lehrmeinungen blockierte den wissenschaftlichen Fortschritt. Die Humboldtsche Reformuniversität legte den Grundstein für Deutschlands führende Stellung in den Wissenschaften bis in das 20. Jahrhundert hinein.

Die Humboldt-Universität zu Berlin (HU Berlin) wurde 1809 von Wilhelm von Humboldt als Universität zu Berlin gegründet. Das Denkmal ihres Gründers steht vor dem Hauptgebäude der Universität.

Eine Heeresreform durch den späteren General Gerhard von Scharnhorst (1755 bis 1813) führte zur Bildung eines Volksheeres statt eines Söldnerheeres mit einer relativ kurzen, aber intensiven Ausbildungszeit für die Rekruten. Offiziere mussten sich nun für ihre Laufbahn fachlich qualifizieren, was in dem Adelsheer bisherigen Zuschnitts keineswegs selbstverständlich gewesen war.

Auch in anderen deutschen Staaten wurden Reformen durchgeführt. In Bayern schuf Graf Montgelas (1759–1838) ein modernes Beamtenrecht, stellte Protestanten und Katholiken gleich und verbesserte die Stellung der Juden. Bayern erhielt 1808 eine erste Verfassung und 1813 eine ultramodernes, von Anselm Feuerbach entworfenes Strafgesetzbuch einschließlich Abschaffung der Folter. Das Großherzogtum Baden hatte seit 1818 eine sehr liberale Verfassung, ebenso das Königreich Württemberg.

Was sonst noch geschah: Während der Reformzeit brachte der königliche Leibarzt Ch. W. Hufeland als Leiter der Charité wesentliche Verbesserungen der Gesundheits- und Armenfürsorge voran, führte die Pockenschutzimpfung ein und betrieb die Verbesserung der Hygienischen Verhältnisse („Vorläufig stinkt es hier noch").

Ebenfalls während der Regierungszeit Friedrich Wilhelms III. prägte der Baumeister F. W. Schinkel mit bahnbrechenden Gebäuden das architektonische Gesicht der preußischen Hauptstadt: Neue Wache, Schauspielhaus, Altes Museum, Bauakademie, Gewerbeinstitut, Friedrichwerdersche Kirche (alle im nahen Umfeld des Berliner Stadtschlosses) sowie die Nikolaikirche in Potsdam.

Der Kongress tanzt {1815}

Führender Kopf der Restauration in der nachnapoleonischen Zeit war der österreichische Außenminister Fürst von Metternich (1773–1859). Metternich leitete die bedeutendste europäische Gipfelkonferenz, die es je gab. Staatsoberhäupter und hochkarätige Gesandte (Außenminister) aus Dutzenden europäischer Staaten waren vertreten. Da sich die Verhandlungen hinzogen, bemerkte der belgische Diplomat de Ligne: *Le congrès danse beaucoup, mais il ne marche pas.* „Auf dem Kongress wird viel getanzt, aber man kommt nicht voran." Der Kongress tanzte oder tagte von September 1814 bis Juni 1815.

Politisch ging es teils um eine Wiederherstellung Europas vor Napoleon, teils um eine Neuordnung unter Wahrung des Gleichgewichts der Mächte. Frankreich konnte dank der geschickten Diplomatie Talleyrands seine Grenzen von 1789 wahren, Österreich erhielt Gebiete in Norditalien. Bayern, das durch Napoleon um Franken vergrößert worden war, verlor Salzburg und das bis zum Gardasee reichende Tirol an Österreich. Die wichtigste Folge des Wiener Kongresses für Deutschland insgesamt war die Gründung des Deutschen Bundes. Dieser eher lose Staatenbund war der Nachfolger des untergegangenen Reiches. Sitz der Bundesversammlung, des sogenannten Bundestages, war die damals immer noch Freie Reichsstadt Frankfurt mit dem Palais Thurn und Taxis als Tagungsort.

Der Wiener Kongress (18. September 1814 bis 9. Juni 1815) veränderte die Landkarte Europas und vor allem Deutschlands von Grund auf. Tagungsort war das Palais am Ballhausplatz, das heutige Bundeskanzleramt in Wien. Unter den hochkarätigen Delegierten befanden sich u. a. Fürst von Metternich (Österreich), Zar Alexander I. (Russland), Karl August von Hardenberg und Wilhelm von Humboldt (Preußen) sowie der französische Gesandte Talleyrand-Périgord.

Einigkeit und Recht und Freiheit {1817}

Die Restauration der Monarchien war nicht das, was sich die national und liberal gesinnten Anhänger der Befreiungsbewegung in Deutschland erhofft hatten. Ihnen war die deutsche Kleinstaaterei ein Gräuel – sie wollten „Einigkeit und Recht und Freiheit" für das deutsche Vaterland, wie Hoffmann von Fallersleben (1798–1874) auf Helgoland 1841 in seinem *Lied der Deutschen* dichtete. Die junge Burschenschafter-Generation artikulierte auf dem Wartburgfest 1817 gleichzeitig mit dem Wunsch nach einem Zusammenschluss zu einem Nationalstaat den nach einer Verfassung. Nach dem Vorbild der Französischen Revolution verlangten sie die Gleichstellung aller Bürger, Freiheitsrechte, Abschaffung der Zensur und der Rechtswillkür. Als Symbol der Fürstenwillkür wurden die für das *Ancien Régime* typischen Zöpfe der Zopfperücken der Soldaten abgeschnitten oder die Perücken gleich ins Feuer geworfen. Seit der Französischen Revolution trug man die Haare nämlich „offen".

Karlsbader Beschlüsse {1819}

Derlei Forderungen und „Umtriebe" erschreckten die gerade erst restaurierten Dynasten zutiefst. Die Ermordung des Schriftstellers Kotzebue, der sich in Zeitschriften über die Burschenschafter lustig gemacht hatte, durch den Studenten Karl Ludwig Sand, lieferte 1819 den willkommenen Vorwand: Metternich organisierte in Geheimkonferenzen im August in Karlsbad die Repression aller „demagogischen Umtriebe" durch rigorose Pressezensur, Verbote und Überwachungsmaßnahmen. Damals kam der Begriff „Polizeistaat" auf. Die Burschenschaften wurden verboten, die Universitäten überwacht. Insbesondere Preußen tat sich bei der „Demagogenverfolgung" hervor. Preußen setzte die Karlsbader Beschlüsse im Deutschen Bund durch, sie blieben 20 Jahre lang bis 1848 bestehen. Ähnlich war die Situation in Frankreich. Hier führten seit der endgültigen Abdankung Napoleons die aus dem Exil heimgekehrten Brüder des geköpften Ludwigs XVI. – nämlich Ludwig XVIII. (bis 1824) und Karl X. (bis 1830) – die Regierung. Vor allem Karl X. betrieb eine ultrareaktionäre royalistische und klerikale Politik, die es dem neureichen Großbürgertum ermöglichte, sich noch mehr zu bereichern. Russland schwenkte nach dem gescheiterten Dekabristenaufstand junger, westlich und konstitutionell gesinnter Aristokraten und Offiziere zur Jahreswende 1825/26 unter Nikolaus I. ebenfalls auf einen radikal polizeistaatlichen Unterdrückungskurs ein. Nur die russische Literatur entfaltete sich in dieser Zeit, obwohl der Schöpfer der russischen Literatursprache, Alexander Puschkin (1799–1837), der persönlichen Zensur Nikolaus I. unterstand. Vor Puschkin hatte man in Russland nur auf Französisch geschrieben (und in der Oberschicht auch gesprochen).

Biedermeier

Die politische Aktivität des Bürgertums erlahmte in der scheinbar so beschaulichen Idylle des Biedermeier; gleichzeitig aber vollzog sich die Industrialisierung gerade auch in Deutschland, Österreich und der Schweiz in großem Maßstab. Überall begannen die Schlote zu rauchen. Noch vor der Eisenbahn revolutionierte das erste Dampfschiff *Savannah* auf seiner 26-tägigen Fahrt von den USA nach Europa 1819 die Schifffahrt und machte sie unabhängig von Wind und Wetter. Justus Liebig erkannte die Bedeutung des Stickstoffs für die Düngung und revolutionierte ab 1840 die Landwirtschaft. 1826 gelang den Franzosen Niépce und Daguerre die erste beständige fotografische Aufnahme, 1828 Friedrich Wöhler die erste chemische Synthese im Reagenzglas. Darwin war auf der *Beagle* unterwegs im Pazifik, während Morse den ersten Schreibtelegrafen in Betrieb nahm. Es ging Schlag auf Schlag. 1844 zeigten dann die schlesischen Weberaufstände die Schattenseiten des biedermeierlichen Industrieaufschwungs: Massenarmut.

Im Mai 1832 strömen Tausende Menschen mit ihren Fahnen zur Ruine des Hambacher Schlosses und fordern die deutsche Einheit (zeitgenössische Lithografie).

Julirevolution – Februarrevolution – Märzrevolution {1830/1848}

Eugène Delacroix' riesenformatiges Gemälde *Die Freiheit führt das Volk* entstand anlässlich der Julirevolution 1830 in Paris. Als der erzreaktionäre Bourbone Karl X. die Pressefreiheit aufheben und das Wahlrecht einschränken wollte, ging das Volk auf die Barrikaden. Sein Nachfolger Louis Philippe legte einen Eid auf die Verfassung ab und wurde „Bürgerkönig" genannt. Im Laufe seiner Regentschaft geriet sein Kopf immer birnenförmiger, was in einer der berühmtesten Karikaturserien des 19. Jahrhunderts überliefert ist. Er regierte bis 1848.

Die Revolution beflügelte die freiheitlichen Bestrebungen in ganz Europa. Belgien errang seine Unabhängigkeit von den Niederlanden. Ende Mai 1832 schwenkten die deutschen Burschenschafter auf dem Hambacher Fest die schwarz-rot-goldenen Fahnen, forderten die Einheit Deutschlands, die Anerkennung der Volkssouveränität, Versammlungs-, Presse- und Meinungsfreiheit. Das Treffen war bewusst als Volksfest organisiert, da politische Kundgebungen nicht erlaubt waren.

In Frankreich regierte der Bürgerkönig nach liberalen Anfängen immer reaktionärer. Während sich das Großbürgertum schamlos bereicherte, wurde die soziale Lage der Arbeiter völlig ignoriert. Am 21. Februar 1848 erschien das Kommunistische Manifest von Karl Marx, das die Zustände des Proletariats wiedergab – am gleichen Tag, an dem in Paris die Unruhen ausbrachen, die drei Tage später zum Sturz des Bürgerkönigs führten. In Frankreich wurde die Zweite Republik ausgerufen. Auch dieses Mal sprang der Funke sofort nach Europa über. Ende Februar begann in Mannheim die Badische Revolution, Mitte April wurde dort die Republik proklamiert. Im März trat Metternich in Wien zurück und floh nach London. Die Ungarn erhoben sich gegen Österreich, seitdem hieß die Monarchie der Habsburger „Österreich-Ungarn". In Berlin wurden Barrikaden errichtet, und die Aufständischen lieferten sich Straßenschlachten mit der königlichen Kavallerie.

Paulskirche {18. Mai 1848}

Am 18. Mai trat in der Frankfurter Paulskirche das erste deutsche Parlament zusammen. Die Versammlung arbeitete unter ihrem Parlamentspräsidenten Heinrich von Gagern (1799–1880) eine Verfassung für das damals schon so genannte „Deutsche Reich“ aus. Sie enthielt einen ausführlichen Grundrechtskatalog, der zum Vorbild für die Weimarer Verfassung und das Bonner Grundgesetz wurde. Dieses Deutsche Reich sollte eine konstitutionelle Monarchie und ein Bundesstaat sein mit einem aus allgemeinen Wahlen hervorgehenden Parlament. Österreich, traditionell die Vormacht im Deutschen Bund, wurde nicht einbezogen. Diese sogenannte kleindeutsche Lösung hatte sich bereits abgezeichnet. Allerdings nahm der als Monarch vorgesehene preußische König Friedrich Wilhelm IV. die ihm angetragene Kaiserwürde eines konstitutionellen Monarchen „aus den Händen des Volkes“ denn doch nicht entgegen. Damit war der Versuch, einen einheitlichen deutschen Nationalstaat auf der Grundlage einer freiheitlichen, demokratischen Verfassung zu schaffen, gescheitert. Es blieb also vorläufig beim Deutschen Bund und bei den souveränen deutschen Einzelstaaten. Dieser zerbrach 1866 im deutsch-österreichischen Krieg. Unmittelbar danach schuf Bismarck den Norddeutschen Bund, dem die süddeutschen Länder nach dem Krieg gegen Frankreich 1870/71 beitraten.

Das Ende der Sklaverei

Emanzipation war ein Zentralbegriff des aufklärerischen Denkens, der bis in die Gegenwart wirkt. Im Zusammenhang mit der Französischen Revolution sprach man von der Emanzipation des Dritten Standes. Später fand das Wort Verwendung im Zusammenhang mit der Juden-Emanzipation, Sklaven-Emanzipation, Arbeiter-Emanzipation und Frauen-Emanzipation. Der römische Rechtsbegriff (Ende eines Vormundschaftsverhältnisses) war zum politischen Begriff geworden. Es ging dabei immer um politische (und rechtliche) Gleichstellung.

Die kolorierte Zeichnung von Ludwig von Elliott aus dem Jahr 1848 zeigt eine Sitzung der deutschen Nationalversammlung in der Frankfurter Paulskirche mit einer Ansprache des demokratischen Abgeordneten Robert Blum.

Abolitionismus {ab 1807}

In der Zeit von 1520 bis 1850 waren schätzungsweise zehn Millionen Afrikaner nach Amerika verfrachtet worden – im wahrsten Sinne des Wortes. Der erste Staat, der die Sklaverei abschaffte, war Portugal 1761, allerdings noch nicht in seinen afrikanischen Kolonien. Auch die Französische Revolution schaffte die Sklaverei zunächst ab, Napoleon legalisierte sie aber wieder. Als erster Schritt des Abolitionismus im engeren Sinn wurde in Großbritannien und USA 1807 der Handel mit afrikanischen Sklaven auf englischen Schiffen verboten. 1834 wurden alle Sklaven im britischen Kolonialreich für frei erklärt und 1838 jegliche Sklaverei im Empire verboten. Frankreich folgte 1848, die Niederlande 1863. Auch die Aufhebung der Leibeigenschaft in Russland 1861 ist in diesem Zusammenhang zu sehen.

Eine organisierte Bewegung zur Abschaffung der Sklaverei gab es in England seit 1787. Man sammelte Geld zur Unterstützung geflohener Sklaven, unterschrieb Petitionen oder kaufte keinen karibischen Zucker. (Die heutige Fair-Trade-Bewegung steht ganz in der Tradition des Abolitionismus.) Für die Engländer war die Abolitionismus-Bewe-

Der amerikanische Präsident Abraham Lincoln wird von Sklaven als ihr Befreier begüßt. Sein Name steht vor allem für die Abschaffung der Sklaverei. Den verlustreichen Bürgerkrieg führte er, um die Einheit der Nation zu wahren.

Der englische Parlamentarier William Wilberforce war ein Vertreter der Abolitionismus-Bewegung und setzte sich vehement für die Beendigung der Sklaverei ein.

gung so etwas wie die britische humanitäre Antwort auf die französische Erklärung der Menschenrechte. Einer ihrer führenden Köpfe war der englische Parlamentsabgeordnete William Wilberforce (1759–1833).

Der große Treck {1835}

Seit ihrer Gründung durch gestrandete niederländische Kolonisten 1652 war die südafrikanische Kapprovinz im Besitz der Niederländischen Ostindien-Kompanie VOC. Nach einigem Hin und Her in den Napoleonischen Kriegen besetzten die Engländer 1806 die für den internationalen Seehandel strategisch wichtige Südspitze Afrikas. Sie blieb bis 1910 britische Kolonie.

Seit 1820 strömten massenhaft englische Siedler ins Land. Sie bildeten gegenüber den „weißen Afrikanern", den Buren, als maßgebliches „Staatsvolk" zunehmend die tonangebende Schicht. Nun kam es zwischen 1818 und 1828 zu kriegerischen Auseinandersetzungen, die mit dem Namen des Zulu-Häuptlings Shaka Zulu (ca. 1790–1828) verbunden sind. Folgenreicher war die Abschaffung der Sklaverei im Empire, mit der sich die Buren in der Kapprovinz nicht abfinden wollten. Sie wanderten in einem Großen Treck von 1836 bis 1840 ins Landesinnere und gründeten die Burenrepubliken Oranje, Transvaal und Natal. Sie verdrängten die einheimische afrikanische Bevölkerung und schwächten auch das junge Zulu-Reich.

Onkel Toms Hütte {1851}

Der 1851 erschienene Roman von Harriet Beecher-Stowe trug viel zum Auslösen des Amerikanischen Bürgerkrieges bei. Sie erzählt darin die Geschichte eines Negersklaven, der erst verkauft, dann freigelassen werden soll, dann aber in die Hände eines Plantagenbesitzers gerät, der ihn zu Tode quält. Auf Reisen mit ihrem Ehemann hatte sich die aus Connecticut, also aus einem der Neuengland-Staaten, stammende Pfarrerstochter ein Bild von den Lebensbedingungen auf den Plantagen und auf den „Neger-Märkten" gemacht. Das Buch war von Anfang an ein Bestseller in Amerika wie in Europa. Als Abraham Lincoln Harriet Beecher-Stowe 1862 begegnete, soll er gesagt haben: „Das ist also die kleine Dame, die diesen großen Krieg begonnen hat."

1854 wurde in USA die Republikanische Partei gegründet, deren Hauptziel die Abschaffung der Sklaverei war.

Sezession und Amerikanischer Bürgerkrieg {1861}

In den USA schafften die meisten Nordstaaten die Sklaverei sukzessive bis etwa 1830 ab. In den Südstaaten hingegen hatte die Abolitionismus-Bewegung keine Chance. Die Sklaven waren in den reinen Agrarstaaten die Grundlage der Plantagenwirtschaft, vor allem des weit verbreiteten Baumwollanbaus. In ihrer Gründungsphase mit Unabhängigkeitskrieg und Verfassungsgebung waren die jungen USA vom wirtschaftlich reicheren Süden und seiner Pflanzer-Aristokratie geprägt worden. Frühe Präsidenten und Gründerväter wie George Washington und Thomas Jefferson waren Plantagenbesitzer und Sklavenhalter. Seit etwa 1850 war das Gleichgewicht zwischen den Sklavenhalter- und den sklavenfreien Bundesstaaten prekär, weil sich die Mehrheitsverhältnisse im Kongress veränderten, wenn neue Staaten in die Union aufgenommen wurden. Man neigte dazu, die Regelung der Sklavenfrage jedem Bundesstaat zu überlassen. Auch Abraham Lincoln war kein glühender Abolitionist, trat aber als Sklavereigegner öffentlich auf. Lincoln war aber der erste Präsident der noch jungen Republikanischen Partei. Bis dahin war die Bundespolitik von den in den Südstaaten verwurzelten Demokraten bestimmt worden.

Unmittelbar nach Lincolns Wahl 1860 traten elf amerikanische Bundesstaaten, die sogenannten Südstaaten, aus der Union aus und begründeten eine Konföderation.

Um der Einheit der Nation willen musste Lincoln den Amerikanischen Bürgerkrieg (1861–1865) führen, dessen Kernkonflikt die Sklaverei war. Der Sezessionskrieg war ein erbittert geführtes Ringen, das sich wegen der Unfähigkeit der Nordstaatenarmee, ihre militärische Überlegenheit effizient einzusetzen, in die Länge zog. Die Wende kam 1863 durch die Niederlagen der Konföderierten bei Gettysburg und Vicksburg. Teil der Kriegführung war eine Militärpolitik der verbrannten Erde, die den Süden zerstört zurückließ. Über 600 000 amerikanische Soldaten fielen. Der Nachwelt wird die Erinnerung daran in Werken wie *Vom Winde verweht* wachgehalten.

In einer berühmten kurzen Ansprache zu Ehren der Gefallenen von Gettysburg prägte Lincoln die berühmte Formel von der „Regierung des Volkes durch das Volk und für das Volk“ als Inbegriff des demokratischen Staatsverständnisses.

Der dreizehnte Verfassungszusatz von 1865 schaffte die Sklaverei ab. Lincoln wurde kurz nach seiner Wiederwahl von einem Südstaaten-Fanatiker ermordet.

Die industrielle Revolution

Der Begriff „Industrielle Revolution“ kam in den Dreißigerjahren des 19. Jahrhunderts in bewusster Analogie zur Französischen Revolution auf. Friedrich Engels verwendete ihn 1845.

Manchester-Kapitalismus

Die Textilherstellung war schon seit dem Mittelalter „die“ Leitindustrie in Europa. (Erst im 19. Jh wurden Kohle und Stahl, im 20. Jh. der Autobau neue Leitindustrien.) Mit der Verbreitung der industriellen Stoffproduktion wurde die englische Stadt Manchester das Zentrum der „industriellen“ Verarbeitung. Die 1769 erfundene und mit Wasserkraft betriebene Waterframe-Spinnmaschine ersetzte das Handspinnen. Dank der Erfindung der Dampfmaschine expandierte auch die Baumwollverarbeitung. Keineswegs zufällig wurde die erste englische Personen-Eisenbahn 1830 vom wichtigsten Überseehafen Liverpool nach Manchester gebaut.

Alle negativen Begleiterscheinungen eines ungezügelten Wirtschaftsliberalismus zeigten sich hier früh und drastisch: die Herabwürdigung von Arbeitern zu mit Hungerlöhnen abgespeisten Hilfsarbeitern, Frauen- und Kinderarbeit, keine Vorsorge gegen Unfall, Krankheit, Alter, die willkürliche Behandlung durch die Industrieherren. Zur begrifflichen Identifizierung des Ortes mit „Ausbeuter-Kapitalismus“ hat sicherlich auch beigetragen, dass Friedrich Engels, der Mitverfasser des *Kommunistischen Manifests*, über 20 Jahre dort lebte und aufgrund seiner Beobachtungen und Erfahrungen sein einflussreiches Buch *Die Lage der arbeitenden Klasse in England* verfasste. Manchester galt als Inbegriff der hässlichen, lauten, stinkenden, mit Fabriken planlos zugebauten Industriestadt.

Eisen und Stahl {1735/1760}

Die Verwendung von Steinkohle statt Holzkohle zur Eisenverhüttung und die Umwandlung von Steinkohle zu Koks gelang dem englischen Eisenwarenfabrikanten Abraham Darby (1711–1763) aus Coalbrookedale. Um 1760 entwickelte er auch den Kokshochofen für die Eisenschmelze. Diese Erfindungen machten den Kohleabbau überhaupt erst sinnvoll und lohnend. Coalbrookedale gilt als die Wiege der Industriellen Revolution schlechthin. In der Nähe entstand 1779 die erste Eisenbrücke der Welt, die Ironbridge über den Fluss Severn; sie ist heute ein Weltkulturerbe. Die Umsetzung von Watts wesentlicher Verbesserung der Nutzung der Dampfkraft in eine industriell einsetzbare Dampfmaschine gelang 1776 in der Eisenfabrik von John Wilkinson.

Gewerkschaften und Arbeiterbewegung

England war das am frühesten und tiefgreifendsten industrialisierte Land, und hier bildeten sich auch die ersten Gewerkschaften. Der englische Begriff *Trade Union* erinnert daran, dass sich schon vor 1800 Handwerkervereinigungen bildeten. England hatte (wie das revolutionäre Frankreich) gemeinsame Interessenvertretungen lohnabhängiger Arbeiter kurz vor 1800 verboten. Mit der Aufhebung dieses Verbots 1825 begann die Gewerkschaftsbewegung. In England schlossen sich 1868 über 100 Gewerkschaften zu einem Gewerkschaftsbund (*Trade Union Congress*) zusammen.

Der Waliser Robert Owen hatte sich aus armen Verhältnissen zum Unternehmer emporgearbeitet. In seiner Spinnerei in Schottland reduzierte er seit 1799 die Arbeitszeit, schaffte Kinderarbeit ab, sorgte für saubere Arbeitsplätze und angemessene Wohnungen für die Arbeiter sowie für Sozialversicherungen. Damit hob er auch die Produktivität, was bis dahin von den Verfechtern einer 14-Stunden-Woche bestritten worden war. Owens Musterbetrieb wurde europaweit berühmt.

Die Revolution 1848 mit ihren Barrikadenkämpfen zog auch einen Aufschwung der Arbeiterbewegung nach sich. 1863 gründete Ferdinand Lasalle (1825–1864)

Das Bild des walisischen Malers Penry Williams (1802–1885) stellt eine typische Industrielandschaft im Wales des 19. Jahrhunders dar. Man erkennt eine Eisenhütte mit dem Hochofen in der Mitte, der die Umgebung erhellt.

Eisenbahn und Zeitzonen {1884/1893}

Der Eisenbahnbau war von Anfang an ein Stück Weltgeschichte, weil er schon in der Biedermeierzeit in allen entwickelten Industrieländern betrieben wurde, den nordamerikanischen Kontinent erschloss und durch die Einrichtung der Zeitzonen eine neue Zeitwahrnehmung hervorbrachte. Wegen der Beteiligung vor allem europäischer Investoren am Eisenbahnbau in Amerika, Indien, im Osmanischen Reich, in China oder Brasilien war die Finanzierung ebenfalls ein grenzüberschreitendes Phänomen.
Im Bergbau wurden Transportwägelchen in den Stollen seit 1767 auf Eisenschienen geschoben oder von Pferden gezogen. Hier wurden auch die allerersten Lokomotiven eingesetzt, was George Stephenson (1781 bis 1848), der Erfinder der Dampflok (1814), der als Kind in einer Kohlengrube arbeiten musste, vollkommen vor Augen hatte. Die erste Eisenbahnstrecke entstand in England 1825 (Stockton – Darlington; nur für Güter), in Deutschland 1835 (Nürnberg – Fürth), inzwischen auch schon zur Personenbeförderung.

Noch lange nach dem Aufkommen der Eisenbahnen gab es überall in der Welt nur Lokalzeiten. Die Notwendigkeit, „gleiche" Abfahrts- und Ankunftszeiten für den grenzüberschreitenden Eisenbahnverkehr anzugeben, führte zur Einführung der Zeitzonen. Auf der „Internationalen Meridiankonferenz" 1884 wurde eine von dem kanadischen Eisenbahningenieur Sandford Fleming rund um den Globus vorgeschlagene Einteilung in 24 Zeitzonen zu je 15 Längengraden angenommen, was jeweils etwa einer Stunde Differenz entsprach. In Deutschland wurden die Lokalzeiten 1893 abgeschafft und die Mitteleuropäische Zeit (Greenwich plus eine Stunde) für das gesamte Reichsgebiet eingeführt.

in Leipzig den Allgemeinen Deutschen Arbeiterverein. Lasalles Ideal war es, die Löhne nicht zu erhöhen und die Arbeiter dafür am Unternehmensgewinn zu beteiligen. Die Sozialdemokraten glaubten an die Reformierbarkeit des Staates. 1869 folgte durch August Bebel und Karl Liebknecht in Eisenach die Gründung der Sozialdemokratischen Arbeiterpartei. Lasalles Arbeiterverein und Bebels Partei wurden 1875 vereinigt (Sozialistische Arbeiterpartei) und als „Sozialisten" von Bismarck vehement bekämpft. Der Verlust der Kontrolle über die in sozialistischen oder kommunistischen Parteien organisierten Arbeitermassen war von jeher das Schreckgespenst aller monarchischen oder bürgerlich-republikanischen Regierungen. Bismarcks Sozialistengesetze verboten nicht die Partei selbst, aber jegliche politische Betätigung außerhalb des Reichstages. Die SPD ging 1892 unmittelbar aus der Sozialistischen Arbeiterpartei SADP hervor.

„Proletarier aller Länder vereinigt euch!" {1848}

Wodurch sich der Trierer Journalist Karl Marx (1818 – 1883) von den meisten sozialistischen Philosophen seiner Zeit unterschied, war sein internationaler Bezug. Er wandte sich an die Proletarier aller Länder. Mit dem sozialdemokratischen Reformismus Lasalles und Bebels konnte er wenig anfangen. Reformen lassen sich ja immer nur im Rahmen eines bestehenden – nationalen – Systems umsetzen und stellen den bestehenden Staat nicht infrage. Marx hingegen dachte und agierte global. Die Erste Internationale stand wesentlich unter seinem Einfluss, und der weitere Verlauf der Geschichte hat seinen Marxismus zum Weltbegriff gemacht, sogar zu einer Art von politischer Realität. Für diesen universalen Rahmen hat Marx in seinen Werken die geistige Grundlage gelegt, denn er hat die Gesetze vom Ablauf der Weltgeschichte als einer Abfolge von Klassenkämpfen, in denen sich die Besitzlosen gegen die Besitzenden auflehnen, glasklar erkannt.

Marx wusste auch, wie eine wahre kommunistisch-sozialistische Weltordnung aussehen sollte: Enteignung des Grundeigentums, Abschaffung des Erbrechts, Verstaatlichung der Produktionsmittel und des Transportwesens, „industrielle Armeen, besonders für den Ackerbau", unentgeltliche Schulerziehung. Am Schluss des von ihm und seinem Freund und Sponsor Friedrich

Engels verfassten *Kommunistischen Manifests* folgt der Aufruf zum gewaltsamen Umsturz, denn „die Proletarier haben nichts zu verlieren außer ihren Ketten“.

„Völker hört die Signale“ {1871}

auf zum letzen Gefecht / die Internationale erkämpft das Menschenrecht.“ Das Kampflied der internationalen sozialistischen Arbeiterbewegung entstand 1871. Die Erste Internationale wurde aber kurz danach aufgelöst. Englische Gewerkschafter und französische Emigranten hatten sie 1864 gegründet, sie war von Marx, der in London im Exil lebte, programmatisch bestimmt. Hier flossen die verschiedenen sozialistischen Strömungen zusammen. Einer ihrer Hauptakteure war der erprobte anarchistische Revolutionär Michail Bakunin, der aus einer adligen russischen Familie stammte. Schon 1848 war er gemeinsam mit seinen Freunden Richard Wagner und Gottfried Semper, dem Opernhaus-Architekten, auf den Dresdner Barrikaden gestanden. Nach Gefangenschaft, Haft und einem unfreiwilligen Umweg über Sibirien kehrte Bakunin nach Europa zurück und zettelte noch allerlei revolutionäre Umtriebe an, gelangte aber zu der Ansicht, dass es mit Regimewechseln allein nicht getan sei. Bakunin lehnte jede Form von Herrschaft ab, auch die des Proletariats, die Marx forderte. Am Gegensatz dieser beiden Positionen zerbrach die Erste Internationale. Die Zweite Internationale, gegründet 1889 in Paris, war dann eher eine lockere Dachorganisation mittlerweile etablierter sozialistischer und sozialdemokratischer Parteien. Sie machte den 1. Mai zum internationalen Kampftag der Arbeiterschaft.

Sozialistengesetze und Sozialgesetzgebung

Nach zwei Attentaten auf Kaiser Wilhelm I. (Regierungszeit 1871–1888), die Bismarck propagandistisch, aber zu Unrecht mit der Sozialdemokratie in Verbindung brachte, gelang es ihm 1878, im Reichstag ein Gesetz ausdrücklich „gegen die gemeingefährlichen Bestrebungen der Sozialdemokratie“ durchzubringen. Seinerzeit wurde zwischen sozialistisch und sozialdemokratisch kein Unterschied gemacht. Die Sozialdemokratie wurde nicht verboten, es gab weiterhin Reichstagsabgeordnete der SPD, aber ihre Wirkungsmöglichkeiten (Verbreitung von Druckschriften, Abhalten von Versammlungen) waren künftig eingeschränkt.

Gleichzeitig war Bismarck klar, dass die soziale Lage der Arbeiter verbessert werden musste. Er führte eine Sozialgesetzgebung ein, auf der das gegenwärtige Sozialsystem der Bundesrepublik beruht: Krankenversicherung (1883), Unfallversicherung (1884), Alters- und Invalidenversicherung (1889).

Unabhängigkeitsbewegungen

Mit der Unabhängigkeitsbewegung der amerikanischen Neuengland-Kolonien „Los von Großbritannien“ und der Gründung der USA hat die Geschichte der modernen Freiheitsbewegungen begonnen. Bei derartigen „Revolutionen“ handelt es sich immer um Nationalrevolutionen oder Nationalbewegungen gegen eine „fremde“ Vormacht oder Kolonialmacht.

Das Marx-Engels-Forum in Berlin ist eine Grünfläche und ein Relikt aus DDR-Zeiten. Dort sind Karl Marx und Friedrich Engels, die Urväter des wissenschaftlichen Sozialismus, überlebensgroß dargestellt.

Unabhängigkeit Griechenlands

Der Freiheitskampf der Griechen, begonnen noch zu Lebzeiten Goethes und Beethovens, richtete sich gegen die osmanische Obrigkeit. Es war eine europäische Angelegenheit. Durch ganz Europa ging eine Welle des Philhellenismus: Der antikenbegeisterte bayerische König Ludwig I. spendete reichlich, der romantische englische Dichter Lord Byron eilte nach Griechenland, nahm an den Kämpfen teil und starb dort im Alter von 32 Jahren, Alexander Puschkin war Mitglied der zivilen Befreiungsorganisation. Der Unabhängigkeitskrieg wurde durch eine europäische militärische Intervention entschieden und 1830 ein territorial kleines Griechenland als konstitutionelle Monarchie mit dem Wittelsbacher Prinzen Otto als erstem König errichtet. Die neue Hauptstadt Athen war damals mit 2000 bettelarmen Einwohnern nicht größer als ein Dorf.

➥ ***Was danach geschah:*** Als nächster europäischer Staat erreichte Belgien 1830 seine Unabhängigkeit von den Niederlanden. Der neue belgische König Leopold aus dem Haus Sachsen-Coburg-Gotha war ein Verwandter der englischen Königin Victoria.

Simón Bolívar {1821}

Die heutigen Staaten Venezuela, Kolumbien, Panama, Ecuador, Peru und das nach ihm benannte Bolivien verdanken dem großen Führer der südamerikanischen Unabhängigkeitsbewegung von der spanischen Herrschaft ihre Existenz. Der aristokratische Bolívar (1783–1830) führte den Befreiungskampf, der ohne dramatische Gemetzel ablief, zuerst militärisch und begründete einen Staat Großkolumbien (1821–1830), der nach seinem Tod in die Staaten Venezuela, Kolumbien, Panama und Ecuador zerfiel. Bolívars Versuch, auch das heutige Peru samt dem „oberperuanischen" Bolivien anzugliedern, scheiterten. Simón Bolívar orientierte sich an der Amerikanischen Revolution und ihren Prinzipien. Ihm schwebte eine Art Vereinigte Staaten von Lateinamerika vor. Treibende Kraft hinter der südamerikanischen Unabhängigkeitsbewegung war die kreolische Oberschicht, der Simón Bolívar selbst entstammte – die Nachfahren der Konquistadoren beziehungsweise der mit ihnen eingewanderten spanisch-stämmigen Siedler. Sie waren bereits seit Langem Herren über Grund und Boden und wollten sich von der Herrschaft des Mutterlandes befreien wie die Nordamerikaner auch. An der Befreiung der unterdrückten, eingeborenen Bevölkerung hatten sie kein Interesse und auch nicht an der Befreiung der Sklaven.

Der Unabhängigkeitskämpfer Simón Bolívar wird auch heute noch in vielen südamerikanischen Ländern als Nationalheld verehrt.

Risorgimento {1847/1857}

Va pensiero, sull ali dorate – „Flieg, Gedanke, auf goldenen Schwingen" sangen die italienischen Patrioten 1842 nach der triumphalen Uraufführung von Verdis *Nabucco* sogleich als Befreiungslied und träumten wie das von Nebukadnezar (*Nabucco*) geknechtete jüdische Volk von der Befreiung aus der – österreichischen – Fremdherrschaft. Das inbrünstige *Va pensiero* ist bis heute eine Art inoffizielle Nationalhymne der Italiener. *Risorgimento*, der historische Begriff für die Einigungs- und Unabhängigkeitsbewegung in Italien, war der Titel einer seit 1847 in Turin erscheinenden Zeitschrift des piemontesischen Grafen Cavour (1810–1861), Architekt der Einheit Italiens und Ministerpräsident des norditalienischen Königreichs Sardinien-Piemont, das sich an die Spitze der liberalen nationalen Bewegung stellte. *Risorgimento* bedeutet: Wiederauferstehung.

In großen Teilen Norditaliens (Lombardei, Venetien, Toskana) herrschte Österreich. 1848 wurde eine unabhängige Republik Venedig ausgerufen, und die Lombardei schloss sich an das unmittelbar benachbarte Sardinien-Piemont an. Diesen „Aufstand" ließ der soeben gekrönte österreichische Franz-Joseph I. (der Ehegatte von „Sisi") von Feldmarschall Radetzky niederschlagen. In den Fünfzigerjahren gewann Cavour die Unterstützung Napoleons III. Dank französischer Militärhilfe gelang ihm 1859 die Vertreibung der Österreicher nach der Schlacht von Solferino. Gleichzeitig rollte der Freischärlerführer Garibaldi (1807–1882) die ohnehin schwache spanische Bourbonen-Herrschaft

Porträt des italienischen Freiheitskämpfers Giuseppe Garibaldi

im Königreich Neapel mit einer Freiwilligenarmee von Süden her auf. Im März 1861 wurde das Königreich Italien unter Viktor Emmanuel II. als konstitutionelle Monarchie proklamiert, mit Florenz als Hauptstadt. 1866 gelang die Eroberung Venetiens mit preußischer Hilfe und ohne preußische Hilfe 1870 die Einnahme des Kirchenstaates und damit die Vollendung der Einheit Italiens. Nach Florenz wird Rom 1871 Hauptstadt.
Übrigens: In anderer Hinsicht epochemachend war die seit Waterloo blutigste Schlacht von Solferino bei Mantua. Hier besuchte der Schweizer Geschäftsmann Henri Dunant den französischen Kaiser Napoleon III. an der Front, weil er mit ihm über ein Bewässerungsprojekt in Algerien sprechen wollte. Angesichts des Leids der vielen Verwundeten ergriff Dunant spontan Hilfsmaßnahmen; unter dem bleibenden Eindruck von Solferino gründete er 1876 das Rote Kreuz.

Europäischer Kolonialismus und Imperialismus

Königin Victoria regierte von 1837 bis 1901. Ihr Name wurde zum Epochenbegriff. Das viktorianische England war dank seines ausgedehnten Kolonialreiches, seiner Wirtschaftskraft, innovativer Technik und gut ausgebildeter Führungskräfte die alleinige Weltmacht zur See und eine Großmacht in Europa.

Opiumkrieg {1840}

Tee und Seide, lange Zeit auch Porzellan, waren jahrhundertelang die begehrtesten Export- und Luxusartikel, die die Europäer bei den Chinesen einkauften. Umgekehrt benötigten die Chinesen fast nichts aus Europa, und das Reich der Mitte erlaubte den Außenhandel ohnedies nur über Kanton, überwachte ihn streng und ließ außerhalb der kleinen, abgeschotteten europäischen Kolonie sowieso keine Ausländer ins Land. Für die Bezahlung der von ihnen gelieferten Waren verlangte die kaiserliche Regierung Silbertaler. Weil die Europäer das Silber allmählich nicht mehr aufbringen konnten, sann insbesondere die bereits im Niedergang befindliche und mit Bargeld chronisch knappe Britische *East India Company* auf Abhilfe. Man schmuggelte Opium in das Land, und die Chinesen wurden süchtig. Zwischen 1820 und 1840 verfünffachte sich der „Absatz". Der millionenfache Opiumkonsum machte die Menschen apathisch und beschleunigte den Niedergang des Reichs der Mitte. Trotz Gegenmaßnahmen (Beschlagnahme, Verhaftungen) gelang es der chinesischen Regierung nicht, das Problem in den Griff zu bekommen. Eine Internierung der Ausländer

Der von dem Architekten Joseph Paxton für die Weltausstellung von 1851 entworfene, architektonisch bahnbrechende *Crystal Palace* im Londoner Hyde Park wurde 1936 durch ein Feuer zerstört. Bis zum Beginn der Wolkenkratzer-Ära war er das mit Abstand innovativste Gebäude des 19. Jahrhunderts.

in Kanton und die Vernichtung von weit über 1000 Tonnen Opium lieferte Großbritannien den Vorwand, eine Kriegsflotte zu entsenden, die bis nach Nanking vordrang. So wurde mit Gewalt die Öffnung Chinas erzwungen. Das von den Briten besetzte Hongkong an der Mündung des Perl-Flusses mussten die Chinesen 1841 abtreten. An den daraufhin abgeschlossenen „Ungleichen Verträgen" beteiligten sich auch Frankreich, Russland, die USA, um 1900 auch Deutschland und Japan. Im Zweiten Opiumkrieg (1856–1860) eroberten die Europäer sogar Peking, plünderten die Paläste und erzwangen die Legalisierung der Opiumeinfuhren.

Gravur eines Opiumladens im chinesischen Guangzhou (Kanton) aus dem 19. Jahrhundert. Millionen von Chinesen waren in diesem Jahrhundert opiumsüchtig.

Kanonenbootpolitik – Die Öffnung Japans

Diese Art der Durchsetzung staatlicher Interessen mit kleinen, schwer bewaffneten Kriegsschiffen war schon zu Anfang des Jahrhunderts aufgekommen. Ein besonders eklatanter Fall war die von den Amerikanern erzwungene Öffnung des hermetisch abgeriegelten Japan 1853/1854 durch amerikanische Schiffe, die dort das Ende des Shogunats der Tokugawa einläutete. Ab 1868 reformierte und modernisierte sich Japan dann schnell in der Meiji-Zeit nach westlichem Vorbild.

Auch in der Gegenwart wird mit dem Aufkreuzen von Flugzeugträgern mindestens als Drohgebärde nach wie vor Kanonenbootpolitik praktiziert.

Weltausstellung – Welthauptstadt {1851}

Die erste Weltausstellung 1851 war eine Idee des Prinzgemahls Albert der englischen Königin Victoria. 1851 war Britannien auf dem Gipfel seiner internationalen Geltung Gastgeber der Welt für alles, was als innovativ und fortschrittlich galt. Den mit Abstand wichtigsten Beitrag lieferte Großbritannien selbst mit dem Bau des dafür eigens im Hyde Park errichteten Ausstellungsgebäudes, dem Kristallpalast von Joseph Paxton (1803–1865). Noch nie hatte man ein derart

riesiges Gebäude (mit einer Grundfläche von 93 000 Quadratmetern) nur aus Gusseisenteilen und Glasscheiben zusammengesetzt. Das revolutionäre Modulverfahren war nur durch die entwickelte Eisenfertigungsindustrie jener Zeit überhaupt erst möglich. Der Kristallpalast ist der Vorläufer der modernen Stahl-Glas-Hochhausarchitektur. Nach der Weltausstellung begannen in London übrigens die Planungen für den U-Bahn-Bau. Die erste Linie wurde 1863 eröffnet.

Der schottische Missionar und Forscher David Livingstone galt als verschollen in Afrika, wurde aber von dem amerikanischen Journalisten Henry M. Stanley am Tanganjikasee aufgespürt.

Kaiserin von Indien {1857/1877}

Die wahren Herren in Indien waren mittlerweile die Abgesandten der Britischen Ostindien-Kompanie. Sie organisierten eine Art Zivilverwaltung, erhielten zur Unterstützung Truppen aus dem Mutterland und verfügten über Truppenkontingente aus einheimischen Indern.

Diese *Sepoy* meuterten 1857 gegen ihre britischen Offiziere. Der Aufstand war Ausdruck einer schon länger bestehenden Unzufriedenheit mit der De-facto-Kolonialherrschaft der Briten. Er wurde von den Briten innerhalb eines halben Jahres mit brutaler Gewalt niedergeschlagen. Sie scheuten vor keiner Art von Kriegsverbrechen zurück und richteten gefangene „Rebellen“ hin, indem sie sie vor Kanonen banden, die dann abgefeuert wurden und die Leiber zerrissen. Der letzte Großmogul wurde abgesetzt und Indien gleichzeitig in eine Kronkolonie umgewandelt.

Das indische Kolonialreich umfasste damals den gesamten Subkontinent, also die heutigen Staaten Indien, Pakistan, Bangla-Desh und Myanmar (Birma), und es erschien den Europäern märchenhaft reich. Victorias Erhebung zur „Kaiserin (von Indien“) markiert den Beginn des Zeitalters des Imperialismus.

➥ ***Was danach geschah:*** Alle europäischen Mächte, auch Russland, die USA und Japan strebten nun in einem regelrechten Wettlauf danach, noch nicht beherrschte Territorien auf dem Globus zu besetzen. Dies betraf einige Teile Asiens, vor allem aber das bisher weitgehend unbekannte Afrika. Auch die verbissenen Wettläufe zu Nord- und Südpol gehören in diesen Zusammenhang. Die globalen Hauptkonkurrenten aber waren Großbritannien und Frankreich auf dem dunklen Erdteil.

Dr. Livingstone, I presume? {1872}

Nach eigener Darstellung erreichte den amerikanischen Journalisten und Kriegsberichterstatter für den *New York Herald* Henry M. Stanley (1841–1904) am 16. Oktober 1869 ein Telegramm seines Zeitungsverlegers mit der Aufforderung: „Finden Sie Livingstone!“ Das spurlose Verschwinden des schottischen Missionars im Herzen Afrikas war eine *cause celèbre* in Europa und Amerika. Viele hielten den Forscher, der als erster Innerafrika von Westen nach Osten durchquerte, für tot. Stanley organisierte einen Tross von arabischen Führern und fast 200 afrikanischen Proviantträgern. Am 10. November 1871 fand er Livingston tatsächlich einigermaßen wohlbehalten in einem kleinen Ort am Tanganjikasee. Nach einem dreimonatigen entbehrungsreichen Marsch durch unwegsamstes Gelände in das schwärzeste Afrika, wo es in Tausenden von Kilometer Umkreis nicht einen Weißen gab, begrüßte Stanley den Doktor, als ob er sich einem entfernten Bekannten in einem New Yorker Club vorstellte: – „Sie müssen Dr. Livingstone sein!“

Suezkanal {1859–1869}

Das strategisch bedeutendste Bauwerk aller Zeiten, der 190 Kilometer lange Suezkanal, wurde von etwa anderthalb Millionen Menschen unter ungeheuren Anstrengungen und Opfern gebaut. Der Wegfall der zeitraubenden Umfahrung Afrikas im Schiffsverkehr zwischen Europa und Fernost bedeutete für die damaligen Dampfschiffe eine Ersparnis von etwa einem Monat. Der Großteil des erforderlichen Kapitals war von einer britisch-französisch-österreichisch-ägyptischen Aktiengesellschaft aufgebracht worden, der *Compagnie de Suez*. Organisator des Jahrhundertprojektes war der französische Ingenieur Ferdinand de Lesseps (1805 –1894), vormals französischer Konsul in Kairo und Alexandria. Die pompösen Eröffnungsfeierlichkeiten in Anwesenheit von Kaiser Napoleon III. fanden im November 1869 statt.

Zur Sicherung des Seeweges nach Indien und weil Ägypten wegen der anfangs geringen Einnahmen aus dem Kanal kurz vor dem Staatsbankrott stand, erwarb Großbritannien die ägyptischen Anteile an der *Compagnie de Suez* und besetzte 1882 das Land. Spätestens damit war Britannien uneingeschränkte globale Seemacht.

Russland

Seit Peter dem Großen expandierte Russland und wurde eine Kolonialmacht, allerdings zu Lande. Katharina die Große hatte vor allem die russische Süderweiterung auf Kosten des immer schwächer werdenden Osmanischen Reiches vorangetrieben und das Schwarze Meer erreicht (1774). Zar Alexander I. konnte eine kleine Norderweiterung verzeichnen (Finnland 1809) und war als „Befreier Europas" von Napoleon einer der bedeutendsten Herrscher auf dem Wiener Kongress. Sein Nachfolger, sein Bruder Nikolaus I., erwarb im Krieg gegen Persien Armenien und die Seeherrschaft im Kaspischen Meer. 1828/1829 nahm er den Türken die Ostküste des Schwarzen Meeres ab (Georgien), sicherte sich freie Fahrt auf der Donau, im Schwarzen Meer und im Mittelmeer. Auch er hatte die gegen die türkische Oberherrschaft erfolgreiche griechische Unabhängigkeitsbewegung unterstützt. Seitdem es 1683 vor Wien zurückgeschlagen worden war, befand sich das Osmanische Reich wirklich nur noch in der Defensive. Vom nunmehr russischen Nordufer des Schwarzen Meeres ist es nicht weit bis zum Bosporus am Südufer.

Krimkrieg {1853}

1852 sagte Zar Nikolaus I. in einem Gespräch mit dem britischen Botschafter: „Wir haben einen kranken Mann auf den Armen. Es wäre ein Unglück, wenn er uns eines Tages entfallen sollte." Eigentlich gedachte Nikolaus diese Schwäche zu nutzen und das Osmanische Reich zu zerschlagen. Er wusste allerdings, dass dies nur mit dem Einverständnis Großbritanniens möglich war. Großbritannien wollte kein Machtvakuum in dem immer noch großen Gebiet des Osmanenreiches, aber es wollte auch nicht Russland dort sehen. Nikolaus provozierte im Jahr darauf den türkischen Sultan Abdülhamid I. mit politischen Forderungen dermaßen, dass das Osmanische Reich Russland den Krieg erklärte. Russland stand aber im Krimkrieg allein gegen das Osmanische Reich, das von Großbritannien, Frankreich und Österreich unterstützt

Die Farblithographie nach einem Gemälde von William Simpson zeigt die geschäftige Hauptstraße von Balaklawa auf der Halbinsel Krim mit der für militärische Zwecke von den Briten während des Krimkriegs gebauten Eisenbahn. Hier hatten die Briten, die das Osmanische Reich gegen Russland unterstützten, eine Militärbasis.

wurde, die weitere russische Expansionen Richtung Mittelmeer aufhalten wollten. Mangels Eisenbahnen in den Süden konnten die Russen den Nachschub nicht schnell und effizient genug organisieren. Der Krimkrieg war verlustreich und wirkte wie ein Vorspiel zum Ersten Weltkrieg, weil auch hier die meisten europäischen Mächte involviert waren und weil hier erstmals die Soldaten in eingegrabenen Stellungen kämpften. In den englischen Lazaretten half Florence Nightingale, die „Dame mit der Lampe".

Übrigens: Durch den Krimkrieg wurden die beiden konservativsten europäischen Monarchien, Russland und Österreich, politische Gegner – bis hinein in den Ersten Weltkrieg. Das Attentat auf den österreichischen Thronfolger in Sarajewo wurde von serbischen Nationlisten verübt, und Russland unterstützte Serbien.

ENTDECKUNGEN UND ERFINDUNGEN

1833 Telegrafie
Die für lange Zeit einzige praktische Anwendung von Elektrizität war der Telegraf. Erste Nachrichtenübertragung durch Carl Friedrich Gauß und Wilhelm Weber 1833 in Göttingen aus ihrem Institut in der Innenstadt zur Sternwarte.

1857 Mikroben
Louis Pasteur erkennt, dass die Milchsäuregärung von lebende Mikroorganismen verursacht wird. Später entdeckt er viele Keime als Ursache von Krankheiten.

1859 Evolutionstheorie
In diesem Jahr erscheint Darwins absolut bahnbrechendes Buch „Über den Ursprung der Arten", das die Grundlage für die biologische Evolutionstheorie liefert.

1861/1876 Telefon
Philipp Reis führte 1861 in Frankfurt erstmals einen brauchbaren elektrisch betriebenen Fernsprechapparat vor. Alexander Bell entwickelt auf dieser Grundlage in den USA das Telefon zur Marktreife und Massenware (Patent 1876).

1865 Antisepsis
Der englische Arzt Joseph Lister beginnt mit der Einführung antiseptischer (keimtötender) Maßnahmen bei Operationen und bei der Wundversorgung.

Diamantenfieber {1866}

1866 wurden auf einer Farm der Brüder de Beers erstmals Diamanten in Südafrika entdeckt. Angesichts des Ansturms verkauften die de Beers das Gelände, aber das Graben in der Tiefe erwies sich als so schwierig, dass die Diamantenschürfer nach einigen Jahren aufgaben. Deren Anteile erwarb in erster Linie der Engländer Cecil Rhodes (1853–1902). Rhodes gründete 1880 die Firma De Beers, die er mit Rückendeckung der britischen Regierung zum Monopolisten der Diamantengewinnung in Südafrika ausbaute.

1885 entdeckte man am Witwatersrand bei Johannesburg außerdem noch Gold. Auch hier beteiligte sich Rhodes. Siedler lockte er durch Landverkäufe in das nach ihm benannte Rhodesien, heute Sambia und Simbabwe. 1890 wurde er, inzwischen einer der reichsten Männer der Welt, Premierminister der britischen Kapkolonie. Rhodes war ein Erzimperialist. Seine Vision war ein großflächig unter britischer Vorherrschaft vereinigtes Südafrika. Vorläufig bestanden aber noch die Buren-Republiken. Sie wurden durch die von Diamantenfieber und Goldrausch verstärkte europäische Einwanderung zunehmend destabilisiert.

Übrigens: 1902 kam ein aus Friedberg in Hessen gebürtiger Angestellter der Diamantenhändler-Firma Dinkelsbühler & Co. nach Südafrika. Ernst Oppenheimer gründete 1917 die Anglo-American, die in den 1920-Jahren De Beers übernahm. Bis heute leitet immer ein Mitglied der Familie Oppenheimer die Firma De Beers. Ihr Werbeslogan: „Ein Diamant ist unvergänglich."

Burenkrieg {1899}

Cecil Rhodes versuchte außerdem die Buren-Republiken zu vereinnahmen. Den hartnäckigsten Widerstand leistete Transvaal unter seinem Präsidenten Paul (Ohm) Kruger. 1899 begannen die Kampfhandlungen.

Der zunächst für die Buren erfolgreiche Kriegsverlauf änderte sich, als der englische General Kitchener in das Geschehen eingriff. Auf den Guerilla-Krieg antworteten die Engländer mit dem Niederbrennen von Farmen, Abschlachten von Vieh und der Errichtung von Konzentrationslagern, in denen burische Frauen und Kinder interniert wurden; ein Viertel starb angesichts der katastrophalen hygienischen Verhältnisse in den Lagern. Es waren die ersten Konzentrationslager überhaupt. Die Engländer gewannen den Krieg 1902 dank ihrer erdrückenden Übermacht. Britannien setzte Hunderttausende von Soldaten gegen 30 000 bis 40 000 burische Kämpfer ein. Beide Seiten führten den Krieg, bei dem es letztlich um das Gold und die Diamanten in Transvaal ging, mit großer Grausamkeit.

Winston Churchill (1874–1965) begann seine politische Laufbahn als Kriegsberichterstatter im Burenkrieg, und Gandhi nahm im Sanitätsdienst daran teil.

Frontier

Die USA in ihrer heutigen territorialen Gestalt sind nicht mit der Proklamation der Unabhängigkeit 1776 entstanden, sondern in einem langwierigen Prozess. Der Mythos der *frontier* („Grenzland") ist die Auseinandersetzung mit den amerikanischen Ureinwohnern. Ihre Verdrängung setzt erst nach 1800 ein. Ein erster trauriger Höhepunkt war der „Pfad der Tränen", die gewaltsame Umsiedlung der Cherokee-Kultur aus ihren Stammsitzen im fruchtbaren Gebiet der südlichen Appalachen in das vergleichsweise karge Oklahoma in den 1830er-Jahren. Auch die Seminolenkriege zwischen 1814 und 1858 gehören in diesen Zusammenhang. Die zahllosen Vertreibungs- und Vernichtungskriege der weißen Amerikaner gegen die „Rothäute" zogen sich bis ans Ende des Jahrhunderts. Als Letzte wurden die Prärie- und Reiterindianer in den noch dünn besiedelten Great Plains des Mittleren Westens bekriegt. Diese letzte Phase ist verbunden mit den Namen bekannter Häuptlinge wie Crazy Horse und Sitting Bull, der General Custer 1876 am Little Bighorn vernichtend schlagen konnte. Den grausigen Schlusspunkt des amerikanischen Indianer-Genozids bildete das Massaker am Wounded Knee-Fluss in South Dakota 1890, das auch das Todesjahr von Sitting Bull war.

Gegen die Feuerwaffen der US-Armee hatten die Indianerstämme trotz einiger Erfolge letztlich keine Chance.

Faktisch vollendet war die Erschließung des Westens mit dem Bau der ersten transkontinentalen Eisenbahnverbindung 1869 durch die *Central Pacific Railroad* und die *Union Pacific*, die die Strecke von Westen und Osten aufeinander zu gebaut hatten. 1890 wurde in den USA das letzte Indianer-Territorium in Oklahoma aufgelöst und damit sozusagen offiziell das Ende des Wilden Westens proklamiert.

Klondike {1896}

Nach dem Versiegen des Goldrausches von 1848 verlegten die Goldsucher ihre Aktivitäten hoch in den Norden in das Grenzgebiet von Alaska und Kanada am Fluss Yukon, wo Tausende immer wieder kleine Funde machten. Neben dem Pelzhandel hatte sich die Goldsuche dort als Gewerbszweig mit einer etwas rauen, aber immerhin funktionierenden Infrastruktur etabliert. Am 16. August 1896 gelang am Klondike, einem Nebenfluss des Yukon, der entscheidende Fund. „Klondike" wurde in der englischen Sprache zu einem Inbegriff von schnellem Reichtum. Von Jack London über Charlie Chaplins *Goldrausch* bis zu Dagobert Duck ist „Klondike" in der amerikanischen Kultur verewigt. Aus allen Gegenden der Welt

In Titusville, Pennsylvania, gelang dem Amerikaner Edwin L. Drake 1859 die erste erfolgreiche Bohrung nach Erdöl.

strömten Goldsucher in die unwirtliche Gegend knapp unterhalb des Polarkreises. Bis 1898 waren trotz beschwerlichster Anreise aus einigen Tausend 40 000 geworden. Hier wurde der Goldabbau bis 1966 betrieben.

Rockefeller

John D. Rockefeller, der sein Vermögen mit Erdöl machte, wurde weltweit ein Inbegriff für den neureichen Industriemagnaten. Die Familie stammte ursprünglich aus dem Ort Rockenfeld (gemeint ist: Roggenfeld) bei Neuwied am Rhein. Vor 1860 war John D. als Buchhalter bei einer Speditionsfirma tätig. Dann stieg er ins Erdölgeschäft ein.

Am 27. August 1859 hatte der Kolumbus der Erdölförderung, der Amerikaner Edwin L. Drake, nach vielen Rückschlägen in Pennsylvania eine ergiebige Erdölquelle erbohrt. Gerade rechtzeitig. Der Bodenschatz Erdöl wurde viel wichtiger als Gold und Diamanten. „Petroleum", eine seit der Antike bekannte Substanz, bisher ohne große Bedeutung, erfreute sich erstmals einer gewissen Nachfrage, weil das aus Walen gewonnene rauchfreie Tranöl anfing, teuer zu werden. Wegen des begehrten Tranöls war der riskante Walfang jene legendäre Großindustrie des 19. Jahrhunderts. Das Erdöl wurde damals in Fässern (engl.: *barrel*) transportiert. Zur Verwendung musste es weiterverarbeitet, „raffiniert" werden. Zunächst ging es hauptsächlich um Beleuchtungsmittel, die bei Nostalgikern beliebten Petroleumlampen – damals ein beachtlicher Fortschritt für die häusliche Zimmerbeleuchtung. 1863 gründete Rockefeller mit zwei Partnern eine kleine Erdölraffinerie, die er 1870 in Cleveland zur Standard Oil umorganisierte. (Standard Oil = S. O., Abkürzung ausgeschrieben: Esso). Rockefeller sah sowohl die Bedeutung der Benzin- und Kerosinproduktion für Automobil- und Flugzeugmotoren voraus wie die der Pipelines für den Transport (er wollte die Frachtgebühren für die Eisenbahnen umgehen, deshalb baute er eigene Rohrleitungen). Rockefellers ungeheuer wachsender Konzern stand jahrzehntelang im Zentrum eines Kampfes um Macht und Monopole mit der amerikanischen Regierung. Er hatte eben schon früh eine extrem starke Marktstellung in der Öl- und Benzinversorgung wie heute die Google-Apple-Facebook in der Internetwelt. Anti-Trust-Gesetze wurden seit 1890 in immer neuen Anläufen erlassen, um Standard Oil Einhalt zu gebieten.

Fin de siècle

England war im 19. Jahrhundert nicht nur politisch und dank seiner Kolonien eine Weltmacht geworden. Es hatte sich seit Beginn des Jahrhunderts auch zur technisch führenden, innovativen Nation entwickelt, das Silicon Valley seiner Zeit. Selbstverständlich zählte auch Frankreich zu den großen Nationen, ebenfalls auf wissenschaftlichem und technischem Gebiet. Die Gründerzeit löst auch in Deutschland, Österreich und Schweiz definitiv nach 1848 das Biedermeier ab und ist eine Phase großen wirtschaftlichen Aufschwungs – nicht nur bei Kohle, Stahl und Eisenbahn. Beim damaligen Österreich ist zu beachten, dass es sich um ein Großreich handelt, das von Böhmen und Mähren über Ungarn bis tief in den Balkan reicht. Das Juwel in der österreichischen Krone ist das reiche Agrar- und Industrieland Böhmen.

Gründerzeit {ab 1848}

Als bräuchte man nur ein Unternehmen zu gründen, um reich zu werden. Die Palette reichte vom Kanonengießen (Krupp) bis zum Kaffeerösten (Meinl). „Gründerzeit" verweist nicht nur auf Unternehmensgründungen, sondern auch auf die Vielzahl der Vereinsgründungen. Es gab kaum eine Art von menschlicher Betätigung, die nicht im Verein betrieben wurde: Gesang, Sport, Kaninchenzüchten, auch zu Bildungszwecken bildeten sich Vereine, denn die Bildungsbeflissenheit war eines der Hauptcharakteristika des 19. Jahrhunderts. Besonders fortschrittlich war die Schweiz, die wirtschaftlich prosperierte und sich 1848 eine liberale Bundesverfassung gab. Daher wurde die Schweiz ein wichtiger Zufluchts- und Asylort für deutsche Revolutionäre, die teilweise steckbrieflich gesucht wurden. Zu den prominentesten Asylanten zählte neben Richard Wagner auch der badische Revolutionär Friedrich Hecker.

Die Prosperität der Gründerzeit verdeutlicht am eindrucksvollsten das Wachstum der österreichischen Hauptstadt Wien: Entlang der Ringstraße entstanden dort zahlreiche repräsentative Gebäude in historisierenden Baustilen.

Second Empire {1852}

Frankreich hatte zum zweiten Mal einen Kaiser, Napoleon III. Bonaparte, den Neffen von Napoleon. Er war am Ende des Revolutionsjahres 1848 mit großer Mehrheit zum Präsidenten der (zweiten) Republik gewählt

Napoleon III. Bonaparte (1808–1873) war der Neffe von Napoleon I. Er war zunächst Präsident der Zweiten Französischen Republik und machte sich 1851 zum Herrscher des Zweiten Kaiserreichs (Second Empire).

Das Opernhaus in Paris, die prachtvolle *Opéra Garnier* (hier eine historische Aufnahme), ist der Inbegriff aller *Second-Empire*-Bauten.

Porträt von Otto von Bismarck, dem ersten Reichskanzler des Deutschen Reiches, von dem deutschen Maler Arthur Fischer aus dem Jahr 1890

worden, suspendierte 1851 die Verfassung und ließ sich umfassende Vollmachten erteilen. Dies und seine Proklamation zum Kaiser wurden 1852 in einer Volksabstimmung bestätigt. Anfangs regierte er autoritär, brachte Frankreich aber durch seine Beteiligung am Krimkrieg, seine Unterstützung des italienischen *Risorgimento* und den Umbau von Paris zu hohem Ansehen. 1863 fällte er persönlich die Entscheidung, die vom offiziellen *Salon* zurückgewiesenen Künstler im *Salon des Refusés* auszustellen: Manet, Whistler, Courbet, Pissarro, Cézanne. Aus dieser Gruppe von Künstlern entwickelte sich alsbald der Impressionismus.

Preußischer Gesandter in Paris war im Jahr zuvor, 1862, der altmärkische Junker Otto von Bismarck (1815–1898).

Der Eiserne Kanzler {1862}

Noch in diesem Pariser Gesandtenjahr 1862 wurde Bismarck vom preußischen König Wilhelm I. zum Ministerpräsidenten ernannt.

Wilhelm und sein Heeresminister Roon wollten das Heer vergrößern, um gegen revolutionäre Umtriebe gewappnet zu sein, aber die liberale Mehrheit im Parlament verweigerte die Zustimmung. Roon telegrafierte nach Paris: „Gefahr im Verzug. Beeilen Sie sich." Bismarcks Ernennung erfolgte drei Tage später, nachdem er dem König versichert hatte, die gewünschte Reform durchzusetzen, denn Bismarck war der Ansicht, dass „nicht durch Reden und Majoritätsbeschlüsse die großen Fragen der Zeit entschieden werden, sondern nur durch Eisen und Blut". Wenn ihm innenpolitische Gegner das Leben schwer machten, hielt er sie für „bösartige Reptilien, die man bis in ihre Höhlen verfolgen müsse, um zu sehen, was sie treiben". Der Zwei-Meter-Mann mit der Fistelstimme war nicht nur der Erfinder markiger Sprüche, sondern auch einer der bedeutendsten deutschen Politiker. Seine Hauptaufgabe und sein Hauptwerk waren die erste deutsche Einheit.

Rache für Sadowa {1866}

Seit den Befreiungskriegen gegen Napoleon wurden in Deutschland zwei politische Forderungen erhoben: erstens die nationale: Einheit des „Vaterlandes"; zweitens die liberale: eine Verfassung. Zur Lösung der nationalen Frage provozierte Bismarck 1866 Österreich, sodass es zu einem Feldzug der beiden deutschsprachigen Großmächte kam, den Österreich bei Königgrätz (Sadowa) in Böhmen verlor, weil sich die Schlacht zum Erstaunen der österreichischen Heeresleitung nicht so entfaltete, wie man das in den Kaisermanövern so schön geprobt hatte. Außerdem hatte der deutsche Feldherr Helmuth von Moltke („Getrennt marschieren – vereint schlagen") erstmals die Eisenbahn für seinen zeitlich exakt geplanten Aufmarsch verwendet.

Daraufhin löste Bismarck den Deutschen Bund auf und annektierte neben Schleswig und Holstein noch Hannover, Kurhessen (Nordhessen), Nassau und Frankfurt, das bis dahin Freie Reichsstadt war. Diese Gebiete bildeten ab 1867 den Norddeutschen Bund, also praktisch ganz Deutschland nördlich der Mainlinie von der Maas bis an die Memel. Ein derartiges Erstarken Preußens und das Entstehen einer neuen Großmacht in der gewohnt zersplitterten Mitte Europas konnte Frankreich nur mit größter Sorge und Skepsis betrachten. Daher entstand in Frankreich, nicht in Österreich, der Ruf nach „Rache für Sadowa!" Es sollte anders kommen.

Preußens Gloria {1870/1871}

Um die Einheit Deutschlands ohne Österreich zu vollenden, musste der Widerstand in den süddeutschen Monarchien Bayern, Württemberg, Baden und Hessen-Darmstadt beseitigt werden. Dazu bedurfte es in einer großen nationalen Begeisterung, genährt durch ein Bedrohung von außen. Bismarck provozierte Napoleon III. zu einer Kriegserklärung an Deutschland, indem er einen Depeschenbericht über eine Begegnung des französischen Botschafters mit Kaiser Wilhelm in dem Kurort Bad Ems in verkürzter und dadurch verschärfter Form an die Presse gab (Emser Depesche). Nun galt Napoleon in der öffentlichen Meinung als Friedensbrecher. Die süddeutschen Staaten hatten keine

Wahl: Sie mussten sich mit Preußen solidarisieren und am Krieg gegen Frankreich teilnehmen.

Schon bei der ersten großen Schlacht im nordfranzösischen Sedan am 2. September 1870 geriet der französische Kaiser in deutsche Gefangenschaft. Das war praktisch das Ende des Second Empire. Nachdem die Deutschen Paris erobert hatten, wurde am 18. Januar 1871 im Spiegelsaal von Versailles durch Bismarck mit Zustimmung der süddeutschen Länder ein national geeintes Deutsches Reich proklamiert und Wilhelm I. zum deutschen Kaiser ausgerufen. Verfassungsrechtlich gesehen war es der Beitritt der süddeutschen Monarchien zum Norddeutschen Bund. Die Verfassung des Norddeutschen Bundes wurde am 16. April 1871 durch die neue, von Bismarck entworfene Verfassung des Deutschen Reiches abgelöst.

Weltwirtschaftskrise I {1873}

1873 fand in Wien die fünfte Weltausstellung statt, und ausgerechnet von der Wiener Börse ging bereits eine Woche nach der Eröffnung am 9. Mai, einem Freitag, die erste moderne globale Weltwirtschaftskrise aus. Auslöser war eine Immobilien-und Spekulationsblase, leichtfertig vergebene Kredite, eine überraschend hohe Zahl von Insolvenzen, auch einer Wiener Bank, der ganze Teufelskreis. Gelder wurden schlagartig abgezogen, die Zinsen stiegen, was wiederum viele Unternehmen in Bedrängnis brachte, darunter Eisenbahnunternehmen in USA. Am 19. September wurde die New Yorker Börse erstmals geschlossen. Die Krise erfasste fast alle größeren Länder Europas, griff bis nach Südamerika und Australien aus. Überall fielen die Kurse um 30 bis 50 Prozent. Danach folgte eine jahrelange Depression. Der Glaube und das Vertrauen des 19. Jahrhunderts in den unaufhaltsamen Fortschritt waren nachhaltig erschüttert.

➡ ***Was danach geschah:*** Die Staaten griffen durch restriktive Maßnahmen, beispielsweise Schutzzölle wieder verstärkt in das zuvor sehr liberal gehandhabte Wirtschaftsleben ein. Immerhin blieb bis 1914 der Goldstandard erhalten: Seit der Jahrhundertmitte waren alle Währungen frei konvertierbar, weil ein US-Golddollar genauso viel wert war wie das Gold-Pfund, der Gold-Franc, die Gold-Mark oder der Gold-Rubel. In ganz Europa konnte man beliebig reisen (es gab übrigens auch keine Pässe) und mit seinem Gold-Geld überall bezahlen. Der Goldstan-

Darwins Evolutionstheorie

1859 erscheint Darwins bahnbrechendes Buch *Über den Ursprung der Arten*, das die Grundlage für die biologische Evolutionstheorie liefert.

Darwin, ein Arztsohn, hatte seine Erkenntnisse bereits in den 1830er-Jahren auf einer fünfjährigen Forschungsreise mit der *HMS Beagle* gewonnen, aber lange mit der Veröffentlichung gezögert. Er wusste, dass sie völlig konträr waren zu allen bis dahin gängigen, jahrtausendealten mythologisch-religiösen Schöpfungsvorstellungen von Welt und Leben, auch der Schöpfungsgeschichte der Bibel.

Seit der vollen Anerkennung des Darwinschen Erklärungsmodells im 20. Jahrhundert ist klar, dass Natur sich permanent entwickelt und verändert: Das All expandiert, Planet Erde entstand in Milliarden Jahren, selbst die Kontinente verschieben sich. Nichts ist weniger konstant als das Klima. Alle Lebensvorgänge, jegliches Wachstum sind nichts anderes als ständige Bewegung und Veränderung, permanente chemische Reaktionen. Die Körperzellen, selbst Gehirn und Gene verändern sich ständig. „Alles fließt."

„Evolution" ist somit nichts weniger als das grundlegende Denkmodell für alle modernen Natur- und sogar die Sozialwissenschaften. Es überragt in seiner fundamentalen Bedeutung sogar die Kopernikanische Wende.

Charles Darwins Evolutionstheorie wirkte bahnbrechend für die Naturwissenschaften.

dard wurde 1914 aufgehoben und – angesichts der Kriegsfeindschaften – auch die Passkontrollen eingeführt. Erst das Schengen-Abkommen von 1985 und die Euro-Einführung 1999/2002 haben diesen Zustand für Teile Europas wieder rückgängig gemacht.

Fin de Siècle: Endzeitstimmung – Aufbruchstimmung

Das Gemälde *Der Kuss* des österreichischen Künstlers Gustav Klimt (1862–1918) aus dem Jahr 1908 ist ein bekanntes Beispiel für die Stilrichtung des Jugendstil, der stark vom Fin de Siècle beeinflusst wurde.

Der Titel einer in Vergessenheit geratenen französischen Komödie von 1888 wurde zum Epochenbegriff der Zeit von 1890 bis 1914. Relativ lang anhaltender Friede in Europa und vergleichsweise gesicherte materielle Verhältnisse für die bürgerlichen Schichten führten zu Dekadenzerscheinungen der „Belle Epoque". Das Erstarren in Konventionen provozierte andererseits eine Aufbruchstimmung, die in der Kunst in „Sezession" und „Jugendstil", in der Gesellschaft in „Lebensreform", „Wandervogel" oder „Olympischen Spielen der Neuzeit" (erstmals 1896) zum Ausdruck kam. Überall suchte man Neuansätze, der Begriff „Moderne" wurde erstmals bewusst gebraucht. In Naturwissenschaft und Technik gab es solche bahnbrechenden Neuansätze tatsächlich, als 1879 die Glühbirne, 1895 die Röntgenstrahlen und die drahtlose Telegrafie (Funk) sowie 1898 die Radioaktivität entdeckt wurden. Im Jahr 1900 stieg der erste Zeppelin auf, Planck formulierte die Quantentheorie, und Freuds *Traumdeutung* erschien. 1909 überquerte der Franzose Bléroit als erster Mensch in einem Flugzeug den Ärmelkanal, 1912 sank die *Titanic*.

Übrigens: Richard Wagner hat die Zwiespältigkeit und Zerrissenheit seiner Epoche gespürt und schon in der Jahrhundertmitte in seiner großen Polit- und Gesellschaftsparabel „Der Ring des Nibelungen" thematisiert: die Gier nach Gold und Macht und Weltbeherrschung (dafür steht der Ring), die Fesseln der Konventionen einerseits und die Sehnsucht nach freier, kreativer Selbstverwirklichung des ungebundenen Individuums und ungezwungener Liebe andererseits.

Pogrom {1881}

Zar Alexander II. (reg. 1855–1881), Sohn von Nikolaus I., beendete 1856 den von seinem Vater begonnenen Krimkrieg gegen die Osmanen, den Russland gegen das restliche Europa sowieso nicht gewinnen konnte. Er hob 1861 die Leibeigenschaft auf, führte eine umfassende liberale Reformpolitik in dem völlig verkrusteten Polizeistaat durch und überlebte mehrere Attentate, aber nicht das letzte Sprengstoffattentat auf ihn 1881. Traumatisiert kehrten die letzten beiden Zaren zu einer reaktionären Politik zurück.

Alexanders Enkel, der damals zwölfjährige spätere Nikolaus II. hatte mit angesehen, wie seinem Großvater bei dem Attentat beide Beine abgerissen wurden. Unter Alexander III. begann in Russland eine massive, gesetzlich verordnete Judenverfolgung. „Pogrom" ist ein russisches Wort und bedeutet „Zerstörung, Demolierung". Diese Judenverfolgungen waren weder die ersten noch die letzten in Russland. Sie führten zu einem massiven Exodus der Ostjuden, die zunächst nach Deutschland und Österreich-Ungarn kamen. Von hier wanderten viele weiter in die USA und nach Palästina.

Die starke jüdische Minderheit in den USA datiert aus jener Zeit. Sie wurde durch weitere Pogrome um 1905 verstärkt.

J'accuse {1894}

Nach einem aufsehenerregenden Prozess wurde am 22. Dezember 1894 in Paris der aus dem Elsass stammende französische Hauptmann Alfred Dreyfus (1859–1935) wegen angeblicher Spionage zur Degradierung und lebenslanger Verbannung auf die Teufelsinsel verurteilt. Dem war eine – eindeutig antisemitisch motivierte – Vorverurteilung in der Öffentlichkeit vorausgegangen. Die Affäre spaltete das ganze Land bis in die Familien hinein. Alle konservativen Gruppen hielten Dreyfus für schuldig. Die öffentliche Erregung wuchs, als der Schriftsteller Emile Zola in der Zeitung *L'Aurore* unter der dicken Balkenüberschrift *J'accuse* („Ich klage an") einen offenen Brief an den Präsidenten der Republik veröffentlichte, in dem er sich für Dreyfus einsetzte. Dreyfus wurde nach langer Leidenszeit rehabilitiert. Hinter dem politisch engagierten Zola standen politisch die Republikaner, die Sozialisten und – dies war ein neuer Begriff – *les intellectuelles*: die Intellektuellen. In diesem Zusammenhang entstand der Begriff, übrigens zuerst im konservativen Lager der Dreyfus-Gegner, die ihn ausgesprochen abschätzig gebrauchten.

Zionismus {1896}

Einer der Berichterstatter des Dreyfus-Prozesses war der Publizist Theodor Herzl (1860–1904). Er war von dem Geschehen in Frankreich schockiert und sich natürlich des vehementen Antisemitismus in Wien und Österreich bewusst. Unter dem Einfluss dieser Erlebnisse verfasste er sein Buch *Der Judenstaat*, das 1896 erschien. Damit wurde er zu einem der wesentlichen Begründer des Zionismus. Zur *Lösung der Judenfrage* (so der Untertitel des Buches) schlägt Herzl einen eigenen Staat für die in alle Welt verstreuten Juden vor. Da damals kaum ein Jude Hebräisch konnte und die meisten Juden in Herzls Umfeld Deutsch oder wenigstens Jiddisch sprachen, schlug er als Staatssprache übrigens Deutsch vor.

1897 veranstaltete Herzl den 1. Zionistischen Weltkongress in Basel. Seit dem Ersten Weltkrieg unterstützte die britische Regierung die Forderung nach einer „nationalen Heimstätte für das jüdische Volk" (Balfour-Deklaration), die dann nach den Zweiten Weltkrieg realisiert wurde.

Das Herz der Finsternis {1885–1910}

Die Belgier wollten das ihnen auf der Kongokonferenz 1885 zugesprochene Kongobecken gar nicht haben, daher vereinnahmte ihr König Leopold II. das erstmals von dem Livingston-Entdecker Stanley erforschte zentralafrikanische Gebiet als Privatbesitz. Er ließ das riesige, rohstoffreiche Land auf dem Höhepunkt des Kautschukbooms in menschenverachtender Weise ausbeuten. Seine Angestellten forcierten die Zwangsarbeit durch Hände abhacken, Auspeitschungen, Vergewaltigungen, Dörfer niederbrennen und Mord an schätzungsweise zehn Millionen Schwarzen. Der polnisch-englische Schriftsteller Joseph Conrad beschrieb den Wahnsinn dieses Systems in seiner Novelle *Das Herz der Finsternis* schon 1899, noch bevor es 1906 zu den Kongo-Gräueln kam.

Die Karikatur aus der satirischen Zeitschrift *Punch* (1906) zeigt den belgischen König Leopold II., wie er in Gestalt einer Schlange einen seiner Untertanen im damaligen Freistaat Kongo (heute Demokratische Republik) im Würgegriff hat. Der glühende Verfechter kolonialistischer Ideen ließ das Land auf grausame Weise ausbeuten.

Jungtürken I {1908}

Auf einem Kongress in Berlin 1878 waren unter Vermittlung Bismarcks die Grenzen auf dem Balkan neu gezogen worden. Der Kongress brachte Serbien, Montenegro und Rumänien die Unabhängigkeit, Bulgarien wurde ein autonomes Fürstentum unter osmanischer Oberhoheit. Österreich durfte Bosnien-Herzegowina mit seiner Hauptstadt Sarajewo okkupieren, einen kleiner Vielvölkerstaat aus orthodoxen Serben, katholischen Kroaten und Muslimen. Die Neuordnung des Balkans war nach Aufständen in diesen Ländern, die von Russland unterstützt wurden, notwendig geworden. Die Gebietsverluste des Berliner Kongresses mussten im Osmanischen Reich unter seinem vorletzten Sultan Abdülhamid II., der von 1876 bis 1909 regierte, erst einmal verkraftet werden. Es geriet darüber in seine finale Krise.

Abdülhamid zeigte sich nach innen anfangs liberal, regierte dann aber zunehmend absolutistisch. Die Armenier, die ihnen zugestandene Rechte einforderten, wurden mit

ENTDECKUNGEN UND ERFINDUNGEN

ca. 1865 Pasteurisieren
Louis Pasteur entwickelt die Kurzzeiterhitzung von Lebensmitteln, um sie länger haltbar zu machen (anhand von Wein und Bier; noch nicht der Milch). Bei der Pasteurisierung werden Milchsäurebakterien (welche die Gärung verursachen), Hefen, Salmonellen und andere Mikroorgansimen und Keime zuverlässig abgetötet.

1866 Vererbungsgesetze
In diesem Jahr veröffentlicht der Augustinermönch Gregor Mendel in Brünn die nach ihm benannten Vererbungsgesetze, welche später die Grundlage für die Genforschung bilden. Zu seinen Lebzeiten wurden diese Erkenntnisse kaum beachtet.

1866 Elektromotor
Siemens' Dynamomaschine zur Erzeugung von Strom. Ihre „Umkehrung" ist das Grundprinzip für jeden bis heute gebräuchlichen Elektromotor.

1879/1880 Glühlampe
Thomas A. Edison experimentiert lange mit verschiedenen Bauformen und Glühfäden, bis er eine wirklich brauchbare, längere Zeit haltbare Glühlampe für Serienfertigung entwickelt (Patent 1880). Eine der wichtigsten Elektrizitätsnutzungen im Alltag überhaupt.

1886 Automobil
„Benz Patent-Motorwagen Nummer 1" – das erste Automobil der Welt.

Massakern überzogen. Gegen Abdülhamids autokratische Regierung rebellierten 1908 junge Offiziere und hohe Beamte, die unter Führung von Enver Pascha mit Erfolg eine Liberalisierung und die Einsetzung der 1876 suspendierten Verfassung forderten. 1909 wurde Abdülhamid von den Jungtürken abgesetzt. Mehmed VI. war dann von 1918 bis 1922 der letzte türkische Sultan sozusagen unter Enver Pascha.

In zwei Balkankriegen 1912 und 1913 gegen die unabhängig gewordenen Balkanstaaten verlor das Osmanische Reich dann auch noch seinen letzten europäischen Besitz, Makedonien. Es blieben nur noch Edirne und Konstantinopel selbst.

Als fortschrittlich galt unter den Jungtürken eine stramme national-türkische Gesinnung, was gegen den multikulturellen Charakter des osmanischen Vielvölkerreiches gerichtet war. Dementsprechend stark war der Druck auf Minderheiten wie Kurden, Griechen, Juden und vor allem auf die christlichen Armenier.

Faschoda-Krise {1898}
Durch die Weltwirtschaftskrise von 1873 stagnierte Europa wirtschaftlich am Rand der Depression. Nun entdeckte man das noch praktisch unerschlossene Afrika als *new market*. Imperialisten wie Cecil Rhodes schwebte für Großbritannien eine Nord-Süd-Achse vom ägyptischen Suezkanal über den Sudan und das innerafrikanische Seengebiet bis nach Rhodesien und Südafrika vor. Frankreich war seit 1830 in Algerien, besetzte 1881 Tunesien und brachte in der Folge seinen Einfluss in Westafrika rund um die Sahara zur Geltung.

Als Folge einer Begegnung englischer und französischer Truppen am südsudanesischen Fort Faschoda am Weißen Nil 1898, die angesichts der Stimmungsmache in der europäischen Presse leicht hätte eskalieren können, grenzten die britische und die französische Regierung ihre Einflusssphären in Afrika ab: Frankreich dominierte in Westafrika, Großbritannien im ganzen Osten Afrikas. Dies war eine wichtige Voraussetzung für die

Entente cordiale {1904}
Zu Anfang des 20. Jahrhunderts gab England seinen außenpolitischen Grundsatz der *Splendid isolation* auf und suchte Kontakt auf dem Kontinent. Das Deutsche Reich unter Kaiser Wilhelm II. und dem Militär- und Politmanagement des Admirals Tirpitz war gerade dabei, auf seinen Werften eine schlagkräftige, schimmernde Wehr zur See zu bauen, was der Seeweltmacht England nicht behagen konnte.

Auf dem Umweg über ein Flottenabkommen mit Japan gelangte England in Kontakt mit Frankreich. Man verständigte sich herzlich (französisch *s'entender* „sich verständigen", *cordial* „herzlich") über den Status quo in Afrika. Vor allem Ägypten sollte im englischen, Marrokko im französischen Einflussbereich bleiben.

In Berlin beobachtete man diese Annäherung argwöhnisch, maß ihr aber nicht die Bedeutung bei, die sie bekommen sollte: Die britisch-französische „Erbfeindschaft" war über Jahrhunderte eine der verlässlichsten Konstanten der europäischen Politik. Zehn Jahre darauf waren Engländer und Franzosen im Ersten Weltkrieg Waffenbrüder gegen den gemeinsamen deutschen Feind. Die generelle Verständigung wurde 1907 noch um Russland zur Triple-Entente erweitert. Damit stand die maßgebliche Bündnis-Konstellation des Ersten Weltkriegs bereits fest: Frankreich, Großbritannien und Russland gegen Deutschland und Österreich-Ungarn.

Gelbe Gefahr {ab 1898}

Japan hatte sich nach seiner erzwungenen Öffnung, anders als China, im 19. Jahrhundert reformiert, industrialisiert und modernisiert, alles nach westlichem Muster. Diese extrem reformerische Periode ist die Meiji-Ära (1868–1912), in der der Tenno erstmals wieder aktiv die führende politische Rolle spielte. Den Japanern kam es darauf an, sich in die vordere Reihe der „zivilisierten Nationen" einzuordnen, wofür in jener Zeit der Westen eindeutig der Maßstab war. Die Chinesen hielten sie für engstirnig und provinziell.

Das Schlagwort von der „Gelben Gefahr" bezog sich auf Japan, nachdem das Land im Chinesisch-Japanischen Krieg 1894/1895 und im Russisch-Japanischen Krieg 1904/1905 gesiegt sowie Taiwan und Korea annektiert hatte. Es spiegelte europäische Ängste vor einer fernöstlichen Allianz unter japanischer Führung wider. Damals war man in Europa noch daran gewöhnt, in kolonialer Selbstherrlichkeit schalten und walten zu können – ohne selbstbewusste asiatische Mächte.

Boxeraufstand {1899}

Durch die Ungleichen Verträge hatten sich seit 1842 alle europäischen Mächte und mittlerweile auch Japan und die USA ohne Gegenleistung Vorrechte in China gesichert, die die geschwächte Mandschu-Regierung hinnehmen musste. Das Volk verarmte und sah sich angesichts des Auftretens der Europäer gedemütigt und ausgebeutet. 1897 wurden China auch noch „Pachtverträge" aufgezwungen, die den fremden Mächten Territorialbesitz sowie Bergbau- und Eisenbahnrechte einräumten. Der Kaiserhof unter der Herrschaft der reaktionären Kaiserinwitwe Tse Hsi, die für zwei minderjährige Kaiser von 1875 bis 1908 die Regentschaft führte, erwies sich als reformunfähig. Tse Hsi

Angeführt von ihrem General Oshima erobern japanische Truppen während des japanisch-chinesischen Krieges im September 1894 die heutige nordkoreanische Hauptstadt Pjöngjang (zeitgenössische Darstellung).

hatte die Verbotene Stadt natürlich nie verlassen und entschied völlig realitätsfern.

Seit 1899 verübten Mitglieder von Geheimgesellschaften, die ihren Rückhalt in Kampfsportschulen hatten, die von den Engländern „Boxer" genannt wurden, Anschläge auf ausländische Gesandtschaften, gegen Bahnlinien und christianisierte Chinesen. Als die ausländischen Mächte ein Expeditionskorps nach China schickten, kam es zu regelrechten Kriegshandlungen mit Beteiligung der chinesisch-kaiserlichen Armee. Bei der Verabschiedung eines zweiten Korps hielt Kaiser Wilhelm II. seine berühmte Hunnenrede. Darin hieß es unter anderem: „Pardon wird nicht gegeben. Gefangene werden nicht gemacht. Wie vor tausend Jahren die Hunnen unter ihrem König Etzel sich einen Namen gemacht, der sie noch jetzt in der Überlieferung gewaltig erscheinen lässt, so möge der Name Deutschlands in China in einer Weise bekannt werden, dass niemals wieder ein Chinese es wagt, etwa einen Deutschen auch nur scheel anzusehen." Dieser deftigen Rhetorik verdankten die Deutschen im Ersten Weltkrieg bei den Briten ihre Bezeichnung als „die Hunnen".

Der Aufstand wurde niedergeschlagen, Peking erobert, die Kaiserinwitwe floh. China musste hohe Reparationszahlungen leisten und wurde völlig unter Kuratel gestellt. Der vorletzte Kaiser musste nach Berlin reisen, um sich persönlich zu entschuldigen. Da sich auch die USA und Japan an der Expedition gegen die Boxer beteiligt hatten, gehörten sie seitdem zum Kreis der internationalen Großmächte – und China verlor für Jahrzehnte seine Vormachtstellung in Ostasien.

Pu Yi war der letzte Kaiser von China.

Der letzte Kaiser {1908–1912}

Pu Yi war noch auf Veranlassung der Tse Hsi im Alter von zwei Jahren auf den Drachenthron gelangt. Bereits 1895 hatte sich der in Hawaii geborene Sohn eines Kuli Sun Ya-tsen (ca. 1870–1925), der in Hongkong Medizin studierte hatte, an einem Aufstand beteiligt und musste ins westliche Ausland fliehen. Von dort organisierte er die nationalchinesische Kuomintang-Bewegung, die den ersten erfolgreichen Aufstand zum Sturz der Monarchie organisierte. Er brach im Oktober 1911 aus. Binnen kurzer Zeit erklärten sich viele Provinzen für unabhängig von der Mandschu-Dynastie. Ziel der Revolution war die Erneuerung Chinas und die Rückgewinnung seiner Unabhängigkeit. Kaiser Pu Yi wurde in einem „Wohlwollenden Vertrag" höflich mit einer Apanage versehen, erteilte seine Zustimmung zur Errichtung einer Republik und schied am 12. Februar 1912 aus dem Staatsdienst aus.

Damit endete die zweitausendjährige Geschichte des chinesischen Kaiserreiches. Auch in Europa sollte es mit den Kaiserreichen alsbald zu Ende gehen.

Nibelungentreue {1909}

In einer Reichstagsrede vom 29. März 1909 gebrauchte Reichskanzler Bülow das Schlagwort von der Nibelungentreue, um die Bündnistreue des Deutschen Reiches zu Österreich zu charakterisieren. Darin schwang die Vorstellung jener Zeit mit, die sagenhaften Nibelungenkönige hätten auch angesichts des drohenden Untergangs treu zu ihrem Vasallen gestanden. Kriemhild hatte Hagens Auslieferung gefordert. Österreich hatte 1909 Bosnien annektiert, was nicht jeder in Europa als rechtmäßigen Vorgang betrachtete.

➥ ***Was danach geschah:*** Aufgrund der damaligen Bündnissysteme trat das Deutsche Reich an der Seite Österreichs einen Monat nach dem Attentat auf den österreichischen Thronfolger Franz Ferdinand in der bosnischen Hauptstadt Sarajewo (28. Juni 1914) in den Krieg ein. In diesem Weltkrieg verloren rund zehn Millionen Menschen ihr Leben, 20 Millionen wurden verwundet. In vier Kaiserreichen (Deutschland, Österreich-Ungarn, Russland, Osmanisches Reich) wurde die Staatsform der Monarchie „von Gottes Gnaden" ein für allemal beendet. In Deutschland verloren sämtliche Dynastien ihre Throne. Die auf eine Person konzentrierte Regierungsform, die über 1000 Jahre in Europa in den unterschiedlichsten Schattierungen vorherrschend war, ging endgültig zugrunde.

MODERNE

20. Jahrhundert

Die Revolutionen in Russland

Der zweite Parteitag der Sozialdemokratischen Arbeiterpartei Russlands fand nicht in Russland, sondern 1903 in London statt. Wladimir I. Uljanow (1870–1924), Deckname: Lenin, forderte auf dieser Versammlung den Sturz des zaristischen Regimes, kurz: einen Staatsstreich und keine sozialdemokratischen Reformen.

Bolschewiki {1903}

Lenin erhielt für seine radikale Forderung nach einer Revolution auf dem Parteitag eine Mehrheit (russisch: *bolschinstwo*). Die Bolschewiki sind also „die Mehrheit" im Gegensatz zu den lediglich reformerisch gesinnten Menschewiki (die „Minderheitler"). Aus der Bolschewiki-Fraktion der russischen Sozialdemokraten ging die Kommunistische Partei Russlands hervor, eine straff geführte Kaderpartei. Lenin und die Bolschewiki bekannten sich zur „Diktatur des Proletariats", wie Karl Marx sie gefordert hatte. Demokratie, Liberalismus, Pluralismus und Gewaltenteilung lehnten sie ausdrücklich ab.

Panzerkreuzer Potemkin {1905}

Nach dem Beginn des Krieges zwischen Russland und Japan im Winter 1905 fanden in ganz Russland Demonstrationen, Streiks, vor allem der Eisenbahner, aber auch Meutereien statt. Der Unmut richtete sich gegen Armut, Hunger und die allgegenwärtige Unterdrückung durch Zar Nikolaus II. (1868–1918). Die Unruhen wurden gewaltsam beendet, etwa beim Petersburger Blutsonntag 1905 mit Hunderten Toten. Auch die Meuterei auf dem „Panzerkreuzer" (eigentlich war es ein Schlachtschiff) *Potemkin* im Schwarzmeerhafen Odessa wurde blutig unterdrückt. Das Ereignis war die Vorlage für den berühmten Stummfilm aus dem Jahr 1925. Diese „Russische Revolution" hatte jedoch keinerlei revolutionäres Ergebnis. Der Zar machte kleinere Zugeständnisse und blieb – weiterhin ohne Machteinschränkungen durch eine Verfassung – auf dem Thron, auch wenn eine Duma (Volksvertretung) eingerichtet wurde.

Lenin befand sich damals in Russland, floh aber vor der Geheimpolizei zuerst nach Finnland, dann in die Schweiz.

Februarrevolution – Oktoberrevolution {1917}

Das Zarenregime unter Nikolaus II., innerlich zerrissen zwischen Machterhalt und Reform, hielt den Belastungen des Ersten Weltkriegs nicht stand. Es mangelte schließlich an allem, u. a. an Brennstoff und Nahrung; dazu kamen die militärischen Rückschläge. Die im

Lenin-Denkmal am Moskauer Platz vor dem Haus der Sowjets in Sankt Petersburg

Februar ausgebrochenen Unruhen streikender Soldaten- und Arbeiterfrauen wurden von den Gardisten nicht niedergeschlagen. Die Generalität zwang den Zar am 15. März zur Abdankung. Nach dem julianischen Kalender trugen sich die Ereignisse hauptsächlich im Februar zu. Zwei bürgerliche Regierungen konnten die Probleme aber auch nicht lösen.

Gleich nach der Februarrevolution schleuste die deutsche Heeresleitung Lenin im plombierten Eisenbahnwaggon von seinem Schweizer Exil quer durch Deutschland nach Russland in der Hoffnung auf eine weitere Destabilisierung der dortigen Lage durch revolutionäre Umtriebe. Am 25. Oktober (julianischer Kalender) verhafteten Lenin und der Vorsitzende des Petrograder Sowjets, Leo Trotzki, im Winterpalais in Sankt Petersburg handstreichartig die Mitglieder der amtierenden Regierung. Die Oktoberrevolution (nach gregorianischem Kalender schon am 7. November) war also kein Massenaufstand auf Barrikaden, sondern ein Staatsstreich im Palast. Außer dem Platzpatronenschuss aus der Kanone des Panzerkreuzers *Aurora*, der einigen Truppeneinheiten das Signal gab, strategisch wichtige Punkte der Stadt zu besetzen, gab es keine öffentlichen Schießereien.

Lubjanka {ab 1920}

Bürgerliche, Zaristen, Sozialdemokraten, die Geistlichkeit, andere vermutete Oppositionelle und Konterrevolutionäre und vor allem die Kulaken, die wohlhabenden Bauern, wurden durch die sowjetische Staatssicherheitspolizei Tscheka systematisch terrorisiert, in Lager interniert oder ermordet. Als Hauptquartier diente der Tscheka ein ehemaliges Versicherungsgebäude am Lubjanka-Platz in Moskau. Es wurde mit seinem berüchtigten Gefängnis und den Folterkellern zum Inbegriff der sowjetischen Willkürherrschaft. Alle späteren sowjetischen Geheimdienste, GPU, NKWD, KGB und in ungebrochener russsischer Kontinuität auch der heutige FSB haben hier ihre Zentrale.

Das 1924 entstandene Gemälde von Isaak Israilowitsch Brodsky zeigt die feierliche Eröffnung des II. Kongresses der Komintern in Petrograd im Sommer 1920.

Komintern {1919}

Die 1889 gegründete Sozialistische Internationale, auch Zweite Internationale genannt, war eine lockere Vereinigung sozialistischer / sozialdemokratischer Parteien gewesen. Ganz anders die Dritte, nunmehr Kommunistische Internationale (Komintern), ein Zusammenschluss kommunistischer Parteien, deren erklärtes Ziel die Ausbreitung der Weltrevolution war. Lenin hielt eine proletarische Revolution in den Industrieländern für konsequent und wünschenswert. Russland aber war viel mehr ein Bauern- als ein Arbeiterstaat. Die Unruhen nach Kriegsende im industrialisierten Deutschland schienen die Weltrevolution in Reichweite zu rücken. Die KPD war die bedeutendste kommunistische Partei außerhalb Sowjetrusslands. Zur Unterstützung der Kommunisten in den verschiedenen europäischen Ländern war die Komintern gedacht.

Bis zu Lenins Tod machte sich die Komintern mit gescheiterten Umsturzversuchen in Hamburg, Estland und Bulgarien lächerlich. Unter Stalins Einfluss wurde sie zu einem Instrument der sowjetischen Außenpolitik – propagandistisch schon damals „Friedenspolitik" genannt. So auch in der DDR bis an deren Ende.

Der Erste Weltkrieg und seine Folgen

Im Ersten Weltkrieg waren erstmals Länder und Kriegsteilnehmer praktisch aller Kontinente in das Geschehen miteinbezogen: Der Hauptschauplatz war Europa, aber auch in den Kolonien Afrikas wurde gekämpft. Indische, australische und kanadische Truppen standen in Europa, die Engländer bekämpften das Osmanische Reich im Nahen Osten, der Kriegseintritt der USA 1917 wirkte sich entscheidend aus, Japan führte gleichzeitig einen Krieg im pazifischen Raum. So schrecklich jeder einzelne Krieg der Weltgeschichte bisher war – im Vergleich damit blieben sie regional überschaubar. Die umfassende Technisierung und Industrialisierung, der Weltverkehr und die globalen Interessen der Kolonialmächte hatten im 19. Jahrhundert die Voraussetzungen für diesen weltweiten Krieg geschaffen.

Attentat von Sarajewo {1914}

Der Attentäter Gavrilo Princip erschießt den österreich-ungarischen Thronfolger Erzherzog Franz Ferdinand und dessen Frau am 28. Juni 1914 in Sarajevo (Illustration von Achille Beltrame).

Auslösendes Moment für den Ersten Weltkrieg war die Ermordung des österreichisch-ungarischen Thronfolgerpaares am 28. Juni 1914 durch einen serbischen Nationalisten in der bosnischen Hauptstadt Sarajewo. Die Serben strebten nach einem südslawischen Großstaat auf dem Balkan, wurden darin vom damals noch zaristischen Russland unterstützt und damit auch von der Triple-Entente (Russland, Großbritannien, Frankreich). Österreich auf der anderen Seite hatte die Unterstützung des Deutschen Reichs. Nach der Kriegserklärung Österreichs an Serbien am 28. Juli 1914 traten aufgrund der damaligen Bündnissysteme die bereits mobilisierten europäischen Mächte binnen weniger Tage in den Krieg ein. Die österreichisch-serbische Lokalkrise wurde in kürzester Zeit zum Großkrieg.

Materialschlacht

Die Unmengen an herangeführtem Material, neuer Kriegstechnik (Panzer, Luftwaffe, U-Boot, Maschinengewehr, Gas) und Menschenmassen (über 70 Millionen Mobilisierte) stellten eine völlig neue Dimension der Kriegführung dar. Begriffe wie „Materialschlacht", „Grabenkämpfe", „Stellungskrieg", „Trommelfeuer" charakterisieren den Kriegsverlauf, der ungeheure Gelder in allen Ländern verschlang. Der Krieg war eine einzige Katastrophe ohne irgendein „positives" Ergebnis, eine ungeheure gegenseitige Zermürbung auf allen Seiten mit kolossalen Menschenverlusten (ca. 15 Millionen Soldaten und Zivilisten). Praktisch die gesamte junge Generation Europas verblutete auf den Schlachtfeldern.

Grabenkämpfe – Verdun und Isonzo {1916–1917}

Trotz eines gigantischen Einsatzes an Soldaten und Material kam es im Ersten Weltkrieg so gut wie nie zu einer militärischen Entscheidung oder zu einem „Durchbruch". Das ist eines der Hauptkennzeichen dieses europäischen Völkermordens. Die deutschen Armeen drangen zu Kriegsbeginn nach Flandern und Nordfrankreich vor. Dort verharrte die Front trotz vieler verlustreicher Gefechte jahrelang in den sprichwörtlichen Grabenkämpfen in den Schützengräben. 1916 versuchte die deutsche wie die französische Seite von Ende Februar bis Dezember fast ein Jahr lang bei Verdun eine Entscheidung herbeizuführen – ohne Ergebnis. Über 300 000 Soldaten auf beiden Seiten verloren dabei ihr Leben, ganz zu schweigen von den Verwundeten und Verstümmelten. „Verdun" wurde zum Inbegriff sinnlosen Schlachtens. Gleichfalls ohne Ergebnis verlief der anschließende britisch-französische Großangriff an der Somme.

Im Süden kämpfte Österreich-Ungarn ebenfalls jahrelang hauptsächlich gegen Italien in Südtirol und im Friaul. Zwischen 1915 und 1917 wurden vorwiegend in der Gegend des Flusses Isonzo im heutigen Slowenien zwölf größere Schlachten ausgetragen. Die Umstände und die Ergebnisse der gegenseitigen Abnützung und Erschöpfung waren ähnlich wie in Flandern.

Nur im Osten gelang es dem damaligen Generaloberst Hindenburg, die russischen Angriffe auf Ostpreußen schon zu Kriegsbeginn in drei Schlachten 1914 und 1915 endgültig abzuwehren. Als „Sieger von Tannenberg“ erwarb Hindenburg einen Nimbus, der ihn 1925 auch in das Amt des Reichspräsidenten der Weimarer Republik trug.

Zusammenbruch

Als Folge der russischen Februarrevolution hatte Zar Nikolaus II. am 15. März 1917 abgedankt. Das Zarenregime konnte sich angesichts der Not und der aussichtslosen militärischen Lage nicht mehr halten. Nach der anschließenden Oktoberrevolution 1917 akzeptierte Lenin Anfang März den für Sowjetrussland demütigenden Frieden von Brest-Litowsk, der die Kämpfe an der Ostfront beendete. Zwar konnte die deutsche Heeresleitung die dadurch frei gewordenen Kräfte im Frühjahr 1918 für eine neue Offensive im Westen nutzen, sie traf aber aufseiten der Westalliierten auf entschlossenen und militärisch unter General Foch gut organisierten Widerstand, diesmal unterstützt von den USA, die 1917 in den Krieg eingetreten waren.

Ende Oktober 1918 überwanden die Briten endgültig das Osmanische Reich in Palästina, und gleichzeitig durchbrachen die Alliierten die Isonzo-Front. Am 3. November bat die Regierung in Wien um Waffenstillstand.

Nach ersten Sondierungen der deutschen Reichsregierung wegen eines Waffenstillstandes im Oktober führte die Revolution in Deutschland Anfang Oktober ganz ähnlich wie in Russland zur erzwungenen Abdankung des Kaisers und zur Ausrufung der Republik am 9. November sowie zum Waffenstillstand am 11. November 1918. Auf diese Ereignisse bezog sich in der Weimarer Republik das Gerede der reaktionären Propaganda von den „Novemberverbrechern“.

Pariser Vorortverträge {1919–1920}

Die Verhandlungen über die Kriegsfolgen wurden in Paris geführt. Den Verlierern (Deutschland, Österreich, Osmanisches Reich) legten die Siegermächte Frankreich, Großbritannien und USA ohne deren Beteiligung an den Verhandlungen im Sommer und Herbst 1919 und 1920 Verträge vor, die sie akzeptieren mussten. Die Verträge wurden in Palästen in den Vororten von Paris unterzeichnet.

Als völlig neue Staaten entstanden: Tschechoslowakei und Jugoslawien. Ungarn wurde unabhängig, Siebenbürgen ging an Rumänien (Vertrag von Trianon), Südtirol an Italien (Vertrag von St. Germain-en-Laye). All das gehörte vorher zur Monarchie der Habsburger. Der französische Ministerpräsident Georges Clemenceau sagte: „*L'Autriche c'est ce qui reste*“ („Österreich ist das, was übrig bleibt“).

Auf dem Foto ist die Ankunft eines Boten in einer französischen Befestigung bei Verdun im Jahr 1916 festgehalten.

Für Deutschland galt der Versailler Vertrag: Elsass-Lothringen ging an Frankreich, Ostpreußen wurde vom Reichsgebiet abgetrennt. Die Reichswehr wurde drastisch reduziert, das Reich musste hohe Reparationen zahlen. Im Vertrag von Sèvres verlor die Türkei den gesamten Nahen Osten. Teils unter britischer, teils unter französischer Mandatshoheit zeichnete sich dort die Entstehung der modernen Staaten Syrien, Libanon, Irak, Palästina (später aufgeteilt in (Trans-)Jordanien und Israel) und Ägypten ab.

Auf ehemals russischem Boden entstanden Finnland, Estland, Lettland und Litauen. Außerdem wurde durch den Versailler Vertrag das gegen Kriegsende neu begründete Polen anerkannt. Ein polnischer Staat hatte von 1795 bis 1918 nicht existiert.

Weimarer Republik und Weimarer Verfassung

Schon vor dem Waffenstillstand hatten sich Anfang November deutsche Matrosen geweigert, noch zu Kriegseinsätzen auszulaufen. Von dieser Meuterei sprang ein revolutionärer Funke auf das ganze Land über; schwerwiegende Unruhen waren zu befürchten. Um Schlimmeres zu verhüten, forderte die Reichsregierung den Kaiser auf zurückzutreten, was Wilhelm II. aber nicht tat. Daraufhin verkündete Reichskanzler Max von Baden am 9. November Wilhelms Abdankung. Die Situation war angespannt. Der Sozialdemokrat Philipp Scheidemann rief gegen Mittag vom Reichstag ziemlich eigenmächtig die Republik aus und proklamierte Friedrich Ebert als Reichskanzler. Es galt, etwaigen Umsturzversuchen der äußersten Linken zuvorzukommen.

Von da an herrschten teilweise bürgerkriegsähnliche Zustände, weil die extreme Linke vielerorts doch noch versuchte, die Macht an sich zu reißen und Räterepubliken zu bilden. Ein Höhepunkt dieser Ereignisse war der Spartakusaufstand in Berlin, ein massiver Streik Mitte Januar, in dessen Verlauf Rosa Luxemburg und Karl Liebknecht ermordet wurden. Angesichts dieser Zustände wich der am 19. Januar 1919 sogleich neu gewählte Reichstag zu seiner konstituierenden Sitzung nach Weimar aus. Im Nationaltheater Schillers und Goethes traten die Abgeordneten am 6. Februar erstmals zusammen und beauftragten den linksliberalen Verfassungsrechtler Hugo Preuß mit der Ausarbeitung einer Verfassung, die am 31. Juli ebenfalls in Weimar verabschiedet wurde und am 11. August in Kraft trat.

Diktatfrieden

In Deutschland wie in Österreich wurden die Pariser Vorortverträge als „Diktat" bezeichnet. Schon im Jahr darauf galten die deutschen Unterzeichner und die von ihnen vertretenen Parteien, besonders die SPD, als „Novemberverbrecher", die bürgerlichen Parteien, die die Bedingungen des Versailler Vertrages nach Möglichkeit erfüllen wollten, später als „Erfüllungspolitiker". Alsbald machte die „Dolchstoßlegende" die Runde, wonach die deutsche Armee, „im Felde unbesiegt", durch „rote Aufrührer", Repu-

ENTDECKUNGEN UND ERFINDUNGEN

1900 Quantentheorie
Max Planck bringt ganz neue physikalische Erklärungen und Anschauungen insbesondere hinsichtlich des atomaren Mikrokosmos und der Natur des Lichts.

1905/1916 Relativitätstheorie
Albert Einstein liefert neue Erklärungsmodelle hinsichtlich des Makrokosmos.

1900 Traumdeutung
Titel der epochalen Schrift von Sigmund Freud; Begründung die Psychoanalyse.

1911 Kontinentalverschiebungstheorie
Alfred Wegener erklärt die Entstehung von Gebirgen und Vulkanen – überhaupt die Gestalt der Erde.

1927/1929 Urknalltheorie
Aufgrund der von Edwin Hubble beobachteten Rotverschiebung sich entfernender Galaxien (Expansion des Weltalls) kommt der Belgier Georges Lemaître im Umkehrschluss zur Theorie des Urknalls.

blikaner und die „Zivilbevölkerung" „von hinten erdolcht" worden sei. Diese Begriffe waren in aller Munde, nicht zuletzt wegen der nationalkonservativen und nationalsozialistischen Propaganda. Die deutsche Außenpolitik erzielte unter Gustav Stresemann (1923-1929) Erfolge in der Revision des Versailler Vertrages.

Armeniergräuel

Die Anführer der türkisch-nationalistischen Reformpartei der Jungtürken besetzten in der letzten Phase des Osmanischen Reiches wichtige Ministerien. Enver Pascha war von 1908 bis 1918 Kriegsminister, Talat Pascha Innenminister und zuletzt Großwesir.

Angesichts des drohenden Kriegsverlustes initiierten beide den Terror gegen die Armenier und andere Minderheiten und zwangen insbesondere die Armenier 1915 zu einer verheerenden Deportation von Hunderttausenden Männern, Frauen und Kindern in die syrische Wüste mit dem erklärten Ziel, sie unterwegs oder spätestens dort umkommen zu lassen. Diese große Deportation eines ganzen Volkes fand während des Ersten Weltkrieges im Sommer 1915 statt. Franz Werfel hat der Tragödie mit seinem Roman *Die vierzig Tage des Musa Dagh* ein literarisches Denkmal gesetzt.

Kemal Atatürk, der mit seiner Nationalbewegung teilweise ähnliche Ziele verfolgte wie die Jungtürken, distanzierte sich nach dem Ersten Weltkrieg gerade wegen der Armeniergräuel entschieden von den Jungtürken und schaltete sie politisch aus.

Kemal Atatürk – Der Vater der Türkischen Republik {1922}

Kaum jemand hat einen Staat so tiefgehend verändert wie Mustafa Kemal (1881–1938) die aus den Trümmern des Osmanischen Reiches hervorgegangene Republik Türkei. Das Osmanische Reich gehörte als Verbündeter des Deutschen Reichs und Österreich-Ungarns zu den Verlierern des Ersten Weltkrieges. Das verbliebene Gebiet (hauptsächlich Anatolien) sollte teilweise an Griechenland, Italien und Armenien gehen.

Kemal Atatürk (Bildmitte vorne), der Begründer der Republik Türkei, mit seinem Stab während der griechisch-türkischen Kämpfe

Danach wäre die Türkische Republik nur etwa halb so groß geblieben wie der heutige Staat. Kemal führte gegen diese Pläne einen regelrechten Befreiungskrieg. Er endete 1922 mit der Einnahme der mehrheitlich von Griechen bewohnten uralten kosmopolitischen Metropole Smyrna (Izmir) in der Ägäis. Aufgrund des Vertrages von Lausanne 1923 verließen anderthalb Millionen Griechen die Türkei und eine halbe Million Türken wanderte aus dem griechischen Thessalien, Makedonien und von den Inseln in die Türkei. Das ging nicht friedlich vonstatten. Damit endeten auf traumatische Weise 3000 Jahre griechische Kultur in Kleinasien.

1922 wurde das Sultanat abgeschafft, 1924 das Kalifat durch einen Beschluss der Nationalversammlung. Die Familie Osman musste das Land verlassen, das sie über 600 Jahre lang regiert hatte. Atatürk wandelte die türkische Gesellschaft nach westlichem Vorbild um. Das Tragen von Fes, Pluderhosen, Schleier und Kopftuch wurde verboten. Die allgemeine staatliche Schulpflicht wurde eingeführt, die Religionsschulen abgeschafft. Mann und Frau wurden gleichgestellt, ein modernes Scheidungsrecht eingeführt, und Frauen erhielten Zugang zu den Universitäten und das Wahlrecht. Atatürk übernahm das schweizerische Familien- und Erbrecht, das deutsche Handelsrecht und das italienische Strafrecht. Die Einführung der lateinischen Schrift sowie die Einführung von Nachnamen bedeutete eine grundlegende kulturelle Veränderung für die türkische Gesellschaft. Mustafa Kemal erhielt per Gesetzesbeschluss den Nachnamen Atatürk („Vater der Türken").

Commonwealth {1926/1931}

Auf der London-Konferenz von 1926 erhielten die britischen Übersee-Dominions praktisch die Unabhängigkeit. Damit wurde aus dem Britischen Empire das „Commonwealth". Dieser Begriff findet sich erstmals in der Schlussakte dieser Konferenz, die auch als zweite Balfour-Deklaration bezeichnet wird. Dieser Beschluss wurde 1931 durch ein Gesetz des Parlamentes in Westminster vollzogen. Dadurch erhielten Kanada, Australien, Südafrika, Neuseeland, Irland und Neufundland die eigene gesetzgeberische Unabhängigkeit.

Weltkrise

Die krisenhafte Weltwirtschaft destabilisierte die ohnehin in Umwälzung begriffenen politischen Systeme. Globale Verunsicherung und Radikalisierung waren die Folge.

Faschismus {1922}

Vom 27. bis 31. Oktober 1922 inszenierte der ehemalige norditalienische Grundschullehrer und Journalist Benito Mussolini (1883–1945) einen propagandawirksamen Marsch auf Rom, drohte dem italienischen König Viktor Emanuel III. mit einem Putsch und wurde daraufhin zum Ministerpräsidenten ernannt. So erschienen die Faschisten auf der politischen Bühne Europas in dieser ersten Nachkriegszeit.

Fascio bedeutet im Italienischen auch „Bund". Derartige Vereinigungen hatten sich in Italien schon vor dem Ersten Weltkrieg gebildet, Mussolini schwang sich zu ihrem erfolgreichsten Anführer (italienisch: *Duce*) auf. Ihre gesellschaftliche Basis fanden die italienischen Faschisten beim Kleinbürgertum und bei den Gutsbesitzern. Sie propagierten eine antidemokratische und antirepublikanische Gesinnung. Ausschlaggebendes Moment für den europäischen und später den internationalen Faschismus war überall der Kampf gegen die tatsächliche oder vermeintliche kommunistische Gefahr.

Porträt von Benito Mussolini (1883–1945), der als Diktator an der Spitze des faschistischen Regimes in Italien stand.

Das faschistische System Mussolinis wurde vorbildlich für viele „Bewegungen" und Regime, allen voran die Nationalsozialisten in Deutschland und die Falangisten Francos in Spanien, aber auch in Portugal, auf dem Balkan und in Lateinamerika. Mussolini regierte seit 1926 diktatorisch unter Ausschaltung jeglicher Opposition mit polizeistaatlichen Mitteln und äußerstenfalls der physischen Vernichtung des politischen Gegners.

Diktaturen wurden weltweit zum Kennzeichen der Politik der Extreme bis weit in die Nachkriegszeit und dann auch sehr verbreitet in der Dritten Welt.

Stalinismus

Eine der monströsesten Diktaturen etablierte der aus Georgien stammende sowjetische Parteiführer Josef Stalin, der von 1924 bis zu seinem Tod 1953 regierte. Eine „Diktatur des Proletariats" war durch die Formulierung von Marx im Kommunismus ideologisch angelegt, Lenin hatte sie im Bolschewismus auf den Machtanspruch einer Kaderpartei verengt und Stalin konzentrierte sie einzig auf seine Person (Personenkult), nachdem er seinen wichtigsten politischen Rivalen Leo Trotzki ausgeschaltet hatte. Seinen Machtanspruch setzte er ab 1935 in „Säuberungen" und Schauprozessen gegen alle echten und vermeintlichen Gegner radikal durch. Opfer der ersten Säuberungen waren vor allem Altbolschewiken, viele hohe Parteifunktionäre und sehr viele ranghohe Generäle. Folter war die übliche Methode, um „Geständnisse" zu erpressen. Die Betroffenen wurden anschließend hingerichtet, zu Gefängnis oder Zwangsarbeit in den Lagern des „Gulag" verurteilt. Das Gulag-System (*Glawnoje Uprawlenije Isprwitelno-trudowych Lagereij* – „Hauptverwaltung der Besserungsarbeitslager") führte Stalin 1929 ein. Millionen von Menschen wurden Opfer des Staats- und Parteiterrors.

Mussolini vereidigt am 10. August 1931 in Rom aufmarschierte Truppen der faschistischen Miliz.

Weltwirtschaftskrise {1929}

Ende der Zwanzigerjahre stagnierte die Weltwirtschaft. Einzig in die USA floss Anlagekapital noch in großen Mengen und löste dort einen Börsenanstieg aus, der wiederum von reinen Spekulationshoffnungen genährt wurde. Anfang September 1929 erreichte die New Yorker Börse ihren bis dahin höchsten Kursstand. Dann setzte ein dramatischer Kursverfall ein. Am „Schwarzen Donnerstag", dem 24. Oktober, erreichten die Börsenumsätze ein nie gekanntes Volumen von 12,9 Millionen Aktien. Am Montag gab es noch einmal einen massiven Einbruch und am „Schwarzen Dienstag", dem 29. Oktober, wechselten 16,4 Millionen Aktien panikartig den Besitzer. Im Verlauf von nur einer Woche, vom 24. bis 29. Oktober, waren die Kurse um 30 Prozent gefallen. Auf den „Schwarzen Donnerstag" in Amerika folgte der „Schwarze Freitag" an den europäischen Börsen.

Dem Börsenkrach war eine Kette von wirtschaftlichen Verschlechterungen vorausgegangen, und er zog eine Kette von Verschlechterungen nach sich. Das Wirtschaftswachstum setzte international komplett aus und traf das exportabhängige Deutschland mit voller Wucht.

Schon 1929 betrug die Zahl der Arbeitslosen fast zwei Millionen. Im Februar 1931 waren es fünf Millionen; reihenweise gingen Firmen und Betriebe in Konkurs.

Notverordnung

In Deutschland war die Arbeitslosenversicherung 1927 gerade erst eingeführt worden. Angesichts der sprunghaften Zunahme von Arbeitslosen wurden einerseits die Beiträge erhöht, andererseits die Leistungen bis an den Rand des Existenzminimums gekürzt. Im März 1930 zerbrach die letzte parlamentarische Mehrheit der Weimarer Republik, die aus einer großen Koalition von fünf Parteien bestand, an der Frage der Deckung des Defizits der Arbeitslosenversicherung. Die folgenden Regierungen Brüning, von Papen und Schleicher konnten nur mit Notverordnungen regieren, ohne Mehrheit im Parlament. Artikel 48 der Weimarer Verfassung räumte dem vom Volk gewählten und folglich mit einer starken Stellung versehenen Reichspräsidenten das Recht ein, im Notfall ohne die Zustimmung des Parlaments Gesetze zu erlassen.

Angesichts dieser wirtschaftlichen und politischen Situation radikalisierte sich die Arbeiterschaft. Die Kommunistische Partei Deutschlands (KPD) und die Nationalsozialistische Deutsche Arbeiterpartei (NSDAP) profitierten davon.

Die „Machtergreifung“ {1933}

Am 30. Januar 1933 wurde Adolf Hitler (1889–1945), der Führer der NSDAP, durch Reichspräsident Paul von Hindenburg zum Reichskanzler ernannt. Einen Monat später, am 27. Februar, brannte das Reichstagsgebäude; als Brandstifter beschuldigte man einen Niederländer und ehemaligen Kommunisten, Marinus von der Lubbe. Hindenburg setzte die Grundrechte der Presse- und Versammlungsfreiheit außer Kraft. SA und SS terrorisierten die politischen Gegner der Nationalsozialisten. In der Reichstagswahl am 5. März erzielte die NSDAP eine knappe Mehrheit mit den Konservativen. Die konstituierende Sitzung des neuen Reichstags fand am 21. März 1933 in Potsdam statt. Bei dieser vom neu ernannten Propagandaminister Joseph Goebbels wirkungsvoll inszenierten Veranstaltung sollte durch einen Handschlag zwischen Hindenburg und Hitler den bürgerlichen Schichten suggeriert werden, dass die Nationalsozialisten an die Tradition Preußens anknüpften. Tags zuvor war das erste Konzentrationslager in Dachau errichtet worden.

Zwei Tage später, am 23. März, beschloss der Reichstag (ohne die inzwischen ermordeten oder festgenommenen) Abgeordneten der KPD und gegen die Stimmen der SPD das „Ermächtigungsgesetz“: Die Reichsregierung konnte nun Gesetze ohne Zustimmung des Reichstags erlassen – eine Diktatur unter dem Schein der Legalität. Am 31. März und am 7. April folgte per Gesetz die „Gleichschaltung“ der Länder und Landesregierungen. Am 7. April wurde das berüchtigte „Gesetz zur Wiederherstellung des Berufsbeamtentums“ erlassen, aufgrund dessen die Nazis „nicht arische“ und politisch missliebige Beamte entließen. Die Abfolge all dieser „gesetzlichen“ Maßnahmen zeigt, wie schnell und wie gut vorbereitet sich die Nazis des Staatsapparates bemächtigten. Sie brauchten nicht einmal drei Monate, um die Macht vollständig an sich zu reißen.

➥ ***Was danach geschah:*** Nach dem Tod Hindenburgs am 2. August 1934 ließ Hitler die Reichswehr auf sich persönlich vereidigen. Im September 1935 wurden schließlich die infamen antisemitischen Nürnberger Rassengesetze verkündet. Diesen entstammen Begriffe wie „Volljude“ und „Mischling“. Wesentlicher Zweck war ein Verbot der Eheschließung und des sexuellen Kontakts zwischen Juden und „Deutschblütigen“. Nach statistischen Erhebungen gab es 1933 im Reich ca. 500 000 bekennende Juden und insgesamt etwa 800 000 Menschen jüdischer Abstammung.

Am „Tag von Potsdam“, der feierlichen Eröffnung des Reichtags am 21. März 1933, reichen sich Reichskanzler Adolf Hitler und Reichspräsident Paul von Hindenburg vor der Garnisonkirche die Hand.

Große Depression und New Deal {ab 1932}

Auch die USA litten unter den Folgen der Weltwirtschaftskrise, auch hier stärkte das soziale Elend die politischen Extremisten. Die Arbeitslosigkeit erreichte 1932 einen Rekordstand von 15 Millionen; verschärft wurde das Problem durch das Fehlen jeglicher Sozialversicherungen. Bei den Farmern des Mittleren Westens und des Südens herrschten Hunger und blanke Armut. Seit seiner Nominierung zum Präsidentschaftskandidaten für die Wahl im Herbst 1932 sprach Franklin Delano Roosevelt (1882–1945) von einem „New Deal“. Gemeint waren einschneidende Wirtschafts- und Sozialreformen: staatlich finanzierte Investitionsprogramme, Arbeitsbeschaffungsmaßnahmen vom Staudammbau bis zur Aufforstung von Wäldern. Es wurde ein Sozialversiche-

Passanten betrachten im Februar 1933 das in Flammen stehende Reichstagsgebäude in Berlin. Der Reichstagsbrand lieferte den Nationalsozialisten den Vorwand, gegen politische Gegner drastisch vorgehen zu können.

rungssystem nach europäischem Vorbild eingeführt samt einer staatlichen Rente. Aber erst die gesteigerte Industrieproduktion im Zusammenhang mit dem Zweiten Weltkrieg beendete die Folgen der schweren Wirtschaftskrise, die als Große Depression in die Geschichte einging.

Langer Marsch {1934/1935}

Zur ersten militärischen Auseinandersetzung zwischen Kommunisten und einer bürgerlichen Regierung in einem lang anhaltenden Bürgerkrieg kam es in China. Nach dem Ende des Kaiserreichs stellte die bürgerliche Chinesische Nationalpartei (Kuomintang) die Regierung. 1920/1921 hatte Mao Tsetung (1893–1976) die Kommunistische Partei unter Einfluss der Komintern mitbegründet.

1927 wandte sich der neue Kuomintang-Führer Tschiang Kai-schek definitiv gegen die Kommunisten, ließ die Partei verbieten und verfolgen, vor allem durch ein Massaker in Shanghai 1927. Tschiang wollte die Kommunisten auslöschen und bekämpfte sie mit einer 500 000-Mann-Armee jahrelang militärisch, indem er die kommunistische Machtbasis im Süden Chinas systematisch einzukreisen suchte. Auch die Kommunisten verfügten über eine „Rote" Armee von annähernd 100 000 Mann, aber angesichts einer drohenden Niederlage mussten sie

ENTDECKUNGEN UND ERFINDUNGEN

1895 Röntgenstrahlen
durch Wilhelm Röntgen im Würzburg; erster Nobelpreis für Physik 1901.

1900 Funktechnik
Marconi-Patent für ein verbessertes Funkgerät; erste transatlantische Funkübertragung 1901–1903. Auf der Funktechnik beruht heutzutage einfach alles: Radio, TV, Handy, Satellitendaten …

1913 Fließband
Mit der Erfindung von Henry Ford beginnt das Zeitalter der industriellen Massenfertigung.

1928 Penicillin
Eine zufällige, aber konsequent erforschte Entdeckung von Alexander Fleming; Nobelpreis für Medizin 1945.

1938 Kernspaltung
duch Otto Hahn; Nobelpreis für Chemie 1944.

Mao Tse-tung spricht zur Menge während des Langen Marschs, dem militärischen Rückzug der Truppen der Kommunistischen Partei Chinas 1934/35.

sich unter Maos Führung in die Provinz Shansi im Norden zurückziehen. Das war der sogenannte Lange Marsch 1934 bis 1935. Er währte über ein Jahr; über 10 000 Kilometer durch unwegsamstes Gelände waren zurückzulegen, und nur zehn Prozent der Rotarmisten kamen in Shansi an.

➡ ***Was danach geschah:*** Seit 1937 führten Kuomintang und Kommunisten einen Verteidigungskrieg gegen Japan, das seit 1931 versuchte, in China einzufallen. Im pazifischen Raum ist dieser Krieg bereits der Beginn des Zweiten Weltkriegs.

Spanischer Bürgerkrieg {1936–1939}

Faschisten gegen Kommunisten, Rechte gegen Linke lautete auch die Frontstellung im Spanischen Bürgerkrieg. 1931 endete in Spanien die Monarchie, 1936 kamen in Frankreich wie in Spanien durch demokratische Wahlen linke Koalitionsbündnisse (Volksfrontregierungen) an die Macht. Diese Regierungen trieben soziale Reformen wie Jahresurlaub und Arbeitszeitbeschränkung voran, im Falle Spaniens auch eine Landreform, die den Bauern mehr Rechte und Eigentum bringen sollte; außerdem waren sie natürlich antiklerikal eingestellt. Hinter den spanischen Faschisten, der konservativen Opposition, standen die Großgrundbesitzer und die Kirche. Politische Attentate, Streiks und Straßenkämpfe destabilisierten die Lage. Ein knappes halbes Jahr nach dem Wahlsieg der Volksfront im Februar 1936 leitete Franco im Juli von Marokko aus seinen Putsch ein. Die Putschisten konnten in Andalusien schnell Fuß fassen. Große Teile der regulären Armee liefen zu Franco über, sodass die Regierung ohne Militär zur Gegenwehr dastand. Franco bildete am 1. Oktober 1936 eine Gegenregierung in Burgos.

Internationale Brigaden {1936}

Der Spanische Bürgerkrieg von 1936 bis 1939 gilt als „Vorspiel" zum Zweiten Weltkrieg auf europäischem Boden. Beide Bürgerkriegsparteien wurden vom Ausland unterstützt. Die Frankisten erhielten Militärhilfe aus dem faschistischen Italien Mussolinis und aus Hitler-Deutschland. Bekannt ist der Einsatz der deutschen „Legion Condor", die mit ihren Flugzeugen 1937 die baskische Stadt Guernica zerstörte. Pablo Picasso schuf zum Gedenken daran sein berühmtes Monumentalgemälde *Guernica*. Zur Unterstützung der Volksfrontregierung kamen aus ganz Europa und den USA freiwillige Kämpfer, darunter Künstler und Intellektuelle wie Ernest Hemingway, George Orwell, Egon Erwin Kisch. Die Internationalen Brigaden waren von der Kommunistischen Internationale (Komintern) aufgestellt worden und unterlagen sogar stalinistischen Säuberungen. Ernest Hemingway schuf mit seinem Roman *Wem die Stunde schlägt* das bekannteste literarische Denkmal des Spanischen Bürgerkrieges, der mit großer Grausamkeit geführt wurde.

➡ ***Was danach geschah:*** General Franco (1892–1975) regierte das Land diktatorisch bis zu seinem Tod und verwandelte es 1946 zurück in eine Monarchie ohne König. Einen König gab es aber erst wieder nach Francos Tod mit Juan Carlos I (reg. 1975–2014). Dieser ist ein Enkel König Alfons XIII., der 1931 abgedankt hatte. Juan Carlos unterstützte entschlossen die demokratische Entwicklung Spaniens. Wegen allerlei privater Skandale dankte er zugunsten seines Sohnes Felipe VI. ab.

Eine parallele Entwicklung nahm das Nachbarland Portugal, wo Antonio Salazar das Land – ohne Putsch – seit 1932 bis 1968 diktatorisch regierte. Nach der friedlichen „Nelkenrevolution" junger Offiziere bauten die Regierungen umgehend das portugiesische Kolonialreich in Afrika ab und führten das Land 1986 gemeinsam mit Spanien in die EU. Für beide Länder war es auch innerlich ein Befreiungsschlag und der Anschluss an die europäische Moderne. Deutlich sichtbar wurde dies anlässlich der Olympischen Spiele 1992 in Barcelona, der Expo 1992 in Sevilla und der Expo 1998 in Lissabon.

Zweiter Weltkrieg

Üblicherweise betrachtet man als Zeitraum des Zweiten Weltkriegs die Phase vom 1. September 1939 (deutscher Überfall auf Polen) bis zum 8. Mai 1945 (deutsche Kapitulation) beziehungsweise 2. September 1945 (japanische Kapitulation nach den Atombombenabwürfen auf Hiroshima und Nagasaki). Auf dem fernöstlichen Kriegsschauplatz begann der Krieg allerdings bereits 1937 mit der japanischen Invasion Chinas. Ein entscheidendes Zwischendatum ist der Kriegseintritt der USA am 8. Dezember 1941 nach dem japanischen Angriff auf Pearl Harbor.

Mandschu-Kuo {1931/1937}

Bereits 1931 hatte Japan die rohstoffreiche nordchinesische Mandschurei besetzt und dort einen Mandschu-Kuo genannten Staat errichtet. 1937 besetzten die Japaner Teile Chinas, darunter Nanking mit einem Tötungs- und Vergewaltigungsmassaker mit weit über 200 000 Opfern, ein gigantisches Kriegsverbrechen. Trotz des gemeinsamen Abwehrkampfes von bürgerlichen Kuomintang und Kommunisten konnte keine Seite die Oberhand gewinnen. 1940/1941 zerbrach die chinesische Einheitsfront wieder. Nach Abschluss eines Nichtangriffspakts zwischen Japan und der Sowjetunion eroberten die Japaner in einer Art Blitzkrieg binnen weniger Monate den gesamten pazifischen Raum einschließlich der Philippinen, Indochinas und Indonesiens. Damit vertrieben sie – vorläufig – die Kolonialmächte, insbesondere die Holländer und die Franzosen. Wegen dieser japanischen Expansionspolitik wurde der Pazifik zum zweiten großen Kriegsschauplatz. Den nächsten Schlag führten die Japaner dann direkt gegen die USA in Pearl Harbor.

Anschluss {1938/1939}

Die erste Veränderung auf der Landkarte Europas vollzog Hitler durch den „Anschluss" „meiner Heimat an das Deutsche Reich", wie er am 15. März 1938 einer jubelnden Menge auf dem Heldenplatz in Wien

Die Aufnahme von Uniformierten, die sich gegen einen Grenzschlagbaum stemmen und diesen zerbrechen, steht symbolhaft für den deutschen Überfall auf Polen am 1. September 1939.

Adolf Hitler auf dem Balkon der Wiener Hofburg während seiner Rede an die begeisterte Menschenmasse zum „Anschluss" Österreichs auf dem Heldenplatz am 15. März 1938

verkündete. Vom 12. bis 15. März war eine Armee der deutschen Wehrmacht gewaltfrei in Österreich einmarschiert, was durch den Versailler Vertrag ausdrücklich verboten war. Selbstverständlich wurde Österreich umgehend „gleichgeschaltet".

Im Herbst 1938 vereinnahmte Hitler die deutschsprachigen (sudentendeutschen) Gebiete in der Tschechoslowakei auf der Grundlage des Münchner Abkommens vom 29. September. Für die Sicherheit und Integrität des Vielvölkerstaats Tschechoslowakei, ein Produkt der Friedenskunst der Alliierten nach dem Ersten Weltkrieg, garantierten Frankreich und Großbritannien. Unter Vermittlung Mussolinis gestatteten die Premierminister Édouard Daladier und Neville Chamberlain auf einer Konferenz in München Hitler die Besetzung des Sudetenlandes. Sie gaben Hitlers Forderungen nach und meinten, mit ihrem *Appeasement* („Beschwichtigung") den Bestand der restlichen Tschechoslowakei gesichert und *Peace for our time* gesichert zu haben. Wiederum ein halbes Jahr später besetzten Hitlers Truppen am 14. März 1939 die „Rest-Tschechei" – ohne dass Frankreich oder Großbritannien intervenierten. Tags darauf wurde das „Protektorat Böhmen und Mähren" errichtet.

Blitzkrieg {1939–1940}

Seit dem 1. September 1939 überfiel die deutsche Wehrmacht nacheinander Polen, Dänemark, Norwegen, die Niederlande, Belgien, Luxemburg und Nordfrankreich. Nach dem Einmarsch der deutschen Truppen in Paris Mitte Juni 1940 war Hitler auf dem Höhepunkt seiner Macht und Zustimmung in Deutschland.

In diesem Moment, als man in Großbritannien erkannte, dass die Engländer nunmehr als Einzige und Letzte der nationalsozialistischen Expansion gegenüberstanden, hielt der englische Premierminister Winston Churchill am 13. Mai 1940 vor dem Unterhaus seine berühmte Blut-Schweiß-und-Tränen-Rede. („*I have nothing to offer but blood, toil, tears and sweat*" – „Ich kann nichts bieten außer Blut, Mühsal, Tränen und Schweiß.") Es folgte die etwa einjährige „Luftschlacht um England", der Versuch der deutschen Luftwaffe, die Briten durch die Bombardements großer Städte zu demoralisieren und eventuell sogar eine Invasion vorzubereiten. Weil die Briten das gerade erst erfundene Radar effektiv einsetzten und durch die Entzifferung des Enigma-Codes den deutschen Funkverkehr entschlüsseln konnten, erlitt die Luftwaffe hohe Verluste.

Ostfront {ab 1941}

Die Eroberungen von Hitlers Wehrmacht schienen 1941 kein Ende zu nehmen. Außer dem Kriegsgegner Großbritannien und den neutralen Staaten Schweden, Irland, Portugal, Spanien und Schweiz hielten die beiden Achsenmächte Deutsches Reich und Italien ganz Europa bis weit in den Osten besetzt oder in Abhängigkeit wie etwa Vichy-Frankreich (eine von Hitler anerkannte Regierung südlich der Loire), Slowakei und Rumänien. Seit Herbst 1940 versuchte der italienische Diktator Mussolini den Balkan zu erobern, was scheiterte; und in der Folge übernahm die Wehrmacht auch hier das Kommando. Ebenfalls im Schlepptau der gescheiterten Italiener griff ein deutsches Korps in Nordafrika unter General Erwin Rommel in den dortigen Krieg gegen die Briten ein.

Der deutsche Angriff auf die Sowjetunion, das „Unternehmen Barbarossa", begann am 22. Juni 1941. Erst an diesem Tag entstand die „Ostfront". Der deutschen Besetzung Polens hatte die Sowjetunion aufgrund eines unmittelbar vor Kriegsbeginn geschlossenen Nichtangriffspaktes („Hitler-Stalin-Pakt") tatenlos zugesehen und sich mit Lettland, Estland, Finnland und Ostpolen ihren „Anteil" gesichert. „Barbarossa" war ein glatter Bruch dieses Vertrags. 1941 und 1942 reichte die Ostfront von der Ostseeküste über einen Abschnitt, der bis etwa fünfzig Kilometer an Moskau heranreichte, bis zur Halbinsel Krim im Schwarzen Meer. Das war ein riesiges Territorium, das Weißrussland und die Ukraine einschloss.

Die Schlacht von Stalingrad endete mit der Kapitulation der 6. Armee Anfang 1943 und bedeutete eine Wende im Zweiten Weltkrieg. Hier sieht man russische Soldaten, die den Gegner unter Beschuss nehmen.

Großer Vaterländischer Krieg

{Juni 1941–Mai 1945}

In der Sowjetunion und später in Russland wird der Krieg gegen Hitlers Deutsches Reich als „Großer Vaterländischer Krieg" bezeichnet. Das Land erlitt die stärksten Verluste an Menschen im gesamten Zweiten Weltkrieg. Zunächst war die Rote Armee nicht auf diesen Überfall vorbereitet. Die Wehrmacht konnte rasch vordringen. Leningrad wurde seit Herbst 1941 von deutschen Truppen blockiert, was zu einer Hungerkatastrophe in der Stadt führte; sie konnte aber nie erobert werden. Auch der deutsche

Die „Endlösung der Judenfrage" {1941–1945}

Am 20. Januar 1942 trafen sich unter dem Vorsitz des SS-Obergruppenführers Reinhard Heydrich 15 hochrangige NS-Partei- und Behördenvertreter, um über die Verschleppung und Vernichtung der jüdischen Bevölkerung Europas zu beraten. Bereits seit Sommer 1941 war Heydrich auf Anordnung Hermann Görings mit der „Endlösung" befasst, wie Göring es formulierte. Es ging also nicht um Vertreibung, sondern um bürokratisch geplanten und durchgeführten Völkermord in den Vernichtungslagern, für die der Ortsname Auschwitz der Inbegriff geworden ist. Trotz der 55 bis 60 Millionen Toten des Zweiten Weltkrieges einschließlich des Pazifikkrieges überschatten diese Nazi-Gräuel alle anderen Grausamkeiten, weil man es einfach nicht fassen kann, dass eine derartige Ausrottung kaltblütig geplant und jahrelang durchgeführt wurde.

Torhaus des Konzentrationslagers Auschwitz

Vormarsch auf Moskau erlahmte ihm Herbst zuerst im Schlamm und anschließend im eisigen Winter. Die deutschen Truppen waren mangels langer Unterhosen für Temperaturen bis minus 35 Grad nicht ausreichend ausgerüstet. Die Sowjets konnten nach ihren schweren Verlusten in der Anfangsphase des Krieges ihre Rückstände an Menschen und Material aufholen. Der deutsche Angriff auf Moskau wurde bereits im Winter 1942 zurückgeschlagen.

Ein Jahr später, ebenfalls im Winter, kam die Kriegswende in der Sowjetunion mit der von beiden Seiten verbissen geführten Schlacht um das noch weiter östlich an der Wolga gelegene Stalingrad. Am 31. Januar 1943 begab sich der dortige Generalfeldmarschall Paulus mit den Resten seiner 6. Armee in sowjetische Gefangenschaft. „Stalingrad" wurde im Deutschen zum Inbegriff einer katastrophalen Niederlage, und Hitler-Deutschland geriet von nun an in die Defensive.

Totaler Krieg {Februar 1943 – 1945}

Eine unmittelbare Reaktion auf die Niederlage bei Stalingrad war die Rede des NS-Propagandaministers im Berliner Sportpalast am 18. Februar 1943, in der er die von ihm erhobene Forderung nach Mobilisierung aller Reserven von Staat, Volk und Wirtschaft in die Frage kleidete: „Wollt ihr den totalen Krieg?", ein Begriff, der auf den führenden General des Ersten Weltkriegs, Erich Ludendorff, zurückgeht.

Luftkrieg {1940 – 1945}

Die systematische Zerstörung ziviler Ziele war von Anfang an ein Charakteristikum des Zweiten Weltkriegs. Begonnen haben damit die Deutschen mit ihren Luftangriffen auf Warschau, Rotterdam (ab Mai 1940) und Coventry als erster englischer Stadt ab November 1940. Ab 1942 begannen die Alliierten mit den Flächenbombardements deutscher Städte durch Bomberstaffeln in Schwärmen

Am 6. Juni 1944, dem sogenannten D-Day, begann die Landung der Alliierten an den Stränden der Normandie. Die Schiffe auf dem Foto liefern Nachschub für den alliierten Brückenkopf, die darüber schwebenden zeppelinförmigen Ballons sollen deutsche Luftangriffe verhindern.

von teilweise über 1000 Maschinen. Diese Luftkriegführung war ganz bewusst gegen die deutsche Zivilbevölkerung gerichtet. Die nahezu komplette Zerstörung ganzer Städte trug sich erst in den allerletzten Kriegsmonaten 1945 zu. Den traurigen Auftakt dazu bildeten die Angriffe auf Nürnberg (2. Januar), Dresden (13./14. Februar) und Pforzheim (23. Februar). Weitere Zerstörungsopfer im März waren unter anderem Bruchsal, Chemnitz, Dessau, Würzburg, Hildesheim, Paderborn.

Der längste Tag {Juni 1944}

In Afrika hatte die Schlacht von El-Alamein Ende Oktober/Anfang November 1942 gegen die Briten die Wende des Kriegsgeschehens im Mittelmeerraum gebracht. Bereits am 10. Juli 1943 begann mit der Landung der Alliierten in Sizilien die Rückeroberung Europas gegen die Nazis von Süden aus. Mussolini wurde noch im gleichen Monat abgesetzt und nach einer gescheiterten Republikgründung in Norditalien bei Kriegsende auf der Flucht in die Schweiz erschossen.

Am 6. Juni 1944 begann die Landung der Alliierten in der Normandie. Einem Ausspruch Rommels zufolge sind bei einer Invasion die ersten Stunden die entscheidenden. An diesem „längsten Tag" müssen die Kämpfe gewonnen oder die Invasion zurückgeschlagen sein. Im Englischen heißt dieser Tag *D-Day* (was ungefähr „Stichtag" bedeutet); die Operation trug den Decknamen *Overlord*. Oberkommandierender der Invasion war der General und spätere amerikanische Präsident Eisenhower. Damit befand sich Deutschland im Zweifrontenkrieg, den es nicht gewinnen konnte.

Widerstand {1939–1944}

gegen das Hitler-Regime regte sich überall in Europa und Deutschland. In allen besetzten Gebieten, von Holland über Polen, Russland und den Balkan, führten Partisanen einen äußerst riskanten Sabotage- und Untergrundkrieg. Sehr prominent war die Résistance in Frankreich. Deren führender Kopf war der ehemalige Präfekt Jean Moulin; bereits 1943 von der Gestapo verhaftet und von Klaus Barbie sadistisch verhört, starb Moulin auf dem Weg ins Konzentrationslager. Außerhalb Frankreichs schürte der im britischen Exil lebende General de Gaulle im Namen des „Freien Frankreich" den Widerstand und nahm später mit eigenen Truppen an der alliierten Besetzung teil. De Gaulle wurde von 1959 bis 1969 französischer Staatspräsident und initiierte zusammen mit dem deutschen Bundeskanzler Adenauer maßgeblich die deutsch-französische Aussöhnung.

Der deutsche Widerstand war einerseits durchaus bedeutend, andererseits jedoch völlig uneinheitlich. Widerstand war vorhanden bei Sozialdemokraten und Kommunisten, es gab Widerstand in bürgerlichen und kirchlichen Kreisen. Es gab die Aktionen von Einzelnen wie das Bürgerbräu-Attentat von Georg Elser im Jahr 1939, es gab die Aktionen von Gruppen wie der „Weißen Rose" mit den Geschwistern Hans und Sophie Scholl.

Der von Helmuth James Graf von Moltke und Peter Yorck Graf von Wartenburg geführte Kreisauer Kreis war eng verknüpft mit der Gruppe von Offizieren, die unter der Führung von Claus Graf Schenk zu Stauffenberg das gescheiterte Attentat auf Hitler vom 20. Juli 1944 plante. Zu diesen Planungen gehörte ein Staatstreich unter dem Decknamen „Operation Walküre" unmittelbar nach Hitlers Ermordung, um den Nazis mithilfe des sogenannten Ersatzheeres die entscheidenden Machtmittel im Reich zu entreißen. Nach dem Scheitern von Attentat und Umsturz wurden Stauffenberg und der engste Kreis seiner Mitverschwörer noch in der Nacht im Bendlerblock in Berlin erschossen und anschließend weitere rund 200 Mitwisser hingerichtet.

Mit dem Fehlschlag des Attentats vom 20. Juli erlosch der Widerstand gegen das Nazi-Regime weitgehend. Dessen Ende konnte nur noch durch eine völlige militärische Niederlage Deutschlands herbeigeführt werden.

Der Offizier Claus Graf Schenk von Stauffenberg verübte im Juli 1944 das fehlgeschlagene Attentat auf Adolf Hitler.

Pearl Harbor {Dez. 1941}

ist wie „Waterloo“ oder „Stalingrad“ der sprichwörtliche Inbegriff einer Niederlage. Über Nacht weltweit bekannt wurde der amerikanische Marinestützpunkt auf der Hawaii-Insel Oahu, als die Japaner bei einem Luftangriff teilweise mit Kamikaze-Einsätzen am Morgen des 7. Dezember 1941 den Stützpunkt vollkommen zerstörten und fünf Schlachtschiffe sowie eine Vielzahl anderer Schiffe und Flugzeuge beschädigten. Über 2000 Amerikaner fanden bei diesem Überraschungsangriff den Tod.

Am 8. Dezember erklärte Präsident Roosevelt Japan den Krieg. Wiederum einen Tag später erklärte Hitler als Verbündeter Japans seinerseits den USA den Krieg. Aus dem deutschen und japanischen Eroberungskrieg war ein Weltkrieg geworden.

Kamikaze {1941–1945}

Der gleichzeitige pazifische Krieg verlief militärisch gesehen unabhängig vom Geschehen in Europa, war aber nicht weniger verlustreich. In China überließen die Kommunisten den Abwehrkampf gegen die japanische Besetzung seit 1937 weitgehend der Kuomintang Tschiang Kai-scheks; sie unterstützten sie hauptsächlich, indem der Bürgerkrieg gegen die Kuomintang während des Zweiten Weltkriegs ruhte.

Unter der propagandistischen Parole „Asien den Asiaten“ hatte die nationalistische Militärdiktatur Japans nach dem Überfall auf Pearl Harbor 1941 im Herbst innerhalb von vier Monaten den gesamten pazifischen Raum unter ihre Kontrolle gebracht, ein riesiges Gebiet mit ungefähr 450 Millionen Menschen. Seit der Schlacht um die Midway-Inseln östlich von Hawaii Anfang Juni 1942 gelang es den USA, die Japaner zurückzudrängen. In Midway verloren die Japaner einen bedeutenden Teil ihrer Flotte; diese Verluste konnten sie kaum ersetzen. In der Schlacht von Leyte auf den Philippinen Ende Oktober 1944 ging schließlich die restliche Seestreitkraft Japans unter. Ihre Kamikaze-Flieger brachten den Japanern nicht die erhofften Erfolge bei der Zerstörung amerikanischer Schiffe, aber der Begriff veranschaulicht, wie verlustreich und verbissen auf beiden Seiten zweieinhalb Jahre lang um jede einzelne Insel gerungen wurde. Auch nach Leyte war der japanische Widerstand noch nicht gebrochen.

Nach der verheerenden Detonation der ersten Atombombe versammeln sich überlebende Einwohner von Hiroshima am 6. August 1945 im Freien.

Hiroshima {August 1941}

Am 6. August und am 9. August 1945 detonierten über den japanischen Städten Hiroshima und Nagasaki die ersten Atombomben als vollkommen neues Mittel der Kriegführung. Schlagartig wurde durch jeweils einen einzigen militärischen Einsatz eine ganze Stadt zerstört und verstrahlt. Einschließlich der Spätfolgen fanden über 200 000 Menschen den Tod.

Nach der deutschen Kapitulation am 7. Mai 1945 in Reims für die Westfront und am 8. Mai in Berlin-Karlshorst gegenüber der Sowjetunion nahm der Oberkommandierende der amerikanischen Streitkräfte, der amerikanische Feldmarschall Douglas MacArthur, am 2. September die Kapitulation Japans auf dem US-Schiff *Missouri* entgegen. Am 9. September kapitulierte auch die japanische China-Armee mit einer Million Mann gegenüber dem chinesischen Kuomintang-Führer Tschiang Kai-schek.

MacArthur kommandierte nach dem Krieg auch die Besatzungstruppen in Japan sowie die UN-Truppen im Koreakrieg (1950–1953).

Die Folgen des Zweiten Weltkrieges

Der nach dem Ersten Weltkrieg in Genf eingerichtete Völkerbund war eine Art Vorläuferorganisation der UNO und existierte bis 1946. Die Idee war, etwaige politische Konflikte durch neutrale Vermittlung zu lösen. Seine wichtigste völkerrechtliche Funktion war die Vergabe und Kontrolle sogenannter Mandate. Damit war die administrative Herrschaftsausübung in den ehemaligen Kolonien des Deutschen Reiches und in großen Teilen des ehemaligen Osmanischen Reiches im Nahen Osten gemeint. Das im Nachhinein wichtigste Mandat war das britische Mandat für Palästina, das bis 1920 osmanisch war, dann unter britische Oberhoheit geriet und nach dem Zweiten Weltkrieg in „Transjordanien" und Israel aufgeteilt wurde. Die benachbarten Mandate Libanon und Syrien gingen an Frankreich, der heutige Irak ebenfalls an die Briten.

Israel {1947/1948}

In der nach ihm benannten Balfour-Deklaration hatte der damalige britische Außenminister Arthur James Balfour 1917 im Namen seiner Regierung empfohlen, „die Errichtung einer nationalen Heimstätte für das jüdische Volk" mit Wohlwollen zu betrachten und sich für deren Erreichung einzusetzen. Nach 1880 und nochmals zwischen 1904 und 1914 waren als Folge der Judenpogrome in Russland vorwiegend osteuropäische Juden in das dünn besiedelte Palästina gekommen. Bedeutendste jüdische Stadtneugründung aus dieser Zeit ist Tel Aviv (1909). Gleich nach der Übernahme des Völkerbund-Mandats teilten die Briten das Gebiet in zwei Bezirke, der Jordan war die Grenze. Östlich davon entstand Transjordanien, der

David Ben Gurion ruft am Abend des 14. Mai 1948 in Tel Aviv die Unabhängigkeit Israels aus. Er wurde der erste Ministerpräsident des Landes.

spätere Staat Jordanien. Die Juden durften nur in Westpalästina siedeln. Während der Zwanziger- und erst recht der Dreißigerjahre strömten durch die Nazi-Verfolgung immer mehr jüdische Immigranten in das westpalästinische Gebiet. Im Westjordanland lebte eine arabische Mehrheit (heute eine Minderheit: 20 Prozent). Die Spannungen wuchsen, antijüdischer und antibritischer Aufruhr musste mit massivem Truppeneinsatz niedergeschlagen werden. Zwischen 1937 und 1939 gab es Tausende von toten, verwundeten, geflohenen, inhaftierten, ausgewiesenen Arabern. Die Briten waren der Lage nicht mehr gewachsen.

1947 wurde von der UNO ein Plan verabschiedet, der das gesamte Westpalästina in Gebiete mit überwiegend jüdischer und überwiegend arabischer Bevölkerung teilte. Dieser bildete die Grundlage für die Grenzen des neuen Staates Israel und den eigenartigen Grenzverlauf mit der langgestreckten „Taille" in der Mitte.

An dem Abend, als das britische Mandat ablief, am 14. Mai 1948, verkündete David Ben Gurion (1886–1973) die Unabhängigkeit Israels. Er wurde der erste Ministerpräsident des Landes. Die USA erkannten Israel sofort an (elf Minuten später), die Sowjetunion drei Tage darauf. Noch in der gleichen Nacht erklärten alle umliegenden arabischen Staaten Israel den Krieg (bis 1949).

➥ *Was danach geschah:* Das schwierige Verhältnis zwischen Israelis und Arabern war und ist bis heute extrem komplex und wurde durch mehrere Kriege im Nahen Osten immer komplizierter. Allein nach der Auflösung der Sowjetunion wanderten zwischen 1990 und 2000 noch einmal über eine Million Juden aus Russland ein. Heute leben fast sieben Millionen Israelis und knapp zwei Millionen nicht jüdische Araber in dem Staat. Es gibt weitere neun Millionen Palästinenser. Über sechs Millionen von ihnen leben im Westjordanland und im Gazastreifen sowie in Jordanien und drei Millionen in anderen Ländern der arabischen Welt oder in weiteren Staaten, beispielsweise in Griechenland, aber auch in den USA.

Vereinte Nationen {1945}

Der amerikanische Präsident Franklin D. Roosevelt und der britische Premierminister Winston Churchill bemühten sich bereits seit 1941 und unmittelbar unter dem Schock des deutschen Überfalls auf die Sowjetunion um die Errichtung einer internationalen Weltstaatenorganisation als Nachfolger für den nicht sehr wirksamen Völkerbund. An diesen Plänen beteiligten sich seit 1943 auch die Sowjetunion und China. Die Charta der Vereinten Nationen wurde auf der Konferenz von Jalta im Februar 1945 verabschiedet und am 26. Juni 1945 von 50 Gründungsnationen in San Francisco unterzeichnet. Dieser Tag gilt als Gründungstag der UNO, die ihren Hauptsitz in New York hat. Die Vereinten Nationen sind ein souveränes Völkerrechtssubjekt.

Ihre Hauptziele sind die Friedenssicherung, die Einhaltung des Völkerrechts und der Schutz der Menschenrechte. Die UNO verfügt über eigene Truppen („Blauhelme").

Nach dem Ende des Zweiten Weltkriegs lagen viele deutsche Städte in Trümmern, wie hier in Berlin.

Flucht und Vertreibung

Die bedeutendsten territorialen Veränderungen nach dem Zweiten Weltkrieg in Europa betrafen Deutschland und Polen. Sie beruhten auf Beschlüssen der Konferenz von Jalta Anfang Februar 1945 und wurden auf der Potsdamer Konferenz im Sommer 1945 definiert. Die Oder-Neiße-Linie wurde Westgrenze Polens, das dafür Gebiete im Osten an die Sowjetunion abtreten musste. Diejenigen (Ost-)Preußen, Pommern und Schlesier, die nicht schon während des Krieges vor der heranrückenden Roten Armee geflohen waren, sollten nach Deutschland umgesiedelt werden. Gewaltsam und nahezu vollständig vertrieben wurden die Deutschen aus der Tschechoslowakei und etlichen deutschen Siedlungsgebieten auf dem Balkan. Sofern sie den Krieg überlebt hatten, verloren die aus Polen und der Tschechoslowakei geflohenen und vertriebenen Deutschen dadurch ihre Existenzgrundlage.

Besatzungszonen

Deutschland, Berlin und auch Österreich wurden in jeweils vier Besatzungszonen aufgeteilt. Deutschland als Ganzes hatte durch die bedingungslose Kapitulation seine Souveränität verloren, das Deutsche Reich aufgehört zu existieren. Diese Souveränität und die damit verbundene Verantwortung nahmen nun die Besatzungsmächte wahr. Deswegen musste beispielweise der Westteil Berlins während der Berliner Blockade 1949 aus der Luft versorgt werden, und die Sowjetunion hätte Ende der Achtzigerjahre die kurz vor dem Zusammenbruch stehende DDR „durchfüttern" müssen. Erst durch den Zwei-plus-Vier-Vertrag von 1990/1991 (zwischen BRD, DRR und den früheren Besatzungsmächten Frankreich, Großbritannien, USA und Russland) im Zuge der deutschen Wiedervereinigung wurde das Besatzungsstatut beendet, und Deutschland gewann in den Grenzen von 1945 seine volle Souveränität zurück. Österreich hatte seine Souveränität bereits durch den Staatsvertrag von 1955 wiedererlangt.

Im Jahr 1960 gab es noch keine Mauer vor dem Brandenburger Tor. Diese wurde erst ab August 1961 auf dem Höhepunkt des Kalten Krieges errichtet und damit auch der Ostteil Berlins hermetisch abgeriegelt.

Eiserner Vorhang {1946}

Auf ihrer Konferenz in Jalta 1945 hatten sich die angehenden Siegermächte USA, Sowjetunion und Großbritannien, insbesondere Churchill und Stalin, auf ihre jeweilige Einflusszone in Europa geeinigt. Schon bald nach Kriegsende riegelte der „Ostblock", also alle von der Sowjetunion abhängigen Staaten, seine Grenzen durch Sperren und Kontrollen gegen den Westen rigoros ab. Das hatte man bei den Konferenzen in Jalta und Potsdam so nicht vorausgesehen. Winston Churchill formulierte 1946 bei einer Rede an einem amerikanischen College den Satz *An iron curtain has descended across the continent* („Ein Eiserner Vorhang hat sich über den Kontinent gesenkt").

Kalter Krieg {1947}

Marshall-Plan, Kalter Krieg und die Truman-Doktrin stehen in einem direkten Zusammenhang. Der erfahrene amerikanische Diplomat George F. Kennan (1904–2005) war unter Außenminister George C. Marshall Planungschef im amerikanischen Außenministerium und formulierte das Prinzip des *containment*, der „Eindämmung" der sowjetischen Expansion. Dies wird in der von Präsident Harry S. Truman im März 1947 verkündeten Truman-Doktrin als amerikanische „Unterstützung für alle in ihrer Freiheit bedrohten Völker" formuliert. In Trumans Ansprache ist auch von der „wirtschaftlichen und finanziellen Hilfe" für die freiheitlich-demokratische „Lebensform" die Rede, die alsbald im Marshall-Plan für Europa realisiert wurde. In diesen Formulierungen zeichnet sich deutlich die Sichtweise von der in zwei große Blöcke gespaltenen Nachkriegswelt ab. Die Formel vom „Kalten Krieg" verbreitete sich durch den Titel des Buches *Cold War. A Study in US Foreign Policy* des Journalisten Walter Lippmann, das 1947 erschien. Sie war kurz zuvor von einem amerikanischen Präsidentenberater erstmals formuliert worden.

Marshall-Plan {1948}

Nach dem Krieg waren auch Frankreich und England wirtschaftlich am Boden. Das zerstörte Deutschland sowieso; hinzu kamen zwei extrem kalte Winter 1946 und 1947, sodass die humanitäre Lage in Deutschland katastrophal war. Das nach dem damaligen Außenminister George C. Marshall (1880–1959) benannte Wiederaufbauprogramm für Westeuropa sollte Abhilfe schaffen. Neben konkreter humanitärer Hilfe erhielten die europäischen Staaten vor allem Geld zum Wiederaufbau, aber nicht geschenkt, sondern in Form von Krediten. In Deutschland steht die Gründung der Kreditanstalt für Wiederaufbau 1948 damit in direktem Zusammenhang. Man lieh den Mitsiegern wie den Besiegten Geld, damit sie Rohstoffe und Investitionsgüter kaufen konnten – natürlich in Amerika. Eine gute Kapitalanlage. Den größten Anteil erhielten Frankreich (3,1 Milliarden Dollar) und Großbritannien (3,6 Milliarden Dollar), wo die Lebensmittelrationierung erst in den Fünfzigerjahren aufgehoben werden konnte. Auch in Italien war die Situation nach dem Krieg prekär, die Kommunisten hatten großen Zulauf. Italien erhielt 1,6 Milliarden, Deutschland 1,4 Milliarden, die Niederlande, Griechenland und Österreich alle etwas unter 1 Milliarde; auch alle anderen bekamen etwas, auch die skandinavischen Staaten, selbst die Schweiz.

NATO und Warschauer Pakt {1949}

Eine weitere Folge der *Containment*-Politik war die Gründung der NATO (Nordatlantik-Pakt-Organisation) am 4. April 1949. Auf westatlantischer Seite gehören zu dem Bündnis die USA und Kanada, auf europäischer Seite die meisten westeuropäischen Staaten (außer den Neutralen: Schweden, Schweiz, Österreich und Irland) und die Türkei. Die Bundesrepublik Deutschland trat am 9. Mai 1955 bei. Einer oft zitierten Formel zufolge ist Sinn und Zweck der NATO *to keep the Russians out, the Americans in and the Germans down* („die Russen aus Westeuropa rauszuhalten, die Amerikaner an der Seite der Westeuropäer und die Deutschen am Boden zu halten"). Das galt jedenfalls bis zur Wende. Die Antwort des Ostblocks auf die NATO war die Gründung des Warschauer Pakts. Dies geschah 1955, eine Woche nach dem Beitritt der BRD zur NATO. Der Warschauer Pakt löste sich nach der Wende am 1. Juli 1991 auf.

Die Unabhängigkeitsbewegungen

An der Gründung der Vereinten Nationen 1945 nahmen 51 Staaten teil, von Ä wie Ägypten bis V wie Venezuela. Heute hat die UNO 193 Mitgliedsländer. Bis zum Beitritt der ersten afrikanischen Staaten (Ghana und Guinea) 1960 war die Mitgliederzahl auf rund 80 gewachsen. Einen Staatenvermehrungsschub gab es in den Sechzigerjahren durch die Unabhängigkeit vieler ehemaliger Kolonien in Afrika und Asien sowie in den Neunzigern nach dem Zerfall der Sowjetunion und Jugoslawiens.

Indischer Nationalkongress

Bereits 1885 war in Bombay der Indische Nationalkongress (INC) gemeinsam durch Hindus und Muslime gegründet worden. Beteiligt war daran auch Motilal Nehru, Vater von Jawaharlal Nehru und Großvater von Indira Gandhi.

Am 12. März 1930 startete Mahatma Gandhi den Salzmarsch, um sich gegen das britische Salzmonopol zu wehren. Auf der langen und beschwerlichen Reise zum Meer wurde er von mehreren Hundert Indern begleitet. Dort lernten sie, aus dem Meerwasser ihr eigenes Salz herzustellen.

Mahatma Gandhi (1869–1948) hatte noch vor den Burenkriegen in Südafrika erste politische Widerstandsaktivitäten entfaltet, da er dort von 1893 bis 1896 als junger, in England ausgebildeter Anwalt (und aus einer hohen Kaste stammend) schikaniert worden war. Auf englischer Seite nahm Gandhi 1899 als Sanitäter am Burenkrieg teil. 1914 kehrte er endgültig nach Indien zurück und baute seinen Ashram auf. Nach dem Massaker von Amritsar am 13. April 1919, bei dem die Briten bei einer gewaltfreien Demonstration des INC Tausende von Menschen getötet und verletzt hatten, übernahm er 1920 dessen Führung.

Durch Gandhi wurde der INC zur Massenbewegung. Gandhi forderte die Inder auf, sich nicht mehr an der britischen Verwaltung Indiens zu beteiligen, britische Waren zu boykottieren und gewaltfreien, zivilen Ungehorsam zu üben. Schulen, Büros, Fabriken, Geschäfte, Verkehr, Polizei, Militär – alles wurde bestreikt und lahmgelegt. Die rund 100000 Briten waren schockiert. Ihnen standen 300 Millionen Inder gegenüber. Mit dem spektakulären Salzmarsch 1930 sollte das britische Salzmonopol durchbrochen werden: Inder durften kein Salz herstellen oder verkaufen und mussten auf das britische Salz Steuern zahlen. Millionen Inder gewannen aus dem Meer ihr eigenes Salz, und Hunderttausende ließen sich verhaften. Erst danach signalisierten die Briten ein gewisses Entgegenkommen. 1935 wurden Wahlen zu Provinzparlamenten abgehalten und Birma zur unabhängigen Kronkolonie erhoben.

Indien und Pakistan

Indien kämpfte im Zweiten Weltkrieg auf der Seite der Alliierten – gegen die Zusicherung, anschließend in die Unabhängigkeit entlassen zu werden. Gandhi begann dies im Sommer 1942 einzufordern und wurde im Alter von 73 Jahren – ein weiteres Mal – für zwei Jahre ins Gefängnis gesteckt, was die Unterstützung für ihn nur vergrößerte. Auch sein bedeutendster Mitstreiter Jawaharlal Nehru (1889–1964) wurde bis 1945 von den Briten gefangen gehalten. Danach verhandelten Gandhi und Nehru sowie der Führer der Muslimliga Ali Jinnah mit dem letzten indischen Vizekönig Lord Mountbatten nur noch über die Modalitäten der Unabhängigkeit. Mountbatten war ein enger Verwandter der englischen Königsfamilie.

Als größter je in die Unabhängigkeit entlassener Staat erhielt Indien schließlich am 15. August 1947 seine Souveränität. Gleichzeitig wurde Pakistan abgespalten. Da die indischen Muslime fürchteten, innerhalb der Unabhängigkeitsbewegung von der Mehrheit der Hindus verdrängt und überstimmt zu werden, hatten sie bereits 1906 eine eigene Muslimliga gegründet. Dies veranlasste die Briten im Zuge der Entlassung in die Unabhängigkeit, ihr indisches Kolonialreich in zwei Staaten aufzuteilen: die Indische Union und das muslimische Pakistan.

Durch die Teilung Indiens kam es zur größten Völkerwanderung in „Friedenszeiten". Zehn Millionen Hindus und Sikhs wurden aus Pakistan und sieben Millionen Muslime aus Indien unter menschenunwürdigen Umständen vertrieben; bis zu einer Million Menschen kamen auf den entbehrungsreichen Märschen und aufgrund nackter Gewalt um.

➡ ***Was danach geschah:*** Gandhi starb 1948 durch den Mordanschlag eines fanatischen Hindus. Nehru wurde von 1947 bis 1964 der erste Ministerpräsident Indiens und einer der am meisten respektierten Politiker seiner Zeit. Seine Tochter Indira Gandhi bekleidete dieses Amt von 1966 bis 1977 und erneut von 1980 bis 1984. Sie wurde von zwei ihrer Leibwächter ermordet und dabei von Kugeln regelrecht durchsiebt. Indira Gandhi regierte ausgesprochen autoritär, gab dem Land ein staatssozialistisches Gepräge und betrieb außenpolitisch einen antiwestlichen Kurs. Um 1970 lehnte sich die Bevölkerung Ostpakistans gegen die Zentralregierung Pakistans auf und erlangte mit indischer Hilfe 1971 die Unabhängigkeit als Bangladesch. Die Provinz Kaschmir bleibt zwischen Indien und Pakistan umstritten.

Der vietnamesische Revolutionär und Unabhängigkeitskämpfer Ho Chi Minh war ab 1945 Präsident der Demokratischen Republik Vietnam.

Dekolonisation

Als zweites bedeutendes Land in Asien wurde Indonesien 1949 als vormals niederländische Kolonie in die Unabhängigkeit entlassen, nachdem der spätere erste Staatspräsident Sukarno bereits 1945 die Unabhängigkeit proklamiert hatte. In den Fünfzigerjahren begann die Dekolonisation in Afrika. Als erstes afrikanisches Land wurde Ghana (1951 – 1957) unabhängig, die alte „Goldküste" Westafrikas und zuletzt eine britische Kolonie. Die letzten waren die portugiesischen Kolonien Mosambik (Juni 1975) und Angola (November 1975).

Vietnamkrieg I {1946}

Seit 1891 war Frankreich Kolonialmacht in Indochina (Laos, Kambodscha, Vietnam) gewesen. Eine Widerstandsbewegung gegen die Franzosen unter dem jungen Gelehrten Ho Chi Minh gab es seit den Dreißigerjahren. Er gründete auch die dortige Kommunistische Partei. In den Turbulenzen des Zweiten Weltkrieges verdrängten die Japaner für kurze Zeit die Franzosen aus Indochina. 1945 rief Ho Chih Minh eine Republik aus.

Für die Franzosen war Indochina doch recht profitabel gewesen. Sie kehrten zurück, während Ho Chih Minhs „Liga für die Unabhängigkeit Vietnams", die Viet Minh, in den Untergrund ging. Bald konnten die Franzosen ihren Indochina-Krieg nicht mehr allein finanzieren. 1954 trugen die Amerikaner bereits 80 Prozent der Kosten. Die USA sahen ihre Interessen in Asien gefährdet, weil die Viet Minh massiv von der kommunistischen Sowjetunion unterstützt wurden.

In Dien Bien Phu an der Nordwestgrenze zu Laos hatten die Franzosen eine strategisch wichtige, aber schwer zu verteidigende Militärbasis errichtet. Sie war von bewaldeten Bergflanken umgeben. Die Franzosen nahmen an, dass man hier keine Geschütze in Stellung bringen könne. Aber genau das taten die Viet Minh unter General Giap, der später auch Operationen in Nordvietnam gegen die Amerikaner leitete.

Die Franzosen wurden von der Eröffnung des Feuers Mitte März 1954 vollkommen überrascht. Nach fast zweimonatigem verzweifeltem und verbissenem Abwehrkampf mussten sie sich ergeben. Auf der Indochina-Konferenz 1954 mussten die geschlagenen Franzosen der Teilung des Landes am 17. Breitengrad zustimmen. So entwickelte sich ein kommunistischer Norden unter der

Ein B-52 Langstreckenbomber der amerikanischen Luftwaffe entlädt seine tödliche Bombenfracht. Diese Flugzeuge wurden im Vietnamkrieg für Flächenbombardements eingesetzt.

Regierung der Kommunistischen Partei Ho Chi Minhs (Volksrepublik). Im Süden entstand eine prowestliche Republik Vietnam unter dem Präsidenten und sich zunehmend als Diktator gerierenden Ngo Diem.

Vietnamkrieg II {1963–1975}

In der damaligen antikommunistischen Hysterie wollten die Amerikaner nach der von ihnen propagierten Domino-Theorie verhindern, dass die Nachbarstaaten ebenfalls „den Kommunisten in die Hände fielen".

1963 eskalierte die Lage in Südvietnam, wo Präsident Diem, ein glühender Antikommunist katholischen Glaubens, zunächst als Hoffnungsträger der USA galt. Dann aber eskalierte die Lage nach spektakulären Selbstverbrennungen buddhistischer Mönche, die sich zunehmend von dem korrupten und dikatorischen Herrscher unterdrückt fühlten. Im November 1964 stürzte das ungeliebte Regime Diem. Von nun an führten die Amerikaner den Krieg mit eigenen Truppen gegen die Vietcong (die Nationale Front für die Befreiung Südvietnams). Berüchtigt waren der Einsatz des ätzenden Brandmittels Napalm und des giftigen Entlaubungsmittels Agent Orange. Die Zahl der vietnamesischen Opfer (Militär und Zivilisten) geht in die Millionen. Die Amerikaner verloren in diesen zehn Jahren 170 Milliarden Dollar, sechs Millionen Tonnen Sprengstoff und 58 000 gefallene Soldaten, ganz zu schweigen von den Verwundeten und Vermissten. 1975 mussten die letzten Amerikaner und vietnamesischen Helfershelfer gedemütigt mit Hubschraubern über das Dach der amerikanischen Botschaft in Saigon evakuiert werden.

Eine ganze Generation junger Leute in den USA war traumatisiert. Dieser militärische Aufwand war nicht nur dort, sondern in der gesamten westlichen Welt umstritten. In vielen Ländern kam es zu antiamerikanischen Demonstrationen.

Der Große Vorsitzende {ab 1949}

Mao Tse-tung war seit der zweiten Hälfte der Zwanzigerjahre der maßgebliche Anführer der kommunistischen Revolution in China, jahrzehntelang der Vorsitzende der Kommunistischen Partei Chinas und 1949 Gründer der Volksrepublik China. Er führte das völlig verarmte und zerrüttete, von europäischen Kolonialmächten und Japan beherrschte Land zu weltpolitischer Bedeutung. Wegen seiner überragenden historischen Bedeutung und jahrzehntelangen Herrschaft mit der offiziellen Bezeichnung „Vorsitzender der Kommunistischen Partei Chinas" ist er das historische Vorbild des zum Allgemeinbegriff gewordenen „Großen Vorsitzenden". Um seine Person entfachte Mao einen regelrechten Kult. Seine ungeheuren historischen Verdienste erstritt Mao allerdings auch, indem er im Bürgerkrieg wie in innerparteilichen Säuberungswellen viele Millionen

Im Süden Vietnams entstanden ab 1948 die Chu Chi Tunnel, ein riesiges Netzwerk aus Tunneln, das der Vietcong während des Vietnamkriegs als Versteck nutzte. Die Einstiege (hier auf dem Bild zu sehen) waren gut getarnt.

Der von Mao inszenierte „Große Sprung nach vorn" hatte das Ziel, den Rückstand Chinas gegenüber den westlichen Industrienationen aufzuholen – mit fatalen Folgen: Durch sinkende Erträge in der Landwirtschaft kam es zu einer verheerenden Hungersnot mit Millionen von Toten.

Menschen in den Tod trieb. Er war einer der brutalsten Gewaltherrscher des 20. Jahrhunderts neben Hitler und Stalin.

Permanente Revolution {1949}

Am 1. Oktober 1949 wurde nach dem Sieg der Kommunisten über die Kuomintang die größte aller „Volksrepubliken", China, durch Mao Tse-tung begründet. Tschiang Kai-schek, der Führer der Kuomintang, gründete die „Republik China", später als asiatischer „Tigerstaat" bekannt für „Made in Taiwan".

Einer der wichtigsten Gedanken des „Großen Vorsitzenden" ist der von der permanenten Revolution: Die Revolution müsse immer weiter vorangetrieben werden und dürfe nicht bei einem einmal erreichten Status quo enden – wie in der Sowjetunion, fügte Mao vielleicht im Stillen hinzu. Immerhin war der Bruch mit Moskau 1960 eine seiner wichtigsten außenpolitischen Entscheidungen. Im Innern versuchte er mit immer neuen Kampagnen, den revolutionären Eifer neu zu entfachen und sich nebenbei Widersachern in der Partei zu entledigen. Um 1960 sollte mit dem „Großen Sprung nach vorn" der Übergang vom Agrarstaat zum Industriestaat geschafft werden. Resultat: Die Arbeitskräfte fehlten in der Landwirtschaft, die Folge war eine Hungersnot mit 20 Millionen Toten. Am bekanntesten und geradezu sprichwörtlich wurde die zehnjährige Kulturrevolution seit 1966 mit ihren aufgehetzten jugendlichen Roten Garden, die Eltern, Lehrer, Akademiker, Beamte und Betriebsleiter als „Rechtsabweichler" schlugen, verletzten, demütigten und töteten. Kulturgüter wurden massenhaft vernichtet und Kulturwissen einfach verschüttet. Die berüchtigte „Viererbande" um Maos Ehefrau leistete jeder Art von Gewaltexzessen Vorschub. Erst Maos Tod 1976 setzte dem Treiben ein Ende. Die Viererbande wurde sofort verhaftet.

➥ ***Was danach geschah:*** Unter Deng Xiaoping (1904–1997) begann nun die innere Modernisierung Chinas. Deng war bereits vor dem Langen Marsch Funktionär der Partei und hatte alle Rückschlage und Säuberungen überlebt. Er begann eine Wirtschaftsreform und machte schrittweise die Kollektivierung der Landwirtschaft rückgängig. Dann folgte eine Liberalisierung durch Abschaffung der staatlich vorgeschriebenen Preise und die Privatisierung von Staatsunternehmen. Diesen Weg hin zur „sozialistischen Marktwirtschaft" sind seine Nachfolger weitergegangen. Da China als Exportland unglaublich hohe Handelsüberschüsse erzielt, besitzt es mittlerweile einige der größten Staatsfonds weltweit. Die Volksrepublik China ist heute einer der größten Global Player und größter Gläubiger der USA, ganz zu schweigen von den politischen Aktivitäten und Abhängigkeiten, die es sich in den vergangenen 30 Jahren in der Dritten Welt geschaffen hat. 2008 wurden Olympische Sommerspiele und 2022 Olympische Winterspiele in Peking ausgetragen, und das Land nimmt am Formel-1-Weltzirkus teil. Das hätten sich sicherlich weder Kaiser Ch'in noch Kaiser Pu Yi oder auch der kommunistische „Kaiser" Mao jemals träumen lassen.

Ein Kennzeichen der Kulturrevolution in China war eine Flut von Propagandaplakaten mit einem strahlenden Mao und fröhlichen Gesichtern, die den Zukunftsvisionen der Kommunistischen Partei Ausdruck verleihen sollten.

Die Dritte Welt und die Schwellenländer

Emerging Markets ist der Titel eines Buches des amerikanischen Fondsmanagers und Buchautors Antoine van Agtmael, in dem er 1981 den Begriff „Schwellenland" prägte als bewusste Unterscheidung zu den eher undifferenzierten und oft als abwertend verstandenen Begriffen „Dritte Welt" oder „Entwicklungsländer".

Apartheid {1948}

Apartheid in Südafrika bedeutete: als Schwarzer nicht in bestimmten Bussen fahren zu dürfen, an der Küste nur an bestimmte Strände gehen zu dürfen, sich von weißen Buren anrempeln lassen zu müssen, in bestimmten Stadtvierteln wohnen zu müssen, nur bestimmte Schulen mit einem von Weißen bestimmten Lehrprogramm (auf Afrikaans) besuchen zu dürfen. Sexuelle Kontakte und Mischehen waren verboten. Die Diskriminierung war bis ins kleinste Detail des Alltags bürokratisch organisiert und wurde mit großem Verwaltungsaufwand überwacht. Zehn Prozent weißer Bevölkerung standen 90 Prozent schwarzer Bevölkerung gegenüber.

„Apartheid" bedeutet: (Rassen-)Trennung, das System war aber eine eindeutige Diskriminierung und Unterdrückung. 1910 hatte die britische Regierung ihre Kapkolonie mit den Burenrepubliken (Transvaal, Oranje und Natal) zur Südafrikanischen Union zusammengeschlossen, wie Kanada oder Australien ein souveräner Staat im Rahmen des Commonwealth. Die Regierung wurde nur von Weißen gebildet. Schwarze hatten kein Wahlrecht. Von Anfang an wurde die Rassentrennung praktiziert. Bis zum Ende des Zweiten Weltkrieges dominierten die englischsprachigen Bevölkerungsgruppen innerhalb der weißen Schicht, ab 1948 verschärften die von der burischen Nationalen Partei getragenen Regierungen die Apartheid. Die Nationale Partei blieb bis 1994 an der Macht.

Als Widerstandsbewegung war bereits 1912 der allen Rassen offen stehende ANC (Afrikanischer Nationalkongress) gegründet worden. Er organisierte Streiks, Boykotte und das Verbrennen von Ausweisen. Der ANC und andere militantere Organisationen wurden 1960 verboten und gingen in den Untergrund. Der ANC-Führer Nelson Mandela (geboren 1918) wurde 1964 zu lebenslanger Haft verurteilt.

Schwarzer September {1970}

Der Sechs-Tage-Krieg vom 5. bis 10. Juni 1967 veränderte die territoriale Situation im Nahen Osten tiefgreifend – bis zur Gegenwart. Um einem bevorstehenden ägyptisch-syrisch-jordanischen Angriff zuvorzukommen, besetzten israelische Truppen in einem Präventivschlag den Sinai, den Gazastreifen, die Golanhöhen, das Westjordanland und Ost-Jerusalem mit der Altstadt.

Nach diesem Blitzkrieg erhielt die Palästinensische Befreiungsfront PLO unter Jassir Arafat verstärkt Zulauf. Die meisten Palästinenser lebten im nunmehr besetzten Westjordanland sowie weitere 800 000 in Lagern in Jordanien. Den Jordaniern gelang es nicht, die sich wie ein selbstständiger Staat gebärdende PLO zu entwaffnen. Nachdem von Palästinensern ein Attentat auf ihn verübt worden war, ließ König Hussein sie im September 1970 mit militärischer Gewalt vertreiben. Arafat floh nach Kairo. Das war der Schwarze September für die Palästinenser. Eine Terrorgruppe gleichen Namens verübte 1972 den Anschlag auf die israelische Mannschaft bei den Olympischen Spielen in München.

Der Führer des Afrikanischen Nationalkongresses, Nelson Mandela, gilt als Symbolfigur für den Kampf gegen die Apartheid in Südafrika.

Aramco

Die heutige Saudi Aramco ist aus der 1933 gegründeten Arabian-American Oil Company hervorgegangen. Es handelt sich um die größte Erdölfördergesellschaft und das wertvollste Unternehmen der Welt (Wert ca. 800 Milliarden Dollar – weit vor Apple). Erst ein Jahr vor der Aramco-Gründung war 1932 der saudi-arabische Staat gegründet worden. Die alte beduinische Dynastie der Saud hatte

Aufbruch ins All

Fußabdruck eines Astronauten auf dem Mond

Die Beförderung von Satelliten, Menschen, einer ganzen Raumstation und Riesenteleskopen ins All ist ein absolutes Novum der Menschheitsgeschichte seit der Mitte des 20. Jahrhunderts. Die Grundlage lieferte die maßgeblich von deutschen Ingenieuren während des Zweiten Weltkriegs entwickelte Raketentechnik. Eröffnet wurde dieses Zeitalter durch den russischen *Sputnik* und den ersten Menschen im All, Juri Gagarin. Die Amerikaner waren schockiert von so viel Vorsprung durch Technik. 1961 forderte Präsident Kennedy sein Land daher auf, einen Menschen auf den Mond und zurückzubringen. Ihre bemannte Raumfahrt verwirklichten die Amerikaner mit den Gemini- und Apollo-Programmen innerhalb von acht Jahren. Die Russen fielen wieder zurück. Der erste Mann auf dem Mond war Neil Armstrong am 21. Juli 1969 zur besten amerikanischen TV-Sendezeit.

Das bedeutendste gegenwärtige Projekt ist die Internationale Raumstation ISS seit 1998 mit regelmäßigem Pendelverkehr zur Erde. Daran sind 16 Nationen beteiligt, auch Amerikaner und Russen – ein globales Projekt.

in der arabischen Welt Bedeutung erlangt, als sie 1924 die Haschemiten nach kurzem Kampf als Scherifen von Mekka verdrängten. Die aus dem Verwandtschaftsclan des Propheten stammenden Haschemiten waren seit dem Hochmittelalter die lokalen Herrscher von Mekka und Umgebung gewesen (und regieren heute noch in Jordanien). Durch die 1938 beginnende Ölförderung wurden die Saud mächtig und auch unermesslich reich.

Saudi-Arabien verfügt nach wie vor über die mit Abstand größten Erdölreserven: doppelt so viel wie der Iran. Dann folgen Irak, die Vereinigten Arabischen Emirate, Kuwait und Venezuela. Zu künstlich erzeugten Lieferengpässen kam es während der

Ölkrise {1973}

Diese wiederum stand im Zusammenhang mit dem Nahost-Konflikt. Am Jom-Kippur-Tag des Jahres 1973 (6. Oktober), einem hohen jüdischen Feiertag, wurde Israel von ägyptischen und syrischen Streitkräften überraschend angegriffen, konnte sich unter seinem Verteidigungsminister Moshe Dajan aber behaupten. Gleichzeitig drosselte die Organisation erdölexportierender Länder (OPEC) die Produktion als Boykottmaßnahme gegenüber dem Westen. Die Erdölpreise stiegen drastisch um 70 Prozent von drei auf fünf Dollar pro Fass. Die europäischen Regierungen verhängten Geschwindigkeitsbegrenzungen, autofreie Tage (Österreich) oder Sonntage (BRD), an denen man mit Fahrrädern auf den Autobahnen fahren konnte.

Soweto {1976}

Die Schüler- und Studentenproteste im Township Soweto im Sommer 1976 entzündeten sich an der Entscheidung der südafrikanischen Regierung, Afrikaans statt Englisch als Unterrichtssprache einzuführen. Bei der Niederschlagung dieses Aufruhrs kamen über 200 junge Menschen ums Leben. Der Name Soweto ist ein Akronym aus *South Western Townships* („Südwestliche Townships") für eine Agglomeration schwarzer Wohnghettos in der Nähe von Johannesburg. Im Grunde ist es eine riesige Millionenstadt.

Die Proteste gegen das Apartheidregime der südafrikanischen Regierung wurden seit 1976 immer lauter. Auch unter Pieter Willem Botha lockerte sich die Apartheid kaum, obwohl es erste Kontakte zwischen der Regierung und dem ANC gab. Während Bothas fast zwanzigjähriger Regierungszeit von 1978 bis 1984 (und bis 1989 als Staatspräsident) nahm der Druck von außen ständig zu. Viele Staaten boykottierten Südafrika mit wirtschaftlichen Maßnahmen, die UNO verhängte ein Waffenembargo, die Sängerin

Miriam Makeba erinnerte immer wieder an die Zustände in ihrem Heimatland.

Am 11. Februar 1990 wurde Nelson Mandela nach 27 Jahren aus der Haft entlassen. Der neue Ministerpräsident Frederik de Klerk baute das Apartheidsystem ab, sodass 1994 freie Wahlen für alle Volksgruppen stattfinden konnten. Mandela wurde 1994 bis 1999 der erste schwarze Präsident des Landes und betrieb eine sehr versöhnliche Politik. Er und de Klerk erhielten 1993 den Friedensnobelpreis.

Intifada – der Krieg der Steine {1987/2000}

Möglicherweise wuchs nach dem Jom-Kippur-Krieg die Einsicht der arabischen Staaten, gegen Israel nicht militärisch erfolgreich sein zu können. Durch das von US-Präsident Jimmy Carter vermittelte Abkommen von Camp David 1978 und dem anschließenden Friedensvertrag zwischen Ägypten und Israel 1979 hatten sich beide Länder gegenseitig anerkannt, und Ägypten erhielt den im Sechs-Tage-Krieg eroberten Sinai zurück. Dafür bekamen der ägyptische Präsident Anwar as-Sadat und der israelische Ministerpräsident Menachem Begin 1978 den Friedensnobelpreis.

An der Situation der Palästinenser änderte sich aber nichts. Sie reagierten seit 1987 mit passivem Widerstand in Gaza, im Westjordanland und in Ost-Jerusalem, darüber hinaus allerdings auch mit Steinen, Kleinterror, Anschlägen und Mord. Die Widerstandsbewegung (Intifada) dauerte bis zum Abschluss des Oslo-Friedensprozesses, der 1993 die Welt überraschte. Israel und die Palästinenser hatten unter norwegischer Vermittlung sehr geheim verhandelt. Die Israelis erkannten die PLO an und stimmten einer palästinensischen Selbstverwaltung im Westjordanland und im Gazastreifen zu.

Nach dem Besuch des israelischen Ministerpräsidenten auf dem Jerusalemer Tempelberg 2000 begann die zweite, ebenfalls fünfjährige Intifada. Die Palästinenser versuchen – vermehrt durch Selbstmordattentate – die israelischen Polizeikräfte zu provozieren und zu zermürben. Die Zahl der Anschläge, Überfälle und Raketenangriffe geht in die Tausende. Im Nahost-Konflikt bleiben die Dinge bis heute sehr im Fluss, und jeder Tag kann eine überraschende Wendung bringen.

Zur Zeit der ersten Intifada, die auch „Krieg der Steine" genannt wird, kam es ab 1987 immer wieder zu gewalttätigen Auseinandersetzungen zwischen Palästinensern und der ungleich besser bewaffneten israelischen Armee.

Ayatollah {1979}

Seit 1941 regierte mit Mohammed Reza Pahlewi (1941–1979) der zweite Schah aus der Familie Pahlewi in Iran. Sein Vater war 1925 durch Parlamentsbeschluss als konstitutioneller Monarch auf den persischen Thron gelangt. Beide waren westlich orientiert und versuchten das Land zu modernisieren und zu industrialisieren. Das Tragen des Schleiers wurde 1935 verboten. Ende der Zwanzigerjahre hatte man reiche Ölvorkommen entdeckt, von denen Iran seit der Gründung der OPEC 1960 so stark profitierte wie nie zuvor. Der Schah legte ein „Weiße Revolution" genanntes Reformprogramm auf (Landreform, Frauenwahlrecht, Gewinnbeteiligung an Unternehmen für Arbeiter und Angestellte, Kampf gegen das Analphabetentum, Ausbau des Gesundheitswesens). Es wurde von den Großgrundbesitzern, vor allem aber von der schiitischen Geistlichkeit und allen voran von Ruhollah Chomeini (1902–1989) als antiislamisch erbittert bekämpft. Chomeini musste 1964 ins Exil gehen.

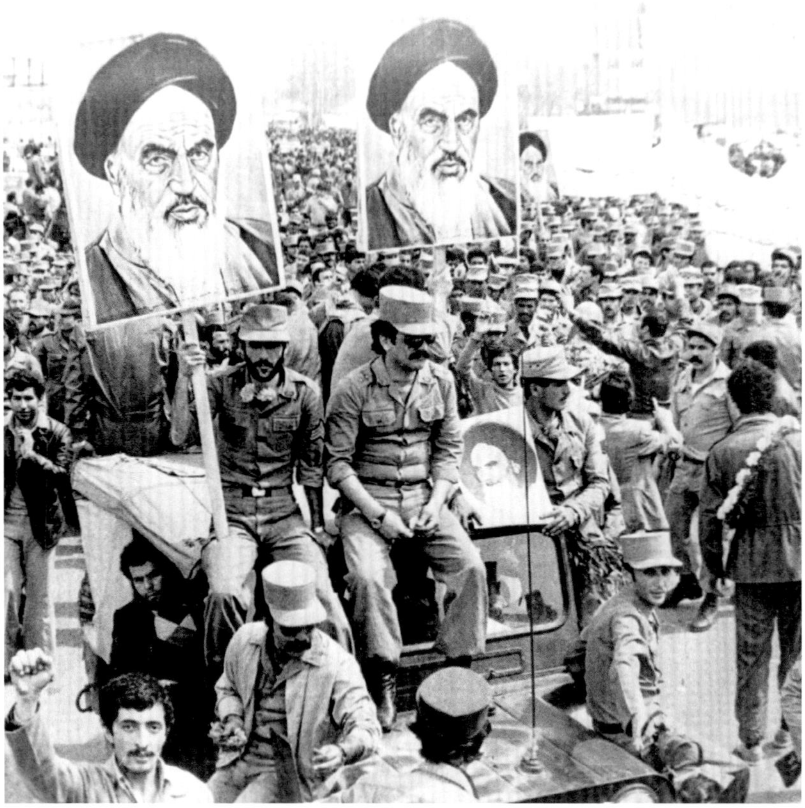

Jubelnde Anhänger von Ayatollah Chomeini feiern 1979 dessen Rückkehr aus dem Exil nach Teheran.

1979 gelang es dem Ayatollah Chomeini noch von seinem Pariser Exil aus, den Schah zu stürzen. Er kehrte nach Teheran zurück und begründete die Islamische Republik als Gottesstaat. In Iran herrscht seitdem die schiitische Geistlichkeit und erklärte die von ihr ausgelegte Scharia für unmittelbar geltendes Recht. *Ayatollah* („Hochgelehrter") ist ein Titel, den es nur im schiitischen Islam gibt. Schon vor seinem Exil war Chomeini Anführer einer starken Opposition gegen den Schah gewesen. Dessen Reformpolitik ertrug die vormoderne iranische Gesellschaft einfach nicht. Und der Schah, hinter dem die Amerikaner standen, unterdrückte jegliche Opposition gewaltsam mithilfe seines brutalen Geheimdienstes SAVAK und übernahm sich mit Großmachtambitionen im Mittleren Osten. Wie verhasst er weltweit war, zeigten die Studentenkrawalle anlässlich seines Staatsbesuchs in der Bundesrepublik 1967. Der Tod des Studenten Benno Ohnesorg bei diesen Krawallen wurde Auslöser für die Radikalisierung der Studentenbewegung.

Chomeini islamisierte den Iran wieder (Verschleierung der Frauen) und unterdrückte seinerseits die Opposition durch menschenvernichtenden Terror. Seine „Revolutionswächter" genannten Garden inszenierten öffentliche Massenhinrichtungen, es gab Tausende von Toten und Zehntausende von gefolterten politischen Gefangenen. Irak unter Saddam Hussein versuchte die noch instabile Lage durch eine Invasion zu nützen (Erster Golfkrieg 1980–1988). Es war ein verlustreicher Krieg für beide Länder. Damals erhielt Saddam noch Unterstützung seitens der Amerikaner.

Nach dem Tod Chomeinis (1989) gebärdete sich die Islamische Revolution mit Blick auf das Ausland zunächst moderater. Das änderte sich dann mit der überraschenden Wahl des bis dahin wenig bekannten Nicht-Geistlichen Mahmud Ahmadineschad zum Staatspräsidenten. Der Nachfolger Chomeinis, Ali Chamenei (84), regiert als oberster geistlicher und staatlicher Würdenträger bis heute.

Islamismus

Die schiitischen Geistlichen Irans verwirklichten mit brutaler Gewalt als Erste in der islamischen Welt des 20. Jahrhunderts einen Gottesstaat mit strikt antiwestlicher Ausrichtung. (Dazu gehört auch ein stark ausgeprägter Antisemitismus.) Das in Saudi-Arabien regierende Königshaus der Saud verwirklichte zwar keinen Gottesstaat wie in Iran, lehnt sich aber zu seiner Herrschaftslegitimation sehr stark an den ebenfalls traditionell-islamisch ausgerichteten Wahhabismus / Salafismus und dessen Geistlichkeit an. Die Saudis sind, ganz anders als Iran, enge Alliierte der USA im Nahen Osten.

Die Iranische Revolution wirkte wie ein Katalysator für ähnlich ausgerichtete politische „Bedürfnisse" oder Sehnsüchte bei radikalisierten sunnitischen Muslimen.

Das ganze Spektrum des (sunnitischen) politischen Islamismus von den Muslimbrüdern über Hamas, Dschihadisten, Salafisten, Taliban bis zu den ausgeprochenen Terrororganisationen wie Al-Qaida und Islamischer Staat (IS) erfährt seit dem Sieg der Islamischen Revolution in Iran einen enormen Aufschwung bis in das islamisch geprägte Nordafrika. Bis dahin war die sunnitisch-islamische Welt „friedlich" und kulturell einigermaßen tolerant. Außer im Nahost-Konflikt zwischen Israel und Palästinensern gab es keinen islamistischen Terror.

Als dessen Urknall gilt die Besetzung der Großen Moschee in Mekka Ende November / Anfang Dezember 1979 mit mindestens 400 Toten. Er zielte auf den Sturz des saudischen Königshauses, war also noch ein innerislamischer Konflikt – wegen der zu großen Nähe der Saudis zum Westen in den Augen der Islamisten.

Das erste „internationale" Betätigungsfeld des politischen Islamismus war anschließend der Kampf der Mudschahidin in Afghanistan gegen die Besetzung ihres Landes durch die Sowjetunion 1979–1989. (Damals noch mit Unterstützung des Westens, vor allem der USA und auch Saudi-Arabiens – natürlich weil es gegen die Sowjetunion ging.) Es war Gorbatschow, der im Wendejahr 1989 nach großem finanziellem und personellem Aderlass der Roten Armee den Rückzug der Sowjets anordnete. Im Zuge dessen gelangte auch der saudi-stämmige Terrorpate Osama bin Laden nach Afghanistan und radikalisierte sich dort noch weiter. Erste direkt gegen die USA gerichtete Anschläge waren diejenigen auf die amerikanischen Botschaften in Kenia und Tansania 1998 durch

Während der gewaltsamen Besetzung der Großen Moschee in Mekka im November 1979 durch militante Islamisten finden vielerorts Proteste gegen „anti-islamische Kräfte" statt, wie hier vor der Freitagsmoschee im indischen Delhi.

Grüne Revolution und Blauer Planet

In den 1960er-Jahren lag die Weltbevölkerung noch bei 3,5 Milliarden (heute 8 Milliarden). Damals kam es regelmäßig zu massiven Hungersnöten in der Dritten Welt. Unter der maßgeblichen Ägide des amerikanischen Agrarwissenschaftlers Norman Borlaug (1914–2009) wurde nun die „Grüne Revolution" vorangetrieben: Züchtung und Anbau wesentlich ertragreicherer Weizen- und Reissorten in vielen Drittweltländern. Borlaug erhielt für seine epochale Leistung im Jahr 1970 als erster Wissenschaftler den Friedensnobelpreis.

Bei der Mondumrundung von Apollo 8 im Jahr 1968 entstanden sensationelle neue „Welt-Bilder" der Erde vom Mond aus: Der blaue Planet inmitten in der Schwärze des Weltalls. Dies beförderte ein ökologisches Bewusstsein einer Verantwortung der Menschheit für den Erhalt der Lebensbedingungen. Der Bericht des *Club of Rome* über Die Grenzen des Wachstums brachte 1972 schließlich ein Bewusstsein für die Endlichkeit der Ressourcen der Erde.

Wer genau hinsieht, erkennt, dass die Klimaerwärmungskurve und die Bevölkerungswachstumskurve ziemlich parallel verlaufen. In diesem Spannungsfeld zwischen Bevölkerungswachstum und Grenzen des Wachstums suchen wir heute nach dem richtigen Weg.

Der Nobelpreisträger Norman Borlaug – „Vater der Grünen Revolution".

al-Qaida (224 Tote, 5000 Verletzte). 9/11, der Anschlag auf das World Trade Center in Manhattan am 11. September 2001 sowie auf das Pentagon mit Passagierflugzeugen war dann bekanntlich der brutalste Direktangriff auf amerikanischem Boden. In Europa sind die Anschläge auf Vorortzüge in Madrid am 11. März 2004 (193 Tote) und am 7. Juli 2005 in London sowie mehrere fast gleichzeitige Anschläge in Paris am 13. November 2015 (unter anderem mit einem Massaker im Bataclan-Konzertsaal) mit insgesamt 130 Todesopfern durch den IS noch in tragischer Erinnerung.

2002 eröffnete al-Qaida sogar noch eine „zweite Front" mit gleichzeitigen Anschlägen auf die beiden Diskotheken „Paddy's Pub" und „Sari Club" in Kuta auf Bali sowie das dortige US-Konsulat (202 Tote, darunter 88 Australier und 6 Deutsche). Dank des entschlossenen Durchgreifens und der Zusammenarbeit indonesischer, amerikanischer und australischer Sicherheitsdienste konnten in diesem muslimischen Land bisher weitere größere Anschläge verhindert werden. Lose verbundene Terrorzellen verüben allerdings immer noch Anschläge, etwa 2018 mehrere gleichzeitige Angriffe auf Kirchen in Surabay.

Der politische Islamismus wendet sich in dieser Weise gegen den verhassten Westen nach außen. Im Innern versucht er die Gesellschaften oder Staaten, in denen er Einfluss hat, gemäß seinem traditionalistischen religiösen Verständnis zu formen. Auf der politischen Ebene werden Demokratie, Rechtsstaat, Freiheitsrechte und Menschenrechte abgelehnt und sogar aktiv bekämpft. Diese Ausrichtung haben sie mit der chinesischen Regierung gemeinsam.

Muslime ihrerseits sehen in dem Begriff „Politischer Islam" einen polemischen westlichen Propagandabegriff, in dem eine generelle Islamfeindlichkeit zum Ausdruck kommen soll.

Schwellenländer {ab 1980}

In den Siebziger- und Achtzigerjahren entwickelten Südkorea, Taiwan, Singapur und Hongkong eine Wirtschaftsdynamik, die sie weit über den bei Entwicklungsländern üblichen Standard hinausführte. Sie bauten Fertigungsindustrien für rohstoffarme Produkte auf (Textil, Unterhaltungselektronik), die dank niedriger Löhne auf dem Weltmarkt konkurrenzlos preiswert waren. So gelangten diese damals „Tigerstaaten" genannten kleinen asiatischen Länder an die Schwelle zu Industrieländern. Dieses Geschäftsmodell war damals neu und wurde in vielen anderen Ländern der Dritten Welt nachgeahmt, nicht zuletzt von China.

Mit einer durchgreifenden Wirtschaftsliberalisierung erreichte auch Indien seit den Neunzigern eine ungeahnte Dynamik. Treibende Kraft ist Premierminister Manmohan Singh (seit 2004). Er setzte die Wirtschafts-

Diese Ansicht der indischen Stadt Mumbai verdeutlicht den großen Kontrast zwischen Armut und Reichtum in vielen Schwellenländern.

reformen bereits 1992 als Finanzminister in Gang. Indien erlangte vor allem für die Computerindustrie weltweite Bedeutung. Im Jahr 2023 hat Indien sogar China als bevölkerungsreichstes Land der Welt überholt.

Schwellenländer haben innerhalb der Dritten Welt mittlerweile einen recht hohen Industrialisierungsgrad erreicht und verfügen aufgrund eigener Exporte (nicht nur von Rohstoffen, sondern eben auch von Industrieprodukten) über bedeutende Devisenreserven. Vor allem Letzteres ist ein wichtiger Unterschied zum „klassischen Entwicklungsland“ mit seinem chronischen Zahlungsbilanzdefizit. Zu den Schwellenländern zählen Brasilien, China, Indien, Malaysia, Mexiko, Russland, Philippinen, Südafrika, Thailand, Türkei.

Die europäische Einigung

Der erste Träger des Aachener Karlspreises, der alljährlich für Verdienste um die europäische Einigung vergeben wird, war 1950 der österreichische Adlige Richard N. Coudenhove-Kalergi (1894–1972), ein Mann mit internationalem familiärem Hintergrund. 1922 hatte er die Paneuropa-Union gegründet, im Gegensatz zum krassen Nationalismus seiner Zeit. Unterstützt wurde er dabei von Persönlichkeiten wie Albert Einstein, Thomas Mann, Artistide Briand (dem französischen Politiker und Friedensnobelpreisträger von 1926) oder auch Charles de Gaulle und Konrad Adenauer. Nach dem Zweiten Weltkrieg schlug Winston Churchill bei einer Rede in Zürich 1946 die Bildung der Vereinigten Staaten von Europa vor. 1949 wurde der Europarat gebildet und im Zusammenhang damit der Europäische Gerichtshof für Menschenrechte geschaffen.

Römische Verträge {1957}

1950 entwickelte der französische Unternehmer und Regierungsberater Jean Monnet einen vom französischen Außenminister Robert Schuman auf der politischen Ebene vertretenen Plan, die Montanindustrien (Kohle und Stahl) Frankreichs und Deutschlands zusammenzuschließen, dem sich die Beneluxstaaten und Italien anschlossen. Diese Gemeinschaft, die 1952 ins Leben gerufen wurde, war im Kern eine Zollgemeinschaft, innerhalb derer die nationalen Zölle für Kohle- und Stahlprodukte entfielen. Es entstand also ein „gemeinsamer Markt“. Ähnliche Regelungen für die Atomindustrie brachte die Gründung der Europäischen Atomgemeinschaft (Euratom).

Auf dieser Basis handelten die Politiker seit Sommer 1955 Verträge für eine umfassende wirtschaftliche Zusammenarbeit in Europa aus. Diese Römischen Verträge wurden im März 1957 in der italienischen Hauptstadt unterzeichnet und traten am 1. Januar 1958 in Kraft. So entstand die Europäische Wirtschaftsgemeinschaft EWG. Die politische Leitidee war, nach den traumatischen Ereignissen zweier Weltkriege durch einen gemeinsamen Markt und die zunehmende Verflechtung der wirtschaftlichen und politischen Interessen den Frieden in Europa zu sichern sowie sich zwischen dem Ostblock auf der einen und den USA auf der anderen Seite zu behaupten.

Volksaufstände {ab 1953}

Während sich in Westeuropa immer mehr Staaten immer enger zusammenschlossen, waren die osteuropäischen Staaten bereits ein straffer Verbund. Hinter dem Eisernen Vorhang kam es zu Volksaufständen in Ungarn, Polen, der DDR und der Tschechoslowakei gegen die diktatorischen kommunistischen Regime, die am engen Gängelband Moskaus und unter dem militärischen Schirm des Warschauer Paktes geführt wurden. Regelmäßig rollten die Panzer der Sowjetarmee und teilweise die der „Bruderstaaten“ durch die Hauptstädte der Ostblockländer, so in Berlin beim Arbeiteraufstand des 17. Juni 1953, mehrmals in Polen (1956, 1970, 1980), beim Ungarn-Aufstand 1956 sowie zur Beendigung des Prager

Panzer der Warschauer-Pakt-Staaten rollen im August 1968 durch Prag und beenden die Reformversuche der kommunistischen Partei der Tschechoslowakischen Sozialistischen Republik (CSSR), den sogenannten „Prager Frühling".

Frühlings 1968. Die Forderungen nach Meinungs- und Reisefreiheit und einem „Sozialismus mit menschlichem Antlitz", wie sie Imre Nagy 1956 in Ungarn oder Alexander Dubček 1968 in Prag erhoben, wurden regelmäßig durch die Truppen des Warschauer Paktes niedergeschlagen. Schließlich formulierte man in Moskau die Breschnew-Doktrin, wonach die kommunistischen Bruderstaaten nur über eine eingeschränkte Souveränität verfügten.

Stets waren im Westen die Aufregung und die Anteilnahme groß, eine militärische Unterstützung wurde aber nicht geleistet. Die Furcht vor der Entfesselung eines neuen Weltkrieges, hinter der immer auch die Drohung eines Atomkrieges der beiden Großmächte stand, war zu groß.

Nord-, Süd-, West-, Osterweiterung

Auf der anderen Seite des „Eisernen Vorhangs" wurde die europäische Integration weiter vorangetrieben: Beim Zusammenschluss von EWG, Montanunion und Euratom zu den Europäischen Gemeinschaften (EG) 1967 entstand die Europäische Kommission, sozusagen als europäische Regierungszentrale. 1992 schuf der Vertrag von Maastricht die Europäische Union (EU) und die Voraussetzungen für die Einführung einer gemeinsamen Währung. Sie wurde 1999 und 2002 als „Euro" realisiert. 1995 trat das in dem luxemburgischen Winzerdorf Schengen geschlossene Abkommen zur Beseitigung der Grenzen und Grenzkontrollen innerhalb Europas in Kraft. Diese beiden Maßnahmen sind die im Alltag sichtbarsten Zeichen der Europäisierung.

Mittlerweile gehören die meisten Länder von Finnland bis nach Zypern zur EU, auch wenn die Aufnahme nicht immer reibungslos verlief. Einen bereits 1961 gestellten Antrag des Vereinigten Königreichs blockierte zum Beispiel der französische Staatspräsident Charles de Gaulle fast zehn Jahre lang mit der Begründung, die Briten seien nicht „europareif". Deren Beitritt war dann Teil der Westerweiterung 1973 zusammen mit Dänemark und Irland. Den geplanten und fertig ausgehandelten Beitritt Norwegens lehnte die dortige Bevölkerung in Referenden ab. Auch als bei der Norderweiterung Schweden, Finnland und Österreich 1995 beitraten, stimmten die Norweger erneut gegen den Beitritt. Nachdem die Griechen, Spanier und Portugiesen in den Siebzigerjahren ihre faschistischen Diktaturen abgeschüttelt hatten, gelangten sie über die Süderweiterung Anfang und Mitte der Achtziger in die EU, wobei insbesondere Spanien die üppigen EU-Gelder sinnvoll verwendete, wohingegen Griechenland später – aufgrund gefälschter Statistiken – in die Euro-Zone aufgenommen wurde und nach wie vor Schuldenberge bis nahe an den Staatsbankrott aufhäuft. Die Osterweiterung 2004 brachte auf einen Schlag zehn neue Länder – von Estland bis Zypern – in die EU.

Die verstolperte Ratifizierung des ursprünglich als europäische Verfassung geplanten Vertrages von Lissabon scheiterte in den Jahren 2008 und 2009 beinahe an der Unleserlichkeit des Kleingedruckten für die EU-Bürger und an der mangelnden kulturellen und demokratischen Integration, ein Fehler, der Karl dem Großen nicht unterlaufen war. Nur ein kleines Bergvolk in der Mitte Europas leistet hartnäckigen Widerstand und weigert sich beharrlich, überhaupt einen Antrag auf Aufnahme in die EU zu stellen …

Der Weg zur Wende

Das strategische Konzept, welches unter den Bedingungen des Kalten Krieges die großflächige weltpolitische Stabilität wahrte, wurde im Amerikanischen *Mutual Assured Destruction* (MAD) genannt und in den USA in erster Linie von Robert McNamara vertreten, der von 1961 bis 1968 Verteidigungsminister war. Wörtlich übersetzt bedeutet die Formel: Gegenseitig garantierte Zerstörung. Es galt das Prinzip der Abschreckung, das die beiden in etwa gleich starken und jeweils mit einem großen Atomwaffenarsenal ausgerüsteten Supermächte davon abhalten sollte, diese Waffen auch einzusetzen. Dies war das „Gleichgewicht des Schreckens“ – das in der Kuba-Krise 1962 während der Regierung von Präsident John F. Kennedy und dem sowjetischen Ministerpräsidenten Nikita Chruschtschow fast zum Weltkrieg eskalierte, als die Amerikaner mit einer Seeblockade auf bis dahin geheime russische Raketenstationierungen reagierten. Die atomaren Sprengköpfe waren von Kuba aus direkt auf die USA gerichtet, die Amerikaner stellten ein Ultimatum. Das war die gefährlichste Konfrontation während des Kalten Krieges, und „keiner von uns begriff damals, wie nah wir am Rand einer Katastrophe standen“, sagte der seinerzeit unmittelbar beteiligte McNamara. Zur direkten Verständigung der beiden Supermächte wurde eine direkte Fernschreibverbindung zwischen Kreml und Weißem Haus eingerichtet, der „heiße Draht“ – heute würde man sagen: eine Hotline.

➥ ***Was danach geschah:*** In den Siebziger- und Achtzigerjahren setzte sich die Rüstungsspirale fort, angesichts der fortschreitenden technischen Entwicklung beider Waffensysteme. Dies war zugleich der Beginn der Friedensbewegung: Massive Proteste gegen den Vietnamkrieg hatte es nicht nur in den USA, sondern auch in Europa gegeben. Nun machte die Parole „Frieden schaffen ohne Waffen“ die Runde, brachte neue Parteien und neue Formen des Protests hervor.

Ostpolitik {1969}

„Wandel durch Annäherung“ lautete die Formel des außenpolitischen Beraters Egon Bahr von Bundeskanzler Willy Brandt.

Bei seinem Besuch in Warschau am 7. Dezember 1970 kniet Bundeskanzler Willy Brandt vor dem Mahnmal im einstigen jüdischen Ghetto nieder, das den Helden des Ghetto-Aufstandes vom April 1943 gewidmet ist. Der spontane Kniefall wurde zum Symbol der Ostpolitik.

Erstmals stellte die SPD seit 1969 in der Bundesrepublik den Kanzler. Brandts „Politik der kleinen Schritte“ zielte auf eine Entspannung des im Kalten Krieg verkrampften Verhältnisses zum Ostblock. Bei einem Besuch in Warschau im Dezember 1970 ließ sich Brandt am Mahnmal des Aufstandes im Warschauer Ghetto auf die Knie fallen – ein symbolischer Akt als Bitte um Vergebung für die Gräueltaten der Deutschen im Zweiten Weltkrieg und ein Zeichen für die Suche nach Verständigung. Am gleichen Tag wurde der Warschauer Vertrag unterzeichnet. Hierin erkannte die Bundesrepublik die Oder-Neiße-Linie als Westgrenze Polens an. Das war, wie die gesamte Ostpolitik, in der BRD sehr umstritten.

Ein Transitabkommen erleichterte 1971 den Personen- und Güterverkehr zwischen der Bundesrepublik und Westberlin. Es war das erste direkte Abkommen zwischen den beiden deutschen Staaten. 1972/1973 ermöglichte der Grundlagenvertrag zwischen BRD und DDR den Austausch Ständiger Vertreter, eine gegenseitige Anerkennung knapp unterhalb der völkerrechtlichen Anerkennung.

Das deutsche Wort „Ostpolitik“ wurde auch in den anderen europäischen Sprachen in der Originalversion der Inbegriff für Entspannungspolitik.

KSZE {1973–1975}

Seit 1973 beriet eine „Konferenz über Sicherheit und Zusammenarbeit in Europa“ (KSZE) aller europäischen Staaten einschließlich den USA und Kanada in Helsinki. Die Konferenz brachte dem Ostblock die Anerkennung der Nachkriegsgrenzen durch den Westen und damit eine Art Bestandsgarantie des sowjetischen Imperiums, das wirtschaftlich schwach war. Im Gegenzug mussten die Ostblockstaaten Zugeständnisse bei den Menschenrechten machen. Damit schuf die KSZE eine wesentliche Grundlage für die Bürgerrechtsbewegungen der Achtzigerjahre in den osteuropäischen Ländern. Die Schlussakte von Helsinki markiert 1975 den Höhepunkt der Entspannungspolitik zwischen Ost und West vor dem Fall der Mauer.

Solidarność {1980}

Am 16. Oktober 1978 bestieg mit Karol Wojtyla der erste polnische Papst und der erste Nicht-Italiener seit Hadrian VI. (Amtsantritt 1522) als Johannes Paul II. den Stuhl Petri. Sozusagen unter seiner Schirmherrschaft konnte sich die polnische Gewerkschaftsbewegung entfalten.

Im Sommer 1980 sollten in Polen die Fleischpreise erhöht werden, wogegen sich Proteste erhoben. Sie führten zu einer

Der polnische Papst Johannes Paul II. empfängt im Januar 1981 Lech Walesa, den damaligen Vorsitzenden der Gewerkschaft Solidarnosc, bei einer Privataudienz im Vatikan.

Streikwelle im ganzen Land, hinzu kam auf der Lenin-Werft in Danzig ein Streik gegen die Entlassung der Kranführerin Anna Walentynowicz. (Die Symbolfigur der Solidarność-Bewegung kam bei dem verheerenden Absturz auf dem Flug nach Katyn am 10. April 2010 in der polnischen Präsidenten-Maschine ums Leben.) Der Streik wurde unter der Führung des Elektromonteurs Lech Walesa organisiert und nicht nach Zugeständnissen der Betriebsleitung wie früher in Polen schnell beendet. Die Streikenden erhielten Unterstützung seitens der Kirche, von Intellektuellen sowie aus dem Ausland. Es entstand eine regelrechte Volksbewegung. Die kommunistische Regierung erkannte Solidarność schließlich als unabhängige Gewerkschaft an; ein Novum im Ostblock.

Ende 1981 verhängte dann der neue Regierungschef General Jaruzelski das Kriegsrecht. Gewerkschaftsführer wurden inhaftiert und Solidarność verboten. 1983 erhielt Walesa den Friedensnobelpreis. Erst 1988/1989 führte die Wendestimmung dazu, dass Solidarność wieder zugelassen wurde. Walesa war von 1990 bis 1995 Staatspräsident Polens.

Star Wars {ca. 1985}

Dem seit 1981 amtierenden amerikanischen Präsidenten Ronald Reagan gefiel es, die Sowjetunion als „Reich des Bösen" zu bezeichnen. Nachdem sich die Lage in Europa dank des Helsinki-Prozesses entspannt hatte, verlagerte er den Kalten Krieg in so wichtige weltpolitische Brennpunkte wie Nicaragua und Grenada. Mit dem 1983 angekündigten, aber nicht verwirklichten SDI-Programm zur Abwehr von Interkontinental-Raketen im Weltraum wurde gegenüber der Sowjetunion eine neuerliche Drohkulisse aufgebaut. Im Falle der Verwirklichung hätte sich eine wesentliche Verschiebung des Gleichgewichts des Schreckens zugunsten der USA ergeben. Die Amerikaner steckten fast 30 Milliarden Dollar in die Forschungsarbeiten, Summen, die die damals schon taumelnde Sowjetunion für vergleichbare Anstrengungen nie hätte aufbringen können.

US-Präsident Ronald Reagan (rechts) und der sowjetische Generalsekretär Michail Gorbatschow unterzeichnen am 8. Dezember 1987 im Weißen Haus in Washington den *Intermediate Range Nuclear Forces Treaty* (INF), ein Abkommen zum Verzicht auf atomare Mittelstreckenraketen.

In seiner zweiten Amtszeit traf sich Reagan mehrmals mit dem sowjetischen Generalsekretär Michail Gorbatschow (Regierungszeit 1985–1991) zu den START (*Strategic Arms Limitation Talks*) Abrüstungsgesprächen, die in ein Abkommen zur Abschaffung der Mittelstreckenraketen in Europa mündeten (1987). Im gleichen Jahr forderte er Gorbatschow vor dem Brandenburger Tor auf, die Mauer niederzureißen. ***Übrigens:*** Ein weiteres START-Abkommen schlossen der amerikanische Präsident Obama und der russische Präsident Dmitri Medwedjew am 8. April 2010 in Prag.

Glasnost und *Perestroika* {1985}

Am 11. März 1985 ernannte die sowjetische Führung Michail Gorbatschow zum neuen Generalsekretär der Kommunistischen Partei. Der Führungszirkel im Kreml entschied sich damit für einen Reformer. Man war sich darüber im Klaren, dass die Sowjetunion in der Ära des Parteichefs Leonid Breschnew von 1964 bis 1982 erstarrt war und durchgreifend erneuert werden musste, um im Systemwettbewerb mit den USA nicht noch weiter ins Hintertreffen zu geraten. Der neue Mann mit dem „Biss aus Stahl" sollte den Umbau bewältigen. Gorbatschow setzte *Uskorenije*, *Perestroika* und *Glasnost* auf die politische Agenda. Von *Uskorenije*, der Beschleunigung der wirtschaftlichen Entwicklung, hat man seitdem nichts mehr gehört. Die ungeheuren Ressourcen, die das Wettrüsten verschlang, fehlten bei der Versorgung der Bevölkerung. Gorbatschow wollte die Planwirtschaft dezentralisieren und den Betriebsleitern mehr Entscheidungsbefugnisse einräumen. Das war mit *Perestroika* („Umbau") gemeint. Begleitet werden sollte der Prozess im Innern von einer Lockerung der Zensur. *Glas* bedeutet „Stimme, Sprechen", gemeint war mit *Glasnost* die „Transparenz", die Rede- und Meinungsfreiheit.

➥ ***Was danach geschah:*** Im Anschluss an den KSZE-Prozess und wegen der wirtschaftlichen Schwäche der Sowjetunion verzichtete Gorbatschow in der Außenpolitik stillschweigend auf die Anwendung der Breschnew-Doktrin und verständigte sich mit den USA über einen Gewaltverzicht in Mitteleuropa. Dieser Gewaltverzicht und die Einsicht, dass die Sowjetunion niemals in der Lage gewesen wäre, eine bankrotte DDR durchzufüttern, bildete den Hintergrund für die aus sowjetischer Sicht „Preisgabe" der DDR, als dort der Wunsch nach Wiedervereinigung unüberhörbar laut wurde – und für den friedlichen Verlauf dieser deutschen Revolution im Herbst 1989.

Paneuropäisches Picknick {August 1989}

Die von Coudenhove-Kalergi gegründete Paneuropa-Union veranstaltete nahe dem ungarischen Ort Sopron am 19. August 1989 ein Treffen, bei dem vom ungarischen Außenminister Gyula Horn und dem österreichischen Außenminister Alois Mock der Stacheldrahtzaum zwischen der Grenze durchschnitten wurde, was vielen Bürgern der DDR die gefahrlose Ausreise in den Westen ermöglichte. Das Paneuropäische Picknick bildete den Auftakt zu den Ereignissen, die am 9. November des gleichen Jahres im Mauerfall in Berlin ihren historischen Höhepunkt erreichten.

Ebenfalls seit dem 19. August kampierten 120 DDR-Bürger auf dem Gelände der westdeutschen Botschaft in Prag, täglich kletterten dort Dutzende weitere über den Zaun. Seit September blieb die Grenze von Österreich und Ungarn dauerhaft offen. Auf diesem Weg flohen viele DDR-Bürger in den Westen.

Mauerfall {November 1989}

Vom Picknick bis zur Epochenwende des Mauerfalls vergingen nicht einmal drei Monate. Die Montagsdemonstrationen in Leipzig begannen am 4. September. Der massive Exodus von Sopron und Prag verstärkte den Druck dermaßen, dass der deutsche Außenminister Hans-Dietrich Genscher am 30. September die Ausreise der mittlerweile über 5000 Menschen in der Prager Botschaft verkünden konnte. Nun wurden die Montagsdemonstrationen zu Großveranstaltungen, die live in der westdeutschen Tagesschau übertragen wurden. „Wir sind das Volk!" und „Keine Gewalt!" waren die wichtigsten Losungen einer der erfolgreichsten und friedlichsten Revolutionen aller Zeiten.

Bei den Feiern zum 40. Jahrestag der DDR am 7. Oktober sagte Michail Gorbatschow zu Erich Honecker auf Russisch in etwa: „Schwierigkeiten lauern auf den, der nicht auf das Leben reagiert", was auf Deutsch mit „Wer zu spät kommt, den bestraft das Leben" übersetzt wurde. Honecker wurde am 18. Oktober von seinem eigenen Politbüro zum Rücktritt gezwungen. Am gleichen Tag verkündete sein Nachfolger Egon Krenz eine „Wende", um „die politische und ideologische Offensive wiederzuerlangen". Aber die Wende kam bald anders als von ihm gedacht. Am Abend des 9. November verhaspelte sich der schlecht informierte Pressesprecher Günter Schabowski bei der Bekanntgabe über Vorbereitungen zu einem neuen Reisegesetz der DDR vor der internationalen Presse: „Das tritt nach meiner Kenntnis … ist das sofort, unverzüglich."

Der Rest ist Geschichte.

Wiedervereinigung und Zerfall

Aus der demokratischen Forderung nach politischer Mitsprache „Wir sind das Volk!" wurde nun die nationale Forderung nach

Vereinigung der beiden deutschen Staaten: „Wir sind ein Volk!“ Um die Aufbuch- und Wendestimmung für die notwendigen internationalen Verhandlungen nutzen zu können, handelte die Regierung der Bundesrepublik dementsprechend. Anlässlich der Einführung der Wirtschafts-, Währungs- und Sozialunion am 1. Juli 1990 versprach Kanzler Helmut Kohl die „blühenden Landschaften“. Nach internationalen Verhandlungen erlangte Deutschland die Zustimmung der ehemaligen Alliierten für den Beitritt der DDR zum Geltungsbereich des Grundgesetzes am 3. Oktober 1991: Das waren die Einheit und die volle Souveränität.

Mindestens genauso gravierend wie für Deutschland waren die Folgen der Wende auch in Ost- und Südosteuropa bis nach Zentralasien. Die Sowjetunion hörte am 21. Dezember 1991 auf zu existieren, ebenso der Warschauer Pakt (1. Juli 1991). Sozusagen als Ersatz war die Gemeinschaft Unabhängiger Staaten (GUS) gegründet worden, die aber rasch an Bedeutung verlor. Viele ihrer Mitgliedsländer von Armenien bis zur Ukraine und Usbekistan gingen eigene Wege und suchten sich der Dominanz Moskaus zu entziehen. In Georgien führte die Rosenrevolution von 2003 zur Ablösung von Präsident Eduard Schewardnadse, zu einer ähnlichen Veränderung kam es durch die Tulpenrevolution in Kirgisistan 2004 und durch die Orangene Revolution 2004 in der Ukraine. (2010 wurde der damals von Wladimir Juschtschenko – auf den der russische Geheimdienst kurz vor seiner Wahl ein Giftattentat ausgeführt hatte – und Julia Timoschenko abgelöste Regierungschef Janukowitsch erneut gewählt.)

Fast völlig geräuschlos entstanden auf dem Gebiet der ehemaligen Tschechoslowakei durch Parlamentsbeschluss zum Ende des Jahres 1992 zwei unabhängige Staaten: die Tschechische Republik und die

Am Tag nach dem Mauerfall und der Öffnung der deutsch-deutschen Grenze feiern die Menschen am 10. November 1989 auf der Berliner Mauer vor dem Brandenburger Tor.

Slowakische Republik – eine späte Revision der englisch-französischen „Friedenskunst" von Versailles. Umso geräuschvoller vollzog sich ab 1991 der Zerfall Jugoslawiens.

Der im August 2022, mitten im russischen Ukraine-Krieg verstorbene Gorbatschow hat in dem, was er gemacht oder zugelassen hat, wirklich die Welt verändert: Deutsche Einheit, Auflösung der Sowjetunion, Unabhängigkeit der Staaten im früheren Ostblock.

Kriegsschauplätze der Jahrtausendwende

Nach dem Tod Titos 1980, der Jugoslawien 35 Jahre lang regiert hatte, blieb das Land trotz einiger Unruhe noch geeint. Seit 1987 zeichnete sich dann Slobodan Milošević als neuer starker Mann ab, der 1988 Präsident einer Teilrepublik Serbien wurde und nach der Vereinigung Serbiens mit Montenegro als jugoslawischer Bundespräsident amtierte. Milošević führte die gewaltsame Kriegs-, Terror- und Vertreibungspolitik der Serben gegen die anderen Völker des ehemaligen Jugoslawien, vor allem gegen Kroaten, Bosnier und Kosovo-Albaner. All diese Völker waren miteinander verfeindet, lebten und leben in teilweise enger räumlicher Nachbarschaft. Und alle sind sehr gewaltbereit.

Balkankriege {1991 – 1999}

Im Juni 1991 proklamierten die Teilrepubliken Slowenien und Kroatien als erste jugoslawische Nachfolgestaaten ihre Unabhängigkeit. Zwischen Serben und Kroaten begann 1991 ein lang anhaltender Krieg, zunächst mit Kämpfen um Vukovar und Dubrovnik. Seit 1992 war auch die UNO involviert. Trotz vielseitiger internationaler Anerkennung Kroatiens zog sich der Krieg bis Dezember 1995 (Abkommen von Dayton). Auf beiden Seiten flohen Hunderttausende von Kroaten und Serben, oder sie wurden vertrieben.

Anfang 1992 entbrannte der Kampf um Bosnien, einen Vielvölkerstaat im Vielvölkerstaat. Hier proklamierten die Serben im Januar eine Serbische Republik Bosnien-Herzegowina, im März verkündeten die bosnischen Kroaten und die (muslimischen) Bosniaken ein unabhängiges Bosnien-Herzegowina. Heftig umkämpft war in diesem von April 1992 bis Dezember 1995 dauernden Teilkrieg des jugoslawischen Nachfolgekrieges die bosnische Hauptstadt Sarajewo, die von bosnischen Serben fast 1500 Tage lang belagert wurde. Im Juli 1995 schlachteten die serbischen Truppen von Präsident Radovan Karadžić in Srebrenica bis zu 8000 Bosniaken ab.

Bereits 1989 hatte das serbisch dominierte Parlament in Belgrad die bis dahin laut jugoslawischer Bundesverfassung bestehende Autonomie des überwiegend von Albanern bewohnten Kosovo (Amselfeld) aufgehoben. Seit Mitte der Neunzigerjahre führte die Befreiungsarmee des Kosovo UÇK Krieg gegen die serbisch-jugoslawische Armee und Polizei. Die serbische Regierung unter Präsident Milošević bekriegte die UÇK und die albanische Zivilbevölkerung mit so brutaler Gewalt, dass die NATO unter Führung der USA (Regierung Clinton) und mit deutscher Beteiligung (Regierung Schröder / Fischer) von Ende März bis Anfang Juni 1999 gegen die Serben vorging, zum Schluss mit weit über 1000 Kampfflugzeugen. Anschließend sicherten internationale KFOR (Kosovo-Force)-Truppen mit einem Mandat der UNO das Kosovo. Es erklärte sich 2008 für unabhängig. Die während des Balkankrieges begangenen Massaker wurden Gegenstand von Prozessen vor dem Haager Kriegsverbrechertribunals.

Porträt Saddam Husseins auf einer alten irakischen Banknote aus den 1980er-Jahren.

Die Mutter aller Schlachten {1991}

1990 besetzte der irakische Diktator Saddam Hussein (Regierungszeit 1979 – 2003) das benachbarte Ölscheichtum Kuwait und drohte den USA in einer Radioansprache für den Fall einer militärischen Gegenaktion zur Befreiung Kuwaits mit der „Mutter aller Schlachten". Er verstand seine Gegenwehr als Beginn epochaler Auseinandersetzungen zwischen dem Islam und dem Westen. Die

USA begannen unbeeindruckt davon am 17. Januar 1991 mit einer Teilinvasion Iraks im Zweiten Golfkrieg (Operation Wüstensturm). Nach einem Monat war Kuwait befreit und Irak willigte in einen Waffenstillstand ein. So endete vorläufig die „Mutter aller Schlachten" – bis 2003 der Dritte Golfkrieg mit Unterstützung der „Koalition der Willigen" vom Zaun gebrochen wurde.

Zu den „Willigen" zählten die nach dem Mauerfall neu in die NATO aufgenommenen baltischen und osteuropäischen Staaten, die vom amerikanischen Verteidigungsminister Rumsfeld als das „neue Europa" gelobt wurden. Länder aus dem „alten Europa" wie Frankreich und Deutschland nahmen an dem unter vorgeschobenen Gründen vom Zaun gebrochenen neuen Krieg nicht teil. Um das militärische Eingreifen zu rechtfertigen, behauptete US-Außenminister Colin Powell am 5. Februar in einer Rede vor dem Sicherheitsrat der Vereinten Nationen: „Alles, was ich heute sage, ist von Quellen gedeckt, soliden Quellen." Das bezog sich vor allem auf die Behauptung, Saddam Hussein verfüge über biologische und chemische Massenvernichtungswaffen – eine reine Erfindung der CIA. Die amerikanische Regierung glaubte – oder ließ jedenfalls verbreiten – die Iraker würden die Soldaten und ihre Alliierten wie Befreier begrüßen. „Befreit" wurde lediglich Saddam Hussein, der sich in einem Erdloch versteckte. Er wurde 2006 von einem Kriegsverbrechertribunal in Bagdad verurteilt und gehängt.

11. September 2001

Einzig die „lokalen" Konflikte am Persischen Golf und auf dem Balkan trübten die vergleichsweise euphorische Weltstimmung der Neunzigerjahre, als man nach dem Ende des Kalten Krieges schon das „Ende der Geschichte" nahe wähnte, selbst ehemalige erzkommunistische und erzsozialistische Staaten wie China und Indien mit ihrer ständig steigenden Nachfrage die Weltwirtschaft belebten und extrem liberalisierte Finanzmärkte in London und New York anscheinend unbemerkt von Aufsichtsbehörden und Medien an einem immer größer werdenden Rad der gegenseitigen Verschuldung drehten.

Dann fiel der entsetzliche Schatten zweier Flugzeuge auf die Türme des World Trade Centers, die innerhalb weniger Stunden

Am 11. September 2011 kaperten Mitglieder des islamistischen Terrornetzwerks Al-Qaida vier Flugzeuge, von denen sie zwei in die Zwillingstürme des World Trade Centers in New York steuerten, die in der Folge in sich zusammenstürzten. Dabei handelt es sich um die bisher folgenreichsten Terroranschläge der jüngeren Geschichte.

zerbarsten und über 3000 Opfer unter sich begruben. Der scheinbare Sieger des Kalten Krieges war aus buchstäblich heiterem Himmel ins Herz getroffen. Seitdem herrscht ein neuer „asymmetrischer" Weltkrieg, der jedermann zu jeder Zeit an jedem Ort treffen kann, wie die Zuganschläge 2004 oder 2010 auf die Moskauer U-Bahn an den Haltestellen Lubjanka und Kulturpark und viele andere gezeigt haben.

9/11 machte das Schlagwort vom „Asymmetrischen Krieg" zum geläufigen politischen Begriff: Asymmetrie von oben durch das Einsetzen überlegener militärischer Mittel der Großmächte gegen von vornherein unterlegene Staaten oder Völker. Asymmetrie von unten durch „terroristische Gegenanschläge".

Mudschaheddin {1978}

„Afghanistan" wird erst seit Beginn des 20. Jahrhunderts als Staatsbezeichnung verwendet. Das Land am Hindukusch war immer Randzone Persiens, Indiens und Zentralasiens, Durchgangsland von Ost nach West und seit jeher Schauplatz der Interessen der Großmächte. Dementsprechend groß ist seine strategische Bedeutung.

Der letzte Paschtunen-König Sahir Schah wurde 1973 in Afghanistan gestürzt (und kehrte erst nach der Zerschlagung des Taliban-Regimes in hohem Alter aus dem Exil zurück). 1978 übernahm die Kommunistische Partei die Macht. Sie versuchte ähnliche weltliche und soziale Reformen durchzusetzen wie seinerzeit der Schah in Persien. Dagegen wehrte sich die einheimische Bevölkerung in lose organisierten Mudschaheddin-Kampfgruppen. Das Wort „Mudschaheddin" hängt zusammen mit „Dschihad". Diese „heiligen Krieger" führten gegen die 1979 einmarschierten sowjetischen Truppen einen zehnjährigen verlustreichen Guerillakrieg. Wegen dieses Einmarsches wurden die Olympischen Spiele in Moskau 1980 von vielen Staaten boykottiert. Die Mudschaheddin wurden über Pakistan von den USA und Saudi-Arabien mit Waffen unterstützt und ausgebildet. Erst Michail Gorbatschow leitete den Abzug der sowjetischen Truppen ein, die 1989 ein zerstörtes, innerlich verfeindetes Land im Chaos hinterließen.

Taliban

heißt: „Schüler". Gemeint sind Schüler von Koranschulen (Madrassas), die von paschtunischen Stammesangehörigen im afghanischen Kandahar-Gebiet besucht wurden. Zunächst wurden diese Gruppen im pakistanischen und amerikanischen Interesse eingesetzt, um die Sicherheit auf den Straßen in Afghanistan zu gewährleisten. Seit der Zeit des Abwehrkampfes gegen die Sowjets herrschte wegen des Treibens von Banditen und Stammeshäuptlingen weitgehend Anarchie in Afghanistan. Nach dem Abzug der Sowjets folgte der Bürgerkrieg zwischen den verschiedenen Mudschaheddin-Gruppen, aus denen Mitte der Neunziger die Taliban hervorgingen, die seit 1996 auch Kabul kontrollierten. Unter ihrem Anführer Mohammed („Mullah") Omar errichteten sie das Islamische Emirat Afghanistan und kontrollierten den größten Teil des Landes. Sie werden vor allem von den armen Bevölkerungsschichten unterstützt und hängen einem strenggläubigen Wahabismus an, einer fundamentalistischen islamischen Glaubensrichtung, die sich auf den Wortlaut des Korans beruft. Mullah Omar bot wohl auch dem Al-Qaida-Fürsten Osama bin Laden „Asyl". Nach den Terroranschlägen vom 11. September 2001 griffen die USA auf der Grundlage einer UN-Resolution noch im Herbst des gleichen Jahres militärisch in Afghanistan ein und vertrieben die Taliban. Auch Deutschland beteiligte sich neben anderen NATO-Staaten an dem Einsatz der *International Security Assistance Force* (ISAF, „Internationale Unterstützungstruppe zur Gewährleistung der Sicherheit"). 2004 sagte der damalige deutsche Verteidigungsministers Peter Struck, die Sicherheit Deutschlands würde„nicht nur, aber auch am Hindukusch verteidigt".

➥ ***Was danach geschah:*** Der Westen erhoffte sich von seinem massiven Einsatz militärischer und ziviler Mittel und in einer Mischung aus neokolonialem Überschwang und neokolonialer Arroganz eine Stabilisierung, ja eine Demokratisierung Afghanistans, komplett mit Gleichstellung der Frauen. Da hatte man sich zu viel vorgenommen. Nach 20 Jahren Militärpräsenz, Hunderten von Sprengfallen, über 3500 gefallenen

Blick auf die afghanische Hauptstadt Kabul. 20 Jahre, nachdem sie von der Macht vertrieben wurden, beherrschen die Taliban das Land heute erneut.

Ein Transportflugzeug der US-Luftwaffe evakuiert im August 2021 in seinem völlig überfüllten Frachtraum 640 afghanische Zivilistinnen und Zivilisten von Kabul nach Katar. Zuvor waren die verzweifelten Menschen durch eine halb geöffnete Laderampe in das Flugzeug gestürmt.

Soldaten der westlichen Koalition, Zigtausenden toten afghanischen Soldaten und Zivilisten und Kriegs- und „Aufbau"kosten von 1000 Milliarden Dollar waren die Amerikaner kriegsmüde. Man musste einsehen, nichts erreicht zu haben. Kurz nach seinem Amtsantritt verkündete der neu gewählte amerikanische Präsident Joe Biden den bereits von seinem Vorgänger Trump favorisierten Abzug der Amerikaner (und damit aller westlichen Soldaten). Dieser Abzug verlief in seiner Schlussphase im August 2021 ähnlich blamabel chaotisch mit sich an die Flugzeuge klammernden und dann vom Himmel fallenden Afghanen wie 1979 der Abzug aus Vietnam. Die Taliban waren bei ihrem raschen Vorrücken auf die Hauptstadt Kabul im Sommer 2021 auf keinen nennenswerten Widerstand gestoßen. Nachdem sie 20 Jahre zuvor vom Westen vertrieben worden waren, übernahmen die Taliban in einem völlig zerrütteten Land wieder die Macht am Hindukusch.

Weltwirtschaftsunordnung

Der amerikanische Präsident Ronald Reagan führte während seiner Amtszeit (1981–1989) in der Wirtschaftspolitik eine weitgehende Liberalisierung der Wirtschaft durch. Die „Reaganomics" (Steuersenkungen, Steuervereinfachungen, Sozialabbau und Rüstungsausgaben) sollten die Wirtschaft ankurbeln in der Hoffnung, der Wohlstand werde auch zu den Ärmeren „durchsickern". Moralisch und praktisch wurde Reagan von seiner Freundin und Kollegin Margaret Thatcher (britische Premierministerin 1979–1990) unterstützt. Das ist der Hintergrund für die buchstäbliche Entfesselung der Finanzmärkte (von „lästigen" Vorschriften und Kontrollen) und für den Geld- und Immobilienboom jener Jahre, der mit der *New Economy* in den Neunzigern einen weiteren Höhepunkt erreichte.

World Wide Web {1993}

Im März 1989 eröffnete der englische Physiker Tim Berners-Lee, ein Physiker am Europäischen Kernforschungszentrum CERN in Genf, das World Wide Web (www) für den Datenaustausch zwischen Rechnern von Forschungseinrichtungen und veröffentlichte 1991 das dafür notwendige Programm HTTP (*Hypertext Transfer Protocol)* unter Verzicht auf Patentierung und Kommerzialisierung. Dank des von dem amerikanischen Studenten Marc Andreessen erfundenen ersten Browsers („Herumstöberer") Mosaic hat seit 1993 im Prinzip jedermann Zugang zu diesem „Internet". 1994 gab es rund 100000 Nutzer. Heute ist das Internet die globalste allgemein zugängliche technische Vernetzung seit der Erfindung des Telegrafen. Es brachte ganz neue Modelle der Kommunikation, des Wissensmanagements und auch neue Geschäftszweige hervor. Ein ähnlicher globaler und technischer Sprung vollzog sich durch die massenhafte Nutzung und Verbreitung der Funktechnik nach der allgemeinen Einführung der Mobilfunktechnologie sowie der Satellitennavigation GPS (*Global Positioning System*), die seit 2000 auch zivil genutzt werden kann.

➡ ***Was danach geschah:*** Die Kombination „tragbarer Kleincomputer + Internetnutzung via Mobilfunk" führte zur Konstruktion von *Smartphones* (deutsch: „Handy"). Anfangs waren skandinavische Anbieter führend (Ericsson, Nokia). 2007 revolutionierte Apple diesen Markt noch einmal mit dem iPhone (Touchscreen ohne weiteres Hilfsgerät mit dem Finger zu bedienen, eingebaute Kamera sogar für Videos und eine Vielzahl von Funktionen bis hin zum bargeldlosen Bezahlen). Manche Menschen haben ihr ganzes Leben auf dem Handy gespeichert: Adressen, Termine, Fotos und nichts davon zu Hause in Papierform.

Silicon Valley {ab 1975}

ist ein Inbegriff für die Computerindustrie, die als innovative Technik das späte 20. und das 21. Jahrhundert so stark prägt wie keine andere. Die aus Silizium gefertigten Chips sind die materielle Basis der Branche, die in rasantem Tempo immer mikrofeinere Hardware produziert. Die eigentlichen Innovationen liegen allerdings schon längst im Bereich der Software.

Das Silicon Valley befindet sich unmittelbar südlich der kalifornischen Stadt San Francisco. Es handelt sich natürlich nicht um einen alten geografischen Begriff, sondern um eine moderne Bezeichnung für einen etwa 80 Kilometer langen Küstenstreifen. In mehreren dort unmittelbar aneinander grenzenden kalifornischen Gemeinden befinden sich die Sitze wichtiger IT-Firmen und Forschungsinstitute: Redwood City (Oracle), Stanford (Stanford University), Palo Alto (Stanford Research Park, Facebook; in Palo Alto befindet sich auch die Garage, in der Hewlett-Packard, das erste IT-Unternehmen, 1939 gegründet wurde), Mountain View (Google), Sunnyvale (AMD, Intel), Cupertino (Apple), Santa Clara (Fairchild Semiconductors). Microsoft, gegründet 1975, sitzt nicht im Silicon Valley, sondern in Seattle im Bundesstaat Washington.

New Economy {März 2000}

Computertechnik, Mobiltelefonie, Internet, Biochemie und Mikrotechnologie waren und sind die Hoffnungsträger einer Expansion der Weltwirtschaft in „neue Märkte". In den späten Neunzigerjahren wurden sie als hoffnungsvolle *New Economy* den traditionellen Großbranchen (Agrarindustrie, Rohstoffverarbeitung, Chemie, Massengüterproduktion am Fließband) geradezu ironisch-polemisch gegenübergestellt, die man als „schmutzig" und „veraltet" (*Old Economy*) brandmarkte. Die neuen Hoffnungsträger wurden an der Börse in einer Art Goldrausch hoch bewertet und zum Schluss einfach überbewertet. Bis zum März 2000 erreichten die wichtigsten Weltbörsen neue Aktienhöchststände, dann platzte die Spekulationsblase. Viele Geschäftsmodelle erwiesen sich sehr schnell als substanzlos. Die Investoren, darunter auch viele Kleinanleger, verloren Geld und Vermögen.

Der Hauptsitz des amerikanischen Technologieunternehmens Apple (Bild) befindet sich in der Stadt Cupertino im kalifornischen Silicon Valley.

Subprime und Derivate {2007/2008}

Der Subprime-Markt ist ein Teilmarkt des Hypothekenmarktes und bezieht sich auf diejenigen Hypotheken, die keine erstklassigen Wertanlagen darstellen, sondern zweitklassige (*subprime*).

Die Regierung des amerikanischen Präsidenten Bush (2001–2009) ermunterte die Banken, Kredite zum Bau oder Kauf von Eigenheimen auch an Darlehensnehmer zu vergeben, deren Bonität nicht gesichert war, sprich: an arme Leute. Auch ihre Immobilien waren nicht so viel wert, wie ein dadurch spekulativ überhitzter Immobilienmarkt vermuten ließ. Die Niedrigzinspolitik der amerikanischen Notenbank unter ihrem Gouverneur Allen Greenspan (1987–2006) gaukelte den Leuten zudem vor: „Kredite kosten nichts".

Die Banken bündelten ihre mehr schlecht als recht besicherten Darlehensforderungen in einer Art Fonds, aus dem sie wiederum Wertpapiere bildeten. Damit hatten die Forderungen eine andere „Struktur" und konnten als Geldanlage weiterverkauft werden. So entstand ein „Derivat", ein „strukturiertes Finanzprodukt". Deren „Wert" wurde durch positive „Ratings" darauf spezialisierter

Agenturen verstärkt, während diese „Finanzinstrumente" immer komplexer und undurchschaubarer wurden.

Finanzmarktkrise {2008}

Als die Zinsen in den USA wieder stiegen und gleichzeitig die Einkommen sanken, konnten viele Amerikaner die Hypotheken für ihre Häuser nicht mehr bezahlen. Nun zerplatzte die Subprime-Blase. Das setzte eine Abwärtsspirale der Finanzmärkte von ungeheurem weltweitem Ausmaß in Gang. Die Regierung Bush sah sich gezwungen, die Hypothekenbanken Fannie Mae und Freddie Mac zu verstaatlichen. Vielen Immobilienbesitzern blieb nichts anderes übrig, als Eigenheime und Wohnungen zu verkaufen, aber da so viele Objekte gleichzeitig auf den Markt kamen, verloren diese drastisch an Wert. Und weil so viele Banken so viele Subprime-Derivate in ihren Depots hatten, verloren auch sie an Wert.

Das gesamte amerikanische und in der Folge auch das eng verknüpfte weltweite Finanzsystem stand am Abgrund. Banken wie Lehman Brothers und Versicherungen (der weltgrößte Versicherungskonzern AIG muss im vierten Quartal 2000 elf Milliarden Dollar abschreiben) gingen in Konkurs. Island geriet im Oktober 2008 nach dem Kollaps seiner Banken an den Rand des Staatsbankrotts. In Deutschland musste vor allem die Hypo Real Estate mit staatlichen Garantiezusagen in Höhe von rund 100 Milliarden Euro vor dem Zusammenbruch bewahrt werden. Weltweit wurden die Kredite knapp, eine existenzielle Bedrohung für die Realwirtschaft. Die Staaten intervenierten mit Garantien, um wenigstens die Funktionsfähigkeit des Systems zu erhalten. Der Internationale Währungsfonds schätzte den Gesamtschaden auf 12 000 Milliarden Dollar.

Bei den US-Präsidentschaftswahlen 2008 ging der Demokrat Barack Obama als Sieger hervor. Der charismatische Obama galt vielen Amerikanern als Hoffnungsträger auf bessere Zeiten.

➡ ***Was danach geschah:*** Auf die Finanzmarktkrise 2007 / 2008 folgte die Euro-Krise im Euro-Raum. Hauptursache war die hohe Staatsverschuldung einiger Länder, vor allem in Südeuropa; Auslöser war der im Frühjahr 2010 unmittelbar drohende Staatsbankrott Griechenlands. Akut ging es zunächst einmal darum, private Banken und Versicherungen und vor allem solche in Frankreich, die Gläubiger der griechischen Staatsschulden waren, wegen des drohenden Zahlungsausfalls vor dem Zusammenbruch zu bewahren. Dazu wurden allerlei Maßnahmen ergriffen, von neuen Kreditzusagen über Schuldenschnitte, Rettungsschirme, Privatisierungen, neue IWF- und EZB-Kredite, drastische Sparmaßnahmen in Griechenland selbst – alles in Multimillardenhöhe. Im Endeffekt wurden die Staatsschulden Griechenlands von den privaten Gläubigern weg auf die Euroländer umgeschuldet – sprich: auf den europäischen Steuerzahler, in einem Volumen von rund 300 Milliarden Euro. Das soll irgendwann – mit Zinsen – zurückgezahlt werden.

Yes, we can {November 2008/2009}

Am 20. Januar 2009 wurde Barack Obama als 44. und erster afroamerikanischer Präsident der Vereinigten Staaten vereidigt. Die Mehrheit von 53 Prozent der Wählerstimmen für Obama gegenüber seinem weißen republikanischen Gegenkandidaten war angesichts einer solch historischen Wahl überzeugend. 75 Prozent der Amerikaner sind Weiße mit europäischen Vorfahren, nur 13 Prozent sind Afroamerikaner, die restlichen zwölf Prozent sind überwiegend lateinamerikanischer Herkunft und Asiaten.

Nach den Fehlgriffen der Bush-Administration (Dritter Golfkrieg, Finanzkrise), der neuen Landkarte in Europa, nach dem 11. September und den Disruptionen des Internet suchten die Amerikaner offenbar nach einer Art Neuanfang für ihr Land. Dies war Obamas Versprechen im Wahlkampf.

Yes, we can war ein Hip-Hop-Song, der einerseits von einer Wahlkampfrede Obamas Anfang 2008 inspiriert wurde, andererseits unabhängig von dessen Kampagne über das Internet verbreitet auf sie zurückwirkte. Auch für die Politik bedarf es jetzt des Online-Marketings.

WELTGESCHICHTE DER GEGENWART

1991 – 2022

Blick in die Gegenwart

Zu unseren Lebzeiten haben wir keine so disruptive Technologie erlebt wie das Internet. Die nach der Eiszeit aufkommende Agrarwirtschaft hat die seit zwei Millionen Jahren umherschweifenden Jäger und Sammler überflüssig gemacht, der Buchdruck die Abschreibkräfte in den Klöstern. Die Dampfmaschine hat das industrielle Zeitalter von Kohle und Stahl dominiert und das völlig neue Verkehrsmittel Eisenbahn hervorgebracht: eine ungeheure Erweiterung im Güter- und Personenverkehr. Der dampfbetriebene mechanische Webstuhl hat hingegen die Heimweber brotlos gemacht, das Automobil mit Verbrennungsmotor die Pferdekutscher und der elektrische Staubsauger die Stubenmädchen.

Das Internet erweitert zwar auch die menschlichen Möglichkeiten, in dem Fall die einer schnellen Kommunikation. Andererseits hat es binnen kürzester Zeit ganze Erwerbszweige zerstört mit Millionen von Arbeitsplätzen und Existenzen. Und so geht es weiter. Als Nächstes werden die herkömmlichen Banken verschwinden.

Nichts ist mehr real. Alles wird digital, anonym und anonym überwacht. Mittlerweile sogar der Sex. Deine Dating-App und Alexia hören mit. Vor allem junge Menschen machen in sozialen Netzwerken ganz zwanglos ihr Privatleben öffentlich. Publizieren im Internet unterläuft zeitweilig die Propaganda autoritärer Regime (bis die entsprechenden Kanäle abgeschaltet werden). Anonymes Publizieren im Internet entfesselt eine Pandemie der Bösartigkeit. Ansonsten wird das Internet massiv kommerziell genutzt. Von der idealistischen Anfangsidee eines wahrhaft demokratischen Mediums und Wissenstools, an dem jeder teilhaben kann, ist fast nichts geblieben. Privatsphäre ist ein Ding von gestern. Dass dort, wo es keine Privatsphäre mehr gibt, auch keine Freiheit mehr möglich ist, scheint den meisten Menschen nicht mehr wichtig zu sein.

Whistleblower {2013}

Seit 1979 gibt es das *World Wide Web* www. Und seit 2007, also erst seit etwa 15 Jahren, den Kleincomputer mit Internetanschluss für die Hosentasche (das revolutionäre tastenfreie iPhone von Apple). Damit „weiß" das Web und wissen vor allem die „Dienste" anbietenden Internetfirmen jederzeit, wo du bist, mit wem du Kontakt hast, wofür du dich interessierst, was du sagst und schreibst. Sie zeichnen es auf und leiten es an staatliche Überwachungsagenturen weiter, die es ebenfalls speichern. Die Regierungsagenturen speichern es für polizeistaatliche Überwachung. Es ist die technisch nahezu perfekte Realisierung des von dem englischen Autor George Orwell in *1984* prophezeiten Überwachungsstaats. Nach westlichem Rechtsverständnis ist diese anlasslose Überwachung ein Eingriff in Grund- und Bürgerrechte. In den Ländern der EU wird versucht, über Datenschutzgesetze die Distanz des Staates zu den Daten der Bürger zu wahren (z. B. restriktive Vorratsdatenspeicherung). Aber im Mutterland des privatwirtschaftlichen Digitalismus erreicht die private (Daten-)Überwachung mit jedem neuen Tool immer neue Bereiche und intime Winkel. Damit steigert sich die profitable kommerzielle

Edward Snowden, ein ehemaliger Mitarbeiter des amerikanischen Geheimdienstes CIA, brachte im Sommer 2013 Hunderte geheime Dokumente über die weltweite Überwachung durch britische und US-Geheimdienste an die Öffentlichkeit. Damit löste er eine weltweite politische Affäre aus. Hier spricht er im April 2014 per Videoübertragung zu Parlamentariern im Europarat in Straßburg.

Datenbeute der bekannten Internetgiganten ins Unermessliche, was man deren Aktienkursen direkt ablesen kann.

Die von Datenschutz weitgehend unbeleckte Überwachungspraxis der US-Regierung mit Beweisen ans Licht der Öffentlichkeit gebracht zu haben, ist das Verdienst des ehemaligen amerikanischen CIA-Mitarbeiters Edward Snowden (*1983). Ihm gelang es 2013 in einer abenteuerlichen Aktion, die entsprechenden Unterlagen aus den streng bewachten und gesicherten Anlagen der Geheimdienste, für die er arbeitete, herauszuschmuggeln und nach einer ebenfalls abenteuerlichen Flucht zu publizieren, bevor er sich via Hongkong ausgerechnet in Putins Moskau „in Sicherheit" bringen konnte. Dort lebt er heute noch im Asyl. Seine Tragik ist, dass ihm offenbar keines der „freien" Länder Aufenthalt gewähren will. Noch schlimmer ist allerdings, dass seine Warnungen vor der Internetunfreiheit, dem totalen Überwachungsstaat im politischen Raum und auch bei den betroffenen Bürgern – uns allen – letztlich ungehört verhallten.

Fukushima {2010}

Im März 2011 erschüttern ein starkes Seebeben und ein dadurch ausgelöster Tsunami Japan mit der Folge eines schwerwiegenden Reaktorunfalls in dem direkt am Meer gelegenen japanischen Atomkraftwerk in Fukushima.

Daraus zieht die deutsche Kanzlerin Merkel im Alleingang und als einzige europäische Regierungschefin die Konsequenz einer beschleunigten und vorzeitigen Stilllegung der deutschen Atomkraftwerke. Sie handelt damit entgegen den erst kurz zuvor in einem Atomausstiegs*gesetz* (!) festgelegten Regeln und Vereinbarungen mit der Atomindustrie für einen mittelfristigen Ausstieg. Aber angesichts von Fukushima und der ohnedies verbreiteten Antiatomstimmung in Deutschland ist die Atomwirtschaft machtlos. Es gibt keinen Widerstand.

Von dieser äußerst kurzfristigen, „endgültigen" Beseitigung des Atomproblems erhofft sich Merkel eine Machtoption für eine Koalition „Schwarz-Grün" für die Bundestagswahl 2013. Die Abschaffung der Atomkraftwerke ist *das* Kernthema der deutschen Partei *Die Grünen*.

Einige Tage nachdem ein Tsunami die japanische Küste heimsuchte, erkennt man auf der Satellitenaufnahme das Ausmaß der Zerstörung im Atomkraftwerk in Fukushima. Mehr als 150 000 Menschen mussten zumindest vorübergehend aus der Gefahrenzone evakuiert werden.

Aus Merkels Koalitionsträumen wird dann nichts, weil die Grünen ihre erhofften Wahlziele verfehlen.

Was zu dem Zeitpunkt wenig Beachtung findet, ist der Umstand, dass die Stromversorgung Deutschlands dadurch noch stärker von fossilen Brennstoffen abhängig wird: insbesondere von dem seit Langem relativ billigen russischen Erdgas. Merkel fördert diese Abhängigkeit, indem sie bis zum Ende ihrer Amtszeit 2021 das von Russland mithilfe von Ex-Bundeskanzler Schröder betriebene Erdgas-Pipeline-Projekt *Nordstream 2* gegen massiven politischen Druck aus den USA und aus osteuropäischen Ländern als reines „Privatwirtschaftsprojekt" bagatellisiert und damit die Energieabhängigkeit Deutschlands und Mitteleuropas noch verstärkt.

➥ ***Was danach geschah:*** Nur der Einmarsch Russlands in die Ukraine verhinderte die Inbetriebnahme dieser fast fertiggestellten Pipeline in der Ostsee und führte zu einem Umdenken im Verhältnis Deutschlands und EU-Europas zu Russland sowie zwangsläufig zu Maßnahmen, um die Energieversorgung zu diversifizieren. In Deutschland wurden die letzten Atomkraftwerke am 15. April 2023 endgültig abgeschaltet.

Arabischer Frühling {2011}

Nach der Selbstverbrennung des tunesischen Gemüsehändlers Mohamed Bouazizi im Dezember 2011 aus Protest gegen die autoritäre, korrupte und ausbeuterische Regierung seines Landes kommt es zu spontanen Unruhen. Sie führen zum Sturz der Regierung, einer vorläufigen Demokratisierung und vor allem zum Überspringen des „revolutionären Funkens" – auch mittels Internet – auf benachbarte Länder im Maghreb mit ähnlichen autoritäten Regierungsstrukturen.

Unmittelbar im Zusammenhang mit den Ereignissen in Tunesien gerieten alle Regierungen im islamisch geprägten nordafrikanisch-arabischen Raum im Frühling des Jahres 2011 durch Massenproteste unter Druck.

Am gravierendsten sind die Folgen in Libyen und in Ägypten. Ägypten ist das mit Abstand bevölkerungsreichste und kulturell bedeutendste Land der Region. In Libyen wird der seit über 40 Jahren regierende, bizarre Staatschef und Terrorismus-Pate Gaddafi im Oktober 2011 regelrecht gejagt, aufgespießt und danach erschossen. Seitdem ist der ehemalige libysche Staat unter mehrere Gruppen und Einflusszonen aufgeteilt die sich, auch unter Einflussnahme aus dem Ausland, gegenseitig bekriegen.

In dem 100-Millionen-Einwohner-Land Ägypten muss der seit über 30 Jahren regierende Staatspräsident Mubarak nach anhaltenden Großdemonstrationen auf dem Tahrir-Platz zurücktreten. Danach regiert für gut ein Jahr der Muslim-Bruder Mursi, bevor er durch einen Militärputsch abgesetzt wird. Das bereits Mubarak nahestehende Militär dominiert in Ägypten auch große Teile des Wirtschafts- und Zivillebens – seit 2014 mit dem ebenfalls wieder autoritär regierenden Präsidenten As-Sisi an der Spitze.

Eine weitere gravierende Folge der Unruhen und Verunsicherungen der autokratischen Regime sind bis heute die Bürgerkriege im Jemen sowie in Syrien.

In Syrien führt die vom Arabischen Frühling ausgelöste Oppositionsbewegung gegen das autoritäre Assad-Regime zu einem brutalen und immer noch andauernden Krieg des Regimes gegen die eigene Bevölkerung. Es kommt zu Massakern, auch mit Giftgas. Viele verschiedene Gruppierungen sind mit ihren jeweiligen Eigeninteressen invol-

Bei der als „Arabischer Frühling" bezeichneten Serie von Massenprotesten in der arabischen Welt protestierten die Menschen gegen Unterdrückung, Menschenrechtsverletzungen und soziale Ungerechtigkeit, wie hier in der ägyptischen Hauptstadt Kairo.

viert, auch radikal-islamische, ausländische Staaten. Für seinen Terror gegen die eigene Bevölkerung wird Assad seit 2015 mit militärischen Mitteln (vor allem Luftangriffen und Bombardements) von Russland unterstützt. Uralte, ehrwürdige orientalische Städte wie Aleppo und Homs versinken im Schutt wie im 20. Jahrhundert Warschau, Coventry, Brest, Dresden, Nürnberg etc. Eine Folge davon ist die millionenfache Flüchtlingswelle von Syrern in die Nachbarländer und bis nach Mitteleuropa. Die Türkei hat währenddessen im Eigeninteresse an Syrien angrenzende, vor allem von Kurden bewohnte Gebiete unter ihre Kontrolle gebracht und bietet syrischen Flüchtlingen Zuflucht. Der seinerzeit regierende US-Präsident Obama hat im syrischen Konflikt nicht interveniert.

Aufstieg der rechten Populisten

{seit 2012/13}

Zunächst hauptsächlich als Reaktion auf die Eurokrise wegen der überschuldeten Staatshaushalte der Südländer Griechenland, Italien, Spanien, Portugal gründeten konservativ-liberal eingestellte Marktwirtschaftler um Bernd Lucke, Alexander Gauland, Konrad Adam, Frauke Petry und Thilo Sarrazin im September 2012 in Deutschland eine „Wahlalternative“ gegenüber den etablierten Parteien in Hinblick auf die Bundestagswahl 2013.

Kanzlerin Merkel hatte während der seit 2008/2009 schwelenden Krise ihre Version der „Eurorettung“, welche die betroffenen Staaten wegen ihrer Verstöße gegen die Maastrichter Stabilitätskriterien nicht aus dem Euro ausschloss, sondern einem harten Überwachungsregime unterwarf, mehrfach als „alternativlos“ bezeichnet. Dagegen wandte sich diese Gruppierung. Im Frühjahr 2013 wurde daraus die Partei „Alternative für Deutschland“. Sie enthielt von Anfang an auch verschiedene Elemente eines populistisch-demagogischen Rechtskonservativismus, der sich aus euroskeptischem, identitärem, „völkischem“, „nationalem“ oder sonstigem reaktionären Gedankengut speist. Wiederum als eine Reaktion, dies-

Die Rechtspopulistin und Vorsitzende der Partei *Fratelli d'Italia*, Giorgia Meloni, ist seit Oktober 2022 Ministerpräsidentin von Italien.

mal auf Merkels unkontrollierte Migrantenaufnahmepolitik und offensichtliches Staatsversagen bei der Kontrolle der Grenzen, erhielt die AfD ungeahnten Zulauf und wurde im 19. Bundestag (2017–2021) größte Oppositionspartei. Hauptsächlich durch interne Querelen macht sich diese Partei allerdings immer wieder unglaubwürdig und verliert seitdem bei Wahlen.

Die Entwicklung in Deutschland ist aber keineswegs einzigartig. Sogenannte „Neue Rechte“ als Reaktion auf die linken Strömungen seit den 1960er- und 1970er-Jahren gibt es schon seit den 1980er-Jahren und zwar europaweit:

FPÖ in Österreich, vor allem seit Jörg Haider (seit 1986); Schweizerische Volkspartei SVP, seit 1999 größte Fraktion im Nationalrat; *Vlaams Belang*, seit 1979 in Belgien; *Front National* (heute *Rassemblement National*) seit 1979 in Frankreich mit einer Spitzenkandidatin Marine Le Pen, die in zwei Präsidentschaftswahlen (2017: 33,9 Prozent; 2022: 41,46 Prozent) gegen den bürgerlichen Kandidaten Emmanuel Macron eher knapp unterlag – außerdem in Frankreich: Gelbwesten-Proteste. In Italien bilden *Lega Nord* (seit 1989; hervorgegangen aus der etwas älteren *Lega Lombarda*) sowie Neofaschisten und Berlusconis populistische *Forza Italia* nach den Parlamentswahlen im September 2022 eine gemeinsame Regierung. So ähnlich die Regierungsbildung nach den Reichstagswahlen, ebenfalls im September 2022, in Schweden: Die neue Regierung des konservativen Ministerpräsidenten Kristersson („Moderate“)wird von den rechtspopulistischen *Schwedendemokraten* mitgetragen.

Nicht ihren Ursprung, wohl aber ihren Aufschwung verdanken die Rechtspopulisten meistens problematischen Konstellationen im Zusammenhang mit Migrationsproblemen, bei denen der Staat tatsächlich oder gefühlt die Kontrolle verliert. So war es beim Aufschwung der AfD in Deutschland seit 2015; in Italien ist die Schlauchbootmigration aus Afrika ein Dauerproblem, in Schweden die brutale Bandenkriminalität junger Migranten; in Frankreich und Belgien die großen Bevölkerungsanteile aus dem Maghreb, die nicht aktiv integriert wurden und deren soziale Lage prekär ist. Ein anderes auslösendes oder verstärkendes Element für Rechtspopulismus ist das eklatante korruptive Versagen sozialistischer Vorgängerregierungen, wie es in Ungarn vor 2010 oder auch in Brasilien vor der Wahl (2018) des rechtsgerichteten Bolsonaro der Fall war.

Rechtspopulistische Parteien gibt es inzwischen in praktisch allen Ländern Europas. Zu diesem konservativ-populistischen Spektrum zählt auch die Anti-EU-Bewegung in Großbritannien, die 2016/2020 zum Brexit geführt hat, und vor allem die Tea-Party-Bewegung ultrakonservativer Republikaner in den USA (seit 2009). Donald Trump vertritt eine ganz persönliche Version von Rechtspopulismus. Sein unerwarteter, knapper Sieg bei den Präsidentschaftswahlen 2017 gegen Hillary Clinton war allerdings auch eine Reaktion auf die „linksliberalen" Regierungen seiner Vorgänger Clinton und des ersten afroamerikanischen Präsidenten Obama.

Europäische Flüchtlingskrise

{seit 2015}

Die Rechten fanden bis in die 2000er-Jahre keine wirkliche politische und parlamentarische Basis in den westlichen Demokratien. Das änderte sich vor allem mit den Finanzmarktkrisen (Subprime-Krise USA, Euro-Krise wegen Staatsverschuldung und der nachfolgenden erzwungenen Austeritätspolitik mit millionenfachen Existenzängsten in den betroffenen Ländern), noch verschärft durch das außenpolitische Missmanagement in der Destabilisierung des gesamten südlichen und östlichen Mittelmeerraums während des Arabischen Frühlings und das innenpolitische Missmanagement während der daraus resultierenden Migrationsströme. Diese bestimmen bis heute den Alltag in der Politik. Die Politik war bisher unfähig, echte Flüchtlinge von kriminellem Schleppertum, das eine künstliche Migration erzeugt, wirksam zu unterscheiden.

Die wirtschaftliche Destabilisierung zieht, wie in der Zeit nach dem Ersten Weltkrieg, politische Verwerfungen nach sich, die von den etablierten Kräften in den Regierungsadministrationen und den sie tragenden Parteien nicht mehr adäquat bewältigt werden können. Sie erweisen sich als unfähig, weil zu viele professionell zu lösende

Auf dem Höhepunkt der Flüchtlingskrise machten sich 2015/2016 Abertausende Immigranten in kilometerlangen Menschenschlangen über die Balkanroute durch Ungarn auf den Weg, um in der EU Asyl zu suchen. Bevorzugtes Zielland war dabei Deutschland.

Sachprobleme für Parteipolitik instrumentalisiert werden – und zwar in allen westlichen Demokratien, nicht zuletzt in den USA; und weil es an Visionen für die Zukunft fehlt.

Hinzu treten Verunsicherungen wegen klimatischer Veränderungen und seit Ende 2019 die Heimsuchung durch die globale Covid-19-Pandemie ... als lebe man im 21. Jahrhundert noch in der Pest-Zeit.

➡ ***Was sonst noch*** geschieht: Nicht nur im Nahen Osten und in Nordafrika sind Massen von Migranten, Vertriebenen und Flüchtlingen Richtung Europa unterwegs. Auch aus gescheiterten Staaten dem Süden Mittelamerikas drängen Armutsmigranten in erster Linie in die USA, wo Präsident Trump versprochen hatte, sie mit einer Grenzmauer aufzuhalten. In Asien und Afrika gibt es ethnische (Myanmar) oder kulturelle (Uiguren, Tibet) „Säuberungen".

Brexit {2016/2020/2022}

Der sukzessive Wegfall der Grenzkontrollen seit 1995 im west- und mitteleuropäischen Schengen-Raum mittlerweile von Reykjavik bis Kreta und sogar unter Einschluss der Nicht-EU-Länder Island, Norwegen, Schweiz, aber ohne Großbritannien und Irland, sowie die gemeinsame Euro-Währung seit 1999/2002 haben viel dazu beigetragen, das Gefühl der europäischen Zugehörigkeit im Alltag der Bürger präsent zu machen. Großbritannien hatte weder am Schengen-Raum noch am Euro teilgenommen.

Die Briten fanden, sie zahlten zu viel in die EU und bekämen nicht genug zurück (Thatcher: *„I want my money back"*), sie fühlten sich von polnischen Klempnern unterwandert (schrankenloser Zuzug aus der Ost-EU seit 2004), in Zukunft dazu womöglich noch von Asylanten, und der EU-Gerichtshof in Luxemburg untergrabe zusehends die Souveränität der britischen Justiz.

Um innerparteiliche, europaskeptische Gegner zu beschwichtigen und nach Möglichkeit mundtot zu machen, gab der britische Premierminister Cameron 2016 den Forderungen nach einem Referendum über den Verbleib in oder den Austritt Großbritanniens aus der EU nach. Wahlerfolge der einzig zu diesem Zweck gegründeten *UK Independence Party* UKIP unter ihrem demagogisch-populistischen Führer Nigel Farage hatten die Wählerschaft von Camerons konservativer Partei dezimiert.

Zur allgemeinen Überraschung der europäischen Öffentlichkeit votiert dann am 23. Juni 2016 eine sehr knappe Mehrheit der Briten (51,9 %; praktisch die ältere Generation) wider jede wirtschaftliche und politische Vernunft für den Brexit (= ***British exit***). Die einzige Erklärung dieser Durchschnittsbriten lautet: *We are different*.

Cameron tritt zurück, Theresa May übernimmt interimsweise, kommt aber mit den Austrittsverhandlungen mit der EU nicht wirklich voran. Im Mai 2019 nimmt Großbritannien noch einmal an den EU-Parlament-Wahlen teil, obwohl man weiß, dass den britischen Abgeordneten keine lange Verweildauer beschieden ist. May ist in der Sackgasse und tritt zurück. Boris Johnson übernimmt das Amt des Premierministers und wird bei einer Unterhauswahl Ende 2019 mit großer Mehrheit bestätigt. Er setzt sein Wahlversprechen, dreieinhalb Jahre nach dem Votum den Brexit durchzuführen, per 31. Januar 2020 um.

Farage, der Hauptantreiber dieser Entscheidung, ist seitdem in der Versenkung verschwunden. Die Entscheidung selbst wird als historisch empfunden, aber nicht als Wendemarke. EU-Europa ist erschüttert, aber nicht nachhaltig. Der in der Abwicklung völlig verstolperte Brexit macht allen verbliebenen EU-Mitgliedern klar, was sie an der EU haben und wie eng alle mit allen verflochten sind.

➡ ***Was danach geschah:*** Kaum ist der Brexit endgültig vollzogen, tritt in Großbritannien wie im übrigen Europa und in vielen Teilen der Welt das Corona-Virus in Erscheinung und zerrüttet das Leben vieler Opfer und die Gesundheitssysteme und Wirtschaftssysteme, besonders der Industrieländer des Nordens. Vor allem die britische Regierung unter

Gegner und Befürworter des Brexit in London zeigen Flagge.

Boris Johnson fährt bei der Bekämpfung der Seuche einen atemberaubenden Zickzackkurs zwischen Laisser-faire und Lockdown. Als herauskommt, dass der Premier sich bei Partyempfängen in seinem Amtssitz Downing Street selbst nicht an die eigenen Gesetzesvorschriften gehalten haben soll („Partygate") und weil ihm noch weitere Liederlichkeiten vorgeworfen werden, verliert er das Vertrauen seiner eigenen Partei. Tagelang folgt im Juni und Juli 2022 ein Ministerrücktritt seines Kabinetts nach dem anderen. Ziel ist es, den widerspenstigen Johnson zu blamieren und dadurch zum Rücktritt zu zwingen – eine Mischung aus Drama und Komödie shakespearehaften Ausmaßes. Mit Johnsons Rücktrittserklärung am 7. Juli ist diese Staatsaffäre allerdings keineswegs beendet: Erst am 6. September ernennt die im Sterben liegende Königin Elisabeth II. die von den Torys zur konservativen Parteiführerin erkorene und selbst ernannte Thatcher-Epigonin Liz Truss zur neuen Premierministerin. Wie man von vornherein annehmen konnte, erweist sich Truss als unfähig, die Regierung zu führen und ihre Auffassung von erfolgreicher thatcherischer Wirtschaftspolitik um- und durchzusetzen. Ihre Amtszeit von 45 Tagen, also sechs Wochen, davon zwei Wochen für die Beisetzungsfeierlichkeiten für die Queen, geht als die kürzeste Amtszeit eines britischen Premierministers in die Geschichtsbücher ein. Die Zeit ihrer Kandidatur als Premierministerin vom 8. Juli bis zu ihrer Ernennung am 6. September hat mithin länger gedauert als ihre Amtszeit als Premierministerin. In wesentlich kürzerer Zeit, nämlich innerhalb von fünf Tagen, bestimmt nun die konservative Tory-Partei den bei der Truss-Wahl unterlegenen Gegenkandidaten, den vormaligen Finanzminister Rishi Sunak, zum Parteiführer und damit zum neuen Premierminister. Der privat sehr wohlhabende Sunak ist der erste indischstämmige britische Premier. Die im aktuellen britischen Politdrama besonders ironische Pointe bei dieser Wahl ist der Umstand, dass Sunak mit seinem Rücktritt als Schatzkanzler im Sommer 2022 den Sturz von Boris Johnson bewusst eingeleitet hat und dass Johnson unmittelbar vor Sunaks Ernennung auch wieder als Premierminister-Kandidat im Gespräch war.

Zwei Tage vor ihrem Tod empfängt die gebrechlich wirkende Queen Elizabeth II. Liz Truss auf Schloss Balmoral in Schottland und ernennt sie offiziell zur britischen Premierministerin.

Islamischer Staat {seit 2003}

Die vom Sicherheitsrat der UN als terroristische Vereinigung eingestufte Miliz war nie ein Staat und beherrschte nie ein nennenswertes Territorium, außer um 2011 bis 2014 ein weitgehend menschenleeres Wüstengebiet in Syrien. Beim IS handelt es sich um eine Art Tochterunternehmen oder Fortsetzung von Al-Qaida, der Osama-bin-Laden-Terrorgruppe. Das Ziel von beiden ist, das 1924 von Atatürk abgeschaffte Kalifat über alle Muslime als geistlichen und politischen Einheitsstaat wieder zu errichten. Das ist ungefähr so, als wolle man die EU als einen vom Papst als weltlichem und geistlichem Oberhaupt absolutistisch nach Kirchenrecht regierten Gesamtstaat errichten. (Einen solchen geistlichen Staat gibt es zwar in Europa, aber er beschränkt sich territorial auf einen kleinen Stadtteil von Rom.)

Der Unterschied zwischen den beiden islamistischen Gruppen besteht darin, dass bei Al-Qaida der Befreiungskampf der Muslime zunächst im Untergrund durch Terroranschläge bis zu dem Punkt geführt wird, an dem sie stark genug sind, ein Kalifat auszurufen und zu behaupten. IS will das Kalifat gleich ausrufen und dann von einem Kerngebiet aus durch Kampf und Zulauf von Dschihadisten ähnlich wie bei der arabischen Expansion nach dem Tode Mohammeds das Territorium erweitern. Das war die Praxis 2014/2015 in Syrien und im Irak. Durch diese Sichtbarkeit an der Oberfläche war der IS aber eben auch angreifbar und wurde – bis auf Weiteres – vernichtet.

Die Mitglieder von Al-Quaida und IS sind sunnitisch-salafistische Terroristen, also keine Schiiten. Die Salafisten sind sehr konservative Traditionalisten; ihre Ansichten und ihr Lebensstil sind mit den Entwicklungen der internationalen Moderne nur schwer vereinbar. Auch die in Saudi-Arabien tonangebenden Wahabiten sind Salafisten.

Die Wurzeln des IS liegen um 2003 in Afghanistan und im Irak. Der Widerstand der Salafisten gegen die damalige US-amerikanische Besetzung des Irak brachte ihnen großen Zulauf aus der islamischen Welt. Es gibt auch einige Europäer, die sich dem IS angeschlossen haben. Als lose Vereinigung militanter Islamisten ist der IS schwer zu bekämpfen. Sie verfügen über beachtliche finanzielle Mittel, sind in vielen Ländern aktiv, vor allem im Nahen Osten und in Nordafrika (Libyen, Mali, Nigeria) und führen ihren Krieg nach Partisanenart vor allem mittels unvorhersehbarer Terroranschläge, auch in Europa. Eine der tragischsten Attacken ereignete sich mit mehreren Anschlägen gleichzeitig am 13. November 2015 in Paris unter anderem mit einem Massaker im *Bataclan*-Konzertsaal) mit insgesamt 130 Todesopfern.

Atomstreit {seit 2002; Iran-Abkommen 2015}

2005 wurde überraschend der bis dahin wenig bekannte Nicht-Geistliche Mahmud Ahmadineschād zum Staatspräsidenten Irans gewählt. Wie bei Chomeini war seine Außenpolitik dezidiert antiisraelisch. Der schiitisch geprägte 85-Millionen-Staat Iran steht in Konkurrenz mit dem sehr reichen und mit dem Westen verbündeten konservativ-sunnitischen Saudi-Arabien (35 Millionen Einwohner) um die Vorherrschaft im Mittleren Osten rund um den Persischen Golf. Um seine Interessen in der Region gegen Saudi-Arabein zur Geltung zu bringen, unterstützt Iran etwa die auch gegen Israel gerichtete islamistische Hisbollah-Miliz im Libanon, die den Gaza-Streifen beherrschende Hamas und die Huthi-Rebellen im Jemen.

Wegen des Streits um das iranische Atomprogramm, der seit 2002 schwelt, als bekannt wurde, dass Iran geheime Atomanlagen unterhält, belegte der Westen (USA und EU) die Islamische Republik im Jahr 2005, während der Regierung Ahmadineschād, mit weiteren schweren Wirtschaftssanktionen, die das Land bis heute niederdrücken. (Erste Sanktionen waren schon 1979 nach dem Sturz des Schah-Regimes vorgenommen worden.) Iran hat für Importe oder Exporte jeglicher Art kaum Zugang zu den Weltmärkten und zum internationalen Zahlungssystem SWIFT. Als Folge davon verfällt die Währung, und die Bevölkerung verarmt.

Iran behauptet, Atomanlagen nur zur Energiegewinnung zu betreiben. Der Westen glaubt dies nicht. Iran seinerseits bezichtigt die USA, das einseitige Atomwaffenmonopol Israels im Nahen Osten aufrechtzuerhalten. Immer wieder kommt es im Iran zu Anschlägen auf Personen und auf Computer – beispielsweise durch das Computervirus *Stuxnet* 2010.

Mitglieder der Bin-Laden-Front, einem Ableger der als Terrororganisation eingestuften al-Nusra-Front, mit ihrem Anführer Mohammed Hussein (rechts im Bild, mit Krücken)

Die Neue Seidenstraße, eine Tausende Kilometer lange Bahnverbindung von China quer durch Asien, endet in Duisburg, dem größten Binnenhafen der Welt. Von hier aus können die chinesischen Container problemlos in die europäischen Nachbarstaaten weitertransportiert werden.

Immerhin wurde 2015 während der Obama-Präsidentschaft in Wien ein Abkommen erzielt, welches den Atomstreit beenden sollte: gegen internationale Überwachung der Atomanlagen sollten die Sanktionen (vorläufig) aufgehoben werden.

2018 zog der Obama-Gegner Trump, propagandistisch und politisch unterstützt vom israelischen Ministerpräsidenten Netanjahu, die USA aus dem Atomabkommen zurück. Iran wurde wieder sanktioniert. Im Januar 2020 kündigte Iran unmittelbar nach der Tötung des iranischen Generals Soleimani durch einen amerikanischen Luftangriff seinerseits das Abkommen. Im November wurde der „Vater der iranischen Atombombe", der Physiker und General Fachrisadeh, Opfer eines Attentats. Seither ist in diesem Konflikt alles in der Schwebe.

Die Islamische Republik Iran fühlt sich seit jeher von Feinden umzingelt: die sunnitischen Araber in den Golfstaaten, das NATO-Mitglied Türkei, der US-„Stellvertreter" Israel, bis 2021 amerikanische Truppen in Afghanistan, auch Pakistan (eine Atommacht!) sind im Zweifel im amerikanischen Lager. Andererseits führte die iranische Intransigenz gerade in jüngster Zeit zu einer epochalen Annäherung zwischen Israel und den Golfstaaten mit gegenseitiger diplomatischer Anerkennung, Staatsbesuchen, Austausch von Botschaftern und Gewährung von Überflugrechten. Und unter chinesischer Vermittlung kommt es im März 2023 sogar zu einer diplomatischen Wiederannäherung zwischen Iran und Saudi-Arabien mit Austausch von Botschaftern.

Momentan ist die westliche Öffentlichkeit wegen der größeren Nähe, der Dreistigkeit des Überfalls und der direkteren Betroffenheit (Gas, Strom, Flüchtlinge) mehr mit dem Ukraine-Konflikt beschäftigt, aber das größte ungelöste Konfliktpotenzial der Welt birgt seit dem Ende des Zweiten Weltkriegs der Nahe und Mittlere Osten.

Neue Seidenstraße {2013 und vorher}

Der Aufstieg Chinas von einem durch kommunistische Experimente ruinierten Hungerland zu einer modernen Weltwirtschaftsmacht nach dem Tod Mao Tse-tungs 1976 ist eine bekannte Tatsache. Spiritus rector und Lenker dieser Transformation war der weitsichtige und energische Deng Xiaoping (1904–1997), ein ehemaliger führender Mitstreiter Maos. Welthistorisch beachtlich in diesem Zusammenhang ist auch die praktisch schrankenlose Öffnung nach außen, nachdem das Reich der Mitte in früheren Jahrhunderten und auch unter den Kommunisten weitgehend abgeschottet war.

Geradezu umgekehrt verläuft mittlerweile die Wirtschaftsexpansion Chinas, vor allem in alle möglichen Länder Afrikas und Asiens (Pakistan und Indochina), wo man sich Rohstoffe, Absatzmärkte und strategische Vorteile erhofft. Dazu bauen die Chinesen Häfen, Brücken, Straßen, Eisenbahnen, selbst auf dem Balkan. Sie „unterstützen" viele Länder mit Krediten. Die Staatsfinanzkrise Griechenlands nutzten die Chinesen zum Kauf des für die ganze Ägäis wichtigen Athener Hafens von Piräus. Es werden Eisenbahnverbindungen quer durch Eurasien geknüpft. Endpunkte dieser neuen Güterzug-Seidentrassen in Deutschland sind beispielsweise Duisburg und Mannheim. Dabei sind die endlos langen Güterzüge durch Zentralasien und Südsibirien nur der geringste Teil des Frachtaufkommens.

Zur See („Maritime Seidenstraße") sind sehr viel größere Mengen auf den seit der

Antike bekannten Routen unterwegs, wobei der Suezkanal selbstverständlich auch heute noch sehr hilfreich ist. Selbst Triest und Venedig haben neue Bedeutung für den Güterverkehr erlangt, da man Waren von dort aus mit der Bahn rascher nach Mitteleuropa bringen kann als mit dem Schiff um Spanien herum bis nach Rotterdam oder Hamburg.

Ganz stark ist die chinesische Durchdringung Afrikas, geografisch natürlich von Ostafrika aus. Schwerpunkt ist hier der Hafen von Mombasa.

Diese sehr konkrete chinesische Wirtschaftsexpansion läuft schon länger; sie wurde 2013 in einen gewissen institutionellen Projektrahmen „Neue Seidenstraße" zusammengefasst. Der Westen, die EU und Nordamerika, tun vergleichsweise wenig, um sich vor allem in Afrika zu engagieren.

Krim-Annexion und Donbass

{seit 2014}

Im Frühjahr 2014 schloss die Europäische Union (EU) ein seit Jahren verhandeltes und bereits im Vorfeld auf beiden Seiten umstrittenes 1200-Seiten-Assoziierungsabkommen mit der Ukraine. Kritiker in der EU meinten, das Abkommen stelle die Ukraine unnötigerweise vor die Wahl, sich für die EU und damit gegen Russland entscheiden zu müssen und die Brückenfunktion des Landes nicht zu berücksichtigen. Warnungen der polnischen und der baltischen Regierungen wurden in Brüssel, Paris und Berlin als „russophob" abgetan. Der seit November 2014 amtierende EU-Ratspräsident Donald Tusk, zuvor polnischer Ministerpräsident, galt in Brüssel als „proukrainischer Verrückter".

Dann fielen die EU-Vertreter aus allen Wolken, als sich der ukrainische Präsident Janukowitsch auf dem EU-Gipfel in Vilnius am 21. November 2013 weigerte, seine Unterschrift unter das Abkommen zu setzen. Das war eine abrupte Vollbremsung des bis dahin von seiner Regierung verfolgten Westkurses der Ukraine. Wie kam es dazu?

Putin persönlich hatte Janukowitsch Anfang November während eines Geheimtreffens massiv unter Druck gesetzt.

Gegen diesen Kurswechsel ihrer Regierung wandte sich der monatelang anhaltende Protest der Ukrainer in den als „Euromaidan" bekannt gewordenen Demonstrationen und Kundgebungen bei eisigen Temperaturen auf dem Maidan genannten Hauptplatz von Kiew und in anderen ukrainischen Städten. Die seinerzeitige ukrainische Regierung versuchte diese Proteste zu unterdrücken. Es gab Tote und Verletzte. Am 22. Februar 2014 floh Janukowitsch nach Russland; in Kiew wurde er für abgesetzt erklärt. Der Protest führte zu Neuwahlen, die der proeuropäische Schokoladenproduzent Petro Poroschenko als neuer Präsident gewann. Nun wurde das Abkommen im Laufe des Jahres unterzeichnet und in der Folge ratifiziert.

Bereits bei dieser Gelegenheit bezweifelte der russische Präsident Putin die „Legitimität" der neuen ukrainischen Regierung. Am 24. Februar 2014 ließ er an die Ukraine angrenzende Streitkräfte in einen „Übungsalarm" versetzen. Kurz darauf infiltrierten russische Militärkräfte die Krim – damals noch eindeutig Teil der Ukraine, wenn auch als autonome Region. In dieser autonomen Region wurde nun im März unter russischer

Ansicht der an der Südküste der Krimhalbinsel im Schwarzen Meer gelegenen Stadt Jalta im Winter 2014

Ägide ein von der ukrainischen Regierung selbstverständlich nicht anerkanntes Referendum über Verbleib oder Abspaltung der Krim durchgeführt, was zu einer „Unabhängigkeitserklärung" führte und im März 2014 zum „Beitritt" zur Russischen Föderation mit rascher Einführung des Rubels, Ausgabe russischer Pässe und Zeitumstellung auf Moskauer Zeit. So der grobe Ablauf einer Vielzahl kleiner Schritte und Provokationen, die zur Annexion führten.

Die ukrainische Regierung (und die internationale Gemeinschaft) protestierten immer wieder und pochten auf die Zugehörigkeit der Krim zur Ukraine, sahen aber letztlich tatenlos zu.

Ganz ähnlich wie auf der Krim infiltrierten paramilitärische russische Kräfte seit dem Frühjahr 2014 das „Donbass" genannte schwerindustrielle Donezk-Becken im Osten der Ukraine. Dort gibt es einen starken russischen Bevölkerungsanteil, der angeblich „geschützt" werden sollte. Diese Milizen terrorisierten die ukrainische Bevölkerung mit allen Mitteln roher Gewaltherrschaft. Die ukrainischen Streitkräfte konnten diese russischen Partisanen nicht wirksam aufhalten.

Erst der Abschuss des Fluges MH17 über der Ukraine mit 300 Niederländern an Bord am 17. Juli 2014 führte in der EU zu einem gewissen Umdenken und zu ersten halbherzigen Sanktionen gegen Russland. Damals vorgeschlagene Reduktionen von russischen Gas- und Ölimporten um 5 Prozent (!)

Am 20. Mai 2019 legt der zum ukrainischen Präsidenten gewählte ehemalige Schauspieler Wolodymir Selenskyi vor dem Parlament in Kiew den Amtseid ab.

konnten nicht durchgesetzt werden! So groß waren zu jener Zeit noch die Russophilie in der EU und die Verblendung gegenüber Putins Absichten. Für viele Akteure in Brüssel spielte sich der Krim-/Donbass-Konflikt in einem weit entfernten Land „hinter der Türkei" ab, das man gar nicht kannte. Und der Kreml leugnete weiterhin entgegen allen Beweisen jede russische Präsenz im Donbass.

Im Herbst 2014 und im Frühjahr 2015 wurde in zwei Minsker Abkommen ein gewisser Waffenstillstand erreicht, der vorläufig einen prekären Status quo festschrieb.

Im Frühjahr 2019 trat der ukrainische Präsident Poroschenko zur Wiederwahl an. Die Wahl gewann allerdings sein Gegenkandidat, der populäre Schauspieler und TV-Produzent Wolodymir Selenskyi, seit Mai 2019 Präsident der Ukraine.

Im Februar 2022 erkannte der russische Präsident Putin die inzwischen im Donbass zurechtgezimmerten „Volksrepubliken" Lugansk und Donezk diplomatisch an und entsandte reguläre russische Truppen zur Wahrung des Separatistenbesitzstandes auf ukrainisches Gebiet. Dadurch wurden die Minsker Vereinbarungen praktisch obsolet.

Skolstrejk för klimatet – Fridays for Future {seit 2018}

Auch wer wenig in der Schule gelernt hat, hat einen Begriff von der Eiszeit, als Planet Erde vor 2 Millionen Jahren damit begann, in einem ständigen Wechsel von Wärme- und Kälteperioden das Klima zu verändern. In den Kältephasen vergletscherten große Teile der Nordhalbkugel. In länger zurückliegenden erdgeschichtlichen Phasen, vor 6 bis 10 Millionen Jahren, hatte es schon Zeiten gegeben, in denen der Nordpol im Sommer völlig eisfrei war. Vor 34 Millionen Jahren war die Antarktis zum vorläufig letzten Mal eisfrei. Andererseits reichten Gletscher vor 600 Millionen Jahren bis zum Äquator, sodass die Erde einem Schneeball glich. Das ist allerdings sehr lange her.

Auch in historischen Zeiten gab es kurzfristige Klimaschwankungen: vor Beginn der Bronzezeit eine anderthalb Jahrtausende anhaltende Klimaverschlechterung mit langen sintflutartigen Regenfällen, deren Echo sich womöglich in der Bibel findet. Bekannt sind die Klimaoptima während der römischen Kaiserzeit und 1000 Jahre später noch einmal im Hochmittelalter. Dann folgte eine Abkühlung: die während der Pest-Zeit einsetzende „Kleine Eiszeit", die bis in die Goethe-Zeit dauerte. Zahllose Gemälde und Stiche zeigen, wie damals nördlich der Alpen im Winter regelmäßig die Flüsse und Kanäle zufroren und sich die Menschen auf den vereisten Wasserflächen vergnügten.

In allerletzter Zeit wird eine schnell steigende Erwärmung beobachtet. Aktuell war der Sommer 2022 weder der heißeste noch der trockenste „aller Zeiten", aber derjenige mit den meisten Sonnenstunden. So, wie man es sich immer gewünscht hat, oder?

Klima verändert sich immer. Es ist eben einfach nie stabil. Deswegen ist fraglich, welches Klima man eigentlich wie „schützen" will. Die seit etwa 1800 immer stärker und schneller ansteigende Erderwärmung soll dem zunehmenden Verbrauch fossiler Brennstoffe im Industriezeitalter geschuldet sein. Zu beachten ist aber auch die Verdoppelung der Weltbevölkerung allein in den letzten fünfzig Jahren, also seit 1960. Seitdem wollen 3,5 Milliarden mehr Menschen als 1960 ebenfalls heizen, Auto fahren, Strom verbrauchen, Industriegüter herstellen, Rohstoffe und Güter transportieren, verreisen und hochwertige Nahrungsmittel verzehren. Das geht nicht ohne drastische Steigerung der Produktion und des Verkehrs – und bis 2050 sollen es 10 Milliarden Menschen sein.

Belastbare Forschungen und Datensammlungen (auch durch Satelliten) dazu gibt es seit den 1950er- und 1960er-Jahren. Bereits 1965 wurde die Befürchtung formuliert, dass es durch den ständig steigenden Eintrag des Treibhausgases Kohlendioxid (CO_2) zu einer Gletscherschmelze, einem Anstieg des Meeresspiegels und einer weltweiten Überflutung der Küstenregionen kommen könnte. Während der zweiten Hälfte des 20. Jahrhunderts war dieser Befund aber medial kein besonderes Thema. Es gab zwar gelegentlich Besorgnisse bezüglich einer neuen Eiszeit (weil die Sommer in den 60er- und 70er-Jahren in Mitteleuropa oft verregnet waren) oder wegen Waldsterbens aufgrund von saurem Regen. Aber bis in die 2000er-Jahre gab es keine aufgeregte Klimadebatte, obwohl die Befunde bereits auf dem Tisch lagen.

1979 fand eine erste Weltklimakonferenz statt. Spätestens seitdem ist das Thema auf der politischen Tagesordnung, und man bemüht sich auf unendlich vielen internationalen Konferenzen, zu einem bestimmten Zeitpunkt „Klimaneutralität" zu erreichen. 2007 präsentierte der ehemalige amerikanische Vizepräsident Al Gore eine Dokumentation über die „menschengemachte globale Erwämung", und spätestens seitdem ist die „Klimakatastrophe" ein unerschöpfliches Thema in den Medien und bei den Aktivisten – ohne dass sich in der Praxis viel ändert.

ENTDECKUNGEN UND ERFINDUNGEN

1992 Smartphone

Die ersten Kombinationen von Mini-Computern plus Telefon hatten noch Tasten-Tastaturen, z. B. die BlackBerrys und die Nokias. Der Durchbruch für die Massennutzung des Smartphones kam 2007 durch das iPhone 1 von Apple.

1995 Exoplanet

Die Entdeckung war seit den 1980er-Jahren vorausgesagt und erwartet worden. Die erste definitve Feststellung eines Exoplaneten, also eines Planeten, der außerhalb unseres Sonnensystems einen Stern umkreist, erfolgte durch die Genfer Astronomen Michel Mayor und Didier Queloz.

2017 mRNA Impfstoffe

Die seit Anfang der 1960er-Jahre beforschte Methode der Verabreichung von genetischen Impfstoffen wird 2017 von der WHO auch für Menschen zugelassen. Den Durchbruch bringen die von der deutschen Firma Biontech und der amerikanischen Firma Moderna entwickelten Impfstoffe gegen das SARS-CoV-2-Virus, die seit 2021 eingesetzt werden.

2022 ChatGPT

ist ein textbasiertes Dialogsystem, das Ende 2022 vom US-Unternehmen OpenAI entwickelt wurde und mit künstlicher Intelligenz (KI) arbeitet. Es kann sowohl einfache Fragen beantworten als auch komplexe Texte wie Referate und Abhandlungen verfassen.

Am 20. August 2018, dem ersten Schultag nach den schwedischen Sommerferien, setzte sich Greta Thunberg mit einem Plakat mit der Aufschrift „Skolstrejk för klimatet" (deutsch „Schulstreik für das Klima") vor den Schwedischen Reichstag in Stockholm. Diese Aktion war der Auslöser für die globale Klimaschutzbewegung *Fridays for Future.*

Weder verzichten diese auf ihre lifestylige Kaffeeplastikbecher-Wegwerfkultur noch sind die weiträumigen, auf Autogebrauch zugeschnittenen Siedlungsstrukturen in den vielen Metropolregionen der Welt in absehbarem Zeithorizont veränderbar. Soweit ersichtlich wollen Länder wie China, Indien, Brasilien, Nigeria, um nur die allergrößten mit ihren steigenden Bevölkerungszahlen zu nennen, auch nicht auf weitere Industrialisierung, Automobilisierung, weltweiten Güteraustausch und Luftfernverkehr verzichten. Von einer völligen Veränderung der Energiegewinnung und des Energiegebrauchs ganz zu schweigen. Es käme einem Totalumbau der Welt gleich.

2018, im Jahr eines der heißesten Sommer der jüngsten Vergangenheit, schwänzte das damals 15-jährige Schulkind Greta Thunberg am ersten Tag des neuen Schuljahrs, einem Montag, die Schule und ließ sich mit einem Plakat *Skolstrejk för Klimatet* auf den Stufen des schwedischen Reichstages nieder. Dort verharrte sie die nächsten drei Wochen während der Schulstunden. Dann wurde der Schulboykott auf Freitag verlegt. Manche sagen, das war die gelungene Inszenierung einer Klima-Jeanne d'Arc.

Schulstreik für so einen über jeden Zweifel erhabenen guten Zweck ist natürlich eine sehr verlockende Sache für Schulkinder. Jedenfalls fand dies unter den Jugendlichen, vor allem der westlichen Welt, sehr viel Anklang und Nachahmer. So entstand die weltweite Bewegung Fridays for Future, freitägliches Schuleschwänzen, um auf die Dringlichkeit der Klimaproblematik aufmerksam zu machen.

Aktuell kleben sich die jungen Aktivisten dieser selbst ernannten „Last Generation" (Anklang an *Lost Generation*) mit den Händen auf Straßen oder sogar an Kunstwerken in Museen fest, um bewusst mediale Aufmerksamkeit für ihr Anliegen zu erzeugen.

Covid-19-Pandemie und Lockdown {seit 2020}

Ende des Jahres 2019 drangen erste Nachrichten über den Ausbruch einer sehr infektiösen, bisher unbekannten Lungenkrankheit aus China in die Welt, eine Krankheit auch mit tödlichen Folgen. Ursprungsort sollte die chinesische Großstadt Wuhan sein. Ende Januar 2020 erreichte das sogenannte SarsCoV-2 Coronavirus die USA. Im Februar und März 2020 waren binnen kurzer Zeit massenweise Todesopfer in Italien zu beklagen, dann auch im übrigen Europa, in Asien und in beiden Amerikas.

Kein Land war auf eine solche Pandemie im Geringsten vorbereitet. Es fehlte überall an allgemeinen Vorkehrungen zum Seuchenschutz wie Schutzkleidung für das Krankenhauspersonal oder Atemschutzmasken für die Bevölkerung wegen der sehr leichten Übertragbarkeit durch Tröpfcheninfektion/Aerosole oder an ausreichend Beatmungsgeräten für die schwer Erkrankten.

Im Verlauf der Jahre 2020 und 2021 kam es immer wieder zu „Lockdowns". Das war die Ultima ratio der meisten Regierungen (Ausnahmen Schweiz und Schweden), um die Ausbreitung der unbekannten Seuche einzudämmen: ständig umstrittene Ausgehverbote, zeitweise Einstellung des Flug- und Passagierschiffsverkehrs, zeitweilige Suspendierung der gesamten Gastronomie (Hotel, Restaurant, Café, Bar) und von Veranstaltungen aller Art (Gottesdienste, Handelsmessen, Universitäten, Sport- und Kulturveranstaltungen). Sogar Schulschließungen in verschiedenen Ländern. Das gesamte öffentliche Leben wurde lahmgelegt.

Das Seuchenursprungsland China reagierte, auch mangels wirklich wirksamen Impfstoffen, mit massiven und extrem repressiven Lockdowns. Nach drei Jahren und für chinesische Verhältnisse massiven Protesten der Bevölkerung wurden die Corona-Maßnahmen Ende 2022 praktisch über Nacht zurückgenommen.

In Rekordzeit wurden Impfstoffe entwickelt, teils auf der Grundlage ganz neuer molekularbiologischer Technologien. Dank deren Einsatz seit Anfang 2021 entspannte sich die akute Bedrohungslage und die disruptive Situation des Alltags- und Wirtschaftslebens. Allerdings ist es trotz der für jedermann deutlichen gesundheitlichen Bedrohung den meisten Regierungen nicht gelungen, die für einen guten Seuchenschutz notwendige schnelle allgemeine Imfpfquote von wenigstens 80 bis 85 Prozent der Bevölkerung zu erreichen.

Seit der Spanischen Grippe, die kurz nach dem Ersten Weltkrieg ausbrach, hat die Menschheit nicht mehr eine derart globale Seuchenkrise mit so hohen Opferzahlen, geradezu rasend schneller Verbreitung, gesundheitlichen Langzeitschäden und disruptiven Folgen für alle Bereiche der Gesellschaft erlebt. Von den enormen Kosten und wirtschaftlichen Verlusten ganz zu schweigen. Das Wirtschafts- und vor allem das Kulturleben haben sich bisher von all diesen Maßnahmen nicht wirklich erholt.

Sturm aufs Kapitol {seit 2021}

Amerikanische Präsidenten können nur einmal wiedergewählt werden, also maximal acht Jahre lang regieren. Nach dem Ende von Obamas Amtszeit erwartete man nach dem ersten afroamerikanischen Präsidenten eigentlich die erste Frau im *Oval Office* in Gestalt von Hillary Clinton, der Gattin von Obamas Vorvorgänger Bill Clinton. Gewählt wurde aber zu dessen eigener Überraschung mit denkbar knapper Mehrheit der republikanische Gegenkandidat Donald Trump (*1946), ein Immobilien- und Spielcasino-Unternehmer und TV-Unterhalter. Er hatte sich in einem populistischen Wahlkampf zum Sprachrohr der „schweigenden Mehrheit" grundsätzlich konservativ eingestellter, eher ärmerer weißer Amerikaner gemacht. Sein Wahlsieg war auch eine Reaktion konservativer Amerikaner aller Schichten gegen die linksliberalen Politiken der Clinton-/Obama-Präsidentschaften und gegen das sich elitär und abgehobenen gebärdende gouvernementale und intellektuelle Estabilshment in der Bundeshauptstadt und in den meisten Medien. Auch

Während des Covid-Lockdowns im Januar 2021 ist auf den ansonsten menschenleeren Straßen in Shanghai nur medizinisches Personal in Schutzanzügen zu sehen.

während seiner umstrittenen Präsidentschaft stand der stets eifrig „twitternde" Trump mit den Medien auf Kriegsfuß, denen er „fake news" vorwarf oder „alternative facts" präsentierte.

Kurz nach seiner ebenfalls sehr knappen Nicht-Wiederwahl dirigierte er als noch amtierender Präsident im Vorfeld der Vereidigung seines Nachfolgers Joe Biden am 6. Januar 2021 einen Mob zu einem Sturmangriff auf das Kapitol. An diesem Tag stand die formale Bestätigung von Bidens Wahlsieg auf der Tagesordnung. Hunderte Randalierer verwüsteten das Parlamentsgebäude und versetzten Senatoren und Abgeordnete in Angst und Schrecken. Der Vorgang wurde als regelrechter Putschversuch Trumps gewertet, der seine Wahlniederlage nicht wahrhaben und die Staatsmacht wieder an sich reißen wollte.

Zeitenwende {24. Februar 2022}

Nach der schnell formulierten Ansprache des frisch gewählten deutschen Bundeskanzlers Olaf Scholz bedeutet der massive Angriff russischer Truppen auf das EU-Nachbarland Ukraine an allen Grenzen eine „Zeitenwende".

In der Tat: Seit dem Fall der Mauer 1989 mit dem rasch nachwirkenden Zusammenbruch des gesamten sowjetischen „Ostblocks", der Subprime-Krise der Finanzmärkte und nach dem Ausbruch von Corona ist dieser russische Angriff innerhalb der letzten dreißig Jahre, also innerhalb unserer Gegenwart, schon das vierte epochale Wendeereignis mit globalen Auswirkungen.

Es handelt sich um nichts weniger als einen dritten Weltkrieg in Europa unter Beschränkung auf das Territorium der Ukraine (bis jetzt). Denn alle NATO-Staaten sind involviert, insbesondere USA, Russland als Aggressor sowieso, China, Türkei und Iran.

Binnen weniger Tage kommt es im Westen zu einer grundlegend neuen Prioriätensetzung für die militärische Sicherheit und damit für die Souveränität der europäischen Staaten im Rahmen der NATO und für die Sicherung der Energieversorgung vor allem in Mitteleuropa.

Insbesondere im für Kontinentaleuropa zentralen Deutschland war die Energieversorgung während der langen Regierungszeit Merkel bewusst oder unbewusst immer stärker auf eine grundlegende, die staatliche

Am 6. Januar 2021 stürmen Anhänger des abgewählten Präsidenten Donald Trump das Kapitol in Washington. In der Folge des Angriffs starben fünf Menschen, und es gab Dutzende Verletzte, darunter zahlreiche Polizisten.

Souveränität aushöhlende Abhängigkeit von Russland geführt worden. Geschah es unbewusst, so handelt es sich um grobe politische Fahrlässigkeit und Verantwortungslosigkeit; geschah es bewusst, wäre es eigentlich ein Fall für einen Staatsgerichtshof wegen Landesverrats.

Ebenfalls beinahe zeitenwendemäßig-revolutionär zu nennen ist die Einsicht im links-grünen politischen Spektrum, dass man in dieser Situation für die Wirtschaft des gesamten Industrielandes Deutschland und für die Versorgung der Bevölkerung nicht auf erneuerbare Energien bauen kann, sondern auf herkömmliche fossile Verbrennungsverfahren, ja eventuell auf die fürs Klima sowieso besser verträgliche Atomstromgewinnung zurückgreifen muss.

Politisch bedeutet die Zeitenwende die Einsicht aller Putin-Appeaser, dass er die bestehende Friedensordnung in Europa missachtet und vor exzessiver militärischer Gewalt nicht zurückschreckt, um Territorialgewinne und aus seiner Sicht politische Gewinne zu erzielen. Die europäische und ein Teil der Weltöffentlichkeit sind zutiefst erschrocken über seine unverblümt erklärten Kriegsziele: das ihm nicht genehme „faschistische Regime" in Kiew zu eliminieren, sprich eine frei gewählte Regierung durch einen Staatsstreich von außen zu stürzen und im Übrigen die Eigenständigkeit und Eigenstaatlichkeit der Ukraine auszumerzen. Das sind Töne, die man in der westlichen Welt seit Hitler und Stalin nicht mehr gehört hat und die man um der eigenen Existenz und Freiheit willen nicht dulden kann.

Das hat man in anderen osteuropäischen Partnerstaaten immer schon geahnt und davor gewarnt. In der westlichen Welt hat man erst jetzt, aber dafür wenigstens umgehend, die Realität begriffen. Unter dem Druck der äußeren Aggression wurden die schon seit Längerem „hirntot" (Emmanuel Macron) im Zerfall begriffenen internationalen Institutionen NATO und EU schlagartig wiederbelebt.

Gleichzeitig kann man auch registrieren, welche Länder den Putin-Einmarsch nicht verurteilt haben, sich ihm gegenüber wohlwollend neutral verhalten oder ihn sogar stützen. Hier kann man haargenau den Frontverlauf künftiger Konflikte im 21. Jahrhundert sehen. Und man erkennt: Global gesehen sind Freiheitsdenken, Rechtsstaatlichkeit und Demokratie in der Defensive.

Die Dinge sind nun klar: Auf die eindeutige Aggression Putins reagiert der Westen mit Solidarität und massiver finanzieller, humanitärer und militärischer Unterstützung für die Ukraine. Es ist allen bewusst, dass in der Ukraine die ganze westlich-abendländische Freiheits- und Rechtskultur mit all ihren politischen, wirtschaftlichen, kulturellen und zivilisatorischen Errungenschaften verteidigt wird und verteidigt werden muss – *whatever it takes*. Deutschland und einige andere mitteleuropäische Staaten sind wegen ihrer stark einseitigen Energieabhängigkeit von Russland in der Zwickmühle und politisch erpressbar. Diese wird schnellstmöglich zu überwinden sein.

Her Majesty {8. September 2022}

Vollkommen beispiellos sind das Leben und die Regentschaft von Elizabeth II., die über 70 Jahre lang von 1952 bis 2022 bis in ihr 96. Lebensjahr auf dem Thron des Vereinigten Königreichs saß. Allein durch die lange Dauer ist ihre Regentschaft epochal. Nur der Sonnenkönig Ludwig XIV. von Frankreich regierte noch länger (72 Jahre). Elizabeth ist aber auch *die* globale Person des 20. und des beginnenden 21. Jahrhunderts. Sie hatte nicht nur durch ihre Funktion als Staatsoberhaupt des britischen Königreichs, sondern auch als formales Staatsoberhaupt von etlichen Ländern des *Commonwealth* (u. a. Kanada, Australien, Neuseeland) eine einzigartige Position in der Weltgeschichte der Gegenwart. Vor der Unabhängigkeit der Kolonien gehörten noch viel mehr Länder zur britischen Krone.

Zur Zeit ihrer Geburt hatte das britische Empire seine größte Ausdehnung und regierte ein Viertel der Welt direkt von London aus. Doch durch den Dekolonialisierungsprozess in der Nachkriegszeit verblieben nur noch die britischen Inseln und der Nordostteil Irlands unter direkter britischer Souve-

Wie hier in Borodjanka sind durch den russischen Angriffskrieg viele Wohnungen und Häuser in ukrainischen Städten und Ortschaften nicht mehr bewohnbar. Teilweise liegen komplette Städte in Schutt und Asche.

ränität. Die Auflösung des britischen Empire und seine Umwandlung zum *Commonwealth* waren neben dem Beitritt (1973 zur damaligen EWG) und dann wieder Austritt (2020) des Vereinigten Königreichs aus der EU die welthistorisch bedeutendsten Ereignisse während ihrer Regentschaft. Als sie 1952/53 den Thron bestieg, war die überwältigende Mehrheit der Briten weiß; heute hat Großbritannien eine multiethnische Bevölkerung und inzwischen seinen ersten Premierminister indischer Abstammung.

Aufgrund ihrer ausgedehnten Reisen in alle Welt als Prinzessin und als Königin kannte Elizabeth auch wie nur wenige andere Staatsakteure die ganze Welt. Niemand dürfte mehr Politikern und Staatsmännern begegnet sein als diese Königin. Sie hat 300 Staatsbesuche in 120 Ländern absolviert – besaß aber nie einen Reisepass.

Zu Hause ist sie, trotz ihrer etwas spröden Art in der Öffentlichkeit, unendlich vielen ihrer „Untertanen" begegnet. Kannte irgendein britischer Politiker mehr seiner Landsleute? Elizabeths Leben begann in der Zwischenkriegszeit. Als deutsche Bomben auf England fielen, war sie ein Teenager; bei Kriegsende noch nicht einmal 20 Jahre alt.

Nach dem frühen Tod ihres Vaters George VI. 1952 im Alter von 27 Jahren auf den Thron gelangt, sprach sie schon mit Politikern wie Winston Churchill und John F. Kennedy über Politik, als die meisten heute aktiven Politiker noch nicht einmal geboren waren. Sie hat 15 britische Premierminister ins Amt berufen, von Churchill bis zu Liz Truss, noch zwei Tage vor ihrem Tod.

Der Kürze halber seien einfach die Namen einiger Weltpolitiker genannt, denen Elizabeth begegnete, um sich die Bedeutung ihrer Regentschaft und damit die Globalgeschichte der jüngsten Gegenwart noch einmal zu vergegenwärtigen: Nehru, den Schah von Persien, Papst Johannes XXIII., Papst Johannes Paul II., König Bhumiphol von Thailand (der fast gleich alt war und ebenfalls 70 Jahre lang regierte), Suharto, Kaiser Hirohito, König Hassan II. von Marokko, König Hussein von Jordanien, de Gaulle, Adenauer, Tito, Brandt, Kennedy, Nkrumah, Kaunda, Mandela, Jeltsin, sämtlichen amerikanischen Präsidenten (außer Lyndon B.

Der Sarg mit den sterblichen Überresten von Queen Elizabeth II. kommt am 19. September 2022 vor der *St. George's Chapel* auf Schloss Windsor an, wo die Monarchin beigesetzt wird.

Johnson) und viele andere. Und wenn sie Könige und Königinnen in Europa besuchte oder diese nach London kamen, war sie im Zweifel mit ihnen verwandt.

Zum Schluss heißt es von jeher: Die Königin ist tot. Lang lebe der König.

Aufruhr im Iran {Tod Mahsa Amini, 16. September 2022}

Während die Welt hauptsächlich mit dem Putin-Krieg gegen die Ukraine beschätigt ist und sich der Westen in beispielloser Weise mit dem Abwehrkampf solidarisiert und die Ukrainer unterstützt, hat der Tod der jungen Mahsa Amini am 16. September 2022 eine breite, anhaltende Protestbewegung gegen das iranische Mullah-Regime ausgelöst. Die junge Frau war drei Tage zuvor wegen einem verrutschten Kopftuch in iranischen Polizeigewahrsam geraten und dort unter bisher nicht geklärten Umständen gestorben.

Proteste gegen das Regime gab es in Iran immer wieder. Aber nach über 40 Jahren repressiver Herrschaft der Mullahs im Innern und unter dem Druck jahrzehntelanger Sanktionen von außen in Verbindung mit einer starken Inflation verarmt mittlerweile auch die Mittelschicht, und in dem demografisch jungen Land ist eine ganz neue Generation herangewachsen. Diese ist zwar nicht unbedingt westlich orientiert, aber auch nicht auf das theokratische System der Mullahs fixiert. Die sehr dünne Oberschicht des Regimes hat sich – selbst unter den schwierigen wirtschaftlichen Bedingungen des Landes – in beispielloser Weise bereichert. Auch das Mullah-Regime ist eine Kleptokratie, wie es in sehr vielen anderen Ländern der islamischen Welt der Fall ist. Großflächige Enteignungen der Regimegegner haben dafür die Grundlage gelegt. In Iran gab es 2021 rund 250 000 Millionäre; mehr als in Saudi-Arabien (dort 210 000; Angaben aus *Forbes*). Allein Ali Chamenei (84), der „oberste Rechtsgelehrte“, mithin das ranghöchste geistliche und staatliche Oberhaupt Irans, besitzt persönlich einen Fonds namens *Setad* mit einem Vermögen von über 100 Milliarden Dollar. Diese Oberschicht, zu der auch das Militär gehört, hat also sehr viel zu verlieren, und unter anderem das erklärt die Härte und Brutalität, mit der die Regierung der Mullahs die aktuelle Protestbewegung im wahrsten Sinne des Wortes niederzuschlagen versucht. Dazu bedient sie sich der sehr gut ausgerüsteten und fanatischen Basidsch-Milizen.

Ende der Globalisierung?

Ein zarter, noch zu Zeiten des Amtsantritts von Barack Obama (2010) zu spürender Zukunftsoptimismus im Hinblick auf eine friedliche Kooperation in einer multipolaren Welt nach dem Ende des Kalten Krieges und weltweite Prosperität ist innerhalb von zwölf Jahren verflogen. Eine schnelle Abfolge von Disruptionen verunsichert die Gesellschaften weltweit:

- Das Internet verändert die Zivilgesellschaften in atemberaubendem Tempo.
- Der Arabische Frühling hat große Teile der islamischen Welt destabilisiert, mit spürbaren Auswirkungen auf ganz Europa (Migration, Terror, instabile Gewaltregime).
- Die Klimadiskussion verunsichert die junge Generation in den westlichen Ländern.
- Die weltweite Covid-19-Pandemie hat die ebenso weltweite Inkompetenz gouvernementalen Handelns unübersehbar gemacht und binnen kurzer Zeit zu vorher undenkbaren Einschränkungen und wirtschaftlichen und kulturellen Verlusten geführt.
- Verbreiteter Populismus jeglicher Couleur erschwert vernunftgeleitetes politisches Handeln auch in den Demokratien des Westens. Dieser Populismus ist eine Reaktion auf das überall zu beobachtende Regierungsversagen.
- Der unerhörte Überfall Russlands auf die Ukraine hat binnen Stunden das weltpolitische Koordinatensystem umgepolt.
- Im Zusammenhang mit diesem Krieg folgt nun eine umfassende Reorganisation der für alles Zivilleben so grundlegenden Energieversorgung und eine Neuordnung von Welthandel und Lieferketten hin zu mehr Autarkie.

NACHWORT

Der immer noch überraschend nachhaltige Widerstand in der Ukraine könnte Stoff für einen Heldenmythos des 21. Jahrhunderts werden.

Wenn dieses Buch erscheint, wird dieser Russland-Ukraine-Krieg voraussichtlich noch nicht beendet sein. Egal wie dieser Konflikt ausgeht: Es wäre zu hoffen, dass sich danach nicht nur Deutschland, sondern auch zahlreiche andere westliche Länder sowie die EU-Zentrale in Brüssel wirklich innerlich reformieren, wie man es in Preußen, Bayern und vielen anderen deutschen Ländern mit einer umfassenden Heeres-, Bildungs-, Verwaltungs-, Wirtschafts- und sogar zeitweiligen Verfassungsreform nach dem Auftreten des Aggressors Napoleon gemacht hat.

Noch zu Zeiten von Friedrich dem Großen war Preußen in gewisser Weise der Newcomer und Aggressor in Mitteleuropa. Aber gegenüber Napoleon war von Preußens Gloria nicht mehr viel übrig. Es war altmodisch verzopft, ineffizient und inkompetent. Das drohte und droht allen Verwaltungsstrukturen, wenn sich die Eliten nur noch im Kreis drehen und sich um die Sicherung ihrer eigenen Pfründe kümmern. Das war immer wieder im alten China so, ganz krass im Römischen Reich vor Ausbruch des Bürgerkriegs, sprichwörtlich im Byzantischen Reich, im Kalifatreich und im Osmanischen Reich – um nur einmal die prominentesten weltgeschichtlichen Vertreter zu nennen.

Die extremen ökonomischen Missstände in der Spätzeit der römischen Republik konnten mit friedlichen, „verfassungsmäßigen“ Mitteln nicht mehr beseitigt werden, weil sich die habgierige Senatorenklasse als uneinsichtig und reformunfähig erwies. Und habgierige Senatoren, Abgeordnete, Politfunktionäre, Rundfunkintendanten und sonstige zukünfitge Staatspensionsempfänger gibt es auch in den westlichen Demokratien zu Hunderten und Tausenden.
Der Westen hat noch den Vorteil einer gewissen wirtschaftlichen Dynamik, den der Energie- und Rohstofflieferant Russland mit seiner Rückständigkeit und seinen noch sklerotischeren Strukturen nicht hat. Mit Blick auf Russland fragt man sich in der Tat, warum ein solch potentes Land und seine Bevölkerung seine Möglichkeiten nicht besser nutzt und die Zukunft zu gewinnen sucht, statt retrospektiv in die Vergangenheit zu blicken.

China hat Innovationskraft und Dynamik, aber womöglich politische Strukturen, die seine Potenziale langfristig eher behindern statt wie bisher zu befördern.

Auch der selbstzufriedene Westen, der sich schon 1990 als Gewinner des Kalten Krieges fühlte, wesentliche Sicherheitsstrukturen venachlässigte und glaubte, autoritäre Regime mit „Wandel durch Handel“ beschwichtigen und aufweichen zu können, sieht ein, dass noch andere Faktoren die Weltpolitik bestimmen als rein kommerzielle Interessen.

Welchen Weg die mehr oder weniger autoritär regierten, sehr bevölkerungsreichen Länder der früher sogenannten Dritten Welt von Südasien über praktisch ganz Afrika bis nach Lateinamerika gehen werden, mag man sich nur schwer auszumalen. Schwer vorstellbar, dass es ein gewaltfreier Weg sein wird – nach innen wie nach außen.

Auch der Westen braucht *Glasnost* und *Perestroika*, damit die seit Ende des Zweiten Weltkriegs herrschenden politischen Klassen ihren Byzantinismus, ihre gouvernementale Arroganz und ihre Fixierung auf Pfründensicherung, Bürokratismus und neokolonialen Interventionismus aufgeben. Wer zu spät kommt, den bestraft das Leben. Im Originalwortlaut Gorbatschows: „Schwierigkeiten lauern auf den, der nicht auf das Leben reagiert.“

Das gilt auch für die Demokratien des Westens. Marsexpeditionen können warten.

WS

INDEX

S

T

U

V

W

Y

Z

BILDNACHWEIS

Alle Abbildungen **iStock**, außer:

akg-images: Cover o. Erich Lessing; 6 u.l. Erich Lessing; 7 u.l.; 7.u.r. Erich Lessing; 19 Bildarchiv Monheim; 24 o. Erich Lessing; 24 u.; 29 Erich Lessing; 33; 34; 46 Roland & Sabrina Michaud; 47 Erich Lessing; 53; 55 Science Source; 56 Album / Prisma; 58; 73 Bildarchiv Pisarek; 76; 80; 81; 85 Erich Lessing; 89; 90 Erich Lessing; 91 Pictures From History; 92 Werner Forman; 94; 97; 102; 103 Erich Lessing; 104 l. / M. / r. COLLECTION ABECASIS / SCIENCE PHOTO LIBRARY; 105 Heritage Images / Heritage Art; 114 André Held; 115 Orsi Battaglini; 118; 121 Eric Vandeville; 124; 128 Gerard Degeorge; 129 Werner Forman; 131; 132; 136 l.; 136 r.; 144; 148 l. Erich Lessing; 148 r. János Kalmár; 150 North Wind Picture Archives; 154 Erich Lessing; 156; 158; 159 British Library; 160; 165; 170; 171 Bildarchiv Monheim; 175 Werner Forman; 178 De Agostini Picture Lib. / G. Nimatallah; 182 o.; 182 l.; 188 Science Photo Library / SMETEK; 191 De Agostini Picture Lib. / G. Dagli Orti; 192 Pictures From History; 195 Cameraphoto; 196; 197 Erich Lessing; 198 Erich Lessing; 200 De Agostini Picture Library; 202 Science Source; 203 Roland & Sabrina Michaud; 204 historic-maps; 209; 211 Erich Lessing; 213; 218; 220 o.; 220 u.; 226; 227; 229; 230; 232; 233 Erich Lessing; 234; 239; 241 © Sotheby's; 243; 246; 250 De Agostini Picture Library; 251 Erich Lessing; 252; 253; 254; 257; 258; 259; 260; 269; 271 North Wind Picture Archives; 272 De Agostini Picture Library; 276; 277 IAM / World History Archive; 279; 283; 284 De Agostini Picture Lib. / G. Dagli Orti; 285; 287; 290; 291; 292; 293 Fototeca Gilardi; 294; 295 Universal Images Group / Sovfoto; 296; 297; 300 Bildarchiv Pisarek; 306 Pictures From History; 311 NTB scanpix / Scanpix; 315 picture alliance; 317 Science Photo Library / NARA; 328 picture alliance / Wiktor Dabkow; 329 Science Photo Library / Digital Globe; 331 Mondadori Portfolio / Archivio Massimo Di Vita / Massimo Di Vita; 334 picture alliance / Photoshot; 337 Elizaveta Becker; 340 TT News Agency / DN

Alamy Stock Photos: 236 Science History Images; 309 LE PICTORIUM

Getty Images: 262 Print Collector

imageBROKER.com: 144 Sunny Celeste

IMAGO: 298 Everett Collection; 301 Gemini Collection; 303 UIG; 306 Everett Collection; 314 CTK Photo; 316 Independent Photo Agency Int.; 338 UPI Photo; 344 Cover-Images

INTERFOTO: 223 Granger, NYC

mauritius images: 15 Memento; 22 Andrea Sabbadini / Alamy Stock Photos; 28 Angelo Hornak / Alamy Stock Photos; 38 David Ball / Alamy Stock Photos; 40 o. Off Beaten Waves / Alamy Stock Photos; 40 u. ULADZIMIR ZGURSKI / Alamy Stock Photos; 42 Werner Otto; 45 McPHOTO / Ingo Schulz; 59 McPHOTO / Erich Thielscher; 61 Zev Radovan / Alamy Stock Photos; 65 Pictures Now / Alamy Stock Photos; 74 JT Vintage; 79 Peter Horree / Alamy Stock Photos; 95 Hemis.fr / Bertrand Gardel; 100 Maidun Collection / Alamy Stock Photos; 109 ClickAlps / Moreno Geremetta; 116 MB_Photo / Alamy Stock Photos; 120 Siegra Asmoel / imageBROKER; 135 JT Vintage; 141 Monticello / imageBROKER; 142 Zoonar GmbH / Alamy Stock Photos; 152 Westend61 / Martin Siepmann; 169 TopFoto; 191 Michael Nitzschke / imageBROKER; 205 The Picture Art Collection / Alamy Stock Photos; 207 o. Historic Images / Alamy Stock Photos; 207 u. Painters / Alamy Stock Photos; 208 Ferdinand Hollweck / imageBROKER; 210 Jon G. Fuller / VWPics / Alamy Stock Photos; 212 Art Collection / Alamy Stock Photos; 217 World Book Inc.; 240 Heinz-Dieter Falkenstein / imageBROKER; 245 BTEU / AUSMUM / Alamy Stock Photos; 266 World Book Inc.; 280 World Book Inc.; 289 SuperStock / Presse-Photo / Sydney Morning Herald; 299 CBW / Alamy Stock Photos; 305 Science Source / U.S. Air Force; 310 Keystone Press / Alamy Stock Photos; 311 Keystone Press / Alamy Stock Photos; 319 Norbert Michalke / imageBROKER; 321 World Book Inc.; 324 Afghanistan Archive / Alamy Stock Photos; 335 ZUMA Press, Inc. / Alamy Stock Photos; 336 Rupert Oberhäuser; 341 Robert W Alamy Stock Photos; 342 Pacific Press Media Production Corp. / Alamy Stock Photos

picture alliance: 32 ullstein bild; 45 ZB / Peter Endig

Urgeschichtliches Museum Blaubeuren: 13

Die Kapitelaufmacherseiten zeigen folgende Motive:

S. 9: Alte Felsmalereien im Altai, Sibirien
S. 29: Bronzefigur aus einem Tongrab der Bronzezeit, Deir el-Balah, Palästina
S. 49: In Stein geschnitztes Muster aus der Keltenzeit, Schottland
S. 67: Terrakotta-Krieger im Grab des ersten chinesischen Kaisers Ch'in Shi Huang ti
S. 113: Maya-Maske aus dem „Tempel der Masken" im heutigen Yucatán
S. 131: Karl der Große, Porträt von Friedrich Pecht
S. 177: Deckengemälde in der Basilica di Santa Maria sopra Minerva, Rom; Gotik
S. 233: Ludwig XIV., Porträt von Hyacinthe Rigaud
S. 249: Restaurierter Innenraum einer Fabrik mit Maschinen aus der Zeit der Industriellen Revolution
S. 281: Flaggen aller Mitgliedsstaaten des Europäischen Parlaments
S. 327: Protestierende bei einer politischen Demonstration

IMPRESSUM

Autor
Wolfgang Seidel

Reader's Digest
Redaktion: Falko Spiller
Grafik und Prepress: Susanne Hauser
Bildredaktion: Sabine Schlumberger

Redaktionsdirektor: Michael Kallinger
Redaktionsleiterin Buch: Almuth Stiefvater
Art Director: Susanne Hauser

Produktion
Arvato Supply Chain Solutions SE: Thomas Kurz

Druck und Binden
Neografia, Martin

Die Deutsche Nationalbibliothek verzeichnet diese Publikation in der Deutschen Nationalbiografie; detaillierte bibliografische Daten sind im Internet über www.dnb.de abrufbar.

wbg Theiss ist ein Imprint der wbg.

Lizenzausgabe © 2024 by wbg (Wissenschaftliche Buchgesellschaft), Darmstadt
Die Herausgabe des Werkes wurde durch die Vereinsmitglieder der wbg ermöglicht.

Umschlaggestaltung: www.martinveicht.de
Umschlagmotive: von oben nach unten: Mondlandung: Castleski/shutterstock;
Schlacht bei Austerlitz, 2. 12. 1805: Heritage Images/Fine Art Images/akg-images;
Rekonstruktion der Akropolis im 5. Jh. v. Chr.: akg-images

Printed in Slovakia

ISBN 978-3-8062-4802-9

Besuchen Sie uns im Internet
wbg-wissenverbindet.de